기출이 답이다

공기업 NCS
기출복원 & 기출동형
모의고사 14회

시대에듀

2025 최신판 시대에듀 All-New 기출이 답이다!
공기업 NCS 7개년 기출복원&기출동형 모의고사 14회 + 무료NCS특강

Always **with you**

사람의 인연은 길에서 우연하게 만나거나 함께 살아가는 것만을 의미하지는 않습니다.
책을 펴내는 출판사와 그 책을 읽는 독자의 만남도 소중한 인연입니다.
시대에듀는 항상 독자의 마음을 헤아리기 위해 노력하고 있습니다. 늘 독자와 함께하겠습니다.

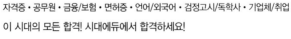

머리말 PREFACE

정부는 양질의 일자리를 창출하고자 다각도로 채용을 진행하고 있으며, 필기전형에 국가직무능력표준(NCS)을 도입하여 우리 사회에 직무 위주의 채용 문화를 정착시키는 데 기여하고 있다. 문제 유형은 대표적으로 모듈형, PSAT형, 피듈형 3가지로 구분할 수 있다. 이뿐만 아니라 전공과목의 출제 비중이 높아지고 있는 추세이나. 이에 따라 공사공단 채용을 준비하는 수험생들은 지원하는 공사공단이 어떤 영역을 출제하는지 미리 파악해 두는 것이 중요하다. 따라서 공사공단 채용을 준비하는 수험생들은 필기전형에서 고득점을 받기 위해 다양한 유형에 대한 폭넓은 학습과 문제풀이능력을 높이는 등 철저한 준비가 필요하다.

공기업 필기전형 합격을 위해 시대에듀에서는 NCS 도서 시리즈 판매량 1위의 출간 경험을 토대로 다음과 같은 특징을 가진 도서를 출간하였다.

도서의 특징

❶ **7개년 기출복원 모의고사를 통한 출제 유형 확인!**
- 2024~2018년 주요 공기업 NCS 기출문제를 복원하여 공기업별 필기전형에 대비할 수 있도록 하였다.

❷ **NCS 전 유형(모듈형 · PSAT형 · 피듈형) 기출동형 모의고사를 통한 실전 대비!**
- 철저한 분석을 통해 실전과 유사한 NCS 유형별 기출동형 모의고사를 수록하여 자신의 실력을 점검할 수 있도록 하였다.

❸ **다양한 콘텐츠로 최종 합격까지!**
- 온라인 모의고사 응시 쿠폰을 무료로 제공하여 필기전형을 준비하는 데 부족함이 없도록 하였다.
- 모바일 OMR 답안채점/성적분석 서비스를 통해 자동으로 점수를 채점하고 확인할 수 있도록 하였다.

끝으로 본 도서를 통해 공기업 채용을 준비하는 모든 수험생 여러분이 합격의 기쁨을 누리기를 진심으로 기원한다.

SDC(Sidae Data Center) 씀

NCS 문제 유형 소개 NCS TYPES

PSAT형

04 다음은 신용등급에 따른 아파트 보증률에 대한 사항이다. 자료와 상황에 근거할 때, 갑(甲)과 을(乙)의 보증료의 차이는 얼마인가?(단, 두 명 모두 대지비 보증금액은 5억 원, 건축비 보증금액은 3억 원이며, 보증서 발급일로부터 입주자 모집공고 안에 기재된 입주 예정 월의 다음 달 말일까지의 해당 일수는 365일이다)

- (신용등급별 보증료)=(대지비 부분 보증료)+(건축비 부분 보증료)
- 신용평가 등급별 보증료율

구분	대지비 부분	건축비 부분				
		1등급	2등급	3등급	4등급	5등급
AAA, AA		0.178%	0.185%	0.192%	0.203%	0.221%
A⁺		0.194%	0.208%	0.215%	0.226%	0.236%
A⁻, BBB⁺	0.138%	0.216%	0.225%	0.231%	0.242%	0.261%
BBB⁻		0.232%	0.247%	0.255%	0.267%	0.301%
BB⁺ ~ CC		0.254%	0.276%	0.296%	0.314%	0.335%
C, D		0.404%	0.427%	0.461%	0.495%	0.531%

※ (대지비 부분 보증료)=(대지비 부분 보증금액)×(대지비 부분 보증료율)×(보증서 발급일로부터 입주자 모집공고 안에 기재된 입주 예정 월의 다음 달 말일까지의 해당 일수)÷365

※ (건축비 부분 보증료)=(건축비 부분 보증금액)×(건축비 부분 보증료율)×(보증서 발급일로부터 입주자 모집공고 안에 기재된 입주 예정 월의 다음 달 말일까지의 해당 일수)÷365

- 기여고객 할인율 : 보증료, 거래기간 등을 기준으로 기여도에 따라 6개 군으로 분류하며, 건축비 부분 요율에서 할인 가능

구분	1군	2군	3군	4군	5군	6군
차감률	0.058%	0.050%	0.042%	0.033%	0.025%	0.017%

〈상황〉

- 갑 : 신용등급은 A⁺이며, 3등급 아파트 보증금을 내야 한다. 기여고객 할인율에서는 2군으로 선정되었다.
- 을 : 신용등급은 C이며, 1등급 아파트 보증금을 내야 한다. 기여고객 할인율은 3군으로 선정되었다.

① 554,000원
② 566,000원
③ 582,000원
④ 591,000원
⑤ 623,000원

특징
▶ 대부분 의사소통능력, 수리능력, 문제해결능력을 중심으로 출제(일부 기업의 경우 자원관리능력, 조직이해능력을 출제)
▶ 자료에 대한 추론 및 해석 능력을 요구

대행사
▶ 엑스퍼트컨설팅, 커리어넷, 태드솔루션, 한국행동과학연구소(행과연), 휴노 등

모듈형

> **┃ 문제해결능력**
>
> **41** 문제해결절차의 문제 도출 단계는 (가)와 (나)의 절차를 거쳐 수행된다. 다음 중 (가)에 대한 설명으로 적절하지 않은 것은?
>
>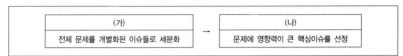
>
> | (가) | → | (나) |
> |---|---|---|
> | 전체 문제를 개별화된 이슈들로 세분화 | | 문제에 영향력이 큰 핵심이슈를 선정 |
>
> ① 문제의 내용 및 영향 등을 파악하여 문제의 구조를 도출한다.
> ② 본래 문제가 발생한 배경이나 문제를 일으키는 메커니즘을 분명히 해야 한다.
> ③ 현상에 얽매이지 말고 문제의 본질과 실제를 봐야 한다.
> ④ 눈앞의 결과를 중심으로 문제를 바라봐야 한다.
> ⑤ 문제 구조 파악을 위해서 Logic Tree 방법이 주로 사용된다.

특징
▶ 이론 및 개념을 활용하여 푸는 유형
▶ 채용 기업 및 직무에 따라 NCS 직업기초능력평가 10개 영역 중 선발하여 출제
▶ 기업의 특성을 고려한 직무 관련 문제를 출제
▶ 주어진 상황에 대한 판단 및 이론 적용을 요구

대행사
▶ 인트로맨, 휴스테이션, ORP연구소 등

피듈형(PSAT형 + 모듈형)

> **┃ 자원관리능력**
>
> **07** 다음 자료를 근거로 판단할 때, 연구모임 A ~ E 중 세 번째로 많은 지원금을 받는 모임은?
>
> **〈지원계획〉**
>
> • 지원을 받기 위해서는 한 모임당 5명 이상 9명 미만으로 구성되어야 한다.
> • 기본지원금은 모임당 1,500천 원을 기본으로 지원한다. 단, 상품개발을 위한 모임의 경우는 2,000천 원을 지원한다.
> • 추가지원금
>
> | 등급 | 상 | 중 | 하 |
> |---|---|---|---|
> | 추가지원금(천 원/명) | 120 | 100 | 70 |
>
> ※ 추가지원금은 연구 계획 사전평가결과에 따라 달라진다.
> • 협업 장려를 위해 협업이 인정되는 모임에는 위의 두 지원금을 합한 금액의 30%를 별도로 지원한다.
>
> 〈연구모임 현황 및 평가결과〉

특징
▶ 기초 및 응용 모듈을 구분하여 푸는 유형
▶ 기초인지모듈과 응용업무모듈로 구분하여 출제
▶ PSAT형보다 난도가 낮은 편
▶ 유형이 정형화되어 있고, 유사한 유형의 문제를 세트로 출제

대행사
▶ 사람인, 스카우트, 인크루트, 커리어케어, 트리피, 한국사회능력개발원 등

주요 공기업 적중 문제 TEST CHECK

글의 제목 ▶ 유형

01 다음 글의 제목으로 가장 적절한 것은?

> 중세 유럽에서는 토지나 자원을 왕실이 소유하고 있었다. 사람들은 이러한 토지나 자원을 이용하려면 일정한 비용을 지불해야 했다. 예를 들어 광산을 개발하거나 수산물을 얻는 사람들은 해당 자원의 이용에 대한 비용을 왕실에 지불하였고 이는 왕실의 권력과 부의 유지를 돕는 동시에 국가의 재정을 보충하는 역할을 하였는데, 이때 지불한 비용이 바로 로열티이다.
>
> 로열티의 개념은 산업 혁명과 함께 발전하였다. 산업 혁명을 통해 특허, 상표 등의 지적 재산권이 보호되기 시작하면서 기업들은 이러한 권리를 보유한 개인이나 조직에게 사용에 대한 보상을 지불하게 되었다. 지적 재산권은 기업이 특정한 기술, 디자인, 상표 등을 보유하고 있을 때 그들에게 독점적인 권리를 제공하는 것이며, 이러한 권리의 보호와 보상을 위해 로열티 제도가 도입되었다.
>
> 로열티는 기업과 지적 재산권 소유자 간의 계약에 의해 설정되는 형태로 발전하였다. 기업이 특정 제품을 판매하거나 특정 기술을 이용하는 경우 지적 재산권 소유자에게 계약에 따라 정해진 로열티를 지불하게 된다. 이로써 지적 재산권을 보유한 개인이나 조직은 자신들의 창작물이나 기술의 사용에 대한 보상을 받을 수 있으며, 기업들은 이러한 지적 재산권의 이용을 허가받아 경쟁 우위를 확보할 수 있게 되었다.
>
> 현재 로열티는 제품 판매나 라이선스, 저작물의 이용 등 다양한 형태로 나타나며 지적 재산권의 보호와 경제적 가치를 확보하는 중요한 수단으로 작용하고 있다. 로열티는 지식과 창조성의 보상으로서의 역할을 수행하며 기업들의 연구 개발을 촉진하고 혁신을 격려한다. 이처럼 로열티 제도는 기업과 지적 재산권 소유자 간의 상호 협력과 혁신적인 경제 발전에 기여하는 중요한 구조적 요소이다.

① 지적 재산권을 보호하는 방법
② 로열티 지급 시 유의사항
③ 지적 재산권의 정의
④ 로열티 제도의 유래와 발전
⑤ 로열티 제도의 모순

참거짓 ▶ 유형

18 A ~ D는 한 판의 가위바위보를 한 후 그 결과에 대해 각각 두 가지의 진술을 하였다. 두 가지의 진술 중 하나는 반드시 참이고, 하나는 반드시 거짓이라고 할 때, 다음 중 항상 참인 것은?

> A : C는 B를 이길 수 있는 것을 냈고, B는 가위를 냈다.
> B : A는 C와 같은 것을 냈지만, A가 편 손가락의 수는 나보다 적었다.
> C : B는 바위를 냈고, 그 누구도 같은 것을 내지 않았다.
> D : A, B, C 모두 참 또는 거짓을 말한 순서가 동일하다. 이 판은 승자가 나온 판이었다.

① B와 같은 것을 낸 사람이 있다.
② 보를 낸 사람은 1명이다.
③ D는 혼자 가위를 냈다.
④ B가 기권했다면 가위를 낸 사람이 지는 판이다.
⑤ 바위를 낸 사람은 2명이다.

국민건강보험공단

빅데이터 ▶ 키워드

01 다음 중 '녹내장' 질환에 대한 설명으로 적절하지 않은 것은?

국민건강보험공단이 건강보험 빅데이터를 분석한 내용에 따르면 '녹내장 질환'으로 진료를 받은 환자가 2010년 44만 4천 명에서 2015년 76만 8천 명으로 5년간 73.1% 증가했으며, 성별에 따른 진료인원을 비교해 보면 여성이 남성보다 많은 것으로 나타났다. 남성은 2010년 20만 7천 명에서 2015년 35만 3천 명으로 5년간 70.1%(14만 6천 명), 여성은 2010년 23만 6천 명에서 2015년 41만 6천 명으로 75.8%(18만 명) 증가한 것으로 나타났다.

2015년 기준 '녹내장' 진료인원 분포를 연령대별로 살펴보면, 70대 이상이 26.2%를, 50대 이상이 68.6%를 차지했다. 2015년 기준 인구 10만 명당 '녹내장'으로 진료 받은 인원수가 60대에서 급격히 증가해 70대 이상이 4,853명으로 가장 많았다. 특히, 9세 이하와 70대 이상을 제외한 모든 연령대에서 여성보다 남성 환자가 많은 것으로 나타났다. 국민건강보험 일산병원 안과 박종운 교수는 60대 이상 노인 환자가 많은 이유에 대해 "녹내장은 특성상 40세 이후에 주로 발병한다. 그런데 최근장비와 약물의 발달로 조기 치료가 많은 데다가 관리도 많고 관리도 잘돼 나이가 들어서까지 시력이 보존되는 경우가 늘어났다. 그래서 60대 이후 노인 환자가 많은 것으로 보인다."고 설명했다.

2015년 남녀기준 전체 진료환자의 월별 추이를 살펴보면, 12월에 168,202명으로 진료인원이 가장 많은 것으로 나타났다. 2015년 기준 성별 진료인원이 가장 많은 달은 남성은 12월(80,302명)인 반면, 여성은 7월(88,119명)로 나타났다.

박종운 교수는 안과질환 녹내장 환자가 많은 이유에 대해 "녹내장은 노년층에 주로 발생하지만, 젊은 층에서도 스마트폰 등 IT기기 사용의 증가로 인해 최근 많이 나타나고 있다. 따라서 가족력이나

서울교통공사 9호선

원탁 배치 ▶ 유형

23 남자 2명과 여자 2명이 다음 〈조건〉과 같이 원탁에 앉아 있다. 이를 참고할 때, 옳은 것은?

> **조건**
> • 네 사람의 직업은 각각 교사, 변호사, 자영업자, 의사이다.
> • 네 사람은 각각 검은색 원피스, 파란색 재킷, 하얀색 니트, 밤색 티셔츠를 입고 있으며, 이 중 검은색 원피스는 여성용, 파란색 재킷은 남성용이다.
> • 남자는 남자끼리, 여자는 여자끼리 인접해서 앉아 있다.
> • 변호사는 하얀색 니트를 입고 있다.
> • 자영업자는 남자이다.
> • 의사의 왼쪽 자리에 앉은 사람은 검은색 원피스를 입었다.
> • 교사는 밤색 니트를 입은 사람과 원탁을 사이에 두고 마주 보고 있다.

① 교사와 의사는 원탁을 사이에 두고 마주 보고 있다.
② 변호사는 남자이다.
③ 밤색 티셔츠를 입은 사람은 여자이다.
④ 의사는 파란색 재킷을 입고 있다.
⑤ 검은색 원피스를 입은 여자는 자영업자의 옆에 앉아 있다.

주요 공기업 적중 문제 TEST CHECK

건강보험심사평가원

데이터베이스 ▶ 키워드

35 다음 글을 읽고 S대학교의 문제를 해결하기 위한 대안으로 가장 적절한 것은?

> S대학교는 현재 학생 관리 프로그램, 교수 관리 프로그램, 성적 관리 프로그램의 3개의 응용 프로그램을 갖추고 있다. 학생 관리 프로그램은 학생 정보를 저장하고 있는 파일을 이용하고 교수 관리 프로그램은 교수 정보 파일, 성적 관리 프로그램은 성적 정보 파일을 이용한다. 즉, 각각의 응용 프로그램들은 개별적인 파일을 이용한다.
> 이런 경우, 파일에는 많은 정보가 중복 저장되어 있다. 그렇기 때문에 중복된 정보가 수정되면 관련된 모든 파일을 수정해야 하는 불편함이 있다. 예를 들어, 한 학생이 자퇴하게 되면 학생 정보 파일뿐만 아니라 교수 정보 파일, 성적 정보 파일도 수정해야 하는 것이다.

① 데이터베이스 구축 ② 유비쿼터스 구축
③ RFID 구축 ④ NFC 구축
⑤ 와이파이 구축

한국전력공사

도서코드 ▶ 키워드

10 다음은 도서코드(ISBN)에 대한 자료이다. 주문한 도서에 대한 설명으로 옳은 것은?

〈[예시] 도서코드(ISBN)〉

국제표준도서번호					부가기호		
접두부	국가번호	발행자번호	서명식별번호	체크기호	독자대상	발행형태	내용분류
123	12	1234567		1	1	1	123

※ 국제표준도서번호는 5개의 군으로 나누어지고 군마다 '-'로 구분한다.

〈도서코드(ISBN) 세부사항〉

접두부	국가번호	발행자번호	서명식별번호	체크기호
978 또는 979	한국 89 미국 05 중국 72 일본 40 프랑스 22	발행자번호 – 서명식별번호 7자리 숫자 예 8491 – 208 : 발행자번호가 8491번인 출판사에서 208번째 발행한 책		0 ~ 9

독자대상	발행형태	내용분류
0 교양	0 문고본	030 백과사전
1 실용	1 사전	100 철학
2 여성	2 신서판	170 심리학
3 (예비)	3 단행본	200 종교
4 청소년	4 전집	360 법학
5 중고등 학습참고서	5 (예비)	470 생명과학
6 초등 학습참고서	6 도감	680 연극
7 아동	7 그림책, 만화	710 한국어
8 (예비)	8 혼합자료, 점자자료, 전자책,	770 스페인어
9 전문	마이크로자료	740 영미문학
	9 (예비)	720 유럽사

K-water 한국수자원공사

장소 선정 ▶ 유형

34 한국수자원공사는 채용 일정이 변경됨에 따라 신입직과 경력직의 채용시험을 동시에 동일한 장소에서 실시
하려고 한다. 다음 중 채용시험 장소로 가장 적절한 곳은?(단, 채용시험일은 토요일이나 일요일로 한다)

① A중학교　　　　　　　　　　　　　② B고등학교
③ C대학교　　　　　　　　　　　　　④ D중학교

한국동서발전

맞춤법 ▶ 유형

04 다음 중 밑줄 친 ㉠~㉣의 맞춤법 수정 방안으로 적절하지 않은 것은?

> 우리 사회에 사형 제도에 대한 ㉠ 해 묵은 논쟁이 다시 일고 있다. 그러나 지금까지 여론 조사 결과
> 를 보면, 우리 국민의 70% 정도는 사형 제도가 범죄를 예방할 수 있다고 생각한다. 그러나 과연
> 그 믿음대로 사형 제도는 정의를 실현하는 제도일까? 세계에서 사형을 가장 많이 집행하는 미국에
> 서는 연간 ㉡ 10만건 이상의 살인이 벌어지고 있으며 ㉢ 좀처럼 줄어들지 않고 있다. 또한 2006년
> 미국의 ㉣ 범죄율을 비교한 결과 사형 제도를 폐지한 주가 유지하고 있는 주보다 오히려 낮았다.
> 이는 사형 제도가 범죄 예방 효과가 있을 것이라는 생각이 근거 없는 기대일 뿐임을 말해 준다. 또한
> 사형 제도는 인간에 대한 너무도 잔인한 제도이다. 사람들은 일부 국가에서 행해지는 돌팔매 처형의
> 잔인성에는 공감하면서도, 어째서 독극물 주입이나 전기의자 등은 괜찮다고 여기는 것인가? 사람을
> 죽이는 것에는 좋고 나쁜 방법이 있을 수 없으며 둘의 본질은 같다.

① ㉠은 한 단어이므로 '해묵은'으로 수정해야 한다.
② ㉡의 '건'은 의존 명사이므로 '10만 건'으로 띄어 써야 한다.
③ ㉢은 문맥상 같은 의미인 '좀체'로 바꾸어 쓸 수 있다.
④ ㉣은 한글 맞춤법에 따라 '범죄률'로 수정해야 한다.

도서 200% 활용하기 STRUCTURES

1 기출복원 모의고사로 최신 출제경향 파악

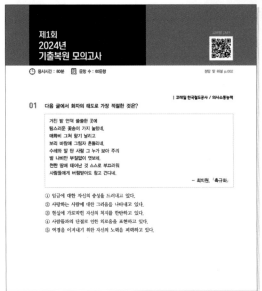
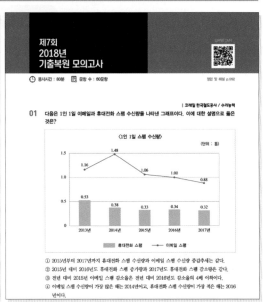

▸ 2024~2018년 주요 공기업 NCS 기출문제를 복원하여 공기업별 출제경향을 파악할 수 있도록 하였다.

2 기출동형 모의고사로 필기전형 완벽 대비

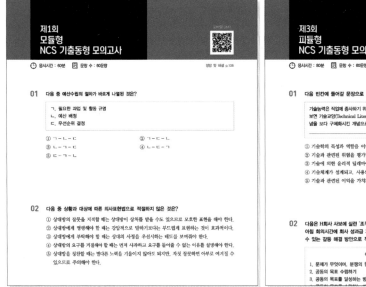
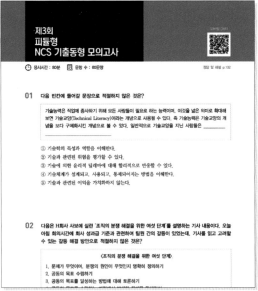

▸ 모듈형·PSAT형·피듈형 NCS 기출동형 모의고사를 수록하여 효과적으로 학습할 수 있도록 하였다.

3 OMR을 활용한 실전 연습

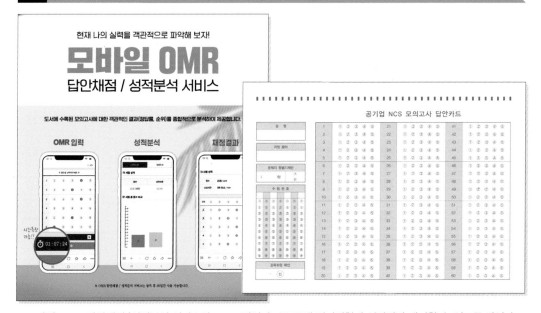

▸ 모바일 OMR 답안채점/성적분석 서비스와 OMR 답안카드를 통해 필기전형에 실전처럼 대비할 수 있도록 하였다.

4 상세한 해설로 정답과 오답을 완벽하게 이해

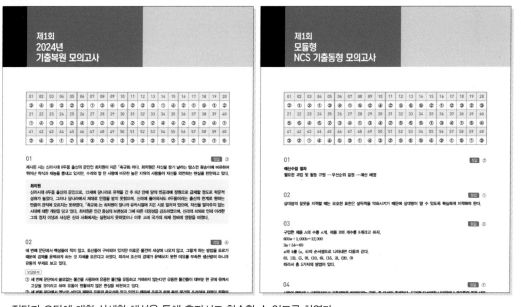

▸ 정답과 오답에 대한 상세한 해설을 통해 혼자서도 학습할 수 있도록 하였다.

이 책의 차례 CONTENTS

PART 1
주요 공기업 7개년
기출복원 모의고사

⏱ 응시시간 : 80분   📋 문항 수 : 60문항   정답 및 해설 p.002

┃ 코레일 한국철도공사 / 의사소통능력

01 다음 글에서 화자의 태도로 가장 적절한 것은?

> 거친 밭 언덕 쓸쓸한 곳에
> 탐스러운 꽃송이 가지 눌렀네.
> 매화비 그쳐 향기 날리고
> 보리 바람에 그림자 흔들리네.
> 수레와 말 탄 사람 그 누가 보아 주리
> 벌 나비만 부질없이 엿보네.
> 천한 땅에 태어난 것 스스로 부끄러워
> 사람들에게 버림받아도 참고 견디네.
>
> — 최치원, 「촉규화」

① 임금에 대한 자신의 충성을 드러내고 있다.
② 사랑하는 사람에 대한 그리움을 나타내고 있다.
③ 현실에 가로막힌 자신의 처지를 한탄하고 있다.
④ 사람들과의 단절로 인한 외로움을 표현하고 있다.
⑤ 역경을 이겨내기 위한 자신의 노력을 피력하고 있다.

02 다음 글에 대한 설명으로 적절하지 않은 것은?

중국 연경(燕京)의 아홉 개 성문 안팎으로 뻗은 수십 리 거리에는 관청과 아주 작은 골목을 제외하고는 대체로 길 양옆으로 모두 상점이 늘어서 휘황찬란하게 빛난다.

우리나라 사람들은 중국 시장의 번성한 모습을 처음 보고서는 "오로지 말단의 이익만을 숭상하고 있군."이라고 말하였다. 이것은 하나만 알고 둘은 모르는 소리이다. 대저 상인은 사농공상(士農工商) 사민(四民)의 하나에 속하지만, 이 하나가 나머지 세 부류의 백성을 소통시키기 때문에 열에 셋의 비중을 차지하지 않으면 안 된다.

사람들은 쌀밥을 먹고 비단옷을 입고 있으면 그 나머지 물건은 모두 쓸모없는 줄 안다. 그러나 무용지물을 사용하여 유용한 물건을 유통하고 거래하지 않는다면, 이른바 유용하다는 물건은 거의 대부분이 한 곳에 묶여서 유통되지 않거나 그것만이 홀로 돌아다니다 쉽게 고갈될 것이다. 따라서 옛날의 성인과 제왕께서는 이를 위하여 주옥(珠玉)과 화폐 등의 물건을 조성하여 가벼운 물건으로 무거운 물건을 교환할 수 있도록 하셨고, 무용한 물건으로 유용한 물건을 살 수 있도록 하셨다.

지금 우리나라는 지방이 수천 리이므로 백성들이 적지 않고, 토산품이 구비되어 있다. 그럼에도 산이나 물에서 생산되는 이로운 물건이 전부 세상에 나오지 않고, 경제를 윤택하게 하는 방법도 잘 모르며, 날마다 쓰는 것을 팽개친 채 그것에 대해 연구하지 않고 있다. 그러면서 중국의 거마, 주택, 단청, 비단이 화려한 것을 보고서는 대뜸 "사치가 너무 심하다."라고 말해 버린다.

그렇지만 중국이 사치로 망한다고 할 것 같으면, 우리나라는 반드시 검소함으로 인해 쇠퇴할 것이다. 왜 그러한가? 검소함이란 물건이 있음에도 불구하고 쓰지 않는 것이지, 자기에게 없는 물건을 스스로 끊어 버리는 것을 일컫지는 않는다. 현재 우리나라에는 진주를 캐는 집이 없고 시장에는 산호 같은 물건의 값이 정해져 있지 않다. 금이나 은을 가지고 점포에 들어가서는 떡과 엿을 사 먹을 수가 없다. 이런 현실이 정말 우리의 검소한 풍속 때문이겠는가? 이것은 그 재물을 사용할 줄 모르기 때문이다. 재물을 사용할 방법을 알지 못하므로 재물을 만들어 낼 방법을 알지 못하고, 재물을 만들어 낼 방법을 알지 못하므로 백성들의 생활은 날이 갈수록 궁핍해진다.

재물이란 우물에 비유할 수가 있다. 물을 퍼내면 우물에는 늘 물이 가득하지만, 물을 길어내지 않으면 우물은 말라 버린다. 이와 같은 이치로 화려한 비단옷을 입지 않으므로 나라에는 비단을 짜는 사람이 없고, 그로 인해 여인이 베를 짜는 모습을 볼 수 없게 되었다. 그릇이 찌그러져도 이를 개의치 않으며, 기교를 부려 물건을 만들려고 하지도 않아 나라에는 공장(工匠)과 목축과 도공이 없어져 기술이 전해지지 않는다. 더 나아가 농업도 황폐해져 농사짓는 방법이 형편없고, 상업을 박대하므로 상업 자체가 실종되었다. 사농공상 네 부류의 백성이 누구나 할 것 없이 다 가난하게 살기 때문에 서로를 구제할 길이 없다.

지금 종각이 있는 종로 네거리에는 시장 점포가 연이어 있다고 하지만 그것은 1리도 채 안 된다. 중국에서 내가 지나갔던 시골 마을은 거의 몇 리에 걸쳐 점포로 뒤덮여 있었다. 그곳으로 운반되는 물건의 양이 우리나라 곳곳에서 유통되는 것보다 많았는데, 이는 그곳 가게가 우리나라보다 더 부유해서 그러한 것이 아니고 재물이 유통되느냐 유통되지 못하느냐에 따른 결과인 것이다.

– 박제가, 『시장과 우물』

① 재물이 적절하게 유통되지 않는 현실을 비판하고 있다.
② 재물을 유통하기 위한 성현들의 노력을 근거로 제시하고 있다.
③ 경제의 규모를 늘리기 위한 소비의 중요성을 강조하고 있다.
④ 조선의 경제가 윤택하지 못한 이유를 부족한 생산량으로 보고 있다.
⑤ 산업의 발전을 위해 적당한 사치가 있어야 함을 제시하고 있다.

03 다음 중 한자성어의 뜻이 바르게 연결되지 않은 것은?

① 水魚之交 : 아주 친밀하여 떨어질 수 없는 사이
② 結草報恩 : 죽은 뒤에라도 은혜를 잊지 않고 갚음
③ 靑出於藍 : 제자나 후배가 스승이나 선배보다 나음
④ 指鹿爲馬 : 윗사람을 농락하여 권세를 마음대로 함
⑤ 刻舟求劍 : 말로는 친한 듯 하나 속으로는 해칠 생각이 있음

04 다음 중 밑줄 친 부분의 띄어쓰기가 옳지 않은 것은?

① 운전을 어떻게 해야 <u>하는지</u> 알려 주었다.
② 오랫동안 <u>애쓴 만큼</u> 좋은 결과가 나왔다.
③ 모두가 떠나가고 남은 사람은 고작 <u>셋 뿐이다</u>.
④ 참가한 사람들은 누구의 키가 <u>큰지</u> 작은지 비교해 보았다.
⑤ 민족의 큰 명절에는 온 나라 방방곡곡에서 <u>씨름판이</u> 열렸다.

05 다음 중 밑줄 친 부분의 표기가 옳지 않은 것은?

① 늦게 온다던 친구가 <u>금세</u> 도착했다.
② 변명할 틈도 없이 그에게 일방적으로 <u>채였다</u>.
③ 못 본 사이에 그의 얼굴은 <u>핼쑥하게</u> 변했다.
④ 빠르게 변해버린 고향이 <u>낯설게</u> 느껴졌다.
⑤ 문제의 정답을 찾기 위해 <u>곰곰이</u> 생각해 보았다.

06 다음 중 단어와 그 발음법이 바르게 연결되지 않은 것은?

① 결단력 – [결딴녁]

② 옷맵시 – [온맵씨]

③ 몰상식 – [몰상씩]

④ 물난리 – [물랄리]

⑤ 띔받이 [딴바지]

07 다음 식을 계산하여 나온 수의 백의 자리, 십의 자리, 일의 자리를 순서대로 바르게 나열한 것은?

$$865 \times 865 + 865 \times 270 + 135 \times 138 - 405$$

① 0, 0, 0

② 0, 2, 0

③ 2, 5, 0

④ 5, 5, 0

⑤ 8, 8, 0

08 길이가 200m인 A열차가 어떤 터널을 60km/h의 속력으로 통과하였다. 잠시 후 길이가 300m인 B열차가 같은 터널을 90km/h의 속력으로 통과하였다. A열차와 B열차가 이 터널을 완전히 통과할 때 걸린 시간의 비가 10 : 7일 때, 이 터널의 길이는?

① 1,200m

② 1,500m

③ 1,800m

④ 2,100m

⑤ 2,400m

※ 다음과 같이 일정한 규칙으로 수를 나열할 때, 빈칸에 들어갈 수를 고르시오. [9~10]

┃ 코레일 한국철도공사 / 수리능력

09

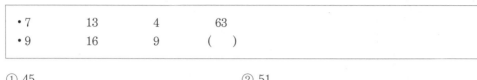

| • 7 | 13 | 4 | 63 |
| • 9 | 16 | 9 | ( ) |

① 45   ② 51

③ 57   ④ 63

⑤ 69

┃ 코레일 한국철도공사 / 수리능력

10

-2 1   6   13   22   33   46   61   78   97   ( )

① 102   ② 106

③ 110   ④ 114

⑤ 118

┃ 코레일 한국철도공사 / 수리능력

11 K중학교 2학년 A ~ F 6개의 학급이 체육대회에서 줄다리기 경기를 다음과 같은 토너먼트로 진행하려고 한다. 이때, A반과 B반이 모두 두 번의 경기를 거쳐 결승에서 만나게 되는 경우의 수는?

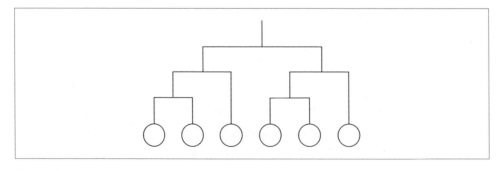

① 6가지   ② 24가지

③ 120가지   ④ 180가지

⑤ 720가지

12 다음은 연령대별로 도시와 농촌에서의 여가생활 만족도 평가 점수를 조사한 자료이다. 〈조건〉에 따라 빈칸 ㄱ ~ ㄹ에 들어갈 수를 순서대로 바르게 나열한 것은?

〈연령대별 도시·농촌 여가생활 만족도 평가〉

(단위 : 점)

구분	10대 미만	10대	20대	30대	40대	50대	60대	70대 이상
도시	1.6	ㄱ	3.5	ㄴ	3.9	3.8	3.3	1.7
농촌	1.3	1.8	2.2	2.1	2.1	ㄷ	2.1	ㄹ

※ 매우 만족 : 5점, 만족 : 4점, 보통 : 3점, 불만 : 2점, 매우 불만 : 1점

조건
- 도시에서 여가생활 만족도는 모든 연령대에서 같은 연령대의 농촌보다 높았다.
- 도시에서 10대의 여가생활 만족도는 농촌에서 10대의 2배보다 높았다.
- 도시에서 여가생활 만족도가 가장 높은 연령대는 40대였다.
- 농촌에서 여가생활 만족도가 가장 높은 연령대는 50대지만, 3점을 넘기지 못했다.

	ㄱ	ㄴ	ㄷ	ㄹ
①	3.8	3.3	2.8	3.5
②	3.5	3.3	3.2	3.5
③	3.8	3.3	2.8	1.5
④	3.5	4.0	3.2	1.5
⑤	3.8	4.0	2.8	1.5

13 가격이 500,000원일 때 10,000개가 판매되는 K제품이 있다. 이 제품의 가격을 10,000원 인상할 때마다 판매량은 160개 감소하고, 10,000원 인하할 때마다 판매량은 160개 증가한다. 이때, 총 판매금액이 최대가 되는 제품의 가격은?(단, 가격은 10,000원 단위로만 인상 또는 인하할 수 있다)

① 520,000원   ② 540,000원

③ 560,000원   ④ 580,000원

⑤ 600,000원

14 다음은 전자제품 판매업체 3사를 다섯 가지 항목으로 나누어 평가한 자료이다. 이를 토대로 3사의 항목별 비교 및 균형을 쉽게 파악할 수 있도록 나타낸 그래프로 옳은 것은?

〈전자제품 판매업체 3사 평가표〉

(단위 : 점)

구분	디자인	가격	광고 노출도	브랜드 선호도	성능
A사	4.1	4.0	2.5	2.1	4.6
B사	4.5	1.5	4.9	4.0	2.0
C사	2.5	4.5	0.6	1.5	4.0

①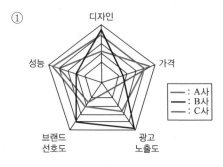

②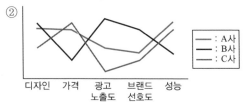

③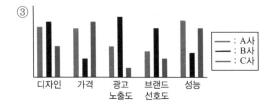

④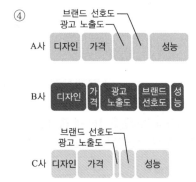

⑤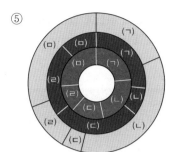

		: A사
		: B사
		: C사

(ㄱ) – 디자인
(ㄴ) – 가격
(ㄷ) – 광고 노출도
(ㄹ) – 브랜드 선호도
(ㅁ) – 성능

15 다음은 2023년 K톨게이트를 통과한 차량에 대한 자료이다. 이에 대한 설명으로 옳지 않은 것은?

〈2023년 K톨게이트 통과 차량〉

(단위 : 천 대)

구분	승용차			승합차			대형차		
	영업용	비영업용	합계	영업용	비영업용	합계	영업용	비영업용	합계
1월	152	3,655	3,807	244	2,881	3,125	95	574	669
2월	174	3,381	3,555	222	2,486	2,708	101	657	758
3월	154	3,909	4,063	229	2,744	2,973	139	837	976
4월	165	3,852	4,017	265	3,043	3,308	113	705	818
5월	135	4,093	4,228	211	2,459	2,670	113	709	822
6월	142	3,911	4,053	231	2,662	2,893	107	731	838
7월	164	3,744	3,908	237	2,721	2,958	117	745	862
8월	218	3,975	4,193	256	2,867	3,123	115	741	856
9월	140	4,105	4,245	257	2,913	3,170	106	703	809
10월	135	3,842	3,977	261	2,812	3,073	107	695	802
11월	170	3,783	3,953	227	2,766	2,993	117	761	878
12월	147	3,730	3,877	243	2,797	3,040	114	697	811

① 전체 승용차 수와 전체 승합차 수의 합이 가장 많은 달은 9월이고, 가장 적은 달은 2월이었다.

② 4월을 제외하고 K톨게이트를 통과한 비영업용 승합차 수는 월별 300만 대 미만이었다.

③ 전체 대형차 수 중 영업용 대형차 수의 비율은 모든 달에서 10% 이상이었다.

④ 영업용 승합차 수는 모든 달에서 영업용 대형차 수의 2배 이상이었다.

⑤ 승용차가 가장 많이 통과한 달의 전체 승용차 수에 대한 영업용 승용차 수의 비율은 3% 이상이었다.

※ 서울역 근처 K공사에 근무하는 A과장은 1월 10일에 팀원 4명과 함께 부산에 있는 출장지에 열차를 타고 가려고 한다. 다음 자료를 보고 이어지는 질문에 답하시오. [16~17]

〈서울역 → 부산역 열차 시간표〉

구분	출발시각	정차역	다음 정차역까지 소요시간	총주행시간	성인 1인당 요금
KTX	8:00	–	–	2시간 30분	59,800원
ITX-청춘	7:20	대전	40분	3시간 30분	48,800원
ITX-마음	6:40	대전, 울산	40분	3시간 50분	42,600원
새마을호	6:30	대전, 울산, 동대구	60분	4시간 30분	40,600원
무궁화호	5:30	대전, 울산, 동대구	80분	5시간 40분	28,600원

※ 위의 열차 시간표는 1월 10일 운행하는 열차 종류별로 승차권 구입이 가능한 가장 빠른 시간표이다.
※ 총주행시간은 정차·대기시간을 제외한 열차가 실제로 달리는 시간이다.

〈운행 조건〉

• 정차역에 도착할 때마다 대기시간 15분을 소요한다.
• 정차역에 먼저 도착한 열차가 출발하기 전까지 뒤에 도착한 열차는 정차역에 들어오지 않고 대기한다.
• 정차역에 먼저 도착한 열차가 정차역을 출발한 후, 5분 뒤에 대기 중인 열차가 정차역에 들어온다.
• 정차역에 2종류 이상의 열차가 동시에 도착하였다면, ITX-청춘 → ITX-마음 → 새마을호 → 무궁화호 순으로 정차역에 들어온다.
• 목적지인 부산역은 먼저 도착한 열차로 인한 대기 없이 바로 역에 들어온다.

| 코레일 한국철도공사 / 문제해결능력

16 다음 중 자료에 대한 설명으로 옳지 않은 것은?

① ITX-청춘보다 ITX-마음이 목적지에 더 빨리 도착한다.
② 부산역에 가장 늦게 도착하는 열차는 12시에 도착한다.
③ ITX-마음은 먼저 도착한 열차로 인한 대기시간이 없다.
④ 부산역에 가장 빨리 도착하는 열차는 10시 30분에 도착한다.
⑤ 무궁화호는 울산역, 동대구역에서 다른 열차로 인해 대기한다.

17 다음 〈조건〉에 따라 승차권을 구입할 때, A과장과 팀원 4명의 총요금은?

> **조건**
>
> • A과장과 팀원 1명은 7시 30분까지 K공사에서 사전 회의를 가진 후 출발하며, 출장 인원 모두 같이 이동할 필요는 없다.
> • 목적지인 부산역에는 11시 30분까지 도착해야 한다.
> • 열차 요금은 가능한 한 저렴하게 한다.

① 247,400원
② 281,800원
③ 312,800원
④ 326,400원
⑤ 347,200원

18 다음 글에서 알 수 있는 논리적 사고의 구성요소로 가장 적절한 것은?

> A는 동업자 B와 함께 신규 사업을 시작하기 위해 기획안을 작성하여 논의하였다. 그러나 B는 신규 기획안을 읽고 시기나 적절성에 대해 부정적인 입장을 보였다. A가 B를 설득하기 위해 B의 의견들을 정리하여 생각해 보니 B는 신규 사업을 시작하는 데 있어 다른 경쟁사보다 늦게 출발하여 경쟁력이 부족하는 점 때문에 신규 사업에 부정적이라는 것을 알게 되었다. 이에 A는 경쟁력을 높이기 위한 다양한 아이디어를 추가로 제시하여 B를 다시 설득하였다.

① 설득
② 구체적인 생각
③ 생각하는 습관
④ 타인에 대한 이해
⑤ 상대 논리의 구조화

19 면접 참가자 A~E 5명은 〈조건〉과 같이 면접장에 도착했다. 동시에 도착한 사람은 없다고 할 때, 다음 중 항상 참인 것은?

> **조건**
> • B는 A 바로 다음에 도착했다.
> • D는 E보다 늦게 도착했다.
> • C보다 먼저 도착한 사람이 1명 있다.

① E는 가장 먼저 도착했다.

② B는 가장 늦게 도착했다.

③ A는 네 번째로 도착했다.

④ D는 가장 먼저 도착했다.

⑤ D는 A보다 먼저 도착했다.

20 다음 논리에서 나타난 형식적 오류로 옳은 것은?

> • 전제 1 : TV를 오래 보면 눈이 나빠진다.
> • 전제 2 : 철수는 TV를 오래 보지 않는다.
> • 결론 : 그러므로 철수는 눈이 나빠지지 않는다.

① 사개명사의 오류

② 전건 부정의 오류

③ 후건 긍정의 오류

④ 선언지 긍정의 오류

⑤ 매개념 부주연의 오류

21 다음 글의 내용으로 적절하지 않은 것은?

K공단은 의사와 약사가 협력하여 지역주민의 안전한 약물 사용을 돕는 의·약사 협업 다제약물 관리사업을 6월 26일부터 서울 도봉구에서 시작했다고 밝혔다.

지난 2018년부터 K공단이 진행 중인 다제약물 관리사업은 10종 이상의 약을 복용하는 만성질환자를 대상으로 약물의 중복 복용과 부작용 등을 예방하기 위해 의약전문가가 약물관리 서비스를 제공하는 사업이다. 지역사회에서는 K공단에서 위촉한 자문 약사가 가정을 방문하여 대상자가 먹고 있는 일반 약을 포함한 전체 약을 대상으로 약물의 복용상태, 부작용, 중복 등을 종합적으로 검토하고 그 결과를 바탕으로 상담, 교육 및 처방조정 안내를 실시함으로써 약물관리가 이루어지고, 병원에서는 입원 및 외래환자를 대상으로 의사, 약사 등으로 구성된 다학제팀(전인적인 돌봄을 위해 의사, 간호사, 약사, 사회복지사 등 다양한 전문가들로 이루어진 팀)이 약물관리 서비스를 제공한다.

다제약물 관리사업 효과를 평가한 결과 약물관리를 받은 사람의 복약순응도가 56.3% 개선되었고, 효능이 유사한 약물을 중복해서 복용하는 환자가 40.2% 감소되었다. 또한, 병원에서 제공된 다제약물 관리사업으로 응급실 방문 위험이 47%, 재입원 위험이 18% 감소되는 등의 효과를 확인하였다.

다만, 지역사회에서는 약사의 약물 상담결과가 의사의 처방조정에까지 반영되는 다학제 협업 시스템이 미흡하다는 의견이 제기되었다. 이러한 문제점의 개선을 위해 K공단은 도봉구 의사회와 약사회, 전문가로 구성된 지역협의체를 구성하고, 지난 4월부터 3회에 걸친 논의를 통해 의·약사 협업 모형을 개발하고, 사업 참여 의·약사 선정, 서비스 제공 대상자 모집 및 정보공유 방법 등의 현장 적용방안을 마련했다. 의사나 K공단이 선정한 약물관리 대상자는 자문 약사의 약물점검(필요시 의사 동행)을 받게 되며, 그 결과가 K공단의 정보 시스템을 통해 대상자의 단골 병원 의사에게 전달되어 처방 시 반영될 수 있도록 하는 것이 주요 골자이다. 지역 의·약사 협업 모형은 2023년 12월까지 도봉구지역의 일차의료 만성질환관리 시범사업에 참여하는 의원과 자문약사를 중심으로 우선 실시한다. 이후 사업의 효과성을 평가하고 부족한 점은 보완하여 다른 지역에도 확대 적용할 예정이다.

① K공단에서 위촉한 자문 약사는 환자가 먹는 약물을 조사하여 직접 처방할 수 있다.
② 다제약물 관리사업으로 인해 환자는 복용하는 약물의 수를 줄일 수 있다.
③ 다제약물 관리사업의 주요 대상자는 10종 이상의 약을 복용하는 만성질환자이다.
④ 다제약물 관리사업은 지역사회보다 병원에서 보다 활발히 이루어지고 있다.

22 다음 문단 뒤에 이어질 내용을 논리적 순서대로 바르게 나열한 것은?

> 아토피 피부염은 만성적으로 재발하는 양상을 보이며 심한 가려움증을 동반하는 염증성 피부 질환으로, 연령에 따라 특징적인 병변의 분포와 양상을 보인다.
>
> (가) 이와 같이 아토피 피부염은 원인을 정확히 파악할 수 없기 때문에 아토피 피부염의 진단을 위한 특이한 검사소견은 없으며, 임상 증상을 종합하여 진단한다. 기존에 몇 가지 국외의 진단기준이 있었으며, 2005년 대한아토피피부염학회에서는 한국인 아토피 피부염에서 특징적으로 관찰되는 세 가지 주진단 기준과 14가지 보조진단 기준으로 구성된 한국인 아토피 피부염 진단기준을 정하였다.
>
> (나) 아토피 피부염 환자는 정상 피부에 비해 민감한 피부를 가지고 있으며 다양한 자극원에 의해 악화될 수 있으므로 앞의 약물치료와 더불어 일상생활에서도 이를 피할 수 있도록 노력해야 한다. 비누와 세제, 화학약품, 모직과 나일론 의류, 비정상적인 기온이나 습도에 대한 노출 등이 대표적인 피부 자극 요인들이다. 면제품 속옷을 입도록 하고, 세탁 후 세제가 남지 않도록 물로 여러 번 헹구도록 한다. 또한 평소 실내 온도, 습도를 쾌적하게 유지하는 것도 중요하다. 땀이나 자극성 물질을 제거하는 목적으로 미지근한 물에 샤워를 하는 것이 좋으며, 샤워 후에는 3분 이내에 보습제를 바르는 것이 좋다.
>
> (다) 아토피 피부염을 진단받아 치료하기 위해서는 보습이 가장 중요하고, 피부 증상을 악화시킬 수 있는 자극원, 알레르겐 등을 피하는 것이 필요하다. 국소 치료제로는 국소 스테로이드제가 가장 기본적이다. 국소 칼시뉴린 억제제도 효과적으로 사용되는 약제이며, 국소 스테로이드제 사용으로 발생 가능한 피부 위축 등의 부작용이 없다. 아직 국내에 들어오지는 않았으나 국소 포스포디에스테라제 억제제도 있다. 이 외에는 전신치료로 가려움증 완화를 위해 사용할 수 있는 항히스타민제가 있고, 필요시 경구 스테로이드제를 사용할 수 있다. 심한 아토피 피부염 환자에서는 면역 억제제가 사용된다. 광선치료(자외선치료)도 아토피 피부염 치료로 이용된다. 최근에는 아토피 피부염을 유발하는 특정한 사이토카인 신호 전달을 차단할 수 있는 생물학적 제제인 두필루맙(Dupilumab)이 만성 중증 아토피 피부염 환자를 대상으로 사용되고 있으며, 치료 효과가 뛰어나다고 알려져 있다.
>
> (라) 많은 연구에도 불구하고 아토피 피부염의 정확한 원인은 아직 밝혀지지 않았다. 현재까지는 피부 보호막 역할을 하는 피부장벽 기능의 이상, 면역체계의 이상, 유전적 및 환경적 요인 등이 복합적으로 상호작용한 결과 발생하는 것으로 보고 있다.

① (다) – (가) – (라) – (나)

② (다) – (나) – (라) – (가)

③ (라) – (가) – (나) – (다)

④ (라) – (가) – (다) – (나)

23 다음 글의 주제로 가장 적절한 것은?

한국인의 주요 사망 원인 중 하나인 뇌경색은 뇌혈관이 갑자기 폐쇄됨으로써 뇌가 손상되어 신경학적 이상이 발생하는 질병이다.

뇌경색의 발생 원인은 크게 분류하면 2가지가 있는데, 그중 첫 번째는 동맥경화증이다. 동맥경화증은 혈관의 중간층에 퇴행성 변화가 일어나서 섬유화가 진행되고 혈관의 탄성이 줄어드는 노화현상의 일종으로, 뇌로 혈류를 공급하는 큰 혈관이 폐쇄되거나 뇌 안의 작은 혈관이 폐쇄되어 발생하는 것이다. 두 번째는 심인성 색전으로, 심장에서 형성된 혈전이 혈관을 타고 흐르다 갑자기 뇌혈관을 폐쇄시켜 발생하는 것이다.

뇌경색이 발생하여 환자가 응급실에 내원한 경우, 폐쇄된 뇌혈관을 확인하기 위한 뇌혈관 조영 CT를 촬영하거나 손상된 뇌경색 부위를 좀 더 정확하게 확인해야 하는 경우에는 뇌 자기공명 영상(Brain MRI) 검사를 한다. 이렇게 시행한 검사에서 큰 혈관의 폐쇄가 확인되면 정맥 내에 혈전용해제를 투여하거나 동맥 내부의 혈전제거술을 시행하게 된다. 시술이 필요하지 않은 경우라면, 뇌경색의 악화를 방지하기 위하여 뇌경색 기전에 따라 항혈소판제나 항응고제 약물 치료를 하게 된다.

뇌경색의 원인 중 동맥경화증의 경우 여러 가지 위험 요인에 의하여 장시간 동안 서서히 진행된다. 고혈압, 당뇨, 이상지질혈증, 흡연, 과도한 음주, 비만 등이 위험 요인이며, 평소 이러한 원인이 있는 사람은 약물 치료 및 생활 습관 개선으로 위험 요인을 줄여야 한다. 특히 뇌경색이 한번 발병했던 사람은 재발 방지를 위한 약물을 지속적으로 복용하는 것이 필요하다.

① 뇌경색의 주요 증상
② 뇌경색 환자의 약물치료 방법
③ 뇌경색의 발병 원인과 치료 방법
④ 뇌경색이 발생했을 때의 조치사항

24 다음은 2019 ~ 2023년 건강보험료 부과 금액 및 1인당 건강보험 급여비에 대한 자료이다. 이에 대한 설명으로 옳지 않은 것은?

〈건강보험료 부과 금액 및 1인당 건강보험 급여비〉

구분	2019년	2020년	2021년	2022년	2023년
건강보험료 부과 금액 (십억 원)	59,130	63,120	69,480	76,775	82,840
1인당 건강보험 급여비(원)	1,300,000	1,400,000	1,550,000	1,700,000	1,900,000

① 건강보험료 부과 금액과 1인당 건강보험 급여비는 모두 매년 증가하였다.
② 2020 ~ 2023년 동안 전년 대비 1인당 건강보험 급여비가 가장 크게 증가한 해는 2023년이다.
③ 2020 ~ 2023년 동안 전년 대비 건강보험료 부과 금액의 증가율은 항상 10% 미만이었다.
④ 2019년 대비 2023년의 1인당 건강보험 급여비는 40% 이상 증가하였다.

┃ 국민건강보험공단 / 문제해결능력

25

- 잎이 넓은 나무는 키가 크다.
- 잎이 넓지 않은 나무는 덥지 않은 지방에서 자란다.
- _____
- 따라서 더운 지방에서 자라는 나무는 열매가 많이 맺힌다.

① 잎이 넓지 않은 나무는 열매가 많이 맺힌다.
② 열매가 많이 맺히지 않는 나무는 키가 작다.
③ 벌레가 많은 지역은 열매가 많이 맺히지 않는다.
④ 키가 작은 나무는 덥지 않은 지방에서 자란다.

┃ 국민건강보험공단 / 문제해결능력

26

- 풀을 먹는 동물은 몸집이 크다.
- 사막에서 사는 동물은 물속에서 살지 않는다.
- _____
- 따라서 물속에서 사는 동물은 몸집이 크다.

① 몸집이 큰 동물은 물속에서 산다.
② 물이 있으면 사막이 아니다.
③ 사막에 사는 동물은 몸집이 크다.
④ 풀을 먹지 않는 동물은 사막에 산다.

┃ 국민건강보험공단 / 문제해결능력

27

- 모든 1과 사원은 가장 실적이 많은 2과 사원보다 실적이 많다.
- 가장 실적이 많은 4과 사원은 모든 3과 사원보다 실적이 적다.
- 3과 사원 중 일부는 가장 실적이 많은 2과 사원보다 실적이 적다.
- 따라서 _____

① 모든 2과 사원은 4과 사원 중 일부보다 실적이 적다.
② 어떤 1과 사원은 가장 실적이 많은 3과 사원보다 실적이 적다.
③ 어떤 3과 사원은 가장 실적이 적은 1과 사원보다 실적이 적다.
④ 1과 사원 중 가장 적은 실적을 올린 사원과 같은 실적을 올린 사원이 4과에 있다.

28 다음은 대한민국 입국 목적별 비자 종류의 일부이다. 외국인 A ~ D씨가 피초청자로서 입국할 때, 발급받아야 하는 비자의 종류를 바르게 짝지은 것은?(단, 비자면제 협정은 없는 것으로 가정한다)

〈대한민국 입국 목적별 비자 종류〉

• 외교 · 공무
  – 외교(A-1) : 대한민국 정부가 접수한 외국 정부의 외교사절단이나 영사기관의 구성원, 조약 또는 국제관행에 따라 외교사절과 동등한 특권과 면제를 받는 사람과 그 가족
  – 공무(A-2) : 대한민국 정부가 승인한 외국 정부 또는 국제기구의 공무를 수행하는 사람과 ㄱ 가족
• 유학 · 어학연수
  – 학사유학(D-2-2) : (전문)대학, 대학원 또는 특별법의 규정에 의하여 설립된 전문대학 이상의 학술기관에서 정규과정(학사)의 교육을 받고자 하는 자
  – 교환학생(D-2-6) : 대학 간 학사교류 협정에 의해 정규과정 중 일정 기간 동안 교육을 받고자 하는 교환학생
• 비전문직 취업
  – 제조업(E-9-1) : 외국인근로자의 고용에 관한 법률의 규정에 의한 국내 취업요건을 갖추어 제조업체에 취업하고자 하는 자
  – 농업(E-9-3) : 외국인근로자의 고용에 관한 법률의 규정에 의한 국내 취업요건을 갖추어 농업, 축산업 등에 취업하고자 하는 자
• 결혼이민
  – 결혼이민(F-6-1) : 한국에서 혼인이 유효하게 성립되어 있고, 우리 국민과 결혼생활을 지속하기 위해 국내 체류를 하고자 하는 외국인
  – 자녀양육(F-6-2) : 국민의 배우자(F-6-1) 자격에 해당하지 않으나 출생한 미성년 자녀(사실혼 관계 포함)를 국내에서 양육하거나 양육하려는 부 또는 모
• 치료 요양
  – 의료관광(C-3-3) : 국내 의료기관에서 진료 또는 요양할 목적으로 입국하는 외국인 환자와 간병 등을 위해 동반입국이 필요한 동반가족 및 간병인(90일 이내)
  – 치료요양(G-1-10) : 국내 의료기관에서 진료 또는 요양할 목적으로 입국하는 외국인 환자와 간병 등을 위해 동반입국이 필요한 동반가족 및 간병인(1년 이내)

〈피초청자 초청 목적〉

피초청자	국적	초청 목적
A	말레이시아	부산에서 6개월가량 입원 치료가 필요한 아들의 간병(아들의 국적 또한 같음)
B	베트남	경기도 소재 O제조공장 취업(국내 취업 요건을 모두 갖춤)
C	사우디아라비아	서울 소재 K대학교 교환학생
D	인도네시아	대한민국 개최 APEC 국제기구 정상회의 참석

	A	B	C	D
①	C-3-3	D-2-2	F-6-1	A-2
②	G-1-10	E-9-1	D-2-6	A-2
③	G-1-10	D-2-2	F-6-1	A-1
④	C-3-3	E-9-1	D-2-6	A-1

※ 다음 글을 읽고 이어지는 질문에 답하시오. [29~30]

통계청이 발표한 출생·사망통계에 따르면 국내 합계출산율(가임여성 1명이 평생 낳을 것으로 기대되는 평균 출생아 수)은 2015년 1.24명에서 2023년 0.72명으로 급격하게 감소했다. 이 수치는 OECD 38개국 중 꼴찌일 뿐 아니라 바로 앞 순위인 스페인의 1.19명과도 상당한 차이를 보인다.

실제로 2020년부터 사망자 수가 출생아 수를 넘어서면서 이른 바 데드크로스 현상이 나타나고 있으며, 이 사태가 지속된다면 머지않아 경제, 사회, 안보 등 모든 분야가 순차적으로 직격탄을 맞게 될 것이다.

이에 정부는 현 상황을 해결하고자 3대 핵심부분인 일가정 양립, 양육, 주거를 중심으로 지원하겠다고 밝혔다. 특히 소득 차이를 줄이기 위한 방안으로 현행 월 150만 원인 육아휴직 월 급여 상한을 최초 3개월 동안 250만 원으로 증액시키고, 연 1회 2주 단위의 단기휴직을 도입하겠다고 밝혔다.

이 외에도 경력단절 문제를 해결하기 위한 방안으로 육아기 단축근로제도를 수정하였는데, 기존 제도에서 _____ 또 육아휴직과 출산휴가를 통합신청을 가능하게 하고 이에 대해 14일 이내 사업주가 서면으로 허용하지 않으면 자동 승인되도록 하여 눈치 보지 않고 육아휴직 및 출산휴가를 사용할 수 있도록 개선하였다.

다만 제도가 변경되어도 현실적으로 육아휴직 사용이 어려운 소규모 사업장에서의 사용률을 높일 수 있는 법적 강제화 방안은 제외되었으며, 배달라이더 등 특수고용노동자나 자영업자는 전과 같이 적용대상에서 제외되었다.

29 다음 중 윗글에 대한 설명으로 적절하지 않은 것은?

① 2020년 이후 우리나라 전체 인구수는 감소하고 있다.
② 2023년 OECD 38개국 중 유일하게 우리나라만 인구감소 현상이 나타났다.
③ 정부는 저출생의 가장 큰 원인을 일가정 양립, 양육, 주거로 보고 있다.
④ 육아 휴직 및 출산 휴가 제도가 개선되었더라도 수혜 대상은 이전과 유사하다.

30 다음 중 윗글의 빈칸에 들어갈 내용으로 가장 적절한 것은?

① 자녀의 대상연령은 축소하고, 제도의 이용기간은 줄였다.
② 자녀의 대상연령은 축소하고, 제도의 이용기간은 늘렸다.
③ 자녀의 대상연령은 확대하고, 제도의 이용기간은 줄였다.
④ 자녀의 대상연령은 확대하고, 제도의 이용기간은 늘렸다.

※ 다음 글을 읽고 이어지는 질문에 답하시오. [31~32]

헤겔의 정반합 이론은 변증법이라고도 하며, '정', '반', '합'의 3단계 과정으로 이루어진다. 먼저 '정'이라는 하나의 명제가 존재하고 여기에 반대되는 주장인 '반'이 등장해 둘 사이는 갈등을 통해 통합된 하나의 주장인 '합'을 도출해낸다. 이 이론의 각 단계를 살펴보면 다음과 같다.

먼저 '정'이라는 하나의 추상적인 또는 객관적인 명제로부터 이 이론은 시작된다. '정' 단계에서는 그 명제 자체만으로도 독립적인 의미를 가지고 있는 상태로, 어떠한 갈등이나 대립도 없어 다음 단계로 발전하지 못하는 잠재적인 무의식의 단계이다.

그 다음 단계인 '반'은 앞선 단계인 '정'의 명제에 대해 반대되거나 모순되어 갈등 상황을 일으키는 명제이다. 비록 부정적이지만 이성에 근거한 이 명제는 '정'으로 하여금 이미 자신이 내포하고 있었던 내재적 모순을 표면적으로 드러나게 하여 스스로를 객관적으로 바라보고 이를 반성할 수 있도록 이끈다. 따라서 이 단계는 직접적인 갈등 과정이 표면으로 드러나면서 이를 자각하고 이전보다 한걸음 발전했기 때문에 의식적 단계라고 볼 수 있다.

마지막 단계인 '합'은 '정'과 '반' 두 명제를 통합하는 과정으로, 두 명제 사이의 갈등을 해결해 마침내 이성적이고 긍정적인 판단을 이끌어내는 것이다. 이로써 '합'은 두 명제의 모순을 해결해 하나로 합쳐 스스로를 인식하는 진정한 의식적 단계에 다다른 것이다.

하지만 헤겔의 변증법적인 발전은 '합' 단계에서 그치는 것이 아니다. '합'은 다시 '정'이 되어 스스로가 내재적으로 가지고 있는 모순을 다시금 꺼내어 정반합의 단계를 되풀이하면서 계속하여 발전해 간다. 즉, 이 이론의 핵심은 _____이다.

| 건강보험심사평가원 / 의사소통능력

31 다음 중 윗글에 대한 설명으로 적절하지 않은 것을 〈보기〉에서 모두 고르면?

> **보기**
> ㄱ. '정'과 '반'의 명제가 무조건적으로 대립되는 관계는 아니다.
> ㄴ. 헤겔의 정반합 이론에서 '합'은 '정'과 '반'보다 더 발전된 명제이다.
> ㄷ. '정'과 '반'의 명제의 우위를 가려 더 발전적 결과인 '합'을 도출하여야 한다.
> ㄹ. '정'과 '반'이 하나의 의견으로 도출해내지 못한다면, 이는 헤겔의 정반합 이론이 적용되었다고 보기 어렵다.

① ㄱ, ㄴ
② ㄱ, ㄷ
③ ㄴ, ㄷ
④ ㄷ, ㄹ

| 건강보험심사평가원 / 의사소통능력

32 다음 중 윗글의 빈칸에 들어갈 내용으로 가장 적절한 것은?

① 개인과 사회는 정반합의 과정처럼 계속하여 갈등상황에 놓이게 된다는 것
② 개인과 사회는 정반합의 과정을 계속하면서 이전보다 더 발전하게 된다는 것
③ 개인과 사회는 발전하기 위해 끊임없이 '반'에 해당하는 명제를 제시해야 한다는 것
④ 개인과 사회는 발전하기 위해 서로 상반된 주장도 통합할 수 있는 판단을 이끌어내야 한다는 것

33 다음과 같이 일정한 규칙으로 수를 나열할 때 빈칸에 들어갈 수는?

• 6	13	8	8	144
• 7	11	7	4	122
• 8	9	6	2	100
• 9	7	5	1	( )

① 75
② 79
③ 83
④ 87

34 다음과 같이 둘레의 길이가 2,000m인 원형 산책로에서 오후 5시 정각에 A씨가 3km/h의 속력으로 산책로를 따라 걷기 시작했다. 30분 후 B씨는 A씨가 걸어간 반대 방향으로 7km/h의 속력으로 같은 산책로를 따라 달리기 시작했을 때, A씨와 B씨가 두 번째로 만나게 되는 시각은?

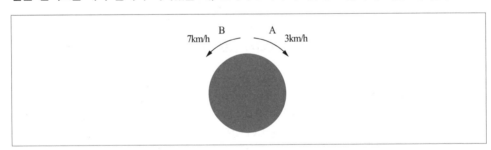

① 오후 6시 30분
② 오후 6시 15분
③ 오후 6시
④ 오후 5시 45분

35 두 주사위 A, B를 던져 나온 수를 각각 a, b라고 할 때, $a \neq b$일 확률은?

① $\dfrac{2}{3}$
② $\dfrac{13}{18}$
③ $\dfrac{7}{9}$
④ $\dfrac{5}{6}$

36 어떤 상자 안에 빨간색 공 2개와 노란색 공 3개가 들어 있다. 이 상자에서 공 3개를 꺼낼 때, 빨간색 공 1개와 노란색 공 2개를 꺼낼 확률은?(단, 꺼낸 공은 다시 넣지 않는다)

① $\dfrac{1}{2}$

② $\dfrac{3}{5}$

③ $\dfrac{2}{3}$

④ $\dfrac{3}{4}$

37 다음 중 제시된 명제가 모두 참일 때, 빈칸에 들어갈 명제로 가장 적절한 것은?

> • 전제 1 : 아파트에 사는 어떤 사람은 강아지를 키운다.
> • 전제 2 : _____
> • 전제 3 : 아파트에 사는 강아지를 키우거나 식물을 키우는 사람은 빨간색 옷을 입는다.
> • 결론 : 그러므로 아파트에 사는 모든 사람은 빨간색 옷을 입는다.

① 아파트에 사는 모든 사람은 식물을 키우지 않는다.

② 아파트에 사는 어떤 사람은 식물을 키운다.

③ 아파트에 사는 강아지를 키우지 않는 모든 사람은 식물을 키운다.

④ 아파트에 사는 어떤 사람은 강아지를 키우지 않는다.

38 신입사원 A ~ G 7명이 다음 〈조건〉에 따라 5층까지 있는 사택에서 살 때, 각 층에 사는 사원을 바르게 연결한 것은?

> **조건**
> • 한 층에 최대 2명까지 들어갈 수 있다.
> • A, B는 같은 층에 산다.
> • C는 A보다 아래에 산다.
> • D, E는 서로 다른 층에 산다.
> • F는 E의 바로 위에 산다.
> • G와 같은 층에 사는 신입사원은 없다.
> • 3층은 사택 복지 공간이므로 사람이 살 수 없다.

① 1층 - G

② 2층 - D, F

③ 4층 - E

④ 5층 - B, C

39 다음 중 파일 여러 개가 열려 있는 상태에서 즉시 바탕화면으로 돌아가고자 할 때, 입력해야 할 단축키로 옳은 것은?

① 〈Window 로고 키〉 + 〈R〉

② 〈Window 로고 키〉 + 〈I〉

③ 〈Window 로고 키〉 + 〈L〉

④ 〈Window 로고 키〉 + 〈D〉

40 엑셀 프로그램에서 "서울특별시 영등포구 홍제동"으로 입력된 텍스트를 "서울특별시 서대문구 홍제동"으로 수정하여 입력하고자 할 때, 입력해야 할 함수식으로 옳은 것은?

① =SUBSTITUTE("서울특별시 영등포구 홍제동","영등포","서대문")

② =IF("서울특별시 영등포구 홍제동"="영등포","서대문"," ")

③ =MOD("서울특별시 영등포구 홍제동","영등포","서대문")

④ =NOT("서울특별시 영등포구 홍제동","영등포","서대문")

※ 다음은 중학생 15명을 대상으로 한 달 용돈 금액을 조사한 자료이다. 이어지는 질문에 답하시오. [41~42]

▲	A	B
1	이름	금액(원)
2	강○○	30,000
3	권○○	50,000
4	고○○	100,000
5	김○○	30,000
6	김△△	25,000
7	류○○	75,000
8	오○○	40,000
9	윤○○	100,000
10	이○○	150,000
11	임○○	75,000
12	장○○	50,000
13	전○○	60,000
14	정○○	45,000
15	황○○	50,000
16	황△△	100,000

‖ 건강보험심사평가원 / 정보능력

41 다음 중 한 달 용돈이 50,000원 이상인 학생 수를 구하고자 할 때, 입력해야 할 함수식으로 옳은 것은?

① =MODE(B2:B16)

② =COUNTIF(B2:B16,">=50000")

③ =MATCH(50000,B2:B16,0)

④ =VLOOKUP(50000,$B$1:$B$16,1,0)

‖ 건강보험심사평가원 / 정보능력

42 다음 중 학생들이 받는 한 달 평균 용돈을 백 원 미만은 버림하여 구하고자 할 때, 입력해야 할 함수식으로 옳은 것은?

① =LEFT((AVERAGE(B2:B16)),2)

② =RIGHT((AVERAGE(B2:B16)),2)

③ =ROUNDUP((AVERAGE(B2:B16)),-2)

④ =ROUNDDOWN((AVERAGE(B2:B16)),-2)

※ 다음은 국제표준도서번호(ISBN-13)와 부가기호의 기본 구조에 대한 자료이다. 이어지는 질문에 답하시오. [43~45]

<국제표준도서번호 기본 구조>

제1군		제2군		제3군		제4군		제5군
접두부		국별번호		발행자번호		서명식별번호		체크기호
978	–	89	–	671876	–	6	–	8

- 접두부 : 국제상품코드관리협회에서 부여하는 3자리 수이며, 도서의 경우 '978', '979'를 부여한다. 단, '978'은 배정이 완료되어 2013년 3월 6일 이후로 '979'를 부여한다.
- 국별변호 : 국가, 지역별 또는 언어별 군을 나타내는 수이다. 대한민국의 경우 제1군(접두부)의 숫자가 '978'일 때 '89'를 부여하고 '979'일 때 '11'을 부여한다.
- 발행자번호 : 출판사, 개인, 기관 등의 발행처를 나타내는 수이며, 대한민국은 국립중앙도서관 한국서지표준센터에서 배정한다.
- 서명식별번호 : 발행처가 간행한 출판물의 특정 서명이나 판을 나타내는 수이며, 제3군(발행자번호)의 자릿수와 제4군의 자릿수의 합은 항상 7이다.
- 체크기호 : ISBN의 정확성 여부를 자동으로 점검할 수 있는 기호로 다음과 같은 규칙을 따른다.
  1. ISBN번호의 1번째 자리부터 12번째 자리까지 1, 3, 1, 3, … 의 가중치를 부여한다.
  2. 각 자릿수와 가중치를 곱하여 더한다.
  3. 2.의 값에 10을 나눈 나머지를 구한다.
  4. 10에서 3.에서 구한 나머지를 뺀 값이 체크기호 수이다.

예 어떤 도서의 ISBN-13기호가 978-89-671876-6-8일 때

ISBN	9	7	8	8	9	6	7	1	8	7	6	6
가중치	1	3	1	3	1	3	1	3	1	3	1	3

$9 \times 1 + 7 \times 3 + 8 \times 1 + 8 \times 3 + 9 \times 1 + 6 \times 3 + 7 \times 1 + 1 \times 3 + 8 \times 1 + 7 \times 3 + 6 \times 1 + 6 \times 3 = 152$

$152 \div 10 = 15 \cdots 2 \rightarrow 10 - 2 = 8$

따라서 978-89-671876-6-8 도서의 체크기호는 정확하다.

<부가기호 기본 구조>

제1행	제2행	제3행
독자대상기호	발행형태기호	내용분류기호
1	3	320

- 독자대상기호

기호	0	1	2	3	4
내용	교양	실용	(예비)	(예비)	청소년(비교육)
기호	5	6	7	8	9
내용	중등·고등 교육	초등교육	아동(비교육)	(예비)	학술·전문

단, 기호가 2개 이상 중복될 경우, 발행처가 선택할 수 있다.

• 발행형태기호

기호	0	1	2	3	4
내용	문고본	사전	신서판	단행본	전집
기호	5	6	7	8	9
내용	전자출판물	도감	만화 및 그림책	혼합 자료	(예비)

1. 발행형태기호로 '9'는 임의사용이 불가능하다.
2. 발행형태기호를 2개 이상 적용할 수 있다면 가장 큰 수를 적용하되, 전자출판물은 항상 '5'를 적용한다.

• 내용분류기호

주제 – 세부분야 – 0으로 이루어져 있으며, 다섯 번째 자리 숫자는 '0' 이외의 숫자는 예외 없이 사용이 불가능하다.

번호	000 ~ 099	100 ~ 199	200 ~ 299	300 ~ 399	400 ~ 499
내용	수필, 간행물 등	철학, 심리학 등	종교	사회과학	자연과학
번호	500 ~ 599	600 ~ 699	700 ~ 799	800 ~ 899	900 ~ 999
내용	기술과학	예술	언어	문학	역사

❘ 한국전력공사 / 정보능력

43 다음 중 자료에 대한 설명으로 옳지 않은 것은?

① 부가기호 '53415'는 존재하지 않는다.
② 아동 대상의 학습용 만화 단행본의 부가기호 앞 두 자리 숫자는 '77'이다.
③ 고등학교 교육용 도서와 중학교 교육용 도서의 부가기호 앞자리 숫자는 다르다.
④ 국제표준도서번호의 앞 다섯 자리 숫자가 '97889'인 도서는 2013년 3월 6일 이전에 번호가 부여됐다.
⑤ 2024년 초 신규 발행처에서 발행한 국내도서의 국제표준도서번호의 앞 다섯 자리 숫자는 '97911'이다.

❘ 한국전력공사 / 정보능력

44 어떤 도서의 국제표준도서번호가 '979112548336O'일 때, 이 도서의 체크기호(O)는?

① 6
② 7
③ 8
④ 9
⑤ 0

❘ 한국전력공사 / 정보능력

45 다음 중 도서의 주제와 부가기호의 내용분류기호의 범위가 바르게 연결되지 않은 것은?

① 동아시아사 – 900 ~ 999
② 행정학 – 800 ~ 899
③ 일본어 – 700 ~ 799
④ 천문학 – 400 ~ 499
⑤ 불교 – 200 ~ 299

〈2023년 7 ~ 12월 경상수지〉

(단위 : 백만 달러)

구분		2023년 7월	2023년 8월	2023년 9월	2023년 10월	2023년 11월	2023년 12월
경상수지(계)		4,113.9	5,412.7	6,072.7	7,437.8	3,890.7	7,414.6
상품수지		4,427.5	5,201.4	7,486.3	5,433.3	6,878.2	8,037.4
	수출	50,247.2	53,668.9	56,102.5	57,779.9	56,398.4	ㄴ
	수입	45,819.7	ㄱ	48,616.2	52,346.6	49,520.2	50,966.5
서비스수지		-2,572.1	-1,549.5	-3,209.9	-1,279.8	-2,210.9	-2,535.4
본원소득수지		3,356.3	1,879	2,180.4	3,358.5	-116.6	2,459.5
이전소득수지		-1,097.8	-118.2	-384.1	-74.2	-660	-546.9

※ (경상수지)＝(상품수지)＋(서비스수지)＋(본원소득수지)＋(이전소득수지)

※ (상품수지)＝(수출)－(수입)

※ 수지가 양수일 경우 흑자, 음수일 경우 적자이다.

46 다음 중 자료에 대한 설명으로 옳은 것은?

① 본원소득수지는 항상 흑자를 기록하였다.

② 경상수지는 2023년 11월에 적자를 기록하였다.

③ 상품수지가 가장 높은 달의 경상수지가 가장 높았다.

④ 2023년 8월 이후 서비스수지가 가장 큰 적자를 기록한 달의 상품수지 증가폭이 가장 크다.

⑤ 2023년 8월 이후 전월 대비 경상수지 증가폭이 가장 작은 달의 상품수지 증가폭이 가장 낮다.

47 다음 중 빈칸에 들어갈 수로 옳은 것은?

	ㄱ	ㄴ
①	48,256.2	59,003.9
②	48,256.2	58,381.1
③	48,467.5	59,003.9
④	48,467.5	58,381.1
⑤	47,685.7	59,003.9

48 S편의점을 운영하는 P씨는 개인사정으로 이번 주 토요일 하루만 오전 10시부터 오후 8시까지 직원들을 대타로 고용할 예정이다. 직원 A ~ D의 시급과 근무 가능 시간이 다음과 같을 때, 가장 적은 인건비는 얼마인가?

〈S편의점 직원 시급 및 근무 가능 시간〉

직원	시급	근무 가능 시간
A	10,000원	오후 12:00 ~ 오후 5:00
B	10,500원	오전 10:00 ~ 오후 3:00
C	10,500원	오후 12:00 ~ 오후 6:00
D	11,000원	오후 12:00 ~ 오후 8:00

※ 추가 수당으로 시급의 1.5배를 지급한다.
※ 직원 1명당 근무시간은 최소 2시간 이상이어야 한다.

① 153,750원
② 155,250원
③ 156,000원
④ 157,500원
⑤ 159,000원

49 다음은 S마트에 진열된 과일 7종의 판매량에 대한 자료이다. 30개 이상 팔린 과일의 개수를 구하기 위해 [C9] 셀에 입력해야 할 함수식으로 옳은 것은?

〈S마트 진열 과일 판매량〉

	A	B	C
1	번호	과일	판매량(개)
2	1	바나나	50
3	2	사과	25
4	3	참외	15
5	4	배	23
6	5	수박	14
7	6	포도	27
8	7	키위	32
9			

① =MID(C2:C8)
② =COUNTIF(C2:C8, ">=30")
③ =MEDIAN(C2:C8)
④ =AVERAGEIF(C2:C8, ">=30")
⑤ =MIN(C2:C8)

50 다음 〈보기〉 중 실무형 팔로워십을 가진 사람의 자아상으로 옳은 것을 모두 고르면?

> **보기**
>
> ㄱ. 기쁜 마음으로 과업을 수행 ㄴ. 판단과 사고를 리더에 의존
> ㄷ. 조직의 운영 방침에 민감 ㄹ. 일부러 반대의견을 제시
> ㅁ. 규정과 규칙에 따라 행동 ㅂ. 지시가 있어야 행동

① ㄱ, ㄴ ② ㄴ, ㄷ
③ ㄷ, ㅁ ④ ㄹ, ㅁ
⑤ ㅁ, ㅂ

51 다음 중 갈등의 과정 단계를 순서대로 바르게 나열한 것은?

> ㄱ. 이성과 이해의 상태로 돌아가며 협상과정을 통해 쟁점이 되는 주제를 논의하고, 새로운 제안을 하고, 대안을 모색한다.
> ㄴ. 설득보다는 강압적·위협적인 방법 등 극단적인 모습을 보이며 상대방의 생각이나 의견, 제안을 부정하고, 상대방은 그에 대한 반격으로 대응함으로써 자신들의 반격을 정당하게 생각한다.
> ㄷ. 의견 불일치가 해소되지 않아 감정이 개입되어 상대방의 주장에 대한 문제점을 찾기 시작하고, 상대방의 입장은 부정하면서 자기주장만 하려고 한다.
> ㄹ. 서로 간의 생각이나 신념, 가치관 차이로 인해 의견 불일치가 생겨난다.
> ㅁ. 회피, 경쟁, 수용, 타협, 통합의 방법으로 서로 간의 견해를 일치하려 한다.

① ㄹ - ㄱ - ㄴ - ㄷ - ㅁ ② ㄹ - ㄴ - ㄷ - ㄱ - ㅁ
③ ㄹ - ㄷ - ㄴ - ㄱ - ㅁ ④ ㅁ - ㄱ - ㄴ - ㄷ - ㄹ
⑤ ㅁ - ㄹ - ㄴ - ㄷ - ㄱ

52 다음 〈보기〉 중 근로윤리의 덕목과 공동체윤리의 덕목을 바르게 구분한 것은?

> **보기**
>
> ㉠ 근면 　　　　　　　　　　㉡ 봉사와 책임의식
> ㉢ 준법 　　　　　　　　　　㉣ 예절과 존중
> ㉤ 정직 　　　　　　　　　　㉥ 성실

	근로윤리	공동체윤리
①	㉠, ㉡, ㉥	㉢, ㉣, ㉤
②	㉠, ㉢, ㉤	㉡, ㉣, ㉥
③	㉠, ㉤, ㉥	㉡, ㉢, ㉣
④	㉡, ㉣, ㉤	㉠, ㉢, ㉥
⑤	㉡, ㉤, ㉥	㉠, ㉢, ㉣

53 다음 중 B에 대한 A의 행동이 직장 내 괴롭힘에 해당하지 않는 것은?

① A대표는 B사원에게 본래 업무에 더해 개인적인 용무를 자주 지시하였고, B사원은 과중한 업무로 인해 근무환경이 악화되었다.

② A팀장은 업무처리 속도가 늦은 B사원만 업무에서 배제시키고 청소나 잡일만을 지시하였다. 이에 B사원은 고의적인 업무배제에 정신적 고통을 호소하였다.

③ A팀장은 기획의도와 맞지 않는다는 이유로 B사원에게 수차례 보완을 요구하였다. 계속해서 보완을 명령받은 B사원은 늘어난 업무량으로 인해 스트레스를 받아 휴직을 신청하였다.

④ A대리는 육아휴직 후 복직한 동기인 B대리를 다른 직원과 함께 조롱하고 무시하며 따돌렸다. 이에 B대리는 우울증을 앓았고 결국 퇴사하였다.

⑤ A대표는 실적이 부진하다는 이유로 B과장을 다른 직원이 보는 앞에서 욕설 등의 모욕감을 주었고 이에 B과장은 정신적 고통을 호소하였다.

54 다음 중 S의 사례에서 볼 수 있는 직업윤리 의식으로 옳은 것은?

> 어릴 적부터 각종 기계를 분해하고 다시 조립하는 취미가 있던 S는 공대를 졸업한 뒤 로봇 엔지니어로 활동하고 있다. S는 자신의 직업이 적성에 꼭 맞는다고 생각하여 더 높은 성취를 위해 성실히 노력하고 있다.

① 소명의식   ② 봉사의식

③ 책임의식   ④ 직분의식

⑤ 천직의식

55 다음 중 경력개발의 단계별 내용으로 적절하지 않은 것은?

① 직업선택 : 외부 교육 등 필요한 교육을 이수함

② 조직입사 : 조직의 규칙과 규범에 대해 배움

③ 경력 초기 : 역량을 증대시키고 꿈을 추구해 나감

④ 경력 중기 : 이전 단계를 재평가하고 더 업그레이드된 꿈으로 수정함

⑤ 경력 말기 : 지속적으로 열심히 일함

56 다음 10개의 수의 중앙값이 8일 때, 빈칸에 들어갈 수로 옳은 것은?

10	( )	6	9	9	7	8	7	10	7

① 6

② 7

③ 8

④ 9

57 1 ~ 200의 자연수 중에서 2, 3, 5 중 어느 것으로도 나누어떨어지지 않는 수는 모두 몇 개인가?

① 50개

② 54개

③ 58개

④ 62개

58 다음 그림과 같은 길의 A지점에서 출발하여 최단거리로 이동하여 B지점에 도착하는 경우의 수는?

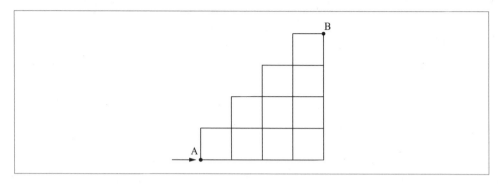

① 36가지

② 42가지

③ 48가지

④ 54가지

59 어떤 원형 시계가 4시 30분을 가리키고 있다. 이 시계의 시침과 분침이 만드는 작은 부채꼴의 넓이와 전체 원의 넓이의 비는 얼마인가?

① $\dfrac{1}{8}$

② $\dfrac{1}{6}$

③ $\dfrac{1}{4}$

④ $\dfrac{1}{2}$

60 다음은 2019 ~ 2023년 발전설비별 발전량에 대한 자료이다. 이에 대한 설명으로 옳은 것은?

〈발전설비별 발전량〉

(단위 : GWh)

구분	수력	기력	원자력	신재생	기타	합계
2019년	7,270	248,584	133,505	28,070	153,218	570,647
2020년	6,247	232,128	145,910	33,500	145,255	563,040
2021년	7,148	200,895	160,184	38,224	145,711	552,162
2022년	6,737	202,657	158,015	41,886	167,515	576,810
2023년	7,256	199,031	176,054	49,285	162,774	594,400

① 2020 ~ 2023년 동안 기력 설비 발전량과 전체 설비 발전량의 전년 대비 증감 추이는 같다.

② 2019 ~ 2023년 동안 수력 설비 발전량은 항상 전체 설비 발전량의 1% 미만이다.

③ 2019 ~ 2023년 동안 신재생 설비 발전량은 항상 전체 설비 발전량의 5% 이상이다.

④ 2019 ~ 2023년 동안 원자력 설비 발전량과 신재생 설비의 발전량은 전년 대비 꾸준히 증가하였다.

⑤ 2020 ~ 2023년 동안 전년 대비 전체 설비 발전량의 증가량이 가장 많은 해와 신재생 설비 발전량의 증가량이 가장 적은 해는 같다.

🕐 응시시간 : 80분　📋 문항 수 : 60문항

정답 및 해설 p.018

┃ 코레일 한국철도공사 / 의사소통능력

01 다음 글의 내용으로 가장 적절한 것은?

> 한국철도공사는 철도시설물 점검 자동화에 '스마트 글라스'를 활용하겠다고 밝혔다. 스마트 글라스란 안경처럼 착용하는 스마트 기기로, 검사와 판독, 데이터 송수신과 보고서 작성까지 모든 동작이 음성인식을 바탕으로 작동한다. 이를 활용하여 작업자는 스마트 글라스 액정에 표시된 내용에 따라 철도시설물을 점검하고, 음성 명령을 통해 시설물의 사진을 촬영한 후 해당 정보와 검사 결과를 전송해 보고서로 작성한다.
>
> 작업자들은 스마트 글라스의 사용을 통해 직접 자료를 조사하고 측정한 내용을 바탕으로 시스템 속에서 여러 단계를 거쳐 수기 입력하던 기존 방식으로부터 벗어날 수 있게 되었고, 이 일련의 과정들을 중앙 서버를 통해 한 번에 처리할 수 있게 되었다.
>
> 이와 같은 스마트 기기의 도입은 중앙 서버의 효율적 종합 관리를 가능하게 할 뿐만 아니라 작업자의 안전성 향상에도 크게 기여하였다. 이는 작업자들이 음성인식이 가능한 스마트 글라스를 사용함으로써 두 손이 자유로워져 추락 사고를 방지할 수 있게 되었기 때문이며, 스마트 글라스 내부 센서가 충격과 기울기를 감지할 수 있어 작업자에게 위험한 상황이 발생하면 지정된 컴퓨터에 위험 상황을 바로 통보하는 시스템을 갖추었기 때문이다.
>
> 한국철도공사는 주요 거점 현장을 시작으로 스마트 글라스를 보급하여 성과 분석을 거치고 내년부터는 보급 현장을 확대하겠다고 밝혔으며, 국내 철도 환경에 맞춰 스마트 글라스 시스템을 개선하기 위해 현장 검증을 진행하고 스마트 글라스를 통해 측정된 데이터를 총괄 제어할 수 있도록 안전점검 플랫폼망도 마련할 예정이다.
>
> 이와 더불어 스마트 글라스를 통해 기존의 인력 중심 시설점검을 간소화하여 효율성과 안전성을 향상시키고, 나아가 철도 맞춤형 스마트 기술을 도입하여 시설물 점검뿐만 아니라 유지보수 작업도 가능하도록 철도기술 고도화에 힘쓰겠다고 전했다.

① 작업자의 음성인식을 통해 철도시설물의 점검 및 보수 작업이 가능해졌다.
② 스마트글라스의 도입으로 철도시설물 점검의 무인작업이 가능해졌다.
③ 스마트글라스의 도입으로 철도시설물 점검 작업 시 안전사고 발생 횟수가 감소하였다.
④ 스마트글라스의 도입으로 철도시설물 작업 시간 및 인력이 감소하고 있다.
⑤ 스마트글라스의 도입으로 작업자의 안전사고 발생을 바로 파악할 수 있게 되었다.

02 다음 글에 대한 설명으로 적절하지 않은 것은?

2016년 4월 27일 오전 7시 20분경 임실역에서 익산으로 향하던 열차가 전기 공급 중단으로 멈추는 사고가 발생해 약 50분간 열차 운행이 중단되었다. 바로 전차선에 지어진 까치집 때문이었는데, 까치가 집을 지을 때 사용하는 젖은 나뭇가지나 철사 등이 전선과 닿거나 차로에 떨어져 합선과 단전을 일으킨 것이다.

비록 이번 사고는 단전에서 끝났지만, 고압 전류가 흐르는 전차선인 만큼 철사와 젖은 나뭇가지만으로도 자칫하면 폭발사고로 이어질 우려가 있다. 지난 5년간 까치집으로 인한 단전사고는 한 해 평균 3 ~ 4건 발생해 왔으며, 한국철도공사는 사고방지를 위해 까치집 방지 설비를 설치하고 설비가 없는 구간은 작업자가 육안으로 까치집 생성 여부를 확인해 제거하고 있는데, 이렇게 제거해 온 까치집 수가 연평균 8,000개에 달한다. 하지만 까치집은 빠르면 불과 4시간 만에 완성되어 작업자들에게 큰 곤욕을 주고 있다.

이에 한국철도공사는 전차선로 주변 까치집 제거의 효율성과 신속성을 높이기 위해 인공지능(AI)과 사물인터넷(IoT) 등 첨단 기술을 활용하기에 이르렀다. 열차 운전실에 영상 장비를 설치해 달리는 열차에서 전차선을 촬영한 화상 정보를 인공지능으로 분석함으로써 까치집 등의 위험 요인을 찾아 해당 위치와 현장 이미지를 작업자에게 실시간으로 전송하는 '실시간 까치집 자동 검출 시스템'을 개발한 것이다. 하지만 시속 150km로 빠르게 달리는 열차에서 까치집 등의 위험 요인을 실시간으로 판단해 전송하는 것이다 보니 그 정확도는 65%에 불과했다.

이에 한국철도공사는 전차선과 까치집을 정확하게 식별하기 위해 인공지능이 스스로 학습하는 '딥러닝' 방식을 도입했고, 전차선을 구성하는 복잡한 구조 및 까치집과 유사한 형태를 빅데이터로 분석해 이미지를 구분하는 학습을 실시한 결과 까치집 검출 정확도는 95%까지 상승했다. 또한 해당 이미지를 실시간 문자메시지로 작업자에게 전송해 위험 요소와 위치를 인지시켜 현장에 적용할 수 있다는 사실도 확인했다. 현재는 이와 더불어 정기열차가 운행하지 않거나 작업자가 접근하기 쉽지 않은 차량 정비 시설 등에 드론을 띄워 전차선의 까치집을 발견 및 제거하는 기술도 시범 운영하고 있다.

① 인공지능도 학습을 통해 그 정확도를 향상시킬 수 있다.
② 빠른 속도에서 인공지능의 사물 식별 정확도는 낮아진다.
③ 사람의 접근이 불가능한 곳에 위치한 까치집의 제거도 가능해졌다.
④ 까치집 자동 검출 시스템을 통해 실시간으로 까치집 제거가 가능해졌다.
⑤ 인공지능 등의 스마트 기술 도입으로 까치집 생성의 감소를 기대할 수 있다.

03 다음 글을 이해한 내용으로 적절하지 않은 것은?

열차 내에서의 범죄가 급격하게 증가함에 따라 한국철도공사는 열차 내 범죄 예방과 안전 확보를 위해 2023년까지 현재 운행하고 있는 열차의 모든 객실에 CCTV를 설치하고, 모든 열차 승무원에게 바디캠을 지급하겠다고 밝혔다.

CCTV는 열차 종류에 따라 운전실에서 비상시 실시간으로 상황을 파악할 수 있는 '네트워크 방식'과 각 객실에서의 영상을 저장하는 '개별 독립 방식'이라는 2가지 방식으로 사용 및 설치가 진행될 예정이며, 객실에는 사각지대를 없애기 위해 4대가량의 CCTV가 설치된다. 이 중 2대는 휴대 물품 도난 방지 등을 위해 휴대 물품 보관대 주변에 위치하게 된다.

이에 따라 한국철도공사는 CCTV 제품 품평회를 가져 제품의 형태와 색상, 재질 등에 대한 의견을 나누고 각 제품이 실제로 열차 운행 시 진동과 충격 등에 적합한지 시험을 거친 후 도입할 예정이다.

① 현재는 모든 열차에 CCTV가 설치되어 있진 않을 것이다.
② 과거에 비해 승무원에 대한 승객의 범죄행위 증거 취득이 유리해질 것이다.
③ CCTV의 설치를 통해 인적 피해와 물적 피해 모두 예방할 수 있을 것이다.
④ CCTV의 설치를 통해 실시간으로 모든 객실을 모니터링할 수 있을 것이다.
⑤ CCTV의 내구성뿐만 아니라 외적인 디자인도 제품 선택에 영향을 줄 수 있을 것이다.

04 작년 K대학교에 재학 중인 학생 수는 6,800명이었고 남학생과 여학생의 비는 8 : 9였다. 올해 남학생 수와 여학생 수의 비가 12 : 13만큼 줄어들어 7 : 8이 되었다고 할 때, 올해 K대학교의 전체 재학생 수는?

① 4,440명   ② 4,560명
③ 4,680명   ④ 4,800명
⑤ 4,920명

05 다음 자료에 대한 설명으로 가장 적절한 것은?

- KTX 마일리지 적립
  - KTX 이용 시 결제금액의 5%가 기본 마일리지로 적립됩니다.
  - 더블적립(×2) 열차로 지정된 열차는 추가로 5%가 적립(결제금액의 총 10%)됩니다.
    ※ 더블적립 열차는 홈페이지 및 코레일톡 애플리케이션에서만 승차권 구매 가능
  - 선불형 교통카드 Rail+(레일플러스)로 승차권을 결제하는 경우 1% 보너스 적립도 제공되어 최대 11% 적립이 가능합니다.
  - 마일리지를 적립받고자 하는 회원은 승차권을 발급받기 전에 코레일 멤버십카드 세시 또는 회원번호 및 비밀번호 등을 입력해야 합니다.
  - 해당 열차 출발 후에는 마일리지를 적립받을 수 없습니다.
- 회원 등급 구분

구분	등급 조건	제공 혜택
VVIP	• 반기별 승차권 구입 시 적립하는 마일리지가 8만 점 이상인 고객 또는 기준일부터 1년간 16만 점 이상 고객 중 매년 반기 익월 선정	• 비즈니스 회원 혜택 기본 제공 • KTX 특실 무료 업그레이드 쿠폰 6매 제공 • 승차권 나중에 결제하기 서비스 (열차 출발 3시간 전까지)
VIP	• 반기별 승차권 구입 시 적립하는 마일리지가 4만 점 이상인 고객 또는 기준일부터 1년간 8만 점 이상 고객 중 매년 반기 익월 선정	• 비즈니스 회원 혜택 기본 제공 • KTX 특실 무료 업그레이드 쿠폰 2매 제공
비즈니스	• 철도 회원으로 가입한 고객 중 최근 1년간 온라인에서 로그인한 기록이 있거나, 회원으로 구매실적이 있는 고객	• 마일리지 적립 및 사용 가능 • 회원 전용 프로모션 참가 가능 • 열차 할인상품 이용 등 기본서비스와 멤버십 제휴서비스 등 부가서비스 이용
패밀리	• 철도 회원으로 가입한 고객 중 최근 1년간 온라인에서 로그인한 기록이 없거나, 회원으로 구매실적이 없는 고객	• 멤버십 제휴서비스 및 코레일 멤버십 라운지 이용 등의 부가서비스 이용 제한 • 휴면 회원으로 분류 시 별도 관리하며, 본인 인증 절차로 비즈니스 회원으로 전환 가능

  - 마일리지는 열차 승차 다음날 적립되며, 지연료를 마일리지로 적립하신 실적은 등급 산정에 포함되지 않습니다.
  - KTX 특실 무료 업그레이드 쿠폰 유효기간은 6개월이며, 반기별 익월 10일 이내에 지급됩니다.
  - 실적의 연간 적립 기준일은 7월 지급의 경우 전년도 7월 1일부터 당해 연도 6월 30일까지 실적이며, 1월 지급은 전년도 1월 1일부터 전년도 12월 31일까지의 실적입니다.
  - 코레일에서 지정한 추석 및 설 명절 특별수송기간의 승차권은 실적 적립 대상에서 제외됩니다.
  - 회원 등급 기준 및 혜택은 사전 공지 없이 변경될 수 있습니다.
  - 승차권 나중에 결제하기 서비스는 총 편도 2건 이내에서 제공되며, 3회 자동 취소 발생(열차 출발 전 3시간 내 미결재) 시 서비스가 중지됩니다. 리무진+승차권 결합 발권은 2건으로 간주되며, 정기권, 특가상품 등은 나중에 결제하기 서비스 대상에서 제외됩니다.

① 코레일에서 운행하는 모든 열차는 이용 때마다 결제금액의 최소 5%가 KTX 마일리지로 적립된다.
② 회원 등급이 높아져도 열차 탑승 시 적립되는 마일리지는 동일하다.
③ 비즈니스 등급은 기업회원을 구분하는 명칭이다.
④ 6개월간 마일리지 4만 점을 적립하더라도 VIP 등급을 부여받지 못할 수 있다.
⑤ 회원 등급이 높아도 승차권을 정가보다 저렴하게 구매할 수 있는 방법은 없다.

〈2023년 한국의 국립공원 기념주화 예약 접수〉

• 우리나라 자연환경의 아름다움과 생태 보전의 중요성을 널리 알리기 위해 K공사는 한국의 국립공원 기념주화 3종(설악산, 치악산, 월출산)을 발행할 예정임
• 예약 접수일 : 3월 2일(목) ~ 3월 17일(금)
• 배부 시기 : 2023년 4월 28일(금)부터 예약자가 신청한 방법으로 배부
• 기념주화 상세

화종	앞면	뒷면
은화Ⅰ – 설악산		
은화Ⅱ – 치악산		
은화Ⅲ – 월출산		

• 발행량 : 화종별 10,000장씩 총 30,000장
• 신청 수량 : 단품 및 3종 세트로 구분되며 단품과 세트에 중복신청 가능
  – 단품 : 1인당 화종별 최대 3장
  – 3종 세트 : 1인당 최대 3세트
• 판매 가격 : 액면금액에 판매 부대비용(케이스, 포장비, 위탁판매수수료 등)을 부가한 가격
  – 단품 : 각 63,000원(액면가 50,000원+케이스 등 부대비용 13,000원)
  – 3종 세트 : 186,000원(액면가 150,000원+케이스 등 부대비용 36,000원)
• 접수 기관 : 우리은행, 농협은행, K공사
• 예약 방법 : 창구 및 인터넷 접수
  – 창구 접수
    신분증[주민등록증, 운전면허증, 여권(내국인), 외국인등록증(외국인)]을 지참하고 우리 · 농협은행 영업점을 방문하여 신청
  – 인터넷 접수
    ① 우리 · 농협은행의 계좌를 보유한 고객은 개시일 9시부터 마감일 23시까지 홈페이지에서 신청
    ② K공사 온라인 쇼핑몰에서는 가상계좌 방식으로 개시일 9시부터 마감일 23시까지 신청
• 구입 시 유의사항
  – 수령자 및 수령지 등 접수 정보가 중복될 경우 단품별 10장, 3종 세트 10세트만 추첨 명단에 등록
  – 비정상적인 경로나 방법으로 접수할 경우 당첨을 취소하거나 배송을 제한

06 다음 중 한국의 국립공원 기념주화 발행 사업의 내용으로 옳은 것은?

① 국민들을 대상으로 예약 판매를 실시하며, 외국인에게는 판매하지 않는다.
② 1인당 구매 가능한 최대 주화 수는 10장이다.
③ 기념주화를 구입하기 위해서는 우리·농협은행 계좌를 사전에 개설해 두어야 한다.
④ 사전예약을 받은 뒤, 예약 주문량에 맞추어 제한된 수량만 생산한다.
⑤ K공사를 통한 예약 접수는 온라인에서만 가능하다.

07 외국인 A씨는 이번에 발행되는 기념주화를 예약 주문하려고 한다. 다음 상황을 참고하여 A씨가 기념주화 구매 예약을 할 수 있는 방법으로 옳은 것은?

〈외국인 A씨의 상황〉

• A씨는 국내 거주 외국인으로 등록된 사람이다.
• A씨의 명의로 국내은행에 개설된 계좌는 총 2개로, 신한은행, 한국씨티은행에 1개씩이다.
• A씨는 우리은행이나 농협은행과는 거래이력이 없다.

① 여권을 지참하고 우리은행이나 농협은행 지점을 방문한다.
② K공사 온라인 쇼핑몰에서 신용카드를 사용한다.
③ 계좌를 보유한 신한은행이나 한국씨티은행의 홈페이지를 통해 신청한다.
④ 외국인등록증을 지참하고 우리은행이나 농협은행 지점을 방문한다.
⑤ 우리은행이나 농협은행의 홈페이지에서 신청한다.

08 다음은 기념주화를 예약한 5명의 신청내역이다. 이 중 가장 많은 금액을 지불한 사람의 구매 금액은?

(단위 : 세트, 장)

구매자	3종 세트	단품		
		은화Ⅰ – 설악산	은화Ⅱ – 치악산	은화Ⅲ – 월출산
A	2	1	–	–
B	–	2	3	3
C	2	1	1	–
D	3	–	–	–
E	1	–	2	2

① 558,000원
② 561,000원
③ 563,000원
④ 564,000원
⑤ 567,000원

※ 다음은 노인맞춤돌봄서비스 홍보를 위한 안내문이다. 이어지는 질문에 답하시오. [9~10]

<그림 노인맞춤돌봄서비스 안내문>

〈노인맞춤돌봄서비스 안내문〉

- 노인맞춤돌봄서비스 소개

  일상생활 영위가 어려운 취약노인에게 적절한 돌봄서비스를 제공하여 안정적인 노후생활 보장 및 노인의 기능, 건강 유지를 통해 기능 약화를 예방하는 서비스

- 서비스 내용

  – 안전지원서비스 : 이용자의 전반적인 삶의 안전 여부를 전화, ICT 기기를 통해 확인하는 서비스

  – 사회참여서비스 : 집단프로그램 등을 통해 사회적 참여의 기회를 지원하는 서비스

  – 생활교육서비스 : 다양한 프로그램으로 신체적, 정신적 기능을 유지·강화하는 서비스

  – 일상생활지원서비스 : 이동 동행, 식사 준비, 청소 등 일상생활을 지원하는 서비스

  – 연계서비스 : 민간 후원, 자원봉사 등을 이용자에게 연계하는 서비스

  – 특화서비스 : 은둔형·우울형 집단을 분리하여 상담 및 진료를 지원하는 서비스

- 선정 기준

  만 65세 이상 국민기초생활수급자, 차상위계층, 또는 기초연금수급자로서 유사 중복사업 자격에 해당하지 않는 자

  ※ 유사 중복사업

    1. 노인장기요양보험 등급자

    2. 가사 간병방문 지원 사업 대상자

    3. 국가보훈처 보훈재가복지서비스 이용자

    4. 장애인 활동지원 사업 이용자

    5. 기타 지방자치단체에서 시행하는 서비스 중 노인맞춤돌봄서비스와 유사한 재가서비스

- 특화서비스 선정 기준

  – 은둔형 집단 : 가족, 이웃 등과 관계가 단절된 노인으로서 민·관의 복지지원 및 사회안전망과 연결되지 않은 노인

  – 우울형 집단 : 정신건강 문제로 인해 일상생활 수행의 어려움을 겪거나 가족·이웃 등과의 관계 축소 등으로 자살, 고독사 위험이 높은 노인

  ※ 고독사 및 자살 위험이 높다고 판단되는 경우 만 60세 이상으로 하향 조정 가능

| 국민건강보험공단 / 문제해결능력

09 다음 중 윗글에 대한 설명으로 적절하지 않은 것은?

① 노인맞춤돌봄서비스를 받기 위해서는 만 65세 이상의 노인이어야 한다.

② 노인맞춤돌봄서비스는 노인의 정신적 기능 계발을 위한 서비스를 제공한다.

③ 은둔형 집단, 우울형 집단의 노인은 특화서비스를 통해 상담 및 진료를 받을 수 있다.

④ 노인맞춤돌봄서비스를 통해 노인의 현재 안전 상황을 모니터링할 수 있다.

10 다음은 K동 독거노인의 방문조사 결과이다. 조사한 인원 중 노인맞춤돌봄서비스 신청이 불가능한 사람은 모두 몇 명인가?

<K동 독거노인 방문조사 결과>

이름	성별	나이	소득수준	행정서비스 현황	특이사항
A	여	만 62세	차상위계층	–	우울형 집단
B	남	만 78세	기초생활수급자	국가유공자	–
C	남	만 81세	차상위계층	–	–
D	여	만 76세	기초연금수급자	–	–
E	여	만 68세	기초연금수급자	장애인 활동지원	–
F	여	만 69세		–	–
G	남	만 75세	기초연금수급자	가사 간병방문	–
H	여	만 84세	–	–	–
I	여	만 63세	차상위계층	–	우울형 집단
J	남	만 64세	차상위계층	–	–
K	여	만 84세	기초연금수급자	보훈재가복지	–

① 4명   ② 5명

③ 6명   ④ 7명

11 지난 5년간 소득액수가 동일한 A씨의 2023년 장기요양보험료가 2만 원일 때, 2021년의 장기요양 보험료는?(단, 모든 계산은 소수점 첫째 자리에서 반올림한다)

<2023년 장기요양보험료율 결정>

2023년 소득 대비 장기요양보험료율은 2022년 0.86% 대비 0.05%p 인상된 0.91%로 결정되었다. 장기요양보험료는 건강보험료에 장기요양보험료율을 곱하여 산정되는데, 건강보험료 대비 장기요양보험료율은 2023년에 12.81%로, 2022 12.27% 대비 4.40%p가 인상된다.

이번 장기요양보험료율은 초고령사회를 대비하여 장기요양보험의 수입과 지출의 균형 원칙을 지키면서 국민들의 부담 최소화와 제도의 안정적 운영 측면을 함께 고려하여 논의·결정하였다.

특히 빠른 고령화에 따라 장기요양 인정자 수의 증가로 지출 소요가 늘어나는 상황이나, 어려운 경제여건을 고려하여 2018년 이후 최저 수준으로 보험료율이 결정되었다.

*장기요양보험료율(소득 대비) 추이 : 0.46%(2018년) → 0.55%(2019년) → 0.68%(2020년) → 0.79%(2021년) → 0.86%(2022년) → 0.91%(2023년)

① 16,972원   ② 17,121원

③ 17,363원   ④ 18,112원

12 다음은 국민건강보험법의 일부이다. 이에 대한 설명으로 적절하지 않은 것은?

급여의 제한(제53조)

① 공단은 보험급여를 받을 수 있는 사람이 다음 각 호의 어느 하나에 해당하면 보험급여를 하지 아니한다.

    1. 고의 또는 중대한 과실로 인한 범죄행위에 그 원인이 있거나 고의로 사고를 일으킨 경우

    2. 고의 또는 중대한 과실로 공단이나 요양기관의 요양에 관한 지시에 따르지 아니한 경우

    3. 고의 또는 중대한 과실로 제55조에 따른 문서와 그 밖의 물건의 제출을 거부하거나 질문 또는 진단을 기피한 경우

    4. 업무 또는 공무로 생긴 질병·부상·재해로 다른 법령에 따른 보험급여나 보상(報償) 또는 보상(補償)을 받게 되는 경우

② 공단은 보험급여를 받을 수 있는 사람이 다른 법령에 따라 국가나 지방자치단체로부터 보험급여에 상당하는 급여를 받거나 보험급여에 상당하는 비용을 지급받게 되는 경우에는 그 한도에서 보험급여를 하지 아니한다.

③ 공단은 가입자가 대통령령으로 정하는 기간 이상 다음 각 호의 보험료를 체납한 경우 그 체납한 보험료를 완납할 때까지 그 가입자 및 피부양자에 대하여 보험급여를 실시하지 아니할 수 있다. 다만, 월별 보험료의 총체납횟수(이미 납부된 체납보험료는 총체납횟수에서 제외하며, 보험료의 체납기간은 고려하지 아니한다)가 대통령령으로 정하는 횟수 미만이거나 가입자 및 피부양자의 소득·재산 등이 대통령령으로 정하는 기준 미만인 경우에는 그러하지 아니하다.

    1. 제69조 제4항 제2호에 따른 소득월액보험료

    2. 제69조 제5항에 따른 세대단위의 보험료

④ 공단은 제77조 제1항 제1호에 따라 납부의무를 부담하는 사용자가 제69조 제4항 제1호에 따른 보수월액보험료를 체납한 경우에는 그 체납에 대하여 직장가입자 본인에게 귀책사유가 있는 경우에 한하여 제3항의 규정을 적용한다. 이 경우 해당 직장가입자의 피부양자에게도 제3항의 규정을 적용한다.

⑤ 제3항 및 제4항에도 불구하고 제82조에 따라 공단으로부터 분할납부 승인을 받고 그 승인된 보험료를 1회 이상 낸 경우에는 보험급여를 할 수 있다. 다만, 제82조에 따른 분할납부 승인을 받은 사람이 정당한 사유 없이 5회(같은 조 제1항에 따라 승인받은 분할납부 횟수가 5회 미만인 경우에는 해당 분할납부 횟수를 말한다) 이상 그 승인된 보험료를 내지 아니한 경우에는 그러하지 아니하다.

---

① 공단의 요양에 관한 지시를 고의로 따르지 아니할 경우 보험급여가 제한된다.

② 지방자치단체로부터 보험급여에 해당하는 급여를 받으면 그 한도에서 보험급여를 하지 않는다.

③ 관련 법조항에 따라 분할납부가 승인되면 분할납부가 완료될 때까지 보험급여가 제한될 수 있다.

④ 승인받은 분할납부 횟수가 4회일 경우 정당한 사유 없이 4회 이상 보험료를 내지 않으면 보험급여가 제한된다.

13 다음은 2022년 시도별 공공의료기관 인력 현황에 대한 자료이다. 전문의 의료 인력 대비 간호사 인력 비율이 가장 높은 지역은?

〈시도별 공공의료기관 인력 현황〉

(단위 : 명)

시·도	일반의	전문의	레지던트	간호사
서울	35	1,905	872	8,286
부산	5	508	208	2,755
대구	7	546	229	2,602
인천	4	112	0	679
광주	4	371	182	2,007
대전	3	399	163	2,052
울산	0	2	0	8
세종	0	118	0	594
경기	14	1,516	275	6,706
강원	4	424	67	1,779
충북	5	308	89	1,496
충남	2	151	8	955
전북	2	358	137	1,963
전남	9	296	80	1,460
경북	7	235	0	1,158
경남	9	783	224	4,004
제주	0	229	51	1,212

① 서울
② 울산
③ 경기
④ 충남

14 다음은 시도별 지역사회 정신건강 예산에 대한 자료이다. 2021년 대비 2022년 정신건강 예산의 증가액이 가장 큰 지역부터 순서대로 바르게 나열한 것은?

〈시도별 지역사회 정신건강 예산〉

시·도	2022년		2021년	
	정신건강 예산(천 원)	인구 1인당 지역사회 정신건강 예산(원)	정신건강 예산(천 원)	인구 1인당 지역사회 정신건강 예산(원)
서울	58,981,416	6,208	53,647,039	5,587
부산	24,205,167	7,275	21,308,849	6,373
대구	12,256,595	5,133	10,602,255	4,382
인천	17,599,138	5,984	12,662,483	4,291
광주	13,479,092	9,397	12,369,203	8,314
대전	14,142,584	9,563	12,740,140	8,492
울산	6,497,177	5,782	5,321,968	4,669
세종	1,515,042	4,129	1,237,124	3,546
제주	5,600,120	8,319	4,062,551	6,062

① 서울 – 세종 – 인천 – 대구 – 제주 – 대전 – 울산 – 광주 – 부산
② 서울 – 인천 – 부산 – 대구 – 제주 – 대전 – 울산 – 광주 – 세종
③ 서울 – 대구 – 인천 – 대전 – 부산 – 세종 – 울산 – 광주 – 제주
④ 서울 – 인천 – 부산 – 세종 – 제주 – 대전 – 울산 – 광주 – 대구

15 다음 글을 이해한 내용으로 가장 적절한 것은?

PART 1

도심항공교통, UAM은 'Urban Air Mobility'의 약자로, 전기 수직 이착륙기(eVTOL)를 활용해 지상에서 450m 정도 상공인 저고도 공중에서 사람이나 물건 등을 운송하는 항공 교통 수단 시스템을 지칭하는 용어로, 기체 개발부터 운항, 인프라 구축, 플랫폼 서비스 그리고 유지보수에 이르기까지 이와 관련된 모든 사업을 통틀어 일컫는 말이다.

도심항공교통은 전 세계적인 인구 증가와 대도시 인구 과밀화로 인해 도심의 지상교통수단이 교통체증 한계에 맞닥뜨리면서 이를 해결하고자 등장한 대안책이다. 특히 이 교통수단은 활주로가 필요한 비행기와 달리 로켓처럼 동체를 세운 상태로 이착륙이 가능한 수직 이착륙 기술, 배터리와 모터로 운행되는 친환경적인 방식과 저소음 기술로 인해 탄소중립 시대에 새로운 교통수단으로 주목받고 있다.

이 때문에 많은 국가와 기업에서 도심항공교통 상용화 추진에 박차를 가하고 있으며 우리나라 역시 예외는 아니다. 현대자동차 등 국내기업들은 상용화를 목표로 기체 개발 중에 있으며, 핵심 인프라 중 하나인 플라잉카 공항 에어원 건설 중에 있다. 공기업 역시 미래모빌리티 토탈솔루션 구축 등의 UAM 생태계 조성 및 활성화를 추진 중에 있다.

실제로 강릉시는 강릉역 '미래형 복합환승센터'에 기차, 버스, 철도, 자율주행차뿐만 아니라 도심항공교통 UAM까지 한곳에서 승하차가 가능하도록 개발사업 기본 계획을 수립해 사업 추진에 나섰으며, 경기 고양시 역시 항공교통 상용화를 위한 UAM 이착륙장을 내년 완공을 목표로 진행 중에 있다. 이와 같은 각 단체와 시의 노력으로 도심항공교통이 상용화된다면 많은 기대효과를 가져올 수 있을 것이라 전망되는데, 특히 친환경적인 기술로 탄소배출 절감에 큰 역할을 할 것으로 판단된다. 이뿐만 아니라 도시권역 간 이동시간을 단축해 출퇴근 교통체증을 해소할 수 있고, 획기적인 운송 서비스의 제공으로 사회적 비용을 감소시킬 수 있을 것으로 보인다.

① 도심항공교통수단은 지상교통수단의 이용이 불가능해짐에 따라 대체 방안으로 등장한 기술이다.
② 도심항공교통 UAM은 상공을 통해 사람이나 물품 등의 이동이 가능하게 하는 모든 항공교통수단 시스템을 지칭한다.
③ 도심항공교통은 수직 이착륙 기술을 가지고 있어 별도의 활주로와 공항이 없이도 어디서든 운행이 가능하다.
④ 국내 공기업과 사기업, 그리고 정부와 각 시는 도심항공교통의 상용화를 위해 각 역할을 분담하여 추진 중에 있다.
⑤ 도심항공교통이 상용화된다면, 도심지상교통이 이전보다 원활하게 운행이 가능해질 것으로 예측된다.

16 다음 글과 같이 한자어 및 외래어를 순화한 내용으로 적절하지 않은 것은?

> 열차를 타다 보면 한 번쯤은 다음과 같은 안내방송을 들어 봤을 것이다.
> "○○역 인근 '공중사상사고' 발생으로 KTX 열차가 지연되고 있습니다."
> 이때 들리는 안내방송 중 한자어인 '공중사상사고'를 한 번에 알아듣기란 일반적으로 쉽지 않다. 실제로 S교통공사 관계자는 승객들로부터 안내방송 문구가 적절하지 않다는 지적을 받아 왔다고 밝혔으며, 이에 S교통공사는 국토교통부와 협의를 거쳐 보다 이해하기 쉬운 안내방송을 전달하기 위해 문구를 바꾸는 작업에 착수하기로 결정하였다고 전했다.
> 우선 가장 먼저 수정하기로 한 것은 한자어 및 외래어로 표기된 철도 용어이다. 그중 대표적인 것이 '공중사상사고'이다. S교통공사 관계자는 이를 '일반인의 사상사고'나 '열차 운행 중 인명사고' 등과 같이 이해하기 쉬운 말로 바꿀 예정이라고 밝혔다. 이 외에도 열차 지연 예상 시간, 사고복구 현황 등 열차 내 안내방송을 승객에게 좀 더 알기 쉽고 상세하게 전달할 것이라고 전했다.

① 열차시격 → 배차간격
② 전차선 단전 → 선로 전기 공급 중단
③ 우회수송 → 우측 선로로의 변경
④ 핸드레일(Handrail) → 안전손잡이
⑤ 키스 앤 라이드(Kiss and Ride) → 환승정차구역

17 다음 〈보기〉의 맥킨지 7S 모델을 소프트웨어적 요소와 하드웨어적 요소로 바르게 구분한 것은?

> **보기**
>
> ㉠ 스타일(Style) ㉡ 구성원(Staff)
> ㉢ 전략(Strategy) ㉣ 스킬(Skills)
> ㉤ 구조(Structure) ㉥ 공유가치(Shared Values)
> ㉦ 시스템(Systems)

	소프트웨어	하드웨어
①	㉠, ㉡, ㉢, ㉥	㉣, ㉤, ㉦
②	㉠, ㉡, ㉣, ㉥	㉢, ㉤, ㉦
③	㉡, ㉢, ㉥, ㉦	㉠, ㉣, ㉤
④	㉡, ㉣, ㉤, ㉦	㉠, ㉢, ㉥
⑤	㉢, ㉤, ㉥, ㉦	㉠, ㉡, ㉣

※ S대학교에 근무하는 K씨는 전자교탁 340개를 강의실에 설치하고자 한다. 다음 자료를 보고 이어지는 질문에 답하시오. [18~19]

- K씨는 전자교탁 340개를 2월 1일 수요일에 주문할 예정이다.
- 모든 업체는 주문을 확인한 다음 날부터 전자교탁을 제작하기 시작한다.
- 2월 20일에 설치가 가능하도록 모든 업체가 2월 18일까지 전자교탁을 제작하여야 한다.
- 전자교탁 제작을 의뢰할 업체는 모두 5곳이며, 각 업체에 대한 정보는 다음과 같다.

업체	1인 1개 제작 시간(시간)	제작 직원 수(명)	개당 가격(만 원)
A	4	7	50
B	5	10	50
C	4	3	40
D	2	5	40
E	6	6	30

- A, B, C업체는 월~토요일에 근무를 하고, D, E업체는 월~금요일에 근무를 하며, 모든 업체는 1일 8시간 근무를 시행한다.
- 모든 업체는 연장근무를 시행하지 않는다.

| 서울교통공사 / 자원관리능력

18 비용을 최소로 하여 각 업체에 전자교탁 제작을 의뢰한다고 할 때, 다음 중 E업체에 의뢰한 전자교탁의 수는?(단, 소수점 아래는 버린다)

① 24개
② 48개
③ 96개
④ 144개
⑤ 192개

| 서울교통공사 / 자원관리능력

19 교내 내부 일정이 촉박해져 전자교탁 제작이 기존 예정 완료일보다 이른 2월 9일까지 완료되어야 한다고 한다. 이에 따라 비용을 최소로 하여 제작을 다시 의뢰하고자 할 때, 필요한 비용은?(단, 소수점 아래는 버린다)

① 1억 2,460만 원
② 1억 4,420만 원
③ 1억 6,480만 원
④ 1억 8,820만 원
⑤ 1억 9,860만 원

※ 다음은 2023년 승차권 정기권의 거리비례용 종별 운임에 대한 자료이다. 이어지는 질문에 답하시오.
[20~22]

〈거리비례용 종별 운임〉

종별	정기권 운임(원)	교통카드 기준 운임(원)	이용구간 초과 시 추가차감 기준	이용구간 14회 초과 시 추가비용 차감 후 정기권 잔액(원)
1단계	–	1,450	20km마다 1회	34,700
2단계	–	1,550	25km마다 1회	36,300
3단계	–	1,650	30km마다 1회	38,600
4단계	–	1,750	35km마다 1회	41,000
5단계	–	1,850	40km마다 1회	43,300
6단계	–	1,950	45km마다 1회	45,600
7단계	–	2,050	50km마다 1회	48,000
8단계	–	2,150	58km마다 1회	50,300
9단계	–	2,250	66km마다 1회	52,700
10단계	–	2,350	74km마다 1회	55,000
11단계	–	2,450	82km마다 1회	57,300
12단계	–	2,550	90km마다 1회	59,700
13단계	–	2,650	98km마다 1회	62,000
14단계	–	2,750	106km마다 1회	64,400
15단계	–	2,850	114km마다 1회	66,700
16단계	–	2,950	122km마다 1회	69,000
17단계	–	3,050	130km마다 1회	71,400
18단계	117,800	3,150	추가차감 없음	117,800

※ 원하는 종류의 정기권 운임을 충전하여 사용할 수 있으며, 사용 기간은 충전일로부터 30일 이내 60회이다.
※ 정기권 운임 비용에서 이용구간을 초과할 때마다 종별에 해당하는 교통카드 기준 운임 비용이 차감된다.
※ 정기권 운임 비용은 (교통카드 기준 운임 비용)×44에 15%를 할인한 후 10원 단위에서 반올림한다.
※ 승차권 사용 불가 구간 및 추가 차감 구간은 별도 기준에 따른다.

| 서울교통공사 / 수리능력

20 다음 중 종별 정기권 운임 비용과 전 종 대비 정기권 운임 비용의 차이가 3,800원인 경우는 모두 몇 가지인가?

① 4가지   ② 5가지
③ 6가지   ④ 7가지
⑤ 8가지

21 서울에 사는 강대리는 지방에 있는 회사로 출퇴근하고자 4월 3일 월요일에 3단계 거리비례용 정기권을 구매하여 충전 후 바로 사용하였다. 다음 〈조건〉에 따를 때, 4월 말 강대리의 정기권 잔액은?

> **조건**
> • 강대리의 이용 거리는 편도 25km이다.
> • 강대리가 근무하는 회사는 평일에만 근무하며, 강대리는 4월에 연차를 신청하지 않았다.
> • 강대리는 출퇴근 모두 정기권을 사용하였으며, 출퇴근 외에는 정기권을 사용하지 않았다.
> • 승차권 사용 불가 구간 및 추가 차감 구간은 없었다.

① 7,250원   ② 7,600원

③ 7,950원   ④ 8,300원

⑤ 8,650원

22 지방에서 서울에 있는 학교로 통학하는 대학생 S군은 교통비를 절약하고자 거리비례용 정기권을 구매하려 한다. 다음 〈조건〉에 따를 때, S군이 충전할 수 있는 정기권으로 옳은 것은?(단, 교통카드 기준 운임 비용에 대한 종별 정기권 운임의 비는 모두 37이다)

> **조건**
> • S군의 이용 거리는 편도 45km이다.
> • S군은 교내 일정으로 한 달에 25일은 학교에 가는 것으로 계산한다.
> • S군은 통학할 때에만 정기권을 사용하였으며, 통학 외에는 정기권을 사용하지 않았다.
> • 승차권 사용 불가 구간 및 추가 차감 구간은 없었다.
> • 정기권은 월 1회만 충전하는 것으로 가정한다.

① 9단계   ② 10단계

③ 11단계   ④ 12단계

⑤ 13단계

23 다음 글의 빈칸에 들어갈 내용을 순서대로 바르게 나열한 것은?

> • ___㉠___ : 인간관계를 지향하게 하고 사회적 행동을 유발하는 욕구이다.
> • ___㉡___ : 개인이 인간과 인간관계에 대해 가지고 있는 지적인 이해나 믿음이다.
> • ___㉢___ : 인간관계를 성공적으로 이끌어 갈 수 있는 사교적 능력이다.

	㉠	㉡	㉢
①	대인신념	대인기술	대인동기
②	대인신념	대인동기	대인기술
③	대인동기	대인신념	대인기술
④	대인동기	대인기술	대인신념
⑤	대인기술	대인동기	대인신념

24 다음 중 도덕적 해이(Moral Hazard)의 특징으로 적절하지 않은 것은?

① 결정을 내리고 책임지기보다 상급기관에 결정을 미루는 행동방식을 취한다.

② 법률 위반과 차이가 있어 적발과 입증이 어렵다.

③ 사익을 추구하지 않는 방만한 경영 행태는 도덕적 해이에 포함되지 않는다.

④ 조직의 틀에 어긋나는 개인의 이익 실현 행위이다.

⑤ 신규 업무에 관심을 갖지 않는 등 소극적인 모습을 보인다.

코로나19는 2019년 중국 우한에서 처음 발생한 감염병으로 전 세계적으로 확산되어 대규모의 유행을 일으켰다. 코로나19는 주로 호흡기를 통해 전파되며 기침, 인후통, 발열 등의 경미한 증상에서 심각한 호흡곤란 같이 치명적인 증상을 일으키기도 한다.

코로나19의 유행은 공공의료체계에 큰 영향을 주었다. 대부분의 국가는 코로나19 감염환자의 대량 입원으로 병상부족 문제를 겪었으며 의료진의 업무부담 또한 매우 증가되었다. 또한 예방을 위한 검사 및 검체 채취, 밀접 접촉자 추적, 격리 및 치료 등의 과정에서 많은 인력과 시간이 _____ 되었다.

국가 및 지역 사회에서 모든 사람들에게 평등하고 집근 기능한 의료 서비스를 제공하기 위한 공공의료는 전염병의 대유행 상황에서 매우 중요한 역할을 담당한다. 공공의료는 환자의 치료와 예방, 감염병 관리에서 필수적인 역할을 수행하며 코로나19 대유행 당시 검사, 진단, 치료, 백신 접종 등 다양한 서비스를 국민에게 제공하여 사회 전체의 건강보호를 담당하였다.

공공의료는 국가와 지역 단위에서의 재난 대응 체계와 밀접하게 연계되어 있다. 정부는 공공의료 시스템을 효과적으로 운영하여 감염병의 확산을 억제하고, 병원 부족 문제를 해결하며, 의료진의 안전과 보호를 보장해야 한다. 이를 위해 예방 접종 캠페인, 감염병 관리 및 예방 교육, 의료 인력과 시설의 지원 등 다양한 조치를 취하고 있다.

코로나19 대유행은 공공의료의 중요성과 필요성을 다시 한 번 강조하였다. 강력한 공공의료 체계는 전염병과의 싸움에서 핵심적인 역할을 수행하며, 국가와 지역 사회의 건강을 보호하는 데 필수적이다. 이를 위해서는 지속적인 투자와 개선이 이루어져야 하며, 협력과 혁신을 통해 미래의 감염병에 대비할 수 있는 강력한 공공의료 시스템을 구축해야 한다.

| 건강보험심사평가원 / 의사소통능력

25 다음 중 윗글에 대한 주제로 가장 적절한 것은?

① 코로나19 유행과 지역사회 전파 방지를 위한 노력

② 감염병과 백신의 중요성

③ 코로나19 격리 과정

④ 코로나19 유행과 공공의료의 중요성

⑤ 코로나19의 대표적 증상

| 건강보험심사평가원 / 의사소통능력

26 다음 윗글의 빈칸에 들어갈 단어로 가장 적절한 것은?

① 대비   ② 대체

③ 제공   ④ 초과

⑤ 소요

27 S유통사는 창고 내 자재의 보안 강화와 원활한 관리를 위해 국가별, 제품별로 자재를 분류하고자 9자리 상품코드 및 바코드를 제작하였다. 상품코드 및 바코드 규칙이 다음과 같을 때 8자리 상품코드와 수입 국가, 전체 9자리 바코드가 바르게 연결된 것은?

<S유통사 상품코드 및 바코드 규칙>

1. 상품코드의 첫 세 자릿수는 수입한 국가를 나타낸다.

첫 세 자리	000 ~ 099	100 ~ 249	250 ~ 399	400 ~ 549	550 ~ 699	700 ~ 849	850 ~ 899	900 ~ 999
국가	한국	독일	일본	미국	캐나다	호주	중국	기타 국가

2. 상품코드의 아홉 번째 수는 바코드의 진위 여부를 판단하는 수로, 앞선 여덟 자릿수를 다음 규칙에 따라 계산하여 생성한다.
   ① 홀수 번째 수에는 2를, 짝수 번째 수에는 5를 곱한 다음 여덟 자릿수를 모두 합한다.
   ② 모두 합한 값을 10으로 나누었을 때, 그 나머지 수가 아홉 번째 수가 된다.

3. 바코드는 각 자리의 숫자에 대응시켜 생성한다.

구분	코드	구분	코드
0		5	
1		6	
2		7	
3		8	
4		9	

	8자리 상품코드	수입 국가	9자리 바코드
①	07538627	한국	
②	23978527	일본	
③	51227532	미국	
④	73524612	호주	
⑤	93754161	기타 국가	

▌건강보험심사평가원 / 정보능력

28 다음은 S중학교 2학년 1반 국어, 수학, 영어, 사회, 과학에 대한 학생 9명의 성적표이다. 학생들의 평균 점수를 가장 높은 순서대로 구하고자 할 때, [H2] 셀에 들어갈 함수로 옳은 것은?(단, G열의 평균 점수는 구한 것으로 가정한다)

	A	B	C	D	E	F	G	H
		국어	수학	영어	사회	과학	평균 점수	평균 점수 순위
1								
2	강○○	80	77	92	81	75		
3	권○○	70	80	87	65	88		
4	김○○	90	88	76	86	87		
5	김△△	60	38	66	40	44		
6	신○○	88	66	70	58	60		
7	장○○	95	98	77	70	90		
8	전○○	76	75	73	72	80		
9	현○○	30	60	50	44	27		
10	황○○	76	85	88	87	92		

〈2학년 1반 성적표〉

① =RANK(G2,G$2:G$10,0) ② =RANK(G2,$G2$:G10,0)

③ =RANK(G2,$B2$:G10,0) ④ =RANK(G2,$B2$:$G$10,0)

⑤ =RANK(G2,B2$:$F$F10,0)

29 5개의 임의의 양수 $a \sim e$에 대해 서로 다른 2개를 골라 더한 값 10개가 다음과 같을 때, 5개의 양수 $a \sim e$의 평균과 분산은?

8	10	11	13	12	13	15	15	17	18

    평균   분산   평균   분산

① 6.6   5.84   ② 9.6   5.84

③ 6.6   8.84   ④ 9.6   8.84

⑤ 6.6   12.84

30 어느 날 민수가 사탕 바구니에 있는 사탕의 $\frac{1}{3}$을 먹었다. 그다음 날 남은 사탕의 $\frac{1}{2}$을 먹고 또 그다음 날 남은 사탕의 $\frac{1}{4}$을 먹었다. 현재 남은 사탕의 개수가 18개일 때, 처음 사탕 바구니에 들어있던 사탕의 개수는?

① 48개   ② 60개

③ 72개   ④ 84개

⑤ 96개

31 다음은 S중학교 재학생의 2013년과 2023년의 평균 신장 변화에 대한 자료이다. 2013년 대비 2023년 신장 증가율이 큰 순서대로 바르게 나열한 것은?(단, 소수점 셋째 자리에서 반올림한다)

〈S중학교 재학생 평균 신장 변화〉

(단위 : cm)

구분	2013년	2023년
1학년	160.2	162.5
2학년	163.5	168.7
3학년	168.7	171.5

① 1학년 – 2학년 – 3학년   ② 1학년 – 3학년 – 2학년

③ 2학년 – 1학년 – 3학년   ④ 2학년 – 3학년 – 1학년

⑤ 3학년 – 2학년 – 1학년

32 A는 S공사 사내 여행 동아리의 회원으로 이번 주말에 가는 여행에 반드시 참가할 계획이다. 다음 〈조건〉에 따라 여행에 참가한다고 할 때, 여행에 참가하는 사람을 모두 고르면?

> **조건**
> • C가 여행에 참가하지 않으면, A도 여행에 참가하지 않는다.
> • E가 여행에 참가하지 않으면, B는 여행에 참가한다.
> • D가 여행에 참가하지 않으면, B도 여행에 참가하지 않는다.
> • E가 여행에 참가하면, C는 여행에 참가하지 않는다.

① A, B
② A, B, C
③ A, B, D
④ A, B, C, D
⑤ A, C, D, E

33 다음 단어들의 관계를 토대로 할 때, 빈칸 ㉠에 들어갈 단어로 가장 적절한 것은?

> • 치르다 – 지불하다
> • 가쁘다 – 벅차다
> • 연약 – 나약
> • 가뭄 – _____㉠_____

① 갈근
② 해수
③ 한발
④ 안건

※ 다음 글을 읽고 이어지는 질문에 답하시오. [34~35]

> (가) 경영학 측면에서도 메기 효과는 한국, 중국 등 고도 경쟁사회인 동아시아 지역에서만 제한적으로 사용되며 영미권에서는 거의 사용되지 않는다. 기획재정부의 조사에 따르면 메기에 해당하는 해외 대형 가구업체인 이케아(IKEA)가 국내에 들어오면서 청어에 해당하는 중소 가구업체의 입지가 더욱 좁아졌다고 한다. 이처럼 경영학 측면에서도 메기 효과는 제한적으로 파악될 뿐 과학적으로는 검증되지 않은 가설이다.
>
> (나) 결국 과학적으로 증명되진 않았지만 메기 효과는 '경쟁'의 양면성을 보여 주는 가설이다. 기업의 경영에서 위협이 발생하였을 때, 위기감에 의한 성장 동력을 발현시킬 수는 있을 것이다. 그러나 무한 경쟁사회에서 규제 등의 방법으로 적정 수준을 유지하지 못한다면 거미의 등장으로 인해 폐사한 메뚜기와 토양처럼, 거대한 위협이 기업과 사회를 항상 좋은 방향으로 이끌어 나가지는 않을 것이다.
>
> (다) 그러나 메기 효과가 전혀 시사점이 없는 것은 아니다. 이케아가 국내에 들어오면서 도산할 것으로 예상되었던 일부 국내 가구 업체들이 오히려 성장하는 현상 또한 관찰되고 있다. 강자의 등장으로 약자의 성장 동력이 어느 정도는 발현되었다는 것을 보여 주는 사례라고 할 수 있다.
>
> (라) 그러나 최근에는 메기 효과가 과학적으로 검증되지 않았고 과장되어 사용되고 있으며 심지어 거짓이라고 주장하는 사람들이 있다. 먼저 메기 효과의 기원부터 의문점이 있다. 메기는 민물고기로 바닷물고기인 청어는 메기와 관련이 없으며, 실제로 북유럽의 어부들이 수조에 메기를 넣었을 때 청어에게 효과가 있었는지는 검증되지 않았다. 이와 비슷한 사례인 메뚜기와 거미의 경우는 과학적으로 검증된 바 있다. 2012년 『사이언스』에서 제한된 공간에 메뚜기와 거미를 두었을 때 메뚜기들은 포식자인 거미로 인해 스트레스의 수치가 증가하고 체내 질소 함량이 줄어들었으며, 죽은 메뚜기에 포함된 질소 함량이 줄어들면서 토양 미생물도 줄어들었고 토양은 황폐화되었다.
>
> (마) 우리나라에서 '경쟁'과 관련된 이론 중 가장 유명한 것은 영국의 역사가 아놀드 토인비가 주장했다고 하는 '메기 효과(Catfish Effect)'이다. 메기 효과란 냉장시설이 없었던 과거에 북유럽의 어부들이 잡은 청어를 싱싱하게 운반하기 위하여 수조 속에 천적인 메기를 넣어 끊임없이 움직이게 했다는 것이다. 이 가설은 경영학계에서 비유적으로 사용된다. 다시 말해 기업의 경쟁력을 키우기 위해서는 적절한 위협과 자극이 필요하다는 것이다.

34 다음 중 윗글의 문단을 논리적 순서대로 바르게 나열한 것은?

① (가) – (라) – (나) – (다) – (마)
② (다) – (마) – (가) – (나) – (라)
③ (마) – (가) – (라) – (다) – (나)
④ (마) – (라) – (가) – (다) – (나)

35 다음 중 윗글을 이해한 내용으로 적절하지 않은 것은?

① 거대 기업의 출현은 해당 시장의 생태계를 파괴할 수도 있다.
② 메기 효과는 과학적으로 검증되지 않았으므로 낭설에 불과하다.
③ 발전을 위해서는 기업 간 경쟁을 적정 수준으로 유지해야 한다.
④ 메기 효과는 경쟁을 장려하는 사회에서 널리 사용되고 있다.

36 K하수처리장은 오수 탱크 한 개를 정수로 정화하는 데 A∼E 5가지 공정을 거친다고 한다. 공정별 소요시간이 다음과 같을 때, 탱크 30개 분량의 오수를 정화하는 데 소요되는 최소 시간은?(단, 공정별 소요시간에는 정비시간이 포함되어 있다)

〈K하수처리장 공정별 소요시간〉					
공정	A	B	C	D	E
소요시간	4시간	6시간	5시간	4시간	6시간

① 181시간
② 187시간
③ 193시간
④ 199시간

37 어느 회사에 입사하는 사원 수를 조사하니 올해 남자 사원 수는 작년에 비하여 8% 증가하고 여자 사원 수는 10% 감소했다. 작년의 전체 사원 수는 820명이고, 올해는 작년에 비하여 10명이 감소하였다고 할 때, 올해 여자 사원 수는?

① 378명
② 379명
③ 380명
④ 381명

38 철호는 50만 원으로 K가구점에서 식탁 1개와 의자 2개를 사고, 남은 돈은 모두 장미꽃을 구매하는 데 쓰려고 한다. 판매하는 가구의 가격이 다음과 같을 때, 구매할 수 있는 장미꽃의 수는?(단, 장미꽃은 한 송이당 6,500원이다)

〈K가구점 가격표〉					
종류	책상	식탁	침대	의자	옷장
가격	25만 원	20만 원	30만 원	10만 원	40만 원

※ 30만 원 이상 구매 시 10% 할인

① 20송이
② 21송이
③ 22송이
④ 23송이

※ 다음은 보조배터리를 생산하는 K사의 시리얼 넘버에 대한 자료이다. 이어지는 질문에 답하시오. [39~40]

〈시리얼 넘버 부여 방식〉

시리얼 넘버는 [제품 분류] - [배터리 형태][배터리 용량][최대 출력] - [고속충전 규격] - [생산날짜] 순서로 부여한다.

〈시리얼 넘버 세부사항〉

제품 분류	배터리 형태	배터리 용량	최대 출력
NBP : 일반형 보조배터리 CBP : 케이스 보조배터리 PBP : 설치형 보조배터리	LC : 유선 분리형 LO : 유선 일체형 DK : 도킹형 WL : 무선형 LW : 유선+무선	4 : 40,000mAH 이상 3 : 30,000mAH 이상 2 : 20,000mAH 이상 1 : 10,000mAH 이상	A : 100W 이상 B : 60W 이상 C : 30W 이상 D : 20W 이상 E : 10W 이상

고속충전 규격	생산날짜		
P31 : USB - PD3.1 P30 : USB - PD3.0 P20 : USB - PD2.0	B3 : 2023년 B2 : 2022년 ... A1 : 2011년	1 : 1월 2 : 2월 ... 0 : 10월 A : 11월 B : 12월	01 : 1일 02 : 2일 ... 30 : 30일 31 : 31일

39 다음 〈보기〉 중 시리얼 넘버가 잘못 부여된 제품은 모두 몇 개인가?

> **보기**
>
> - NBP - LC4A - P20 - B2102
> - CBP - WK4A - P31 - B0803
> - NBP - LC3B - P31 - B3230
> - CNP - LW4E - P20 - A7A29
> - PBP - WL3D - P31 - B0515
> - CBP - LO3E - P30 - A9002
> - PBP - DK1E - P21 - A8B12
> - PBP - DK2D - P30 - B0331
> - NBP - LO3B - P31 - B2203
> - CBP - LC4A - P31 - B3104

① 2개　　　　　　　　　② 3개

③ 4개　　　　　　　　　④ 5개

40 K사 고객지원팀에 재직 중인 S주임은 보조배터리를 구매한 고객으로부터 다음과 같은 전화를 받았다. 해당 제품을 회사 데이터베이스에서 검색하기 위해 시리얼 넘버를 입력할 때, 고객이 보유 중인 제품의 시리얼 넘버로 옳은 것은?

> S주임 : 안녕하세요. K사 고객지원팀 S입니다. 무엇을 도와드릴까요?
> 고객 : 안녕하세요. 지난번에 구매한 보조배터리가 작동을 하지 않아서요.
> S주임 : 네, 고객님. 해당 제품 확인을 위해 시리얼 넘버를 알려 주시기 바랍니다.
> 고객 : 제품을 들고 다니면서 시리얼 넘버가 적혀 있는 부분이 지워졌네요. 어떻게 하면 되죠?
> S주임 : 고객님 혹시 구매하셨을 때 동봉된 제품설명서를 가지고 계실까요?
> 고객 : 네, 가지고 있어요.
> S주임 : 제품설명서 맨 뒤에 제품 정보가 적혀 있는데요. 순서대로 불러 주시기 바랍니다.
> 고객 : 설치형 보조배터리에 70W, 24,000mAH의 도킹형 배터리이고, 규격은 USB – PD3.0이
> 고, 생산날짜는 2022년 10월 12일이네요.
> S주임 : 확인 감사합니다. 고객님 잠시만 기다려 주세요.

① PBP – DK2B – P30 – B1012
② PBP – DK2B – P30 – B2012
③ PBP – DK3B – P30 – B1012
④ PBP – DK3B – P30 – B2012

41 다음 명제가 모두 참일 때, 빈칸에 들어갈 명제로 가장 적절한 것은?

> • 흰색 공을 가지고 있는 사람은 모두 검은색 공을 가지고 있지 않다.
> • _____
> • 따라서 흰색 공을 가지고 있는 사람은 모두 파란색 공을 가지고 있다.

① 검은색 공을 가지고 있는 사람은 모두 파란색 공을 가지고 있다.
② 파란색 공을 가지고 있지 않은 사람은 모두 검은색 공도 가지고 있지 않다.
③ 파란색 공을 가지고 있지 않은 사람은 모두 검은색 공을 가지고 있다.
④ 파란색 공을 가지고 있는 사람은 모두 검은색 공을 가지고 있다.

※ 다음은 I사의 파일명 비밀번호 설정 규칙에 대한 자료이다. 이어지는 질문에 답하시오. [42~43]

〈I사 파일명 비밀번호 설정 규칙〉

- 파일명은 반드시 한글로만 설정해야 한다.
- 비밀번호는 파일명을 변환표 1에 따라 변환한 후 변환표 2에 따라 다시 변환한 영문자 배열로 설정된다.

〈비밀번호 변환표 1〉

기존 문자	ㄱ	ㄴ	ㄷ	ㄹ	ㅁ	ㅂ	ㅅ	ㅇ	ㅈ	ㅊ	ㅋ	ㅌ
변환 문자	ㅇ	ㅈ	ㅊ	ㅋ	ㅌ	ㅍ	ㅎ	ㄲ	ㄸ	ㅆ	ㅃ	ㅉ
기존 문자	ㅍ	ㅎ	ㄲ	ㄸ	ㅆ	ㅃ	ㅉ	ㄳ	ㄵ	ㄶ	ㄺ	ㄻ
변환 문자	ㄱ	ㄴ	ㄷ	ㄹ	ㅁ	ㅂ	ㅅ	ㄽ	ㄾ	ㄿ	ㅀ	ㅄ
기존 문자	ㄼ	ㄽ	ㄾ	ㄿ	ㅀ	ㅄ	ㅏ	ㅑ	ㅓ	ㅕ	ㅗ	ㅛ
변환 문자	ㅄ	ㄳ	ㄵ	ㄶ	ㄺ	ㄻ	ㅐ	ㅒ	ㅔ	ㅖ	ㅘ	ㅚ
기존 문자	ㅜ	ㅠ	ㅡ	ㅣ	ㅐ	ㅒ	ㅔ	ㅖ	ㅘ	ㅚ	ㅙ	ㅝ
변환 문자	ㅙ	ㅝ	ㅟ	ㅖ	ㅢ	ㅏ	ㅑ	ㅓ	ㅕ	ㅗ	ㅛ	ㅜ
기존 문자	ㅟ	ㅞ	ㅢ	받침이 없을 경우								
변환 문자	ㅠ	ㅡ	ㅣ	－								

〈비밀번호 변환표 2〉

변환 문자	ㄱ	ㄴ	ㄷ	ㄹ	ㅁ	ㅂ	ㅅ	ㅇ	ㅈ	ㅊ	ㅋ	ㅌ
영문자	a	b	c	d	e	f	g	h	i	j	k	l
변환 문자	ㅍ	ㅎ	ㄲ	ㄸ	ㅆ	ㅃ	ㅉ	ㄳ	ㄵ	ㄶ	ㄺ	ㄻ
영문자	m	n	o	p	q	r	s	t	u	v	w	x
변환 문자	ㄼ	ㄽ	ㄾ	ㄿ	ㅀ	ㅄ	ㅏ	ㅑ	ㅓ	ㅕ	ㅗ	ㅛ
영문자	y	z	A	B	C	D	E	F	G	H	I	J
변환 문자	ㅜ	ㅠ	ㅡ	ㅣ	ㅐ	ㅒ	ㅔ	ㅖ	ㅘ	ㅚ	ㅙ	ㅝ
영문자	K	L	M	N	O	P	Q	R	S	T	U	V
변환 문자	ㅟ	ㅞ	ㅢ	받침이 없을 경우								
영문자	W	X	Y	Z								

예 '사과'는 다음과 같은 암호로 저장한다.
'ㅅ', 'ㅏ', '－', 'ㄱ', 'ㅘ', '－' → 'ㅎ', 'ㅐ', '－', 'ㅇ', 'ㅕ', '－' → nOZhHZ

42 다음 중 규칙에 따라 '청량리'를 변환한 암호로 옳은 것은?

① qQokPokXZ

② qTyrXZgT

③ qWZhHcwU

④ aEAhKkXZ

⑤ rYcnNOlQZ

43 다음 중 규칙에 따라 'jYZbOilXihUh'를 바르게 해독한 것은?

① 대리운전

② 대추나무

③ 인구과잉

④ 대한민국

⑤ 우거지국

44 I사의 A지점에서 근무하는 진과장은 미팅 일정으로 팀원 세 명과 함께 B지점에 가려고 한다. 지점 구간별 교통정보가 다음과 같을 때, 최소 왕복 비용은 얼마인가?(단, 같은 교통수단을 이용할 때, 요금이 더 높은 곳으로 환승 시 부족한 요금만큼 추가로 환승비용이 부과되며, 요금이 더 낮은 곳으로 환승 시 추가 요금이 부과되지 않는다)

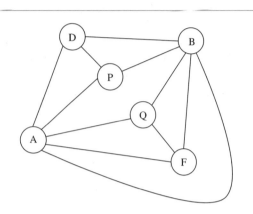

〈지점 구간별 교통정보〉

구간	교통수단	비용	구간	교통수단	비용
A-D	버스	1,250원	D-B	도보	-
	지하철	1,300원		지하철	1,200원
			D-P	지하철	1,100원
A-P	버스	1,200원	P-B	버스	1,100원
A-Q	도보	-	Q-B	버스	1,650원
	버스	900원	Q-F	도보	-
A-F	버스	900원	F-B	버스	2,000원
A-B	6인승 택시	8,000원	-	-	-

① 7,200원
② 8,400원
③ 9,600원
④ 10,000원
⑤ 16,000원

※ 다음은 I사에서 전 직원들에게 사원코드를 부여하는 방식에 대한 자료이다. 이어지는 질문에 답하시오. [45~46]

〈I사 사원코드 설정 규칙〉

a 0000 00 00

근무부서 ← | | 0~99 | → 직위

입사연월
Ex) 2304=2023년 4월 입사

〈직위〉

직위	부장	차장	과장	대리	주임	사원
번호	90 ~ 99	70 ~ 79	60 ~ 69	50 ~ 59	30 ~ 39	10 ~ 19

〈근무부서〉

부서	총무	연구개발	고객지원	정보보안	영업 / 마케팅
번호	a	t	c	i	s

※ 승진, 부서이동의 정보 변동이 있을 경우 사원코드가 재발급되며, 무작위 난수 또한 다시 설정된다.
※ 부서이동, 육아휴직의 경우 입사연월의 변동은 없다.
※ 퇴사 후 재입사의 경우 입사연월은 재입사일로 설정된다.

| 인천국제공항공사 / 문제해결능력

45 다음 중 I사에 근무하고 있는 직원의 사원코드와 정보가 바르게 연결되지 않은 것은?

	사원코드	직원 정보
①	a05073875	총무부 차장, 2005년 7월 입사
②	t22071717	연구개발부 사원, 2022년 7월 입사
③	c23038710	고객지원부 사원, 2023년 3월 입사
④	i02128789	정보보안부 부장, 2002년 12월 입사
⑤	s15113756	영업 / 마케팅부 대리, 2015년 11월 입사

| 인천국제공항공사 / 문제해결능력

46 2008년 3월에 입사한 연구개발부 C과장은 2023년 8월에 고객지원부 과장으로 부서를 옮겼다. 다음 중 C과장이 새로 발급받은 사원코드로 옳은 것은?

① t08030666   ② t23080369
③ c08036719   ④ c23086967
⑤ c08031062

47 다음 중 $1^2-2^2+3^2-4^2+\cdots+199^2$의 값은?

① 17,500

② 19,900

③ 21,300

④ 23,400

⑤ 25,700

48 어떤 학급에서 이어달리기 대회 대표로 A~E학생 5명 중 3명을 순서와 상관없이 뽑을 수 있는 경우의 수는?

① 5가지

② 10가지

③ 20가지

④ 60가지

⑤ 120가지

49 X커피 300g은 A, B원두의 양을 1 : 2 비율로 배합하여 만들고, Y커피 300g은 A, B원두의 양을 2 : 1 비율로 배합하여 만든다. X커피와 Y커피 300g의 판매 가격이 각각 3,000원, 2,850원일 때, B원두의 100g당 원가는?(단, 판매가격은 원가의 합의 1.5배이다)

① 500원

② 600원

③ 700원

④ 800원

⑤ 1,000원

50 다음은 1g당 80원인 A회사 우유와 1g당 50원인 B회사 우유를 100g씩 섭취했을 때 얻을 수 있는 열량과 단백질의 양을 나타낸 표이다. 우유 A, B를 합하여 300g을 만들어 열량 490kcal 이상과 단백질 29g 이상을 얻으면서 우유를 가장 저렴하게 구입했다고 할 때, 그 가격은 얼마인가?

〈A, B회사 우유의 100g당 열량과 단백질의 양〉

식품＼성분	열량(kcal)	단백질(g)
A회사 우유	150	12
B회사 우유	200	5

① 20,000원
② 21,000원
③ 22,000원
④ 23,000원
⑤ 24,000원

51 다음은 S헬스클럽의 회원들이 하루 동안 운동하는 시간을 조사하여 나타낸 도수분포표이다. 하루 동안 운동하는 시간이 80분 미만인 회원이 전체의 80%일 때, $A - B$의 값은?

〈S헬스클럽 회원 운동시간 도수분포표〉

시간(분)	회원 수(명)
0 이상 20 미만	1
20 이상 40 미만	3
40 이상 60 미만	8
60 이상 80 미만	A
80 이상 100 미만	B
합계	30

① 2
② 4
③ 6
④ 8
⑤ 10

52 다음 중 글로벌화에 대한 설명으로 적절하지 않은 것은?

① 범지구적 시스템과 네트워크 안에서 기업 활동이 이루어지는 국제경영이 중요시된다.

② 글로벌화가 이루어지면 시장이 확대되어 기업 경쟁이 상대적으로 완화된다.

③ 경제나 산업에서 벗어나 문화, 정치 등 다른 영역까지 확대되고 있다.

④ 조직의 활동 범위가 세계로 확대되는 것을 의미한다.

⑤ 글로벌화에 따른 다국적 기업의 증가에 따라 국가 간 경제통합이 강화되었다.

53 다음 중 팀워크에 대한 설명으로 적절하지 않은 것은?

① 조직에 대한 이해 부족은 팀워크를 저해하는 요소이다.

② 팀워크를 유지하기 위해 구성원은 공동의 목표의식과 강한 도전의식을 가져야 한다.

③ 공동의 목적을 달성하기 위해 상호관계성을 가지고 협력하여 업무를 수행하는 것이다.

④ 사람들이 집단에 머물도록 만들고, 집단의 멤버로서 계속 남아 있기를 원하게 만드는 힘이다.

⑤ 효과적인 팀은 갈등을 인정하고 상호신뢰를 바탕으로 건설적으로 문제를 해결한다.

54 다음 〈보기〉 중 근로윤리의 판단 기준으로 적절한 것을 모두 고르면?

> **보기**
>
> ㉠ 예절   ㉡ 준법
> ㉢ 정직한 행동   ㉣ 봉사와 책임
> ㉤ 근면한 태도   ㉥ 성실한 지세

① ㉠, ㉡, ㉢   ② ㉠, ㉡, ㉣

③ ㉡, ㉢, ㉤   ④ ㉢, ㉤, ㉥

⑤ ㉣, ㉤, ㉥

※ 다음은 K농장 귤 매출액의 증감률에 대한 자료이다. 이어지는 질문에 답하시오. [55~56]

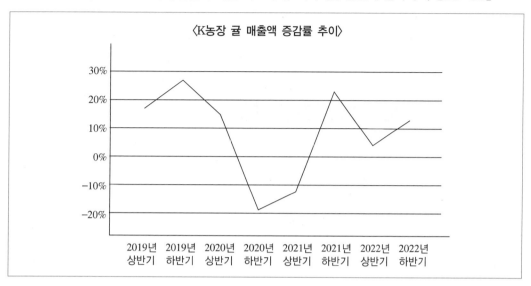

〈K농장 귤 매출액 증감률 추이〉

┃ 한국관광공사 / 수리능력

55 다음 중 자료에 대한 설명으로 옳지 않은 것은?

① 매출액은 2021년 하반기부터 꾸준히 증가하였다.

② 2019년 하반기의 매출 성장 폭이 가장 크다.

③ 2020년 하반기의 매출액은 2018년 하반기의 매출액보다 적다.

④ 2019년 상반기부터 2022년 하반기까지 매출액이 가장 적은 때는 2021년 상반기이다.

┃ 한국관광공사 / 수리능력

56 다음은 신문에 실린 어떤 기사의 일부이다. 이 기사의 작성 시기로 가장 적절한 것은?

> … (중략) …
>
> 이 병해충에 감염되면 식물의 엽록소가 파괴되어 잎에 반점이 생기고 광합성 능력이 저하되며 결국 고사(枯死)하게 된다. 피해 지역 농민들은 감염된 농작물을 전량 땅에 묻으며 생계에 대한 걱정에 눈물을 보이고 있다. 실제로 병충해로 인해 피해 농가의 매출액이 감염 전에 비해 큰 폭으로 떨어지고 있다. 현재 피해 지역이 전국적으로 확산되고 있으며 수확을 앞둔 다른 농가에서도 이 병해충에 대한 걱정에 잠을 못 이루고 있다.
>
> … (후략) …

① 2019년 상반기 ~ 2019년 하반기　　② 2020년 하반기 ~ 2021년 상반기

③ 2021년 하반기 ~ 2022년 상반기　　④ 2022년 상반기 ~ 2022년 하반기

57 연도별 1분기 K국립공원 방문객 수가 다음과 같을 때, 2022년 1분기 K국립공원 방문객 수와 방문객 수 비율을 순서대로 바르게 나열한 것은?(단, 방문객 수는 천의 자리에서 반올림하고, 방문객 수 비율은 소수점 아래는 버리며, 증감률은 소수점 둘째 자리에서 반올림한다)

〈연도별 1분기 K국립공원 방문객 수〉

구분	방문객 수(명)	방문객 수 비율(%)	증감률(%p)
2018년	1,580,000	90	−
2019년	1,680,000	96	6.3
2020년	1,750,000	100	4.2
2021년	1,810,000	103	3.4
2022년	( )	( )	−2.8

※ 방문객 수 비율은 2020년을 100%로 한다.

	방문객 수	방문객 수 비율
①	1,760,000	103
②	1,760,000	100
③	1,780,000	101
④	1,780,000	100

58 K빌딩 시설관리팀에서 건물 화단 보수를 위해 인원을 두 팀으로 나누었다. 한 팀은 작업 하나를 마치는 데 15분이 걸리지만 작업을 마치면 도구 교체를 위해 5분이 걸리고, 다른 한 팀은 작업 하나를 마치는 데 30분이 걸리지만 한 작업을 마치면 도구 교체 없이 바로 다른 작업을 시작한다고 한다. 오후 1시부터 두 팀이 쉬지 않고 작업한다고 할 때, 두 팀이 세 번째로 동시에 작업을 시작하는 시각은?

① 오후 3시 30분
② 오후 4시
③ 오후 4시 30분
④ 오후 5시

※ 다음은 M공사 정보보안팀에서 배포한 사내 메신저 계정의 비밀번호 설정 규칙이다. 이어지는 질문에 답하시오. **[59~60]**

〈비밀번호 설정 규칙〉

- 오름차순 또는 내림차순으로 3회 이상 연이은 숫자, 알파벳은 사용할 수 없다.
  (예 123, 876, abc, jih, …)
- 쿼티 키보드에서 자판이 3개 이상 나열된 문자는 사용할 수 없다.
- 특수문자를 반드시 포함하되 같은 특수문자를 연속하여 2회 이상 사용할 수 없다.
- 숫자, 특수문자, 알파벳 소문자와 대문자를 구별하여 8자 이상으로 설정한다.
  (단, 알파벳 대문자는 반드시 1개 이상 넣는다)
- 3자 이상 알파벳을 연이어 사용할 경우 단어가 만들어지면 안 된다.
  (단, 이니셜 및 약어까지는 허용한다)

〈불가능한 비밀번호 예시〉

- 3756#DefG99
- xcv@cL779
- UnfkCKdR$$7576
- eXtra2@CL377
- ksn3567#38cA
  ⋮

▌한국마사회 / 정보능력

59 M공사에 근무하는 B사원은 비밀번호 설정 규칙에 따라 사내 메신저 계정 비밀번호를 새로 설정하였으나 규칙에 어긋났다고 한다. 재설정한 비밀번호가 다음과 같을 때, 어떤 규칙에 위배되었는가?

> qdfk#9685@21ck

① 숫자가 내림차순으로 3회 연달아 배치되어서는 안 된다.
② 같은 특수문자가 2회 이상 연속되어서는 안 된다.
③ 알파벳 대문자가 1개 이상 들어가야 한다.
④ 특정 영단어가 형성되어서는 안 된다.

▌한국마사회 / 정보능력

60 B사원이 비밀번호 설정 규칙에 따라 사내 메신저 계정 비밀번호를 다시 설정할 때, 다음 중 옳은 것은?

① Im#S367
② asDf#3689!
③ C8&hOUse100%ck
④ 735%#Kmpkd2R6

🕐 응시시간 : 80분　　📋 문항 수 : 60문항　　　　　　　　　　　　　　　정답 및 해설 p.033

※ 다음 문단을 논리적 순서대로 바르게 나열한 것을 고르시오. [1~2]

❙ 코레일 한국철도공사 / 의사소통능력

01

> (가) 물론 이전과 달리 노동 시장에서 여성이라서 채용하지 않는 식의 직접적 차별은 많이 감소했지만, 실질적으로 고학력 여성들이 면접 과정에서 많이 탈락하거나 회사에 들어간 후에도 승진을 잘 하지 못하고 있다. 이는 여성이 육아 휴직 등을 사용하는 경우가 많아 회사가 여성을 육아와 가사를 신경 써야 하는 존재로 간주해 여성의 생산성을 낮다고 판단하고 있기 때문이다.
>
> (나) 한국은 직종(Occupation), 직무(Job)와 사업장(Establishment)이 같은 남녀 사이의 임금 격차 또한 다른 국가들에 비해 큰 것으로 나타났는데, 영국의 한 보고서의 따르면 한국은 조사국 14개국 중 직종, 직무, 사업장별 남녀 임금 격차에서 상위권에 속했다. 즉, 한국의 경우 같은 직종에 종사하며 같은 직장에 다니면서 같은 업무를 수행하더라도 성별에 따른 임금 격차가 다른 국가들에 비해 상대적으로 높다는 이야기다.
>
> (다) OECD가 공개한 '성별 간 임금 격차(Gender Wage Gap)'에 따르면 지난해 기준 OECD 38개 회원국들의 평균 성별 임금 격차는 12%였다. 이 중 한국의 성별 임금 격차는 31.1%로 조사국들 중 가장 컸으며, 이는 남녀 근로자를 각각 연봉 순으로 줄 세울 때 정중앙인 중위 임금을 받는 남성이 여성보다 31.1%를 더 받았다는 뜻에 해당한다. 한국은 1996년 OECD 가입 이래 26년 동안 줄곧 회원국들 중 성별 임금 격차 1위를 차지해 왔다.
>
> (라) 이처럼 한국의 남녀 간 성별 임금 격차가 크게 유지되는 이유로 노동계와 여성계는 연공서열제와 여성 경력 단절을 꼽고 있다. 이에 대해 A교수는 노동 시장 문화에는 여성 경력 단절이 일어나도록 하는 여성 차별이 있어 여성이 중간에 떨어져 나가거나 승진을 못하는 것이 너무나 자연스러운 일처럼 보인다고 말했다.
>
> 이에 정부는 여성 차별적 노동 문화의 체질을 바꾸기 위해서는 정책적으로 여성에게만 혜택을 더 주는 것으로 보이는 시혜적 정책은 지양하되, 여성 정책이 여성한테 무언가를 해주기보다는 남녀 간 평등을 촉진하는 방향으로 나아갈 수 있도록 해야 할 것이다.

① (나) - (가) - (다) - (라)　　　　② (나) - (다) - (가) - (라)

③ (나) - (다) - (라) - (가)　　　　④ (다) - (나) - (가) - (라)

⑤ (다) - (나) - (라) - (가)

02

> (가) 천일염 안전성 증대 방안 5가지가 'K-농산어촌 한마당'에서 소개됐다. 첫째, 함수(농축한 바닷물)의 청결도를 높이기 위해 필터링(여과)을 철저히 하고, 둘째, 천일염전에 생긴 이끼 제거를 위해 염전의 증발지를 목제 도구로 완전히 뒤집는 것이다. 그리고 셋째, 염전의 밀대·운반 도구 등을 식품 용기에 사용할 수 있는 소재로 만들고, 넷째, 염전 수로 재료로 녹 방지 기능이 있는 천연 목재를 사용하는 것이다. 마지막으로 다섯째, 염전 결정지의 바닥재로 장판 대신 타일(타일염)이나 친환경 바닥재를 쓰는 것이다.
>
> (나) 한편, 천일염과 찰떡궁합인 김치도 주목을 받았다. 김치를 담글 때 천일염을 사용하면 김치의 싱싱한 맛이 오래 가고 식감이 아삭아삭해지는 등 음식궁합이 좋다. 세계김치연구소는 '발효과학의 중심, 김치'를 주제로 관람객을 맞았다. 세계김치연구소 이창현 박사는 "김치는 중국·일본 등 다른 나라의 채소 절임 식품과 채소를 절이는 단계 외엔 유사성이 전혀 없는 매우 독특한 식품이자 음식 문화"라고 설명했다.
>
> (다) K-농산어촌 한마당은 헬스경향·한국농수산식품유통공사에서 공동 주최한 박람회이다. 해양수산부 소속 국립수산물품질관리원은 천일염 부스를 운영했다. 대회장을 맡은 국회 농림축산식품해양수산위원회 소속 서삼석 의원은 "갯벌 명품 천일염 생산지인 전남 신안을 비롯해 우리나라의 천일염 경쟁력은 세계 최고 수준"이라며 "이번 한마당을 통해 국산 천일염의 우수성이 더 많이 알려지기를 기대한다."라고 말했다.

① (가) - (나) - (다)
② (가) - (다) - (나)
③ (나) - (다) - (가)
④ (다) - (가) - (나)
⑤ (다) - (나) - (가)

PART 1

03 다음 글을 참고할 때, 문법형태소가 가장 많이 포함된 문장은?

> 문법형태소(文法形態素)는 문법적 의미가 있는 형태소로 어휘형태소와 함께 쓰여 그들 사이의 관계를 나타내는 기능을 하는 형태소를 말한다. 한국어에서는 조사와 어미가 이에 해당한다. 의미가 없고 문장의 형식 구성을 보조한다는 의미에서 형식형태소(形式形態素)라고도 한다.

① 동생이 나 몰래 사탕을 먹었다.
② 우리 오빠는 키가 작았다.
③ 봄이 오니 산과 들에 꽃이 피었다.
④ 나는 가게에서 김밥과 돼지고기를 샀다.
⑤ 지천에 감자꽃이 가득 피었다.

04 다음 글의 주제로 가장 적절한 것은?

이제 2023년 6월부터 민법과 행정 분야에서 나이를 따질 때 기존 계산하는 방식에 따라 1 ~ 2살까지 차이가 났던 우리나라 특유의 나이 계산법이 국제적으로 통용되는 '만 나이'로 일원화된다. 이는 태어난 해를 0살로 보고 정확하게 1년이 지날 때마다 한 살씩 더하는 방식을 말한다.

이에 대해 여론은 대체적으로 긍정적이나, 일각에서는 모두에게 익숙한 관습을 벗어나 새로운 방식에 적응해야 한다는 점을 우려하고 있다. 특히 지금 받고 있는 행정서비스에 급격한 변화가 일어나 혹시라도 손해를 보거나 미리 따져 봐야 할 부분이 있는 건 아닌지, 또 다른 혼선이 야기되는 건 아닌지 하는 것들이 이에 해당한다.

한국의 나이 기준은 우리가 관습적으로 쓰는 '세는 나이'와 민법 등에서 법적으로 규정한 '만 나이', 일부 법령이 적용하고 있는 '연 나이' 등 세 가지로 되어 있다. 이처럼 국회가 법적 나이 규정을 만 나이로 정비한 이유는 한 사람의 나이가 계산 방식에 따라 최대 2살이 달라져 '나이 불일치'로 인한 각종 행정서비스 이용과 계약체결 과정에서 혼선과 법적 다툼이 발생했기 때문이다.

더군다나 법적 나이를 규정한 민법에서조차 표현상으로 만 나이와 일반 나이가 혼재되어 있어 문구를 통일해야 한다는 지적이 나왔다. 표현상 '만 ○○세'로 돼 있지 않아도 기본적으로 만 나이로 보는 게 관례이지만, 법적 분쟁 발생 시 이는 해석의 여지를 줄 수 있기 때문이다. 다른 법에서 특별히 나이의 기준을 따로 두지 않았다면 민법의 나이 규정을 따르도록 되어 있는데, 실상은 민법도 명확하지 않았던 것이다.

정부는 내년부터 개정된 법이 시행되면 우선 그동안 문제로 지적됐던 법적·사회적 분쟁이 크게 줄어들 것으로 기대하고 있지만, 국민 전체가 일상적으로 체감하는 변화는 크지 않을 것으로 보고 있다. 이번 법 개정의 취지 자체가 나이 계산법 혼용에 따른 분쟁을 해소하는 데 맞춰져 있고, 오랜 세월 확립된 나이에 대한 사회적 인식이 법 개정으로 단번에 바뀔 수 있는 건 아니기 때문이다. 또한 여야와 정부는 연 나이를 채택해 또래 집단과 동일한 기준을 적용하는 것이 오히려 혼선을 막을 수 있고 법 집행의 효율성이 담보된다고 합의한 병역법, 청소년보호법, 민방위기본법 등 52개 법령에 대해서는 연 나이 규정의 필요성이 크다면 굳이 만 나이 적용을 하지 않겠다고 밝혔다.

① 연 나이 계산법 유지의 필요성
② 우리나라 나이 계산법의 문제점
③ 기존 나이 계산법 개정의 필요성
④ 나이 계산법 혼용에 따른 분쟁 해소 방안
⑤ 나이 계산법의 변화로 달라지는 행정서비스

05 다음 중 밑줄 친 단어가 문맥상 적절하지 않은 것은?

① 효율적인 회사 운영을 위해 회의를 정례화(定例化)해야 한다는 주장이 나왔다.

② 그 계획은 아무래도 중장기적(中長期的)으로 봐야 할 필요가 있다.

③ 그 문제를 해결하기 위해서는 표면적이 아닌 피상적(皮相的)인 이해가 필요하다.

④ 환경을 고려한 신제품을 출시하는 기업들의 친환경(親環境) 마케팅이 유행이다.

⑤ 인생의 중대사를 정할 때는 충분한 숙려(熟慮)가 필요하다.

06 세현이의 몸무게는 체지방량과 근육량을 합하여 65kg이었다. 세현이는 운동을 하여 체지방량은 20% 줄이고, 근육량은 25% 늘려서 전체적으로 몸무게를 4kg 줄였다. 이때 체지방량과 근육량을 각각 구하면?

① 36kg, 25kg ② 34kg, 25kg

③ 36kg, 23kg ④ 32kg, 25kg

⑤ 36kg, 22kg

07 가로의 길이가 140m, 세로의 길이가 100m인 직사각형 모양의 공터 둘레에 일정한 간격으로 꽃을 심기로 했다. 네 모퉁이에 반드시 꽃을 심고, 심는 꽃의 수를 최소로 하고자 할 때, 꽃은 몇 송이를 심어야 하는가?

① 21송이 ② 22송이

③ 23송이 ④ 24송이

⑤ 25송이

08 2022년 새해를 맞아 K공사에서는 직사각형의 사원증을 새롭게 제작하려고 한다. 기존의 사원증은 개당 제작비가 2,800원이고 가로와 세로의 비율이 1 : 2이다. 기존의 디자인에서 크기를 변경할 경우, 가로의 길이가 0.1cm 증감할 때마다 제작비용은 12원이 증감하고, 세로의 길이가 0.1cm 증감할 때마다 제작비용은 22원이 증감한다. 새로운 사원증의 길이가 가로 6cm, 세로 9cm이고, 제작비용은 2,420원일 때, 디자인을 변경하기 전인 기존 사원증의 둘레는 얼마인가?

① 30cm
② 31cm
③ 32cm
④ 33cm
⑤ 34cm

09 K강사는 월요일부터 금요일까지 매일 4시간 동안 수업을 진행한다. 다음 〈조건〉에 따라 주간 NCS 강의 시간표를 짤 때, 가능한 경우의 수는 모두 몇 가지인가?(단, 4교시 수업과 다음날 1교시 수업은 연속된 수업으로 보지 않는다)

> **조건**
>
> • 문제해결능력 수업은 4시간 연속교육으로 진행해야 하며, 주간 총 교육시간은 4시간이다.
> • 수리능력 수업은 3시간 연속교육으로 진행해야 하며, 주간 총 교육시간은 9시간이다.
> • 자원관리능력 수업은 2시간 연속교육으로 진행해야 하며, 주간 총 교육시간은 4시간이다.
> • 의사소통능력 수업은 1시간 교육으로 진행해야 하며, 주간 총 교육시간은 3시간이다.

① 40가지
② 80가지
③ 120가지
④ 160가지
⑤ 200가지

10 다음 기사의 내용으로 미루어 볼 때, 청년 고용시장에 대한 〈보기〉의 정부 관계자들의 태도로 가장 적절한 것은?

> 정부가 향후 3 ~ 4년을 청년실업 위기로 판단한 것은 에코세대(1991 ~ 1996년생·베이비부머의 자녀세대)의 노동시장 진입 때문이었다. 에코세대가 본격적으로 취업전선에 뛰어들면서 일시적으로 청년실업 상황이 더 악화될 것이라고 생각했다.
> 2021년을 기점으로 청년인구가 감소하기 시작하면 청년실업 문제가 일부 해소될 것이라는 정부의 전망도 이런 맥락에서 나왔다. 고용노동부 임서정 고용정책실장은 "2021년 이후 인구문제와 맞물리면 청년 고용시장 여건은 좀 더 나아질 것이라 생각한다."라고 말했다.
> 그러나 청년인구 감소가 청년실업 문제 완화로 이어질 것이란 생각은 지나치게 낙관적이라는 지적도 나오고 있다. 한국노동연구원 김유빈 부연구위원은 "지금의 대기업과 중소기업, 정규직과 비정규직 간 일자리 질의 격차를 해소하지 않는 한 청년실업 문제는 더 심각해질 수 있다."라고 우려했다. 일자리 격차가 메워지지 않는 한 질 좋은 직장을 구하기 위해 자발적 실업상황조차 감내하는 현 청년들의 상황이 개선되지 않을 것이기 때문이다.
> 한국보다 먼저 청년실업 사태를 경험한 일본을 비교대상으로 거론하는 것도 적절하지 않다는 지적이 나온다. 일본의 경우 청년인구가 줄면서 청년실업 문제는 상당 부분 해결됐다. 하지만 이는 '단카이 세대(1947 ~ 1949년에 태어난 일본의 베이비부머)'가 노동시장에서 빠져나오는 시점과 맞물렸기 때문에 가능했다. 베이비부머가 1 ~ 2차에 걸쳐 넓게 포진된 한국과는 상황이 다르다는 것이다. 김 부연구위원은 "일본에서도 일자리 질적 문제는 나타나고 있다."라며 "일자리 격차가 큰 한국에서는 문제가 더 심각하게 나타날 수 있어 중장기적 대책이 필요하다."라고 말했다.

보기

- 기획재정부 1차관 : '구구팔팔(국내 사업체 중 중소기업 숫자가 99%, 중기 종사자가 88%란 뜻)'이란 말이 있다. 중소기업을 새로운 성장동력으로 만들어야 한다. 취업에서 중소기업 선호도는 높지 않다. 여러 가지 이유 중 임금 격차도 있다. 청년에게 중소기업에 취업하고자 하는 유인을 줄 수 있는 수단이 없다. 그 격차를 메워 의사 결정의 패턴을 바꾸자는 것이다. 앞으로 에코세대의 노동시장 진입하는 4년 정도가 중요한 시기이다.
- 고용노동부 고용정책실장 : 올해부터 3 ~ 4년은 인구 문제가 크고, 그로 인한 수요·공급 문제가 있다. 개선되는 방향으로 가더라도 '에코세대' 대응까지 맞추기 쉽지 않다. 때문에 집중투자를 해야 한다. 3 ~ 4년 후에는 격차를 줄여가기 위한 대책도 병행하겠다. 이후부터는 청년의 공급이 줄어들기 때문에 인구 측면에서 노동시장에 유리한 조건이 된다.

① 올해를 가장 좋지 않은 시기로 평가하고 있다.

② 현재 회복국면에 있다고 판단하고 있다.

③ 실제 전망은 어둡지만, 밝은 면을 강조하여 말하고 있다.

④ 에코세대의 노동시장 진입을 통해 청년실업 위기가 해소될 것으로 기대하고 있다.

⑤ 한국의 상황이 일본보다 낫다고 평가하고 있다.

11 다음 중 RPS 제도에 대한 설명으로 적절하지 않은 것은?

> 신·재생에너지 공급의무화 제도(RPS; Renewable energy Portfolio Standard)는 발전설비 규모가 일정 수준 이상을 보유한 발전사업자(공급의무자)에게 일정 비율만큼 구체적인 수지의 신·재생에너지 공급 의무발전량을 할당하여 효율적으로 신·재생에너지 보급을 확대하기 위해 2012년에 도입된 제도다. 2018년 기준 공급의무자는 한국전력공사(KEPCO)의 자회사 6개사 등 21개사이며, 공급의무자는 신·재생에너지 발전소를 스스로 건설하여 전력을 자체 생산하거나 기타 발전사업자들로부터 신·재생에너지 공급인증서(REC; Renewable Energy Certificate)를 구매하는 방법 등을 통해 할당받은 공급의무량을 충당할 수 있다.
>
> 이 제도를 통해 신·재생에너지를 이용한 발전량과 발전설비 용량이 지속적으로 증가하였고, 최근에는 목표 대비 의무 이행 비율 역시 90%를 상회하는 등 긍정적인 성과가 있었으나 다음과 같은 문제점들이 지적되고 있다. 첫째, 제도 도입취지와 달리 제도의 구조적 특징으로 신·재생에너지 공급 비용 절감 효과가 불확실한 면이 있다. 둘째, 단기간 내 사업 추진이 용이한 '폐기물 및 바이오매스 혼소 발전' 등의 에너지원에 대한 편중성이 나타나고 있다. 셋째, 발전 공기업 등 공급의무자에게 할당되는 공급의무량이 단계적으로 증가함에 따라 최종 전력소비자인 국민들에게 전가되는 비용 부담 또한 지속적으로 증가할 가능성이 있다.
>
> 이에 다음과 같은 개선방안을 고려해볼 수 있다. 첫째, RPS 제도의 구조적 한계를 보완하고 신·재생에너지 공급 비용의 효과적 절감을 도모하기 위해, 제도화된 신·재생에너지 경매 시장을 도입하고 적용 범위를 확대하는 방안을 고려해볼 필요가 있다. 둘째, 신·재생에너지 공급인증서(REC) 지급 기준을 지속적으로 재정비할 필요가 있다. 셋째, 에너지 다소비 기업 및 탄소 다량 배출 산업분야의 기업 등 민간 에너지 소비 주체들이 직접 신·재생에너지를 통해 생산된 전력을 구매할 수 있거나, 민간 기업들이 직접 REC 구매를 가능하게 하는 등 관련 제도 보완을 마련할 필요가 있다.

① 신·재생에너지 발전량이 증가하였다.

② 발전 비용 증가로 전기료가 인상될 가능성이 있다.

③ 민간 기업은 직접 REC를 구매할 수 없다.

④ 다양한 종류의 신·재생에너지원 사업이 추진되었다.

⑤ 자체 설비만으로 RPS 비율을 채울 수 없을 경우 신·재생에너지 투자 등의 방법으로 대신할 수 있다.

12 다음 글의 내용으로 적절하지 않은 것은?

전남 나주시가 강소연구개발특구 운영 활성화를 위해 한국전력, 특구기업과의 탄탄한 소통 네트워크 구축에 나섰다.

나주시는 혁신산업단지에 소재한 에너지신기술연구원에서 전남도, 한국전력공사, 강소특구 44개 기업과 전남 나주 강소연구개발특구 기업 커뮤니티 협약을 체결했다고 밝혔다.

이번 협약은 각 주체 간 정보 교류, 보유 역량 활용 등을 위해 특구기업의 자체 커뮤니티 구성에 목적을 뒀다. 협약 주체들은 강소특구 중장기 성장모델과 전략수립 시 공통으로 노력을 기울이고, 적극적인 연구개발(R&D) 참여를 통해 상호 협력의 밸류체인(Value Chain)을 강화하기로 했다.

커뮤니티 구성에는 총 44개 기업이 참여해 강소특구 주력사업인 지역특성화육성사업에 부합하는 에너지효율화, 특화사업, 지능형 전력그리드 등 3개 분과로 운영된다. 또한 ㈜한국항공조명, ㈜유진테크노, ㈜미래이앤아이가 분과 리더기업으로 각각 지정되어 커뮤니티 활성화를 이끌 예정이다.

나주시와 한국전력공사는 협약을 통해 기업 판로 확보와 에너지산업 수요·공급·연계 지원 등 특구기업과의 동반성장 플랫폼 구축에 힘쓸 계획이다.

한국전력공사 기술기획처장은 "특구사업의 선택과 집중을 통한 차별화된 지원을 추진하고, 기업 성장단계에 맞춘 효과적 지원을 통해 오는 2025년까지 스타기업 10개사를 육성하겠다."라는 계획을 밝혔다.

나주시장 권한대행은 "이번 협약을 통해 기업 수요 기반 통합정보 공유로 각 기업의 성장단계별 맞춤형 지원을 통한 기업 경쟁력 확보와 동반성장 인프라 구축에 힘쓰겠다."라고 말했다.

① 협약에 참여한 기업들은 연구 개발 활동에 적극적으로 참여해야 한다.

② 나주시의 에너지신기술연구원은 혁신산업단지에 위치해 있다.

③ 협약 주체들은 한국전력공사와 강소특구의 여러 기업들이다.

④ 협약의 커뮤니티 구성은 총 3개 분과로 이루어져 있고, 분과마다 2개의 리더 그룹이 분과를 이끌 어갈 예정이다.

⑤ 나주시와 한국전력공사는 협약을 통해 기업의 판로 확보와 에너지산업 연계 지원 등을 꾀하고 있다.

13 다음 글을 읽고 추론할 수 있는 내용으로 적절하지 않은 것은?

해외여행을 떠날 때, 필수품 중의 하나는 여행용 멀티 어댑터라고 볼 수 있다. 나라마다 사용 전압과 콘센트 모양이 다르기 때문에 여행자들은 이댑터를 이용해 다양한 종류의 표준전압에 대처하고 있다. 일본·미국·대만은 110V를 사용하고, 유럽은 220 ~ 240V를 사용하는 등 나라마다 이용 전압도 다르고, 주파수·플러그 모양·크기도 제각각으로 형성되어 있다.

그렇다면 세계 여러 나라는 전압을 통합해 사용하지 않고, 우리나라는 왜 220V를 사용할까? 한국도 처음 전기가 보급될 때는 11자 모양 콘센트의 110V를 표준전압으로 사용했다. 1973년부터 2005년까지 32년에 걸쳐 1조 4,000억 원을 들여 220V로 표준전압을 바꾸는 작업을 진행했다. 어렸을 때, 집에서 일명 '도란스(Trance)'라는 변압기를 사용했던 기억이 있다.

한국전력공사 승압 작업으로 인해 110V의 가전제품을 220V의 콘센트·전압에 이용했다. 220V 승압 작업을 진행했던 이유는 전력 손실을 줄이고 같은 굵기의 전선으로 많은 전력을 보내기 위함이었다. 전압이 높을수록 저항으로 인한 손실도 줄어들고 발전소에서 가정으로 보급하는 데까지의 전기 전달 효율이 높아진다. 쉽게 말해서 수도관에서 나오는 물이 수압이 높을수록 더욱 더 강하게 나오는 것에 비유하면 되지 않을까 싶다.

한국전력공사에 따르면 110V에서 220V로 전압을 높임으로써 설비의 증설 없이 기존보다 2배 정도의 전기 사용이 가능해지고, 전기 손실도 줄어 세계 최저 수준의 전기 손실률을 기록하게 됐다고 한다. 물론 220V를 이용할 때 가정에서 전기에 노출될 경우 위험성은 더 높을 수 있다.

110V를 표준전압으로 사용하는 일본·미국은 비교적 넓은 대지와 긴 송전선로로 인해 220V로 전압을 높이려면 전력설비 교체 비용과 기존의 전자제품 이용으로 엄청난 비용과 시간이 소요되므로 승압이 어려운 상황이다. 또 지진이나 허리케인과 같은 천재지변으로 인한 위험성이 높고 유지 관리에 어려운 점, 다수의 민영 전력회사로 운영된다는 점도 승압이 어려운 이유라고 생각한다.

국가마다 표준전압이 달라서 조심해야 할 사항도 있다. 콘센트 모양만 맞추면 사용할 수 있겠다고 생각하겠지만 110V 가전제품을 우리나라로 가져와서 220V의 콘센트에 연결 후 사용하면 제품이 망가지고 화재나 폭발이 일어날 수도 있다. 반대로 220V 가전제품을 110V에 사용하면 낮은 전압으로 인해 정상적으로 작동되지 않는다. 해외에 나가서 가전제품을 이용하거나 해외 제품을 직접 구매해 가정에서 이용할 때는 꼭 주의하여 사용하기 바란다.

① 한국에 처음 전기가 보급될 때는 110V를 표준전압으로 사용했었다.

② 일본과 미국에서는 전력을 공급하는 사기업들이 있을 것이다.

③ 1조 4,000억 원가량의 예산을 들여 220V로 전환한 이유는 가정에서의 전기 안전성을 높이기 위함이다.

④ 220V로 전압을 높이면 전기 전달 과정에서 발생하는 손실을 줄여 효율적으로 가정에 전달할 수 있다.

⑤ 전압이 다른 가전제품을 변압기 없이 사용하면 제품이 망가지고 화재나 폭발이 일어나거나 정상적으로 작동되지 않는 문제가 발생할 수 있다.

14 G사는 직원들의 다면평가를 실시하고, 평가항목별 점수의 합으로 상대평가를 실시하여 성과급을 지급한다. 상위 25% 직원에게는 월급여의 200%, 상위 25 ~ 50% 이내의 직원에게는 월급여의 150%, 나머지는 월급여의 100%를 지급한다. 주어진 자료를 참고하여 A와 비교했을 때, 수령하는 성과급의 차이가 가장 적은 직원은?

〈경영지원팀 직원들의 평가 결과〉

(단위 : 점, 만 원)

직원	업무전문성	조직친화력	책임감	월급여
A	37	24	21	320
B	25	29	20	330
C	24	18	25	340
D	21	28	17	360
E	40	18	21	380
F	33	21	30	370

〈전체 직원의 평가 결과〉

구분	합산점수 기준
평균	70.4
중간값	75.5
제1사분위 수	50.7
제3사분위 수	79.8
표준편차	10.2

① B
② C
③ D
④ E
⑤ F

15 다음은 입사지원자 5명의 정보와 G사의 서류전형 평가기준이다. 5명의 지원자 중 서류전형 점수가 가장 높은 사람은 누구인가?

〈입사지원자 정보〉

지원자	전공	최종학력	제2외국어	관련 경력	자격증	특이사항
A	법학	석사	스페인어	2년	변호사	장애인
B	경영학	대졸	일본어	–	–	다문화가족
C	기계공학	대졸	–	3년	변리사	국가유공자
D	–	고졸	아랍어	7년	정보처리기사	–
E	물리학	박사	독일어	–	–	–

〈평가기준〉

1. 최종학력에 따라 대졸 10점, 석사 20점, 박사 30점을 부여한다.
2. 자연과학 및 공학 석사 이상 학위 취득자에게 가산점 10점을 부여한다.
3. 일본어 또는 독일어 가능자에게 20점을 부여한다. 기타 구사 가능한 제2외국어가 있는 지원자에게는 5점을 부여한다.
4. 관련업무 경력 3년 이상인 자에게 20점을 부여하고, 3년을 초과하는 추가 경력에 대해서는 1년마다 10점을 추가로 부여한다.
5. 변호사 면허 소지자에게 20점을 부여한다.
6. 장애인, 국가유공자, 보훈보상대상자에 대해 10점을 부여한다.

① A지원자
② B지원자
③ C지원자
④ D지원자
⑤ E지원자

16 G공사는 인사이동에 앞서 직원들의 근무 희망부서를 조사하였다. 각 직원의 부서 관련 내용이 다음과 같을 때, 〈조건〉을 토대로 본인이 희망한 부서에 배치된 사람은 몇 명인가?

구분	기존부서	희망부서	배치부서
A	회계팀	인사팀	?
B	국내영업팀	해외영업팀	?
C	해외영업팀	?	?
D	홍보팀	?	홍보팀
E	인사팀	?	해외영업팀

조건

- A ~ E 5명은 각각 회계팀, 국내영업팀, 해외영업팀, 홍보팀, 인사팀 중 한 곳을 희망하였다.
- A ~ E 5명은 인사이동 후 회계팀, 국내영업팀, 해외영업팀, 홍보팀, 인사팀에 각 1명씩 근무한다.
- 본인이 근무하던 부서를 희망부서로 제출한 사람은 없다.
- B는 다른 직원과 근무부서를 서로 맞바꾸게 되었다.

① 없음
③ 2명
⑤ 4명

② 1명
④ 3명

PART 1

※ 다음은 G공사 S팀 직원의 월급 정보이다. 이어지는 질문에 답하시오. [17~18]

〈기본급 외 임금수당〉

구분	금액	비고
식비	10만 원	전 직원 공통지급
교통비	10만 원	전 직원 공통지급
근속수당	10만 원	근속연수 1년부터 지급, 3년마다 10만 원씩 증가
자녀수당	10만 원	자녀 1명당
자격증수당	전기기사 : 50만 원 전기산업기사 : 25만 원 전기기능사 : 15만 원	–

〈사원 정보〉

구분	근속연수	자녀 수	보유 자격증
A부장	7년	2명	–
B과장	2년	1명	전기기사
C과장	6년	3명	–
D대리	4년	1명	전기기능사
E사원	1년	0명	전기산업기사

〈사원별 기본급〉

구분	기본급
A부장	4,260,000원
B과장	3,280,000원
C과장	3,520,000원
D대리	2,910,000원
E사원	2,420,000원

※ (월급)=(기본급)+(기본급 외 임금수당)

17 다음 중 자료에 대한 설명으로 옳지 않은 것은?

① 근속연수가 높을수록 기본급 또한 높다.
② S팀의 자녀수당의 합보다 근속수당의 합이 더 높다.
③ A부장의 월급은 E사원의 기본급의 2배 이상이다.
④ C과장이 전기기능사에 합격하면 S팀 직원 중 가장 많은 기본급 외 임금수당을 받게 된다.
⑤ 자녀의 수가 가장 많은 직원은 근속연수가 가장 높은 직원보다 기본급 외 임금수당을 더 받는다.

18 다음 중 자료를 바탕으로 월급이 높은 순서대로 바르게 나열한 것은?

① A부장 → B과장 → C과장 → D대리 → E사원

② A부장 → B과장 → C과장 → E사원 → D대리

③ A부장 → C과장 → B과장 → D대리 → E사원

④ C과장 → A부장 → B과장 → D대리 → E사원

⑤ C과장 → A부장 → B과장 → E사원 → D대리

19 G공사는 다음과 같은 기준으로 국내출장여비를 지급한다. 국내출장여비 지급 기준과 김차장의 국내출장 신청서를 참고할 때, 김차장이 받을 수 있는 여비는?

〈국내출장여비 지급 기준〉

• 직급은 사원 – 대리 – 과장 – 차장 – 부장 순이다.

• 사원을 기준으로 기본 교통비는 2만 원이 지급되며, 직급이 올라갈 때마다 기본 교통비에 10%씩 가산하여 지급한다. … ㉠

• 출장지까지의 거리가 50km 미만인 지역까지는 기본 교통비만 지급하며, 50km 이상인 지역은 50km를 지나는 순간부터 매 50km 구간마다 5천 원을 추가 지급한다. 예를 들어 출장지까지의 거리가 120km라면 기본 교통비에 1만 원을 추가로 지급받는다. … ㉡

• 출장지가 광주광역시, 전라남도인 경우에는 기본 교통비에 ㉠, ㉡이 적용된 금액을 그대로 지급받으며, 출장지가 서울특별시, 인천광역시, 경기도 남부인 경우 10%, 경기도 북부인 경우 15%, 강원도인 경우 20%, 제주특별자치도인 경우 25%의 가산율을 기본 교통비와 추가 여비의 합산 금액에 적용하여 교통비를 지급받는다. 기타 지역에 대해서는 일괄적으로 5%의 가산율을 기본 교통비와 추가 여비의 합산 금액에 적용한다.

• 지급금액은 백 원 단위에서 올림한다.

〈국내출장 신청서〉

• 성명 : 김건우

• 직급 : 차장

• 출장지 : 산업통상자원부(세종특별자치시 한누리대로 402)

• 출장지까지의 거리(자동계산) : 204km

• 출장목적 : 스마트그리드 추진 민관협의체 회의 참석

---

① 49,000원 ② 50,000원

③ 51,000원 ④ 52,000원

⑤ 53,000원

20 다음은 G공사의 비품신청서이다. 각 열의 2행에서 〈Ctrl〉＋채우기 핸들로 7행까지 드래그할 때, 7행에 표시되는 값이 바르게 연결된 것은?

	A	B	C	D	E
1	순서	신청일	부서	품명	금액
2	1	2022-12-20	영업1팀	A	₩10,000
3					
4					
5					
6					
7					

	순서	신청일	부서	품명	금액
①	1	2022-12-25	영업1팀	F	₩10,000
②	1	2022-12-25	영업2팀	A	₩10,005
③	1	2022-12-20	영업1팀	F	₩10,005
④	6	2022-12-20	영업1팀	A	₩10,005
⑤	6	2022-12-20	영업2팀	F	₩10,000

21 다음은 S공사의 성과급 지급 기준과 甲대리의 성과평과 등급에 대한 자료이다. 이를 바탕으로 甲대리가 받게 될 성과급은 얼마인가?

〈S공사의 성과급 지급 기준〉

■ 개인 성과평가 점수

(단위 : 점)

실적	난이도평가	중요도평가	신속성	합
30	20	30	20	100

■ 각 성과평가 항목에 대한 등급별 가중치

구분	실적	난이도평가	중요도평가	신속성
A등급(매우 우수)	1	1	1	1
B등급(우수)	0.8	0.8	0.8	0.8
C등급(보통)	0.6	0.6	0.6	0.6
D등급(미흡)	0.4	0.4	0.4	0.4

■ 성과평가 결과에 따른 성과급 지급액

구분	성과급 지급액
85점 이상	120만 원
75점 이상 85점 미만	100만 원
65점 이상 75점 미만	80만 원
55점 이상 65점 미만	60만 원
55점 미만	40만 원

〈甲대리의 성과평가 등급〉

실적	난이도평가	중요도평가	신속성
A등급	B등급	D등급	B등급

① 40만 원 ② 60만 원

③ 80만 원 ④ 100만 원

⑤ 120만 원

22 S공사의 K대리는 지사 4곳을 방문하여 재무건전성을 조사하려고 한다. 다음 〈조건〉에 따라 이동한다고 할 때, K대리가 방문할 지사를 순서대로 바르게 나열한 것은?

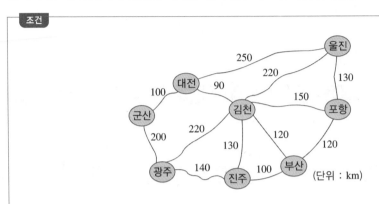

- K대리는 방금 대전 지사에서 재무조사를 마쳤다.
- 대전을 포함하여 기 방문한 도시는 재방문하지 않는다.
- 이동 방법은 디스크 스케줄링 기법인 SSTF(Shortest Seek Time First)를 활용한다.

※ SSTF : 현 위치에서 가장 짧은 거리를 우선 탐색하는 기법

① 군산 – 광주 – 김천 ② 군산 – 광주 – 진주

③ 김천 – 부산 – 진주 ④ 김천 – 부산 – 포항

⑤ 울진 – 김천 – 광주

23 다음 중 임파워먼트의 장애요인에 대한 내용으로 적절하지 않은 것은?

① 개인 차원 : 주어진 일을 해내는 역량의 결여, 대응성, 동기의 결여, 결의의 부족, 책임감 부족 등

② 대인 차원 : 다른 사람과의 성실성 결여, 약속 불이행, 성과를 제한하는 조직의 규범(Norm) 등

③ 관리 차원 : 효과적 리더십 발휘능력 결여, 경험 부족, 정책 및 기획의 실행능력 결여 등

④ 조직 차원 : 공감대 형성이 없는 구조와 시스템, 제한된 정책과 절차 등

⑤ 업무 차원 : 새로운 동기부여에 도움이 되는 시스템, 환경 변화에 따라 변화하는 업무 실적 등

24 S공단에서 근무하고 있는 김인턴은 경기본부로 파견 근무를 나가고자 한다. 다음 〈조건〉에 따라 파견일을 결정할 때, 김인턴이 경기본부로 파견 근무를 갈 수 있는 날짜는?

〈12월 달력〉

일요일	월요일	화요일	수요일	목요일	금요일	토요일
				1	2	3
4	5	6	7	8	9	10
11	12	13	14	15	16	17
18	19	20	21	22	23	24
25	26	27	28	29	30	31

조건

- 김인턴은 12월 중에 경기본부로 파견 근무를 나간다.
- 파견 근무는 2일 동안 진행되며, 이틀 동안 연이어 진행하여야 한다.
- 파견 근무는 주중에만 진행된다.
- 김인턴은 12월 1일부터 12월 7일까지 연수에 참석하므로 해당 기간에는 근무를 진행할 수 없다.
- 김인턴은 12월 27일부터는 부서이동을 하므로, 27일부터는 파견 근무를 포함한 모든 담당 업무를 후임자에게 인계하여야 한다.
- 김인턴은 목요일마다 H본부로 출장을 가며, 출장일에는 파견 근무를 수행할 수 없다.

① 12월 6 ~ 7일
② 12월 11 ~ 12일
③ 12월 14 ~ 15일
④ 12월 20 ~ 21일
⑤ 12월 27 ~ 28일

25 다음은 S공단 자기소개서 가산점 기준표의 일부를 나타낸 자료이다. 이를 참고하여 〈보기〉의 가산점 계산 시 가산점이 5점, 4점, 2점인 경우는 각각 몇 가지인가?

〈S공단 자기소개서 가산점 기준표〉

분야		관련 자격증 및 가산점		
		5점	4점	2점
학위		박사학위	석사학위	학사학위
정보처리		• 정보관리기술사 • 전자계산기조직응용기술사	• 정보처리기사 • 전자계산기조직응용기사 • 정보보안기사	• 정보처리산업기사 • 사무자동화산업기사 • 컴퓨터활용능력 1 · 2급 • 워드프로세서 1급 • 정보보안산업기사
전자 · 통신		• 정보통신기술사 • 전자계산기기술사	• 무선설비 · 전파통신 · 전파전자 · 정보통신 · 전자 · 전자계산기기사 • 통신설비기능장	• 무선설비 · 전파통신 · 전파전자 · 정보통신 · 통신선로 · 전자 · 전자계산기산업기사
국어		• 한국실용글쓰기검정 750점 이상 • 한국어능력시험 770점 이상 • 국어능력인증시험 162점 이상	• 한국실용글쓰기검정 630점 이상 • 한국어능력시험 670점 이상 • 국어능력인증시험 147점 이상	• 한국실용글쓰기검정 550점 이상 • 한국어능력시험 570점 이상 • 국어능력인증시험 130점 이상
외국어	영어	• TOEIC 900점 이상 • TEPS 850점 이상 • IBT 102점 이상 • PBT 608점 이상 • TOSEL 880점 이상 • Flex 790점 이상 • PELT 446점 이상	• TOEIC 800점 이상 • TEPS 720점 이상 • IBT 88점 이상 • PBT 570점 이상 • TOSEL 780점 이상 • Flex 714점 이상 • PELT 304점 이상	• TOEIC 600점 이상 • TEPS 500점 이상 • IBT 57점 이상 • PBT 489점 이상 • TOSEL 580점 이상 • Flex 480점 이상 • PELT 242점 이상
	일어	• JLPT 1급 • JPT 850점 이상	• JLPT 2급 • JPT 650점 이상	• JLPT 3급 • JPT 550점 이상
	중국어	• HSK 9급 이상	• HSK 8급	• HSK 7급

※ 자격증 종류에 따라 5점, 4점, 2점으로 차등적으로 부여되며, 점수의 합산을 통해 최대 5점(5점이 넘는 경우도 5점으로 적용)까지만 받을 수 있다.
※ 같은 분야에 포함된 자격증에 대해서는 점수가 높은 자격증만 인정된다.

보기

(가) : 정보관리기술사, 사무자동화산업기사, TOEIC 750점, JLPT 2급
(나) : TOSEL 620점, 워드프로세서 1급, PELT 223점
(다) : 한국실용글쓰기검정 450점, HSK 6급, 정보보안산업기사
(라) : JPT 320점, 석사학위, TEPS 450점
(마) : 무선설비산업기사, JLPT 3급, ITQ OA 마스터
(바) : TOEIC 640점, 국어능력인증시험 180점, HSK 8급
(사) : JLPT 3급, HSK 5급, 한국어능력시험 530점
(아) : IBT 42점, 컴퓨터활용능력 2급, 에너지관리산업기사

	5점	4점	2점
①	2가지	3가지	3가지
②	2가지	4가지	2가지
③	3가지	2가지	3가지
④	3가지	4가지	1가지
⑤	2가지	5가지	1가지

26 다음은 S사 직무전결표의 일부분이다. 이에 따라 결재한 기안문으로 가장 적절한 것은?

〈직무전결표〉

직무 내용	위임 시 전결권자			대표이사
	부서장	상무	부사장	
주식관리 - 명의개서 및 제신고		○		
기업공시에 관한 사항				○
주식관리에 관한 위탁계약 체결				○
문서이관 접수	○			
인장의 보관 및 관리	○			
4대 보험 관리		○		
직원 국내출장			○	
임원 국내출장				○

① 신입직원의 고용보험 가입신청을 위한 결재 : 대리 김철민 / 부장 전결 박경석 / 상무 후결 최석우

② 최병수 부장의 국내출장을 위한 결재 : 대리 서민우 / 부장 박경석 / 상무 대결 최석우 / 부사장 전결

③ 임원변경에 따른 기업공시를 위한 결재 : 부장 최병수 / 상무 임철진 / 부사장 대결 신은진 / 대표이사 전결 김진수

④ 주식의 명의개서를 위한 결재 : 주임 신은현 / 부장 전결 최병수 / 상무 후결 임철진

⑤ 박경석 상무의 국내출장을 위한 결재 : 대리 서민우 / 부장 박경석 / 상무 대결 최석우 / 부사장 전결

27 다음 중 토론의 정의에 대한 설명으로 가장 적절한 것은?

① 주어진 주제에 대하여 찬반을 나누어, 서로 논리적인 의견을 제시하면서 상대방의 의견이 이치에 맞지 않다는 것을 명확하게 하는 논의이다.

② 주어진 주세에 대하여 찬반을 나누어, 서로의 주장에 대한 논리적인 근거를 제시하면서, 상호 간의 타협점을 찾아가는 논의 방식이다.

③ 주어진 주제에 대한 자신의 의견을 밝히고 이에 대한 추론적인 근거를 들어가면서, 상대방과 청중을 설득하는 말하기이다.

④ 주어진 주제에 대하여 찬성하는 측과 반대하는 측이 다양한 의견을 제시하고, 제시된 의견에 대해 분석하면서 해결방안을 모색하는 말하기 방식이다.

⑤ 주어진 주제에 대하여 제시된 다양한 의견을 인정하고 존중하되, 자신의 의견에 대한 논리적인 근거를 제시하며 말하는 논의이다.

28 다음 중 개인차원에서의 인적자원관리에 대한 설명으로 가장 적절한 것은?

① 정치적, 경제적 또는 학문적으로 유대관계가 형성된 사람들과의 관계만을 국한적으로 관리하는 것을 의미한다.

② 자신과 직접적으로 관계가 형성된 사람들 또는 그런 사람들을 통해 관계가 형성된 사람들을 핵심 인맥, 그 밖의 우연한 계기로 관계가 형성된 사람들을 파생 인맥이라 지칭한다.

③ 개인은 핵심 인맥을 통하여 다양한 정보를 획득하고, 파생 인맥을 통하여 다양한 정보를 전파할 수 있다.

④ 개인의 인맥은 파생 인맥을 통해 끝없이 생겨날 수 있기 때문에, 한 개인의 인맥은 계속하여 확장될 수 있다.

⑤ 개인은 인적자원관리를 위해 핵심 인맥 및 파생 인맥의 능동성, 개발가능성, 전략적 자원을 고려하여 인맥 관리를 진행하여야 한다.

29 다음 중 기술에 대한 설명으로 적절하지 않은 것은?

① 현대의 기술은 주로 과학을 기반으로 하는 기술이 되었다.

② Know-How는 경험적이고 반복적인 행위에 의해 얻어진다.

③ 시대가 지남에 따라 Know-How의 중요성이 커지고 있다.

④ Know-Why는 어떻게 기술이 성립하고 작용하는가에 대한 원리적 측면에 중심을 둔 개념이다.

⑤ Know-How란 흔히 특허권을 수반하지 않는 과학자, 엔지니어 등이 가지고 있는 체계화된 기술이다.

30 다음 글을 토대로 노와이(Know-Why)의 사례로 가장 적절한 것은?

> 기술은 노하우(Know-How)와 노와이(Know-Why)로 구분할 수 있다. 노하우는 특허권을 수반하지 않는 과학자, 엔지니어 등이 가지고 있는 체계화된 기술을 의미하며, 노와이는 어떻게 기술이 성립하고 작용하는가에 대한 원리적 측면에 중심을 둔 개념이다.
>
> 이 두 가지는 획득과 전수방법에 차이가 있다. 노하우는 경험적이고 반복적인 행위에 의해 얻어지는 것이며, 이러한 선격의 지식을 흔히 Technique 혹은 Art라고 부른다. 반면, 노와이는 이론적인 지식으로서 과학적인 탐구에 의해 얻어진다. 오늘날 모든 기술과 경험이 공유되는 시대에서 노하우는 점점 경쟁력을 잃어가고 있으며, 노와이가 점차 각광받고 있다. 즉, 노하우가 구성하고 있는 환경, 행동, 능력을 벗어나 신념과 정체성, 영성 부분도 관심받기 시작한 것이다. 과거에는 기술에 대한 공급이 부족하고 공유가 잘 되지 않기 때문에 노하우가 각광받았지만, 현재는 기술에 대한 원인과 결과 간의 관계를 파악하고, 그것을 통해 목적과 동기를 새로 설정하는 노와이의 가치가 높아졌다. 노와이가 말하고자 하는 핵심은 왜 이 기술이 필요한지를 알아야 기술의 가치가 무너지지 않는다는 것이다.

① J사에 근무 중인 C씨는 은퇴 후 중장비학원에서 중장비 운영 기술을 열심히 공부하고 있다.

② 자판기 사업을 운영하고 있는 K씨는 이용자들의 화상을 염려하여 화상 방지 시스템을 개발하였다.

③ 요식업에 종사 중인 S씨는 영업시간 후 자신의 초밥 만드는 비법을 아들인 B군에게 전수하고 있다.

④ H병원에서 근무 중인 의사 G씨는 방글라데시의 의료진에게 자신이 가지고 있는 선진의술을 전수하기 위해 다음 주에 출국할 예정이다.

⑤ D사는 최근에 제조 관련 분야에서 최소 20년 이상 근무해 제조 기술에 있어 장인 수준의 숙련도를 가진 직원 4명을 D사 명장으로 선정하여 수상하였다.

31 다음 중 지식재산권에 대한 설명으로 적절하지 않은 것은?

① 새로운 것을 만들어내는 활동 또는 경험 등을 통해 최초로 만들어내거나 발견한 것 중 재산상 가치가 있는 것에 대해 가지는 권리를 말한다.

② 금전적 가치를 창출해낼 수 있는 지식·정보·기술이나 표현·표시 또는 그 밖에 유·무형적인 지적 창작물에 주어지는 권리를 말한다.

③ 실질적인 형체가 없는 기술 상품의 특성으로 인해 타국과의 수출입이 용이하다.

④ 개발된 기술에 대해 독점적인 권리를 부여해줌으로써, 기술개발이 활성화될 수 있도록 한다.

⑤ 기술을 통해 국가 간의 협력이 이루어지면서 세계화가 장려되고 있다.

32 다음은 독일의 산재보험에 대한 글이다. 이에 대한 설명으로 가장 적절한 것은?

<표>
〈독일의 산재보험〉

- 담당기구 : 업종별, 지역별로 별도의 산재보험조합(BG)이 조직되어 있으며, 각 산재보험조합은 자율권을 가지고 있는 독립적인 공공법인이고, 국가는 주요 업무사항에 대한 감독권만을 가지고 있다.
- 적용대상 : 산재보험 적용대상에는 근로자뿐만 아니라 학생 및 교육훈련생 집단, 기타 집단 등도 포함된다. 자영업자(같이 근무하는 배우자)는 의무 가입대상이 아닌 임의 가입대상이다.
- 징수 : 근로자 부담분은 없으며, 사업주는 위험등급에 따라 차등화된 보험료를 납부하는데 평균보험료율은 임금지급총액의 1.33%이다.
- 보상 : 보상의 경우 통근재해를 인정하고 있으며, 일일평균임금산정 시 휴업급여는 재해발생 직전 3개월간의 임금총액을 고려하지만, 연금으로 지급되는 급여(상병·장해·유족)는 상병이 발생한 날이 속하는 연도로부터 1년간을 고려한다.
- 요양급여 : 1일 이상의 모든 재해에 대하여 의약품, 물리치료, 그리고 보조도구의 구입을 위한 일체의 비용을 부담한다.
- 휴업급여 : 재해발생 이후 처음 6주간은 사업주가 임금 전액을 지급하고, 사업주의 임금지불의무가 없어지는 7주째부터 산재보험에서 휴업급여가 지급되며, 휴업급여는 1일 단위로 계산(1개월 단위로 계산하는 경우에는 1일 단위로 산출된 값에 30을 곱함)하여 기준소득의 80%를 지급하되, 세금 등을 공제한 순소득을 초과할 수 없다.
- 직업재활급여 : 새로운 일자리를 얻거나 요청하기 위해 소요되는 제반 경비, 장해로 인해 전직하는 경우에 교육훈련을 포함한 직업준비, 직업적응훈련·향상훈련·전직훈련 및 이를 위하여 필요한 경우 정규 학교교육, 불편 없이 학교교육을 받기 위한 보조·도움 및 이에 필요한 준비 또는 학교교육 시작 전에 정신적 및 육체적 기능을 발전·개발시키기 위한 지원, 장애인 전용 사업장에서의 직업훈련 등을 제공한다. 현금급여(전환급여)는 근로생활 복귀를 지원하고자 직업재활을 실행하는 과정에서 근로자에게 지급하는 금전으로, 가족관계에 따라 기준소득에 68~75%를 곱하여 산출한다.
- 장해급여 : 노동능력이 최소한 20% 이상 감소하고 장해가 26주 이상 지속될 경우, 이 두 가지 모두에 해당될 때만 지급된다. 지급액은 노동능력의 상실 정도와 전년도 소득 등 두 가지 기준을 이용하여 결정한다.
- 유족급여 : 유족은 배우자, 유자녀, 직계존속(부모) 등이 해당되고, 총 유족연금은 연간근로소득의 80%를 초과할 수 없다.

① 단기 계약직 근로자라도 교육훈련생의 지위를 가지고 있다면, 산재보험의 적용을 받을 수 없다.
② 예산의 효율적 활용을 위해 국가에 의해 통합적으로 운영된다.
③ 휴업급여와 연금식 급여의 일일평균임금산정 방식은 동일하다.
④ 1일을 기준으로 기준소득 대비 급여지급액 비율은 휴업급여의 경우가 직업재활급여 현금급여의 경우보다 높다.
⑤ 근로 중 장해를 당하여 노동능력이 33% 감소하였고, 장해가 24주간 지속되는 근로자는 장해급여를 지급받는다.

33 다음은 근로복지공단에서 개최한 맞춤형통합서비스 발표회에 대한 보도자료이다. 이에 대한 추론으로 적절하지 않은 것은?

〈근로복지공단, 맞춤형통합서비스 우수사례 발표회 개최〉

근로복지공단은 올 한 해 동안 산재노동자의 재활성공 사례에 대해 2018년 맞춤형통합서비스 우수사례 발표회를 개최하여 내일찾기서비스 부문 12건, 일반서비스 부문 4건을 우수사례로 선정 후 시상했다.

맞춤형통합서비스는 산재노동자가 보다 원활하게 직업에 복귀할 수 있도록 지원하는 고객 중심의 산재보험 재활 업무 프로세스이다. 이는 요양초기단계부터 재활전문가인 잡코디네이터가 1 : 1 사례관리를 진행하는 내일찾기서비스, 요양서비스 과정에서 위기상황에 맞게 적절히 개입하는 일반서비스로 구분된다. 올해 일곱 번째를 맞이하는 우수사례 발표회는 한 해 동안의 재활사업 성과를 평가하고 우수사례 노하우를 공유・확산하는 장으로, 산재노동자의 직업복귀를 촉진시키고 재활사업의 발전방안을 모색하는 자리이기도 하다.

내일찾기서비스 부문 대상은 "서로에게 주는 기쁨"이라는 주제로 발표한 대구지역본부 과장이 수상의 영예를 안았다. 분쇄기에 손이 절단되는 재해를 입고 극심한 심리불안을 겪는 50대 여성 산재노동자 이씨에게 미술심리치료 11회 등 심리상담을 통하여 자존감을 회복하게 하였고, 재활스포츠지원을 통해 재활의욕을 고취하였으며, 사업주를 위한 직장복귀지원금 지급 등 공단의 다양한 재활서비스 지원을 통해 원직복귀에 성공한 사례이다.

일반서비스 부문 대상은 "캄보디아 외국인노동자의 '삶의 희망찾기' 프로젝트"라는 주제로 발표한 안산지사에서 수상했다. 캄보디아 산재노동자 핑씨가 프레스 기계에 손이 협착되었음에도 사업주와 의료진에 대한 불신 때문에 치료를 거부하자 주한 캄보디아 대사관, 외국인지원센터와 연계하여 현 상황을 정확히 설명하였고, 그로 인해 치료의 골든타임을 놓치지 않고 적기에 치료를 제공한 사례이며, 만약 치료를 거부하고 귀국했다면 생명까지 매우 위험한 상태였을 거라는 게 의학전문가의 공통된 소견이다.

근로복지공단 이사장은 "산재노동자의 눈높이에 맞는 맞춤형 서비스를 제공할 수 있도록 업무 프로세스를 더욱 보완・발전시켜 현장 중심의 고객감동 서비스로 산재노동자의 든든한 희망버팀목이 되겠다."라고 밝혔다.

---

① 맞춤형통합서비스는 각 요양단계 및 상황에 맞게 구분되어 제공된다.

② 맞춤형통합서비스 우수사례 발표회는 2012년부터 시행되었다.

③ 내일찾기서비스의 경우, 산재노동자가 처한 위기상황에 따라 잡코디네이터가 사례관리를 진행한다.

④ 신체적 상해를 입은 산재노동자의 근로현장 복귀를 위해서는 심리적 지원이 필요할 수 있다.

⑤ 근로자의 신체 및 생명을 보호하는 차원에서도 근로자와 사업주 간의 신뢰구축이 필요하다.

34 다음은 C국가고시 현황에 대한 자료이다. 이를 나타낸 그래프로 옳지 않은 것은?

〈C국가고시 현황〉

(단위 : 명, %)

구분	2017년	2018년	2019년	2020년	2021년
접수자	3,540	3,380	3,120	2,810	2,990
응시자	2,810	2,660	2,580	2,110	2,220
응시율	79.40	78.70	82.70	75.10	74.20
합격자	1,310	1,190	1,210	1,010	1,180
합격률	46.60	44.70	46.90	47.90	53.20

※ 응시율(%) : $\dfrac{(응시자 \ 수)}{(접수자 \ 수)} \times 100$, 합격률(%) : $\dfrac{(합격자 \ 수)}{(응시자 \ 수)} \times 100$

① 연도별 미응시자 수 추이

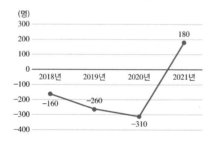

② 연도별 응시자 중 불합격자 수 추이

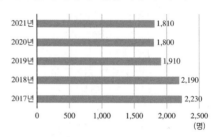

③ 2018 ~ 2021년 전년 대비 접수자 수 변화량 ④ 2018 ~ 2021년 전년 대비 합격자 수 변화량

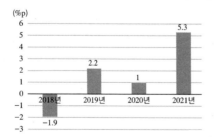

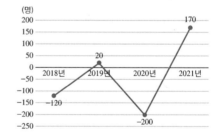

⑤ 2018 ~ 2021년 전년 대비 합격률 증감량

35 다음은 C은행 금융통화위원회의 구성 및 운영에 대한 규정이다. 이에 대한 설명으로 적절하지 않은 것은?

■ **금융통화위원회의 구성**

금융통화위원회는 C은행의 통화신용정책에 관한 주요 사항을 심의·의결하는 정책결정기구로서 C은행 총재 및 부총재를 포함하여 총 7인의 위원으로 구성된다.

C은행 총재는 금융통화위원회 의장을 겸임하며, 국무회의 심의를 거쳐 대통령이 임명한다. 부총재는 총재의 추천에 의해 대통령이 임명하며, 다른 5인의 위원은 각각 기획재정부 장관, C은행 총재, 금융위원회 위원장, 대한상공회의소 회장, 전국은행연합회 회장 등의 추천을 받아 대통령이 임명한다.

총재의 임기는 4년이고 부총재는 3년으로 각각 1차에 한하여 연임할 수 있으며, 나머지 금통위원의 임기는 4년으로 연임할 수 있다.

■ **금융통화위원회의 운영**

C은행 총재는 금융통화위원회를 대표하는 의장으로서 회의를 주재한다. 금융통화위원회의 본회의는 의장이 필요하다고 인정하는 때 또는 위원 2인 이상의 요구가 있을 때 의장이 소집할 수 있는데, 현재는 매월 둘째 주, 넷째 주 목요일에 정기회의가 개최되고 있다. 본회의에 상정되는 안건을 심의·의결하기 위해서는 통상 7인의 금통위원 중 5인 이상의 출석과 출석위원 과반수의 찬성이 필요하며 금융통화위원회가 의결을 한 때에는 의결서를 작성한다. 한편, 본회의의 논의내용에 대해서는 의사록을 작성하고 의사록 내용 중 통화신용정책에 관한 사항에 대해서는 외부에 공개한다.

본회의 이외의 회의로는 상정 안건과 관련한 논의 등을 위한 간담회, 금융경제동향 등에 관하여 관련 부서의 보고를 듣고 서로 의견을 교환하기 위한 협의회 등이 있다. 한편, 대국회 보고를 위한 통화신용정책보고서나 연차보고서, 금융안정보고서, C은행의 예산 등과 같은 중요 사안에 대해서는 별도로 심의위원회를 구성하여 보다 면밀한 검토가 이루어지도록 하고 있다.

---

① 면밀한 검토가 필요한 사안에 대해서는 본회의 외에 별도로 위원회가 구성되기도 한다.

② 금융통화위원회 의장은 C은행 총재이다.

③ 총재와 부총재를 제외한 금융통화위원은 총재가 임명한다.

④ 본회의 개최를 위해서는 의장을 제외한 금융통화위원 최소 2인의 요구가 필요하다.

36 다음은 한국인의 주요 사망원인에 대한 자료이다. 이를 참고하여 인구 10만 명당 사망원인별 인원 수를 나타낸 그래프로 가장 적절한 것은?(단, 모든 그래프의 단위는 '명'이다)

> 한국인 10만 명 중 무려 185명이나 암으로 사망한다는 통계를 바탕으로 암이 한국인의 사망원인 1위로 알려진 가운데, 그 밖의 순위에 대한 관심도 뜨겁다. 2위와 3위는 각각 심장과 뇌 관련 질환으로 알려졌으며, 1위와의 차이는 20명 미만으로 큰 차이를 보이지 않아 한국인의 주요 3대 사망원인으로 손꼽아진다. 특히 4위는 자살로 알려져 큰 충격을 더하고 있는데, 우리나라의 경우 20대·30대 사망원인 1위가 자살이며, 인구 10만 명당 50명이나 이로 인해 사망한다고 한다. 그 다음으로는 당뇨, 치매, 고혈압의 순서이다.

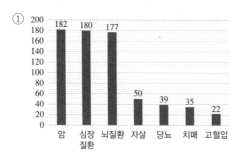

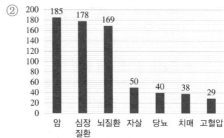

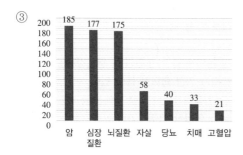

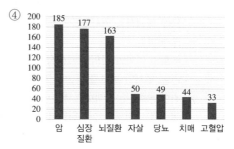

37 다음은 신재생에너지 산업에 대한 자료이다. 이에 대한 설명으로 옳은 것은?

〈신재생에너지원별 산업 현황〉

구분	기업체 수 (개)	고용인원 (명)	매출액 (억 원)	내수 (억 원)	수출액 (억 원)	해외공장 매출 (억 원)	투자액 (억 원)
태양광	127	8,698	75,637	22,975	33,892	18,770	5,324
태양열	21	228	290	290	0	0	1
풍력	37	2,369	14,571	5,123	5,639	3,809	583
연료전지	15	802	2,837	2,143	693	0	47
지열	26	541	1,430	1,430	0	0	251
수열	3	46	29	29	0	0	0
수력	4	83	129	116	13	0	0
바이오	128	1,511	12,390	11,884	506	0	221
폐기물	132	1,899	5,763	5,763	0	0	1,539
합계	493	16,177	113,076	49,753	40,743	22,579	7,966

① 태양광에너지 분야의 기업체 수가 가장 많다.

② 태양광에너지 분야의 고용인원이 전체 고용인원의 반 이상을 차지한다.

③ 전체 매출액 중 풍력에너지 분야의 매출액이 차지하는 비율은 15% 이상이다.

④ 바이오에너지 분야의 수출액은 전체 수출액의 1% 미만이다.

38 다음 기사를 이해한 내용으로 적절하지 않은 것은?

정부가 탈(脫)원전 이후 태양광·풍력을 중심으로 신재생에너지 발전을 20%까지 늘리겠다는 방침을 밝히자 에너지업계와 학계에선 "현실화하기 쉽지 않다."는 반응이 나오고 있다. 우리나라는 태양광 발전을 늘리기엔 국토 면적이나 일사량, 발전단가 등에서 상대적으로 조건이 열등하기 때문이다. 한 전문가는 "우리는 신재생에너지 발전 환경이 좋지 않기 때문에 태양광·풍력 등 순수 신재생에너지가 차지할 수 있는 비중은 10%가 최대치"라면서 "그 이상 끌어올리려 하면 자연 훼손과 전기요금 상승 등 부작용이 따를 수밖에 없다."라고 말했다.

이처럼 일사량이 부족하니 태양광 발전소 이용률도 낮다. 평균 설비 이용률(24시간 가동했을 때 최대 설계 전력량 대비 실제 전력량)은 15%로, 미국(21%)과 중국(17%)에 미치지 못한다. 2008년에 10% 밑으로 떨어졌다가 2011년엔 15%를 웃도는 등 수치를 가늠할 수 없어 안심할 수도 없다. 영월발전소는 그나마 태양 위치에 따라 태양광 패널이 움직이는 최신 '추적식' 시스템을 적용하여 효율이 국내 최고지만 17%를 넘지 못한다. 영월발전소 관계자는 "보통 7월은 하루 평균 4.6시간을 발전하는데, 올해는 장마 등의 영향으로 3.2시간밖에 돌리지 못했다."라고 말했다. 또한 "일사량을 바꿀 수 없으니 효율을 높여야 하는데 기술적으로 상당한 어려움이 있다."라고 말했다.

좁은 땅덩이도 걸림돌이다. 태양광은 통상 원전 1기 정도 발전량인 1GW 전력을 만드는 데 축구장 1,300개 넓이인 $10km^2$에 태양광 패널을 깔아야 한다. 정부 구상대로 태양광 설비를 29GW로 늘리려면 서울 면적 절반가량인 $290km^2$가 필요한 것이다. 국토의 70%가 산인 우리나라에선 만만치 않다. 영월 태양광 발전소를 만들 때도 야산 3개를 깎아야 했다. 에너지 전공 교수는 "원전이 '자본 집약적' 발전이라면, 태양광 등 신재생에너지는 '토지 집약적'"이라며 "기술 발전으로 효율을 높이더라도 국토 여건상 빠르게 확대하긴 무리"라고 말했다.

사정이 이렇다 보니 발전 단가도 비싸다. 땅값과 일사량 등을 고려한 태양광 발전 단가는 한국이 MWh당 101.86달러로, 미국(53.5달러)이나 중국(54.84달러)의 2배이며, 스페인(87.33달러)이나 독일(92.02달러)보다도 비싸다.

땅이 좁다 보니 건설 과정에서 지역 주민과의 마찰도 통과 의례이다. 인근에 태양광 발전소 건설이 추진 중인 충북 음성군 소이면 비산리의 이장은 "태양광 발전 시설로 주변 온도가 2~3℃ 올라간다는데 복숭아 농사에 치명적이다."라고 말했다. 일부 유휴지나 도로, 건물 옥상, 농지 등을 활용하는 방안도 나왔지만 도시 미관 등 다양한 문제가 발생한다. 건물 옥상 같은 경우 발전 단가가 평지일 때보다 20~50% 비싸다는 것도 문제이다.

태양광 발전은 설비만 확충했다고 끝나는 게 아니다. 발전 단가가 비싸다 보니 시장에서 외면받을 수밖에 없어 태양광 발전 비율을 높이기 위해서는 정부가 보조금 지원이나 세액 공제 등 혜택을 줘야 한다. 태양광 발전 사업자에게 보조금을 주는 발전 차액 보조금(FIT)이 대표적인데, 이는 정부 재정에 부담으로 작용한다는 게 문제이다. 과거 우리도 FIT를 운영하다 매년 3,000억 원 이상씩 지출이 불어나자 2011년 이를 폐지했다. 독일과 일본, 중국 등도 FIT 제도를 도입하며 태양광 설비를 늘렸지만, 나중에 재정 압박과 전기 요금 인상으로 이어지면서 이를 축소하거나 폐지하고 있다. 국내 태양광 관련 업계에서는 여전히 "FIT를 부활해야 한다."라고 주장한다. 그러나 에너지경제연구원 선임 연구위원은 "정부가 태양광을 키우기 위해 사업자에 대해 보조금 등 혜택을 너무 많이 주게 되면 결국 '모럴 해저드'를 유발할 수 있다."라며 "자칫 국민 세금으로 자생력 없는 신재생에너지 사업자들에게 돈만 쥐여주는 꼴이 될 수 있다."라고 말했다.

① 발전 차액 보조금 FIT는 국민 세금 낭비로 이어질 수 있다.

② 태양광 발전의 단가가 싸다 보니 시장에서 외면받고 있다.

③ 우리나라는 태양광 발전소를 운영하기에 일사량이 부족한 상황이다.

④ 태양광 발전은 토지 집약적이기 때문에 우리나라의 국토 특성상 빠르게 확대되기에는 무리가 있다.

39 다음 글의 내용으로 적절하지 않은 것은?

> 건강보험심사평가원은 2022년 5월 3일 '세계 천식의 날'을 맞아 2020년(8차) 천식 적정성 평가 결과를 분석했다.
>
> 그 결과 폐기능검사 시행률이 꾸준히 증가하고 있으나, 평가 대상 환자 중 42.4%만 검사를 받아 여전히 낮은 것으로 나타났다. 천식 악화의 조기 발견 및 약제 조절 등 질환 관리를 위해서는 최소 1년에 한 번 이상 폐기능검사를 받아야 한다. 연령별로는 70대의 폐기능검사 시행률이 48.5%로 가장 높고, 90대 이상이 27.6%로 가장 낮았다. 성별로는 여성이 40.9%, 남성이 44.2%로 전 연령에서 여성이 남성보다 폐기능검사 시행률이 낮게 나타났다.
>
> 흡입스테로이드(ICS) 처방 환자비율도 55.9%로 낮아 검사와 처방 지표 모두 낮은 결과를 보였다. 아울러 폐기능검사 장비를 보유한 기관이 보유하지 않은 기관보다 모든 평가 지표에서 좋은 결과를 보였다.
>
> 천식은 외래에서 효과적으로 진료가 이루어질 경우, 질병의 악화를 예방할 수 있는 만성 호흡기 질환이다. 2019년 우리나라 천식의 19세 이상 유병률은 3.2%, 65세 이상은 5.0%로 나이가 들수록 높게 나타났고, 천식 입원율의 경우 인구 10만 명당 65명으로, OECD 평균 34.4명에 비해 높게 나타났다.
>
> 국민건강통계에서 추정하는 천식 유병률에 비해 진료받는 환자수는 적게 나타나고 있어 천식 조기 진단을 위한 폐기능검사 시행이 더욱 중요한 실정이다.
>
> 이에 심사평가원 김위원은 "호흡기능검사(폐기능검사) 중에는 간편하게 받을 수 있는 종류도 있다."라며, "천식 의심환자는 물론이고, 치료를 받고 있는 환자도 적어도 1년에 한 번씩은 호흡기능검사를 받도록 권장한다."라고 설명했다.

① 연령별 통계 결과 20대의 폐기능검사 시행률이 가장 낮다.

② 흡입스테로이드는 가능한 모든 천식 환자들이 사용하는 것이 좋다.

③ 천식은 질병의 악화를 예방할 수 있는 만성 호흡기 질환이다.

④ 폐기능검사로 일컬어지는 호흡기능검사 중에는 간편하게 받을 수 있는 종류 또한 존재한다.

⑤ 천식 의심환자 역시 1년에 한 번씩은 호흡기능검사를 받는 것이 좋다.

40 다음은 의료급여진료비 통계에 대한 자료이다. 이를 토대로 상황에 맞는 2023년 외래 의료급여 예상비용은 얼마인가?[단, 증감율(%)과 비용은 소수점 첫째 자리에서 반올림한다]

〈의료급여진료비 통계〉

구분		환자 수 (천 명)	청구건수 (천 건)	내원일수 (천 일)	의료급여비용 (억 원)
2017년	입원	424	2,267	37,970	28,576
	외래	1,618	71,804	71,472	24,465
2018년	입원	455	2,439	39,314	30,397
	외래	1,503	71,863	71,418	26,005
2019년	입원	421	2,427	40,078	32,333
	외래	1,550	72,037	71,672	27,534
2020년	입원	462	2,620	41,990	36,145
	외래	1,574	77,751	77,347	31,334
2021년	입원	459	2,785	42,019	38,356
	외래	1,543	77,686	77,258	33,003

〈상황〉

건강보험심사평가원의 A사원은 의료급여진료비에 대해 분석을 하고 있다. 표면적으로 2017년부터 매년 입원 환자 수보다 외래 환자 수가 많고, 청구건수와 내원일수도 외래가 더 많았다. 하지만 의료급여비용은 입원 환자에게 들어가는 비용이 더 많았다. 외래 의료급여비용이 2022년에는 전년 대비 증가율과 같았고, 입원 및 외래 진료비용이 매년 증가하여 A사원은 올해 예상비용을 2020년부터 2022년까지 전년 대비 평균 증가율로 계산하여 보고하려고 한다.

① 35,840억 원
② 37,425억 원
③ 38,799억 원
④ 39,678억 원
⑤ 40,021억 원

41 다음 〈조건〉에 따를 때, 1층에서 엘리베이터를 탄 갑이 20층에 도착할 때까지 소요된 시간은?

> **조건**
> - 정지 중이던 엘리베이터가 한 층을 올라갈 때 소요되는 시간은 3초이며, 이후 가속이 붙어 한 층을 올라갈 때마다 0.2초씩 단축되나, 1.4초보다 빠르지는 않다.
> - 정지 중이던 엘리베이터가 한 층을 내려갈 때 소요되는 시간은 2.5초이며, 이후 가속이 붙어 한 층을 내려갈 때마다 0.3초씩 단축되나, 1.3초보다 빠르지는 않다.
> - 1층에서 엘리베이터를 탄 갑은 20층을 눌러야 할 것을 잘못하여 30층을 눌러 30층에 도착하였으나, 다시 20층을 눌러 해당 층으로 이동하였다.
> - 갑이 타는 동안 엘리베이터는 1층, 30층, 20층 순으로 각 한 번씩만 정차하였으며, 각 층에 정차한 시간은 고려하지 않는다.

① 62.4초

② 63.8초

③ 65.1초

④ 65.2초

⑤ 66.5초

42 다음 글의 빈칸에 들어갈 수 있는 단어로 적절하지 않은 것은?

> 원상복구는 도배, 장판 등 임대주택 전용 부분에 기본적으로 제공된 시설물을 퇴거 시 입주 당시의 상태로 유지하는 것과 별도설치 품목 및 해당 품목 설치를 위한 천공, 변형 등 부수행위에 대해 입주 당시의 상태로 복원하는 것을 말한다. 따라서 임차인은 _____된 부분에 대한 원상복구의 의무를 지닌다.

① 오손(汚損)

② 박리(剝離)

③ 망실(亡失)

④ 고의(故意)

⑤ 손모(損耗)

43 다음 글의 내용으로 적절하지 않은 것은?

파리기후변화협약은 2020년 만료 예정인 교토의정서를 대체하여 2021년부터의 기후변화 대응을 담은 국제협약으로, 2015년 12월 프랑스 파리에서 열린 제21차 유엔기후변화협약(UNFCCC) 당사국총회(COP21)에서 채택되었다.

파리기후변화협약에서는 산업화 이전 대비 지구의 평균기온 상승을 2℃보다 상당히 낮은 수준으로 유지하고, 1.5℃ 이하로 제한하기 위한 노력을 추구하기로 하였다. 또 국가별 온실가스 감축량은 각국이 제출한 자발적 감축 목표를 인정하되, 5년마다 상향된 목표를 제출하도록 하였다. 차별적인 책임 원칙에 따라 선진국의 감축 목표 유형은 절대량 방식을 유지하며, 개발도상국은 자국 여건을 고려해 절대량 방식과 배출 전망치 대비 방식 중 채택하도록 하였다. 미국은 2030년까지 온실가스 배출량을 2005년 대비 26 ~ 65%까지 감축하겠다고 약속했고, 우리나라도 2030년 배출 전망치 대비 37%를 줄이겠다는 내용의 감축 목표를 제출했다. 이 밖에도 온실가스 배출량을 꾸준히 감소시켜 21세기 후반에는 이산화탄소의 순 배출량을 0으로 만든다는 내용에 합의하고, 선진국들은 2020년 부터 개발도상국 등의 기후변화 대처를 돕는 데 매년 최소 1,000억 달러(약 118조 원)를 지원하기로 했다.

파리기후변화협약은 사실상 거의 모든 국가가 서명했을 뿐 아니라 환경 보존에 대한 의무를 전 세계의 국가들이 함께 부담하도록 하였다. 즉, 온실가스 감축 의무가 선진국에만 있었던 교토의정서와 달리 195개의 당사국 모두에게 구속력 있는 보편적인 첫 기후 합의인 것이다.

그런데 2017년 6월, 미국의 트럼프 대통령은 환경 보호를 위한 미국의 부담을 언급하며 파리기후변화협약 탈퇴를 유엔에 공식 통보하였다. 그러나 발효된 협약은 3년간 탈퇴를 금지하고 있어 2019년 11월 3일까지는 탈퇴 통보가 불가능하였다. 이에 따라 미국은 다음날인 11월 4일 유엔에 협약 탈퇴를 통보했으며, 통보일로부터 1년이 지난 뒤인 2020년 11월 4일 파리기후변화협약에서 공식 탈퇴했다. 서명국 중에서 탈퇴한 국가는 미국이 유일하다.

① 교토의정서는 2020년 12월에 만료된다.
② 파리기후변화협약은 2015년 12월 3일 발효되었다.
③ 파리기후변화협약에서 우리나라는 개발도상국에 해당한다.
④ 현재 미국을 제외한 194개국이 파리기후변화협약에 합의한 상태이다.
⑤ 파리기후변화협약에 따라 선진국과 개발도상국 모두에게 온실가스 감축 의무가 발생하였다.

44 다음 〈보기〉 중 공문서 작성 방법에 대한 설명으로 적절하지 않은 것은 모두 몇 개인가?

> **보기**
>
> ㄱ. 회사 외부 기관에 송달되는 문서인 만큼 육하원칙에 따라 명확하게 작성하여야 한다.
> ㄴ. 날짜의 연도와 월일을 함께 작성하며, 날짜 다음에 마침표를 반드시 찍는다.
> ㄷ. 내용이 복잡하게 얽혀 있는 경우, '-다음-' 또는 '-아래-'와 같은 표기를 통해 항목을 나누어 서술하도록 한다.
> ㄹ. 대외 문서인 공문서는 특성상 장기간 보관되므로 정확한 기술을 위해 여러 장을 사용하여 세부적인 내용까지 기술하도록 한다.
> ㅁ. 공문서 작성 후 마지막에는 '내용 없음'이라는 문구를 표기하여 마무리하도록 한다.

① 1개   ② 2개
③ 3개   ④ 4개

45 다음 중 인사관리의 법칙에 대한 설명과 원칙이 바르게 연결되지 않은 것은?

① 적재적소 배치의 원리 : 해당 업무에 있어 가장 적격인 인재를 배치하여야 한다.
② 공정 보상의 원칙 : 모든 근로자에게 근로의 대가를 평등하게 보상하여야 한다.
③ 종업원 안정의 원칙 : 종업원이 근로를 계속할 수 있다는 신뢰를 줌으로써 근로자가 안정을 갖고 근로를 할 수 있도록 하여야 한다.
④ 창의력 계발의 원칙 : 근로자가 새로운 것을 생각해낼 수 있도록 다양한 기회를 제공함은 물론 이에 상응하는 보상을 제공하여야 한다.

46 다음 중 빈칸 ㉠, ㉡에 들어갈 접속어를 바르게 나열한 것은?

도덕적 명분관은 인간의 모든 행위에 대해 인간의 본성에 근거하는 도덕적 정당성의 기준을 제시함으로써 개인의 정의감이나 용기를 뒷받침한다. 즉, 불의에 대한 비판 의식이라든가 타협을 거부하는 선비의 강직한 정신 같은 것이 바로 그것인데, 이는 우리 사회를 도덕적으로 건전하게 이끌어 오는 데 기여하였다. 또한 사회적 행위에 적용되는 도덕적 명분은 공동체의 정당성을 확고하게 하여 사회를 통합하는 데 기여해 왔다. ___㉠___ 자신의 정당성에 대한 신념이 지나친 나머지 경직된 비판 의식을 발휘하게 되면 사회적 긴장과 분열을 초래할 수도 있다. ___㉡___ 조선 후기의 당쟁(黨爭)은 경직된 명분론의 대립으로 말미암아 심화한 측면이 있는 것이다.

① 게다가, 예컨대

② 그리고, 왜냐하면

③ 하지만, 그리고

④ 그러나, 예컨대

47 A휴게소의 물품 보관함에는 자물쇠로 잠긴 채 오랫동안 방치되고 있는 보관함 네 개가 있다. 휴게소 관리 직원인 L씨는 방치 중인 보관함을 정리하기 위해 사무실에서 보유하고 있는 1 ~ 6번까지의 열쇠로 네 개의 자물쇠를 모두 열어 보았다. 그 결과가 〈조건〉과 같이 나왔을 때, 다음 중 항상 참인 것은?(단, 하나의 자물쇠는 정해진 하나의 열쇠로만 열린다)

> **조건**
> • 첫 번째 자물쇠는 1번 또는 2번 열쇠로 열렸다.
> • 두 번째 자물쇠와 네 번째 자물쇠는 3번 열쇠로 열리지 않았다.
> • 6번 열쇠로는 어떤 자물쇠도 열지 못했다.
> • 두 번째 또는 세 번째 자물쇠는 4번 열쇠로 열렸다
> • 세 번째 자물쇠는 4번 또는 5번 열쇠로 열렸다.

① 첫 번째 자물쇠는 반드시 1번 열쇠로 열린다.

② 두 번째 자물쇠가 2번 열쇠로 열리면, 세 번째 자물쇠는 반드시 5번 열쇠로 열린다.

③ 세 번째 자물쇠가 5번 열쇠로 열리면, 네 번째 자물쇠는 반드시 2번 열쇠로 열린다.

④ 3번 열쇠로는 어떤 자물쇠도 열지 못한다.

48 다음 글을 읽고 밑줄 친 물음에 대한 답변으로 가장 적절한 것은?

> 한 장의 종이를 반으로 계속해서 접어 나간다면 과연 몇 번이나 접을 수 있을까? 얼핏 생각하면 수없이 접을 수 있을 것 같지만, 실제로는 그럴 수 없다. <u>그 이유는 무엇일까?</u>
>
> 먼저, 종이를 접는 횟수에 따라 종이의 넓이와 두께의 관계가 어떻게 변하는지를 생각해 보자. 종이를 한 방향으로 접을 경우, 한 번, 두 번, 세 번 접어 나가면 종이의 넓이는 계속해서 반으로 줄어들게 되고, 두께는 각각 2겹, 4겹, 8겹으로 늘어나 두꺼워진다. 이런 식으로 두께 0.1mm의 종이를 10번 접으면 1,024겹이 되어 그 두께는 약 10cm나 되고, 42번을 접는다면 그 두께는 439,805km로 지구에서 달에 이를 수 있는 거리에 이르게 된다. 물론 이때 종이를 접으면서 생기는 종이의 두께는 종이의 길이를 초과할 수 없으므로 종이 접기의 횟수 역시 무한할 수 없다.
>
> 다음으로, 종이를 접는 횟수에 따라 종이의 길이와 종이가 접힌 모서리 부분에서 만들어지는 반원의 호 길이가 어떻게 변하는지 알아보자. 종이의 두께가 t이고 길이가 L인 종이를 한 번 접으면, 접힌 모서리 부분이 반원을 이루게 된다. 이때 이 반원의 반지름 길이가 t이면 반원의 호 길이는 πt가 된다. 결국 두께가 t인 종이를 한 번 접기 위해서는 종이의 길이가 최소한 πt보다는 길어야 한다. 예를 들어 두께가 1cm인 종이를 한 번 접으려면, 종이의 길이가 최소 3.14cm보다는 길어야 한다는 것이다.
>
> 그런데 종이를 한 방향으로 두 번 접는 경우에는 접힌 모서리 부분에 반원이 3개 나타난다. 그래서 모서리에 생기는 반원의 호 길이를 모두 합하면, 가장 큰 반원의 호 길이인 $2\pi t$와 그 반원 속의 작은 반원의 호 길이인 πt, 그리고 처음 접힌 반원의 호 길이인 πt의 합, 즉 $4\pi t$가 된다. 그러므로 종이를 한 방향으로 두 번 접으려면 종이는 최소한 $4\pi t$보다는 길어야 한다. 종이를 한 번 더 접었을 뿐이지만 모서리에 생기는 반원의 호 길이의 합은 이전보다 훨씬 커진다. 결국, 종이 접는 횟수는 산술적으로 늘어나는 데 비해 이로 인해 생기는 반원의 호 길이의 합은 기하급수적으로 커지기 때문에 종이의 길이가 한정되어 있다면 계속해서 종이를 접는 것은 불가능하다는 것을 알 수 있다.

① 종이의 면에 미세하게 존재하는 입자들이 종이를 접는 것을 방해하기 때문이다.

② 종이에도 미약하지만 탄성이 있어 원래 모양대로 돌아가려고 하기 때문이다.

③ 종이가 충분히 접힐 수 있도록 힘을 가하는 것이 힘들기 때문이다.

④ 접는 종이의 길이는 제한되어 있는데, 접은 부분에서 생기는 반원의 길이가 너무 빠르게 증가하기 때문이다.

49 다음 문단을 논리적 순서대로 바르게 나열한 것은?

(가) 한편 지난 1월에 개최된 '제1회 물벗 나눔장터'는 안동, 영주, 영천, 장수, 청송, 충주 등 6개 댐 주변 지역이 참여해 사과 및 사과 가공품을 판매했으며 약 5,000만 원가량의 제품이 판매되는 등 성황리에 진행됐다. 수자원공사는 "코로나19 장기화로 어려움을 겪는 지역 농가를 돕고 지역사회 이웃들에게 온정을 전달하기 위해 임직원이 함께 나섰다."라며 "앞으로도 수자원공사는 다양한 지역사회와의 상생활동을 지속하고 K-ESG 경영을 실천해 공기업의 사회적 책임을 다하겠다."라고 말했다.

(나) 한국수자원공사는 7일 대전시 대덕구 본사에서 딸기 농가와 함께 '제2회 물벗 나눔 장터, 딸기 팝업 스토어' 행사를 진행했다. '물벗 나눔장터'는 한국수자원공사가 2022년 창립 55주년 맞이해 새롭게 추진 중인 지역상생형 K-ESG 경영 실천 프로젝트이다. 온·오프라인 장터 운영을 통해 사업장이 위치한 전국 각지의 농가에서 생산하는 주요 농산물 판로확보에 기여하고 일부는 직접 구매 후 취약계층에게 전달하는 적극적 나눔을 실천하는 연간 프로젝트이다.

(다) 이번 행사는 지난겨울 작황 부진과 재배면적 감소 등으로 어려움을 겪은 금강유역 대표 딸기 산지인 충남 논산시와 전북 완주군의 딸기 재배 농가를 돕기 위한 직거래 장터로 진행했다. 이번 장터에서 딸기 재배 농가는 대표적 국산 품종인 '설향' 뿐만 아니라 하이베리, 비타베리, 킹스베리 등 최근 개발된 우수한 국산 품종 딸기를 저렴한 가격으로 판매해 행사 참가자들의 호응을 얻었다. 수자원공사는 이번 행사와 연계해 총 400만 원 상당의 딸기를 추가로 구매해 논산시와 전북 사회복지공동모금회의 협조를 통해 지역사회 이웃들에게 전달돼 지역 상생 및 나눔을 이어갈 계획이다.

① (가) - (나) - (다)　　　　　② (나) - (가) - (다)

③ (나) - (다) - (가)　　　　　④ (다) - (가) - (나)

50 A사원은 연회장 좌석을 배치하려고 하는데, 연회장은 좌우 대칭으로 구성되어 있으며 총 테이블 수의 수는 짝수이다. 한 테이블에 3명씩 앉게 할 경우, 15명의 자리가 모자라고 5명씩 앉게 할 경우 테이블이 2개가 남는다. 참석자 수는 총 몇 명인가?

① 54명

② 57명

③ 60명

④ 63명

51 K초등학교의 체육대회에서 학생 가 ~ 바 6명이 달리기 경주를 하여 결승선을 빠르게 통과한 순서 대로 1등부터 6등을 결정하였다. 순위가 다음 〈조건〉을 모두 만족한다고 할 때, 학생들의 달리기 순위로 가장 적절한 것은?

> **조건**
> • 동시에 결승선을 통과한 학생은 없다.
> • 마는 1등 혹은 6등이다.
> • 라는 다보다 먼저 결승선을 통과하였다.
> • 다와 바의 등수는 2 이상 차이가 난다.
> • 가는 나의 바로 다음에 결승선을 통과하였다.
> • 가는 6등이 아니다.

① 가 – 나 – 바 – 마 – 라 – 다

② 마 – 다 – 바 – 나 – 라 – 가

③ 마 – 라 – 다 – 나 – 가 – 바

④ 바 – 나 – 다 – 가 – 라 – 마

52 한국수자원공사는 2주간 사업부문별로 직원들의 보안교육을 실시하고자 한다. 다음 공지문과 회신 내용을 참고하여 6월 2일에 교육이 진행되는 사업부문으로 가장 적절한 것은?

〈보안교육 일자〉

일	월	화	수	목	금	토
5/29	5/30	5/31	6/1	6/2	6/3	6/4
6/5	6/6	6/7	6/8	6/9	6/10	6/11

〈전 직원 보안교육 실시에 대한 공지〉

우리 한국수자원공사는 최근 국내외적으로 빈번하게 벌어지고 있는 랜섬웨어 감염 등의 보안사고에 대한 대응역량 향상을 위해 전 직원 대상 보안교육을 실시할 예정입니다. 교육은 월요일부터 금요일까지의 기간 중 공휴일을 제외한 업무일을 활용하여 하루에 한 사업부문씩 교육을 진행할 예정입니다. 금번 교육은 기획부문, 경영부문, 수자원환경부문, 수도부문, 그린인프라부문의 5개 사업부문을 대상으로 이루어지며, 기획부문과 경영부문의 경우 최소한의 관리업무를 위해 이틀에 나누어 절반의 인원씩 교육을 진행합니다. 공휴일인 6월 1일 전국지방선거일과 6월 6일 현충일에는 교육을 진행하지 않습니다. 각 사업부문에서는 교육 선호 일정 및 교육 진행이 어려운 일정을 작성하여 회신해주시기 바랍니다.

〈부서별 회신내용〉

• 기획부문 : 매주 첫 업무일에는 환경부, 국토교통부와의 통화량이 많아 교육 진행이 어렵습니다. 두 차례의 교육은 각각 다른 주에 이루어져야 할 것 같습니다.
• 경영부문 : 5월 31일과 6월 2일은 회계업무가 많을 것으로 예상되므로 타부서 교육을 진행해주십시오. 아울러 6월 10일은 전 직원 걷기행사를 계획 중에 있으므로 모든 부서 교육 진행이 불가능할 것으로 예상됩니다.
• 수자원환경부문 : 팀 내 업무 특성상 매주 수요일만 교육이 가능합니다.
• 수도부문 : 6월 3일까지는 출장자가 많아 교육 진행이 어렵습니다.
• 그린인프라부문 : 6월 중 모든 날짜에 교육 진행이 가능합니다.

① 기획부문
② 경영부문
③ 수자원환경부문
④ 그린인프라부문

53 다음 글을 읽고 추론할 수 있는 내용으로 적절하지 않은 것은?

한국중부발전이 2025년까지 재생에너지 전력중개자원을 4GW까지 확보하겠다는 목표를 세웠다. 중부발전에 따르면, 재생에너지 발전사업자 수익향상과 전력계통 안정화를 위해 100MW 새만금세 빛발전소(태양광)를 비롯해 모두 130개소 230MW규모 전력중개자원을 확보하는 등 에너지플랫폼 신시장을 개척하고 있다.

전력중개사업은 가상발전소(VPP; Virtual Power Plant)의 첫걸음으로 중개사업자가 전국에 분산돼 있는 태양광이나 풍력자원을 모아 전력을 중개거래하면서 발전량 예측제도에 참여하고 수익을 창출하는 에너지플랫폼 사업이다. 설비용량 20MW 이하 소규모 전력자원은 집합자원으로, 20MW 초과 개별자원은 위탁을 통한 참여가 각각 가능하다.

앞서 지난해 중부발전은 전력중개사업 및 발전량 예측제도 시행에 맞춰 분산자원 통합관리시스템을 도입했고, 분산에너지 통합 관제를 위한 신재생모아센터를 운영하고 있다. 특히 날씨 변동이 심해 발전량 예측이 어려운 제주지역에서 발전사 최초로 중개자원을 모집해 발전량 예측제도에 참여하고 있으며, 향후 제주지역의 태양광자원 모집에 역량을 집중할 계획이다.

올해 1월부터는 전력중개 예측제도에 참여한 발전사업자 대상으로 첫 수익을 지급하였으며, 기대수익은 1MW 발전사업자 기준 연간 약 220만 원씩 20년간 약 4,400만 원이다.

중부발전은 2025년까지 소규모 태양광 자원 및 풍력 발전량 예측성 향상을 통해 약 4GW의 VPP자원을 모집하는 한편 빅데이터 플랫폼이나 신재생통합관제센터를 활용한 신사업 영역을 확대한다고 발표했다.

한국중부발전의 사장은 "전력중개사업은 VPP 사업의 기초모델로, 재생에너지 자원확보와 기술개발을 통해 에너지전환을 리드하고 새로운 비즈니스 모델이 창출될 수 있도록 최선을 다할 예정"이라고 말했다.

① 올해 전력중개 예측제도에 참여한 발전사업자들은 수익을 받을 수 있을 것이다.
② 올해에는 분산되어 있는 에너지를 통합하여 관리할 수 있는 센터를 신설할 예정이다.
③ 제주 지역은 날씨 변동이 심해 에너지 생산량을 예측하기가 쉽지 않다.
④ 전력중개를 통해 수익을 창출하는 사업은 기본적으로 에너지플랫폼에 기반하고 있다.

54 다음은 J사 총무팀에서 정리한 4월과 5월의 회사 지출 내역이다. 이를 참고할 때, J사의 4월 대비 5월 직접비용의 증감액은 얼마인가?

4월			5월		
번호	항목	금액(원)	번호	항목	금액(원)
1	원료비	680,000	1	원료비	720,000
2	재료비	2,550,000	2	재료비	2,120,000
3	사무비품비	220,000	3	사무비품비	175,000
4	장비 대여비	11,800,000	4	장비 대여비	21,500,000
5	건물 관리비	1,240,000	5	건물 관리비	1,150,000
6	통신비	720,000	6	통신비	820,000
7	가스·수도·전기세	1,800,000	7	가스·수도·전기세	1,650,000
8	사내 인건비	75,000,000	8	사내 인건비	55,000,000
9	광고비	33,000,000	9	외부 용역비	28,000,000
10	−	−	10	광고비	42,000,000

① 17,160,000원 증액

② 17,310,000원 증액

③ 29,110,000원 증액

④ 10,690,000원 감액

55 다음 시트에서 평균이 가장 큰 값을 구하려 할 때, [F8]에 들어갈 수식으로 옳은 것은?

◢	A	B	C	D	E	F
1	번호	이름	국어	수학	영어	평균
2	1	김지우	58	60	90	78
3	2	최준영	91	80	55	65
4	3	박민준	45	45	66	81
5	4	윤민지	62	23	61	79
6	5	이재영	77	97	87	66
7	6	김세아	60	95	91	88
8					최고점수	

① =MID(F2,F7)

② =MAX(F2:F7)

③ =AVERAGE(F2:F7)

④ =MAX(C2:C7)

56 다음 글의 내용으로 적절하지 않은 것은?

> 국토교통부에서 부동산 관련 직무를 맡고 있는 공무원은 이달부터 토지, 건물 등 부동산 신규 취득이 제한된다. 주택정책 담당 공무원은 조정대상지역 내 집을 살 수 없고, 토지정책 담당 공무원은 토지거래허가구역과 택지개발지구 내 주택 구매가 금지된다.
>
> 5일 국토부에 따르면 이 같은 내용이 담긴 '국토부 공무원의 부동산 신규취득 제한에 대한 지침'이 지난달 25일 국토부 훈령으로 제정돼 이달 1일부터 시행됐다. 해당 지침에는 '국토부 소속 공무원은 직무상 알게 된 부동산에 대한 정보를 이용해 재물이나 재산상 이익을 취득하거나 그 이해관계자에게 재물이나 재산상 이익을 취득하게 해서는 안 된다.'라고 명시됐다.
>
> 따라서 제한대상 부서에 근무하는 국토부 소속 공무원과 그 업무를 지휘·감독하는 상급감독자, 배우자와 직계존비속 등 이해관계자들은 앞으로 직무 관련 부동산을 새로 취득할 수 없다. 다만 이해관계자 중 관련법에 따라 재산등록사항의 고지거부 허가를 받은 사람은 제외한다. 제한부서는 국토도시실 국토정책관 소속 지역정책과·산업입지정책과·복합도시정책과와 건축정책관 소속 건축정책과, 주택토지실 주택정책관 소속 주택정책과 등 총 29개다. 제한부동산의 범위는 소관법령에 따라 국토부 장관이 지정하는 지역·지구·구역 내의 건물, 토지 등 모든 부동산이다.
>
> 부서별로 제한받는 부동산은 다르다. 주택정책과는 분양가상한제적용지역, 투기과열지구, 조정대상지역 내 주택, 준주택 및 부속토지가 대상이다. 토지정책과는 토지거래허가구역 내, 부동산개발정책과는 택지개발지구 내 부동산 취득이 제한된다. 도로정책과는 도로구역 내 부동산, 철도정책과는 역세권 개발구역 내 부동산 취득이 금지된다. 감사담당관은 제한대상자의 직무 관련 부동산 취득 사실을 조사 과정에서 적발할 경우 6개월 이내 자진 매각 권고, 직위변경 및 전보 등 조치 요구, 이해충돌 방지에 필요한 조치를 할 수 있다. 다만 증여나 담보권 행사 및 대물변제 수령, 근무 또는 결혼 등 일상생활에 필요한 부동산은 취득이 예외적으로 허용된다.

① 감사담당관은 공무원의 부당한 부동산 이익 취득을 적발할 경우 적절한 조치를 취할 권한이 있다.

② 결혼으로 인한 부동산 마련은 일상생활에 필요한 부동산 취득으로 인정을 하고 있다.

③ 국토교통부 소속 부동산 관련 업무를 담당하는 공무원 본인은 제재의 대상이지만, 공무원의 가족은 제재 대상에 해당되지 않는다.

④ 이 같은 훈령이 시행된 것은, 공무원이 업무 중 알게 된 사실을 통해 이익을 얻는 것이 부당하다는 판단이 전제된 것이다.

⑤ 동일하게 국토교통부에서 부동산 업무를 맡은 공무원이더라도 근무 부서가 다르면 부동산 관련 다른 제재를 받을 수 있다.

57 다음은 연도별 임대주택 입주자의 근로 형태를 나타낸 자료이다. 이에 대한 설명으로 옳지 않은 것은?(단, 소수점 첫째 자리에서 반올림한다)

<연도별 임대주택 입주자의 근로 형태>

구분	2017년	2018년	2019년	2020년	2021년
전업	68%	62%	58%	52%	46%
겸직	8%	11%	15%	21%	32%
휴직	6%	15%	18%	23%	20%
무직	18%	12%	9%	4%	2%
입주자 수(명)	300,000	350,000	420,000	480,000	550,000

① 전년 대비 전업자의 비율은 감소하는 반면, 겸직자의 비율은 증가하고 있다.
② 2021년 휴직자 수는 2020년 휴직자 수보다 많다.
③ 전업자 수가 가장 적은 연도는 2017년이다.
④ 2020년 겸직자 수는 2017년의 4.2배이다.
⑤ 2017년 휴직자 수는 2021년 휴직자 수의 약 16%이다.

58 다음은 연도별 한국토지주택공사 입사자의 최종학력 현황을 나타낸 자료이다. 이에 대한 설명으로 옳은 것은?(단, 소수점 첫째 자리에서 반올림한다)

<연도별 입사자 최종학력 현황>

구분	2017년		2018년		2019년		2020년		2021년	
	남성	여성	남성	여성	남성	여성	남성	여성	남성	여성
고등학교	10	28	2	32	35	10	45	5	60	2
전문대학	24	15	8	28	15	14	10	9	4	7
대학교	80	5	75	12	96	64	100	82	102	100
대학원	36	2	55	8	14	2	5	4	4	1
전체	150	50	140	80	160	90	160	100	170	110

① 남성 입사자 수와 여성 입사자 수는 매년 증가하고 있다.
② 전년 대비 전체 입사자 수가 가장 많이 증가한 연도는 2021년이다.
③ 전체 입사자 중 여성이 차지하는 비율이 가장 높은 연도는 2020년이다.
④ 남성 입사자 수와 여성 입사자 수 중 대학교 졸업자의 수는 매년 증가하고 있다.
⑤ 전체 입사자 중 고등학교 졸업자 수와 대학원 졸업자 수의 증감은 반비례하고 있다.

59 다음 글의 내용으로 적절하지 않은 것은?

> 습관의 힘은 아무리 강조해도 지나치지 않죠. 사소한 습관 하나가 미래를 달라지게 합니다. 그러니 많은 부모들이 어려서부터 자녀에게 좋은 습관을 들이게 하려고 노력하는 것이겠죠. 공부두뇌연구원장 박사는 '잘'하는 것보다 조금이라도 '매일'하는 게 중요하다고 강조합니다. 그러면 싫증을 잘 내는 사람도 습관 만들기를 통해 '스스로 끝까지 하는 힘'을 체득할 수 있다고 말이죠.
> '물건 관리'라는 말을 들었을 때, 어떤 의미부터 떠올리셨나요? 혹시 정리 정돈 아니었나요? 하지만 물건 관리란 단지 정리의 의미에 한정되어 있지 않습니다.
> 물건을 구매할 때는 '필요'와 '욕심'을 구분할 줄 알아야 한다는 의미입니다. 지금 사려는 그 물건은 꼭 필요한 물건인지, 그냥 갖고 싶은 욕심이 드는 물건인지 명확하게 구분해야 한다는 거죠. 물건을 구매하기 전 스스로에게 질문하는 것을 습관화하면 충동구매를 줄일 수 있습니다. 만약 저녁 늦게 쇼핑을 많이 한다면, 바로 결제하지 말고 장바구니에 담아두고, 그 다음날 아침에 한 번 더 생각해 보는 것도 좋은 방법입니다.
> 돈이 모이는 습관 두 번째는 '생활습관 관리'입니다. 아무리 돈을 모으고 있다고 해도 한쪽에서 돈이 줄줄 새는 습관을 바로잡지 못한다면 돈을 모으는 의미가 없어지니까요. 혹시 보상심리로 스스로에게 상을 주거나 스트레스를 해소하기 위해 돈을 썼던 경험이 있으신가요?
> 돈을 쓰면서 스트레스를 풀고 싶어지고, 음식을 먹으면서 스트레스를 푼다면 돈을 모으기 쉽지 않습니다. 사회생활은 스트레스의 연속이니까요. 야식이나 외식 빈도가 잦은 것도 좋지 않은 소비 습관입니다. 특히 요즘에는 배달음식을 많이 시켜 먹게 되죠.
> 필요하다면 스트레스 소비 금액이나, 외식 금액의 한도를 정해 놓아 보세요. 단, 실현 가능한 한도를 정하는 것이 중요합니다. 예를 들어, '다음 주부터 배달음식 안 먹을 거야'라고 하면, 오히려 역효과가 나게 됩니다. 이번 주에 4번 배달음식을 먹었다면, 3번으로 줄이는 등 실천할 수 있도록 조정해가는 것이 필요합니다.
> 돈을 모으는 것이 크게 어렵지 않을 수도 있습니다. 절약을 이기는 투자는 없다고 하죠. 소액 적금은 수입 규모와 상관없이 절약하는 것만으로도 성공시킬 수 있는 수 있는 작은 목표입니다.
> 확고한 목표와 끈기를 가지고 끝까지 저축을 하는 것이 중요합니다. 소액 적금이 성공적으로 진행된다면 규모를 조금씩 늘려 저축하는 습관을 기르면 됩니다. 이자가 크지는 않아도 일정 기간 동안 차곡차곡 납입해 계획한 금액이 모두 모이는 기쁨을 맛보는 것이 중요합니다.

① 돈을 모으는 습관을 만들기 위해서는 꾸준히 하는 것이 중요하다.

② 사고자 하는 물건을 바로 결제하지 않는 것만으로도 충동구매를 어느 정도 막을 수 있다.

③ 소액 적금이라도 돈을 저금하는 습관을 들이는 것이 중요하다.

④ 돈을 모으는 생활 습관을 만들기 위해서는 점진적으로 소비 습관을 개선하기보다는 행동을 완전히 바꾸는 것이 도움이 된다.

⑤ 스트레스를 해소하기 위해 소비를 하는 행동은 돈을 모으는 데는 좋지 않은 행동이므로 금액의 한도를 정해 줄여나가는 것이 좋다.

60 H씨는 6개월 전 이사를 하면서 전세보증금 5억 원을 납입하기 위해 전세자금대출을 받았다. H씨는 최대한도로 대출을 신청하였으며, 당시 신청한 상품의 약관은 다음과 같다. 6개월간 H씨가 지불한 이자는 얼마인가?

〈전세자금대출 약관〉

- 개요
  - 최대 5억 원까지, 아파트 전세대출
- 특징
  - 영업점 방문 없이, 신청에서 실행까지
- 대출대상
  - 부동산중개업소를 통해 신규 주택임대차계약을 체결하고, 임차보증금의 5% 이상을 지급한 세대주 또는 세대원
  - 현재 직장에서 3개월 이상 근무 중인 직장인(재직기간은 건강보험 직장자격 취득일 기준으로 확인)
  - 무주택(기혼자인 경우 배우자 합산)으로 확인된 고객
    ※ 갱신계약이나 개인사업자는 가까운 W은행 영업점에서 상담 부탁드립니다.
    ※ 개인신용평점 및 심사기준에 따라 대출이 제한될 수 있습니다.
- 대출한도금액
  - 최대 5억 원(임대차계약서상 임차보증금의 80% 이내)
- 대출기간
  - 임대차계약 종료일 이내에서 1년 이상 2년 이내(단, 보험증권 기일이 연장된 경우 그 기일까지 연장가능)
- 기본금리
  - 기준금리 : 연 3.6%
- 우대금리
  - 부수거래 감면 우대금리 조건 없음
- 상환방법
  - 만기일시상환
    ㄱ. 매달 대출이자만 납부
    ㄴ. 대출기간이 종료되는 날까지 대출상환 필요
    ㄷ. 마이너스통장방식(한도대출) 불가

---

① 540만 원　　　　　　② 630만 원

③ 720만 원　　　　　　④ 810만 원

⑤ 900만 원

모바일 OMR

응시시간 : 80분   문항 수 : 60문항

정답 및 해설 p.049

| 코레일 한국철도공사 / 의사소통능력

01 다음 중 (가) ~ (마)에 들어갈 내용으로 적절하지 않은 것은?

> "언론의 잘못된 보도나 마음에 들지 않는 논조조차도 그것이 토론되는 과정에서 옳은 방향으로 흘러 가게끔 하는 것이 옳은 방향이다." 문재인 대통령이 야당 정치인이었던 2014년, 서울외신기자클럽 (SFCC) 토론회에 나와 마이크에 대고 밝힌 공개 입장이다. 언론은 ___(가)___ 해야 한다. 이것이 지역 신문이라 할지라도 언론이 표준어를 사용하는 이유이다.
>
> 2021년 8월 25일, 언론중재법 개정안이 국회 본회의를 통과할 것이 확실시된다. 정부 침묵으로 일관해 왔다. 청와대 핵심 관계자들은 이 개정안에 대한 입장을 묻는 국내 일부 매체에 영어 표현인 "None of My Business"라는 답을 내놨다고 한다.
>
> 그사이 이 개정안에 대한 국제 사회의 ___(나)___ 은/는 높아지고 있다. 이 개정안이 시대착오적 이며 대권의 오남용이고 더 나아가 아이들에게 좋지 않은 영향을 줄 수 있다는 것이 논란의 요지이 다. SFCC는 지난 20일 이사회 전체 명의로 성명을 냈다. 그 내용을 그대로 옮기자면 다음과 같다. " ___(다)___ 내용을 담은 언론중재법 개정안을 국회에서 강행 처리하려는 움직임에 깊은 우려를 표한다."라며 "이 법안이 국회에서 전광석화로 처리되기보다 '돌다리도 두들겨 보고 건너라.'는 한국 속담처럼 심사숙고하며 ___(라)___ 을/를 기대한다."라고 밝혔다.
>
> 다만, 언론이 우리 사회에서 발생하는 다양한 전투만을 중계하는 것으로 기능하는 건 ___(마)___ 우리나라뿐만 아니라 일본 헌법, 독일 헌법 등에서 공통적으로 말하는 것처럼 언론이 자유를 가지고 대중에게 생각할 거리를 끊임없이 던져주어야 한다. 이러한 언론의 기능을 잘 수행하기 위해서는 언론의 힘과 언론에 가해지는 규제의 정도가 항상 적절하도록 절제하는 법칙이 필요하다.

① (가) : 모두가 읽기 쉽고 편향된 어조를 사용하는 것을 지양

② (나) : 규탄의 목소리

③ (다) : 언론의 자유를 심각하게 위축시킬 수 있는

④ (라) : 보편화된 언어 사용

⑤ (마) : 바람직하지 않다.

〈맞춤형 우대예약 서비스(원콜 서비스)〉

• 경로고객 및 장애인 등 인터넷 예약이 어려운 고객을 위한 우대예약 서비스
• 대상고객
  만 65세 이상의 경로고객, 장애인, 상이등급이 있는 국가유공자
• 가입 방법
  역에 대상자 자격을 확인할 수 있는 신분증, 복지카드, 유공자증 등을 제시하고 서비스를 신청하시기 바랍니다.
• 신청 방법
  역 방문 → 대상자 확인(주민등록증, 복지카드, 국가유공자 등) → 신청서 작성 및 제출 → 개인정보 입력 및 활용 동의 → 결제 신용카드 정보 등록
  ※ 기존 우대서비스 대상자는 추가등록 없이 서비스 이용이 가능합니다.
• 제공서비스
  1. 철도고객센터로 전화 시 상담원 우선 연결
  2. 승차권 대금 결제기한을 열차출발 20분 전까지 유보
  3. 원콜(One-Call) : 전화상으로 결제·발권(전화 예약 후 역에서 발권하는 불편 개선)

원콜(One-Call) 서비스란?
• 맞춤형 우대서비스 대상자가 철도고객센터에서 전화 예약 후 역에서 대기 후 승차권을 구매해야 하는 불편함을 개선하고, 보다 쉽고 편리하게 열차 이용이 가능하도록 전화상으로 결제·발권이 가능한 원스톱 예약·발권 서비스를 개발
• 대상 고객이 결제·발권까지 원하는 경우
  일반휴대폰 / 코레일톡 미설치자 : '승차권 대용문자' 발권
  코레일톡 설치자(스마트폰) : 승차권 대용문자+스마트폰 티켓 혼용 발권
  ※ 승차권 대용문자 : 승차권 대신 사용이 가능하도록 휴대폰으로 전송하는 문자메시지(열차 내에서는 승차권에 표시된 대상자 이름과 승무원 단말기에 표시된 이름과 신분증을 같이 확인하여 유효한 승차권 여부 및 대상자임을 확인)
  ※ 1회 예약 및 발권 가능 매수는 2매입니다.
  ※ 공공할인(경로, 장애인, 어린이 등)과 중복할인이 되지 않습니다.
• 주의사항
  승차권 전화 예약 후 결제기한 3회 초과로 자동 취소 시 6개월 간 서비스 제한
  ☞ 1월 1일과 7월 1일 기준으로 반기별 예약 부도 실적이 3회 이상인 경우 다음 산정일까지 우대서비스 제한
• 원콜(One-Call) 서비스를 이용한 전화 결제·발권 방법
  ① 철도고객센터 전화 → ② 상담원 자동·우선연결 → ③ 대상자 유형에 따라 예약 안내 → ④ 승차권 예약(상담원) → ⑤ 사전등록된 신용카드 정보로 결제(ARS) → ⑥ 고객의 선택에 따라 상담원 안내에 맞춰 승차권 대용문자 단독 발권 또는 승차권 대용문자+스마트폰 티켓 혼용발권 선택 → ⑦ 발권완료(☞ 고객의 휴대폰으로 승차권과 동일하게 대용으로 사용이 가능한 문자 전송)
  − 코레일톡 사용가능 여부에 따라 '승차권 대용문자' or '승차권 대용문자'+'스마트폰 티켓' 선택
  − 휴대폰을 이용한 승차권 발권을 원하지 않는 경우 전화 예약 후 역창구 발권 가능
  − 열차 내에서는 승차권 대용 문자의 운송정보와 승객의 신분증, 승무원 이동단말기 정보를 동시에 확인하여 정당한 이용 대상자임을 확인(대상자 외 타인 이용 적발 시, 무임승차 적용)

02 다음 중 맞춤형 우대예약 서비스에 대한 설명으로 가장 적절한 것은?

① 모든 국가유공자는 해당 서비스를 이용할 수 있다.

② 전화를 통해서는 맞춤형 우대예약 서비스를 이용할 수 없다.

③ 신청을 위해서는 반드시 신분증을 지참하여야 한다.

④ 원콜 서비스를 이용하기 위해서는 반드시 신용카드를 사전등록하여야 한다.

⑤ 해당 서비스 이용에 따른 발권 방식은 이용자가 선택할 수 없다.

03 A씨는 맞춤형 우대예약 서비스를 이용하여 서울에서 대전으로 가는 KTX를 예매하고자 한다. A씨가 전화를 통해 발권 및 결제를 희망한다고 할 때, 다음 〈보기〉 중 적절하지 않은 것을 모두 고르면?

> **보기**
>
> ㄱ. A씨는 철도고객센터에 전화한 후, ARS를 통해서만 승차권 예약이 가능하다.
> ㄴ. 예약한 승차권은 복수의 방식으로 발급받을 수 있다.
> ㄷ. 예약한 승차권은 별도 신청을 통해 타인에게 양도할 수 있다.
> ㄹ. 예약 부도가 반복되는 경우, 서비스 이용이 제한될 수 있다.

① ㄱ, ㄴ   ② ㄱ, ㄷ

③ ㄴ, ㄷ   ④ ㄴ, ㄹ

⑤ ㄷ, ㄹ

04 다음 중 그리스 수학에 대한 내용으로 가장 적절한 것은?

'20세기 최고의 수학자'로 불리는 프랑스의 장피에르 세르 명예교수는 경북 포항시 효자동에 위치한 포스텍 수리과학관 3층 교수 휴게실에서 '수학이 우리에게 왜 필요한가.'를 묻는 첫 질문에 이같이 대답했다.

"교수님은 평생 수학의 즐거움, 학문(공부)하는 기쁨에 빠져 있었죠. 후회는 없나요? 수학자가 안 됐으면 어떤 인생을 살았을까요?"

"내가 굉장히 좋아했던 선배 수학자가 있었어요. 지금은 돌아가셨죠. 그분은 라틴어와 그리스어 등 언어에 굉장히 뛰어났습니다. 그만큼 재능이 풍부했지만 본인은 수학 외엔 다른 일을 안 하셨어요. 나보다 스무 살 위의 앙드레 베유 같은 이는 뛰어난 수학적 재능을 타고 태어났습니다. 하지만 나는 수학적 재능은 없는 대신 호기심이 많았습니다. 누가 써놓은 걸 이해하려 하기보다 새로운 걸 발견하는 데 관심이 있었죠. 남이 이미 해놓은 것에는 별로 흥미가 없었어요. 수학 논문들도 재미있어 보이는 것만 골라서 읽었으니까요."

"학문이란 과거의 거인들로부터 받은 선물을 미래의 아이들에게 전달하는 일이라고 누군가 이야기 했습니다. 그 비유에 대해 어떻게 생각하세요?"

"학자의 첫 번째 임무는 새로운 것을 발견하려는 진리의 추구입니다. 전달(교육)은 그다음이죠. 우리는 발견한 진리를 혼자만 알고 있을 게 아니라, 출판(Publish : 넓은 의미의 '보급'에 해당하는 원로학자의 비유)해서 퍼트릴 의무는 갖고 있습니다."

장피에르 교수는 고대부터 이어져 온 고대 그리스 수학자의 정신을 잘 나타내고 있다고 볼 수 있다. 그가 생각하는 학자에 대한 입장처럼 고대 그리스 수학자들에게 수학과 과학은 사람들에게 새로운 진리를 알려주고 놀라움을 주는 것이었다. 이때의 수학자들에게 수학이라는 학문은 순수한 앎의 기쁨을 깨닫게 해 주는 것이었다. 그래서 고대 그리스에서는 수학을 연구하는 다양한 학파가 등장했을 뿐만 아니라 많은 사람의 연구를 통해 짧은 시간에 폭발적인 혁신을 이룩할 수 있었다.

① 그리스 수학을 연구하는 학파는 그리 많지 않았다.
② 그리스의 수학자들은 학문적 성취보다는 교육을 통해 후대를 양성하는 것에 집중했다.
③ 그리스 수학은 장기간에 걸쳐 점진적으로 발전하였다.
④ 고대 수학자들에게 수학은 새로운 사실을 발견하는 순수한 학문적 기쁨이었다.
⑤ 그리스 수학은 도형 위주로 특히 폭발적인 발전을 했다.

05 오늘 철도씨는 종합병원에 방문하여 A~C과 진료를 모두 받아야 한다. 〈조건〉이 다음과 같을 때, 가장 빠르게 진료를 받을 수 있는 경로는?(단, 주어진 조건 외에는 고려하지 않는다)

> **조건**
>
> • 모든 과의 진료와 예약은 오전 9시 시작이다.
> • 모든 과의 점심시간은 오후 12시 30분부터 1시 30분이다.
> • A과와 C과는 본관에 있고 B과는 별관동에 있다. 본관과 별관동 이동에는 셔틀로 약 30분이 소요되며, 섬심시간에는 셔틀을 운행하지 않는다.
> • A과는 오전 10시부터 오후 3시까지만 진료를 한다.
> • B과는 점심시간 후에 사람이 몰려 약 1시간의 대기시간이 필요하다.
> • A과 진료는 단순 진료로 30분 정도 소요될 예정이다.
> • B과 진료는 치료가 필요하여 1시간 정도 소요될 예정이다.
> • C과 진료는 정밀 검사가 필요하여 2시간 정도 소요될 예정이다.

① A－B－C

② A－C－B

③ B－C－A

④ C－A－B

⑤ C－B－A

※ 다음은 A ~ E약물에 대한 자료이다. 〈조건〉을 바탕으로 이어지는 질문에 답하시오. [6~7]

약 종류	1주 복용 횟수	복용 시기	혼용하면 안 되는 약	복용 우선순위
A	4회	식후	B, C, E	3
B	4회	식후	A, C	1
C	3회	식전	A, B	2
D	5회	식전	–	5
E	4회	식후	A	4

조건

• S씨는 모든 약을 복용해야 한다.
• 혼용하면 안 되는 약은 한 끼니를 전후하여 혼용해서는 안 된다.
  - 아침 전후 or 점심 전후 or 저녁 전후는 혼용 불가
• 약은 우선순위대로 최대한 빨리 복용하여야 한다.
• 식사는 아침, 점심, 저녁만 해당한다.
• 하루 최대 6회까지 복용할 수 있다.
• 약은 한번 복용하기 시작하면 해당 약을 모두 먹을 때까지 중단 없이 복용하여야 한다.
• 모든 약은 하루 최대 1회 복용할 수 있다.

06 다음 중 〈조건〉을 고려할 때, 모든 약의 복용이 완료되는 시점으로 가장 적절한 것은?

① 4일 차 점심   ② 4일 차 저녁

③ 5일 차 아침   ④ 5일 차 저녁

⑤ 6일 차 아침

07 다음 〈보기〉 중 S씨의 A ~ E약물 복용에 대하여 적절한 것을 모두 고르면?

> **보기**
>
> ㄱ. 하루에 A ~ E를 모두 복용할 수 있다.
> ㄴ. D는 점심에만 복용한다.
> ㄷ. 최단 시일 내에 모든 약을 복용하기 위해서는 A는 저녁에만 복용하여야 한다.
> ㄹ. A와 C를 동시에 복용하는 날은 총 2일이다.

① ㄱ, ㄴ   ② ㄱ, ㄷ

③ ㄴ, ㄷ   ④ ㄴ, ㄹ

⑤ ㄷ, ㄹ

※ 다음은 N스크린(스마트폰, VOD, PC)의 영향력을 파악하기 위한 방송사별 통합시청점유율과 기존시 청점유율에 대한 자료이다. 이어지는 질문에 답하시오. **[8~9]**

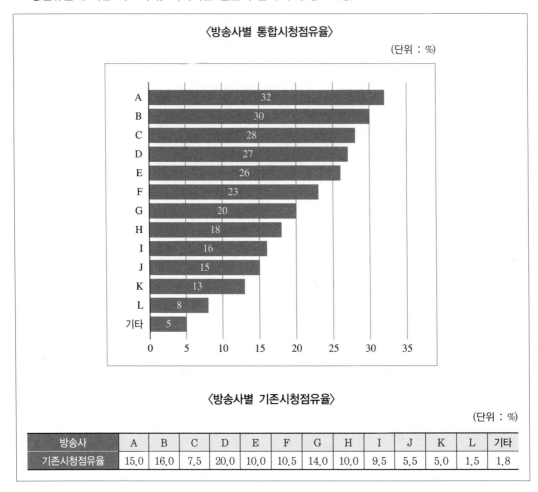

<방송사별 통합시청점유율>

(단위 : %)

<방송사별 기존시청점유율>

(단위 : %)

방송사	A	B	C	D	E	F	G	H	I	J	K	L	기타
기존시청점유율	15.0	16.0	7.5	20.0	10.0	10.5	14.0	10.0	9.5	5.5	5.0	1.5	1.8

08 다음 중 방송사별 시청점유율에 대한 설명으로 옳지 않은 것은?

① 통합시청점유율 순위와 기존시청점유율 순위가 같은 방송사는 B, J, K이다.

② 기존시청점유율이 가장 높은 방송사는 D이다.

③ 기존시청점유율이 다섯 번째로 높은 방송사는 F이다.

④ 기타를 제외하고 통합시청점유율과 기존시청점유율의 차이가 가장 작은 방송사는 G이다.

⑤ 기타를 제외하고 통합시청점유율과 기존시청점유율의 차이가 가장 큰 방송사는 A이다.

09 다음은 N스크린 영향력의 범위를 표시한 그래프이다. (가) ~ (마)의 범위에 들어갈 방송국이 바르게 짝지어진 것은?

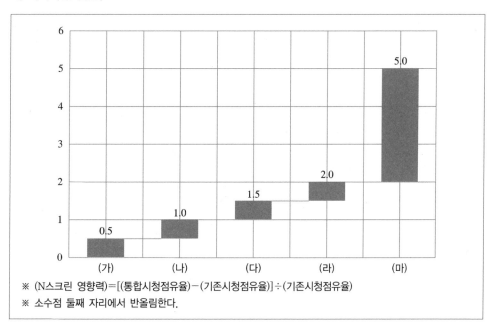

※ (N스크린 영향력)＝[(통합시청점유율)－(기존시청점유율)]÷(기존시청점유율)

※ 소수점 둘째 자리에서 반올림한다.

① (가)＝A

② (나)＝C

③ (다)＝F

④ (라)＝H

⑤ (마)＝K

10 한국전력공사의 A팀 가대리, 나사원, 다사원, 라사원, 마대리 중 1명이 어제 출근하지 않았다. 이와 관련하여 5명의 직원이 다음과 같이 말했고, 이들 중 2명이 거짓말을 한다고 할 때, 출근하지 않은 사람은 누구인가?(단, 출근을 하였어도, 결근 사유를 듣지 못할 수도 있다)

가대리 : 나는 출근했고, 마대리도 출근했다. 누가 왜 출근하지 않았는지는 알지 못한다.

나사원 : 다사원은 출근하였다. 가대리님의 말은 모두 사실이다.

다사원 : 라사원은 출근하지 않았다.

라사원 : 나사원의 말은 모두 사실이다.

마대리 : 출근하지 않은 사람은 라사원이다. 라사원이 개인 사정으로 인해 출석하지 못한다고 가대리님에게 전했다.

---

① 가대리   ② 나사원

③ 다사원   ④ 라사원

⑤ 마대리

11 다음 중 (가) ~ (다)의 문제 유형을 바르게 짝지은 것은?

> (가) G회사의 에어컨 판매부서는 현재 어느 정도 매출이 나오고 있는 상황이지만, 경쟁사가 늘어나고 있어 생산성을 높이기 위한 방안을 모색하고 있다.
>
> (나) 작년에 G회사에서 구입한 에어컨을 꺼내 사용하고자 하였으나, 고장이 나서 작동하지 않았다.
>
> (다) 에어컨에 주력하던 G회사는 올해부터 새로운 사업으로 공기청정기 분야에 관심을 보이고 있다.

	(가)	(나)	(다)
①	발생형 문제	탐색형 문제	설정형 문제
②	설정형 문제	탐색형 문제	발생형 문제
③	설정형 문제	발생형 문제	탐색형 문제
④	탐색형 문제	발생형 문제	설정형 문제
⑤	탐색형 문제	설정형 문제	발생형 문제

※ 다음 자료를 보고 이어지는 질문에 답하시오. [12~13]

〈지역별 폐기물 현황〉

지역	1일 폐기물 배출량	인구수
용산구	305.2톤/일	132,259명
중구	413.7톤/일	394,679명
종로구	339.9톤/일	240,665명
서대문구	240.1톤/일	155,106명
마포구	477.5톤/일	295,767명

〈지역별 폐기물 집하장 위치 및 이동시간〉

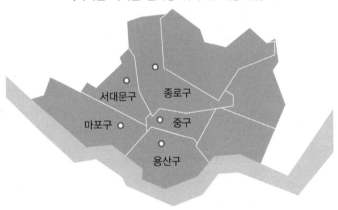

다음은 지역별 폐기물 집하장 간 이동에 걸리는 시간을 표시한 것이다.

지역	용산구	중구	종로구	서대문구	마포구
용산구		50분	200분	150분	100분
중구	50분		60분	70분	100분
종로구	200분	60분		50분	100분
서대문구	150분	70분	50분		80분
마포구	100분	100분	100분	80분	

12 1인당 1일 폐기물 배출량이 가장 많은 곳에 폐기물 처리장을 만든다고 할 때, 어느 구에 설치해야 하는가?(단, 소수점 셋째 자리에서 반올림한다)

① 용산구
② 중구
③ 종로구
④ 서대문구
⑤ 마포구

13 12번 문제의 결과를 참고하여 폐기물 처리장이 설치된 구에서 폐기물 수집 차량이 출발하여 1인당 1일 폐기물 배출량이 많은 순서대로 수거하고 다시 돌아올 때, 걸리는 최소 시간은?

① 3시간 10분
② 4시간 20분
③ 5시간 40분
④ 6시간 00분
⑤ 7시간 10분

14 다음 주 당직 근무에 대한 일정표를 작성하고 있는데, 작성하고 봤더니 잘못된 점이 보여 수정을 하려 한다. 한 사람만 옮겨 일정표를 완성하려고 할 때, 일정을 변경해야 하는 사람은?

〈당직 근무 규칙〉

• 낮에 2명, 야간에 2명은 항상 당직을 서야 하고, 더 많은 사람이 당직을 설 수도 있다.
• 낮과 야간을 합하여 하루에 최대 6명까지 당직을 설 수 있다.
• 같은 날에 낮과 야간 당직 근무는 함께 설 수 없다.
• 낮과 야간 당직을 합하여 주에 세 번 이상 다섯 번 미만으로 당직을 서야 한다.
• 월요일부터 일요일까지 모두 당직을 선다.

〈당직 근무 일정〉

직원	낮	야간	직원	낮	야간
가	월요일	수요일, 목요일	바	금요일, 일요일	화요일, 수요일
나	월요일, 화요일	수요일, 금요일	사	토요일	수요일, 목요일
다	화요일, 수요일	금요일, 일요일	아	목요일	화요일, 금요일
라	토요일	월요일, 수요일	자	목요일, 금요일	화요일, 토요일
마	월요일, 수요일	화요일, 토요일	차	토요일	목요일, 일요일

① 나
② 라
③ 마
④ 바
⑤ 사

리튬은 원자번호 3번이며, 알칼리 금속이다. 리튬은 아르헨티나와 칠레 등 남미와 호주에서 대부분 생산되며, 소금호수로 불리는 염호에서 리튬을 채굴한다. 리튬을 비롯한 알칼리 금속은 쉽게 전자를 잃어버리고 양이온이 되는 특성이 있으며, 전자를 잃은 리튬은 리튬이온(Li^+) 상태로 존재한디.

리튬의 특성을 살펴보면 가장 큰 장점은 가볍다는 점이다. 스마트폰이나 노트북 등 이동형 기기가 등장할 수 있었던 것도 바로 이러한 리튬의 특성과 관련이 있다. 이동형 기기에 전원을 공급하는 전지가 무겁다면 들고 다니기 쉽지 않기 때문이다. 이는 경량화를 통해 에너지 효율을 추구하는 전기차도 마찬가지이다. 또한, 양이온 중 수소를 제외하면 이동 속도가 가장 빠르다. 리튬이온의 이동 속도가 빠르면 더 큰 전기에너지를 내는 전지로 만들 수 있기 때문에 리튬이온전지 같은 성능을 내는 2차 전지는 현재로서는 없다고 할 수 있다. 리튬이온전지는 양극과 음극, 그리고 전지 내부를 채우는 전해질로 구성된다. 액체로 구성된 전해질은 리튬이온이 이동하는 경로 역할을 한다. 일반적으로 리튬이온전지의 음극에는 흑연을, 양극에는 금속산화물을 쓴다.

충전은 외부에서 전기에너지를 가해 리튬이온을 음극재인 흑연으로 이동시키는 과정이며, 방전은 음극에 모인 리튬이온이 양극으로 이동하는 과정을 말한다. 양극재로 쓰이는 금속산화물에는 보통 리튬코발트산화물이 쓰인다. 충전 과정을 통해 음극에 삽입돼 있던 리튬이온이 빠져나와 전해질을 통해 양극으로 이동한다. 이때 리튬이온이 잃은 전자가 외부 도선을 통해 양극으로 이동하게 되는데, 이 과정에서 전기에너지가 만들어진다. 리튬이온이 전부 양극으로 이동하면 방전상태가 된다. 다시 외부에서 전기에너지를 가하면 리튬이온이 음극으로 모이면서 충전된다. 이 같은 충·방전 과정을 반복하며 전기차나 스마트폰, 노트북 등에 전원을 공급하는 역할을 하는 것이다.

리튬이온전지와 같은 2차 전지 기술의 발달로 전기차 대중화를 바라보고 있다. 하지만 전기차에 집어넣을 수 있는 2차 전지의 양을 무작정 늘리기는 어렵다. 전지의 양이 많아지면 무게가 그만큼 무거워져 에너지 효율이 낮아지기 때문이다. 크게 무거운 일반 내연기관차가 경차보다 단위 연료(가솔린, 디젤)당 주행거리를 의미하는 연비가 떨어지는 것과 같은 이치이다.

전기차를 움직이는 리튬이온전지의 용량 단위는 보통 킬로와트시(kWh)를 쓴다. 이때 와트는 전기에너지 양을 나타내는 일반적인 단위로 1볼트(V)의 전압을 가해 1암페어(A)의 전류를 내는 양을 말한다. 와트시(Wh)는 1시간 동안 소모할 수 있는 에너지의 양을 의미한다. 1시간 동안 1W의 전력량을 소모하면 1Wh가 된다. 전지의 용량은 전기차를 선택하는 핵심 요소인 완전 충전 시 주행거리와 연결된다. 테슬라 모델3 스탠더드 버전의 경우 공개된 자료에 따르면 1kWh당 6.1km를 주행할 수 있다. 이를 기준으로 50킬로와트시의 전지 용량을 곱하게 되면 약 300km를 주행하는 것으로 계산된다. 물론 운전자의 주행 습관이나 기온, 도로 등 주행 환경에 따라 주행거리는 달라진다.

보편적으로 쓰이는 2차 전지인 리튬이온전지의 성능을 개선하려는 연구 노력도 이어지고 있다. 대표적인 것이 양극에 쓰이는 금속산화물을 개선하는 것이다. 현재 리튬이온전지 양극재는 리튬에 니켈, 코발트, 망간, 알루미늄을 섞은 금속산화물이 쓰인다. 리튬이온전지 제조사마다 쓰이는 성분이 조금씩 다른데 각 재료의 함유량에 따라 성능이 달라지기 때문이다. 특히 충·방전을 많이 하면 전지 용량이 감소하는 현상과 리튬이온을 양극에 잘 붙들 수 있는 소재 조성과 구조를 개선하는 연구가 이뤄지고 있다.

15 다음 중 윗글의 내용을 바르게 파악한 사람을 모두 고르면?

> A : 리튬의 장점은 가볍다는 것이며, 모든 양이온 중에서 이동속도가 가장 빠르다.
> B : 리튬이온은 충전 과정을 통해 전지의 양극에 모이게 된다.
> C : 내연기관차는 무게가 무겁기 때문에 에너지 효율이 그만큼 떨어진다.
> D : 테슬라 모델3 스탠더드 버전이 20kWh로 달리면 약 20km를 주행하게 된다.
> E : 전지의 충전과 방전이 계속되면 전지 용량이 줄어들게 된다.

① A, B
② B, C
③ C, D
④ D, E
⑤ C, E

16 다음 중 윗글의 주된 서술 방식으로 가장 적절한 것은?

① 대상이 지난 문제점을 파악하고 이를 해결하기 위한 방안을 제시하고 있다.
② 대상과 관련된 논쟁을 비유적인 표현을 통해 묘사하고 있다.
③ 구체적인 예시를 통해 대상의 특징을 설명하고 있다.
④ 시간의 흐름에 따른 대상의 변화를 설명하고 있다.
⑤ 대상을 여러 측면에서 분석하고 현황을 소개하고 있다.

※ 다음은 국민건강보험공단의 여비규정에 대한 자료이다. 이어지는 질문에 답하시오. [17~18]

〈국내여비 정액표〉

구분 / 대상			가군	나군	다군
운임	항공운임		실비(1등석 / 비지니스)	실비(2등석 / 이코노미)	
	철도운임		실비(특실)		실비(일반실)
	선박운임		실비(1등급)	실비(2등급)	
	자동차운임	버스운임	실비		
		자가용승용차운임	실비		
일비(1일당)			2만 원		
식비(1일당)			2만 5천 원	2만 원	
숙박비(1박당)			실비	실비(상한액 : 서울특별시 7만 원, 광역시 · 제주도 6만 원, 그 밖의 지역 5만 원)	

〈실비 단가(1일당 상한액)〉

구분	가군	나군	다군
항공운임	100만 원	50만 원	
철도운임	7만 원		3만 원
선박운임	50만 원	20만 원	
버스운임	1,500원		
자가용승용차운임	20만 원		
숙박비	15만 원	−	−

17 지난 주 출장을 다녀온 A부장의 출장 내역이 다음과 같을 때, A부장이 받을 수 있는 최대 여비는?

〈A부장 출장 내역〉

- 2박 3일 동안 가군으로 출장을 간다.
- 항공은 첫째 날과 셋째 날에 이용한다.
- 철도는 첫째 날과 둘째 날에 이용한다.
- 자가용은 출장 기간 동안 매일 이용한다.

① 315만 5천 원 　　　　　　　　　　② 317만 원

③ 317만 5천 원 　　　　　　　　　　④ 318만 원

18 영업팀 3명이 각각 다른 군으로 출장을 간다면, 영업팀이 받는 총 여비는?

〈영업팀 출장 내역〉

- 1박 2일 동안 출장을 간다.
- 비용은 최대로 받는다.
- 항공은 첫째 날에 이용한다.
- 선박은 둘째 날에 이용한다.
- 기차는 출장 기간 동안 매일 이용한다.
- 버스는 출장 기간 동안 매일 이용한다.
- 자가용은 출장 기간 동안 매일 이용한다.
- 나군은 서울에 해당한다.
- 다군은 제주도에 해당한다.

① 485만 9천 원 　　　　　　　　　　② 488만 6천 원

③ 491만 6천 원 　　　　　　　　　　④ 497만 9천 원

19 다음은 국민건강보험공단의 재난적 의료비 지원사업에 대한 자료이다. 〈보기〉 중 이에 대해 바르게 말하고 있는 사람을 모두 고르면?

〈재난적 의료비 지원사업〉

- 개요

  질병·부상 등으로 인한 치료·재활 과정에서 소득·재산 수준 등에 비추어 과도한 의료비가 발생해 경제적 어려움을 겪게 되는 상황으로 의료비 지원이 필요하다고 인정된 사람에게 지원합니다.

- 대상질환

  1. 모든 질환으로 인한 입원환자
  2. 중증질환으로 외래진료를 받은 환자

     ※ 중증질환 : 암, 뇌혈관, 심장, 희귀, 중증난치, 중증화상질환

- 소득기준

  – 기준중위소득 100% 이하 : 지원 원칙(건보료 기준)
  – 기준중위소득 100 ~ 200% 이하 : 연소득 대비 의료비부담비율을 고려해 개별심사 후 지원

  ※ 재산 과표 5.4억 원 초과 고액재산보유자는 지원 제외

- 의료비기준

  1회 입원에 따른 가구의 연소득 대비 의료비 발생액[법정본인부담, 비급여 및 예비(선별)급여 본인부담]기준금액 초과 시 지원

  – 기초생활수급자, 차상위계층 : 80만 원 초과 시 지원
  – 기준중위소득 50% 이하 : 160만 원 초과 시 지원
  – 기준중위소득 100% 이하 : 연소득의 15% 초과 시 지원

보기

가 : 18세로 뇌혈관 치료 때문에 외래진료를 받은 학생에게 이 사업에 대해 알려주었어. 학생의 집은 기준중위소득 100%에 해당되기 때문에 지원을 받을 수 있을 거야.

나 : 이번에 개인 질환으로 입원했는데, 200만 원이 나왔어. 기준중위소득 50%에 해당되는데 지원금을 받을 수 있어 다행이야.

다 : 어머니가 심장이 안 좋으셔서 외래진료를 받고 있는데 돈이 많이 들어. 기준중위소득 200%에 속하는데 현금은 없지만 재산이 5.4억 원이어서 공단에서 지원하는 사업에 지원도 못하고 요즘 힘드네.

라 : 요즘 열이 많이 나서 근처 병원으로 통원 치료를 하고 있어. 기초생활수급자인 내 형편으로 볼 때, 지원금을 받는데 문제없겠지?

① 가, 나
② 가, 다
③ 나, 다
④ 다, 라

※ 다음은 K기업이 1분기에 해외로부터 반도체를 수입한 거래내역과 거래일의 환율이다. 이어지는 질문에 답하시오. [20~21]

날짜	수입	환율
1월	4달러	1,000원/달러
2월	3달러	1,120원/달러
3월	2달러	1,180원/달러

※ (평균환율)= $\dfrac{\text{(총 원화금액)}}{\text{(환전된 총 달러금액)}}$

┃ 국민건강보험공단 / 수리능력

20 1분기 평균환율은 얼마인가?

① 1,180원/달러   ② 1,120원/달러

③ 1,100원/달러   ④ 1,080원/달러

┃ 국민건강보험공단 / 수리능력

21 현재 창고에 K기업이 수입한 반도체 재고가 200달러만큼 존재할 때, **20**번 문제에서 구한 평균환율로 환산한 창고재고 금액은 얼마인가?

① 200,000원   ② 216,000원

③ 245,000원   ④ 268,000원

22 다음 글을 이해한 내용으로 적절하지 않은 것은?

> 서울특별시는 매일 최소 8번, 30초 이상 손을 규칙적으로 씻는 것을 권장하는 '1830 손 씻기 운동' 을 추진했다. 그러나 일정한 시간 간격을 두고 손 씻기를 하는 것과는 별도로 다음과 같은 경우에 손을 씻기를 권장한다.
>
> 음식을 만들기 전후, 음식을 먹기 전, 화장실 사용 후, 놀이터나 헬스장을 사용한 후, 동물과 접촉을 한 후, 기침한 후, 코를 푼 후, 환자와 접촉을 하기 전후, 쓰레기 만진 후, 외출 후 귀가 시, 맨눈으로 손에 불순물이 묻은 것이 확인됐을 때 등 외부에서 손을 사용했을 때 가능한 손 씻기를 수시로 하는 것이 좋다는 것이다. 하루에 몇 번 손을 씻었는지 세보는 것도 습관을 개선하는 방법이다. 손은 얼마나 오래 씻어야 할까? 15초 ~ 30초? 손을 씻을 때마다 시계나 타이머를 준비할 수 없으니 생일축하 노래를 처음부터 끝까지 두 번 부르는 데 걸리는 시간이면 된다. 더 구석구석 오래 씻고 싶다면 더 긴 노래를 흥얼거려도 된다.
>
> 그렇다면 손을 어떻게 씻어야 '꼼꼼한' 손 씻기일까? CDC의 5단계부터 WHO의 11단계까지 손 씻기 방법은 다양하다. 질병관리청은 6단계 20초 이상을 권장하고 있다. 흐르는 물에 손을 충분히 적신 뒤 비누를 손에 묻혀 손바닥, 손등, 손가락, 손가락 사이, 손톱 밑까지 구석구석 강렬히 생일축하 노래를 2번 흥얼거리며 문지른 후 다시 흐르는 물로 씻는다고 생각하면 된다. 물론 비누를 사용하는 것이 더 효과적이다. 비누를 사용해 흐르는 물로 20초 이상 씻었을 때 세균을 90% 이상 제거할 수 있다. 하지만 흐르는 물로만 씻어도 상당한 제거 효과가 있다. 단지 비누가 없다는 이유로 대충 씻으면 안 되는 이유다. 반면, 소독력이 있는 항균비누와 시중 일반 비누를 비교했을 때는 별다른 차이가 없는 것으로 나타났다.
>
> 습기가 많은 곳에서 곰팡이가 쉽게 피듯 젖은 손은 미생물의 전이를 돕는다. 그렇기 때문에 손을 건조하는 것 또한 매우 중요하다. 손을 어떻게 말리는 것이 가장 효과적인지에 대해서는 여러 연구가 아직 나오고 있다. 보건복지부는 가장 이상적인 건조 방법으로 일회용 종이 타월 한 장을 사용해 손의 물기를 제거하는 것을 권장했다. 미국 CDC는 깨끗한 수건을 사용해 손을 말리는 것과 자연 건조하는 것을 권장하고 있다.
>
> 손 소독제 또한 손 전체에 구석구석 문지르는 것이 중요하다. 손 씻기 방법과 비슷하다고 생각하면 된다. 손 소독제에는 소독 작용을 하는 에탄올이 함유돼 있다. 세계보건기구(WHO)가 권장하는 손 소독제의 에탄올 비율은 75 ~ 85%, 미국 식품의약처(FDA)는 에탄올 60 ~ 95% 이상을 권장한다. 한국 식품의약품안전처는 외용소독제의 표준제조기준으로 에탄올 함량 54.7 ~ 70%를 제시한다. 미국 CDC는 손 소독제가 완벽히 마를 때까지 손을 문지를 것을 권고하고 있다. 하지만 손 소독제보다 손을 흐르는 물에 씻는 것이 더 효과적이라는 의견이 지배적이다. 특히 손이 더러워졌다고 느낄 때는 꼭 손을 씻자.

① 손을 규칙적으로 씻기 위해 하루에 몇 번 손을 씻었는지 세보는 것이 좋다.

② 손을 씻는 데는 생일축하 노래를 처음부터 끝까지 한 번 부르는 데 걸리는 시간이면 충분하다.

③ 손 소독제 사용도 중요하지만 무엇보다도 흐르는 물에 손을 씻는 것이 효과적일 것이다.

④ 손을 깨끗이 씻는 것만큼 손을 제대로 말리는 것도 중요하다.

23 다음 글을 읽고 보인 반응으로 적절하지 않은 것은?

국민건강보험공단(이하 공단)은 11월부터 건강보험 고지·안내문을 네이버와 협력하여 '디지털 전자문서 발송시스템구축' 사업을 시작한다고 밝혔다.

공단은 전 국민에게 다양한 건강보험 고지·안내문을 종이 우편물로 행정안전부의 주민등록주소 또는 본인이 신청한 주소로 발송해 왔으나, 종이 우편물은 인쇄 및 발송에 따르는 비용과 시간, 분실 등으로 원하는 때에 전달받지 못하는 불편함이 있었고, 지속적으로 늘어나는 단독세대와 빈번한 주소이전, 부재 등으로 반송이 증가해왔다.

이러한 불편을 해결하고자 공단은 네이버와 전자문서 서비스 분야 협업을 통해 올해 12월까지 모바일을 활용한 전자문서 발송시스템을 구축하여 시범운영하고, 2021년부터 '디지털 고지·안내문 발송서비스를 단계적으로 확대 시행하기로 하였다.

이번 사업은 5년 동안 단계별로 고지·안내방식 전환 및 발송을 목표로 디지털 발송서식 전환, 업무 프로세스 표준화, 발송시스템 구축, 대국민 참여 안내 등으로 진행될 예정이며, 네이버 전자문서 서비스를 통한 건강보험 고지·안내문 발송으로 모바일에서 국민들은 언제 어디서나 공단의 전자문서를 손쉽게 열람하고 건강검진 대상 확인, 환급금 조회와 신청까지 원스톱으로 해결할 수 있게 된다.

공단은 '정부혁신 종합 추진 계획' 및 언택트 시대에 맞춘 이러한 공공서비스 개선 사업이 민간과 공공기관의 협업으로 국민의 알권리 충족과 다양한 건강보험 정보를 보다 안전하고 편리하게 이용할 수 있는 전환점이 될 것으로 기대하고 있다.

전자문서는 블록체인 기술 적용 등 보안이 강화된 인증서로 본인인증 절차를 거쳐 열람할 수 있다. 고지·안내문에 담긴 개인정보와 민감정보는 공단 모바일(The 건강보험)로 연동하여 확인하도록 하여 이용자의 개인정보를 안전하게 보호할 수 있도록 추진하고, 모바일로 발송되는 전자문서에 대한 국민들의 관심과 참여를 높이기 위해 네이버와 함께 다양한 홍보도 계획하고 있다.

공단 정보화본부 관계자는 "대국민 고지·안내문 발송 패러다임 전환을 위한 '디지털 전자문서 발송시스템 구축'의 성공적 이행을 위해 네이버와 적극 협력하여 추진하고 있으며, 이번 '디지털 전자문서 고지·안내문 발송 서비스'는 국민의 적극적인 참여가 가장 중요하므로, 12월에 네이버를 통해 안내 예정인 전자문서 본인 인증에 적극 참여해 주시길 당부 드린다."라며, "공단은 국민에게 다가가는 소통형 정보 활용을 위해 지난 11월 건강보험 홈페이지와 '모바일(The 건강보험)'을 혁신적으로 개편하였으며, 지속적으로 훌륭한 품질의 서비스를 발굴해 나갈 것"이라고 밝혔다.

① 때와 장소와 관계없이 언제 어디서나 건강보험 내역을 확인할 수 있겠어.

② 전자문서를 통해 즉각적인 확인은 가능하지만, 환급금 신청을 위해선 공단에 방문해야 해.

③ 인증서를 통해 고지서를 확인할 수 있기 때문에 보안상으로도 걱정할 필요가 없겠어.

④ 이 사업이 정착되기까지는 최소 5년의 시간이 걸리겠어.

24 다음은 국민행복카드에 대한 자료이다. 〈보기〉 중 이에 대한 설명으로 적절하지 않은 것을 모두 고르면?

- 국민행복카드
  '보육료', '유아학비', '건강보험 임신·출산 진료비 지원', '청소년산모 임신·출산 의료비 지원' 및 '사회서비스 전자바우처' 등 정부의 여러 바우처 지원을 공동으로 이용할 수 있는 통합카드입니다. 국민행복카드로 어린이집·유치원 어디서나 사용이 가능합니다.

- 발급방법
  〈온라인〉
  – 보조금 신청 : 정부 보조금을 신청하면 어린이집 보육료와 유치원 유아학비 인증이 가능합니다.
  – 보조금 신청서 작성 및 제출 : 복지로 홈페이지
  – 카드 발급 : 5개 카드사 중 원하시는 카드사를 선택해 발급받으시면 됩니다.
    ※ 연회비는 무료
  – 카드 발급처 : 복지로 홈페이지, 임신육아종합포털 아이사랑, 5개 제휴카드사 홈페이지
  〈오프라인〉
  – 보조금 신청 : 정부 보조금을 신청하면 어린이집 보육료와 유치원 유아학비 인증이 가능합니다.
  – 보조금 신청서 작성 및 제출 : 읍면동 주민센터
  – 카드 발급 : 5개 제휴카드사
    ※ 연회비는 무료
  – 카드 발급처 : 읍면동 주민센터, 전국 은행과 주요 카드사 지점
    ※ 어린이집 ↔ 유치원으로 기관 변경 시에는 복지로 또는 읍면동 주민센터에서 반드시 보육료·유아학비 자격변경 신청이 필요

보기

ㄱ. 국민행복카드 신청을 위한 보육료 및 학비 인증을 위해서는 별도 절차 없이 정부 보조금 신청을 하면 된다.
ㄴ. 온라인이나 오프라인 둘 중 어떤 발급경로를 선택하더라도 연회비는 무료이다.
ㄷ. 국민행복카드 신청을 위한 보조금 신청서는 읍면동 주민센터, 복지로 혹은 카드사의 홈페이지에서 작성할 수 있으며 작성처에 제출하면 된다.
ㄹ. 오프라인으로 신청한 경우 카드를 발급받기 위해서는 읍면동 주민센터 혹은 전국 은행 지점을 방문하여야 한다.

① ㄱ, ㄴ   ② ㄱ, ㄷ
③ ㄴ, ㄷ   ④ ㄷ, ㄹ

25 다음은 국민건강보험공단에서 제공한 외국인 유학생 건강보험 관련 자료이다. 이에 대한 설명으로 적절하지 않은 것은?

〈외국인 유학생 건강보험 안내〉

- 가입 대상
  유학생, 외국인 및 재입국민
- 가입 시기

체류자격 구분	적용시기
유학, 초중고생	최초입국 시 → 외국인등록일
	외국인등록 후 재입국 시 → 재입국일
초중고생 외의 일반연수	입국일로부터 6개월 후 가입
재외국민·재외동포 유학생	입국 후 학교 입학일로 가입 (재학증명서 제출하는 경우)

※ 국내 체류 유학생 중 건강보험에 가입하지 않은 유학생은 2021.3.1.로 당연가입

- 가입 절차
  유학생이 공단에 별도로 신고하지 않아도 자동 가입처리
  국내 체류지(거소지)로 건강보험증과 가입안내증 발송
  다만, 아래의 경우 반드시 가까운 지사에 방문하여 신고
  1. 가족(배우자 및 미성년 자녀)과 함께 보험료를 납부하고자 하는 경우
  2. 국내에서 유학 중인 재외국민 또는 재외동포가 가입하는 경우
  3. 체류지(거소지), 여권번호, 체류자격 등에 변경사항이 있는 경우

  ※ 외국의 법령, 외국의 보험, 사용자와의 계약으로 건강보험 급여에 상당하는 의료보장을 받아 건강보험이 필요하지 않는 경우 건강보험 가입 제외 신청 가능

- 건강보험료 부과
  전자고지·자동이체 및 환급사전계좌 신청 : 전화, 홈페이지, 외국인민원센터, 공단지사에서 신청

  ※ 우편 대신 이메일 고지서 또는 모바일 고지서 신청 가능
  ※ 자동이체 신청으로 편리한 납부·환급사전계좌 등록으로 빠른 지급

---

① 외국인이 건강보험료를 납부하는 경우 우편, 이메일, 모바일을 통해 고지서를 받아 볼 수 있다.

② 유학생은 본인의 의사에 따라 건강보험 적용을 받지 않을 수 있다.

③ 학업이 끝나고 직장인이 되어 체류자격에 변동이 생긴 경우 인근 건강보험공단 지사에 방문하여 신고하여야 한다.

④ 유학생이 건강보험에 가입하기 위해서는 거소지의 지방자치단체에 신고하여야 한다.

26 다음 상황을 참고할 때, A씨가 물적자원을 적절하게 활용하지 못하는 이유로 적절하지 않은 것은?

〈상황〉

A씨는 홈쇼핑이나 SNS 광고를 보다가 혹하여 구매를 자주 하는데, 이는 지금 당장은 필요 없지만 추후에 필요할 경우가 반드시 생길 것이라 생각하기 때문이다. 이렇다 보니 쇼핑 중독 수준에 이르러 집에는 포장도 뜯지 않은 박스들이 널브러져 있다. 이에 A씨는 오늘 모든 물품들을 정리하였는데, 지금 당장 필요한 것만 빼놓고 나머지를 창고에 마구잡이로 올려놓는 식이었다. 며칠 뒤 A씨는 전에 샀던 물건이 필요하게 되어 창고를 들어갔지만, 물건이 순서 없이 쌓여져 있는 탓에 찾다가 포기하고 돌아서 나오다가 옆에 있던 커피머신을 떨어뜨려 고장이 났다.

① 물품을 정리하지 않고 보관한 경우
② 물품의 보관 장소를 파악하지 못하는 경우
③ 물품이 훼손된 경우
④ 물품을 분실한 경우
⑤ 물품을 목적 없이 구입한 경우

27 다음 글을 토대로 감정은행계좌 저축으로 적절하지 않은 것은?

우리가 은행에 계좌를 만들고 이를 통해 예치와 인출을 하듯이, 인간관계 속에서도 신뢰를 구축하거나 무너뜨릴 수 있는 감정은행계좌라는 것이 존재한다. 이는 사람들이 같은 행동을 하더라도 이 감정은행계좌에 신뢰가 많고 적음에 따라 그 사람의 행동이 달리 판단되도록 한다. 예를 들어 평소 감정은행계좌를 통해 서로 신뢰를 구축한 어떤 사람이 실수를 한다면, 무슨 일이 있었을 것이라 생각하며 그 실수에 대해 이해하고 용서하려 했을 확률이 높다. 하지만 평소 감정은행계좌로 구축한 신뢰가 적은 경우라면, 그 사람에 대해 성실하지 않고 일을 대충하는 사람으로 생각했을 확률이 높았을 것이다. 따라서 사람과 사람 사이의 평소 감정은행계좌의 저축은 매우 중요한 사안이다.

① 상대방에 대한 이해와 배려　　② 사소한 일에 대한 관심
③ 약속 이행 및 언행일치　　④ 칭찬하고 감사하는 마음
⑤ 반복적인 사과

28 다음 글을 토대로 기술경영자의 역할로 적절하지 않은 것은?

기술경영자에게는 리더십, 기술적인 능력, 행정능력 외에도 다양한 도전을 해결하기 위한 여러 능력들이 요구된다. 기술개발이 결과 지향적으로 수행되도록 유도하는 능력, 기술개발 과제의 세부 사항까지도 파악할 수 있는 능력, 기술개발 과제의 전 과정을 전체적으로 조망할 수 있는 능력이 그것이다. 또한 기술개발은 기계적인 관리보다는 조직 및 인간 행동상의 요인들이 더 중요하게 작용되는 사람 중심의 진행이다. 그렇기 때문에 기술의 성격 및 이와 관련된 동향・사업 환경 등을 이해할 수 있는 능력과 기술적인 전문성을 갖춰 팀원들의 대화를 효과적으로 이끌어낼 수 있는 능력 등 다양한 능력을 필요로 하고 있다. 이와 달리 중간급 매니저라 할 수 있는 기술관리자에게는 기술경영자와는 조금 다른 능력이 필요한데, 이는 기술적 능력에 대한 것과 계획서 작성, 인력 관리, 예산 관리, 일정 관리 등 행정능력에 대한 것이다.

① 시스템적인 관점에서 인식하는 능력
② 기술을 효과적으로 평가할 수 있는 능력
③ 조직 내의 기술 이용을 수행할 수 있는 능력
④ 새로운 제품개발 시간을 단축할 수 있는 능력
⑤ 기술을 기업의 전반적인 전략 목표에 통합시키는 능력

29 다음은 한국산업인력공단 일학습병행 운영규칙이다. 이에 대한 설명으로 적절하지 않은 것은?

〈한국산업인력공단 일학습병행 운영규칙〉

정의(제2조)

이 규칙에서 사용하는 용어의 뜻은 다음과 같다.

1. '사업주'란 고용보험 성립신고 적용 단위의 학습기업 사업주를 말하며, 개인 또는 법인이 될 수 있다.
2. '사업장'이란 고용보험 성립신고 적용 개별 단위사업장으로서 학습기업의 지정단위가 되며 동일한 사업주하에 2개 이상의 사업장이 존재할 수 있다.
3. '훈련과정'이란 학습기업으로 지정된 이후 법 제11조 제1항에 따른 일학습병행을 실시할 수 있는 직종(이하 '일학습병행 직종'이라 한다) 및 해당 직종별 교육훈련기준(이하 '교육훈련기준'이라 한다)을 활용하여 학습기업에 맞게 개발된 규정 제2조 제5호에 따른 일학습병행과정을 말한다.
4. '학습도구'란 학습근로자의 훈련내용, 평가사항 등을 정리하여 제시한 자료를 말한다.
5. '훈련과정 개발·인정시스템(이하 'PDMS'라 한다)'이란 훈련과정 개발신청, 개발, 인정신청, 인정 등 절차를 관리할 수 있도록 운영하는 전산시스템을 말한다.
6. '모니터링'이란 훈련현장 방문, 전화, 면담, 훈련진단, 컨설팅 및 근로자직업능력 개발법 제6조에 따른 직업능력개발정보망(이하 'HRD-Net'이라 한다) 등을 통하여 얻은 훈련 관련 자료의 조사·분석으로 훈련실태 및 직업능력개발훈련 사업의 부정·부실 등 문제점을 파악하고 이를 시정하거나 연구용역·제도개선 등에 활용하는 일련의 업무를 말한다.
7. '일학습병행 지원기관'이란 일학습병행 기업 발굴, 컨설팅, 홍보 등을 지원하는 일학습전문지원센터, 특화업종(특구) 지원센터, 관계부처전담기관을 말한다.

---

① 학습도구에는 학습근로자의 훈련내용이 정리된 자료여야 한다.
② PDMS는 훈련과정 개발신청부터 인정까지 모든 절차를 관리한다.
③ 특화업종(특구) 지원센터는 일학습병행 지원기관에 속한다.
④ 본사와 지사가 있는 사업장은 신청할 수 없다.
⑤ 한 사업주가 10개의 사업장을 가질 수 있다.

30 다음은 한국산업인력공단의 HRD 동향 3월호 일부이다. 이를 토대로 마련할 수 있는 고용지원 대책으로 적절하지 않은 것은?

1. 우선 당장 소득이 없어 생계가 불안정한 취약계층 약 81만 명에게 소득안정지원금을 늦어도 3월 초까지 신속하게 지급하기로 했다. 택배, 배달, 프리랜서 긴급고용안정지원금의 경우 기 수혜자 56.7만 명은 2월 초 지급이 완료됐고, 신규 신청한 17만 명에 대해 소득심사 등을 거쳐 3월 초 일괄 지급할 계획이다.

2. 코로나19 장기화로 고용유지에 어려움을 겪고 있는 사업주를 지원하기 위해 올해 계획된 고용유지지원금 지원인원(78만 명)의 52%(40만 명)를 1분기 내 집중적으로 지원하기로 했다. 아울러 자금 여력 부족으로 무급휴직을 선택한 기업에 종사하는 근로자의 생계안정을 위해 올해 한시로 무급휴직지원금 지급기간을 90일 연장(180 → 270일)하여 지원하는 한편, 파견·용역 및 10인 미만 사업장 등 취약사업장 근로자에 대한 고용유지지원도 강화해 나가기로 했다.

3. 고용충격이 가장 클 1분기에 실업자 등 취약계층 보호를 위해 공공·민간부문 일자리사업과 직업훈련도 속도감 있게 추진한다. 1분기에 디지털·신기술 분야 2,000명, 국가기간·전략산업 분야 등 11.5만 명에게 직업훈련을 제공하고, 저소득층 생계비 대부(1 → 2천만 원) 및 훈련수당 (11.6 → 30만 원) 확대를 통해 훈련기간 중 저소득층의 생계안정도 함께 지원하기로 했다.

4. 저소득, 청년 등 고용충격 집중계층의 고용안전망 강화도 차질 없이 추진한다. 올해 계획된 국민 취업지원제도 목표인원(59만 명)의 32%(18.9만 명)를 1분기에 신속하게 지원하고, 비경제활동 인구로 유입되는 청년층의 구직활동을 촉진하기 위해 1분기에 청년층 5만 명에게 구직 촉진수당 (50만 원×6개월) 및 일 경험 프로그램 등 맞춤형 취업지원서비스를 적극 제공할 계획이다.

① 중장년층의 일자리를 확대하기 위한 고용정책을 논의해야 한다.
② 당장 소득이 없어 생계가 불안전한 계층을 조사해야 한다.
③ 코로나19의 장기화로 인한 기업의 피해 규모를 파악해야 한다.
④ 실업자에게 맞춤 훈련을 할 수 있는 프로그램을 기획해야 한다.
⑤ 청년들이 구직하는 데 직접적으로 도움이 되는 일자리 마련을 논의해야 한다.

※ 다음은 노트북 상품에 대한 자료이다. 이어지는 질문에 답하시오. [31~32]

〈노트북 상품별 정보〉

노트북	가격	속도	모니터	메모리	제조년도
TR-103	150만 원	1.8GHz	13.3인치	4GB	2021년 5월
EY-305	200만 원	1.9GHz	14.5인치	6GB	2021년 4월
WS-508	110만 원	1.7GHz	14인치	3GB	2021년 1월
YG-912	160만 원	2GHz	15인치	5GB	2021년 3월
NJ-648	130만 원	2.1GHz	15인치	2GB	2021년 4월

〈노트북 평가 점수〉

1위	2위	3위	4위	5위
5점	4점	3점	2점	1점

〈노트북 구입 조건〉

- 같은 순위가 있을 경우 동순위로 하고 차순위는 다다음 순위로 한다.
  예 1위가 TR-103, 2위가 EY-305이고 3위가 WS-508과 YG-912로 동점일 때, 마지막 NJ-648은 5위이다.
- 가격은 낮을수록 점수가 높다.
- 속도는 빠를수록 점수가 높다.
- 모니터는 크기가 클수록 점수가 높다.
- 메모리는 용량이 클수록 점수가 높다.
- 제조년도는 최근 것일수록 점수가 높다.
- 순위가 높은 순서대로 점수를 높게 측정한다.

| 한국산업인력공단 / 자원관리능력

31 A사원은 평가 점수의 합이 가장 높은 노트북을 구입하려고 한다. 다음 중 어떤 노트북을 구입하겠는가?

① TR-103
② EY-305
③ WS-508
④ YG-912
⑤ NJ-648

32 한국산업인력공단은 총 600만 원의 예산으로 5대의 노트북을 구입하려 한다. 노트북 구입 시 모니터 크기 대신 노트북 무게를 기준으로 삼는다고 할 때, 노트북의 무게는 YG-912, TR-103, NJ-648, EY-305, WS-508 순서로 가볍다. 무게가 가벼울수록 점수가 높을 경우, 공단에서 구입할 노트북은?(단, 5대 이상의 노트북을 구입할 경우 노트북별 할인율에 따라 할인을 제공한다)

〈할인율〉				
TR-103	EY-305	WS-508	YG-912	NJ-648
10%	할인 불가	10%	10%	30%

① TR-103
② EY-305
③ WS-508
④ YG-912
⑤ NJ-648

33 A씨는 기간제로 6년을 일하였고, 시간제로 6개월을 근무하였다. 다음과 같은 연차 계산법을 활용하였을 때, A씨의 연차는 며칠인가?(단, 소수점 첫째 자리에서 올림한다)

〈연차 계산법〉

- 기간제 : (근무 연수)×(연간 근무 일수)÷365일×15
- 시간제 : (근무 총 시간)÷365

※ 근무는 1개월을 30일, 1년을 365일로, 1일 8시간 근무로 계산한다.

① 86일
② 88일
③ 92일
④ 94일
⑤ 100일

34 다음 중 업무상 명함 예절로 적절하지 않은 것은?

① 명함은 악수하기 전에 건네주어야 한다.

② 명함은 아랫사람이 윗사람에게 먼저 준다.

③ 명함은 오른손으로 준다.

④ 명함을 계속 만지지 않는다.

⑤ 명함을 받으면 바로 명함지갑에 넣지 않고 몇 마디 나눈다.

35 마이클 포터의 본원적 경쟁전략 중 다음 사례에서 확인할 수 있는 전략으로 가장 적절한 것은?

> 픽사(PIXAR)는 스티브 잡스가 500만 달러라는 낮은 가격에 매수하여 후에 75억 달러에 판매되는 대형 회사가 되었다. 초기에 픽사는 그래픽 기술을 보유하고 있는 애니메이션 회사였다. 하지만 창의적인 스토리와 캐릭터로 애니메이션 영화를 성공시켰고, 디즈니보다 더 신뢰받는 입장이 되었다. 픽사는 디즈니의 미녀와 야수 등 공주와 왕자가 만나 행복하게 살게 되는 스토리와는 다르게 만들고 싶었고, 토이 스토리, 니모를 찾아서 등 수많은 애니메이션을 통해 고객에게 감동과 재미를 모두 주면서 성공시켰다. 오랜 시간의 적자에도 끊임없이 창의적인 발상을 주도하여 새 스토리를 주도한 픽사는 고객에게 신뢰를 형성하게 되었고, 이는 픽사가 대기업으로 발돋움하는 결정적인 계기가 되었다.

① 윈윈 전략

② 관리 전략

③ 원가우위 전략

④ 차별화 전략

⑤ 집중화 전략

36 다음 중 상향식 기술선택과 하향식 기술선택에 대한 설명으로 적절하지 않은 것은?

① 상향식 기술선택은 연구자나 엔지니어들이 자율적으로 기술을 선택한다.

② 상향식 기술선택은 기술 개발자들의 창의적인 아이디어를 활용할 수 있다.

③ 상향식 기술선택은 기업 간 경쟁에서 승리할 수 없는 기술이 선택될 수 있다.

④ 하향식 기술선택은 단기적인 목표를 설정하고 달성하기 위해 노력한다.

⑤ 하향식 기술서택은 기업이 획득해야 하는 대상 기술과 목표기술수준을 결정한다.

37 다음은 기술선택으로 성공한 사례이다. 이를 토대로 확인할 수 있는 벤치마킹으로 가장 적절한 것은?

> 스타벅스코리아는 모바일 앱으로 커피 주문과 결제를 모두 할 수 있는 사이렌 오더를 처음으로 시행하였다. 시행 이후 스타벅스 창업자는 'Fantastic!!'이라는 메일을 보냈고, 이후 스타벅스코리아의 전체 결제 중 17% 이상이 사이렌 오더를 이용하고 있다. 국내뿐 아니라 미국, 유럽, 아시아 등의 여러 국가의 스타벅스 매장에서 이를 벤치마킹하여 사이렌 오더는 스타벅스의 표준이 되었다.

① 글로벌 벤치마킹 ② 내부 벤치마킹

③ 비경쟁적 벤치마킹 ④ 경쟁적 벤치마킹

⑤ 직접적 벤치마킹

38 다음은 물품을 효과적으로 관리하기 위한 물적자원관리 과정이다. 빈칸 ㉠, ㉡에 들어갈 단어를 바르게 짝지은 것은?

> 사용 물품과 보관 물품의 구분 → ___㉠___ 및 ___㉡___ 물품으로의 분류 → 물품 특성에 맞는 보관 장소 선정

	㉠	㉡		㉠	㉡
①	가치	귀중	②	동일	유사
③	진가	쓸모	④	유용	중요
⑤	무게	재질			

39 기획팀은 새해 사업계획과 관련해 회의를 하고자 한다. 회의 참석자들에 대한 〈조건〉이 다음과 같을 때, 회의에 참석할 사람으로 바르게 짝지은 것은?

조건

- 기획팀에는 A사원, B사원, C주임, D주임, E대리, F팀장이 있다.
- 새해 사업계획 관련 회의는 화요일 오전 10시부터 11시 30분 사이에 열린다.
- C주임은 같은 주 월요일부터 수요일까지 대구로 출장을 간다.
- 담당 업무 관련 연락 유지를 위해 B사원과 D주임 중 한 명만 회의에 참석 가능하다.
- F팀장은 반드시 회의에 참석한다.
- 새해 사업계획 관련 회의에는 주임 이상만 참여 가능하다.
- 회의에는 가능한 모든 인원이 참석한다.

① A사원, C주임, E대리
② A사원, E대리, F팀장
③ B사원, C주임, F팀장
④ D주임, E대리, F팀장

40 가로 100m, 세로 20m인 직사각형 모양의 밭에 배추와 감자, 고구마를 각각 재배하려고 한다. 이때 배추는 가로, 세로가 각각 3m인 정사각형 면적의 단위로 재배를 해야 하고, 감자는 가로, 세로가 각각 4m인 정사각형 면적의 단위로 재배해야 하며, 고구마는 가로 6m, 세로 3m의 직사각형 면적 단위로 재배해야 한다. 배추와 감자, 고구마는 수확 이익이 각 재배 단위당 3만 원, 4만 원, 5만 원이라고 할 때 농사를 통해 얻을 수 있는 최대 이익은 얼마인가?

① 556만 원
② 596만 원
③ 615만 원
④ 627만 원

41 다음 글에 대한 내용으로 가장 적절한 것은?

가계부채는 규모에 있어 2000 ~ 2003년의 폭발적인 증가세를 경험한 이후 신용카드버블 붕괴에 따른 일시적인 조정기를 가졌으나 2004년 이후로도 연 평균 10.6%의 빠른 증가세를 보여왔다. 이러한 증가세는 GDP, 개인처분가능소득, 개인소비 등의 변수에 비해 훨씬 빠른 것으로 가계부채부담이 가중되고 있음을 확인시켜 주고 있다.

한편 외환위기 이후 가계 소득과 부채의 상관관계는 2000년 이후로 다시 강화되는 모습을 보여주어 경제능력(Affordability)에 기초한 채무부담이 이루어지고 있음을 시사하고 있다. 또한 금융자산과 부채의 상관관계도 지속적으로 증가하는 모습을 보여주고 있어, 유동성 충격에 대한 가계의 대응 능력이 다소 강화되었음을 보여 준다. 하지만 부동산과 부채의 상관관계는 급격히 증가한 모습을 보여주고 있어 가계대출에 의존한 부동산 투자 편중 심화라는 측면에서 우려의 소지를 안고 있다. 특히 가계 보유자산의 80%에 이르는 부동산 비중은 과도한 부동산 투자가 부채증가의 한 배경일 가능성을 제시하고 있다.

물론 신용카드 버블기에 해당하는 2000 ~ 2003년 사이에는 과도한 소비현상이 발생했던 것으로 보인다. 다만 같은 기간 주택가격 역시 빠르게 상승하였고 주택담보대출 역시 빠르게 증가하였다는 점에서 부동산에 대한 과도한 투자의 가능성을 배제하지 못하며, 특히 2003년 이후 지금까지 평균 소비성향이 장기추세선 아래에 위치해 있음을 감안하면, 이후 기간의 연 10.6% 가계신용증가는 부동산 투자에 몰렸을 가능성이 높아 보인다. 이러한 맥락에서 주택가격 상승과 주택담보대출 증가는 상호 작용을 통해 서로를 강화하는 방향으로 작용하였고, 이 과정에서 가계소비의 빠른 증가세가 실현된 것으로 이해된다.

이러한 상황에서 단기 / 일시상환 방식 / 변동금리부의 현 주택담보대출시스템은 금리 및 주택가격 충격에 취약하며, 차환 위험과 소득 충격 간의 상호작용에 민감한 반응을 보이는 것으로 보인다. 지금까지의 주택금융시장의 구조적 개선은 LTV(Loan To Value ratio : 주택을 담보로 돈을 빌릴 때 인정되는 자산가치의 비율) 상한을 적용하여 주택 가격 충격의 영향을, DTI(Debt To Income : 금융부채 상환능력을 소득으로 따져서 대출한도를 정하는 계산비율) 상한을 적용하여 소득 충격의 영향을, 고정금리의 확대를 통해 금리충격의 영향을 줄이는 방향으로 진행되어 왔다. 그럼에도 여전히 주택경기의 침체 가능성에 대한 가계 및 금융부분의 대응능력은 여전히 낮은 수준에 머무른 것으로 보인다. 일례로 주택대출 시장의 만기가 DTI 규제 도입 이후 장기화되었다고는 하나, 거치기간을 길게 두는 '무늬만 장기 대출'인 경우가 많은 것으로 알려져 있다. 이런 맥락에서 금융감독당국은 DTI 상한의 유지와 함께 주택담보대출의 만기 및 상환조건별(금리 변동 및 원리금 분할상환 여부) 대출비중과 연체율의 추이에 관해 항시적인 주의를 기울일 필요가 있어 보인다.

① 가계부채는 2000년 이전부터 매년 꾸준한 증가세를 보여 왔다.

② 금융자산에 따른 부채의 상관관계가 증가하는 것은 유동성 충격에 대한 가계의 대응 능력이 약화되었음을 의미한다.

③ 주택가격 상승과 주택담보대출 증가의 상황 속에서 가계소비는 아무런 영향을 받지 않았다.

④ 주택담보인정비율을 통해 주택 가격 충격의 영향을 줄일 수 있다.

42 다음 중 대기오염에 대한 설명으로 적절하지 않은 것은?

공장 굴뚝에서 방출된 연기나 자동차의 배기가스 등의 대기오염물질은 기상이나 지형 조건에 의해 다른 지역으로 이동·확산되거나 한 지역에 농축된다. 대기권 중 가장 아래층인 대류권 안에서 기온의 일반적인 연직 분포는 위쪽이 차갑고 아래쪽이 따뜻한 불안정한 상태를 보인다. 이러한 상황에서, 따뜻한 공기는 위로, 차가운 공기는 아래로 이동하는 대류 운동이 일어나게 되고, 이 대류 운동에 의해 대기오염물질이 대류권에 확산된다.

반면, 아래쪽이 차갑고 위쪽이 따뜻한 경우에는 공기층이 매우 안정되기 때문에 대류 운동이 일어나지 않는다. 이와 같이 대류권의 정상적인 기온 분포와 다른 현상을 '기온 역전 현상'이라 하며, 이로 인해 형성된 공기층을 역전층이라 한다. 기온 역전 현상은 일교차가 큰 계절이나, 지표가 눈으로 덮이는 겨울, 호수나 댐 주변 등에서 많이 발생한다. 또한 역전층 상황에서는 지표의 기온이 낮기 때문에 공기 중의 수증기가 응결하여 안개가 형성되는데, 여기에 오염물질이 많이 포함되어 있으면 스모그가 된다. 안개는 해가 뜨면 태양의 복사열로 지표가 데워지면서 곧 사라지지만, 스모그는 오염물질이 포함되어 있어 오래 지속되기도 한다.

자동차 배기가스는 잘 보이지 않기 때문에 이동 양상을 관찰하기 어렵지만, 공장의 오염물질은 연기 형태로 대량 방출되므로 이동 양상을 관찰하기 쉽다. 연기의 형태는 기온과 바람의 연직 분포에 따라 다른 모양을 보이기 때문이다. 즉, 대기가 불안정하고 강한 바람이 불어 대류 혼합이 심할 때에는 연기의 형태가 환상형을 이룬다. 또, 날씨가 맑고 따뜻할수록 대류 운동이 활발하게 일어나기 때문에 연기가 빨리 분산된다. 반면, 평평하고 반듯한 부채형은 밤이나 이른 새벽에 많이 나타난다. 밤이나 새벽에는 지표가 흡수하는 태양 복사열이 거의 없으므로 지표의 온도가 내려가 역전층이 형성되고 대기가 안정되기 때문이다.

지형이나 건물로 인해 발생하는 난류도 대기오염물질의 이동 양상과 밀접한 관계가 있다. 바람이 건물에 부딪쳐 분리되면 건물 뒤에는 소용돌이가 생기면서 공동(Cavity)이 형성된다. 공동 부분과 바람의 주 흐름 간에는 혼합이 별로 없기 때문에 공동 부분에 오염물질이 흘러 들어가면 장기간 머물게 되고, 그 결과 오염 농도가 증가하게 된다. 이러한 공동은 높은 언덕의 뒷부분에서도 생길 수 있다.

오염물질의 이동 양상은 공장 굴뚝의 높이에 따라서도 달라질 수 있다. 건물 앞에 굴뚝이 위치하고 있다고 하자. 굴뚝이 건물보다 높으면 연기가 건물에 부딪치지 않으므로 오염물질이 멀리까지 날려 가지만, 굴뚝이 건물보다 낮으면 오염물질이 건물 뒤편의 공동 부분에 갇히게 된다. 따라서 건물이나 건물 가까이에 굴뚝을 세울 때에는 통상적으로 건물 높이의 2.5배 이상으로 세워야 한다.

① 대기오염물질은 발생 지역에만 있는 것이 아니라 이동을 하기도 한다.

② 공장 굴뚝에서 발생하는 오염물질은 굴뚝의 높이에 따라 이동하는 양상이 달라질 수 있다.

③ 대기가 안정적일 때는 공장의 연기 형태가 환상형을 이룬다.

④ 아래쪽에 차가운 공기가 모이고, 위쪽에 뜨거운 공기가 모이면 그렇지 않은 경우보다 스모그가 생기기 쉽다.

43 다음 기사를 읽고 한국동서발전에서 시행하는 사업에 대한 설명으로 적절하지 않은 것은?

> 한국동서발전이 울산광역시 울주군과 손잡고 친환경 신재생에너지 사업에 나선다. 앞서 한국동서발전은 작년 9월 경기도 파주시에 8MW급 생활 SOC형 연료전지 1호 사업을 성공적으로 준공한 바 있다.
>
> 한국동서발전은 울주군청에서 한국동서발전 사장과 울주군수, 울주군 경제산업국장 등이 참석한 가운데 '울주 미래 희망에너지 디운 조성' 공동추진 상호협력 협약을 체결했다고 밝혔다.
>
> 미래 희망에너지 타운은 탄소중립시대 울주군이 청정에너지 도시로 도약할 수 있도록 울주군 내 유휴부지에 친환경에너지 사업을 추진하는 사업이다. 앞서 한국동서발전은 작년에 경기도 파주시에 8MW급 생활 SOC형 연료전지 1호 사업을 성공적으로 준공한 바 있다.
>
> 이번 협약에 따라 울주군은 사업추진에 필요한 유휴부지 정보 제공 등 행정적 지원을 맡고, 한국동서발전은 태양광·풍력·수소융복합·미래 등 테마별 신재생에너지 사업 추진을 담당한다.
>
> 1단계로 울주군 상천리 지역의 도로 유휴부지를 활용해 태양광(0.6MW)과 연료전지(8MW급)를 융합한 '햇빛상생 발전사업'을 내년 3월 착공을 목표로 추진한다. 이 사업은 도시가스 미공급지역인 상천리 주민 117세대에 도시가스 배관 설치를 지원해 주는 '생활 SOC(사회간접자본)형' 연료전지 발전사업이다.
>
> 한국동서발전은 울주군의 약 70%가 산지임을 감안해 자연환경 훼손이 없도록 건물 지붕 등 입체공간과 장기간 유휴부지를 활용해 신재생에너지 설비를 설치한다. 또 사업 추진 시 지역주민을 대상으로 상시 정보를 공개하고, 이익공유와 지역일자리 창출 등 지역사회와의 상생 방안도 적극 모색할 방침이다.

① 한국동서발전은 연료전지 1호 사업을 울주군에 성공적으로 유치하였다.
② 미래 희망에너지 타운 건설 사업은 친환경적인 목적을 가지고 있다.
③ 여러 가지 신재생에너지 사업 중 가장 먼저 활용될 기술은 태양광이다.
④ 미래 희망에너지 타운 건설은 울주군의 자연환경을 고려하여 자연 파괴가 최소화되는 방향으로 시행될 예정이다.

44 다음 기사를 읽고 조력발전소에 대한 설명으로 적절하지 않은 것은?

조력발전이 다시 주목받고 있다. 민주당 의원은 2021년 10월 18일 환경부 산하기관 대상 국정감사에서 시화호 사례를 들어 새만금 조력발전 필요성을 제기했다. 수질 악화로 몸살을 앓고 있는 새만금호에 조력발전소를 설치해 해수 유통을 실시하여 전기를 생산한다면 환경도 살리고 깨끗한 에너지도 얻을 수 있다는 논리이다. 6월 4일 환경부 장관은 시화호에서 열린 환경의 날 기념식에서 "중기 계획 중 하나로 조력발전을 확대하는 것에 대한 예비타당성조사가 계획된 상태"라며, "타당성 조사 등을 검토한 후에 진행해 나갈 것"이라고 말했다.

하지만 조력발전이 해양생태계를 파괴한다는 상반된 주장도 제기된 바 있다. 2010년 시화호에 조력발전소를 설치할 당시 환경단체들은 "조력발전소가 갯벌을 죽이고 해양생태계를 파괴한다."라고 주장한 바 있다. 어업으로 생활을 영위하는 주민들도 설립 초기에 생태계 파괴 우려로 반대의 목소리가 높았다.

1994년, 6년 7개월간의 공사 끝에 방조제 끝막이 공사가 완료되고 시화호는 바다로부터 분리됐다. 그로부터 2년 후 인근 공단 지역에서 흘러든 오염물질로 인해 시화호는 죽음의 호수로 전락했다. 착공 전부터 수질오염에 대한 우려가 끊임없이 제기됐지만 개발 위주의 정책을 바꾸기엔 역부족이었다. 착공 당시 중동 건설경기 침체로 인해 갈 곳을 잃은 건설근로자와 장비들을 놀리지 않고, 국내경기를 활성화하며 대규모 산업단지가 들어설 '새 땅'을 확보하겠다는 목표를 세웠기 때문에 환경피해에 대한 고려는 우선순위에 들어가지 않았다.

정부는 부랴부랴 담수 방류를 결정하고 하수처리장 신·증설 등 수질개선 대책을 내놨지만 눈에 띄는 성과가 나타나지 않았다. 2000년에는 담수화 계획을 전면 포기했고, 이듬해 해수 상시 유통을 결정했다. 2002년 12월 시화호 방조제에 조력발전소를 건설하기로 확정하고 2004년부터 착공에 들어갔다. 2011년 준공된 시화호 조력발전소는 시설용량 254MW의 세계 최대 조력발전소로 기록됐다. 조력발전소의 발전은 밀물이 들어오는 힘으로 수차 발전기를 돌려 전기를 생산하는 방식이다. 썰물 때는 수차가 작동하지 않고 배수만 진행되며, 지난해 12월까지 44억kWh의 전기를 생산했다. 이 발전소에서 연간 생산되는 전력량은 인구 40만 ~ 50만 명의 도시 소비량과 맞먹는다.

제방을 터 바다로 물을 흘려보내고 밀물이 들어오게 하면서 수질은 개선됐다. 상류 주거지역과 공단 지역의 하수처리 시설을 확충하면서 오염물질 유입량이 줄어든 것도 수질 개선을 도왔다.

현재 시화호 지역은 눈에 띄게 환경이 개선됐다. 1997년에 17.4mg/L에 이르던 연도별 평균 COD는 해수 유통 이후 낮아졌고, 2020년엔 2.31mg/L를 기록했다. 수질평가지(WQI)에 의한 수질 등급은 정점 및 시기별로 변화가 있지만 2020년의 연평균 수질은 II등급으로 개선됐다. 수질이 개선되면서 시화호 지역의 생태계도 살아나고 있다.

조력발전이 생태계를 살려냈다고 하기보다는 담수화 포기, 해수유통의 영향이라고 보는 것이 타당하다. 조력발전은 해수유통을 결정한 이후 배수 갑문으로 흘러 나가는 물의 흐름을 이용해 전기를 생산하는 것으로 해수유통의 부차적 결과물이기 때문이다.

① 조력발전소에서는 밀물을 통해 전기를 생산하고 있으며, 최근 주목받고 있는 발전소이다.

② 시화호 발전소의 1년 전기 생산량으로 인구 40만의 도시에 전기 공급이 가능하다.

③ 조력발전소가 설치된 이후 시화호의 수질이 악화되었으나, 해수유통을 통해 다시 수질을 회복할 수 있었다.

④ 우리나라에 세계 최대 규모의 조력발전소가 있다.

45 건강보험심사평가원 A팀은 9월 연차 계획을 짜고 있다. A팀의 팀장 B는 업무에 지장이 가지 않는 범위 내에서 남은 연차 3일을 연속으로 사용해 가족과 여행을 가고자 한다. 다음 〈조건〉을 토대로 B가 여행을 갈 수 있는 날짜는?

조건

- 첫째 주에는 팀원이 연차이므로 연차를 사용할 수 없다.
- 연차는 추석연휴에 붙일 수 없다
- 매주 월요일에는 부서회의가 있어 연차를 사용할 수 없나.
- 이번 달 안으로 해결해야 하는 프로젝트가 있다. 둘째 주에 2일, 셋째 주에 1일, 넷째 주에 1일 동안 팀장이 포함되어 작업해야 한다. 이 작업은 부서회의가 있는 날에는 하지 않는다.

PART 1

〈9월 달력〉

일요일	월요일	화요일	수요일	목요일	금요일	토요일
			1	2	3	4
5	6	7	8	9	10	11
12	13	14	15	16	17	18
19	20	21	22	23	24	25
26	27	28	29	30		

※ 주중에만 근무한다.
※ 20 ~ 22일은 추석 연휴이다.
※ 주말은 휴일이므로 연차는 주중에 사용한다.

① 8 ~ 10일
② 14 ~ 16일
③ 16 ~ 18일
④ 22 ~ 24일
⑤ 27 ~ 29일

46 다음 글을 읽고 바르게 이해하지 못한 사람은?

ADHD로 진단받는 사람은 얼마나 될까? 국내 연구에서는 ADHD 발병률이 5.9 ~ 8.5%이며 전 세계적으로도 3 ~ 8%, 평균적으로 5%라고 한다. 한편 ADHD로 치료받는 아동의 유병률을 살펴보면 0.8%에 불과해 많은 아동청소년이 진단과 치료 시기를 놓치고 있다는 것을 알 수 있다. 또한, 성인의 경우 국내는 1.1%, 전 세계적으로는 3.4% 정도라는 사실이 최근 언론을 통해 알려져 많은 관심을 받고 있다.

정신과적 질환은 유전과 환경 양쪽이 상호작용을 하며 발병하는 경우가 대부분이다. ADHD도 가족력, 저체중, 조산, 충분한 제한 설정을 경험하지 못하는 양육환경, 납과 같은 중금속 노출, TV·핸드폰·컴퓨터와 같은 미디어 노출 등 다양한 원인이 존재한다. 뇌의 기능과 영상을 연구해 보면 통제, 집중, 정보처리 등을 담당하는 전전두엽 기능이 저하된 소견을 보인다. ADHD 아동청소년의 뇌기능 영상 연구를 살펴보면 이와 같은 영역의 기능이 저하된 소견을 보인다. 즉, ADHD 아동청소년 뇌 안의 브레이크가 잘 작동하지 않아 선택적인 집중, 충동 억제, 각성 조절 등에 어려움이 생긴다. 산만하다고 다 ADHD는 아니다. 아동청소년의 나이와 그간 받아온 훈육, 가정환경, 최근 생활의 변화 등 다양한 요인이 집중력에 영향을 미치기 때문에, 그 요인을 분석하고 교정하면서 진찰해야 한다. 보통은 집중력과 통제력이 또래와 2 ~ 3년 정도 차이가 나고, 만 5세가 지나도록 또래에 비해 산만하고 충동적일 경우 ADHD를 의심해 본다.

진단 기준에 따라 증상을 구분한다면 주의산만, 과잉행동 및 충동성으로 나눌 수 있다. 증상은 특정 상황에서만 두드러지게 보이기도 하며 성별에 따라 차이를 보이기도 한다. 이때, 적어도 학교와 집과 같이 두 군데 이상의 상황에서 증상이 뚜렷하게 보여야 한다.

주의산만은 해야 할 일을 잊어버리거나, 물건을 자주 잃어버리거나, 부모나 친구의 말을 흘려듣고 중간에 딴 생각을 하며 질문에 엉뚱한 대답을 하는 모습을 일컫는다. 자신이 좋아하거나 재미있어 하는 일에는 집중하는 것을 잘하지만, 지루해서 집중할 때 정신적인 노력이 많이 드는 일에서는 일반 아동과 비교해 집중력에 큰 차이를 보인다.

이런 상황에서 부모님이 격려하고 칭찬하면 일반 아동은 끝까지 과제를 수행해 내지만, ADHD 아동은 미루려고 하며, 정말 오랜 시간을 주고받거나 난이도를 낮춰도 끝맺지 못한다. 또 아동청소년이 해야 할 일을 스스로 하지 않아 부모가 잔소리를 하게 되는 일이 있는데, 이때 아동은 일을 끝맺기도 전에 딴 일을 벌이는 경우가 많다.

ADHD 진단은 아동청소년의 임상증상에 대한 면담과 설문검사, 심리검사 등을 토대로 이루어진다. 이후 틱, 불안장애, 우울장애, 학습장애, 반항장애, 지적장애 등 동반 질환이 있는지 확인한다. 치료는 약물치료와 비약물치료로 나뉘며, 비약물치료는 상담치료, 부모 교육과 훈육방식의 변화, 작업기억 훈련, 뉴로피드백 등이 있다.

약물 치료의 경우 약 2년간 치료한 뒤 경과를 관찰해 치료 종결을 결정한다. 50 ~ 80%가 청소년기에도 증상이 지속되고 이후 성인기에도 35 ~ 65%는 증상이 남는 경우도 있어 초등학교에 입학하면서 치료를 결정할 경우 장기간 치료가 필요할 수 있다. 그러나 뇌의 성숙이 이루어지고, 시행착오를 통해 경험이 축적되고, 스스로 ADHD 증상을 인식하고 고치려고 노력한다면 호전되므로 적극적으로 진료를 받는 것이 바람직하다.

① 가원 : ADHD는 평균적으로 100명 중 5명이 걸린다고 볼 수 있어.

② 송이 : 중금속에 노출되면 ADHD 증상을 보일 수 있어.

③ 산하 : ADHD는 정보처리를 담당하는 뇌 영역이 제대로 기능을 하지 못해 나타난다고 할 수 있어.

④ 찬솔 : 집에서만 부모님의 말을 흘려듣고 엉뚱한 대답을 한다면 ADHD라고 볼 수 없어.

⑤ 하진 : ADHD 환자 35 ~ 65%는 성인이 되면 자연스럽게 증상이 사라지므로 그대로 놔두는 편이 좋아.

※ S부서는 보안을 위해 부서원들만 알 수 있는 비밀번호를 생성하려고 한다. 이를 위해 부서원에게 다음과 같은 메일을 보냈다. 이어지는 질문에 답하시오. **[47~48]**

〈신규 비밀번호 생성방법〉

• 각자의 컴퓨터에 보안을 위해 새로운 비밀번호를 생성하십시오.
• 비밀번호 생성방법은 다음과 같습니다.
  1. 앞 두 자리는 성을 제외한 이름의 첫 자음으로 합니다. → 마동석=ㄷㅅ
  2. 한글의 경우 대응되는 경우 알파벳으로 변형합니다. → ㄷ=C, ㅅ=G
  3. 세 번째와 네 번째 자리는 생년월일의 일로 합니다. → 10월 3일=03
  4. 다섯 번째와 여섯 번째 자리는 첫 번째와 두 번째 자리의 알파벳에 3을 더한 알파벳으로 합니다. → C=F, G=J
  5. 가장 마지막 자리에는 직급의 번호로 합니다. → (사원=01, 대리=11, 과장=12, 차장=22, 부장=03)

┃ 건강보험심사평가원 / 문제해결능력

47 새로 발령을 받은 공효주 사원은 9월 13일생이다. 이 사원이 생성할 비밀번호로 가장 적절한 것은?

① NI13QL11 ② NI13QL01

③ NI13JV01 ④ NI45QL01

⑤ WK13QL01

┃ 건강보험심사평가원 / 문제해결능력

48 부서원들이 만든 비밀번호 중 잘못 만들어진 비밀번호는?

① 김민경 사원(12월 6일생) → EA06HD01

② 유오성 대리(2월 25일생) → HG25KJ11

③ 손흥민 과장(3월 30일생) → NE30QH12

④ 김연경 차장(11월 14일생) → HA14KD22

⑤ 황희찬 부장(4월 8일생) → NJ08QN03

49 다음 글을 읽고 시력 저하 예방 사업과 그 핵심 내용의 연결이 적절하지 않은 것은?

예전에 비해 안경이나 콘택트렌즈 등 일상생활을 영위하기 위해 시력 보조 도구를 사용해야 하는 사람들이 증가하고 있는 추세이다. 이는 모니터나 서류 같은 시각 자료들을 오랫동안 보아야 하는 현대인들의 생활 패턴과도 관계가 있다고 할 수 있다. 근시와 난시 같은 시력 저하의 문제도 심각하지만, 그와 별개로 안압 증가 등의 이유로 시력에 영구적인 손상을 입어 시각 장애 판정을 받거나, 사고로 실명이 될 수도 있다. 옛말에 몸이 천 냥이라면 눈이 구백 냥이라는 말이 있듯이, 시력은 우리 생활에서 중요한 부분을 차지하기 때문에 문제가 생겼을 때, 그만큼 일상생활조차 힘들어질 수 있다. 그래서 한국실명예방재단에서는 다양한 이유로 생길 수 있는 시력 저하에 대해서 예방할 수 있는 여러 사업을 시행하고 있다.

첫 번째로 '눈 건강 교육'을 시행하고 있다. 눈 건강 교육 사업이란 흔히 노안이라고 하는 노인 저시력 현상 원인에 대한 교육과 전문가들의 상담을 제공함으로써, 노인 집단에서 저시력 위험군을 선별하여 미리 적절한 치료를 받을 수 있도록 하고 개안 수술, 재활 기구 및 재활 훈련을 지원하는 사업이다. 노인분들을 대상으로 하는 사업이기 때문에 어르신들의 영구적인 시각 장애나 실명 등을 예방할 수 있고, 특히 의료 서비스에서 소외되어 있는 취약 계층의 어르신께 큰 도움이 될 수 있다. 또한, 비슷한 맥락에서 취약 계층의 눈 건강 보호를 위하여 '안과 취약지역 눈 검진' 사업 또한 시행하고 있다. 안과 관련 진료를 받기 힘든 의료 사각지대에 있는 취약계층에 해당하는 어르신과 어린이, 외국인 근로자를 대상으로 안과의사 등 전문 인력을 포함한 이동검진팀이 지역을 순회하면서 무료 안과검진을 실시하고 있다. 눈 관련 질병은 조기에 발견하여 치료를 받으면 치료의 효과가 극대화될 수 있기 때문에 정기적인 안과검진이 더욱 중요하다. 그러나 정기적인 검진을 받기 힘든 분들을 위하여 이동검진을 통한 조기발견과 적기 치료를 추구하고 있다. 재단은 전국 시·군·구 보건소로부터 검진신청을 받아 안과의사를 포함한 이동 안과 검진팀이 의료장비와 안약, 돋보기를 준비하여 환자에게 치료 및 상담과 수술이 필요한 저소득층에게는 지역 안과와 연계하여 수술비를 지원하고 있다. 안과 취약지역 눈 검진 일정은 매년 초 지역 시·군·구보건소에서 재단에 신청, 일정을 편성하고 있으며, 개별신청은 받지 않는다.

① 눈 건강 교육 : 저시력 문제에 취약한 노인층을 사업의 대상으로 한다.
② 눈 건강 교육 : 저시력 위험군에 선정되면 개안 수술과 재활 훈련을 지원받을 수 있다.
③ 안과 취약지역 눈 검진 : 취약 계층 안구 질환의 조기발견과 적기 치료가 사업의 목표이다.
④ 안과 취약지역 눈 검진 : 수술이 필요한 경우 서울에 위치한 재단 연계 병원에서 수술받게 된다.
⑤ 안과 취약지역 눈 검진 : 보건소를 통하지 않고 개인이 직접 신청할 수는 없다.

50 다음 글에 대한 설명으로 적절하지 않은 것은?

우리나라 역시 미래 경제성장의 동력으로 수소경제를 선정하고, 수소경제 선도국가로 도약하기 위해 2019년 수소차와 연료전지를 양대 축으로 하는 '수소경제 활성화 로드맵'과 '수소 인프라 및 충전소 구축방안'을 발표했다. 이어서 2020년 2월에는 '수소경제'를 체계적으로 추진하기 위하여 '수소경제 육성 및 안전관리에 관한 법률'을 세계 최초로 공포했고, 전국 지자체들은 지역별 여건과 특성에 맞는 수소 산업 육성에 참여하고 있다. 한국가스공사도 수소경제에 발맞춰 '수소 사업 추진 로드맵'을 수립, 친환경 에너지 공기업의 책임을 다하고 있다. 정부의 수소 시업에 민간이 선제적으로 참여하기는 쉽지 않은 만큼, 인프라 확충 및 민간의 참여 활성화를 위해서는 공공기관의 선도적인 투자가 필수이다. 이에 한국가스공사는 기존의 천연가스 인프라망을 활용한 수소경제의 마중물 역할을 해 나갈 계획이다. 1983년 우리나라 최초의 천연가스회사로 출발, 뜨거운 열정과 치열한 노력으로 일궈온 기술과 인프라는 우리나라가 수소경제 선도국가로 나아가는 데 든든한 디딤돌이 될 것이다. 아울러 지난 수년간의 천연가스 설비 건설, 운영, 공급 경험을 기반으로 국민에게 경제적이고 안정적인 수소 공급 서비스를 제공하기 위해 힘쓸 것이다. 수소 관련 설비, 운영 등 전반적인 과정에서 한국가스공사가 안전관리 및 최적화에 주도적인 역할을 할 것으로 기대된다. 한국가스공사의 '수소 사업 추진 로드맵'은 국가의 수소 사업을 든든하게 지원하는 역할뿐만 아니라, 공사의 미래 성장 동력을 마련, 수소 에너지를 주도하는 글로벌 기업으로 도약하기 위한 시작이 될 것이다. 한국가스공사는 천연가스 산업의 불모지였던 우리나라에 최초로 LNG를 도입하였고, 이제는 1,156만kL 규모의 LNG 저장 용량과 4,908km의 배관망을 갖춘 국내 최고의 에너지 기업이자, 세계 곳곳에서 다양한 프로젝트를 수행하는 글로벌 기업으로 성장했다. 그 과정에서 변화하는 국내외 에너지 시장을 선도하기 위한 도전과 노력을 멈추지 않았고, 다가올 수소 사회를 위한 준비도 차근차근 진행 중이다. 저탄소 에너지로의 전환은 전 인류에게 주어진 과제이고, 수소 에너지 시대를 향한 경쟁은 이미 시작됐다. 한국가스공사는 이를 기회로 삼고자 한다. 이미 2018년 12월, 한국가스공사법 개정을 통해 수소 에너지의 생산과 공급 관련 사업을 추가하였고, 수소 시장 활성화와 산업 발전을 위해 수소 인프라 구축에 선제적으로 투자하고 있다. 점차 감소하는 천연가스 사용량을 보완·대체하기 위해 수소 발전과 연료전지 사업 등 새로운 시장 발굴에 힘쓰고 있으며, 천연가스와 더불어 수소로 상품을 다양화하여 세계적인 종합 가스 기업으로 도약해 나갈 것이다.

① 수소경제 육성 및 안전관리에 관한 법률은 2019년에 발표됐다.
② 한국가스공사는 원래 천연가스회사로 설립됐다.
③ 한국가스공사는 수소 기술 활성화를 위해 기존의 천연가스 인프라를 활용할 예정이다.
④ LNG는 한국가스공사에 의해 우리나라에 최초로 도입됐다.
⑤ 한국가스공사는 2018년 수소 에너지를 새로운 사업으로 추가하였다.

51 SWOT 분석 결과가 다음과 같을 때, 〈보기〉 중 한국가스공사에 대한 SWOT 분석 내용으로 적절한 것을 모두 고르면?

〈SWOT 분석 결과〉

구분	분석 결과
강점(Strength)	• 해외 가스공급기관 대비 높은 LNG 구매력 • 세계적으로 우수한 배관 인프라
약점(Weakness)	• 타 연료 대비 높은 단가
기회(Opportunity)	• 북아시아 가스관 사업 추진 논의 지속 • 수소 자원 개발 고도화 추진중
위협(Threat)	• 천연가스에 대한 수요 감소 추세 • 원전 재가동 확대 전망에 따른 에너지 점유율 감소 가능성

보기

ㄱ. 해외 기관 대비 LNG 확보가 용이하다는 점을 근거로 북아시아 가스관 사업 추진 시 우수한 효율을 이용하는 것은 SO전략에 해당한다.

ㄴ. 지속적으로 감소할 것으로 전망되는 천연가스 수요를 북아시아 가스관 사업을 통해 확보하는 것은 ST전략에 해당한다.

ㄷ. 수소 자원 개발을 고도화하여 다른 연료 대비 상대적으로 높았던 공급단가를 낮추려는 R&D 사업 추진은 WO전략에 해당한다.

ㄹ. 높은 LNG 확보 능력을 이용해 상대적으로 높은 가스 공급단가가 더욱 상승하는 것을 방지하는 것은 WT전략에 해당한다.

① ㄱ, ㄴ
② ㄱ, ㄷ
③ ㄴ, ㄷ
④ ㄴ, ㄹ
⑤ ㄷ, ㄹ

52 다음은 해양환경공단 총무부에서 교육자료로 배부하고자 하는 직장 내 성예절과 관련된 지침이다. 적절하지 않은 것을 모두 고르면?

〈공단 내 성예절 준수 지침〉

ㄱ. 성희롱은 성폭행과 달리 형사처벌 대상에 해당되며, 사내 징계대상에도 해당한다.
ㄴ. 성희롱 해당여부를 판단하는 법적 기준은 가해자의 의도성이다.
ㄷ. 직장 내에서 남성과 여성은 동등한 책임과 역할을 다함으로써 동등한 지위를 보장받아야 한다.
ㄹ. 성 관련 문제를 예방하기 위해서는 평소 직장 내 상스러운 언어 등을 자제하고, 개인과 회사이 품위를 지키는 행실을 체화하여야 한다.

① ㄱ, ㄴ ② ㄱ, ㄷ
③ ㄴ, ㄷ ④ ㄷ, ㄹ

53 다음 중 맞춤법 표기가 잘못된 것은?

한전KDN은 전력에 ㉠ 특화되고, '혁신기술로 고도화'된 사람을 ㉡ 포용하는 전력서비스 제공을 지원하고 있습니다. 주요 사업으로는 전력정보시스템사업, 전력정보통신사업, 전력계통ICT사업, 미래성장동력사업이 있으며, 매출액은 6,256억 원을 ㉢ 달성하였습니다. 또한 동반성장형 R&D 사업화로는 전력 빅데이터 및 지중 전력구 상태진단, 원격검침용 차세대 DCU, 배전자동화 단말장치 및 마이크로그리드 에너지관리시스템 등 총 35과제로 700억 원의 사업화를 달성하였습니다. ㉣ 더불어 정전예방설비 ㉤ 장애률은 전년 대비 14.5% 감소된 1.496%를 달성하였습니다.

① ㉠ ② ㉡
③ ㉢ ④ ㉣
⑤ ㉤

54 다음 중 신입사원이 업무를 위해 출장을 가서 한 행동으로 적절하지 않은 것은?

> 신입사원 A는 업무상 B기업으로 출장을 갔다. 그곳에서 이번 사업 협상자를 만나 ⊙ 오른손으로 악수를 하면서, ⓒ 가볍게 고개를 숙였다. 이어서 ⓒ 먼저 명함을 꺼내 ⓔ 협상자에게 오른손으로 주었고, 협상자의 명함을 한 손으로 받은 후 ⓜ 명함을 보고난 후 탁자 위에 보이게 놓은 채 대화를 하였다.

① ⊙   ② ⓒ

③ ⓒ   ④ ⓔ

⑤ ⓜ

55 다음은 한국가스안전공사 신입직원에 대한 정기교육 내용이다. 명함예절로 적절하지 않은 것은 모두 몇 개인가?

> **〈명함예절〉**
>
> ㄱ. 협력사 및 관계기관 직원과 만나는 경우, 올바른 명함예절을 준수하도록 한다.
>
> ㄴ. 명함은 명함 지갑에서 꺼내어 상대에게 건넨다.
>
> ㄷ. 상대방이 명함을 건네면 정중하게 받아 즉시 명함 지갑에 넣는다.
>
> ㄹ. 동시에 명함을 꺼낼 때에는 왼손으로 서로 교환하고, 받은 명함은 오른손으로 옮기도록 한다.
>
> ㅁ. 윗사람과 만난다면 먼저 명함을 꺼내도록 한다.
>
> ㅂ. 타인으로부터 받은 명함이나 자신의 명함은 구겨지지 않도록 보관한다.
>
> ㅅ. 윗사람으로부터 명함을 받을 때는 오른손으로만 받는다.

① 5개   ② 4개

③ 3개   ④ 2개

⑤ 1개

56 다음은 데이터와 정보의 관계를 나타내는 DIKW 피라미드이다. 〈보기〉 중 피라미드와 관련된 내용으로 적절하지 않은 것을 모두 고르면?

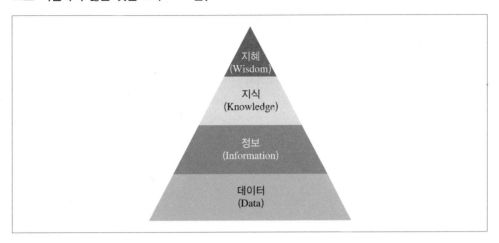

> **보기**
>
> ㄱ. 지혜란 상호 연결된 정보 패턴을 이해하여 이를 토대로 예측한 결과물이다.
> ㄴ. 데이터란 객관적 사실로서 다른 데이터와 상관관계가 없는 가공 전 순수한 수치 및 기호이다.
> ㄷ. 지식이란 정보들을 구조화하여 유의미한 정보로 분류한 것으로서, 비가 오면 집이 습해지니 가습기를 가동하는 행동양식을 사례로 들 수 있다.
> ㄹ. 정보란 가공 및 처리를 통해 데이터 간 연관관계를 나타낸 것으로서, A가게보다 B가게의 물건 가격이 더 저렴하므로 B가게에서 물건을 구매할 것이라고 판단하는 것을 사례로 들 수 있다.

① ㄱ, ㄴ   ② ㄱ, ㄹ
③ ㄴ, ㄷ   ④ ㄴ, ㄹ
⑤ ㄷ, ㄹ

57 다음 중 밑줄 친 ㉠, ㉡에 들어갈 단어를 바르게 짝지은 것은?

> 한국국토정보공사는 ODA 지원 국가 전체 또는 일부의 SOC 인프라 사업지에 대한 정보를 통합하고 분석·활용하는 서비스를 제공하고, 사업수행과정 및 완료 후에도 지속적으로 현행화되는 공간정보에 대한 통합플랫폼을 ㉠ 운영 / 운용하여 민간기업의 해외진출에 필요한 데이터를 제공한다. 또한, 다양한 해외협력 ㉡ 개발 / 계발 사업을 진행하고 있다.

        ㉠   ㉡
① 운영   개발
② 운영   계발
③ 운용   개발
④ 운용   계발

58 다음 〈보기〉 중 효율적이고 합리적인 인사관리를 하기 위한 원칙으로 적절한 것을 모두 고르면?

> **보기**
>
> ㄱ. 근로자의 창의력이 발휘할 수 있도록 기회를 마련하고 인센티브를 제공한다.
> ㄴ. 자신에게 직접적인 도움을 줄 수 있는 사람들로 적재적소에 배치한다.
> ㄷ. 근로자의 인권을 존중하고, 공헌도에 따라 노동의 대가를 지급한다.
> ㄹ. 직장에서 신분이 보장되고, 계속해서 근무할 수 있다는 믿음을 갖게 한다.
> ㅁ. 직장 구성원들이 서로 유대감을 가지고 협동, 단결하는 체제를 이루도록 한다.

① ㄱ, ㄴ, ㄷ, ㄹ
② ㄱ, ㄷ, ㄹ, ㅁ
③ ㄴ, ㄷ, ㄹ, ㅁ
④ ㄱ, ㄴ, ㄷ, ㄹ, ㅁ

59 다음 중 밑줄 친 '이 조직'에 대한 설명으로 가장 적절한 것은?

> 이 조직은 기존 Top-down 방식의 기계적 구조가 한계를 나타내자 이에 대한 보완으로 등장한 조직으로 민첩한, 기민한 조직이라는 뜻을 가지고 있다. 코로나19의 확산 이후 금융권에서도 변화하는 시대에 대처하기 위해 이 조직을 도입하고 있으며, 이미 글로벌 기업인 마이크로소프트, 구글, 애플 등은 이 조직을 도입하여 운영하고 있다. 도입 초기에는 지속가능한 모델을 구축하지 못해 실패하는 경우도 있었지만, 시간이 지나면서 점점 지속가능한 모델을 구축하고 활성화되고 있다.

① 관리자형 리더가 적합하다.
② 외부 변화에 빠르게 대처할 수 없는 단점이 있다.
③ 부서 간 경계가 낮아 정보 공유 등을 한다.
④ 대규모 팀을 구성해 프로젝트를 진행한다.

60 다음은 이번 달 D사원의 초과 근무 기록이다. D사원의 연봉은 3,600만 원이고, 시급 산정 시 월평균 근무시간은 200시간이다. D사원이 받는 야근·특근 근무 수당은 얼마인가?(단, 소득세는 고려하지 않는다)

〈이번 달 초과 근무 기록〉

일요일	월요일	화요일	수요일	목요일	금요일	토요일
			1	2 18:00 ~ 19:00	3	4
5 09:00 ~ 11:00	6	7 19:00 ~ 21:00	8	9	10	11
12	13	14	15 18:00 ~ 22:00	16	17	18 13:00 ~ 16:00
19	20 19:00 ~ 20:00	21	22	23	24	25
26	27	28	29 19:00 ~ 23:00	30 18:00 ~ 21:00	31	

〈초과 근무 수당 규정〉

- 평일 야근 수당은 시급에 1.2배를 한다.
- 주말 특근 수당은 시급에 1.5배를 한다.
- 식대는 10,000원을 지급하며(야근·특근 수당에 포함되지 않는다), 평일 야근 시 20시 이상 근무할 경우에 지급한다(주말 특근에는 지급하지 않는다).
- 야근시간은 오후 7 ~ 10시이다(초과시간 수당 미지급).

① 265,500원
② 285,500원
③ 300,000원
④ 310,500원

⏱ 응시시간 : 80분　　📋 문항 수 : 60문항　　　　　　　　　　　　정답 및 해설 p.063

▌ 코레일 한국철도공사 / 의사소통능력

01 다음 글의 구성 방식으로 적절하지 않은 것은?

> 나는 집이 가난해서 말이 없기 때문에 간혹 남의 말을 빌려서 탔다. 그런데 노둔하고 야윈 말을 얻었을 경우에는 일이 아무리 급해도 감히 채찍을 대지 못한 채 금방이라도 쓰러지고 넘어질 것처럼 전전긍긍하기 일쑤요, 개천이나 도랑이라도 만나면 또 말에서 내리곤 한다. 그래서 후회하는 일이 거의 없다. 반면에 발굽이 높고 귀가 쫑긋하며 잘 달리는 준마를 얻었을 경우에는 의기양양하여 방자하게 채찍을 갈기기도 하고 고삐를 놓기도 하면서 언덕과 골짜기를 모두 평지로 간주한 채 매우 유쾌하게 질주하곤 한다. 그러나 간혹 위험하게 말에서 떨어지는 환란을 면하지 못한다.
>
> 아, 사람의 감정이라는 것이 어쩌면 이렇게까지 달라지고 뒤바뀔 수가 있단 말인가. 남의 물건을 빌려서 잠깐 동안 쓸 때에도 오히려 이와 같은데, 하물며 진짜로 자기가 가지고 있는 경우야 더 말해 무엇 하겠는가.
>
> 그렇긴 하지만 사람이 가지고 있는 것 가운데 남에게 빌리지 않은 것이 또 뭐가 있다고 하겠는가. 임금은 백성으로부터 힘을 빌려서 존귀하고 부유하게 되는 것이요, 신하는 임금으로부터 권세를 빌려서 총애를 받고 귀한 신분이 되는 것이다. 그리고 자식은 어버이에게서, 지어미는 지아비에게서, 비복(婢僕)은 주인에게서 각각 빌리는 것이 또한 심하고도 많은데, 대부분 자기가 본래 가지고 있는 것처럼 여기기만 할 뿐 끝내 돌이켜 보려고 하지 않는다. 이 어찌 미혹된 일이 아니겠는가.
>
> 그러다가 혹 잠깐 사이에 그동안 빌렸던 것을 돌려주는 일이 생기게 되면, 만방(萬邦)의 임금도 독부(獨夫)가 되고 백승(百乘)의 대부(大夫)도 고신(孤臣)이 되는 법인데, 더군다나 미천한 자의 경우야 더 말해 무엇 하겠는가.
>
> 맹자(孟子)가 말하기를 "오래도록 차용하고서 반환하지 않았으니, 그들이 자기의 소유가 아니라는 것을 어떻게 알았겠는가."라고 하였다. 내가 이 말을 접하고서 느껴지는 바가 있기에, 차마설을 지어서 그 뜻을 부연해 보노라.
>
> ― 이곡, 「차마설」

① 유추의 방법을 통해 개인의 경험을 보편적 깨달음으로 일반화한다.

② 예화와 교훈의 2단으로 구성하였다.

③ 주관적인 사실에 대한 보편적인 의견을 제시한다.

④ 성인의 말을 인용하여 자신의 주장을 뒷받침한다.

⑤ 자신의 견해를 먼저 제시하고, 그에 맞는 사례를 제시한다.

02 다음 글의 내용으로 적절하지 않은 것은?

> 정치 철학자로 알려진 아렌트 여사는 우리가 보통 '일'이라 부르는 활동을 '작업(作業, Work)'과 '고역(苦役, Labor)'으로 구분한다. 이 두 가지 모두 인간의 노력, 땀과 인내를 수반하는 활동이며, 어떤 결과를 목적으로 하는 활동이다. 그러나 전자가 자의적인 활동인 데 반해서 후자는 타의에 의해 강요된 활동이다. 전자의 활동을 창조적이라 한다면 후자의 활동은 기계적이다. 창조적 활동의 목적이 작품 장식에 있다면, 후자의 활동 목적은 상품 생산에만 있다.
>
> 전자, 즉 '작업'이 인간적으로 수용될 수 있는 물리적 혹은 정신적 조건하에서 이루어지는 '일'이라면 '고역'은 그 정반대의 조건에서 행해진 '일'이라는 것이다.
>
> 인간은 언제 어느 곳에서든지 '일'이라고 불리는 활동에 땀을 흘리며 노력해 왔고, 현재도 그렇고, 아마도 앞으로도 영원히 그럴 것이다. 구체적으로 어떤 종류의 일이 '작업'으로 불릴 수 있고 어떤 일이 '고역'으로 분류될 수 있느냐는 그리 쉬운 문제가 아니다. 그러나 일을 작업과 고역으로 구별하고 그것들을 위와 같이 정의할 때 노동으로서 일의 가치는 부정되어야 하지만 작업으로서 일은 전통적으로 종교 혹은 철학을 통해서 모든 사회가 늘 강조해 온 대로 오히려 찬미되고 격려되며, 인간으로부터 빼앗아 가서는 안 될 귀중한 가치라고 봐야 한다.
>
> … (중략) …
>
> '작업'으로서의 일의 내재적 가치와 존엄성은 이런 뜻으로서 일과 인간의 인간됨과 뗄 수 없는 필연적 관계를 갖고 있다는 사실에서 생긴다. 분명히 일은 노력과 아픔을 필요로 하고, 생존을 위해 물질적으로는 물론 정신적으로도 풍요한 생활을 위한 도구적 기능을 담당한다.
>
> 땀을 흘리고 적지 않은 고통을 치러야만 하는 정말 일로서의 일, 즉 작업은 그것이 어떤 것이든 간에 언제나 엄숙하고 거룩하고 귀해 보인다. 땀을 흘리며 대리석을 깎는 조각가에게서, 밤늦게까지 책상 앞에 앉아 창작에 열중하는 작가에게서, 무더운 공장에서 쇠를 깎는 선반공에게서, 땡볕에 지게질을 하고 밭을 가는 농부에게서 다 똑같이 흐뭇함과 거룩함을 발견하며 그래서 머리가 숙여진다.
>
> 그러나 앞서 봤듯이 모든 일이 '작업'으로서의 일은 아니다. 어떤 일은 부정적인 뜻으로서의 '고역'이기도 하다. 회초리를 맞으며 노예선을 젓는 노예들의 피땀 묻은 활동은 인간의 존엄성을 높이기는커녕 그들을 짓밟는 '고역'이다. 위생적으로나 육체적으로 견디기 어려운 조건하에 타당치 않게 박한 보수를 받고 무리한 노동을 팔아야만 하는 일은 마땅히 없어져야 할 고역이다.
>
> 작업으로서의 일과 고역으로서의 일의 구별은 단순히 지적 노고와 육체적 노고의 차이에 의해서 결정되지 않는다. 한 학자가 하는 지적인 일도 경우에 따라 고역의 가장 나쁜 예가 될 수 있다. 반대로 육체적으로 극히 어려운 일도 경우에 따라 작업의 가장 좋은 예가 될 수 있다. 작업으로서의 일과 고역으로서의 일을 구별하는 근본적 기준은 그것이 인간의 존엄성을 높이는 것이냐, 아니면 타락시키는 것이냐에 있다.
>
> – 박이문, 「일」

① 작업과 고역은 생산 활동이라는 목적을 지닌 노동이다.
② 작업은 자의적 노동이고, 고역은 타의적 노동이다.
③ 작업은 창조적 노동이고, 고역은 기계적 노동이다.
④ 작업은 인간의 존엄성을 높이고, 고역은 인간의 존엄성을 타락시킨다.
⑤ 작업은 지적 노동이고, 고역은 육체적 노동이다.

※ 다음은 '고속철도(KTX)의 발전과 철도의 미래' 중 일부 내용을 발췌한 글이다. 이어지는 질문에 답하시오. [3~5]

현재와 미래의 철도를 조명하기 위해서는 과거의 철도 모습과 상황을 잘 정리하고, 이를 해석해야 한다. 철도의 역사를 거슬러 올라가면, 1829년 영국 리버풀의 레인 힐에서는 리비풀과 맨체스터 사이를 어떤 기관차가 달릴 것인가를 결정하기 위한 시합이 벌어졌다. 로버트 스티븐슨이 제작한 로켓호가 시합에서 우승하였고, 이후 1803년 시속 48km로 13t의 화물을 싣고 운행한 로켓호가 리버풀 ~ 맨체스터 상업용 철도의 출발점이 되었다.

1899년 9월 18일에 운행을 시작한 우리나라 철도는 1910년 일제강점기하에 타율적으로 운영되었고, 1917년부터 1925년까지 남만주철도주식회사에 의해 위탁 경영되었다. 1945년 해방 이후 1963년부터는 철도청이 운영하였고, 2004년에 철도공사가 출범하게 되었다.

고속철도의 역사를 보면 1964년 일본에서 신칸센이 개통되었고, 유럽에서는 프랑스와 독일에서 TGV와 ICE가 개통되었다. 고속철도가 개통되면서 철도는 다시 한번 부흥기를 맞이하였으며, 이제 친환경 수단으로서 교통혁명의 주역으로 자리 잡고 있다. 우리나라도 2004년에 고속철도가 개통되어 우리나라의 국토와 교통에 큰 변화를 주고 있다.

철도는 다양한 기능을 가진 교통수단으로 여러 가지 측면에서 사회·경제적으로 영향을 미쳤다. 철도를 통한 사회변화는 마치 로마의 도로가 유럽에 영향을 미친 것과 비교할 수 있으며, 당시의 변화는 고속철도가 개통되면서 사회에 영향을 미친 것과 유사한 면이 있다. 기원전 312년부터 시작하여 유럽 전역에 건설된 약 85,000km의 로마 시대 도로는 군사적인 목적뿐만 아니라 국제무역, 경제교류 활성화, 문화교류 확대 등에 큰 영향을 미쳤다. 고속철도의 경우에도 신속한 사람과 물자의 이동을 통한 경제교류 활성화 등 거의 동일한 현상을 보이고 있다. 기술적인 측면에서도 신속한 이동을 목적으로 직선으로 설계된 점, 유지보수 비용을 최소화하는 기술이 적용된 점, 6m 이상의 노선 폭으로 설계된 점 등 많은 공통점을 가지고 있다.

우리나라는 경부선의 개통으로 지역 간 이동이 빨라졌고, 국토 공간 구조가 크게 변화하였다. 영국의 한 지리학자 견문기에 따르면 1894년 당시 서울 ~ 부산 간의 이동에는 약 14일이 소요되었다고 한다. 그러나 경부선이 개통되면서 서울 ~ 부산 간의 이동 시간은 약 11시간으로 감소하였다.

1905년에는 경부선, 1906년에는 경의선, 1914년에는 호남선, 1914년에는 경원선이 개통됨에 따라 X자형의 종단철도망이 완성되었고, 이러한 철도망의 영향으로 우리나라는 종축의 철도망을 중심으로 발전하기 시작하였다. 또한, 당시 서울 ~ 용인 ~ 충주 ~ 조령 ~ 문경 ~ 대구 ~ 밀양 ~ 부산의 도로노선과 철도노선을 비교해 볼 때, 철도노선이 충청북도를 지나지 않고 대전 방향으로 통과함에 따라 그간 교통의 요충지였던 충주와 청주보다 대전을 중심으로 발전하기 시작하였다. 따라서 철도망이 지나는 서울 ~ 대전 ~ 김천 ~ 대구 ~ 부산 축이 우리나라 국토발전의 중심축으로 자리 잡기 시작하였다.

이러한 경부 축 중심의 발전은 인구와 철도 수송양 / 수송량, 도시 발전에서 확연하게 드러나고 있다. 상주는 철도망으로부터 소외되어 발전이 멈춘 대표적인 도시의 하나이다. 상주는 조선 시대 경상도의 도청이 있던 곳으로, 1928년 통계를 보면 상주의 인구는 24,000명, 김천 13,000명, 안동 10,000명, 문경 2,000명, 예천 5,000명으로 상주는 그 지역의 중심이었다. 그러나 경부선이 김천을 경유함에 따라 김천이 발전하기 시작하였고, 2013년 상주의 인구는 10.3만 명, 김천 13.5만 명이 되었다.

철도와 고속철도의 개통을 통해 철도에 대한 다양한 학문적인 연구가 진행되었다. 철도와 관련된 학문에 관련해서는 교통학뿐만 아니라 역사학, 과학사, 건축학, 경영사, 기술사 등에 큰 영향을 미치고 있으며, 이와 관련해서 좋은 책들이 출판되고 있다.

03 다음 중 철도의 발전이 우리나라에 미친 영향으로 적절하지 않은 것은?

① 사회·경제적 영향

② 도시 인구의 변화

③ 해외 수출의 증가

④ 관련 도서 출판

⑤ 관련 학문 분야의 확대

04 밑줄 친 단어 중 맞춤법이 옳은 것을 고르고, 이와 동일한 규칙이 적용된 단어들로 바르게 연결된 것은?

① 수송량 – 강수량, 생산량, 구름량

② 수송량 – 독서량, 생산량, 구름량

③ 수송량 – 독서량, 강수량

④ 수송양 – 독서양, 강수양

⑤ 수송양 – 생산양, 구름양

05 다음 중 윗글의 내용을 보충할 수 있는 자료로 적절하지 않은 것은?

① 〈로마제국의 도로와 고속철도의 비교〉

구분	로마 시대 도로	고속철도
전체거리	85,000km(AD 200년)	17,502km(2000년)
영향력	군사, 정치, 문화, 경제, 기술면에서 큰 영향력, 특히 무역에 큰 공헌	정치, 문화, 경제, 기술면에서 큰 영향력
특징	직선, 훌륭한 배수시설로 유지보수 비용 최소화, 폭은 20 ~ 23피트(약 6미터)	직선, 슬라브 궤도 등으로 유지보수 비용 최소화, 여유 공간 합한 폭 6미터 이상

② 〈교통망과 통행시간의 변화〉

구분	철도 개통 이전 교통망(도로)	철도 개통 이후 교통망(철도)
노선	서울 ~ 용인 ~ 충주 ~ 조령 ~ 문경 ~ 대구 ~ 밀양 ~ 부산	서울 ~ 수원 ~ 천안 ~ 대전 ~ 김천 ~ 대구 ~ 부산
소요시간	14일	11시간

③ 〈철도개통과 인구 변화〉

구분	상주	김천
초기인구(A)	24,000명(1928년)	13,000명(1928년)
최근인구(B)	10.3만 명(2013년)	13.5만 명(2013년)
B/A	4.3	10.0
철도개통	1924년(경북선)	1905년(경부선)

④ 〈각국의 철도박물관 현황〉

박물관명	운영주체와 영업개시일	건설비 및 규모	특징
한국 의왕 철도박물관	철도공사 소유 1988년	• 부지면적 8,495평 • 건물면적 1,451평	• 연간 29만 명 방문 • 10,387점의 유물 소장
영국 요크 국립 철도박물관	국립철도박물관 1925년	• 부지면적 24,500평	• 연간 70만 명 방문 • 300만 점의 유물 보관
중국 베이징 철도박물관	국립철도박물관 2002년	• 부지면적 47,575평 • 건물면적 6,212평	• 교외 위치로 증기기관차 등의 차량 위주 보존

⑤ 〈철도와 관련된 저서들〉

분야	저서명	저자	특징
철도 정책	철도의 르네상스를 꿈꾸며(2004) 철도정책론(2009)	서선덕 외 김동건 외	• 철도부흥과 각국철도 • 철도 정책의 제시
역사	일제침략과 한국철도(2004) 조선교통사(2012)	정재정 철도문화재단	• 일제강점기 철도 특징 • 일제강점기 철도 소개
고속철도	고속철도시스템의 이해(1999)	김선호	• 고속철도의 기술적 이해

06 다음 글을 읽은 독자의 반응으로 적절하지 않은 것은?

인간이 말하고 듣는 의사소통의 과정을 통하여 자신이 전달하고자 하는 바를 표현하고 상대방의 말을 잘 이해하며, 서로 좋은 관계를 형성하고 지속해 나가기 위해서 지켜야 할 기본적인 규칙을 음성언어 의사소통의 원리라고 한다. 원활한 음성언어 의사소통을 위해 필요한 기본 원리로는 공손성, 적절성, 순환성, 관련성이 있다.

공손성의 원리는 음성언어 의사소통에서 상대방에게 부담을 적게 주고, 상대방을 존중해 주는 표현과 태도를 지키는 것을 말한다. 공손성의 원리는 언어가 정보를 전달하는 기능 이외에 의사소통 참여자 사이의 사회적 관계 형성에도 기여한다는 것에 근거하여 설정된 것이다. 공손성의 원리가 효과적인 인간관계를 형성하고 유지할 수 있는 것은 이것이 바로 인간의 내적 욕구를 충족시켜 주는 행위이기 때문이다. 공손성의 원리는 좋은 인간관계 형성이라는 사회적 기능뿐만 아니라 언어 표현의 효과성도 만족시킨다. 그러나 의사소통 참여자 사이의 인간관계에 맞지 않는 지나친 공손함은 오히려 상대를 향한 빈정거림의 표현이 되므로 의사소통의 걸림돌이 될 수 있다.

적절성의 원리는 음성언어 의사소통의 상황, 목적, 유형에 맞는 담화 텍스트의 형식과 내용으로 표현되어야 한다는 것이다. 음성언어 의사소통에서 발화되는 담화 텍스트가 적절성의 원리를 만족한다는 것은 발화된 담화 텍스트가 상황과 표현 의도에 맞게 상대에게 받아들여질 수 있는, 텍스트적 요인을 만족하는 형태로 표현된 것을 의미한다.

순환성의 원리는 음성언어 의사소통의 상황에 맞게 참여자의 역할이 원활하게 교대되고 정보가 순환되어 의사소통의 목적이 달성되는 것을 말한다. 말하기와 듣기의 연속적 과정인 음성언어 의사소통에서 참여자의 역할이 적절히 분배되고 교환되지 않으면 일방적인 의사 표현과 수용이 되므로 효과적인 의사소통을 기대하기 어렵다.

음성언어 의사소통에서 듣기는 상대방이 전달하려는 의미를 재구성하는 적극적인 과정이다. 관련성의 원리는 의사소통 참여자가 상대방이 발화한 담화 텍스트의 의미를 상대방의 의도에 따라 재구성하여 이해하는 것을 말한다. 발화문의 의미와 의도된 의미가 일치하지 않는 경우 참여자는 담화 맥락을 이해하고, 추론을 통해 대화의 함축을 찾으려는 적극적인 자세를 지녀야 한다.

① 상대방이 부담을 느끼지 않도록 요청하면서 정중한 표현을 사용해야겠어.

② 무언가를 지시할 때는 추상적인 표현보다 실행 가능한 구체적인 행동을 이야기해야겠어.

③ 상대방이 말을 하던 중이더라도 대화 주제에 대한 생각이 떠오른다면 까먹기 전에 바로 이야기해야 해.

④ 앞으로는 내 이야기만 주장하지 않고 상대방의 이야기도 귀 기울여 듣도록 노력해야겠어.

⑤ 상대방의 이야기를 들을 때는 상대방의 의도를 파악하면서 의미를 이해하는 것이 좋겠어.

07 다음 글의 밑줄 친 ㉠~㉢이 적용된 사례 중 방법이 다른 하나는?

> 대부분의 사람들은 자연 현상이나 사회 현상에 인과 관계가 존재한다고 생각한다. 인과적 사고는 이와 같이 어떤 일이 발생하면 거기에는 원인이 있을 것이라는 생각에서 비롯되었다. 이러한 맥락에서 원인을 찾아내는 방법을 밝혀내고자 한 사람으로 19세기 중엽 영국의 철학자 존 스튜어트 밀이 있다. 그는 원인을 찾아내는 몇 가지 방법을 제안하였다.
>
> ㉠ 일치법은 어떤 결과가 발생한 여러 경우들에 공통적으로 선행하는 요소를 찾아 그것을 원인으로 간주하는 방법이다. 가령 수학여행을 갔던 ○○고등학교의 학생 다섯 명이 장염을 호소하였다고 하자. 보건 선생님이 이 학생들을 불러서 먹은 음식이 무엇인지 조사해보았다. 다섯 명의 학생들이 제출한 자료를 본 선생님은 이 학생들이 공통적으로 먹은 유일한 음식이 돼지고기라는 사실을 알게 되었다. 이때 선생님이 돼지고기가 장염의 원인이라고 결론을 내리는 것이 바로 일치법을 적용한 예이다.
>
> ㉡ 차이법은 결과가 나타난 사례와 나타나지 않은 사례를 비교하여 선행하는 요소들 사이의 유일한 차이를 찾아 그것을 원인으로 추론하는 방법이다. 인도네시아의 연구소에 근무하던 에이크만은 사람의 각기병과 유사한 증상을 보이는 닭의 질병을 연구하고 있었다. 어느 날 그는 병에 걸린 닭들 중에서 병이 호전된 한 마리의 닭을 발견하고는 호전의 원인이 무엇인지를 찾아보고자 하였다. 그 결과 병이 호전된 닭과 호전되지 않은 닭들의 모이에서 나머지는 모두 같았으나 유일한 차이가 현미에 있음을 알게 되었다. 즉, 병이 호전되지 않은 닭들은 채소, 고기, 백미를 먹었으나 병이 호전된 닭은 추가로 현미를 먹었던 것이다. 이렇게 모이의 차이를 통해 닭의 병이 호전된 원인을 현미에서 찾은 에이크만의 사례는 바로 차이법을 적용한 예이다.
>
> ㉢ 일치차이병용법은 일치법과 차이법을 결합한 것으로 어떤 결과가 나타나는 둘 또는 그 이상의 사례에서 한 가지 공통된 요소가 존재하고, 그 결과가 나타나지 않는 둘 또는 그 이상의 사례에서는 그러한 요소가 존재하지 않을 때, 그것을 원인으로 간주하는 방법이다.

① 시력이 1.5 이상인 사람들을 조사한 결과 모두 토마토를 자주 먹는다는 것이 밝혀졌다. 그러자 시력이 좋지 않은 사람들이 토마토를 먹기 시작했다.

② A시에서는 전염병이 발생하였고, 전염병에 감염된 사람들은 모두 돼지 농장에서 일한 사람들이었다. 방역 당국은 전염병이 돼지로부터 발병되었다는 결론을 내렸다.

③ 사고 다발 구간을 시속 40km/h 이하로 지나간 500대의 차량을 조사한 결과, 단 한 차례의 사고도 일어나지 않았다. 결국 사고 다발 구간에서는 차량의 속도가 40km/h 이하일 때 교통사고 발생률이 0이 된다는 것을 알아냈다.

④ 1반 학생들과 2반 학생들의 지구력을 측정한 결과 1반 학생들의 지구력이 월등히 높았다. 알고 보니 1반 학생들은 매일 아침 운동장을 달렸지만, 2반 학생들은 아무것도 하지 않았다. 결국 달리기가 지구력 향상에 탁월한 효과를 보인다는 결론을 내렸다.

⑤ 유치원에서는 외출 후 반드시 손을 씻어야 한다는 규칙을 만들어 아이들에게 알려주었다. 아이들이 손 씻기를 생활화하자 유치원에서는 단 한 명의 감기 환자도 발생하지 않았다. 아이들은 손 씻기가 감기를 예방한다는 것을 깨닫게 되었다.

08 다음 중 밑줄 친 ㉠~㉤에 대한 퇴고 방법으로 적절하지 않은 것은?

퇴고의 중요성은 백 번 천 번 강조해도 지나치지 않는다. 습작이란 퇴고의 기술을 익히는 행위인지도 모른다. 그렇다고 ㉠ 퇴고가 외면을 화려하게 만들기 위한 덧칠이 되어서는 안 된다. 진실을 은폐하기 위한 위장술이 되어서도 안 된다. 퇴고를 글쓰기의 마지막 마무리 단계라고 생각하면 오산이다. 퇴고는 ㉡ 글쓰기의 처음이면서 중간이면서 마지막이면서 그 모든 것이다.

시라고 해서 우연에 기댄 착상과 표현을 시의 전부라고 여기면 바보다. 처음에 번갯불처럼 떠오른 생각만이 시적 진실이라고 오해하지 마라. 퇴고가 시적 진실을 훼손하거나 은폐한다고 제발 바보 같은 생각 좀 하지 마라. 처음에 떠오른 '시상' 혹은 '영감'이라는 것은 식물로 치면 씨앗에 불과하다. 그 씨앗을 땅에 심고 물을 주면서 싹이 트기를 기다리는 일, 햇볕이 잘 들게 하고 거름을 주는 일, 가지가 쑥쑥 자라게 하고 푸른 잎사귀를 무성하게 매달게 하는 일, 그 다음에 열매를 맺게 하는 일… 그 모두를 퇴고라고 생각하라.

내가 쓴 시에 내가 취하고 감동해서 가까스로 펜을 내려놓고 잠자리에 들 때가 있다. 습작기에 자주 경험했던 일이다. 한 편의 시를 멋지게 완성하고 뿌듯한 마음으로 잠든 것까지는 좋았는데 그 이튿날 일어나서 밤늦게까지 쓴 그 시를 다시 읽어보았을 때의 낭패감! 시가 적힌 노트를 찢어버리고 싶고, 혹여 누가 볼세라 태워버리고 싶은 마음이 불같이 일어날 때의 그 화끈거림! 나 자신의 재주 없음과 무지에 대한 자책!

당신도 아마 그런 시간을 경험한 적 있을 것이다. 지금 생각해보면 습작기에 있는 사람에게는 그런 시간이 참으로 소중하다는 것을 느낀다. 한 편의 시를 퇴고하면서 그 시에 눈멀고 귀먹어 버린 자가 겪게 되는 참담한 기쁨이 바로 그것이다. 퇴고를 하는 과정에 시에 너무 깊숙하게 침윤되어 잠시 넋을 시에게 맡겨버린 결과다(사랑에 빠진 사람을 콩깍지 씌였다고 하는 것처럼). 그러나 그렇게 시에 감염되어 있는 동안 당신의 눈은 밝아졌고, 실력이 진일보했다고 생각하라. 하룻밤 만에 객관적인 시각으로 자신의 시를 볼 수 있는 눈으로 변화를 한 것이다.

시를 고치는 일을 두려워하지 마라. 밥 먹듯이 고치고, 그렇게 고치는 일을 즐겨라. 다만 서둘지는 마라. 설익은 시를 무작정 고치려고 대들지 말고 ㉢ 가능하면 시가 뜸이 들 때까지 기다려라. 석 달이고 삼 년이고 기다려라.

그리고 시를 어느 정도 완성했다고 생각하는 그 순간, ㉣ 주변에 있는 사람에게 시를 보여줘라. 시에 대해서 잘 아는 전문가가 아니어도 좋다. 농부도 좋고 축구선수도 좋다. 그들을 스승이라고 생각하고 잠재적 독자인 그들의 말씀에 귀를 기울여라. 이규보도 "다른 사람의 시에 드러난 결점을 말해주는 일은 부모가 자식의 흠을 지적해 주는 일과 같다."라고 했다. 누군가 결점을 말해 주면 다 들어라. 그러고 나서 또 고쳐라.

"글은 다듬을수록 빛이 난다. 절망하여 글을 쓴 뒤, 희망을 가지고 고친다."라고 한 이는 소설가 한승원이다. 니체는 "피로써 쓴 글"을 좋아한다고 했고, 『혼불』의 작가 최명희는 "원고를 쓸 때면 손가락으로 바위를 뚫어 글씨를 새기는 것만 같다."라고 말했다. 시를 고치는 일은 옷감에 바느질을 하는 일이다. ㉤ 끊임없이 고치되, 그 바느질 자국이 도드라지지 않게 하라. 꿰맨 자국이 보이지 않는 천의무봉의 시는 퇴고에서 나온다는 것을 명심하라.

① ㉠ : 번지르르한 표현을 사용하지 않는다.
② ㉡ : 퇴고는 글쓰기의 전 과정에서 일어난다.
③ ㉢ : 글을 객관적으로 바라볼 수 있는 시간을 두고 퇴고한다.
④ ㉣ : 예상 독자를 고려하여 퇴고한다.
⑤ ㉤ : 새로운 단어나 문장을 추가하지 않는다.

09 다음 글에 나타난 ㉠~㉢의 입장에 대한 설명으로 적절하지 않은 것은?

> 언어학자들에 의하면 인간 고유의 언어 능력은 독특한 양상으로 발달한다. 아이의 언어 발달을 관찰해 보면 주변에서 듣는 말을 모방하는 듯 따라하기도 하고, 때로는 올바른 표현을 외면한 채 자신의 말을 계속 반복하는 행동을 보이기도 한다.
>
> 아이의 언어 습득 이론에 영향을 준 사상으로는 크게 경험론과 선험론을 들 수 있다. 경험론은 1960년대 현대 언어학이 출범하기 이전 특히 ㉠ 레너드 블룸필드와 스키너를 중심으로 발달한 이론으로, 인간의 행동은 환경에 주어진 경험적 자료에 접하여 연상 작용을 일으켜 지식을 획득한다는 이론이다. 블룸필드는 인간의 선험적 능력을 겨우 몇 가지만 인정할 뿐 지식은 거의 모두 경험 자료에서 비롯된다고 가정한다. 아동은 단어나 표현을 익히는 과정에서 어느 정도는 어른의 말을 모방하거나 반복하곤 한다. 또한, 어른은 아동에게 의도적으로 꾸준히 가르치는 장면을 할 때가 있다. 가령 많은 부모들은 '빠이빠이(Bye-bye)'나 '감사합니다', '안녕하세요' 등의 일상 표현이나 새로운 단어들을 아동에게 열심히 가르치려 노력한다.
>
> 경험론을 반박하는 학자들은 경험보다는 선험적인 지식의 역할을 강조한다. ㉡ 노엄 촘스키는 합리주의 사상에 영향을 받아 보다 구체적이고 주로 언어 지식에 한정된 '선험론'을 발전시켜 왔다. 선험론자들은 인간 고유의 탁월한 창조성을 강조하면서 경험론에서 중요시하는 학습 효과는 인정하지 않는다. 선험론에 의하면 인간은 체계적인 가르침을 받지 않고도 언어 규칙을 무의식적으로 내면화할 수 있는 능력을 갖고 있을 뿐만 아니라 언어의 토대를 이루는 어휘 범주와 기능 범주 및 기본 원리원칙 등을 선험적으로 갖고 있다고 한다. 즉, 언어 습득은 환경의 영향이 아니라 선험적으로 주어진 언어 구조적 지식에 의거한 것이라고 주장한다.
>
> 민족의 언어와 성격 사이의 관계를 강조한 ㉢ 빌헬름 폰 훔볼트는 언어가 민족의 정신세계를 드러내고 세계관을 반영한다고 주장한다. 훔볼트에 따르면 한 민족의 사고방식이나 세계를 보는 눈이 다른 민족과 다른 이유는 사용하는 언어 구조가 서로 다르기 때문이다. 언어는 민족과 상황에 따라서 다르게 만들어진다. 언어를 통해서만 사고가 가능하므로, 개인의 사고방식과 세계관은 언어 구조에 의해 결정된다. 사고 과정이나 경험 양식은 언어에 의존하므로 언어가 다르면 사고와 경험의 양식도 달라지기 때문이다.

① ㉠ : 아이의 언어 습득은 부모의 가르침과 같은 경험에 의해 결정된다.

② ㉠ : 아이는 부모의 언어를 모방함으로써 언어를 습득한다.

③ ㉡ : 아이는 문법을 학습하지 않아도 자연스럽게 언어를 습득한다.

④ ㉡ : 태어난 아이는 백지와 같으므로 일련의 과정을 통해 언어를 습득할 수 있다.

⑤ ㉢ : 아이는 언어를 습득할 때 언어를 통해 중재된 세계관을 함께 습득한다.

10 화물 운송 트럭 A ~ C는 하루 2회 운행하며 192톤을 옮겨야 한다. A트럭만 운행하였을 때 12일이 걸렸고, A트럭과 B트럭을 동시에 운행하였을 때 8일이 걸렸으며, B트럭과 C트럭을 동시에 운행하였을 때 16일이 걸렸다. 이때, C트럭의 적재량은 얼마인가?(단, 트럭의 적재용량을 최대한 이용한다)

① 1톤   ② 2톤

③ 3톤   ④ 4톤

⑤ 5톤

11 고객 만족도 점수에서 고객이 만족하면 +3, 불만족하면 −4점이 적용된다. 100명의 고객에게 만족도를 조사했을 때, 80점 이상을 받으려면 최대 몇 명의 불만족 고객이 허용되는가?

① 17명   ② 20명

③ 31명   ④ 32명

⑤ 55명

12 다음은 각 행과 열의 합을 나타낸 표이다. A+B+C+D의 값을 바르게 계산한 것은?

구분	34	34	44
32	A	C	C
36	A	D	D
44	B	A	B

① 48   ② 50

③ 52   ④ 54

⑤ 56

〈K전자의 유·무상 수리 기준〉

1. 유·무상 수리 기준

구분		적용 항목
무상		• 보증기간(1년) 이내에 정상적인 사용 상태에서 발생한 성능·기능상의 고장인 경우 • K전자 엔지니어의 수리 이후 12개월 이내 동일한 고장이 발생한 경우 • 품질보증기간 동안 정상적인 사용 상태에서 발생한 성능·기능상의 고장인 경우 ※ 보증기간은 구입 일자를 기준으로 산정
유상	보증기간	• 보증기간이 경과된 제품
	설치/ 철거	• 이사나 가정 내 제품 이동으로 재설치를 요청하는 경우 • 제품의 초기 설치 이후 추가로 제품 연결을 요청하는 경우 • 홈쇼핑, 인터넷 등에서 제품 구입 후 설치를 요청하는 경우
	소모성	• 소모성 부품의 보증기간 경과 및 수명이 다한 경우(배터리, 필터류, 램프류, 헤드, 토너, 드럼, 잉크 등) • 당사에서 지정하지 않은 부품이나 옵션품으로 인해 고장이 발생한 경우
	천재지변	• 천재지변(지진, 풍수해, 낙뢰, 해일 등) 외 화재, 염해, 동파, 가스 피해 등으로 인해 고장이 발생한 경우
	고객 부주의	• 사용자 과실로 인해 고장이 발생한 경우 • 사용설명서 내의 주의사항을 지키지 않아 고장이 발생한 경우 • K전자 서비스센터 외 임의 수리·개조로 인해 고장이 발생한 경우 • 인터넷, 안테나 등 외부 환경으로 인해 고장이 발생한 경우
	기타	• 제품 고장이 아닌 고객 요청에 의한 제품 점검(보증기간 이내라도 유상 수리)

2. 서비스 요금 안내

서비스 요금은 부품비, 수리비, 출장비의 합계액으로 구성되며, 각 요금의 결정은 다음과 같다.
• 부품비 : 수리 시 부품 교체를 할 경우 소요되는 부품 가격

제품		가격
전자레인지	마그네트론	20,000원
에어컨	컴프레서	400,000원
TV	LCD	150,000원
	PDP	300,000원

• 수리비 : 유상 수리 시 부품비를 제외한 기술료로 소요시간, 난이도 등을 감안하여 산정된다.
• 출장비 : 출장 수리를 요구하는 경우 적용되며, 18,000원을 청구한다(단, 평일 18시 이후, 휴일 방문 시 22,000원).

3. 안내 사항
• 분쟁 발생 시 품목별 해결 기준

분쟁 유형	해결 기준
구입 후 10일 이내에 정상적인 사용 상태에서 발생한 성능·기능상의 하자로 수리를 요할 때	제품 교환 또는 구입가 환급
구입 후 1개월 이내에 정상적인 사용 상태에서 발생한 성능·기능상의 하자로 중요한 수리를 요할 때	제품 교환 또는 무상수리

보증기간 이내에 정상적인 사용 상태에서 발생한 성능 · 기능상의 하자	수리 불가능 시	제품 교환 또는 구입가 환급
	교환 불가능 시	구입가 환급
	교환된 제품이 1개월 이내에 중요한 수리를 요할 때	구입가 환급

• 다음의 경우는 보증기간이 $\frac{1}{2}$로 단축 적용된다.
  – 영업용도나 영업장에서 사용할 경우 예 비디오(비디오 SHOP), 세탁기(세탁소) 등
  – 차량, 선박 등에 탑재하는 등 정상적인 사용 환경이 아닌 곳에서 사용할 경우
  – 제품사용 빈도가 극히 많은 공공장소에 설치 사용할 경우 예 공장, 기숙사 등
• 휴대폰 소모성 액세서리(이어폰, 유선충전기, USB 케이블)는 유상 수리 후 2개월 품질 보증

13 다음은 LCD 모니터 수리에 대한 고객의 문의 사항이다. 고객에게 안내할 내용으로 가장 적절한 것은?

> 안녕하세요. 3개월 전에 K전자에서 LCD 모니터를 구입한 사람입니다. 얼마 전에 모니터 액정이 고장 나서 동네 전파상에서 급하게 수리를 하였는데 1개월도 안 돼서 다시 액정이 망가져 버렸습니다.

① 구입하신 지 아직 1년이 넘지 않으셨네요. 보증기간에 따라 무상 수리가 가능합니다.
② 무상 수리를 받으시려면 자사가 취급하는 액정인지 확인이 필요합니다. 교체하신 액정의 정보를 알려주실 수 있을까요?
③ 수리 이후에 1개월 이내에 동일한 고장이 발생하셨군요. 보증기간과 관계없이 제품의 구입가를 환불해드리겠습니다.
④ 구입하시고 1년 이내에 수리를 받으셨군요. 더 이상 수리가 불가능하므로 새 제품으로 교환해드리겠습니다.
⑤ 저희 서비스센터가 아닌 사설 업체에서 수리를 받았기 때문에 무상 수리는 어렵습니다. 유상 수리로 접수해 드릴까요?

14 B씨는 사용하던 전자레인지가 고장이 나자 서비스센터에 전화하였고, 이틀 후인 수요일 오후 4시경에 엔지니어가 방문하기로 하였다. 방문한 엔지니어가 전자레인지의 부품 중 하나인 마그네트론을 교체하였고, B씨는 유상 수리 서비스 요금으로 총 53,000원의 금액을 납부하였다. 다음 중 전자레인지의 수리비를 바르게 계산한 것은?

① 10,000원 ② 11,000원
③ 12,000원 ④ 13,000원
⑤ 15,000원

15 조선시대에는 12시진(정시법)과 '초(初)', '정(正)', '한시진(2시간)' 등의 표현을 통해 시간을 나타내었다. 다음 중 조선시대의 시간과 현대의 시간에 대한 비교로 적절하지 않은 것은?

〈12시진〉

조선시대 시간		현대 시간	조선시대 시간		현대 시간
자(子)시	초(初)	23시 1~60분	오(午)시	초(初)	11시 1~60분
	정(正)	24시 1~60분		정(正)	12시 1~60분
축(丑)시	초(初)	1시 1~60분	미(未)시	초(初)	13시 1~60분
	정(正)	2시 1~60분		정(正)	14시 1~60분
인(寅)시	초(初)	3시 1~60분	신(申)시	초(初)	15시 1~60분
	정(正)	4시 1~60분		정(正)	16시 1~60분
묘(卯)시	초(初)	5시 1~60분	유(酉)시	초(初)	17시 1~60분
	정(正)	6시 1~60분		정(正)	18시 1~60분
진(辰)시	초(初)	7시 1~60분	술(戌)시	초(初)	19시 1~60분
	정(正)	8시 1~60분		정(正)	20시 1~60분
사(巳)시	초(初)	9시 1~60분	해(亥)시	초(初)	21시 1~60분
	정(正)	10시 1~60분		정(正)	22시 1~60분

① 한 초등학교의 점심 시간이 오후 1시부터 2시까지라면, 조선시대 시간으로 미(未)시에 해당한다.

② 조선시대에 어떤 사건이 인(寅)시에 발생하였다면, 현대 시간으로는 오전 3시와 5시 사이에 발생한 것이다.

③ 현대인이 오후 2시부터 4시 30분까지 운동을 하였다면, 조선시대 시간으로 미(未)시부터 유(酉)시까지 운동을 한 것이다.

④ 축구 경기가 연장 없이 각각 45분의 전반전과 후반전으로 진행되었다면, 조선시대 시간으로 한시진이 채 되지 않은 것이다.

⑤ 현대인이 오후 8시 30분에 저녁을 먹었다면, 조선시대 시간으로 술(戌)시 정(正)에 저녁을 먹은 것이다.

16 다음 명제가 모두 참일 때, 빈칸에 들어갈 명제로 가장 적절한 것은?

> • 어떤 경위는 파출소장이다.
> • _____
> • 따라서 30대 중 파출소장인 사람이 있다.

① 어떤 경위는 30대이다.

② 어떤 경위는 30대가 아니다.

③ 30대는 모두 경위이다.

④ 모든 경위는 파출소장이 아니다.

⑤ 모든 경위는 30대이다.

17 방역당국은 코로나19 확진 판정을 받은 확진자의 동선을 파악하기 위해 역학조사를 실시하였다. 역학조사를 통해 확진자의 지인 A ~ F 6명에 대하여 〈조건〉과 같은 정보를 확인하였다. 다음 중 항상 참이 되는 것은?

> **조건**
> • C나 D를 만났으면 A와 B를 만났다.
> • B나 E를 만났으면 F를 만났다.
> • C와 E 중 한 명만 만났다.

① 확진자는 A를 만났다.

② 확진자는 B를 만났다.

③ 확진자는 C를 만났다.

④ 확진자는 E를 만났다.

⑤ 확진자는 F를 만났다.

18 다음 글을 읽고 알 수 있는 내용으로 적절하지 않은 것은?

> 스마트시티란 크게는 첨단 정보통신기술을 이용해 도시 생활 속에서 유발되는 교통 문제, 환경 문제, 주거 문제, 시설 비효율 등을 해결하여 시민들이 편리하고 쾌적한 삶을 누릴 수 있도록 한 '똑똑한 도시'를 뜻한다. 하지만 각국 경제 및 발전 수준, 도시 상황과 여건에 따라 매우 다양하게 정의 및 활용되고, 접근 전략에도 차이가 있다.
>
> 스페인의 경우, 2013년 초부터 노후된 바르셀로나 도시 중심지 본 지구를 재개발하면서 곳곳에 사물인터넷 기술을 기반으로 한 '스마트시티' 솔루션을 시범 운영했다. 이 경험을 바탕으로 바르셀로나 곳곳이 스마트 환경으로 변화하고 있다. 가장 성공적인 프로젝트 중 하나는 센서가 움직임을 감지하여 에너지를 절약하는 스마트 LED 조명을 광범위하게 설치한 것이다. 이 스마트 가로등은 무선 인터넷의 공유기 역할을 하는 동시에 소음 수준과 공기 오염도를 분석하여 인구 밀집도까지 파악할 수 있다. 아울러 바르셀로나는 원격 관개 제어를 설치해 분수를 원격으로 제어하고, 빌딩을 스마트화해 에너지 모니터링을 시행하고 있다. 또 주차 공간에 차가 있는지 여부를 감지하는 센서를 설치한 '스마트 주차'를 도입하기도 했다.
>
> 또한, 항저우를 비롯한 중국의 여러 도시들은 블록체인 기술을 사물인터넷과 디지털 월렛 등에 적용하여 페이퍼리스 사회를 구현하고 있다. 알리바바의 알리페이를 통해 항저우 택시의 98%, 편의점의 95% 정도에서 모바일 결제가 가능하며, 정부 업무, 차량, 의료 등 60여 종에 달하는 서비스를 이용할 수 있다.
>
> 우리나라도 2021년 입주를 목표로 세종과 부산에 스마트시티 국가 시범도시를 조성하고 있다. 세종에서는 인공지능, 블록체인 기술을 기반으로 한 도시를 조성해 모빌리티, 헬스케어, 교육, 에너지환경, 거버넌스, 문화쇼핑, 일자리 등 7대 서비스를 구현한다. 이곳에서는 자율주행 셔틀버스, 전기공유차 등을 이용할 수 있고 개인 맞춤형 의료 서비스 등을 받을 수 있다. 또 부산에서는 고령화, 일자리 감소 등의 도시문제에 대응하기 위해 로봇, 물관리 관련 신사업을 육성한다. 로봇이 주차를 하거나 물류를 나르는 등 일상생활에서 로봇 서비스를 이용할 수 있고 첨단 스마트 물 관리 기술을 적용해 한국형 물 특화 도시모델을 구축한다.

① 각국에 따라 스마트시티에서 활용되는 기능을 다를 수 있다.

② 스페인의 스마트시티에서는 직접 인구조사를 하지 않더라도 인구 밀집도를 파악할 수 있다.

③ 스페인의 스마트시티에서는 '스마트 주차' 기능을 통해 대리주차가 가능하다.

④ 중국의 스마트시티에서는 지갑을 가지고 다니지 않더라도 일부 서비스를 이용할 수 있다.

⑤ 맞춤형 의료 서비스가 필요한 환자의 경우 부산보다는 세종 스마트시티가 더 적절하다.

19 다음 글의 내용으로 가장 적절한 것은?

우리는 물놀이를 할 때는 구명조끼, 오토바이를 탈 때는 보호대를 착용한다. 이외에도 각종 작업 및 스포츠 활동을 할 때 안전을 위해 보호 장치를 착용하는데, 위험성이 높을수록 이러한 안전장치의 필요성이 높아진다. 특히 자칫 잘못하면 생명을 위협할 수 있는 송배전 계통에선 감전 등의 전기사고를 방지하기 위한 안전장치가 필요한데 그중에 하나가 '접지'이다. 접지란, 감전 등의 전기사고 예방 목적으로 선기회로 또는 전기기기, 전기설비의 어느 한쪽을 대지에 연결하여 기기와 대지와의 전위차가 0V가 되도록 하는 것으로 전류는 전위차가 있을 때에만 흐르므로 접지가 되어있는 전기회로 및 설비에는 사람의 몸이 닿아도 감전되지 않게 된다.

접지를 하는 가장 큰 목적은 사람과 가축의 감전을 방지하기 위해서이다. 전기설비의 전선 피복이 벗겨지거나 노출된 상태에서 사람이나 가축이 전선이나 설비의 케이스를 만지면 감전사고로 인한 부상 및 사망 등의 위험이 높아지기 때문이다. 접지의 또 다른 목적 중 하나는 폭발 및 화재방지이다. 마찰 등에 의한 정전기 발생 위험이 있는 장치 및 물질을 취급하는 전기설비들은 자칫하면 정전기 발생이 화재 및 폭발로 이어질 수 있기 때문에 정전기 발생을 사전에 예방하기 위해 접지를 해둬야 한다. 그 외에도 송전선으로부터 인근 통신선의 유도장애 방지, 전기설비의 절연파괴 방지에 따른 신뢰도 향상 등을 위해 접지를 사용하기도 한다.

접지방식에는 비접지방식, 직접 접지방식, 저항 접지방식, 리액터 접지방식이 있다. 비접지방식의 경우 접지를 위해 중성점에 따로 금속선을 연결할 필요는 없으나, 송배전 계통의 전압이 높고 선로의 전압이 높으면 송전선로, 배전선로의 일부가 대지와 전기적으로 연결되는 지락사고를 발생시킬 수 있는 것이 단점이다. 반대로 우리나라에서 가장 많이 사용하는 직접 접지방식은 중성점에 금속선을 연결한 것으로 절연비를 절감할 수 있지만, 금속선을 타고 지락 전류가 많이 흐르므로 계통의 안정도가 나쁘다.

그 밖에도 저항 접지방식은 중성점에 연결하는 선의 저항 크기에 따라 고저항 접지방식과 저저항 접지방식이 있으며, 접지 저항이 너무 작으면 송배전선 인근 통신선에 유도장애가 커지고, 반대로 너무 크면 평상시 대지전압이 높아진다.

리액터 접지방식도 저항 접지방식과 같이 임피던스의 크기에 따라 저임피던스 접지방식과 고임피던스 접지방식이 있고, 임피던스가 너무 작으면 인근 통신선에 유도장애가 커지고, 너무 크면 평상시 대지 전압이 높아진다.

이처럼 접지 종류별로 장단점이 있어 모든 전기사고를 완벽히 방지할 수는 없기에, 더 안전하고 완벽한 접지에 대한 연구의 필요성이 높아진다.

① 위험성이 낮을 경우 안전장치는 필요하지 않다.
② 전기사고를 방지하는 안전장치는 접지 외에도 다양한 방법들이 있다.
③ 전위차가 없더라도 전류가 흐를 수도 있다.
④ 접지를 하지 않으면 정전기가 무조건 발생한다.
⑤ 중성점에 연결하는 선의 저항 크기와 임피던스의 크기는 상관관계가 있다.

20 다음 문단을 논리적 순서대로 바르게 나열한 것은?

> 서울에 사는 주부 김 씨는 세탁기나 청소기 등의 가전기기를 사용하기 전에 집안에 설치된 원격검침을 꼭 확인한다. 하루 중 전기료가 가장 저렴한 시간에 가전기기를 사용해 비용을 조금이라도 줄이고자 함이다.
>
> (가) 이를 활용하여 전력 공급자는 전력 사용 현황을 실시간으로 파악하여 공급량을 탄력적으로 조절할 수 있고, 전력 소비자는 전력 사용 현황을 실시간으로 파악함으로써 이에 맞게 요금이 비싼 시간대를 피하여 사용 시간과 사용량을 조절할 수 있게 되는 것이다.
>
> (나) 비현실적으로 들리는 이 사례들은 이제 우리의 일상이 될 수 있다. 이미 스마트폰을 이용해 외부에서 원격으로 집 안의 가전기기를 조작하고, 사물인터넷을 이용해 어떤 가전기기가 언제 전기를 가장 많이 쓰는지도 스마트폰 하나로 파악할 수 있는 시대이기 때문이다.
>
> (다) 비슷한 사례로 직업상 컴퓨터 사용이 많은 웹디자이너 강 씨 역시 전기료가 가장 저렴한 심야 시간을 활용해 작업을 하다 보니 어느새 낮과 밤이 바뀌는 지경에 이르렀다.
>
> (라) 이러한 사물인터넷과 스마트그리드가 정착이 되면 미래의 전기 사용 패턴은 지금과 완전히 달라질 것이다. 기존에 발전 – 송전 – 배전 – 판매의 단계로 이루어지던 단방향 전력망이 전력 공급자와 소비자의 양방향 실시간 정보교환이 가능해지는 지능형 전력망으로 변화되기 때문이다.

① (가) – (나) – (다) – (라) 　② (가) – (다) – (나) – (라)
③ (나) – (다) – (가) – (라) 　④ (다) – (나) – (가) – (라)
⑤ (다) – (나) – (라) – (가)

21 하경이는 생일을 맞이하여 같은 반 친구들인 민지, 슬기, 경서, 성준, 민준이를 생일 파티에 초대하였다. 하경이와 친구들이 함께 축하 파티를 하기 위해 간격이 일정한 원형 테이블에 〈조건〉과 같이 앉았을 때, 다음 중 항상 참이 되는 것은?

> **조건**
> • 하경이의 바로 옆 자리에는 성준이나 민준이가 앉지 않았다.
> • 슬기는 성준이 또는 경서의 바로 옆 자리에 앉았다.
> • 민지의 바로 왼쪽 자리에는 경서가 앉았다.
> • 슬기와 민준이 사이에 한 명이 앉아 있다.

① 하경이는 민준이와 서로 마주 보고 앉아 있다.
② 민지는 민준이 바로 옆 자리에 앉아 있다.
③ 경서는 하경이 바로 옆 자리에 앉아 있다.
④ 민지는 슬기와 서로 마주 보고 앉아 있다.
⑤ 경서와 성준이는 서로 마주 보고 앉아 있다.

22 다음 〈보기〉 중 제로 트러스트 모델에 대한 설명으로 적절한 것을 모두 고르면?

> **보기**
>
> ㉠ 0(Zero)과 신뢰하다(Trust)의 합성어로 아무도 신뢰하지 않는다는 뜻이다.
> ㉡ 네트워크 설계의 방향은 외부에서 내부로 설정한다.
> ㉢ IT 보안 문제가 내부에서 발생함에 따라 새롭게 만들어진 IT 보안 모델이다.
> ㉣ MFA(Multi Factor Authentication), IAM(Identity and Access Management) 등의 기술을 통해 제로 트러스트를 구현할 수 있다.

① ㉠, ㉣
② ㉡, ㉢
③ ㉠, ㉡, ㉢
④ ㉠, ㉢, ㉣
⑤ ㉡, ㉢, ㉣

23 다음 중 폼재킹에 대한 설명으로 적절하지 않은 것은?

① 사용자의 결제 정보 양식(Form)을 중간에서 납치(Hijacking)한다는 의미의 합성어다.
② 사용자가 이용하는 웹사이트에 악성코드를 심어 신용카드 등의 금융정보를 탈취한다.
③ 온라인 쇼핑의 증가로 인해 피해 사례가 증가하고 있다.
④ 온라인 구매 및 결제 서비스를 제공하는 다양한 산업에서 피해가 일어나고 있다.
⑤ 카드 결제 시스템에 특수 장치를 불법으로 설치하여 카드 정보를 복사한다.

※ 다음은 국가유공자의 대상요건과 국가유공자 및 가족등록신청에 대한 자료이다. 이어지는 질문에 답하시오. [24~26]

Ⅰ. 대상요건
  1. 전몰군경
     • 군인이나 경찰공무원으로서 전투 또는 이에 준하는 직무수행 중 상이를 입고 사망하신 분
     • 군무원으로서 1959년 12월 31일 이전에 전투 또는 이에 준하는 직무수행 중 사망하신 분
  2. 전상군경
     • 군인이나 경찰공무원으로서 전투 또는 이에 준하는 직무수행 중 상이를 입고 전역하거나 퇴직하신 분으로서 그 상이정도가 국가보훈처장이 실시하는 신체검사에서 상이등급 1급 내지 7급으로 판정된 분
     • 군무원으로서 1959년 12월 31일 이전에 전투 또는 이에 준하는 직무수행 중 상이를 입고 퇴직하신 분으로서 그 상이정도가 국가보훈처장이 실시하는 신체검사에서 상이등급 1급 내지 7급으로 판정된 분
  3. 순직군경
     • 군인이나 경찰·소방 공무원으로서 국가의 수호·안전보장 또는 국민의 생명, 재산 보호와 직접적인 관련이 있는 직무수행이나 교육훈련 중 사망하신 분(질병으로 사망하신 분 포함)
     • 소방공무원은 국가유공자 예우법 개정 시행일인 2011년 6월 30일 이후 사망하신 분부터 적용 (2011년 6월 29일 이전은 화재구조구급 업무와 관련 사망하신 분만 순직군경에 준하여 보상)
  4. 공상군경
     군인이나 경찰·소방 공무원으로서 국가의 수호·안전보장 또는 국민의 생명·재산 보호와 직접적인 관련이 있는 직무수행이나 교육훈련 중 상이를 입고 전역하거나 퇴직하신 분으로서 그 상이정도가 국가보훈처장이 실시하는 신체검사에서 상이등급 1급 내지 7급으로 판정된 분
  5. 무공수훈자
     무공훈장(태극, 을지, 충무, 화랑, 인헌)을 받으신 분(공무원 또는 군인 등은 전역 또는 퇴직하신 분만 해당)

Ⅱ. 등록대상 유가족 및 가족요건
  1. 배우자(1순위)
     사실상의 배우자(사실혼 관계의 배우자를 말함)를 포함(배우자 및 사실상의 배우자가 독립유공자와 혼인 또는 사실혼 후 당해 독립유공자 외의 자와 사실혼 중에 있거나 있었던 경우는 제외)
  2. 자녀(2순위)
     양자는 국가유공자가 직계비속이 없어 입양한 자 1인에 한하여 자녀로 봄
  3. 부모(3순위)
     • 국가유공자를 양육하거나 부양한 사실이 있는 경우에 한함
     • 부의 배우자와 생모, 모의 배우자와 생부가 각각인 때에는 국가유공자를 주로 부양한 자 1인을 모·부로 인정
     • 부모 중 국가유공자를 주로 부양 또는 양육한 자가 우선 함
  4. 성년인 직계비속이 없는 조부모(4순위)
     • 성년인 직계비속이 없는 것으로 보는 경우
       – 국가유공자 등 예우 및 지원에 관한 법률 시행령 별표2의 장애인
       – 현역병으로서 의무복무기간 중에 있는 자

Ⅲ. 국가유공자 및 유가족 등록신청

1. 등록신청대상
   - 국가유공자가 되고자 하는 본인
   - 국가유공자 유족 및 가족이 되고자 하는 분

2. 접수기관
   주소지 관할 보훈청 보상과

3. 처리기간
   - 20일(전몰 · 전상군경, 순식 · 공상군경, 순지 · 공상공무원, 4 · 19혁명 부상 · 사망자 등)
   - 14일(무공 · 보국수훈자 및 4 · 19혁명 공로자에 한함)

4. 구비서류
   - 본인
     - 등록신청서 1부
     - 병적증명서나 전역증(군인이 아닌 경우 경력증명서)
     - 가족관계기록사항에 관한 증명서 1통, 입양관계증명서 1통
     - 주민등록표등본 1통(담당 공무원이 행정정보의 공동이용을 통하여 확인하는 것에 동의하면 제출 생략)
     - 반명함판 사진 1매(상이자는 2매)
   - 유족
     - 등록신청서 1부
     - 병적증명서나 전역증(군인이 아닌 경우 경력증명서)
     - 고인의 제적등본(사망일자 확인) 1통
     - 신청인의 가족관계 기록사항에 관한 증명서, 입양관계증명서, 혼인관계증명서(배우자인 경우) 각 1통
     - 신청인의 반명함판 사진 1매
   - 구비서류_개별서류
     - 전몰 · 전상군경, 순직 · 공상군경, 순직 · 공상공무원 : 국가유공자 등 요건관련확인서 발급신청서, 부상 또는 사망입증서류 각 1부
     - 무공수훈자, 보국수훈자 또는 4 · 19혁명 공로자 : 무공훈장증, 보국훈장증 또는 건국포장증 원본 또는 수훈사실확인서(행정자치부 발급) 1통
     - 4 · 19혁명 사망자 · 부상자 : 4 · 19혁명 참가확인서 및 4 · 19혁명으로 인한 사망 또는 부상 확인서류 각 1통
     - 사실상의 배우자임을 입증할 수 있는 경위서 또는 증빙서류(사실상의 배우자에 한함)
     - 부양 또는 양육한 사실을 입증할 수 있는 서류(부양 또는 양육한 사실을 입증할 필요가 있는 자에 한함)

5. 민원신청방법
   방문 또는 우편

24 다음 〈보기〉 중 국가유공자의 유형이 바르게 연결된 것을 모두 고르면?

> **보기**
>
> ㄱ. 1950년 8월 21일 전투 중 군무원으로 참전하여 사망한 A : 전몰군경
> ㄴ. 2011년 8월 2일 소방 공무원으로서 대형 화재를 진압하고 다수의 국민을 구출하는 직무를 수행하던 중 얻은 폐질환으로 인해 사망한 B : 전상군경
> ㄷ. 해군 장교로 복무 중 인헌 훈장을 받고 현재 전역한 C : 무공수훈자
> ㄹ. 군인으로서 해외에 파병되어 전투 중 상이를 입고 전역하였으며, 국가보훈처장이 실시하는 신체검사에서 상이등급 3급으로 판정된 D : 순직군경

① ㄱ, ㄴ
② ㄱ, ㄷ
③ ㄴ, ㄷ
④ ㄴ, ㄹ

25 다음 중 국가유공자 혹은 유족으로서 혜택을 받을 수 없는 사람은?

① 전상군경와 법률혼 관계를 10년 이상 유지하다가 이혼한 후 타인과 재혼한 배우자
② 순직군경에 해당되는 자를 부양해 온 유일한 자녀인 입양자녀
③ 무공수훈자와 현재까지 혼인신고를 하지 않고 동거를 하며 사실혼 상태에 있는 배우자
④ 공상군경인 아버지를 생전에 부양해 온 친자녀

26 다음은 A에 대한 상황이다. 국가유공자 혜택을 받기 위해 A가 제출해야 하는 서류가 아닌 것은?

> **〈상황〉**
>
> • A의 아버지는 경찰공무원으로서 1968년 1·21사태 당시 전투 중 사망하였다.
> • A의 어머니는 아버지와 법률혼 관계를 유지하다가 2년 전 사망하였다.
> • A는 2020년 10월 20일에 아버지에 대하여 전몰군경으로 유공자 신청 및 자신에 대하여 유공자 유족 등록을 하고자 한다.

① 등록신청서 1부
② 아버지의 병적증명서 1부
③ 사망일자가 확인 가능한 고인의 제적등본 1부
④ A의 어머니의 혼인관계증명서 1통

27 다음은 상반기 및 하반기에 보도되었던 국민건강보험공단의 채용 관련 자료 중 일부이다. 이에 대한 내용으로 적절하지 않은 것은?

국민건강보험, 올해 상반기 신규직원 458명 채용

국민건강보험공단은 '코로나19' 사태로 위축된 채용시장에 활기를 불어넣고 사회적 가치를 실현하기 위해 상반기 신규 직원 458명을 채용한다고 밝혔다. 채용인원 458명 중 일반 채용 393명, 사회형평적 채용 65명(장애인 15명, 국가유공자 50명)을 채용할 계획으로, 원서접수는 4. 2(목)부터 4. 16(목)까지이며, 이후 서류심사, 필기, 면접시험을 거쳐 선발된 최종합격자는 7. 20(월) 임용될 예정이다.

전년도 채용과 달라지는 점은 모집지역이 6개 지역본부에서 14개 지역으로 세분화되고, 기존 자격기준인 모집지역에서 3년 이상 거주 또는 최종학력 소재지 응시자격을 없앴다는 것이다. 또한, 근무조건을 모집지역 5년 이상 근무하는 것으로 하여 지원자 본인은 생활권을 고려하여 지원해야 할 것으로 보인다.

국민건강보험공단은 현재 코로나19 사태와 관련, 안전한 채용을 위해 고사장 사전·사후 방역은 물론 마스크 착용, 발열확인 등 안전 대책방안을 수립하여 철저히 대비하여 추진할 것이나, 앞으로의 코로나19 확산추이 및 정부의 지침에 따라서는 필기시험 및 면접일정은 변경될 수도 있다고 보도했다.

국민건강보험, 올해 하반기 신규직원 465명 채용

국민건강보험공단은 '코로나19'로 위축된 채용시장에 활기를 불어넣고 공단의 직무역량에 맞는 전문성 있는 신규직원 465명을 채용한다고 밝혔다.

채용인원 465명 중 일반채용 345명, 사회형평적 채용 120명(고졸 70명, 국가유공자 50명)을 채용할 계획으로, 원서 접수는 8. 13(목)부터 8. 27(목)까지이며 상반기와 달리 채용 지원서를 온라인 접수로만 진행하기로 하였다. 또 하반기 채용에서는 사회배려계층인 한부모가정과 북한이탈주민까지 우대가점 대상을 확대하였다. 이후 서류심사, 필기, 면접시험을 거쳐 선발된 최종합격자는 12월에 임용될 예정이다.

모집지역은 상반기 채용과 동일하게 14개 지역이며, 근무조건 또한 모집지역 내에서 5년 이상 근무하는 것으로 이 역시 상반기와 동일하다.

국민건강보험공단은 '코로나19' 감염을 대비하여 상반기 신규직원 채용을 안전하게 치른 경험을 바탕으로 고사장 사전·사후 방역은 물론 마스크 착용, 발열확인 등 철저한 안전 대책방안을 수립하여 대비할 것이라고 밝혔다.

---

① 상반기 대비 하반기의 전체 채용 인원은 증가하였지만, 일반 채용인원은 감소하였다.

② 국가유공자 채용인원은 상반기와 하반기가 동일하다.

③ 하반기보다는 상반기에 사회적 가치실현에 더 중점을 두었다.

④ 하반기 지원 역시 지원자 본인의 생활권을 고려하여 지원해야 할 것이다.

※ 다음은 시도별 질병 환자 현황을 조사한 자료이다. 이어지는 질문에 답하시오. [28~29]

〈시도별 질병 환자 현황〉

(단위 : 명)

구분	질병 환자 수	감기 환자 수	한 명당 가입한 의료보험의 수(개)	발열 환자 수
전국	1,322,406	594,721	1.3	594,409
서울특별시	246,867	96,928	1.3	129,568
부산광역시	77,755	37,101	1.3	33,632
대구광역시	56,985	27,711	1.2	23,766
인천광역시	80,023	36,879	1.3	33,962
광주광역시	35,659	19,159	1.2	16,530
대전광역시	37,736	15,797	1.3	17,166
울산광역시	32,861	18,252	1.2	12,505
세종특별자치시	12,432	5,611	1.3	6,351
경기도	366,403	154,420	1.3	166,778
강원도	35,685	15,334	1.3	15,516
충청북도	40,021	18,556	1.3	17,662
충청남도	56,829	27,757	1.3	23,201
전라북도	38,328	18,922	1.3	16,191
전라남도	40,173	19,691	1.3	15,614
경상북도	61,237	30,963	1.3	24,054
경상남도	85,031	43,694	1.3	33,622
제주특별자치도	18,387	7,950	1.4	8,294

| 국민건강보험공단 / 수리능력

28 다음 〈보기〉 중 자료에 대한 설명으로 옳은 것을 모두 고르면?

보기

ㄱ. 부산광역시는 경상남도보다 감기 환자의 수가 적다.
ㄴ. 대구광역시의 질병 환자가 가입한 의료보험의 총 수는 6만 5천개 이상이다.
ㄷ. 질병 환자 한 명당 발열 환자 수는 강원도가 제일 적다.
ㄹ. 질병 환자 한 명당 발열 환자 수는 서울특별시가 제일 많다.

① ㄱ, ㄴ
② ㄴ, ㄷ
③ ㄱ, ㄴ, ㄹ
④ ㄱ, ㄷ, ㄹ

29 다음 중 자료를 나타낸 그래프로 옳지 않은 것은?

① 시도별 질병 환자 수

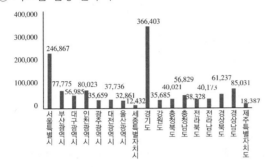

② 시도별 감기 환자 수

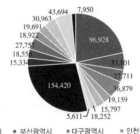

③ 한 명당 가입한 의료보험의 수

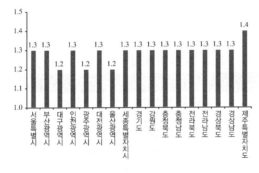

④ 질병 환자 한 명당 발열 환자 비율

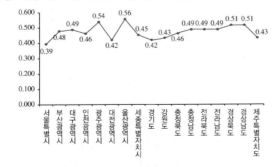

※ 다음은 스마트 스테이션에 대한 자료이다. 이어지는 질문에 답하시오. [30~32]

서울 지하철 2호선에 '스마트 스테이션'이 본격 도입된다. 서울교통공사는 현재 분산되어 있는 분야별 역사 관리 정보를 정보통신기술(ICT)을 기반으로 통합·관리할 수 있는 '스마트 스테이션'을 내년(2021년) 3월까지 2호선 50개 전 역사에 구축한다고 밝혔다.

스마트 스테이션은 올해(2020년) 4월 지하철 5호선 군자역에서 시범 운영됐다. 그 결과 순회 시간이 평균 28분에서 10분으로 줄고, 돌발 상황 시 대응 시간이 평균 11분에서 3분으로 단축되는 등 안전과 보안, 운영 효율이 향상된 것으로 나타났다.

스마트 스테이션이 도입되면 3D맵, IoT센서, 지능형 CCTV 등이 유기적으로 기능하면서 하나의 시스템을 통해 보안, 재난, 시설물, 고객서비스 등 통합적인 역사 관리가 가능해진다. 3D맵은 역 직원이 역사 내부를 3D 지도로 한 눈에 볼 수 있어 화재 등의 긴급 상황이 발생했을 때 신속 대응에 도움을 준다. 지능형 CCTV는 화질이 200만 화소 이상으로 높고, 객체 인식 기능이 탑재되어 있어 제한구역의 무단침입이나 역사 화재 등이 발생했을 때 실시간으로 알려준다. 지하철 역사 내부를 3차원으로 표현함으로써 위치별 CCTV 화면을 통한 가상순찰도 가능하다.

서울교통공사는 기존 통합 모니터링 시스템을 개량하는 방식으로 2호선 내 스마트 스테이션의 도입을 추진한다. 이와 관련해 지난달 L통신사 컨소시엄과 계약을 체결하였다. 이번 계약에는 군자역에 적용된 스마트 스테이션 기능을 보완하는 내용도 들어 있다. 휠체어를 자동으로 감지하여 역 직원에게 통보해주는 기능을 추가하는 등 교통약자 서비스를 강화하고, 직원이 역무실 밖에서도 역사를 모니터링할 수 있도록 모바일 버전을 구축하는 것이 주요 개선사항이다.

서울교통공사는 2호선을 시작으로 점진적으로 전 호선에 스마트 스테이션 도입을 확대해 나갈 예정이다. 또 스마트 스테이션을 미래형 도시철도 역사 관리 시스템의 표준으로 정립하고, 향후 해외에 수출할 수 있도록 기회를 모색해 나갈 계획이라고 밝혔다.

〈스마트 스테이션의 특징〉

• 역무실 공백 상태가 줄어든다.
• 상황 대응이 정확하고 빨라진다.
• 출입관리가 강화된다.

〈일반 CCTV와 지능형 CCTV의 특징〉

구분	일반 CCTV	지능형 CCTV
특징	• 사람이 영상을 항시 감시·식별	• 영상분석 장치를 통해 특정 사람, 사물, 행위 등을 인식
장단점	• 유지보수가 용이함 • 24시간 모니터링 필요 • 모니터링 요원에 의해 사건·사고 인지	• 정확한 식별을 통한 관리의 용이성 • 자동화된 영상분석 장치를 통해 특정 상황 발생 시 알람 등을 이용해 관제요원에게 통보 • 개발이 어려움

30 다음 중 윗글의 내용으로 가장 적절한 것은?

① 스마트 스테이션은 2020년 말까지 2호선 전 역사에 구축될 예정이다.

② 스마트 스테이션은 2019년 4월에 처음으로 시범 운영되었다.

③ 현재 5호선 군자역에서는 분야별 역사 관리 정보를 통합하여 관리한다.

④ 현재 군자역의 직원은 역무실 밖에서도 모바일을 통해 역사를 모니터링할 수 있다.

⑤ 2호선에 도입될 스마트 스테이션에는 새롭게 개발된 통합 모니터링 시스템이 적용된다.

31 다음 중 일반 역(스테이션)의 특징으로 적절하지 않은 것은?

① 스마트 스테이션에 비해 순찰 시간이 짧다.

② 스마트 스테이션에 비해 운영비용이 많이 든다.

③ 스마트 스테이션에 비해 돌발 상황에 대한 대응 시간이 길다.

④ 스마트 스테이션에 비해 더 많은 인력이 필요하다.

⑤ 스마트 스테이션에 비해 사건 · 사고 등을 실시간으로 인지하기 어렵다.

32 다음은 스마트 스테이션의 3D맵이다. 이에 대해 판단한 내용으로 적절하지 않은 것은?

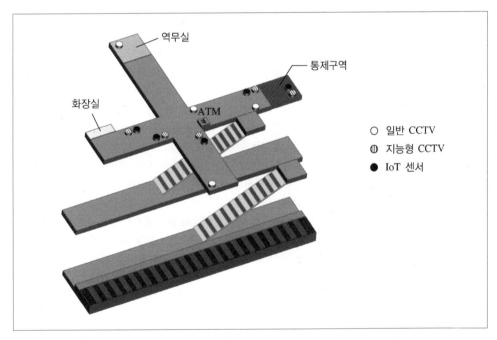

① 역무실의 CCTV는 고장이 나더라도 유지보수가 용이하다.

② ATM기 오른편의 CCTV보다 맞은편의 CCTV를 통해 범죄자 얼굴을 쉽게 파악할 수 있다.

③ 역 내에 지능형 CCTV와 IoT센서는 같이 설치되어 있다.

④ 통제 구역의 CCTV는 침입자를 실시간으로 알려준다.

⑤ 역무실에서는 역 내의 화장실 주변에 대한 가상순찰이 가능하다.

※ 다음은 철도국의 2020년 예산안에 대한 글이다. 이어지는 질문에 답하시오. **[33~34]**

〈철도국 2020년 예산안〉

국토교통부는 철도망 확충을 통한 지역 균형 발전과 촘촘한 철도안전 기반 조성을 위해 2020년 철도국 예산 정부안을 지난해(5.3조 원) 대비 19.3% 증가한 6.3조 원으로 편성하였다.

철도국 2020년 예산안은 고속·일반 철도 등 6개 분야(프로그램) 총 68개 세부사업으로 구성하였으며, 이 중 철도 부문 5개 분야 예산은 건설공사 설계, 착수 및 본격 추진, 안전 강화 등을 위한 필수 소요를 반영하여 증액 편성하였다. 특히 노후화된 철도시설 개량, 부족한 안전·편의시설에 대한 수요 증가 등으로 철도안전 분야 예산을 큰 폭으로 증액(10,360억 원 → 15,501억 원)하였다. 한편 예비타당성조사 면제사업의 조속한 추진 등을 위해 9개 사업을 신규로 선정하여 775억 원을 편성하였으며, 2020년에는 익산 ~ 대야 복선전철 등 5개 노선을 개통할 계획이다.

철도국 2020년 예산안의 주요 특징을 살펴 보면, 먼저 수도권 교통 혼잡 해소를 위한 GTX - A·B·C 등의 노선을 본격 추진할 예정이다. 수도권 내 만성적인 교통난으로 인한 시민 불편을 획기적으로 개선하기 위해 수도권광역급행철도(GTX) 및 신안산선 등 광역철도 건설사업의 차질 없는 추진을 위한 적정 소요를 반영하여 관련 예산을 3,650억 원에서 4,405억 원으로 증액하였다. GTX는 지하 40m 이하의 대심도로 건설하여 평균 약 100km/h로 운행하는 신개념 고속전철 서비스로, 수도권 외곽지역에서 서울 도심까지 30분 내로 이동이 가능하다. 경기 서북부와 서울 도심, 경기 동남부를 가로지르는 GTX - A노선(파주 운정 ~ 동탄)의 경우 착공 후 현장 공사 추진 중으로, 2020년 공사 본격 추진을 위한 보상비, 건설보조금 등으로 1,350억 원을 편성하였다. 수도권 동북부와 남부지역을 잇는 GTX - C노선(양주 덕정 ~ 수원)은 예비타당성조사 통과 후 기본계획수립 중으로, 2020년 민간투자시설사업기본계획(RFP) 수립 등을 위해 10억 원이 신규 반영되었다. 아울러 지난 8월 서부 수도권과 동부 수도권을 횡으로 연결하는 GTX - B노선(송도 ~ 남양주 마석)의 예비타당성 조사 통과로 GTX 3개 노선의 사업 추진이 확정됨에 따라 신·구도심 간 균형 발전 촉진뿐만 아니라 수도권 교통지도 개편 및 노선 간 네트워크 효과를 기대하고 있다.

다음으로 노후시설 개량, 안전시설 확충 등을 위한 철도안전 투자가 강화되었다. 노후 철도시설 개량을 확대하고 시설 안전관리 및 생활 안전 지원을 강화하기 위해 10,360억 원에서 15,501억 원으로 안전 투자를 확장 편성하였다. 이를 통해 시설 노후화로 각종 안전사고가 빈발하는 도시철도(서울·부산)의 노후 시설물 개량 지원을 414억 원에서 566억 원으로 확대하고, 이용객 편의를 도모하기 위해 노후 철도역사(282억 원, 신규)의 개량을 지원할 예정이다. 또한, 시설물을 안전하게 관리하고 장애 발생 시 보다 신속히 대처할 수 있도록 IoT 기반 원격제어, 센서 등을 활용한 스마트 기술도 도입된다. 철도 이용객 안전을 위한 스크린도어 등 승강장 안전시설, 건널목 안전설비, 선로 무단횡단 사고 예방을 위한 방호 울타리 설치 등 생활 안전시설의 확충을 지원할 예정이다. 한편 철도차량 및 철도시설 이력 관리 정보시스템 구축에 대한 지원도 41억 원에서 94억 원으로 확대했다. 철도차량 고장으로 인한 운행장애 건수 감소를 위해 철도차량의 전 생애주기 관리를 위한 정보망을 구축하고, 철도시설물의 이력, 상태, 속성 정보 등을 통합 관리함으로써 적정 유지보수 및 교체 주기 등을 산출하여 시설물 안전 및 유지관리의 최적화를 구현할 예정이다.

국토교통부 철도국장은 "철도국 2020년 예산은 ＿＿＿＿＿＿＿＿＿＿＿ 철도안전에 집중·확대 투자했으며, 예비타당성 조사 면제사업, GTX 등 철도 네트워크 확충을 위한 예산도 적정 소요를 반영했다."라고 밝혔다.

33 다음 중 윗글의 내용으로 적절하지 않은 것은?

① 철도국의 2020년 예산은 지난해보다 1조 원이 증가하였다.

② 철도국 2020년 예산안에서는 철도안전 분야 예산이 약 49.6% 증가하였다.

③ 철도국 2020년 예산안에서는 GTX - C노선의 RFP 수립을 위해 예산을 새로 편성하였다.

④ 철도국 2020년 예산안에서는 노후 시설물 개량을 위한 예산을 새로 편성하였다.

⑤ 철도국 2020년 예산안에서는 철도차량 및 철도시설 이력 관리 정보시스템을 구축하기 위해 예산을 확대 편성하였다.

34 다음 중 윗글의 빈칸에 들어갈 내용으로 가장 적절한 것은?

① 지역의 균형적인 발전을 위해

② 수도권의 교통난을 개선하기 위해

③ 노선 확장 공사의 차질 없는 추진을 위해

④ 잦은 열차 지연으로 낮아진 고객의 신뢰도 향상을 위해

⑤ 예상치 못한 철도안전 사고 등을 선제적으로 예방하기 위해

※ 다음은 지점이동을 원하는 직원들에 대한 자료이다. 이어지는 질문에 답하시오. [35~36]

〈직원 기록〉

성명	1차 희망지역	보직	경력	성명	1차 희망지역	보직	경력
A	대구	시내운전	3년	H	부산	연료주입	3년
B	대전	차량관리	5년	I	서울	시내운전	6년
C	서울	연료주입	4년	J	대구	차량관리	5년
D	경기	차량관리	2년	K	광주	연료주입	1년
E	서울	시내운전	6년	L	경기	연료주입	2년
F	부산	연료주입	7년	M	부산	시내운전	8년
G	경기	차량관리	1년	N	대구	차량관리	7년

조건

- 지역마다 희망지역을 신청한 사람 중 2명까지 이동할 수 있다.
- 우선 희망지역이 3명 이상이면 경력이 높은 사람이 우선된다.
- 1차 희망지역에 가지 못한 사람들은 2차 희망지역에서 다음 순위 방법으로 선정된다.
  - 보직 우선순위 '시내운전>차량관리>연료주입'
  - 보직이 같을 경우 경력이 낮은 사람 우선
- 희망지역은 3차까지 신청 가능하다.
- 3차 희망지역도 안 될 경우 지점이동을 하지 못한다.

| 서울교통공사 / 자원관리능력

35 다음 중 1차 희망지역인 서울과 경기지역으로 이동할 직원이 바르게 연결된 것은?

	서울	경기
①	E, I	G, L
②	C, I	D, L
③	E, I	D, L
④	C, E	D, G
⑤	C, I	D, G

36 다음은 지점이동을 지원한 직원들의 희망지역을 정리한 자료이다. 이때, 어느 지역으로도 이동하지 못하는 직원은?

<표>

성명	1차 희망지역	2차 희망지역	3차 희망지역	성명	1차 희망지역	2차 희망지역	3차 희망지역
A	대구	울산	부산	H	부산	광주	울산
B	대전	광주	경기	I	서울	경기	–
C	서울	경기	대구	J	대구	부산	울산
D	경기	대전	–	K	광주	대전	–
E	서울	부산	–	L	경기	서울	–
F	부산	대구	포항	M	부산	대전	대구
G	경기	광주	서울	N	대구	포항	–

〈희망지역 신청표〉

① A
② C
③ G
④ H
⑤ N

※ 다음은 통돌이 세탁기에 대한 사용설명서이다. 이어지는 질문에 답하시오. [37~39]

〈통돌이 세탁기 사용설명서〉

1. 기능 조작부 설명

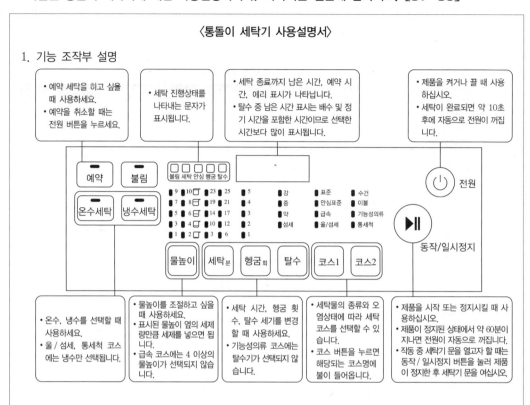

2. 제품 사용하기
    1) 세탁통에 세탁물을 넣고, 전원 버튼을 누르십시오.
    2) 원하는 세탁 코스를 선택하십시오.
    3) 표시된 물높이 옆의 세제량만큼 세제를 넣고 도어를 닫아 주십시오.
    4) 동작 / 일시정지 버튼을 누르면 급수 후 세탁이 시작됩니다.

3. 기능별 소요시간

구분		소요시간
세탁	냉수세탁	12분
	온수세탁	14분
헹굼		10분/회
탈수	강	15분
	중	13분
	약	10분
	섬세	8분
불림		10분
통세척		5분

4. 세탁 코스 사용하기

구분	설명
표준	• '냉수세탁 10분 – 헹굼 2회 – 탈수(중)'의 일반적인 세탁을 해주는 코스입니다.
안심표준	• 표준 코스보다 세탁물을 깨끗하게 헹궈 주는 코스입니다.
급속	• 소량의 의류를 빠른 시간 내에 세탁할 수 있는 코스입니다. • 급속 코스의 적정 세탁량은 5.5kg 이하입니다.
울 / 섬세	• 수축이나 변형되기 쉬운 섬유, 속옷 등 섬세한 의류를 세탁해 주는 코스입니다.
수건	• 손세탁 표시가 있는 수건을 세탁해 주는 코스입니다. • 다른 의류와 분리해서 세닥하십시오.
이불	• 손세탁 표시가 있는 담요 또는 이불을 세탁해 주는 코스입니다. • 이불은 일반 세탁물과 분리하여 한 장씩 세탁하십시오.
기능성의류	• 등산복, 운동복 등 레저용 의류를 세탁해 주는 코스입니다.
통세척	• 세탁통 청소 시 사용합니다.

5. 옵션 사용하기
- 예약 : 원하는 시간에 세탁을 마치고 싶을 때 사용하십시오.
  1) 전원 버튼을 누르십시오.
  2) 원하는 코스를 선택하십시오.
  3) 예약 버튼을 눌러 예약 시간을 맞추십시오.
     예 현재 오후 1시이며 오후 7시에 세탁을 끝내고 싶을 경우 6시간 설정(7−1=6)
        – 예약 버튼에 불이 들어 오고 '3:00'가 표시됩니다.
        – 지금부터 세탁을 끝내고 싶을 때까지의 시간(6:00)이 될 때까지 예약 버튼을 누르십시오.
  4) 동작 / 일시정지 버튼을 누르십시오.
     – 예약 시간 후에 세탁이 끝납니다.
     – 예약을 취소할 때는 전원 버튼을 누르거나 예약이 취소될 때까지 예약 버튼을 반복해서 누르십시오.
     ※ 알아두기
        – 3 ~ 18시간까지 예약이 가능하며, 3시간 미만은 예약되지 않습니다.
        – 3 ~ 12시간까지는 1시간, 12 ~ 18시간까지는 2시간 단위로 예약이 가능합니다.
        – 울 / 섬세, 통세척 코스는 예약이 되지 않습니다.
- 세탁 : 세탁 시간을 변경하고자 할 때 선택하는 옵션입니다.
  – 세탁 버튼을 누르면 3분, 6분 순서로 변경됩니다.
  – 세탁이 완료된 후 배수가 되지 않습니다. 배수가 필요할 경우 탈수 버튼을 누른 후 동작 / 일시정지 버튼을 누르십시오.
- 헹굼 : 헹굼 횟수를 변경하고자 할 때 선택하는 옵션입니다.
  – 헹굼 버튼을 누르면 헹굼 1회, 헹굼 2회 순서로 변경됩니다.
  – 헹굼이 완료된 후 배수가 되지 않습니다. 배수가 필요할 경우 탈수 버튼을 누른 후 동작 / 일시정지 버튼을 누르십시오.
- 탈수 : 탈수의 세기를 변경하고자 할 때 선택하는 옵션입니다.
  – 탈수 버튼을 누르면 섬세, 약, 중, 강의 순서로 변경됩니다.

37 다음 중 통돌이 세탁기의 사용법을 잘못 이해한 사람은?

① A : 이미 작동 중인 세탁기에 세탁물을 추가로 넣으려면 먼저 동작 / 일시정지 버튼을 눌러야 하는군.

② B : 세제를 얼마나 넣어야 하나 걱정했있는데 물높이에 따른 적정 세세량이 표시되어 있어서 다행이야.

③ C : 급속 코스는 세탁물의 용량이 5.5kg 이하여야 하고, 물높이도 4 이상으로 선택할 수 없군.

④ D : 따뜻한 물로 세탁통을 청소하려면 통세척 코스를 선택한 뒤에 온수세탁을 누르면 되겠군.

⑤ E : 지금부터 2시간 뒤에 세탁이 끝나도록 예약하려고 했는데 아쉽게도 2시간은 예약 시간으로 설정할 수 없군.

38 A씨가 다음과 같은 방법으로 세탁기를 사용한다고 할 때. A씨는 세탁기 조작부의 버튼을 총 몇 번 눌러야 하는가?

> A씨 : 정해진 세탁 코스를 선택하지 않고, 수동으로 세탁 방법을 설정해야겠어. 먼저 19분 동안 온수세탁이 진행되도록 설정하고, 헹굼은 표준 코스보다 한 번 더 진행되도록 추가해야겠어. 마지막으로 탈수 세기가 너무 강하면 옷감이 손상될 수 있으니까 세기를 '약'으로 설정해야겠다. 아! 병원진료를 예약해둔 걸 잊어버릴 뻔 했네. 진료 시간을 생각해서 지금부터 4시간 뒤에 세탁이 끝나도록 예약 시간을 설정해야겠다.

① 13번   ② 14번

③ 15번   ④ 16번

⑤ 17번

39 다음 통돌이 세탁기 기능 조작부의 표시에 따라 세탁 시간이 가장 오래 걸리는 것은?(단, 배수 및 정지시간은 고려하지 않으며, 선택한 기능을 ⬭로 표시한다)

①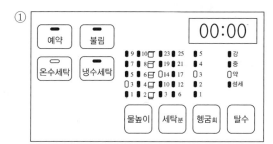

②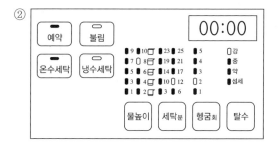

③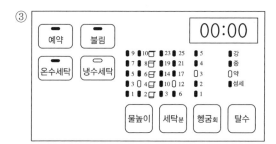

④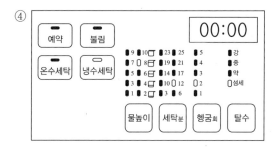

⑤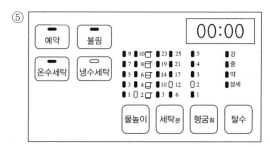

40 다음 중 자기인식과 관련한 설명으로 적절하지 않은 것은?

> ㉠ 이력서에 적힌 개인정보를 바탕으로 보직이 정해졌다.
> ㉡ 일을 하면서 몰랐던 적성을 찾았다.
> ㉢ 지시에 따라 적성에 맞지 않은 일을 계속하였다.
> ㉣ 상사가 나에게 일에 대한 피드백을 주었다.
> ㉤ 친한 동료와 식사를 하면서 나의 꿈을 이야기했다.
> ㉥ 나의 평판에 대해 직장 동료나 상사에게 물어본다.

① ㉣은 눈먼 자아와 연결된다.

② ㉡은 아무도 모르는 자아와 연결된다.

③ ㉠은 공개된 자아와 연결된다.

④ ㉥은 숨겨진 자아와 연결된다.

⑤ 조셉과 해리 두 심리학자가 '조해리의 창' 이론을 만들었다.

41 다음은 키덜트(Kidult)에 대한 정의이다. 이에 대한 설명으로 적절하지 않은 것은?

PART 1

> 키덜트란 키드와 어덜트의 합성어로 20 ~ 40대의 어른이 되었음에도 불구하고 여전히 어린이의 분위기와 감성을 간직하고 추구하는 성인들을 일컫는 말이다. 한때 이들은 책임감 없고 보호받기만을 바라는 '피터팬증후군'이라는 말로 표현되기도 하였으나, 이와 달리 키덜트는 각박한 현대인의 생활 속에서 마음 한구석에 어린이의 심상을 유지하는 사람들로 긍정적인 이미지를 가지고 있다.
> 이들의 특징은 무엇보다 진지하고 무거운 것 대신 유치하고 재미있는 것을 추구한다는 점이다. 예를 들며 대학생이나 직장인들이 엽기토끼 같은 앙증맞은 인형을 가방이나 핸드폰에 매달고 다니는 것, 회사 책상 위에 인형을 올려 놓는 것 등이다. 키덜트들은 이를 통해 얻은 영감이나 에너지가 일에 도움이 된다고 한다.
> 이렇게 생활하면 정서 안정과 스트레스 해소에 도움이 된다는 긍정적인 의견이 나오면서 키덜트 특유의 감성이 반영된 트렌드가 유행하고 있다. 기업들은 키덜트족을 타깃으로 하는 상품과 서비스를 만들어내고 있으며, 엔터테인먼트 쇼핑몰과 온라인 쇼핑몰도 쇼핑과 놀이를 동시에 즐기려는 키덜트족의 욕구를 적극 반영하고 있는 추세이다.

① 키덜트의 나이도 범위가 존재한다.

② 피터팬증후군과 키덜트는 혼용하여 사용한다.

③ 키덜트는 현대사회와 밀접한 관련이 있다.

④ 키덜트도 시장의 수요자의 한 범주에 속한다.

※ 다음은 어느 회사에 다니고 있는 김대리의 회사에서 집까지의 주변지도이다. 이어지는 질문에 답하시오. [42~44]

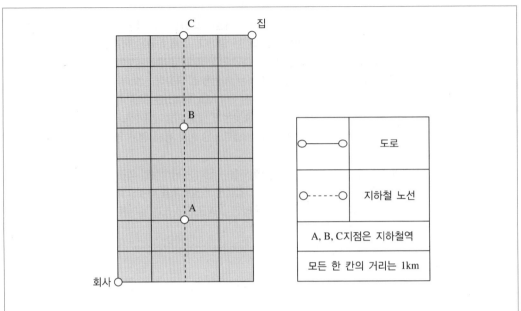

〈교통수단별 평균 속력〉

구분	속력
지하철	60km/h
버스	30km/h
택시	
도보	6km/h

〈교통수단별 요금 및 이용조건〉

구분	요금 및 이용조건
지하철	승차권 : 2,000원
	역이 위치한 A, B, C 지점에서만 승하차 가능
버스	승차권 : 1,500원
	어디서나 승·하차 가능하나, 직선으로 2km씩 이동 가능
택시	기본요금 : 2,500원(5km까지), 추가 1km당 150원
	승·하차 및 이동에는 제약 없음(기사포함 최대 4인 탑승 가능)

42 지하철을 1번은 반드시 이용하여 가장 빠르게 집에 도착하였을 때의 소요시간은 얼마인가?(단, 환승 등의 소요시간은 고려하지 않는다)

① 18분
② 20분
③ 22분
④ 24분

43 김대리는 회사에서 3명의 동료들과 함께 출발하여 집에서 식사를 한 후, 동료들은 김대리의 집에서 가장 가까운 지하철역으로 가려고 한다. 이때, 소요되는 교통비로 가장 저렴한 것은?(단, 회사에서 집으로, 집에서 지하철역으로 이동할 때 모든 인원은 동일하게 한 가지 수단을 이용하며, 도보로 이동하지 않는다)

① 7,400원
② 8,500원
③ 9,600원
④ 10,700원

44 외부 업무를 위해 김대리의 동료 정대리는 회사에서 택시를 타고 지하철역 B에 위치한 약속장소로 가려 한다. 오후 2시 30분에 예정된 약속을 위해 약속장소에 10분 미리 도착하여 일정을 준비하려 고 할 때, 약속시간에 늦지 않기 위해 정대리는 적어도 몇 시에 회사에서 택시를 탑승해야 하는가?

① 오후 1시 51분
② 오후 1시 56분
③ 오후 2시 1분
④ 오후 2시 6분

※ 다음은 박대리의 출장에 대한 자료이다. 이어지는 질문에 답하시오. [45~46]

<상황>

- 서울 지부에서 근무하는 박대리는 대구 지부에서 열리는 세미나에 3박 4일간 참석하고자 한다.
- 세미나는 10월 20일 오후 1시에 시작하여, 10월 23일 오후 5시까지 진행된다.
- 박대리는 서울 지부에서 대구 지부까지 이동 시 김포공항에서 대구공항으로 향하는 항공편을 이용한다. 박대리는 세미나 시작 1시간 전에는 대구공항에 도착하고자 하며, 세미나 종료 후 2시간 이내에는 김포행 항공편에 탑승하고자 한다.
- 식비는 출장 시작일과 마지막일을 포함하여 하루당 3만 원이 지급된다.
- 대구공항부터 세미나 장소인 대구 지부까지의 이동수단 중 항공료를 제외한 교통비는 하루당 1만 원이 지급된다.
- 숙박비는 1박당 8만 원이 지급된다.

<항공편 정보>

박대리는 다음 항공편 중에서 선택하여 이용한다.

항공편	출발	도착	출발시간	도착시간	편도요금
IA910	김포공항	대구공항	10:00	10:50	34,500원
JI831	김포공항	대구공항	12:10	13:20	41,000원
BQ381	김포공항	대구공항	14:00	14:50	40,500원
GO904	대구공항	김포공항	16:40	17:30	56,000원
TK280	대구공항	김포공항	18:00	18:50	58,000원
BV411	대구공항	김포공항	19:40	20:30	61,000원

45 다음 중 박대리의 3박 4일간 출장비 총액을 바르게 계산한 것은?

① 408,000원
② 423,500원
③ 458,000원
④ 472,500원
⑤ 521,000원

46 박대리가 이용한 항공사의 마일리지 적립 규정이 다음과 같다고 할 때, 박대리가 이번 출장으로 인해 적립하게 되는 마일리지로 옳은 것은?

항공편 가격	적립률(편도요금 기준)	비고
3만 원 미만	2%	10월 한 달 동안은
3만 원 이상 5만 원 미만	3%	1.0%p 추가 적립 제공
5만 원 이상 10만 원 미만	5%	–
10만 원 이상	7%	–

① 3,935점   ② 4,280점

③ 4,310점   ④ 4,550점

⑤ 4,810점

47 다음은 한국수력원자력의 원전용 리튬이온전지 개발 승인관련 자료이다. 이에 대한 설명으로 적절하지 않은 것은?

> 한국수력원자력은 대한전기협회로부터 원자력발전소 비상 리튬이온전지 사용을 위한 기술기준 승인을 받았다고 밝혔다.
> 원자력발전소는 전기가 끊어졌을 때를 대비해 비상용으로 납축전지를 사용해 왔는데, 전원 차단으로 발생한 후쿠시마 원전 사고 이후 비상용 전지의 용량 확대 필요성이 제기돼 왔다. 이번에 기술기준 승인을 받은 리튬이온전지 용량은 납축전지의 2 ~ 3배에 달해 원전 안전성에 크게 기여할 것으로 평가받고 있다.
> 한수원 중앙연구원은 자체 R&D로 2013년부터 2016년까지 원전에 사용할 리튬이온전지의 성능과 안전성에 대한 시험을 수행해 왔다. 그 결과 4개의 기술기준을 세계 최초로 개발했고, 2017년 대한전기협회로부터 이 기술기준들을 전력산업기술기준으로 채택하는 최종 승인을 받았다.
> 전력산업기술기준(KEPIC)이란 안전한 전력생산을 위해 ASME, IEEE 같은 국제 전기표준에 맞춰 1995년 제정한 국내기술기준으로, 원자력발전소의 경우 신고리 1, 2호기 건설부터 적용 중이다.

① 리튬이온전지 기술개발을 위해서는 승인이 필요하다.

② 전원 차단이 없었다면, 후쿠시마 원전 사고는 일어나지 않았을 수도 있다.

③ 리튬이온전지 용량이 클수록 안전성도 커진다.

④ 한국수력원자력은 리튬이온전지를 세계 최초로 개발하였다.

⑤ 국내기술기준은 해외의 영향을 받았다.

48 한국수력원자력에 근무하는 A대리는 국내 신재생에너지 산업에 대한 SWOT 분석 결과 자료를 토대로 〈보기〉와 같이 판단하였다. 이때 SWOT 전략과 내용이 잘못 연결된 것은?

〈국내 신재생에너지 산업에 대한 SWOT 분석 결과〉

구분	분석 결과
강점(Strength)	• 해외 기관과의 협업을 통한 풍부한 신재생에너지 개발 경험 • 에너지 분야의 우수한 연구개발 인재 확보
약점(Weakness)	• 아직까지 화석연료 대비 낮은 전력효율성 • 도입 필요성에 대한 국민적 인식 저조
기회(Opportunity)	• 신재생에너지에 대한 연구가 세계적으로 활발히 추진 • 관련 정부부처로부터 충분한 예산 확보
위협(Threat)	• 신재생에너지 특성상 설비 도입 시의 높은 초기 비용

보기

ㄱ. SO전략 : 충분한 예산과 개발 경험을 통해 쌓은 기술력을 바탕으로 향후 효과적인 신재생에너지 산업 개발 가능

ㄴ. ST전략 : 우수한 연구개발 인재들을 활용하여 초기 비용 감축방안 연구 추진

ㄷ. WO전략 : 확보한 예산을 토대로 우수한 연구원 채용

ㄹ. WT전략 : 세계의 신재생에너지 연구를 활용한 전력효율성 개선

① ㄱ, ㄴ   ② ㄱ, ㄷ

③ ㄴ, ㄷ   ④ ㄴ, ㄹ

⑤ ㄷ, ㄹ

49 편의점에서 근무하는 A씨는 물품 창고를 정리할 때 인기 있는 상품을 출입구와 가장 가까운 곳에 둔다. 다음 중 A씨의 물품 관리 과정에 적용된 보관의 원칙으로 가장 적절한 것은?

① 네트워크 보관의 원칙

② 형상 특성의 원칙

③ 통로 대면의 원칙

④ 회전 대응 보관의 원칙

50 J공사는 조직을 개편함에 따라 기획 1~8팀의 사무실 위치를 변경하려 한다. 다음 〈조건〉에 따라 변경한다고 할 때, 변경된 사무실 위치에 대한 설명으로 가장 적절한 것은?

창고	입구	계단
1호실		5호실
2호실		6호실
3호실	복도	7호실
4호실		8호실

조건

• 외근이 잦은 1팀과 7팀은 입구와 가장 가깝게 위치한다.
• 2팀과 5팀은 업무 특성상 같은 라인에 인접해 나란히 위치한다.
• 3팀은 팀명과 동일한 호실에 위치한다.
• 8팀은 입구에서 가장 먼 쪽에 위치하며, 복도 맞은편에는 2팀이 위치한다.
• 4팀은 1팀과 5팀 사이에 위치한다.

① 기획 1팀의 사무실은 창고 뒤에 위치한다.

② 기획 2팀은 입구와 멀리 떨어진 4호실에 위치한다.

③ 기획 3팀은 기획 5팀과 앞뒤로 나란히 위치한다.

④ 기획 4팀과 기획 6팀은 복도를 사이에 두고 마주한다.

51 다음은 직업별 실제 근무시간 및 희망 근무시간에 대한 자료이다. 주 52시간 근무제 도입으로 인한 변화를 추론한 내용으로 옳은 것을 〈보기〉에서 모두 고르면?

• 분야별 실제 근무시간

구분	사례 수(명)	주 40시간 이하(%)	주 41 ~ 52시간 이하(%)	주 52시간 초과(%)
소계	50,091	52.3	27.2	20.5
관리자	291	63.6	30.1	6.3
전문가 및 관련종사자	10,017	64.5	26.6	9.0
사무종사자	9,486	70.8	25.1	4.2
서비스종사자	6,003	39.6	21.9	38.5
판매종사자	6,602	34.7	29.1	36.1
농림어업 숙련종사자	2,710	54.8	24.5	20.7
기능원 및 관련기능종사자	4,853	35.1	37.1	27.8
장치, 기계조작 및 조립종사자	5,369	41.8	32.2	26.0
단순노무종사자	4,642	57.4	21.9	20.7
군인	118	71.9	23.8	4.3

• 분야별 희망 근무시간

구분	사례 수(명)	주 40시간 이하(%)	주 41 ~ 52시간 이하(%)	주 52시간 초과(%)
소계	50,037	63.8	25.1	11.1
관리자	291	73.8	23.8	2.4
전문가 및 관련종사자	10,006	76.5	19.7	3.8
사무종사자	9,469	80.2	17.6	2.2
서비스종사자	5,992	49.8	28.2	22.0
판매종사자	6,597	48.3	31.4	20.3
농림어업 숙련종사자	2,703	67.1	22.8	10.1
기능원 및 관련기능종사자	4,852	47.5	36.9	15.6
장치, 기계조작 및 조립종사자	5,368	56.0	30.1	13.9
단순노무종사자	4,641	66.6	22.5	10.9
군인	119	72.1	23.3	4.6

〈주 52시간 근무제〉

주 52시간 근무제는 주당 법정 근로시간을 기존 68시간에서 52시간(법정근로 40시간＋연장근로 12시간)으로 단축한 근로제도이다. 국회가 2018년 2월 28일 주당 법정 근로시간을 52시간(법정근로 40시간＋연장근로 12시간)으로 단축하는 내용의 '근로기준법 개정안'을 통과시킴에 따라, 그해 7월 1일부터 우선 종업원 300인 이상의 사업장을 대상으로 시행됐다. 개정안은 '일주일은 7일'이라는 내용을 명시하면서 주 최대 근로시간이 현재 68시간(평일 40시간＋평일 연장 12시간＋휴일근로 16시간)에서 52시간(주 40시간＋연장근로 12시간)으로 16시간이 줄어들었다.

ㄱ. 주 52시간 근무제를 도입한 후, 실제 근무시간이 감소하는 근로자의 수가 가장 많은 분야는 판매종사자이다.

ㄴ. 희망 근무시간이 주 52시간 초과인 근로자의 수가 가장 적은 분야는 관리자이다.

ㄷ. 주 52시간 근무제를 도입한 후, 근로시간 단축효과는 관리자보다 단순노무종사자에서 더욱 클 것이다.

① ㄱ
② ㄱ, ㄴ
③ ㄱ, ㄷ
④ ㄴ, ㄷ
⑤ ㄱ, ㄴ, ㄷ

52 이달 초 가격이 40만 원인 물건을 할부로 구입하고 이달 말부터 매달 일정한 금액을 12개월에 걸쳐 갚는다면 매달 얼마씩 갚아야 하는가?(단, $1.015^{12} = 1.2$, 월이율은 1.5%, 1개월마다 복리로 계산한다)

① 3만 2천 원
② 3만 5천 원
③ 3만 6천 원
④ 3만 8천 원
⑤ 4만 2천 원

53 철수는 장미에게 "43 41 54"의 문자를 전송하였다. 장미는 문자가 16진법으로 표현된 것을 발견하고 다음의 아스키 코드표를 이용하여 해독을 진행하려고 한다. 철수가 장미에게 보낸 문자의 의미는 무엇인가?

문자	아스키	문자	아스키	문자	아스키	문자	아스키
A	65	H	72	O	79	V	86
B	66	I	73	P	80	W	87
C	67	J	74	Q	81	X	88
D	68	K	75	R	82	Y	89
E	69	L	76	S	83	Z	90
F	70	M	77	T	84	–	–
G	71	N	78	U	85	–	–

① CAT
② SIX
③ BEE
④ CUP
⑤ WIN

54 한국국토정보공사에 근무하는 L대리는 공간정보 품질관리사업 대한 SWOT 분석 결과 자료를 토대로 〈보기〉와 같이 판단하였다. 이때 SWOT 분석에 의한 경영전략에 따른 판단으로 적절하지 않은 것은?

〈공간정보 품질관리사업에 대한 SWOT 분석 결과〉

구분	분석 결과
강점(Strength)	• 도로명주소 서비스의 정확성 개선사업을 통한 국토정보 유지관리사업 추진 경험 • 위치기반 생활지원 서비스인 '랜디랑'의 성공적 구축
약점(Weakness)	• 국토정보 수집 관련 기기 및 설비 운용인력의 부족 • 공공수요에 편중된 국토정보 활용
기회(Opportunity)	• 국토정보체계 표준화에 성공한 해외 기관과의 지원협력 기회 마련
위협(Threat)	• 드론 조종사 양성을 위한 예산 확보 어려움

보기

ㄱ. 유지관리사업 추진 노하우를 해외 기관에 제공하고 이를 더욱 개선하기 위해 국내에서 예산을 확보하는 것은 SO전략에 해당한다.
ㄴ. 랜디랑의 성공적 구축 사례를 활용해 드론 운용사업의 잠재성을 강조하여 드론 조종사 양성 예산을 확보해 내는 것은 ST전략에 해당한다.
ㄷ. 해외 기관과의 협력을 통해 국토정보 유지관리사업을 개선하는 것은 WO전략에 해당한다.
ㄹ. 드론 조종사 양성을 위한 예산을 확보하여 기기 운용인력을 확충하기 위해 노력하는 것은 WT전략에 해당한다.

① ㄱ, ㄴ ② ㄱ, ㄷ
③ ㄴ, ㄷ ④ ㄴ, ㄹ

55 다음 글의 빈칸에 들어갈 사자성어로 가장 적절한 것은?

> _____은/는 중국 노(魯)나라 왕이 바닷새를 궁 안으로 데려와 술과 육해진미를 권하고 풍악과 무희 등으로 융숭한 대접을 했지만, 바닷새는 어리둥절하여 슬퍼하며 아무것도 먹지 않아 사흘 만에 죽었다는 일화에서 유래하였다. 장자는 노나라 왕의 이야기를 통해 아무리 좋은 것이라도 상대방의 입장을 고려하지 않으면 실패할 수밖에 없다는 것을 비유적으로 표현하였다.

① 노심초사(勞心焦思)　　　　　② 견강부회(牽强附會)
③ 설참신도(舌斬身刀)　　　　　④ 이청득심(以聽得心)

56 D회사는 회사 신제품 광고 브로마이드를 중앙 기둥에 부착하려고 한다. 높이 3m에 원주가 0.5m인 원기둥의 기둥에 딱 맞게 브로마이드를 부착하였을 때, 해당 브로마이드의 크기는 얼마인가?(단, $\pi = 3.14$이다)

① $6.16m^2$　　　　　　　　② $9.42m^2$
③ $9.84m^2$　　　　　　　　④ $10.50m^2$

57 14분과 22분을 잴 수 있는 두 모래시계가 있다. 두 모래시계를 이용하여 30분을 측정하는 데 걸리는 시간은 몇 분인가?

① 30분　　　　　　　　② 36분
③ 44분　　　　　　　　④ 52분

58 다음 중 엑셀의 단축키에 대한 설명으로 가장 적절한 것은?

① 〈Alt〉+〈F〉 : 삽입 메뉴   ② 〈Alt〉+〈Enter〉 : 자동합계
③ 〈Shift〉+〈F5〉 : 함수 마법사   ④ 〈F12〉 : 다름 이름으로 저장

59 다음 중 바이오스(Basic Input Output System)에 대한 설명으로 옳은 것은?

① 한번 기록한 데이터를 빠른 속도로 읽을 수 있지만, 다시 기록할 수 없는 메모리이다.
② 컴퓨터에서 전원을 켜면 맨 처음 컴퓨터의 제어를 맡아 가장 기본적인 기능을 처리해 주는 프로그램이다.
③ 기억된 정보를 읽어내기도 하고, 다른 정보를 기억시킬 수도 있는 메모리이다.
④ 주변 장치와 컴퓨터 처리 장치 간에 데이터를 전송할 때 처리 지연을 단축하기 위해 보조 기억 장치를 완충 기억 장치로 사용하는 것이다.

60 다음 중 전자우편을 보낼 때, 동일한 내용의 편지를 여러 사람에게 보낼 수 있는 기능은?

① 메일머지(Mail Merge)   ② 인덱스(Index)
③ 시소러스(Thesaurus)   ④ 액세스(Access)

🕐 응시시간 : 80분　　📋 문항 수 : 60문항　　　　　　　　　　　정답 및 해설 p.078

PART 1

▎코레일 한국철도공사 / **수리능력**

01　일정한 규칙으로 숫자와 문자를 나열할 때, 빈칸에 들어갈 내용으로 옳은 것은?

a　2　c　5　h　13　(　)　34

① k　　　　　　　　　　② n
③ q　　　　　　　　　　④ u
⑤ r

▎코레일 한국철도공사 / 수리능력

02　A사원은 출근하는 도중 중요한 서류를 집에 두고 온 사실을 알게 되었다. A사원은 집으로 시속 5km로 걸어서 서류를 가지러 가고, 회사로 다시 출근할 때에는 자전거를 타고 시속 15km로 달렸다. 집에서 회사까지 거리는 5km이고, 2.5km 지점에서 서류를 가지러 집으로 출발할 때 시각이 오전 7시 10분이었다면, 회사에 도착한 시각은?(단, 집에서 회사까지는 직선거리이며 다른 요인으로 인한 소요시간은 없다)

① 오전 7시 50분　　　　　② 오전 8시
③ 오전 8시 10분　　　　　④ 오전 8시 20분
⑤ 오전 8시 30분

▎코레일 한국철도공사 / 수리능력

03　다음 방정식에서 미지수 a의 숫자로 옳지 않은 것은?

(세트당 a회 스쿼트)×(b세트)=총 60회 스쿼트

① 6　　　　　　　　　　② 9
③ 10　　　　　　　　　④ 12
⑤ 15

04 K회사는 해외지사와 화상 회의 1시간을 갖기로 하였다. 모든 지사의 업무시간은 오전 9시부터 오후 6시까지이며, 점심시간은 낮 12시부터 오후 1시까지이다. 다음 〈조건〉을 참고할 때, 회의가 가능한 시간은 언제인가?(단, 회의가 가능한 시간은 서울 기준이다)

> **조건**
> • 헝가리는 서울보다 7시간 느리고, 현지시간으로 오전 10시부터 2시간 동안 외부출장이 있다.
> • 호주는 서울보다 1시간 빠르고, 현지시간으로 오후 2시부터 3시간 동안 회의가 있다.
> • 베이징은 서울보다 1시간 느리다.
> • 헝가리와 호주는 서머타임 +1시간을 적용한다.

① 오전 10시 ~ 오전 11시

② 오전 11시 ~ 낮 12시

③ 오후 1시 ~ 오후 2시

④ 오후 2시 ~ 오후 3시

⑤ 오후 3시 ~ 오후 4시

05 A사원이 9월 중 이틀 동안 초과근무를 해야 한다. 다음 〈조건〉을 참고하여 적어도 하루는 특근할 확률을 $\frac{p}{q}$로 표현할 때, $p+q$의 값은?(단, p와 q는 서로소인 자연수이다)

> **조건**
> • 9월 12 ~ 14일은 추석으로 회사는 쉰다.
> • 9월 1일은 일요일이다.
> • 토요일과 일요일에 회사는 쉰다.
> • 토요일과 일요일에 초과근무를 하는 경우 특근으로 처리한다.
> • 추석 연휴기간에는 특근을 할 수 없다.

① 59

② 113

③ 174

④ 225

⑤ 270

06 K회사는 면접시험을 통해 신입사원을 채용했다. 다음 〈조건〉을 참고할 때, 1차 면접시험에 합격한 사람은 몇 명인가?

> **조건**
> • 2차 면접시험 응시자는 1차 면접시험 응시자의 60%이다.
> • 1차 면접시험 합격자는 1차 면접시험 응시자의 90%이다.
> • 2차 면접시험 합격자는 2차 면접시험 응시자의 40%이다.
> • 2차 면접시험 불합격자 중 남녀 성비는 7 : 5이다.
> • 2차 면접시험에서 남성 불합격자는 63명이다.

① 240명
② 250명
③ 260명
④ 270명
⑤ 280명

07 다음은 연도별 국내 은행대출 현황을 나타낸 자료이다. 이에 대한 내용으로 옳은 것은?

〈연도별 국내 은행대출 현황〉

(단위 : 조 원)

구분	2010년	2011년	2012년	2013년	2014년	2015년	2016년	2017년	2018년
가계대출	403.5	427.1	437.5	450.0	486.4	530.0	583.6	621.8	640.6
주택담보대출	266.8	289.7	298.9	309.3	344.7	380.6	421.5	444.2	455.0
기업대출	404.5	432.7	447.2	468.0	493.3	527.6	539.4	569.4	584.3
부동산담보대출	136.3	153.7	168.9	185.7	205.7	232.8	255.4	284.4	302.4

※ (은행대출)＝(가계대출)＋(기업대출)

① 2012 ~ 2017년 주택담보대출의 전년 대비 증가액은 부동산담보대출의 증가액보다 매년 높다.
② 2011 ~ 2018년 가계대출이 전년 대비 가장 많이 증가한 해는 2016년이다.
③ 부동산담보대출이 세 번째로 많은 해의 주택담보대출은 가계대출의 70% 미만이다.
④ 2018년 주택담보대출의 2016년 대비 증가율은 기업대출 증가율보다 높다.
⑤ 2015년 은행대출은 2010년에 비해 40% 이상 증가했다.

08 다음은 국가별 국방예산 그래프이다. 이에 대한 내용으로 옳지 않은 것은?(단, 소수점 둘째 자리에 서 반올림한다)

① 국방예산이 가장 많은 국가와 가장 적은 국가의 예산 차이는 324억 원이다.

② 사우디아라비아의 국방예산은 프랑스의 국방예산보다 14% 이상 많다.

③ 인도보다 국방예산이 적은 국가는 5개 국가이다.

④ 영국과 일본의 국방예산 차액은 독일과 일본의 국방예산 차액의 55% 이상이다.

⑤ 8개 국가 국방예산 총액에서 한국이 차지하는 비중은 약 8.8%이다.

09 다음은 태양광 발전기로 전기 사용 시 절감되는 예상 전기료와 태양광 발전기 전체 설치 가구 수 및 대여 설치 가구 수에 대한 자료이다. 이에 대한 설명으로 옳은 것은?(단, 적용되는 요금은 조사 기간 동안 동일하다)

〈태양광 전기 350kWh 사용 시 예상 절감비용〉
(단위 : 원)

1개월 사용량	정상요금	요금발생 전기량	실제요금	절감효과
350kWh	62,900	0kWh	1,130	61,770
400kWh	78,850	50kWh	3,910	74,940
450kWh	106,520	100kWh	7,350	99,170
500kWh	130,260	150kWh	15,090	115,170
600kWh	217,350	250kWh	33,710	183,640
700kWh	298,020	350kWh	62,900	235,120
800kWh	378,690	450kWh	106,520	272,170

예 1개월 사용량이 400kWh일 때, 태양광 발전기로 얻은 전기 350kWh를 사용하고 나머지 50kWh에 대한 전기요금만 부과된다. 따라서 1개월 사용량의 정상요금에서 태양광 전기사용량의 절감효과를 제외한 실제요금만 부과된다.

〈태양광 발전기 전체 설치 및 대여 설치 가구 수〉
(단위 : 가구)

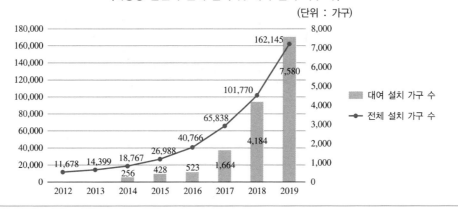

① 태양광 전기 350kWh 사용 시 한 달 전기사용량이 많을수록 정상요금에서 실제요금의 비율은 커진다.

② 2015 ~ 2019년까지 태양광 발전기 대여 설치 가구의 전년 대비 증가량은 매년 증가하고 있다.

③ 2014년부터 전체 태양광 발전기 설치 가구에서 대여 설치하지 않은 가구의 비율은 점차 감소했다.

④ 2014년 모든 태양광 발전기 대여 설치 가구의 한 달 전기 사용량이 350kWh이고, 이들이 태양광 전기만 사용했을 경우 한 달 전기요금은 총 30만 원 이상이다.

⑤ 2017년과 2018년의 전년 대비 태양광 발전기 대여 설치 가구의 증가율 차이는 55%p 미만이다.

10 다음은 우리나라 반도체 회사의 시장점유율과 반도체 종류에 따른 수출 현황을 나타낸 자료이다. 이에 대한 설명으로 옳지 않은 것은?(단, 소수점 둘째 자리에서 반올림한다)

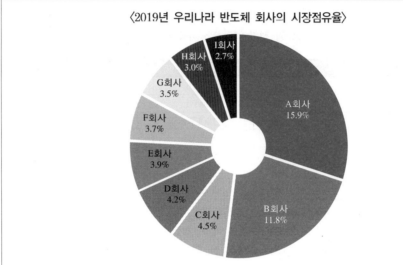

〈2019년 우리나라 반도체 회사의 시장점유율〉

※ A ~ I회사를 제외한 기타 반도체 회사의 시장점유율은 46.8%이다.

〈우리나라 반도체 종류별 수출 현황〉

(단위 : 백만 달러, %)

구분		2018년	2019년				
			1분기	2분기	3분기	4분기	합계
반도체	금액	62,229	20,519	23,050	26,852	29,291	99,712
	증감률	−1.1	46.9	56.6	64.8	69.8	60.2
집적회로 반도체	금액	55,918	18,994	21,368	24,981	27,456	92,799
	증감률	−2.1	52.1	63.1	70.5	75.1	66.0
개별소자 반도체	금액	5,677	1,372	1,505	1,695	1,650	6,222
	증감률	10.5	4.2	3.8	14.8	15.1	9.6
실리콘 웨이퍼	금액	634	153	177	176	185	691
	증감률	−2.2	−7.5	2.2	7.5	41.3	9.0

※ 2018년 증감률은 전년 대비 수출금액 증감률, 2019년 합계 증감률은 전년 대비 수출금액 증감률이다.
※ 2019년 분기별 증감률은 2018년 동분기 대비 수출금액 증감률을 나타낸다.

① A ~ E회사의 2019년 시장점유율의 합은 I회사 점유율의 약 15배이다.

② 반도체 수출 현황에서 2018 ~ 2019년 동안 수출액이 많은 순서는 매년 동일하다.

③ 시장점유율이 수출액에서 차지하는 비율과 동일할 때, C회사의 2019년 반도체 수출액은 총 40억 달러 미만이다.

④ 2018년 수출액이 전년 대비 증가한 반도체의 전년 대비 수출액 증가율은 2019년이 2018년보다 낮다.

⑤ 2019년 환율이 1,100원/달러로 일정할 때, 실리콘 웨이퍼의 4분기 수출액은 1분기보다 300억 원 이상 많다.

11 다음은 제9회 사법고시 시험에 대한 대학별 결과를 나타낸 자료이다. 이에 대한 설명으로 옳지 않은 것은?(단, 선택지 비율은 소수점 둘째 자리에서 반올림한다)

〈제9회 사법고시 시험 결과표〉

(단위 : 명)

로스쿨	입학인원	석사학위 취득자	제9회 사법고시 시험	
			응시자	합격자
A대학	154	123	123	117
B대학	70	60	60	49
C대학	44	32	32	30
D대학	129	104	103	87
E대학	127	97	95	85
F대학	66	48	49	41
G대학	128	95	95	78
H대학	52	41	40	31
I대학	110	85	85	65
J대학	103	82	80	59

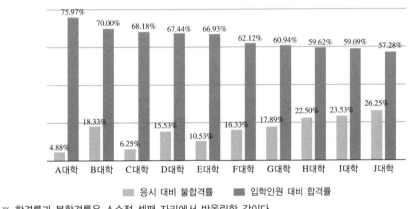

〈대학별 사법고시 합격 및 불합격 비율 현황〉

※ 합격률과 불합격률은 소수점 셋째 자리에서 반올림한 값이다.

① B대학과 I대학은 입학인원 차이가 석사학위 취득자의 차이보다 15명 더 많다.

② A~J대학 중 응시 대비 합격률이 가장 높은 로스쿨 3곳은 A, C, E대학이다.

③ 입학자 중 석사학위 취득자 비율은 D대학이 G대학보다 6.4%p 높다.

④ 입학인원 대비 합격률이 가장 낮은 곳의 응시 대비 불합격률은 입학인원 대비 합격률의 50% 이상을 차지한다.

⑤ A~J대학 전체 입학인원 중 D, E, F대학의 총 입학인원은 30% 이상이다.

12 K금고는 두 달 동안 예금과 적금에 가입한 남성과 여성 고객들의 통계를 정리하였다. 여성과 남성은 각각 50명이었으며, 여성 가입고객 중 예금을 가입한 인원은 35명, 적금은 30명이었다. 남성 가입고객의 경우 예금과 적금 모두 가입한 고객은 남성 고객 총인원의 20%였다. 전체 가입고객 중 예금과 적금 모두 가입한 고객의 비중은 몇 %인가?

① 25%　　　　　　　　　　　　　　② 30%

③ 35%　　　　　　　　　　　　　　④ 40%

13 K공단의 T부서는 다과비 50,000원으로 간식을 구매하려고 한다. a스낵은 1,000원, b스낵은 1,500원, c스낵은 2,000원이며 세 가지 스낵을 각각 한 개 이상을 산다고 한다. 다과비에 맞춰 스낵을 구입할 때, 최대 몇 개를 구입할 수 있는가?

① 48개　　　　　　　　　　　　　　② 47개

③ 45개　　　　　　　　　　　　　　④ 43개

14 지혜는 농도가 7%인 소금물 300g과 농도가 8%인 소금물 500g을 모두 섞었다. 섞은 소금물의 물을 증발시켜 농도가 10% 이상인 소금물을 만들려고 할 때, 지혜가 증발시켜야 하는 물의 양은 최소 몇 g 이상인가?

① 200g　　　　　　　　　　　　　　② 190g

③ 185g　　　　　　　　　　　　　　④ 175g

15 K여행사에서는 올해에도 크리스마스 행사로 경품 추천을 진행하려 한다. 작년에는 제주도 숙박권 10명, 여행용 파우치 20명을 추첨하여 경품을 주었으며, 올해는 작년보다 제주도 숙박권은 20%, 여행용 파우치는 10%만큼 경품을 더 준비했다. 올해 경품을 받는 인원은 작년보다 몇 명 더 많은가?

① 1명　　　　　　　　　　　　　　② 2명

③ 3명　　　　　　　　　　　　　　④ 4명

16 다음은 K마트의 과자별 가격 및 할인율에 대한 자료이다. K마트는 A∼C과자에 기획 상품 할인을 적용하여 팔고 있다. A∼C과자를 정상가로 각각 2봉지씩 구매할 수 있는 금액을 가지고 각각 2봉지씩 할인된 가격으로 구매 후 A과자를 더 산다고 할 때, A과자를 몇 봉지를 더 살 수 있는가?

〈과자별 가격 및 할인율〉

구분	A	B	C
정상가	1,500원	1,200원	2,000원
할인율	20%		40%

① 4봉지 ② 3봉지
③ 2봉지 ④ 1봉지

17 금연프로그램을 신청한 흡연자 A씨는 국민건강보험공단에서 니코틴패치, 금연껌, 금연사탕 등과 상담 비용의 일정 부분을 지원받고 있다. A씨는 의사와 상담을 6회 받았고, 니코틴패치 3묶음을 구입했다고 할 때, 다음 지원 현황에 따라 흡연자 A씨가 지불하는 부담금은 얼마인가?

〈금연프로그램 지원 현황〉

구분	진료 및 상담	금연보조제(니코틴패치)
가격	30,000원/회	12,000원/묶음
지원금 비율	90%	75%

※ 진료 및 상담료 지원금은 6회까지 지원한다.

① 21,000원 ② 23,000원
③ 25,000원 ④ 27,000원

18 K부서 A∼E 다섯 명의 직원이 원탁에 앉아 저녁을 먹기로 했다. 다음 〈조건〉에 따라 원탁에 앉을 때, C직원을 첫 번째로 하여 시계방향으로 세 번째에 앉은 사람은 누구인가?

> **조건**
> • C 바로 옆 자리에 E가 앉고, B는 앉지 못한다.
> • D가 앉은 자리와 B가 앉은 자리 사이에 1명 이상 앉아 있다.
> • A가 앉은 자리의 바로 오른쪽은 D가 앉는다.
> • 좌우 방향은 원탁을 바라보고 앉은 상태를 기준으로 한다.

① A ② B
③ D ④ E

※ 다음은 철도차량 개조에 대한 자료이다. 이어지는 질문에 답하시오. [19~20]

〈철도차량의 개조〉

• 개요

철도차량을 소유하거나 운영하는 지가 철도차량을 개조하여 운행하려면 국토교통부 장관의 개조승인을 받아야 한다.

• 내용

1) 철도차량 개조승인의 신청 등(철도안전법 시행규칙 제75조의3)

① 철도차량을 소유하거나 운영하는 자(이하 "소유자 등"이라 한다)는 철도차량 개조승인을 받으려면 별지 제45호 서식에 따른 철도차량 개조승인신청서에 다음 각 호의 서류를 첨부하여 국토교통부 장관에게 제출하여야 한다.

1. 개조 대상 철도차량 및 수량에 관한 서류
2. 개조의 범위, 사유 및 작업 일정에 관한 서류
3. 개조 전·후 사양 대비표
4. 개조에 필요한 인력, 장비, 시설 및 부품 또는 장치에 관한 서류
5. 개조작업수행 예정자의 조직·인력 및 장비 등에 관한 현황과 개조작업수행에 필요한 부품, 구성품 및 용역의 내용에 관한 서류. 다만, 개조작업수행 예정자를 선정하기 전인 경우에는 개조작업수행 예정자 선정기준에 관한 서류
6. 개조 작업지시서
7. 개조하고자 하는 사항이 철도차량기술기준에 적합함을 입증하는 기술문서

② 국토교통부 장관은 제1항에 따라 철도차량 개조승인 신청을 받은 경우에는 그 신청서를 받은 날부터 15일 이내에 개조승인에 필요한 검사내용, 시기, 방법 및 절차 등을 적은 개조검사 계획서를 신청인에게 통지하여야 한다.

2) 철도차량 개조능력이 있다고 인정되는 자(철도안전법 시행규칙 제75조의5)

국토교통부령으로 정하는 적정 개조능력이 있다고 인정되는 자란 다음 각 호의 어느 하나에 해당하는 자를 말한다.

1. 개조 대상 철도차량 또는 그와 유사한 성능의 철도차량을 제작한 경험이 있는 자
2. 개조 대상 부품 또는 장치 등을 제작하여 납품한 실적이 있는 자
3. 개조 대상 부품·장치 또는 그와 유사한 성능의 부품·장치 등을 1년 이상 정비한 실적이 있는 자
4. 법 제38조의7 제2항에 따른 인증정비조직
5. 개조 전의 부품 또는 장치 등과 동등 수준 이상의 성능을 확보할 수 있는 부품 또는 장치 등의 신기술을 개발하여 해당 부품 또는 장치를 철도차량에 설치 또는 개량하는 자

3) 개조승인 검사 등(철도안전법 시행규칙 제75조의6)

① 개조승인 검사는 다음 각 호의 구분에 따라 실시한다.

1. 개조 적합성 검사 : 철도차량의 개조가 철도차량기술기준에 적합한지 여부에 대한 기술문서 검사
2. 개조 합치성 검사 : 해당 철도차량의 대표편성에 대한 개조작업이 제1호에 따른 기술문서와 합치하게 시행되었는지 여부에 대한 검사
3. 개조형식시험 : 철도차량의 개조가 부품 단계, 구성품 단계, 완성차 단계, 시운전 단계에서 철도차량기술기준에 적합한지 여부에 대한 시험

> ② 국토교통부 장관은 제1항에 따른 개조승인 검사 결과 철도차량기술기준에 적합하다고 인정하는 경우에는 별지 제45호의 4서식에 따른 철도차량 개조승인증명서에 철도차량 개조승인 자료집을 첨부하여 신청인에게 발급하여야 한다.
> ③ 제1항 및 제2항에서 정한 사항 외에 개조승인의 절차 및 방법 등에 관한 세부사항은 국토교통부 장관이 정하여 고시한다.

| 서울교통공사 / 의사소통능력

19 다음 중 철도차량 개조 순서를 바르게 나열한 것은?

① 개조신청 – 사전기술 검토 – 개조승인
② 개조신청 – 개조승인 – 사전기술 검토
③ 사전기술 검토 – 개조신청 – 개조승인
④ 사전기술 검토 – 개조승인 – 개조신청
⑤ 개조승인 – 사전기술 검토 – 개조신청

| 서울교통공사 / 의사소통능력

20 K씨는 철도차량 개조를 신청하기 위해 자료를 살펴보았다. 다음 중 K씨가 이를 통해 알 수 없는 것은?

① 신청 시 구비 서류
② 개조승인 검사 종류
③ 개조승인 검사 기간
④ 신청서 처리 기간
⑤ 차량 개조 자격

21 다음은 의약품 종류별 상자 수에 따른 가격표이다. 종류별 상자 수를 가중치로 적용하여 가격에 대한 가중평균을 구하면 66만 원이다. 이때, 빈칸에 들어갈 수는 무엇인가?

〈의약품 종류별 가격 및 상자 수〉

(단위 : 만 원, 개)

구분	A	B	C	D
가격	( )	70	60	65
상자 수	30	20	30	20

① 60

② 65

③ 70

④ 75

⑤ 80

22 농도가 12%인 A설탕물 200g, 15%인 B설탕물 300g, 17%인 C설탕물 100g이 있다. A와 B설탕물을 합친 후 300g만 남기고 버린 다음, 여기에 C설탕물을 합친 후 다시 300g만 남기고 버렸다. 마지막 300g 설탕물에 녹아 있는 설탕의 질량은?

① 41.5g

② 42.7g

③ 43.8g

④ 44.6g

⑤ 45.1g

23 매년 수입이 4,000만 원인 A씨의 소득 공제 금액이 작년에는 수입의 5%였고, 올해는 수입의 10%로 늘었다. 작년 대비 올해 증가한 소비 금액은 얼마인가?(단, 소비 금액은 천 원 단위에서 반올림한다)

〈소비 금액별 소득 공제 비율〉

소비 금액	공제 적용 비율
1,200만 원 이하	6%
1,200만 원 초과 4,600만 원	72만 원+1,200만 원 초과금×15%

① 1,334만 원

② 1,350만 원

③ 1,412만 원

④ 1,436만 원

⑤ 1,455만 원

24 A기차와 B기차가 36m/s의 일정한 속력으로 달리고 있다. A기차가 25초, B기차가 20초에 600m 길이의 터널을 완전히 지났을 때 각 기차의 길이가 바르게 짝지어진 것은?(단, A기차와 B기차는 반대 방향으로 달리고 있다)

	A기차	B기차
①	200m	150m
②	300m	100m
③	150m	120m
④	200m	130m
⑤	300m	120m

25 다음 중 H부장의 질문에 대해 옳지 않은 대답을 한 사원을 모두 고르면?

> H부장 : 10진수 21을 2, 8, 16진수로 각각 바꾸면 어떻게 되는가?
> A사원 : 2진수로 바꾸면 10101입니다.
> B사원 : 8진수로 바꾸면 25입니다.
> C사원 : 16진수로 바꾸면 16입니다.

① A사원 ② B사원
③ C사원 ④ A, B사원
⑤ B, C사원

26 다음은 자아효능감에 대한 자료이다. 빈칸에 들어갈 단어를 바르게 짝지은 것은?

〈자아효능감〉

반두라(Bandura)의 이론에 따르면 자아효능감(Self-efficacy)이란 자신이 어떤 일을 성공적으로 수행할 수 있는 능력이 있다고 믿는 개인적 기대와 신념을 의미한다. 반두라는 자아효능감이 ___㉠___ 경험을 통해 결정된다고 보았다. 이를 위해서는 실제 성공할 수 있는 수준부터 시작하여 단계별로 높여 나가며 목표를 달성하도록 해야 한다. 스스로 해낼 수 있다는 긍정적인 신념은 성공 경험이 쌓임으로써 발생하기 때문이다.

또한 반두라는 실제 자신의 ___㉠___ 보다는 약하지만, 성공한 사람들의 경험을 간접적으로 학습하는 ___㉡___ 역시 자아효능감 형성에 영향을 미치는 요인으로 보았다. 다른 사람의 성공 사례를 통해 '저 사람이 할 수 있다면 나도 할 수 있다.'는 생각을 가질 수 있다는 것이다. 즉, 반두라는 개인의 행동과 반응이 다른 사람의 행동에 영향을 받는 ___㉢___ 경험의 역할을 강조하였다.

한편, 자신의 능력에 대한 의심이나 과제에 대한 불안은 자아효능감 형성에 좋지 않은 영향을 미친다고 보았으며, 오히려 적당한 ___㉣___ 상태에서 온전한 능력을 발휘할 수 있다고 보았다.

	㉠	㉡	㉢	㉣
①	모델링	정서적 각성	수행성취	사회적
②	모델링	수행성취	정서적 각성	사회적
③	사회적	수행성취	모델링	정서적 각성
④	수행성취	모델링	사회적	정서적 각성
⑤	수행성취	모델링	정서적 각성	사회적

27 다음 기사의 내용으로 적절하지 않은 것은?

> 국가철도공단은 철도산업 경쟁력 강화·일자리 창출·안전사고 예방 등을 위해 공사·용역 분야 계약기준을 개정한다고 밝혔다. 공사 분야 3건, 용역 분야 7건 등 개정된 계약기준은 공단 홈페이지 및 전자조달시스템 사이트에 공개하였으며, 2019년 10월 4일 입찰 공고한 '신안산선(1 ~ 6공구) 건설사업관리용역'부터 적용한다.
>
> 공사 분야에서는 당초 상위 40%, 하위 20%의 입찰금액을 제외했던 종합심사제 균형가격 산정 기준을 상·하위 20% 입찰금액으로 완화해 적정공사비를 지급하고, 안전 관련 비용 등을 제외하여 저가 투찰 유인요소를 개선하고 입찰가격 평가를 합리화하였다. 또한, 종합심사제 '건설인력 고용' 심사 항목을 공사수행능력 평가에 포함하여 0.6점에서 1점으로 배점을 확대하였고, 신인도에서 건설 고용지수, 일자리 창출 실적 등의 '고용개선' 심사 항목을 신설하여 건설 일자리 확대를 도모하였다.
>
> 용역 분야에서는 신용평가 등급 기준을 A-에서 BBB-로 낮추고, 신기술개발 및 투자실적 평가의 만점 기준을 완화하여 중소기업의 경영 부담을 줄였다. 또한 경력·실적 만점 기준을 각각 20년에서 15년, 15건에서 10건으로 완화하여 청년기술자 고용 확대 및 업계의 상생·균형 발전을 제도적으로 지원한다.
>
> 아울러, 공사 분야 사망사고에 대한 신인도 감점을 회당 -2점에서 -5점으로, 용역 분야 사망사고에서는 9건당 -1점에서 -3점으로 강화하여 철도 건설 현장의 안전을 제고하였다.
>
> 국가철도공단의 이사장은 "금번 계약제도 개편은 국민 눈높이에 맞는 계약제도 실현을 위해 지난 6월 공단에서 자체 발족한 '고객 중심·글로벌 계약실현 추진반' 성과의 일환"이라며, "공단은 앞으로도 철도산업 경쟁력 강화를 위해 지속적으로 제도를 개선해나가겠다."라고 밝혔다.

① 국가철도공단의 개정된 공사·용역 분야 계약기준은 공단의 홈페이지에서 확인할 수 있다.

② 새로 개정된 계약기준에 따라 공사 분야 입찰 공고에서 앞으로 상위 40%와 하위 20%의 입찰금액은 제외된다.

③ 중소기업의 경영 부담을 줄이기 위해 용역 분야에서의 신용평가 등급 기준과 신기술개발 및 투자실적 평가의 만점 기준을 완화하였다.

④ 철도 건설 현장의 안전을 위해 공사 분야 사망사고에 대한 신인도 감점은 회당 -5점으로 강화하였다.

28 다음 글을 이해한 내용으로 적절하지 않은 것은?

> 국가철도공단은 호남고속철도 건설사업이 환경부로부터 교통 분야 국내 최초로 온실가스 감축 효과가 있는 배출권거래제 외부사업으로 승인받았다고 밝혔다.
>
> 배출권거래제는 정부가 온실가스를 배출하는 기업에 연간 정해진 배출권을 할당하고, 부족분과 초과분에 대해 업체 간 거래를 허용하는 제도이다. 배출권거래제 외부사업은 배출권거래제 대상이 아닌 기업이 온실가스 감축 활동에 참여하는 것으로 정부에서 감축 실적을 인증받으면 온실가스 감축량을 배출권 거래 시장에서 매매해 수익을 얻을 수 있다.
>
> 이번에 승인된 배출권거래제 외부사업은 버스, 자동차 등 기존 교통수단 대신 고속철도를 이용하여 감축되는 온실가스 감축량을 탄소배출권으로 확보하는 사업이다. 공단은 호남고속철도 건설사업을 건설 초기인 2010년 2월부터 UN 청정개발체제사업(CDM; Clean Development Mechanism)으로 추진하다가 2015년 국내 탄소 시장 개설에 따라 국내 배출권거래제 외부사업으로 전환하여 추진한 결과 10년 만에 결실을 내게 되었다.
>
> 본 사업은 UN에서 인정받은 청정개발체제방법론(AM0101)을 활용하여 승인받았으며, 이로써 교통 분야 국내 최초로 호남고속철도 건설사업에서 연평균 23만 톤의 온실가스 감축 성과를 인정받아 승인 기간(10년) 동안 약 380억 원의 탄소배출권 매각 수익을 창출할 수 있을 것으로 예상된다.
>
> 국가철도공단의 이사장은 "이번 승인으로 철도의 온실가스 감축 효과를 공식적으로 인정받게 되었다."라며, "수서고속철도 건설사업 등 여타 철도사업도 온실가스 감축 사업으로 승인받을 수 있도록 적극 노력하겠다."라고 밝혔다.
>
> ※ 청정개발체제방법론(AM0101) : 고속철도의 온실가스 감축 성과를 측정하는 계산법

① 정부는 기업의 연간 온실가스 배출량을 제한한다.
② 국가철도공단은 배출권거래제 대상 기업이 아니다.
③ 국내 탄소 시장은 2010년에 개설되었다.
④ 호남고속철도 건설사업의 배출권거래제 승인 기간은 10년이다.

29 다음은 국가철도공단 감사 규정의 일부 내용이다. 국가철도공단의 감사의 역할로 적절하지 않은 것은?

감사의 직무(제4조)

감사는 다음 각 호의 사항을 감사한다.

1. 공단의 회계 및 업무
2. 관계 법령 · 정관 또는 다른 규정이 정하는 사항
3. 이사장 또는 비상임이사 2인 이상의 연서로 요구하는 사항
4. 근무기강, 진정 및 민원 등의 사항
5. 그 밖에 관계기관이 요구하는 사항

감사활동의 독립성 등(제4조의2)

① 감사부서는 감사를 효과적으로 수행할 수 있는 적정규모의 조직, 인원, 예산을 확보하여야 하며, 감사는 이사장에게 필요한 지원을 요구할 수 있다.

② 감사인은 다른 법령에 특별한 규정이 있는 경우를 제외하고는 감사업무의 수행을 위하여 수감부서 등의 업무와 관련된 장소, 기록 및 정보에 대하여 완전하고 자유롭게 접근할 수 있다.

③ 감사활동 예산은 임의로 삭감할 수 없으며 예산요구내역을 최대한 반영하여야 한다.

④ 감사부서는 배정된 연간 총예산의 범위에서 자율적으로 집행할 수 있다.

독립성 등(제6조의3)

① 감사인은 감사업무를 수행함에 있어 독립성을 유지하여야 한다.

② 감사인은 다음 각 호의 어느 하나에 해당하는 경우 해당 감사에 관여할 수 없다.

    1. 감사인이 감사업무 수행과 관련하여 혈연 등 개인적인 연고나 경제적 이해관계로 인해 감사계획, 감사실시 및 감사결과의 처리 과정에 영향을 미칠 우려가 있는 경우

    2. 감사인이 감사대상업무의 의사결정과정에 직 · 간접적으로 관여한 경우

③ 감사인은 실지감사 시행 전에 감사인 행동강령 등에 따라 자가점검을 시행하고 그 결과를 감사실장에게 보고하여야 한다.

감사인의 보직 등(제6조의4)

① 감사인의 보직 및 전보는 감사의 요구에 따라 이사장이 행한다. 다만, 감사의 요구에 따를 수 없는 특별한 사유가 있으면 그 사유를 서면으로 설명하여야 한다.

② 감사인이 법령위반, 그 직무를 성실히 수행하지 아니한 경우 또는 제1항의 규정에 따른 감사의 요구가 있는 경우를 제외하고는 신분상 불리한 처분을 받지 아니한다.

③ 감사인은 전문성 제고 등을 위해 3년 이상 근무하는 것을 원칙으로 한다. 다만, 감사가 요구하거나 징계처분을 받은 경우에는 그렇지 않다.

① 공단의 이사장이 요구하는 사항에 대해 감사한다.

② 공단의 이사장에게 감사 수행에 필요한 지원을 요구한다.

③ 의사결정과정에 간접적으로 관여했던 업무를 감사한다.

④ 실지감사 시행 전 자가점검 시행 결과를 감사실장에게 보고한다.

30 다음 글과 관련 있는 속담으로 가장 적절한 것은?

> 한국을 방문한 외국인들을 대상으로 한 설문조사에서 인상 깊은 한국의 '빨리빨리' 문화로 '자판기에 손 넣고 기다리기, 웹사이트가 3초 안에 안 나오면 창 닫기, 엘리베이터 닫힘 버튼 계속 누르기' 등이 뽑혔다. 외국인들에게 가장 큰 충격을 준 것은 바로 '가게 주인의 대리 서명'이었다. 외국인들은 가게 주인이 카드 모서리로 대충 사인을 하는 것을 보고 큰 충격을 받았다고 하였다. 외국에서는 서명을 대조하여 확인하기 때문에 대리 서명은 상상도 할 수 없다는 것이다.

① 가재는 게 편이다.
② 우물에 가 숭늉 찾는다.
③ 봇짐 내어 주며 앉으라 한다.
④ 하나를 듣고 열을 안다.
⑤ 낙숫물이 댓돌을 뚫는다.

31 다음 글을 통해 알 수 있는 내용으로 적절하지 않은 것은?

> 사물인터넷이 산업 현장에 적용되고, 디지털 관련 도구가 통합됨에 따라 일관된 전력 시스템의 필요성이 높아지고 있다. 다양한 산업시설 및 업무 현장에서의 예기치 못한 정전이나 낙뢰 등 급격한 전원 환경의 변화는 큰 손실과 피해로 이어질 수 있다. 이제 전원 보호는 데이터센터뿐만 아니라 반도체, 석유, 화학 및 기계 등 모든 분야에서 필수적인 존재가 되었다.
> UPS(Uninterruptible Power Supply : 무정전 전원 장치)는 일종의 전원 저장소로, 갑작스럽게 정전이 발생하더라도 전원이 끊기지 않고 계속해서 공급되도록 하는 장치이다. 갑작스러운 전원 환경의 변화로부터 기업의 핵심 인프라인 서버를 보호함으로써 기업의 연속성 유지에 도움을 준다. UPS를 구매할 때는 용량을 우선적으로 고려해야 한다. 너무 적은 용량의 UPS를 구입하면 용량이 초과되어 제대로 작동조차 하지 않는 상황이 나타날 수 있다. 따라서 설비에 필요한 용량의 1.5배 정도의 UPS를 구입해야 한다.
> 또한 UPS 사용 시에는 주기적인 점검이 필요하다. 특히 실질적으로 에너지를 저장하고 있는 배터리는 일정 시점마다 교체가 필요하다. 일반적으로 UPS에 사용되는 MF배터리의 수명은 1년 정도로, 납산배터리 특성상 방전 사이클을 돌 때마다 용량이 급감하기 때문이다.

① UPS의 필요성
② UPS의 역할
③ UPS 구매 시 고려사항
④ UPS 배터리 교체 주기
⑤ UPS 배터리 교체 방법

32 다음 상황에서 K주임이 처리해야 할 업무 순서를 바르게 나열한 것은?

> 안녕하세요, K주임님. 언론홍보팀 L대리입니다. 다름이 아니라 이번에 공사에서 진행하는 '소셜벤처 성장지원사업'에 관한 보도 자료를 작성하려고 하는데, 디지털소통팀의 업무 협조가 필요하여 연락드렸습니다. 디지털소통팀 P팀장님께 K주임님이 협조해 주신다는 이야기를 전해 들었습니다. 자세한 요청 사항은 회의를 통해서 말씀드리도록 하겠습니다. 혹시 내일 오전 10시에 회의를 진행해도 괜찮을까요? 일정 확인하시고 오늘 내로 답변 주시면 감사하겠습니다. 일단 회의 전에 알아 두시면 좋을 것 같은 자료는 메일로 발송하였습니다. 회의 전에 미리 확인하셔서 관련 사항 숙지하시고 회의에 참석해 주시면 좋을 것 같습니다. 아! 그리고 오늘 2시에 홍보실 각 팀 팀장 회의가 있다고 하니, P팀장님께 꼭 전해 주세요.

① 팀장 회의 참석 – 익일 업무 일정 확인 – 메일 확인 – 회의 일정 답변 전달
② 팀장 회의 참석 – 메일 확인 – 익일 업무 일정 확인 – 회의 일정 답변 전달
③ 팀장 회의 일정 전달 – 메일 확인 – 회의 일정 답변 전달 – 익일 업무 일정 확인
④ 팀장 회의 일정 전달 – 익일 업무 일정 확인 – 회의 일정 답변 전달 – 메일 확인
⑤ 팀장 회의 일정 전달 – 익일 업무 일정 확인 – 메일 확인 – 회의 일정 답변 전달

33 다음 중 맞춤법이 옳지 않은 것은?

> 재정 <u>추계</u>는 국민연금 재정수지 상태를 점검하고 제도발전 방향을 논의하기 위해 5년마다 실시하는 법정 제도로, 1998년 도입되어 <u>그간</u> 2018년까지 4차례 수행되어 왔다. 재정 추계를 수행하기 위해서는 보험료 수입과 지출의 흐름이 <u>전제</u>되어야 한다. 이를 산출하기 위해서는 투입되는 주요 변수에 대한 가정이 필요하다. 대표적인 가정 변수로는 인구 가정, 임금, 금리 등과 같은 거시경제변수와 기금운용<u>수익율</u> 그리고 제도변수가 있다.

① 추계   ② 그간
③ 전제   ④ 수익률

34 다음은 국민연금공단의 조직도이다. 노후준비지원실은 어디에 속하는가?

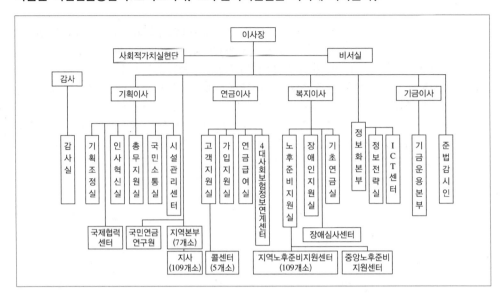

① 지역노후준비지원센터   ② 중앙노후준비지원센터

③ 연금이사   ④ 복지이사

35 다음 글의 빈칸 ㉠, ㉡에 들어갈 조직 유형이 바르게 짝지어진 것은?

> 조직은 ___㉠___ 과 ___㉡___ 으로 구분할 수 있다. ___㉠___ 은 기업과 같이 이윤을 목적으로 하는 조직이며, ___㉡___ 은 정부 조직을 비롯하여 공익을 추구하는 병원, 대학, 시민단체, 종교단체 등이 해당한다.

	㉠	㉡
①	공식조직	비공식조직
②	비공식조직	공식조직
③	비영리조직	영리조직
④	영리조직	비영리조직

36 다음 중 업사이클에 해당하지 않는 것은 무엇인가?

① 오르세 미술관
② 자전거로 만든 시계
③ 커피 찌꺼기로 만든 점토
④ 형제·자매의 옷 물려 입기

37 맥킨지의 3S 기법 중 Situation에 해당하는 발언은?

① 죄송하지만 저도 현재 업무가 많아 그 부탁은 들어드리기 힘들 것 같습니다.
② 그 일을 도와드릴 수 있는 다른 사람을 추천해드리겠습니다.
③ 다음 달에는 가능할 것 같은데 괜찮으신가요?
④ 힘드시지 않으세요? 저도 겪어봐서 그 마음 잘 알고 있습니다.

38 A, B 두 사람은 각각 은행에 같은 날 적금과 예금을 들었다. B는 0.6% 연이자율로 1,200,000원을 예금하였고, A는 월초에 10만 원씩 납부하는 연이자율 2%의 단리적금 상품을 선택하였다. A의 적금상품 이자가 B의 예금 1년 이자보다 많아지는 시기는 몇 개월 후인가?(단, 이자는 소수점 첫째 자리에서 반올림한다)

① 6개월 후   ② 7개월 후
③ 8개월 후   ④ 9개월 후

39 다음은 계절별 전기요금표이다. 7월에 전기 460kWh를 사용하여 전기세가 많이 나오자 10월에는 전기사용량을 줄이기로 하였다. 10월에 사용한 전력이 341kWh이라면, 10월의 전기세로 청구될 금액은 얼마인가?

〈전기요금표〉

• 하계(7.1 ~ 8.31)

구간		기본요금(원/호)	전력량 요금(원/kWh)
1단계	300kWh 이하 사용	910	93.3
2단계	301 ~ 450kWh	1,600	187.9
3단계	450kWh 초과	7,300	280.6

• 기타 계절(1.1 ~ 6.30, 9.1 ~ 12.31)

구간		기본요금(원/호)	전력량 요금(원/kWh)
1단계	200kWh 이하 사용	910	93.3
2단계	201 ~ 400kWh	1,600	187.9
3단계	400kWh 초과	7,300	280.6

※ 부가가치세(원 미만 반올림) : 전기요금의 10%
※ 전력산업기반기금(10원 미만 절사) : 전기요금의 3.7%
※ 전기요금(원 미만 절사) : (기본요금)+(전력량요금)
※ 청구금액(10원 미만 절사) : (전기요금)+(부가가치세)+(전력산업기반기금)

① 51,020원 ② 53,140원
③ 57,850원 ④ 64,690원

40 다음은 A공단의 신용등급이 변화될 가능성을 정리한 자료이다. 2018년에 C등급을 맞은 A공단이 2020년에도 C등급을 유지할 가능성은?

〈A공단 신용등급 변화 비율〉

구분		n+1년		
		A등급	B등급	C등급
n년	A등급	0.6	0.3	0.1
	B등급	0.2	0.47	0.33
	C등급	0.1	0.22	0.68

※ 신용등급은 매년 1월 1일 0시에 산정되며, 'A등급, B등급, C등급' 순으로 높은 등급이다.
※ 신용등급 변화 비율은 매년 동일하다.

① 0.580 ② 0.545
③ 0.584 ④ 0.622

41 다음 명제가 모두 참일 때, 반드시 참인 명제는?

> • 도보로 걷는 사람은 자가용을 타지 않는다.
> • 자전거를 타는 사람은 자가용을 탄다.
> • 자전거를 타지 않는 사람은 버스를 탄다.

① 자가용을 타는 사람은 도보로 걷는다.
② 버스를 타지 않는 사람은 자전거를 타지 않는다.
③ 버스를 타는 사람은 도보로 걷는다.
④ 도보로 걷는 사람은 버스를 탄다.

42 신입사원 A는 집에서 거리가 10km 떨어진 회사에 근무하고 있는데, 출근할 때는 자전거를 타고 이동하여 1시간이 걸리고, 퇴근할 때는 회사에서 4km 떨어진 헬스장을 들렸다가 운동 후 7km 거리를 이동하여 집에 도착한다. 퇴근할 때 회사에서 헬스장까지 30분, 헬스장에서 집까지 1시간 30분이 걸린다면 신입사원 A의 평균속력은 몇 km/h인가?

① 5km/h
② 6km/h
③ 7km/h
④ 8km/h

43 K공사의 작년 사원수는 500명이었고, 올해에는 남자 사원이 작년보다 10% 감소하고, 여자 사원이 40% 증가하였다. 전체 사원수는 작년보다 8%가 늘어났을 때, 작년 남자 사원수는 몇 명인가?

① 280명
② 300명
③ 315명
④ 320명

44 다과회를 위해 총무팀은 인터넷으로 사과와 배, 귤을 주문했으며, 한 개당 사과는 120원, 배는 260원, 귤은 40원으로 구입하였다. 예산은 총 20,000원이며, 예산을 모두 사용하여 과일을 각각 20개 이상씩 구입하였다. 이때, 배를 가장 많이 구입하였다면 구입한 배의 최소 개수는?

① 47개
② 48개
③ 49개
④ 50개

45 세계적으로 전 세계 인구의 10%가 걸리는 Z병이 문제가 되고 있으며, Z병을 검사했을 때 오진일 확률이 90%이다. A를 포함한 100명이 검사를 받았을 때, A가 검사 후 병에 걸리지 않았다고 진단받았을 때 오진이 아닐 확률은?

① 50% ② 40%

③ 30% ④ 20%

46 K회사 홍보팀은 내년 자사 상품의 홍보를 위해 포스터, 다이어리, 팸플릿, 도서를 만들려고 한다. 인쇄 및 제본 가격이 다음 가격표와 같고 홍보팀에서 구성하려는 샘플 상품이 〈보기〉와 같을 때, 가격이 가장 저렴한 샘플 상품은?

〈가격표〉

(단위 : 원)

크기	1장 인쇄 가격	포스터	다이어리	팸플릿	도서	제본
A1	100	+40	제작 불가	제작 불가	제작 불가	+150
A2	80	+35	제작 불가	+70	제작 불가	+100
A3	60	+30	+20	+60	+20	+90
A4	50	+25	+15	+50	+10	+70
A5	40	+20	+10	+40	+5	+50
A6	20	+15	+5	+30	제작 불가	+30
A7	10	+10	제작 불가	+20	제작 불가	+20

※ 1장 인쇄 가격을 기본으로 제작하는 상품의 종류 및 특징에 따라 가격이 추가된다.
※ 도서는 100매가 1권으로 제본 비용은 권수마다 추가된다.
※ 포스터, 다이어리, 팸플릿의 경우 제본 비용은 장수에 상관없이 한 번만 추가된다.

보기

상품	포스터			다이어리			팸플릿			도서		
	크기	매수	제본	크기	매수	제본	크기	매수	제본	크기	매수	제본
상품 A	A3	10	○	A4	40	○	A6	10	×	A3	700	×
상품 B	A5	15	×	A5	60	○	A5	15	×	A3	600	○
상품 C	A2	20	○	A6	80	×	A6	16	×	A4	800	×
상품 D	A1	10	×	A3	50	×	A7	12	○	A5	900	○

① 상품 A ② 상품 B

③ 상품 C ④ 상품 D

47 다음 〈보기〉 중 BCG 매트릭스와 GE & 맥킨지 매트릭스에 대한 설명으로 적절한 것을 모두 고르면?

> **보기**
>
> ㄱ. BCG 매트릭스는 미국의 컨설팅업체인 맥킨지에서 개발한 사업포트폴리오 분석 기법이다.
> ㄴ. BCG 매트릭스는 시장성장율과 상대적 시장점유율을 고려하여 사업의 형태를 4개의 영역으로 나타낸다.
> ㄷ. GE & 맥킨지 매트릭스는 산업매력도와 사업경쟁력을 고려하여 사업의 형태를 6개 영역으로 나타낸다.
> ㄹ. GE & 맥킨지 매트릭스에서의 산업매력도는 시장규모, 경쟁구조, 시장 잠재력 등의 요인에 의해 결정된다.
> ㅁ. GE & 맥킨지 매트릭스는 BCG 매트릭스의 단점을 보완해준다.

① ㄱ, ㄴ
② ㄱ, ㄴ, ㄷ
③ ㄴ, ㄷ, ㅁ
④ ㄴ, ㄹ, ㅁ

48 다음 빈칸에 들어갈 내용을 바르게 짝지은 것은?

〈경청의 5단계〉

단계	경청 정도	내용
㉠	0%	상대방은 이야기를 하지만, 듣는 사람에게 전달되는 내용은 하나도 없는 단계
㉡	30%	상대방의 이야기를 듣는 태도는 취하고 있지만, 자기 생각 속에 빠져 있어 이야기의 내용이 전달되지 않는 단계
㉢	50%	상대방의 이야기를 듣기는 하나, 자신이 듣고 싶은 내용을 선택적으로 듣는 단계
㉣	70%	상대방이 어떤 이야기를 하는지 내용에 집중하면서 듣는 단계
㉤	100%	상대방의 이야기에 집중하면서 의도와 목적을 추측하고, 이해한 내용을 상대방에게 확인하면서 듣는 단계

	㉠	㉡	㉢	㉣	㉤
①	선택적 듣기	무시	듣는 척하기	공감적 듣기	적극적 듣기
②	듣는 척하기	무시	선택적 듣기	적극적 듣기	공감적 듣기
③	듣는 척하기	무시	선택적 듣기	공감적 듣기	적극적 듣기
④	무시	듣는 척하기	선택적 듣기	적극적 듣기	공감적 듣기

※ 다음 글을 읽고 이어지는 질문에 답하시오. [49~50]

(가) 스마트폰 한 대에 들어가는 탄탈럼의 양은 0.02g으로, 22g가량 쓰이는 알루미늄의 1,100분의 1 수준이다. 전 세계 콜럼바이트 – 탄탈라이트(콜탄)의 70 ~ 80%가 매장돼 있는 콩고민주공화국(이하 민주콩고)에서는 이 소량의 자원 때문에 전쟁이 그치지 않는다. 콜탄은 처리 과정을 거쳐 탄탈럼이 되는데, 이 탄탈럼은 합금하면 강도가 세지고 전하량도 높아 광학용 분산 유리와 TV·절삭공구·항공기 재료 등에 쓰이며 휴대폰에도 사용된다. 지난해 콜탄 1, 2위 생산국은 민주콩고와 르완다로, 두 나라가 전 세계 콜탄 생산량의 66%를 차지하고 있다. 미국 지질조사국에 의하면 콜탄은 미국에서만 1년 새 소비량이 27% 늘었고, 지난해 9월 1kg의 가격은 224달러로 1월의 193달러에서 16%가 올랐다. 스마트폰이 나오기 직전인 2006년 1kg당 70달러였던 가격에 비하면 300% 이상 오른 것이다.

(나) 이 콜탄이 민주콩고의 내전 장기화에 한몫했다는 주장이 곳곳에서 나오고 있다. 휴대폰 이용자들이 기기를 바꿀 때마다 콩고 주민 수십 명이 죽는다는 말도 있다. '피 서린 휴대폰(Bloody Mobile)'이란 표현이 나올 정도다. 1996년 시작된 콩고 내전은 2003년 공식 종료되면서 500만 명을 희생시켰으나, 이후로도 크고 작은 분쟁이 그치질 않고 있다. 국립외교원 교수는 "민주콩고의 우간다·르완다 접경에서는 아직 분쟁이 일어나고 있으며, 콜탄이 많이 나오는 동북부 지역도 그중 하나"라고 말했다.

(다) 민주콩고 정부는 반군인 콩고민주회의를 제압하기 위해 앙골라, 짐바브웨 등에 자원 채굴권을 건네주고 군사 지원을 받았으며, 반군은 민주콩고 동북부 키부 지역을 거점으로 삼고 콜탄을 자금줄로 사용했다. 반군에게 끌려간 주민들은 하루 한 끼 식사조차 제대로 하지 못한 채 노예처럼 광산에서 혹사당했다. 이들은 맨손으로 강바닥 흙을 넓적한 통에 담은 뒤 무거운 콜탄이 가라앉을 때까지 기다리는 방식으로 콜탄을 채취했다. 미국 ABC방송은 이를 "전형적인 19세기식, 원시적 채취 방법"이라고 보도했다.

(라) 영화 '블러드 다이아몬드'에 나온 시에라리온 내전처럼 자원이 전쟁의 수단과 목적이 되었다. 콩고 내전에 참여한 우간다와 부룬디는 반군을 통해 받은 콜탄으로 큰돈을 벌었고, 콜탄이 생산되지도 않는 르완다는 민주콩고에서 빼돌린 콜탄으로 최대 수출국이란 영예를 누리기도 했다. 전문가들은 주변국들이 돈을 확보하기 위해 내전을 이끌게 됐다고 분석하면서 "르완다, 우간다 등이 콩고의 통치력이 약한 동부지역에서 내전을 확대시켰고, 콩고는 언제든지 주변국의 정치 상황에 따라 내전의 소용돌이에 다시 휘말릴 수 있다."라고 지적했다.

콩고 내전이 자원 때문이 아니라는 반론도 있다. 한 자원경제학자는 콩고 내전을 "지역 세력 간의 정치적 우위와 경작지를 점하기 위한 투쟁, 종족 갈등 그리고 자원 획득 경쟁이 맞물린 결과"라고 분석했다. 실제 UN의 조사 결과 2000년 초 콩고의 지역 분쟁 1,500건 중 자원과 관련된 것은 8%에 그쳤다. 그런데도 콜탄은 반군의 주요 수입원으로 자리매김했다. 무장 세력은 광산이나 채굴기업에서 약탈하거나 직접 콜탄 채취에 관여하여 콜탄 유통에 세금을 부과하고, 기업들과 교류하며 콜탄 수출에 직접 손을 대는 방법 등을 사용했다. 현재도 동부 키부 지역에는 동맹민주군(ADF)이라는 무장단체가 활동하고 있다.

49 다음 중 윗글을 바탕으로 기사를 작성한다고 할 때, 독자들의 관심을 끌기 위한 자극적인 표제로 가장 적절한 것은?

① 선진국 싸움에 콩고 등 터진다.

② 내전의 소용돌이에 휘말린 콩고

③ 콩고 주민, 르완다의 노예로 전락하다.

④ 스마트폰 변경할 때마다 콩고 주민 죽는다.

50 윗글의 내용을 효과적으로 전달하기 위해 다음과 같은 자료를 만들었다고 할 때, (가) ~ (라) 문단 중 자료에 해당하는 문단은?

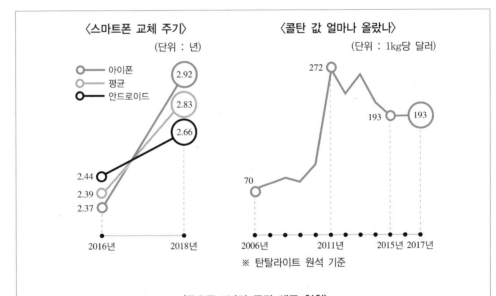

〈스마트폰 교체 주기〉 (단위 : 년)

- 아이폰
- 평균
- 안드로이드

2.92 / 2.83 / 2.66

2.44 / 2.39 / 2.37

2016년   2018년

〈콜탄 값 얼마나 올랐나〉 (단위 : 1kg당 달러)

272

193   193

70

2006년   2011년   2015년 2017년

※ 탄탈라이트 원석 기준

〈주요국 5년간 콜탄 채굴 현황〉

구분	2014년	2015년	2016년	2017년	2018년(추정)
호주	50	50	–	83	90
브라질	150	115	103	110	100
중국	60	60	94	110	120
콩고	200	350	370	760	710
르완다	600	410	350	441	500
나이지리아	–	–	192	153	–
기타	140	117	108	148	320

① (가)   ② (나)

③ (다)   ④ (라)

51 다음은 한국중부발전의 청렴마일리지 운영지침의 일부 내용이다. 청렴마일리지 제도를 잘못 이해한 사람은?

〈청렴마일리지 운영지침〉

목적(제1조)

이 지침은 청렴마일리지 제도 운영에 관한 기준을 정하여 전 직원이 반부패 청렴활동에 자발적·능동적으로 참여하고 깨끗하고 투명한 기업문화를 조성하는 것을 그 목적으로 한다.

용어의 정의(제2조)

이 지침에서 사용하는 용어의 정의는 다음과 같다.

1. "청렴마일리지"라 함은 개인 및 부서의 반부패 청렴활동실적에 대한 평가수단으로써 청렴활동을 하는 개인에게 부여하는 점수를 말한다.
2. "청렴마일리지 제도"라 함은 개인 및 부서의 실적에 따라 일정한 청렴마일리지를 부여한 후 그 점수를 기준으로 평가·보상하는 제도를 말한다.
3. "반부패 청렴활동"이라 함은 부패방지 및 청렴도 향상에 기여한다고 인정되는 제반 활동을 말한다.
4. "운영부서"라 함은 주관부서 요청 및 자체계획에 의해 청렴 활동에 참여·시행하는 부서를 말한다.
5. "주관부서"라 함은 청렴 활동 사실 여부를 확인하고 마일리지를 부여하는 감사부서를 말한다.

적용 범위(제3조)

이 지침은 1직급 이하 직원에게 적용한다.

부여기준(제4조)

청렴마일리지는 다음 각 호에 열거된 반부패 청렴활동에 대하여 부여하며 세부기준은 별표와 같다.

1. 금품수수 자진신고
2. 부패행위, 행동강령 위반행위 내부신고
3. 청렴 우수사례 대내외 수상
4. 반부패·청렴 교육 이수
5. 기타 반부패 청렴활동 참여 및 기여도

관리기준(제5조)

청렴마일리지 평가기간은 전년도 1월 1일부터 12월 31일까지 1년간으로 한다.

1. 운영부서는 청렴 활동 후 증빙자료 등을 첨부하여 마일리지 적립현황을 분기마다 주관부서에 제출한다.
2. 주관부서는 운영부서에서 제출한 마일리지 현황을 확인하여 매년 12월 31일까지 감사실로 제출한다.

신고 및 확인(제6조)

① 직원이 반부패 청렴활동을 하였을 경우 해당 내용을 문서 또는 사내 인트라넷 등을 통하여 감사실장에게 신고하여야 하며, 감사실장은 신고된 내용에 대하여 사실 여부를 확인하여 청렴마일리지를 부여하여야 한다.

② 직원은 자신의 청렴마일리지에 대하여 이의가 있을 경우 감사실장에게 이의신청할 수 있으며, 감사실장은 직원의 이의신청을 검토한 후 타당하다고 판단되는 경우에는 해당 마일리지를 부여하여야 한다.

> **포상(제7조)**
> ① 적립된 마일리지는 개인 및 부서별 포상에 활용할 수 있다.
> ② 누적마일리지 우수 직원 및 당해연도 청렴마일리지 적립실적이 우수한 직원에 대하여는 연말에 예산 범위 내에서 포상할 수 있다. 다만, 전년도에 수상한 직원은 연속하여 수상할 수 없으며, 이 경우 차순위자에게 포상한다.

① A사원 : 저는 저번에 사내 청렴윤리 관련 교육을 이수하여 증빙자료를 제출했음에도 불구하고 청렴마일리지를 받지 못해 감사실에 이의신청을 하려고 합니다

② B사원 : 맞습니다. 적립된 청렴마일리지는 개인뿐만 아니라 부서별 포상에도 활용될 수 있기 때문에 놓치지 않고 받아야 합니다.

③ C주임 : 매년 12월 31일까지 운영부서가 증빙자료와 함께 마일리지 적립현황을 주관부서에 제출한다고 하니, 혹시 이 과정에서 자료가 누락된 것은 아닌지 운영부서에 확인해 보는 것도 좋을 것 같아요.

④ D주임 : 저는 얼마 전 사내 인트라넷을 통해 다른 직원의 부패행위를 신고하였는데, 감사실에서 아직 사건의 사실 여부가 확인되지 않았다고 하여 청렴마일리지를 받지 못했어요.

52 다음 자료를 참고할 때 대·중소기업 동반녹색성장에 대한 설명으로 적절하지 않은 것은?

〈대·중소기업 동반녹색성장〉

- 대·중소기업 동반녹색성장 협력사업(Green Growth Partnership)
  - 기술과 인력이 부족한 중소기업에 대기업의 선진에너지관리 기법을 공유하여 중소기업의 에너지절약기술 향상 및 기업 경쟁력 강화
- 사업대상
  - (대기업) 동반성장의지가 있으며, 유틸리티 등 우수에너지 절약기술을 보유한 에너지 다소비 사업장
  - (중소기업) 평소 에너지절약 추진에 관심이 있거나, 에너지관리기법 등에 대한 정보를 습득하고자 하는 중소 산업체
- 추진절차

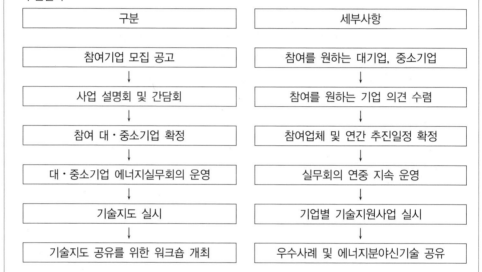

구분	세부사항
참여기업 모집 공고	참여를 원하는 대기업, 중소기업
사업 설명회 및 간담회	참여를 원하는 기업 의견 수렴
참여 대·중소기업 확정	참여업체 및 연간 추진일정 확정
대·중소기업 에너지실무회의 운영	실무회의 연중 지속 운영
기술지도 실시	기업별 기술지원사업 실시
기술지도 공유를 위한 워크숍 개최	우수사례 및 에너지분야신기술 공유

① 중소기업의 에너지절약기술 향상 및 기업 경쟁력 강화를 위한 사업이다.

② 먼저 사업 공고를 통해 참여를 희망하는 대기업 또는 중소기업을 모집한다.

③ 참여기업이 확정되면 참여기업 간 의견을 공유하는 사업 설명회를 개최한다.

④ 참여기업의 에너지실무회의는 연중 지속적으로 운영된다.

※ 다음 글을 읽고 이어지는 질문에 답하시오. [53~54]

(가) 사실 19세기 중엽은 전화 발명으로 무르익은 시기였고, 전화 발명에 많은 사람이 도전했다고 볼 수 있다. 한 개인이 전화를 발명했다기보다 여러 사람이 전화 탄생에 기여했다는 이야기로 이어질 수 있다. 하지만 결국 최초의 공식 특허를 받은 사람은 벨이며, 벨이 만들어낸 전화 시스템은 지금도 세계 통신망에 단단히 뿌리를 내리고 있다.

(나) 그러나 벨의 특허와 관련된 수많은 소송은 무치의 죽음, 벨의 특허권 만료와 함께 종료되었다. 그레이와 벨의 특허 소송에서도 벨은 모두 무혐의 처분을 받았고, 1887년 재판에서 전화의 최초 발명자는 벨이라는 판결이 났다. 그레이가 전화의 기능성을 처음 인지한 것은 사실이지만, 전화를 안선하기 위한 후속 조치를 취하지 않았다는 것이었다.

(다) 하지만 벨이 특허를 받은 이후 누가 먼저 전화를 발명했는지에 대해 치열한 소송전이 이어졌다. 여기에는 그레이를 비롯하여 안토니오 무치 등 많은 사람이 관련돼 있었다. 특히 무치는 1871년 전화에 대한 임시특허를 신청하였지만, 돈이 없어 정식 특허로 신청하지 못했다. 2002년 미국 하원 의회에서는 무치가 10달러의 돈만 있었다면 벨에게 특허가 부여되지 않았을 것이라며 무치의 업적을 인정하기도 했다.

(라) 알렉산더 그레이엄 벨은 전화를 처음 발명한 사람으로 알려져 있다. 1876년 2월 14일 벨은 설계도와 설명서를 바탕으로 전화에 대한 특허를 신청했고, 같은 날 그레이도 전화에 대한 특허 신청서를 제출했다. 1876년 3월 7일 미국 특허청은 벨에게 전화에 대한 특허를 부여했다.

| LH 한국토지주택공사 업무직 / 의사소통능력

53 다음 문단을 논리적 순서대로 바르게 나열한 것은?

① (가) – (다) – (라) – (나)
② (가) – (라) – (다) – (나)
③ (라) – (가) – (다) – (나)
④ (라) – (나) – (가) – (다)
⑤ (라) – (다) – (나) – (가)

| LH 한국토지주택공사 업무직 / 의사소통능력

54 다음 중 윗글의 내용으로 가장 적절한 것은?

① 법적으로 전화를 처음으로 발명한 사람은 벨이다.
② 그레이는 벨보다 먼저 특허 신청서를 제출했다.
③ 무치는 1871년 전화에 대한 정식 특허를 신청하였다.
④ 현재 세계 통신망에는 그레이의 전화 시스템이 사용되고 있다.
⑤ 그레이는 전화의 가능성을 인지하지 못하였다.

변혁적 리더십은 리더가 조직 구성원의 사기를 고양하기 위해 미래의 비전과 공동체적 사명감을 강조하고, 이를 통해 조직의 장기적 목표를 달성하는 것을 핵심으로 한다. 거래적 리더십이 협상과 교환을 통해 구성원의 동기를 부여한다면, 변혁적 리더십은 구성원의 변화를 통해 동기를 부여하고자 한다. 또한 거래적 리더십은 합리적 사고와 이성에 호소하는 반면, 변혁적 리더십은 감정과 정서에 호소하는 측면이 크다.

이러한 변혁적 리더십은 조직의 합병을 주도하고 신규 부서를 만들어 내며, 조직문화를 창출해 내는 등 조직 변혁을 주도하고 관리한다. 따라서 오늘날 급변하는 환경과 조직의 실정에 적합한 리더십 유형으로 주목받고 있다. 변혁적 리더는 주어진 목적의 중요성과 의미에 대한 구성원의 인식 수준을 제고시키고, 개인적 이익을 넘어서 구성원 자신과 조직 전체의 이익을 위해 일하도록 만든다. 그리고 구성원의 욕구 수준을 상위 수준으로 끌어올림으로써 구성원을 근본적으로 변혁시킨다. 즉, 거래적 리더십을 발휘하는 리더는 구성원에게서 기대되었던 성과만을 얻어내지만, 변혁적 리더는 _____

변혁적 리더가 변화를 이끌어내는 전문적 방법의 하나는 카리스마와 긍정적인 행동 양식을 보여주는 것이다. 이를 통해 리더는 구성원들의 신뢰와 충성심을 얻을 수 있다. 조직의 비전을 구체화하여 알려주고 어떻게 목표를 달성할 것인지를 설명해 주거나 높은 윤리적 기준으로 모범이 되는 것도 좋은 방법이 된다.

지속적으로 구성원의 동기를 부여하는 것도 매우 중요하다. 팀워크를 장려하고, 조직의 비전을 구체화하여 개인의 일상 업무에도 의미를 부여할 수 있도록 해야 한다. 변혁적 리더는 구성원이 조직의 중요한 부분이 될 수 있도록 노력하게 만드는 데 초점을 둔다. 따라서 높지만 달성 가능한 목표를 세워 구성원의 생산력을 향상시키고, 구성원에게는 성취 경험을 제공하여 그들이 계속 성장할 수 있도록 만들어야 한다.

현재 상황에 대한 의문은 새로운 변화를 일어나게 한다. 변혁적 리더는 구성원들의 지적 자극을 불러일으켜 조직의 이슈에 대해 적극적으로 관심을 갖도록 만들며, 이를 통해서 참신한 아이디어와 긍정적인 변화가 일어날 수 있도록 한다.

변혁적 리더는 개개인의 관점을 소홀히 생각하지 않는다. 구성원들을 독특한 재능, 기술 등을 보유한 독립된 개인으로 인지한다. 리더가 구성원들을 개개인으로 인지하게 되면 그들의 능력에 적합한 역할을 부여할 수 있으며, 구성원들 역시 개인적인 목표를 용이하게 달성할 수 있게 된다. 따라서 리더는 각 구성원의 소리에 귀 기울이고, 구성원 개개인에게 관심을 표현해야 한다.

55 다음 중 윗글의 빈칸에 들어갈 내용으로 가장 적절한 것은?

① 개개인의 성과를 얻어낼 수 있다.

② 구체적인 성과를 얻어낼 수 있다.

③ 기대 이상의 성과를 얻어낼 수 있다.

④ 참신한 아이디어도 함께 얻어낼 수 있다.

⑤ 구성원들의 신뢰도 함께 얻어낼 수 있다.

56 다음 중 윗글의 내용으로 적절하지 않은 것은?

① 변혁적 리더는 구성원의 합리적 사고와 이성에 호소한다.

② 변혁적 리더는 구성원의 변화를 통해 동기를 부여하고자 한다.

③ 변혁적 리더는 구성원이 자신과 조직 전체의 이익을 위해 일하도록 한다.

④ 변혁적 리더는 구성원에게 카리스마와 긍정적 행동 양식을 보여준다.

⑤ 변혁적 리더는 구성원 개개인에게 관심을 표현한다.

57 다음 중 밑줄 친 단어와 의미가 가장 유사한 것은?

> 흑사병은 페스트균에 의해 발생하는 급성 열성 감염병으로, 쥐에 기생하는 벼룩에 의해 사람에게 전파된다. 국가위생건강위원회의 자료에 따르면 중국에서는 최근에도 간헐적으로 흑사병 확진 판정이 나온 바 있다. 지난 2014년에는 중국 북시부에서 38살의 남성이 흑사병으로 목숨을 잃었으며, 2016년과 2017년에도 각각 1건씩 발병 사례가 확인됐다.

① 근근이   ② 자못
③ 이따금   ④ 빈번히
⑤ 흔히

58 A대학생은 현재 보증금 3천만 원, 월세 50만 원을 지불하면서 B원룸에 거주하고 있다. 다음 해부터는 월세를 낮추기 위해 보증금을 증액하려고 한다. 다음 규정을 보고 A대학생이 월세를 최대로 낮췄을 때의 월세와 보증금이 바르게 짝지어진 것은?

> **〈B원룸 월 임대료 임대보증금 전환 규정〉**
>
> • 월 임대료의 56%까지 보증금으로 전환 가능
> • 연 1회 가능
> • 전환이율 6.72%
>
> ※ (환산보증금)= $\dfrac{\text{(전환 대상 금액)}}{\text{(전환이율)}}$

① 월세 22만 원, 보증금 7천만 원
② 월세 22만 원, 보증금 8천만 원
③ 월세 22만 원, 보증금 9천만 원
④ 월세 30만 원, 보증금 8천만 원
⑤ 월세 30만 원, 보증금 9천만 원

59 H사원은 엘리베이터를 이용하여 A4용지가 들어 있는 박스를 사무실로 옮기고 있다. 이 엘리베이터는 적재용량이 305kg이며, 엘리베이터에는 이미 몸무게가 60kg인 J사원이 80kg의 사무용품을 싣고 타 있는 상태이다. 50kg인 H사원이 한 박스당 10kg의 A4용지를 최대 몇 박스까지 가지고 엘리베이터에 탈 수 있는가?

① 9박스 ② 10박스

③ 11박스 ④ 12박스

⑤ 13박스

60 다음은 L사진관이 올해 찍은 사진의 용량 및 개수를 나타낸 자료이다. 올해 찍은 사진을 모두 모아서 한 개의 USB에 저장하려고 할 때, 최소 몇 GB의 USB가 필요한가?[단, 1MB＝1,000KB, 1GB＝1,000MB이며, 합계 파일 용량(GB)은 소수점 이하에서 버림한다]

〈올해 찍은 사진의 용량 및 개수〉

구분	크기(cm)	용량	개수
반명함	3×4	150KB	8,000개
신분증	3.5×4.5	180KB	6,000개
여권	5×5	200KB	7,500개
단체사진	10×10	250KB	5,000개

① 3.0GB ② 3.5GB

③ 4.0GB ④ 4.5GB

⑤ 5.0GB

🕐 응시시간 : 80분   📋 문항 수 : 60문항   정답 및 해설 p.092

❚ 코레일 한국철도공사 / 수리능력

01 다음은 1인 1일 이메일과 휴대전화 스팸 수신량을 나타낸 그래프이다. 이에 대한 설명으로 옳은 것은?

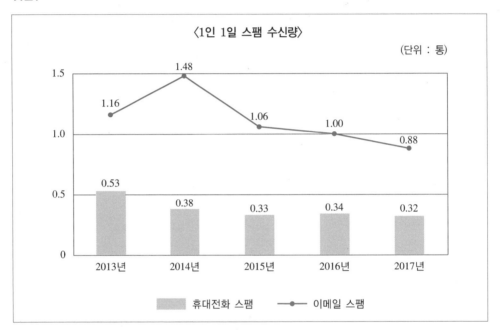

① 2015년부터 2017년까지 휴대전화 스팸 수신량과 이메일 스팸 수신량 증감추세는 같다.

② 2015년 대비 2016년 휴대전화 스팸 증가량과 2017년 휴대전화 스팸 감소량은 같다.

③ 전년 대비 2015년 이메일 스팸 감소율은 전년 대비 2016년 감소율의 4배 이하이다.

④ 이메일 스팸 수신량이 가장 많은 해는 2014년이고, 휴대전화 스팸 수신량이 가장 적은 해는 2016년이다.

⑤ 이메일 스팸 수신량은 같은 해의 휴대전화 스팸 수신량보다 항상 2.5배 이상 많다.

02 다음은 K회사 A ~ F인턴의 최종 평가 점수를 나타낸 자료이다. 최종 평가 점수의 중앙값과 최빈값은 얼마인가?

〈최종 평가 점수〉

(단위 : 점)

구분	A	B	C	D	E	F
점수	12	17	15	13	20	17

	중앙값	최빈값		중앙값	최빈값
①	14점	13점	②	15점	15점
③	15점	17점	④	16점	17점
⑤	16점	20점			

03 다음은 생활 폐기물 처리 현황에 대한 자료이다. 이에 대한 설명으로 옳지 않은 것은?(단, 비율은 소수점 둘째 자리에서 반올림한다)

〈생활 폐기물 처리 현황〉

(단위 : 톤)

처리방법	2014년	2015년	2016년	2017년	2018년
매립	9,471	8,797	8,391	7,613	7,813
소각	10,309	10,609	11,604	12,331	12,648
재활용	31,126	29,753	28,939	29,784	30,454
합계	50,906	49,159	48,934	49,728	50,915

① 매년 생활 폐기물 처리량 중 재활용 비율이 가장 높다.
② 전년도 대비 소각 증가율은 2016년이 2017년보다 2배 이상이다.
③ 2014 ~ 2018년 소각량 대비 매립량은 60% 이상이다.
④ 생활 폐기물 처리방법 중 매립은 2014년부터 2017년까지 계속 감소하고 있다.
⑤ 생활 폐기물 처리 현황에서 2018년 재활용 비율은 2014년 소각량 비율의 3배보다 작다.

04 올해 K회사의 신입사원 수는 작년에 비해 남자 신입사원 수는 8%, 여자 신입사원 수는 12%가 증가하였고, 증가한 총 인원은 32명이다. 작년 신입사원이 325명일 때, 올해 남자 신입사원은 몇 명인가?

① 150명   ② 175명

③ 189명   ④ 196명

⑤ 204명

05 M사원은 신제품 홍보물 제작을 위해 A3용지 8,500장을 구매하려고 하며, 용지는 A ~ E쇼핑몰 중 구매할 생각이다. 용지 가격 및 배송비가 다음과 같을 때, 가장 저렴하게 살 수 있는 쇼핑몰은?

구분	용지 가격 및 배송비용
A쇼핑몰	200장당 5,000원이며, 배송비는 수량에 관계없이 5,000원이다.
B쇼핑몰	2,500장당 47,000원이며, 배송비는 무료이다.
C쇼핑몰	1,000장당 18,500원이며, 배송비는 수량에 관계없이 6,000원이다.
D쇼핑몰	장당 20원이며, 배송비는 무료이다.
E쇼핑몰	500장당 9,000원이며, 배송비는 전체 주문금액의 10%이다.

① A쇼핑몰   ② B쇼핑몰

③ C쇼핑몰   ④ D쇼핑몰

⑤ E쇼핑몰

06 김대리는 장거리 출장을 가기 전 주유를 하려고 한다. 주유를 할 때 세차도 함께 할 예정이다. A주유소와 B주유소의 주유 가격 및 세차 가격이 다음과 같을 때, B주유소보다 A주유소가 유리한 주유량의 범위는 얼마인가?

구분	주유 가격	세차 가격
A주유소	1,550원/L	3천 원(5만 원 이상 주유 시 무료)
B주유소	1,500원/L	3천 원(7만 원 이상 주유 시 무료)

① 32L 이상 45L 이하   ② 32L 이상 46L 이하

③ 33L 이상 46L 이하   ④ 33L 이상 47L 이하

⑤ 33L 이상 60L 이하

07 다음은 지역별 전기·전력에 대한 자료이다. 이에 대한 설명으로 옳지 않은 것은?

구분	발전설비(kw)	발전량(Mwh)	전력판매량(Gwh)
서울	407,565	874,131	46,493
부산	7,083,793	51,006,660	20,467
대구	542,993	3,105,758	15,268
인천	13,870,765	65,939,273	23,876
광주	189,934	429,418	8,558
대전	152,263	186,769	9,380
울산	4,703,598	13,583,162	32,095
경기	14,357,143	57,085,319	109,424
강원	4,592,715	10,598,883	16,499
충북	784,050	1,156,380	24,009
충남	20,418,773	111,645,164	48,454
전북	3,066,455	9,674,002	22,734
전남	11,291,910	69,054,766	33,097
경북	13,707,258	81,884,729	44,648
경남	9,049,426	58,252,913	34,497
제주	1,086,549	3,122,549	4,738
세종	560,367	2,840,978	2,802

① 충남 지역은 모든 분야에서 1위를 차지하고 있다.
② 발전설비가 가장 적은 지역은 발전량도 가장 적다.
③ 발전량이 1,000,000Mwh 미만인 지역은 3개이다.
④ 전력판매량의 평균은 25,000Gwh 이상이다.
⑤ 발전설비가 가장 많은 5개 지역은 발전량과 전력판매량이 10위 안에 든다.

08 해외사업본부에서 근무하는 A부장은 해외사업개발을 위하여 독일로 출장을 가려고 한다. 다음 자료를 보고 2018년 11월 2일 오전 10시 45분에 인천에서 출발한 A부장이 영국을 경유하여 독일에 도착하는 현지 날짜 및 시각과 총 소요시간이 바르게 짝지어진 것은?

〈경유지, 도착지 현지시각〉

국가(도시)	현지시각
한국(인천)	2018.11.2 AM 10:45
영국(런던)	2018.11.2 AM 1:45
독일(베를린)	2018.11.2 AM 2:45

〈경로별 비행시간〉

비행경로	비행시간
인천 → 런던	10시간 55분
런던 → 베를린	2시간 5분

※ 런던 경유시간은 4시간 45분이다.

	현지 날짜 및 시각	총 소요시간
①	2018.11.2 PM 6:30	16시간 45분
②	2018.11.2 PM 7:30	17시간 30분
③	2018.11.2 PM 8:30	17시간 45분
④	2018.11.2 PM 9:30	18시간 15분
⑤	2018.11.2 PM 10:30	19시간

09 영업부에 근무하고 있는 B대리는 두 군데의 거래처에 급하게 납품해야 할 것이 있어 사무실을 나왔는데 영업용 차량에 남아 있는 기름으로는 거래처에 갈 수 없어서 근처 주유소에서 주유를 하려고 한다. 가장 빠른 길로 갔을 때 차량과 그 주유비가 바르게 짝지어진 것은?(단, 소수점 둘째 자리에서 반올림한다)

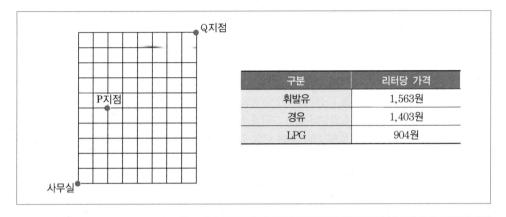

구분	리터당 가격
휘발유	1,563원
경유	1,403원
LPG	904원

구분	연료 종류	연비(km/L)
A차량	휘발유	15
B차량	경유	13
C차량	LPG	9

※ 한 칸의 거리는 2.5km이다.
※ P지점의 거래처에 먼저 들르고 Q지점에 있는 거래처에 들른다.

	차량	주유비
①	A차량	4,319원
②	A차량	4,683원
③	B차량	4,853.83원
④	C차량	4,207원
⑤	C차량	4,520원

10 다음은 한전KPS와 베트남의 MOU에 대한 기사이다. 〈보기〉 중 적절한 것은 모두 몇 개인가?

발전설비 정비전문기업인 한전KPS(맹동열 사장직무대행)와 베트남 정비전문회사 EVNGENCO3의 자회사인 EVNEPS사는 3월 22일 베트남 하노이에서 한전KPS 맹동열 사장직무대행과 EVNEPS사 카오민 쭝 사장이 참석한 가운데 사업협력 양해각서(MOU)를 체결했다.

이날 양해각서 체결식에는 우리나라 백운규 산업통상자원부 장관과 쩐 뚜언 아잉 베트남 산업무역부 장관이 자리를 함께했다. 또한 이날 양해각서는 발전소 운전 및 정비 그리고 기술인력 교육 등 양사 간 사업협력과 인적교류를 주요 내용으로 하고 있다.

한전KPS 맹동열 사장직무대행은 양해각서 체결에 앞서 EVNGENCO3사 딘 쿠옥 람 사장과 EVNEPS사 카오민 쭝 사장과의 사전면담을 통해 "한전KPS는 발전플랜트 설비 진단 및 성능개선, 국내외 발전설비 및 산업설비 정비 그리고 송변전설비 정비 등에 대한 토털 서비스를 제공하는 대한민국의 공기업으로, 특히 지난 30여 년의 축적된 기술을 활용한 발전소 성능개선 및 성능복구사업 개척을 위해서도 많은 노력을 기울이고 있다."라고 말했다.

한전KPS와 EVNEPS사는 발전설비 정비서비스 전문회사로서 양국의 국가 경제 성장에 반드시 필요한 전력의 안정적 공급을 책임지고 있다는 점에서 공감대를 가지고 있으며, 이번 사업협력 양해각서 체결을 통해 앞으로 양사가 긴밀한 협력에 나설 가능성이 높은 것으로 기대하고 있다.

한전KPS 맹동열 사장직무대행은 "한전KPS의 체계화된 교육 훈련 시스템 등을 통해 보유기술과 노하우를 공유하여 EVNEPS사와의 지속적 사업영역 확대에 최선의 노력을 다할 것"이라며 "이번 양해각서 체결을 계기로 한전KPS가 베트남 전력산업 발전에 기여함은 물론 양사의 지속적인 성장과 발전을 위한 초석이 되기를 바란다."라고 말했다.

특히 이날, 한-베트남 사업협력 촉진을 위하여 한국 산업통상자원부와 베트남 산업무역부 간의 양해각서 체결 서명식이 이루어지는 가운데 전력산업분야 협력의 일환으로 양국 관련기관이 다수 참석했다. 한편, 베트남 EVNEPS사는 2016년 설립되었으며, 베트남전력공사 산하기관인 EVNGENCO3사의 자회사로서 EVNGENCO3사 소유의 발전소 유지보수를 수행하고 있다.

MOU의 특징

본 조약이나 정식계약의 체결에 앞서 국가 사이에 이루어지는 문서로 된 합의를 가리키지만 지금은 좀 더 포괄적인 의미로 쓰인다. 포괄적 의미의 양해각서 역시 법적 구속력이나 효력은 좁은 의미의 양해각서와 크게 다르지 않다. 다만 양해각서가 국가 대 국가뿐 아니라 국가기관 사이, 일반기관 사이, 일반기업 사이 등에서도 다양한 문서의 형태로 이루어질 수 있다. 기업 사이에 합의해 작성하는 양해각서는 주로 정식계약을 체결하기에 앞서, 쌍방의 의견을 미리 조율하고 확인하는 상징적 차원에서 이루어지는 것이 보통이다. 역시 법적 구속력은 없다.

보기

㉠ 체결한 사업협력 양해각서는 법적 구속력을 가진다.
㉡ 한국과 베트남 두 국가 간의 협약이다.
㉢ 베트남 EVNEPS사는 베트남 전 지역 발전설비를 담당하는 베트남전력공사 산하기관이다.
㉣ 양해각서는 양사 간 사업협력만을 다룬다.

① 없음
② 1개
③ 2개
④ 3개
⑤ 4개

11 다음 기사를 읽고 할 수 있는 행동으로 적절하지 않은 것은?

PART 1

〈한전, 실명위기 환자에 '세상의 빛' 선물 … 'Eye Love 천사 Project' 기금 3억 원 기부〉

한국전력(사장직무대행 김시호)은 3월 16일 서울 마포구에 위치한 더나은세상 회의실에서 실명예
방사업인 'Eye Love 천사 Project' 사업 기금 3억 원을 사단법인 더나은세상에 전달하였다.
'Eye Love 천사 Project' 사업은 경제적으로 어려운 국내외 실명위기 환자들이 안과 수술을 통해
실명을 예방하고 일상생활을 할 수 있도록 수술비를 지원하는 한전이 대표적인 사회공헌활동이다.
지원 대상은 국내외 저소득층 실명위기 환자로서 국내에서는 기초생활수급자와 차상위계층 위주로,
해외는 실명예방사업 수행기관이 현지 병원과 협의하여 추천하는 실명위기 환자들에게 수술비를 지
원한다. 신청 방법은 읍·면·동 주민센터의 추천을 통해 더나은세상(www.1.or.kr)에서 신청 가
능하며, 심사를 통해 대상 환자로 선정되면 수술비 지원을 받을 수 있다.
한전은 'Eye Love 천사 Project' 사업을 2011년부터 8년째 지속적으로 시행하고 있으며, 현재까지
국내외 1,533명의 환자에게 개안수술 비용을 지원했다.
한편, 한전은 2004년 공기업 최초로 사회봉사단을 창단하여 도움이 필요한 이웃들에게 삶의 질 향
상을 위한 노력을 지속해 오고 있으며, 앞으로도 국내외 소외된 이웃들에게 '세상의 빛'을 선물하는
에너지 공기업으로서의 역할을 지속할 것이다.

① 기초생활수급자와 차상위계층의 조건에 대해서 알아본다.
② 읍·면·동 주민센터에 환자 선정 조건을 문의한다.
③ 해외에서 지원하고자 하는 사람은 가장 가까운 실명예방사업 수행기관을 알아본다.
④ 신청 홈페이지에 접속해 신청 시 어떤 내용을 기재해야 하는지 살펴본다.
⑤ 실명한 환자들에 대해서 지급하는 지원금에 대해 문의한다.

12 다음 기사를 읽고 이해한 내용으로 적절하지 않은 것은?

> 한국전력이 보유한 방대한 에너지 빅데이터를 기업들이 새로운 에너지 사업모델에 쉽게 사용할 수 있는 길이 열린다.
>
> 산업통상자원부는 31일 한국전력이 KT, SKT, LG유플러스, 인코어드 등 에너지 신산업 분야 4개 기업과 에너지 데이터 공유 시범사업을 추진하기로 업무협약을 체결했다고 밝혔다. 이들은 에너지 서비스 사업자가 한전 고객의 에너지 사용 데이터를 쉽게 활용할 수 있는 인터넷·애플리케이션 기반 플랫폼인 '에너지 신(新)서비스 거래장터'(스마트 E마켓) 시범사업에 협력하기로 했다.
>
> 고객의 전력 사용 정보를 비롯한 에너지 빅데이터는 4차 산업혁명의 핵심기술인 사물인터넷(IoT), 클라우드 등과 연계해 새로운 제품과 서비스를 창출할 수 있는 에너지 신산업의 중요한 토대다. 그러나 지금까지는 사업자가 에너지 데이터를 확보하려면 고객으로부터 직접 개인정보제공 동의를 받아 한전에 제출해야 하는 제약이 있었다.
>
> 거래장터는 고객이 사업자가 거래장터에 등록한 제품·서비스를 선택하고 개인정보제공에 동의하면 한전 등 데이터 보유 주제가 자동으로 데이터를 사업자에게 전송한다. 고객이 개인정보제공에 동의하면 바로 사업자가 고객 정보를 받을 수 있어 데이터 확보가 쉬워진다.
>
> 한전은 업무협약을 체결한 4개 기업과 시범사업을 하고 내년부터 더 많은 사업자를 대상으로 본격적인 운영을 시작할 계획이다. 또 전력 사용 데이터 외에 가스, 난방 등 모든 에너지 데이터를 제공한다.
>
> 산업부는 거래장터가 본격화되면 기업은 에너지 데이터를 활용한 다양한 서비스 모델을 개발하고 소비자는 소비자의 에너지 사용 유형이 반영된 맞춤 서비스를 이용하는 혜택을 누릴 것으로 기대했다.

① 사물인터넷(IoT)과 클라우드는 4차 산업혁명의 핵심기술이다.

② 산업통상자원부와 에너지 신산업 분야 4개 기업은 에너지 데이터 공유 시범사업을 추진하기로 업무협약을 체결했다.

③ 한국전력이 보유한 에너지 빅데이터를 기업들이 새로운 에너지 사업모델에 쉽게 사용할 수 있게 되었다.

④ 지금까지는 사업자가 에너지 데이터를 확보하려면 고객에게 직접 개인정보제공 동의를 받아야 했다.

⑤ 거래장터가 본격화되면 소비자는 소비자의 에너지 사용 유형이 반영된 맞춤 서비스를 이용하는 혜택을 누리게 된다.

13   다음 글의 주제로 가장 적절한 것은?

> 누구나 깜빡 잊어버리는 증상을 겪을 수 있다. 나이가 들어서 자꾸 이런 증상이 나타난다면 치매가
> 아닐까 걱정하게 마련인데 이 중 정말 치매인 경우와 단순 건망증을 어떻게 구분해 낼 수 있을까?
> 치매란 기억력 장애와 함께 실행증, 집행기능의 장애 등의 증상이 나타나며 이런 증상이 사회적,
> 직업적 기능에 중대한 지장을 주는 경우라고 정의한다. 증상은 원인 질환의 종류 및 정도에 따라
> 다른데 아주 가벼운 기억장애부터 매우 심한 행동장애까지 다양하게 나타난다. 일상생활은 비교적
> 정상적으로 수행하지만 뚜렷한 건망증이 있는 상태를 '경도인지장애'라고 하는데 경도인지상애는
> 매년 10 ~ 15%가 치매로 진행되기 때문에 치매의 위험인자로 불린다. 모든 치매 환자에게서 공통
> 으로 보이는 증상은 기억장애와 사고력, 추리력, 언어능력 등의 영역에서 동시에 장애를 보이는 것
> 이며 인격 장애, 공격성, 성격의 변화와 비정상적인 행동들도 치매가 진행됨에 따라 나타날 수 있는
> 증상들이다. 국민건강보험 일산병원 신경과 교수는 "치매를 예방하기 위해서는 대뇌(Cerebrum) 활
> 동 참여, 운동, 뇌졸중 예방, 식습관 개선 및 음주, 흡연을 자제해야 한다."라고 말했다.
> 한편 치매는 시간이 지나면 악화가 되고 여러 행동이상(공격성, 안절부절 못함, 수면장애, 배회 등)을
> 보이며 시간이 지나면서 기억력 저하 등의 증상보다는 이런 행동이상에 의한 문제가 더 크기 때문에
> 행동이상에 대한 조사도 적절히 시행되어야 한다.

① 치매의 의미   ② 치매의 종류
③ 인지장애단계 구분   ④ 건망증의 분류

※ 다음은 연명의료중단에 대한 글이다. 이어지는 질문에 답하시오. [14~15]

■ 연명의료중단 등 결정의 이행

> 연명의료중단 등 결정을 이행하려는 담당의사는 ① 이행 대상 환자인지 판단하고 ② 연명의료중단 등 결정에 관한 해당 환자의 의사를 확인한 후 ③ 이행하여야 함

① 이행 대상 환자 판단
- 담당의사와 해당 분야 전문의 1명은 해당 환자가 임종과정에 있는지 여부를 판단하여야 하며, 그 결과를 기록하여야 함

② 연명의료중단 등 결정에 관한 환자 의사 확인
- 임종과정에 있는 환자에 대하여 연명의료중단 등 결정을 이행하려는 담당의사는 다음 중 어느 하나의 방법으로 환자의 의사를 확인하고 기록하여야 함

  가. 연명의료계획서로 확인

  나. 사전연명의료의향서로 확인
  - (환자의 의사능력이 있는 경우) 환자가 미리 작성한 사전연명의료의향서(이하 '의향서')가 있는 경우 담당의사가 그 내용을 환자에게 확인
  - (환자의 의사능력이 없는 경우) 미리 작성한 의향서가 있어도 환자가 의향서의 내용을 확인하기에 충분한 의사능력이 없다는 의학적 판단이 있는 경우, 의향서의 적법성을 담당의사와 해당 분야의 전문의가 함께 확인

  다. 환자의 의사에 대한 환자가족 2인 이상의 일치하는 진술로 확인
  - 위의 방법으로 환자의 의사를 확인할 수 없고, 환자도 자신의 의사를 표현할 수 없는 의학적인 상태인 경우, 담당의사와 해당 분야 전문의 1명은 환자의 연명의료중단 등 결정에 관한 의사로 보기에 충분한 기간 동안 일관하여 표시된 연명의료중단 등에 관한 의사에 대하여 19세 이상의 환자가족 2명 이상의 일치하는 진술을 확인하면 환자의 의사로 간주함
  - '환자가족'이란, 19세 이상인 자로서 ① 배우자, ② 직계비속, ③ 직계존속을 말하며, ①, ②, ③이 모두 없는 경우에만 형제자매가 해당
  - 환자가족이 1명만 있는 경우에는 해당하는 1명의 진술로 가능
  - 환자가족의 진술과 배치되는 내용의 다른 환자가족의 진술이나 객관적인 증거가 있는 경우에는 환자의 의사로 추정할 수 없음

  라. 환자가족 전원의 합의를 통한 환자의 연명의료중단 등 결정
  - 연명의료계획서나 사전연명의료의향서 또는 환자가족의 진술 등으로 환자의 의사를 확인할 수 없고, 환자가 자신의 의사를 표현할 수 없는 의학적 상태일 때는 환자가족 전원의 합의로 연명의료중단 등 결정의 의사표시를 하고 이를 담당의사와 해당 분야 전문의 1명이 확인
  - 이때, ① 경찰관서에 행방불명 사실이 신고된 날부터 3년 이상 경과한 사람, ② 실종선고를 받은 사람, ③ 의식불명 또는 이에 준하는 사유로 자신의 의사를 표명할 수 없는 의학적 상태에 있는 사람으로서 전문의 1명 이상의 진단·확인을 받은 사람은 환자가족의 범위에서 제외함
  - 미성년자에 대해서는 환자의 친권자인 법정대리인의 의사표시를 담당의사와 해당 분야 전문의 1명이 확인
  - 다만, 담당의사 또는 해당 분야 전문의 1명이 환자가 연명의료중단 등 결정을 원하지 아니하였다는 사실을 확인한 경우에는 할 수 없음

③ 이행
- 담당의사는 확인된 환자의 연명의료중단 등 결정을 존중하여 이행하여야 함
- 이행하는 경우에도, 통증완화를 위한 의료행위와 영양분 공급, 물 공급, 산소의 단순 공급은 시행하지 않거나 중단해서는 아니 됨
- 담당의사는 이행을 거부할 수 있으며, 이 경우 의료기관의 장은 의료기관윤리위원회의 심의를 거쳐 담당의사를 교체하여야 함. 다만 연명의료중단 등 결정의 이행 거부를 이유로 담당의사에게 해고나 그 밖의 불리한 처우를 하여서는 아니 됨
- 담당의사는 이행 과정 및 결과를 기록하여야 하며, 의료기관의 장은 그 결과를 관리기관의 장에게 통보하여야 함

┃ 국민건강보험공단 / 의사소통능력

14 다음 중 윗글에 대한 내용으로 적절하지 않은 것은?

① 연명의료중단 등 결정을 이행하기 전에 담당의사는 두 가지 단계를 거쳐야 한다.

② 해당 환자인지 판단할 때는 담당의사뿐만 아니라 해당 분야 전문의의 의견도 필요하다.

③ 환자 의사를 확인할 경우, 환자가 사전에 의향서를 작성했다면 담당의사는 그 내용을 바탕으로 연명의료를 중단할 수 있다.

④ 만약 담당의사가 환자의 연명의료중단을 거부한다고 해도 이것을 이유로 의사에게 불리한 처우를 할 수는 없다.

┃ 국민건강보험공단 / 의사소통능력

15 다음 상황에서 갑이 판단할 수 있는 내용으로 적절하지 않은 것은?

> K병원의 의사 갑의 담당환자 중 연명의료중단을 원하는 말기 암 환자인 김길동 씨가 있다. 김길동 씨는 가족들에게 경제적 부담을 주기 싫다며 세 달 전 사전연명의료의향서를 작성하였다. 최근 상태가 급격히 악화된 김길동 씨는 본인의 의사도 제대로 표현할 수 없을 정도가 되었으며, 더 이상 어떠한 치료도 무의미한 상태가 되었다.

① 가족 중 김길동 씨의 어머니가 실종되었다고 들었는데, 어머니는 환자가족 범위에 포함되지 않지만 18살인 막내아들은 포함해야 하겠네.

② 환자가족들을 불러 김길동 씨가 평소 연명의료중단에 대해 일관된 의사를 보였는지 진술을 확인해야겠어.

③ 만약 환자가족의 진술로도 정확히 확인할 수 없다면, 환자가족 전원의 합의가 필요할 거야.

④ 김길동 씨에게는 배우자와 두 아들이 있으니 김길동 씨 누나의 진술은 법적으로 효과가 없을 거야.

※ K연구소의 연구원 갑 ~ 정의 성과급 평가 결과와 계산법은 다음과 같다. 이어지는 질문에 답하시오.
[16~17]

〈연구원 성과급 평가 결과〉

구분	업무기여도 (30%)	연구성과 (40%)	자기개발(10%)		태도 (20%)	결과
			자격증(6%)	영어(4%)		
갑	56점	82점	1개	495점	92점	( )
을	70점	43점	2개	830점	88점	( )
병	81점	73점	3개	645점	63점	( )
정	67점	55점	0개	900점	95점	( )

※ 자격증 취득 개수 ┬ 0개 : 20점
　　　　　　　　├ 1 ~ 2개 : 40점
　　　　　　　　└ 3개 ~ : 60점

※ 영어 취득 점수 ┬ ~ 500점 : 20점
　(토익 기준)　├ 501 ~ 700점 : 40점
　　　　　　　├ 701 ~ 800점 : 70점
　　　　　　　└ 801점 ~ : 100점

※ 자격증 점수는 60점 만점이므로 100점 만점으로 환산하여 적용하며, 소수점 첫째 자리에서 반올림하여 산출한다.

〈점수별 성과급 지급액〉

점수	~ 50점	~ 65점	~ 70점	~ 75점	~ 85점	86점 ~
성과급	100만 원	110만 원	130만 원	150만 원	180만 원	200만 원

| 국민건강보험공단 / 문제해결능력

16 다음 중 성과급 점수 합산 결과 가장 높은 점수를 받은 사람은?

① 갑　　　　　　　　　　② 을
③ 병　　　　　　　　　　④ 정

| 국민건강보험공단 / 문제해결능력

17 K연구소는 영어점수가 자기개발에 큰 도움이 되지 않는다고 생각하여 영어점수를 평가항목에서 삭제하고 태도점수 반영률을 30%로 향상시켰다. 또한, 자격증은 개수에 상관없이 취득하면 무조건 10만 원을 지급하기로 하였다. 이때 성과급을 가장 많이 받는 사람의 성과급은?

① 210만 원　　　　　　　② 190만 원
③ 160만 원　　　　　　　④ 150만 원

18 다음 자료를 이해한 내용으로 옳은 것은?(단, 소수점 첫째 자리에서 버림한다)

〈2017년 천식 의사진단율〉

구분	남학생		여학생	
	분석대상자 수(명)	진단율(%)	분석대상자 수(명)	진단율(%)
중1	5,178	9.1	5,011	6.7
중2	5,272	10.8	5,105	7.6
중3	5,202	10.2	5,117	8.5
고1	5,069	10.4	5,096	7.6
고2	5,610	9.8	5,190	8.2
고3	5,293	8.7	5,133	7.6

① 분석대상자 수는 남학생과 여학생 모두 학년이 올라갈수록 증가한다.

② 중학교와 고등학교 모두 학년별 남학생의 수가 여학생의 수보다 많다.

③ 중학교 때는 남학생의 천식 진단율이 여학생보다 높았지만 고등학교 때는 반대이다.

④ 천식 진단을 받은 여학생의 수는 중・고등학교 모두 남학생의 수보다 적다.

19 S회사의 업무는 전 세계에서 이루어진다. 런던지사에 있는 A대리는 11월 1일 오전 9시에 업무를 시작하여 22시에 마치고 시애틀에 있는 B대리에게 송부하였다. B대리는 11월 2일 15시부터 작업하여, 끝내고 바로 서울에 있는 C대리에게 자료를 송부하였다. C대리는 자료를 받자마자 11월 3일 오전 9시부터 자정까지 작업을 하고 최종 보고하였다. 세 명이 업무를 마무리 하는 데 걸린 시간은 총 몇 시간인가?

위치	시차
런던	GMT+0
시애틀	GMT-7
서울	GMT+9

① 25시간   ② 30시간

③ 35시간   ④ 40시간

⑤ 45시간

20 다음은 발명 기법인 SCAMPER 발상법의 7단계이다. 〈보기〉와 같은 사례는 어느 단계에 속하는가?

<table>
<tr><td colspan="7" align="center">〈SCAMPER〉</td></tr>
<tr><td>S</td><td>C</td><td>A</td><td>M</td><td>P</td><td>E</td><td>R</td></tr>
<tr><td>대체하기</td><td>결합하기</td><td>조절하기</td><td>수정·확대·
축소하기</td><td>용도 바꾸기</td><td>제거하기</td><td>역발상·
재정리하기</td></tr>
</table>

보기

㉠ 짚신 → 고무신 → 구두
㉡ 스마트폰＝컴퓨터＋휴대폰＋카메라
㉢ 화약 : 폭죽 → 총

	㉠	㉡	㉢
①	A	E	E
②	S	C	P
③	M	C	C
④	A	P	P
⑤	S	R	S

21 다음은 한국산업인력공단의 능력평가 사업의 종류이다. 〈보기〉의 시험은 어느 사업에 속하는가?

〈능력평가〉

• 국가기술자격 : 국가기술자격법에 의해 규정된 자격으로 주로 산업과 관련이 있는 기술, 기능 및 서비스분야의 자격
• 국가전문자격 : 주로 전문서비스분야(의료, 법률 등)의 자격으로 개별부처의 필요에 의해 신설, 운영되며 대부분 면허적 성격의 자격제도
• 과정평가형자격 : 국가직무능력표준(NCS)에 기반하여 일정 요건을 충족하는 교육훈련과정을 이수한 자에게 내외부 평가를 거쳐 합격기준을 충족하는 자에게 자격을 부여
• 일학습병행제자격 : 일학습병행제 교육훈련 프로그램 참여 학습근로자를 대상으로 산업현장 직무능력에 대한 공정하고 체계적인 평가를 통한 자격부여

보기

• 세무사
• 공인중개사
• 관세사
• 수산물품질관리사

① 국가기술자격
③ 과정평가형자격
⑤ 없음
② 국가전문자격
④ 일학습병행제자격

22 한국산업인력공단은 연례체육대회를 맞이하여 본격적인 경기시작 전 흥미를 돋우기 위해 퀴즈대회를 개최하였다. 퀴즈대회 규칙은 다음과 같다. 대회에 참여한 A대리가 얻은 점수가 60점이라고 할 때, A대리가 맞힌 문제 개수는?

〈퀴즈대회 규칙〉

• 모든 참가자는 총 20문제를 푼다.
• 각 문제를 맞힐 경우 5점을 얻게 되며, 틀릴 경우 3점을 잃게 된다.
• 20문제를 모두 푼 후, 참가자가 제시한 답의 정오에 따라 문제별 점수를 합산하여 참가자의 점수를 계산한다.

---

① 8개   ② 10개
③ 12개   ④ 15개
⑤ 16개

23 K과장은 이번 주 주말에 이사를 하려고 한다. 이삿짐센터 비용은 거리 25km까지 실비를 적용하며, 초과 시 초과분의 50%를 적용한다. 또한 화물의 부피는 $1m^3$당 25달러이다. 이사할 장소는 지금 살고 있는 집에서 35km 떨어진 곳이며, K과장의 이삿짐 부피는 총 $60m^3$일 때, K과장이 지불해야 할 이사비용은 얼마인가?(단, 거리 1km당 50달러이다)

① 3,000달러   ② 3,010달러
③ 3,100달러   ④ 3,200달러
⑤ 3,220달러

24 한국산업인력공단의 5명의 직원들이 올해 10월 중에 연차를 쓰려고 한다. 다음 〈조건〉을 참고하여 직원들이 나눈 대화 내용 중 옳지 않은 말을 한 직원을 모두 고르면?

조건

- 연차는 하루이나.
- 10월 1일은 월요일이며, 3일과 9일은 공휴일이다.
- 대리는 교육을 신청한 주에 연차를 신청할 수 없다.
- 같은 주에 3명 이상 교육 및 연차를 신청하면 안 된다.
- 워크숍은 5주 차 월·화이다.
- 연차는 연이어 쓸 수 없다.
- 대리급 교육은 매주 이틀 동안 목 ~ 금에 있으며, 교육은 한 번만 받으면 된다.
- 연차와 교육 신청 순서는 대화 내용에서 말한 차례대로 적용한다.

과장 A : 난 한글날 시골에 내려가야 해서 10일에 쓰려고 하네. 나머지 사람들은 그날 제외하고 서로 조율해서 신청하면 좋겠네.

대리 A : 저는 10월 달에 교육받으러 18 ~ 19일에 갈 예정입니다. 그리고 그 다음 주 수요일에 연차 쓸게요. 그럼 저 교육받는 주에 다른 사람 2명 더 신청 가능할거 같은데...

사원 A : 오! 그럼 제가 15일에 쓰겠습니다.

대리 B : 연이어서 16일에 신청할 수 없으니까 17일에 제가 연차를 쓰고, 교육은 11 ~ 12일에 받아야겠네요.

사원 B : 저만 정하면 끝나네요. 2일로 하겠습니다.

① 과장 A, 대리 A
② 대리 A, 대리 B
③ 대리 B, 사원 A
④ 사원 A, 사원 B
⑤ 사원 B, 대리 B

25 다음 글의 내용으로 적절하지 않은 것은?

최근 들어 이상고온을 비롯하여 폭설·집중호우·가뭄·한파 등의 다양한 이상기후가 발생하고 있다. 이러한 현상은 지구온난화와 함께 서서히 나타났다. 지구온난화가 우리나라의 기후를 변화시키고 있는 것이다. 이러한 상태가 계속된다면, 우리나라는 온대 기후가 아닌 아열대 기후 지역이 될지도 모른다.

우리나라의 봄과 가을이 짧아지고 여름과 겨울은 길어지고 있다. 특히 더위가 일찍 찾아오면서 이제 5월이면 여름이 시작된다. 지난 2015년 5월 평균기온은 18.6℃로 1973년 이래 가장 높은 온노를 기록했고, 사상 처음으로 5월 폭염특보가 발령됐다. 5월 서울의 기온이 30℃를 넘은 날이 1980년대에는 0.2일 정도였지만 2010년대 들어서는 평균 1.7일로 늘었고 특히 2015년부터는 4∼6일이나 지속되었다. 이러한 5월의 폭염특보는 2016년 이후로도 계속 이어지고 있다.

또한 우리나라에서 '삼한사온'이 없어지고 있다. 사흘간 춥고 나흘간 따뜻하다는 삼한사온(三寒四溫)은 예로부터 우리나라 겨울철 날씨의 큰 특징이었다. 그런데 요즘은 예전의 겨울과 달리 이상난동과 이상한파가 뒤섞여 일어나고 있다. 지난 몇 년 동안 겨울철의 온도 상승으로 인해 한강이 얼어붙는 날이 줄어드는 이상난동 현상이 이어지다가 2016년으로 접어들면서부터는 북반구 전역에 몰아친 이상한파 일명 '폴라 보텍스(Polar Vortex)' 현상이 우리나라에 덮쳤다. 지구온난화로 인해 북극이 따뜻해지면서 북극의 찬 공기를 가두던 제트기류가 약해져 북극의 찬 공기가 우리나라 근처까지 흘러왔기 때문이다.

지구온난화가 진행됨에 따라 우리의 생태계에도 커다란 변화가 일어나고 있다. 지난 여름에는 비가 적게 내려 강수량이 크게 감소한 데다 일조량이 증가하여 수온이 상승해 팔당호에 조류주의보가 내려졌다. 또한 한강 하류의 녹조가 심각해져 물고기 수백 마리가 폐사함에 따라 수도권의 식수원이 오염 위험에 놓였고 어민들은 생계수단을 잃었다.

바다에서 잡히는 어류도 달라지고 있다. 동해의 수온이 상승하면서 차가운 바다에 사는 명태가 더 이상 잡히지 않고 대신 난류성 어종인 복어가 잡히고 있다. 또한 최근 들어 주로 남해안에 분포하는 화살벌레류 플랑크톤의 분포 빈도가 높아져 한류성 어종인 대구·도루묵 등의 어획량이 감소하고 난류성 어종인 오징어의 어획량이 크게 증가한 것으로 나타났다.

① 지구온난화로 인해 이상고온과 폭설·집중호우 등의 다양한 이상기후가 발생하고 있다.

② 2015년 5월의 평균기온은 18.6℃로, 사상 처음 5월 폭염특보가 발령됐다.

③ 겨울철 이상한파 현상은 우리나라 근처로 흘러온 북극의 제트기류로 인해 발생한다.

④ 한강 하류의 녹조 현상은 수도권 식수원을 오염시키고, 어민들의 생계수단을 위협했다.

⑤ 동해의 수온이 상승하면서 한류성 어종의 어획량이 감소하고, 난류성 어종의 어획량은 증가했다.

PART 1

26 다음은 고용노동부의 일자리사업 모니터링 결과 및 개선방안에 대한 기사이다. 이를 이해한 내용으로 적절하지 않은 것은?

> 고용노동부는 국무회의에서 재정지원 일자리사업 평가 및 개선방안을 보고했다. 그간 일자리사업의 규모가 꾸준히 늘어났음에도, 국민들이 일자리사업의 효과를 체감하기 어렵다는 지적이 많았다. 이에 따라 고용노동부는 처음으로 전체 일자리사업에 대한 성과 평가와 현장 모니터링을 실시하고, 그 결과에 따라 일자리사업 개선방안을 마련하였다.
> 일자리사업 중에는 사업 내용 또는 서비스 대상이 유사하거나 중복되는 사업, 성과가 낮은 사업들이 일부 있는 것으로 나타났으며, 직접일자리사업은 저소득층 등 취약계층의 참여가 적고, 참여 후 민간일자리 취업 지원 강화가 필요한 상황으로 나타났다. 또한 직업훈련과 고용서비스사업은 훈련기관(훈련과정)이나 고용서비스 기관의 품질을 관리하는 사업의 성과가 높은 반면, 그렇지 않은 사업의 성과는 낮게 나타나, 엄밀한 품질관리가 필요한 것으로 분석되었다.
> 고용노동부는 성과평가 결과를 바탕으로 일자리사업 개선을 적극 추진함으로써 국민들의 일자리 체감도를 높이겠다고 밝혔다. 성과가 낮거나 유사·중복성이 있는 15개 사업 중 5개는 폐지, 2개는 통합, 6개는 중복되는 기능을 조정하고, 2개 사업은 개편을 추진한다. 다음으로, 성과평가 결과에 따라 성과가 좋은 사업의 예산은 늘리고, 낮은 사업의 예산은 줄이는 것을 원칙으로 하여, 평가결과를 예산에 반영한다. 또한 현장 모니터링 등을 통해 나타난 사업별 문제점도 개선한다. 직접일자리사업은 사업별 취약계층 참여목표를 높이고, 반복참여 제한을 강화하면서, 참여 이후 취업지원을 연계한다. 직업훈련사업은 훈련기관과 훈련과정에 대한 인증심사 제도를 전 부처 직업훈련사업으로 확대할 계획이다. 고용서비스 관계부처 간 협업을 강화하고, 고용서비스 품질인증기준을 만들어, 인증 통과 기관만이 서비스를 제공할 수 있게 된다.
> 앞으로도 고용노동부는 일자리사업에 대한 성과평가와 현장 모니터링을 지속 강화하고, 행정안전부와 협조하여 자치단체 일자리사업 성과 관리도 지원할 계획이다.

① 서비스 대상이 유사하거나 중복되는 사업은 대상을 변경하여 중복되는 기능을 조정할 예정이다.

② 직접일자리사업 반복참여 제한을 강화하면서, 참여 이후 취업지원을 연계할 예정이다.

③ 고용서비스 품질에 대해 인증 받은 훈련기관을 지정하여 서비스를 제공할 예정이다.

④ 성과평가 결과와 관계없이 사업별로 예산을 편성하여 국민들이 일자리사업의 효과를 체감하도록 할 예정이다.

⑤ 현장 모니터링을 지속 강화하고, 관계부처와 협조하여 자치단체의 일자리사업 성과 관리를 지원할 예정이다.

27 다음 기사를 읽고 이해한 내용으로 적절하지 않은 것은?

로봇은 일반적으로 센서 및 작동기가 중앙처리장치에 연결된 로봇 신경시스템으로 작동되지만, 이 경우 로봇의 형태에 구속받기 때문에 로봇이 유연하게 움직이는 데 제한이 있다. 로봇 공학자들은 여러 개의 유닛이 결합하는 '모듈러 로봇'이라는 개념을 고안해 이런 제약을 극복하려고 노력해왔다. 벨기에 연구진은 로봇이 작업이나 작업 환경에 반응해 스스로 적당한 형태와 크기를 자동으로 선택하여 변경할 수 있는 모듈러 로봇을 개발했다. 이 로봇은 독립적인 로봇 형체를 갖추기 위해 스스로 쪼개지고 병합할 수 있으며, 감각 및 운동능력을 제어하면서도 스스로 분리되고 새 형체로 병합하는 로봇 신경 시스템을 갖췄다.

연구진은 또한 외부 자극에 의한 반응으로 모듈러 로봇이 독립적으로 움직이도록 설계했다. 외부 자극으로는 녹색 LED를 이용하였는데 이를 통해 개별 모듈러 로봇을 자극하면 로봇은 이 자극에 반응해 움직였다. 자극을 주는 녹색 LED가 너무 가깝게 있으면 뒤로 물러서기도 했다. LED 자극에 따라 10개의 모듈러 로봇은 스스로 2개의 로봇으로 합쳐지기도 하고 1개의 로봇으로 결합하기도 했다.

특히 이 모듈러 로봇은 외부 자극에 대한 반응이 제대로 작동되지 않는 부분을 다른 모듈로 교체하거나 제거하는 작업을 스스로 진행하여 치유할 수 있는 것이 특징이다. 연구진은 후속 연구를 통해 이 로봇을 이용해 벽돌과 같은 물체를 감지하고 들어 올리거나 이동시키는 작업을 할 수 있도록 할 계획이다.

이들은 '미래 로봇은 특정 작업에만 국한돼 설계되거나 구축되지 않을 것'이라며 '이번에 개발한 기술과 시스템이 다양한 작업에 유연하게 대응할 수 있는 로봇을 생산하는 데 기여하게 될 것'이라고 말했다.

① 일반적으로 로봇은 중앙처리장치에 연결된 로봇 신경시스템을 통해 작동된다.

② 모듈러 로봇은 작업 환경에 반응하여 스스로 형태와 크기를 선택할 수 있다.

③ 모듈러 로봇의 신경 시스템은 로봇의 감각 및 운동능력을 제어하면서도 로봇 스스로 분리되도록 한다.

④ 모듈러 로봇이 외부 자극에 대해 제대로 반응하지 않을 경우 관리자는 모든 부분을 다른 모듈로 교체하거나 제거해줘야 한다.

⑤ 모듈러 로봇의 기술을 통해 미래 로봇은 다양한 작업 환경에 대응할 수 있는 방향으로 개발될 것이다.

28 다음 설명에 해당하는 파일 확장자는 무엇인가?

> 그림을 구성하는 점과 점 사이를 수학적으로 계산해서 그림을 표현하고 저장한다. 수학식으로 어우러진 점, 직선, 곡선, 다각형 등으로 그림을 그리기 때문에 아무리 확대해도 이미지가 선명하게 보인다는 장점을 가지고 있다. 따라서 이 방식은 글자, 로고, 캐릭터 디자인 등에 활용된다.

① .jpeg   ② .ai

③ .gif   ④ .png

⑤ .bmp

29 다음 설명에 해당하는 DBMS의 기능은 무엇인가?

> 데이터베이스 내의 데이터에 대한 정확성, 일관성, 유효성, 신뢰성을 보장하기 위해 데이터 변경 혹은 수정 시 여러 가지 제한을 두어 데이터의 정확성을 보증하는 것을 말한다.

① 정의   ② 조작

③ 제어   ④ 무결성

⑤ 보안

30 다음 글의 빈칸에 들어갈 단어로 가장 적절한 것은?

> _____ 문제란 실제 문제도 발생하지 않았고 잘 되고 있지만, 항상 지금의 성과 수준에 불만을 갖고 더 높은 수준을 갈구함으로써 의식적으로 만들어진 문제이다. 이러한 경우는 문제의 전체 구조(Big Picture)를 파악, 근원적인 해결책을 제체 있게 모색하고 추진할 수 있게 된다. 작업자의 품질 개선 활동, 현업 부서의 업무 생산성 제고 활동이 그 예다.

① 탐색형   ② 설정형

③ 발생형   ④ 탐구형

⑤ 분석형

31 제시된 명제가 참일 때, 항상 참인 것은?

> • 다독자는 국어를 잘한다.
> • 다독자는 사회를 잘한다.

① 어떤 다독자는 국어를 못한다.
② 사회와 국어를 잘하면 다독자이다.
③ 사회를 잘하는 사람 중에 다독자가 아닌 사람은 없다.
④ 사회를 못하고 국어를 잘하면 다독자가 아니다.
⑤ 국어를 잘하면 다독자가 아니다.

32 다음 중 2,580kg을 g(그램)과 t(톤)으로 바르게 변환한 것은?

	g	t
①	258,000	2.58
②	258,000	0.258
③	2,580,000	2.58
④	2,580,000	0.258

33 다음 글에 해당하는 명제로 가장 적절한 것은?

> 이미 알고 있는 하나 또는 둘 이상의 명제를 전제로 하여 명확히 규정된 논리적 형식들에 근거해 새로운 명제를 결론으로 이끌어 내는 추리의 방법이다.

① 공자도 죽었고, 이순신도 죽었다. 그들은 모두 사람이다. 따라서 사람은 모두 죽는다.
② 외국에서 들여온 품종으로 우리 생태계가 교란되었다. 우리말에도 외국어와 외래어가 무분별하게 도입되었다. 외국어와 외래어를 무분별하게 사용한다면 우리말이 오염되고 교란될 것이다.
③ 모든 사람은 죽는다. 소크라테스는 사람이다. 따라서 소크라테스는 죽는다.
④ 코끼리는 새끼를 낳는다. 고래도 새끼를 낳는다. 코끼리와 고래는 포유류이다. 따라서 포유류는 새끼를 낳는다.

34 다음에 해당하는 일정계획 방법으로 가장 적절한 것은?

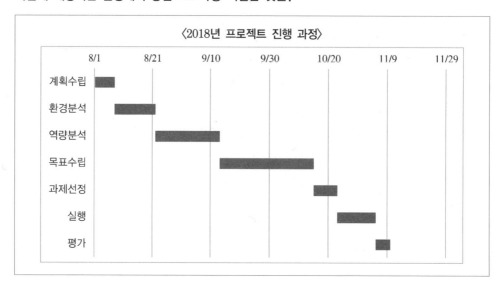

① 플로 차트
② 히스토그램
③ 체크리스트
④ 간트 차트

35 다음 상황과 관련된 기법으로 가장 적절한 것은?

> 연구자들은 캘리포니아의 가정집을 방문해 안전운전 캠페인의 일환이라며 'Drive Carefully'라고 쓰인 크고 흉측한 광고판을 마당에 설치하게 해달라고 부탁했다. 무작정 찾아온 이들의 부탁을 들어준 사람들은 전체의 22.2%뿐이었다.
> 하지만 실험 3일 전에 현관에 'Be a Safe Driver'라고 쓰인 작은 스티커를 붙이게 해달라는 가벼운 부탁을 흔쾌히 들어주었던 주부들의 경우, 무려 52.8%가 큰 안내판에 대한 부탁도 들어주었다.

① 문간에 발 들여놓기 기법
② 낮은 공 기법
③ 면전에서 문 닫기 기법
④ 관심 끌기 기법

※ 다음은 서로 경쟁관계에 있는 멀티플렉스 체인 영화관인 L영화관과 C영화관이 상영하는 영화장르에 따라 얻는 월 수익을 정리한 자료이다. 이어지는 질문에 답하시오. [36~37]

〈영화장르별 월 수익〉

(단위 : 억 원)

구분		C영화관			
		SF	공포	코미디	로맨스
L영화관	SF	(3, 5)	(4, -2)	(-1, 6)	(0, 2)
	공포	(1, 6)	(2, 9)	(7, 4)	(4, 0)
	코미디	(6, 4)	(8, -4)	(2, -1)	(5, 3)
	로맨스	(3, -7)	(5, 1)	(-4, 8)	(2, 1)

※ 괄호 안의 숫자는 L영화관과 C영화관이 영화 상영으로 얻는 월 수익을 의미한다(L영화관의 월 수익, C영화관의 월 수익).

예 L영화관이 공포물을 상영하고 C영화관이 코미디물을 상영했을 때, L영화관의 월 수익은 7억 원이고 C영화관의 월 수익은 4억 원이다.

〈분기별 소비자 선호 장르〉

구분	1분기	2분기	3분기	4분기
선호 장르	SF	공포	코미디	로맨스

※ 소비자가 선호하는 장르를 상영하면 월 수익은 50% 증가하고, 월 손해는 50% 감소한다.

┃ 한국중부발전 / 자원관리능력

36 L영화관의 2분기 상영영화 정보를 알 수 없다고 할 때, C영화관이 2분기 기대수익의 평균을 가장 크게 하려면 어떤 장르의 영화를 상영해야 하는가?

① SF
② 공포
③ 코미디
④ 로맨스

┃ 한국중부발전 / 자원관리능력

37 소비자의 선호 장르를 재조사한 결과 3분기에 소비자들은 코미디와 로맨스 둘 다 선호하는 것으로 나타났다. 이때, 3분기에 영화를 상영할 때, L영화관과 C영화관의 3분기 기대수익 차이가 가장 큰 경우는 언제인가?

	L영화관	C영화관
①	로맨스	SF
②	로맨스	코미디
③	코미디	공포
④	코미디	로맨스

※ 다음은 SMP에 대한 자료이다. 이어지는 질문에 답하시오. [38~39]

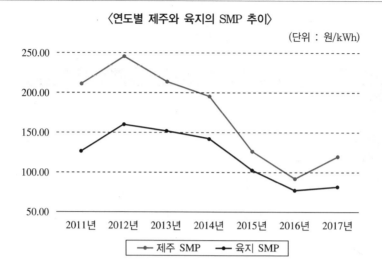

〈연도별 제주와 육지의 SMP 추이〉

(단위 : 원/kWh)

〈연도별 SMP 추이〉

(단위 : 원/kWh)

구분	2011년	2012년	2013년	2014년	2015년	2016년	2017년
통합 SMP	126.63	160.83	152.10	142.26	101.76	77.06	81.77
육지 SMP	125.93	160.12	151.56	141.78	101.54	76.91	81.39
제주 SMP	211.18	245.94	213.86	195.87	125.83	91.77	119.72

※ SMP(계통한계가격, System Marginal Price) : 거래시간별로 적용되는 전력량에 대한 전력시장가격
※ 연도별 SMP는 연간 시간대별 SMP를 연간 시간대별 전력수요예측량으로 가중평균한 것이다.

38 한국중부발전에서 근무하는 K사원은 위 자료를 참고해 다음과 같은 보고서를 작성하였다. 수정이 필요한 것을 모두 고르면?

연간 SMP 통계 정보에 따르면 ⊙ 2017년 통합 SMP는 88.77원/kWh를 기록, 전년보다 4.31원 상승했다. 연간 SMP가 상승곡선을 그린 것은 2012년 이후 5년만이다. 통합 SMP는 2011년 9.15 순환정전 이후 전력부족문제로 급상승했으며, ⓒ 2012년 160.83원/kWh로 최고점을 찍은 뒤 2016년까지 계속 하락했다. 이는 순환정전 이후 수급안정을 위해 신규 발전설비를 다수 건설한 결과다. 2017년 SMP 가격반등은 지난해 10여 기에 달하는 원전이 일제히 정비에 들어간 이유가 크다. 기저발전 역할을 하며 가격하락을 주도한 원전이 가동을 정지하면서 상대적으로 가격이 상승했다.

한편, 제주 SMP는 2012년부터 2016년까지 빠른 속도로 하락했다. 특히 ⓒ 2014년 대비 2015년 제주 SMP는 같은 기간 육지 SMP보다 큰 폭으로 하락했다. 이는 2014년부터 이어진 유가하락의 영향이 큰 것으로 알려졌다. ② 2017년 제주 SMP는 전년 대비 33% 이상 상승했으며, 2018년에도 상승할 것으로 전망된다.

---

① ⊙, ⓒ

② ⊙, ②

③ ⓒ, ⓒ

④ ⓒ, ②

---

39 2018년 육지와 제주 SMP는 2017년 대비 각각 12%, 25% 상승할 것이라고 예상할 때, 2018년 육지 SMP와 제주 SMP의 예상값을 바르게 짝지은 것은?(단, 소수점 셋째 자리에서 절사한다)

	육지 SMP	제주 SMP
①	89.65원/kWh	123.75원/kWh
②	89.65원/kWh	149.65원/kWh
③	91.15원/kWh	123.75원/kWh
④	91.15원/kWh	149.65원/kWh

40 다음 명제를 토대로 한 추론에 대한 설명으로 가장 적절한 것은?

- 돼지고기를 좋아하는 사람은 현진, 주형, 소연이다.
- 소고기를 좋아하는 사람은 소연, 재현이다.
- 새우를 좋아하는 사람은 진솔, 현진, 소연이다.
- 닭고기를 좋아하는 사람은 진솔, 주형, 재현이다.
- 생선을 좋아하는 사람은 소연, 재현이다.

A : 가장 많은 종류의 음식을 좋아하는 사람은 소연이다.
B : 진솔이와 현진이가 좋아하는 음식은 같다.

① A만 옳다.
② B만 옳다.
③ A, B 모두 옳다.
④ A, B 모두 틀리다.

41 한국토지주택공사에서 부동산 및 자동차 관련 업무처리기준 제정을 위한 공청회를 개최하였다. 공청회 자리에 참석한 남자 인원수는 공청회에 참석한 전체 인원의 $\frac{1}{5}$ 보다 65명 많았고, 여자는 전체 인원의 $\frac{1}{2}$ 보다 5명 적었다. 공청회에 참석한 전체 인원수는 몇 명인가?

① 150명
② 200명
③ 250명
④ 300명
⑤ 350명

42 갑 ~ 병 3명에게 같은 양의 물건을 한 사람씩 똑같이 나누어 주면 각각 30일, 60일, 40일 동안 사용할 수 있다고 한다. 만약 세 사람에게 나누어 줄 물건의 양을 모두 합하여 세 사람이 함께 사용한다면, 세 사람이 함께 모든 물건을 사용하는 데 걸리는 시간은 얼마인가?

① 20일
② 30일
③ 35일
④ 40일
⑤ 45일

43 H사원은 물 200g과 녹차가루 50g을 가지고 있다. H사원은 같은 부서 동료인 A사원과 B사원에게 농도가 다른 녹차를 타주려고 한다. A사원의 녹차는 물 65g과 녹차가루 35g으로 만들어 주었고, B사원에게는 남은 물과 녹차가루로 녹차를 타주려고 한다. B사원이 마시는 녹차의 농도는 몇 %인가?

① 10%
② 11%
③ 12%
④ 13%
⑤ 14%

44 한국토지주택공사 직원 A ~ E 5명은 점심식사를 하고 난 뒤 카페에서 각자 원하는 음료를 주문하였다. 다음 〈조건〉을 참고할 때, 카페라테 한 잔의 가격은 얼마인가?

> **조건**
> • 5명의 음료 총 금액은 21,300원이다.
> • A를 포함한 3명의 직원은 아메리카노를 시켰다.
> • B는 혼자 카페라테를 주문하였다.
> • 나머지 한 사람은 5,300원인 생과일주스를 주문하였다.
> • A와 B의 음료 금액은 총 8,400원이다.

① 3,800원
② 4,000원
③ 4,200원
④ 4,400원
⑤ 4,600원

45 한국토지주택공사는 '행복한 밥상 행사'를 추진하려고 한다. 행사에 대한 후원을 받기 위해 행사 시작 전 임원진, 직원, 주주와 협력업체 사람들을 강당에 초대하였다. 다음 〈조건〉을 참고할 때, 후원 행사에 참석한 협력업체 사람들은 모두 몇 명인가?

> **조건**
> • 강당에 모인 사람들의 수는 270명이다.
> • 전체 인원 중 50%는 차장급 이하 직원들이다.
> • 차장급 이하 직원들을 제외한 인원의 20%는 임원진이다.
> • 차장급 이하 직원과 임원진을 제외한 나머지 좌석에는 주주들과 협력업체 사람들이 반씩 앉아 있다.

① 51명
② 52명
③ 53명
④ 54명
⑤ 55명

※ 다음 자료를 보고 이어지는 질문에 답하시오. [46~47]

<table>
<tr><th colspan="2">〈임대인·임차인의 권리〉</th></tr>
<tr><th>임대인의 권리</th><th>임차인의 권리</th></tr>
<tr>
<td>1. 월세지급청구권
임대인은 임차인에게 정해진 일자에 월세를 주도록 청구할 수 있음(민법 제618조)</td>
<td>※ 임대주택 사용·수익권
임차인은 임대차계약을 통해 주택을 사용·수익할 수 있는 권리를 취득함(민법 제618조)</td>
</tr>
<tr>
<td>2. 임대물 반환청구권
임대차계약이 종료하면 임대인은 임차인에게 임대주택을 반환해 주도록 청구할 수 있음</td>
<td>※ 임대차등기협력청구권
계약당사자 간의 별도의 약정이 없을 경우 임차인은 임대인에게 주택임대차등기에 협력해 주도록 청구할 수 있음(민법 제621조 제1항)
임대차가 끝났음에도 보증금이 반환되지 않은 경우 임차인은 법원의 임차권등기명령제도를 이용해 임차권등기를 할 수 있음(주택임대차보호법 제3조의3 제1항)
임대차등기 관련 분쟁이 발생하여 소송을 진행해 승소를 한 경우에는 단독으로 등기를 할 수 있음(부동산등기법 제23조 제4항 참조)</td>
</tr>
<tr>
<td>3. 차임(월세 등)증액청구권
임대인은 약정한 월세나 보증금이 임대주택에 대한 조세, 공과금, 그 밖의 경제사정의 변동으로 적절하지 않게 된 경우 그 이후로 올려달라고 청구할 수 있음(주택임대차보호법 제7조 본문)</td>
<td>※ 차임(월세 등)감액청구권
임차인은
① 임차주택의 일부가 임차인의 잘못 없이 멸실되거나 그 밖의 사유로 사용·수익할 수 없게 된 경우(민법 제627조 제1항)
② 약정한 월세나 보증금이 임대주택에 대한 조세, 공과금, 그 밖의 경제사정의 변동으로 적절하지 않게 된 경우 그 이후로 내려달라고 청구할 수 있음(주택임대차보호법 제7조 본문)</td>
</tr>
<tr>
<td>4. 원상회복청구권
임대차계약이 종료하면 ___⑦___ 은 ___ⓒ___ 에게 임대주택을 임대해줄 당시와 같이 원상복구하여 돌려줄 것을 요구할 수 있음(민법 제654조 및 제615조)</td>
<td>※ 부속물매수청구권
임차인은 사용편의를 위해 임대인의 동의를 얻어 주택에 부속시킨 물건이 있거나 임대인으로부터 매수한 부속물이 있는 경우 임대차가 종료하면 임대인에게 그 부속물의 매수를 청구할 수 있음(민법 제646조)
※ 부속물 철거권
임대인이 부속물의 매수를 원하지 않을 경우 임차인은 부속물을 철거할 수 있음(민법 제654조 및 제615조)</td>
</tr>
<tr>
<td>5. 임대물의 보존에 필요한 행위를 할 권리
임대인이 임대주택의 보존에 필요한 행위를 하는 경우 임차인은 이를 거절하지 못함(민법 제624조)</td>
<td>※ 필요비상환청구권
임차인은 임차주택의 보존에 관해 필요비를 지출한 경우 비용이 발생한 즉시 임대인에게 그 비용을 청구할 수 있음(민법 제626조 제1항)
※ 유익비상환청구권
___ⓒ___ 이 유익비를 써서 임대차가 끝났을 때까지도 그 가치가 증가해 증가액이 있는 경우 임차인은 임대인에게 지출한 금액이나 그 증가액만큼을 돌려주도록 청구할 수 있음(민법 제626조 제2항)</td>
</tr>
</table>

46 다음 중 빈칸 ㉠~㉢에 들어갈 단어를 바르게 짝지은 것은?

	㉠	㉡	㉢
①	임차인	임대인	임대인
②	임차인	임대인	임차인
③	임대인	임차인	임차인
④	임대인	임차인	임대인
⑤	임대인	임대인	임차인

47 다음 중 밑줄 친 어휘에 대한 설명으로 가장 적절한 것은?

① 지급 : 돈이나 물품을 받아들임

② 멸실 : 건축물이 없어지는 것

③ 원상복구 : 본디의 형편이나 상태

④ 매수 : 값을 받고 물건의 소유권을 다른 사람에게 넘김

⑤ 보존 : 무엇을 움직이게 하거나 부리어 씀

48 다음 트리즈의 3가지 분리 원칙을 참고하여 〈보기〉와 같은 원칙을 적용한 사례로 가장 적절한 것은?

〈트리즈의 3가지 분리 원칙〉

트리즈는 하나의 특성이 서로 상충되는 상태를 요구받는 물리적 모순이 발생할 경우 이를 극복하기 위한 방법으로 다음의 3가지 분리 원칙을 개발하였다.

1) 시간에 의한 분리
2) 공간에 의한 분리
3) 전체와 부분에 의한 분리

즉, 트리즈는 모순되는 요구를 시간, 공간, 전체와 부분에 따라 분리함으로써 상반되는 요구를 모두 만족시키고자 하였다.

보기

군사용 레이더 장치를 제작하는 H사는 수신전용 안테나를 납품하기 위해 정부의 입찰에 참여했다. 안테나를 설치할 지역은 기온이 영하 20도 이하로 내려가는 추운 지역인 데다가 바람도 거센 곳이었다. 따라서 안테나는 별도의 사후 노력 없이도 강풍과 추위에 견딜 수 있을 만큼 단단해야 했다. 또한 전략적 요충지에 설치되어야 하기에 도보로 운반할 수 있을 정도의 가벼운 무게를 지녀야 했다. H사는 정부의 입찰 계약을 따내는데 성공했고, 이는 회사의 엔지니어들이 기존과 다른 새로운 해결 방법을 고안했기에 가능했다. 이들은 안테나 전체가 아닌 안테나 기둥을 단단하게 만들고자 안테나 기둥의 표면을 거칠게 만들어 눈이 내리면 기둥에 눈이 쉽게 달라붙도록 하였고, 이 눈이 기둥에 얼어붙어 자동적으로 지지대를 보강하게 한 것이다. 이러한 방법은 별도의 장치를 추가할 필요가 없었으므로 안테나의 무게를 늘리지 않고도 지지대를 강화할 수 있었다.

① 튼튼하면서도 유연함을 유지해야 하는 자전거 체인
② 이·착륙 시 사용했다가 이륙 이후 접어 넣는 비행기 바퀴
③ 고층 건물 내 일정한 층을 분리하여 설치한 엘리베이터
④ 배가 지나갈 때, 다리의 한 쪽이나 양쪽을 들어 올려 배의 통행을 가능하게 한 다리
⑤ 가까운 거리나 먼 거리에 있는 물체 모두를 잘 볼 수 있는 다초점 안경

49 다음 〈조건〉에 따라 A ~ E 다섯 명의 사람이 일렬로 나란히 자리에 앉으려고 할 때, 바르게 추론한 것은?

> **조건**
> - A ~ E 다섯 명의 자리는 우리가 바라보는 방향을 기준으로 한다.
> - 자리의 순서는 왼쪽을 기준으로 한다.
> - D는 A의 바로 왼쪽 자리에 있다.
> - B와 D사이에 C가 있다.
> - A는 마지막 자리가 아니다.
> - A와 B사이에 C가 있다.
> - B는 E의 바로 오른쪽 자리에 앉는다.

① D는 두 번째 자리에 앉는다.

② E는 네 번째 자리에 앉는다.

③ C는 두 번째 자리에 앉는다.

④ C는 E의 오른쪽 자리에 앉는다.

⑤ C는 A의 왼쪽 자리에 앉는다.

50 다음과 같이 일정한 규칙으로 수를 나열할 때 빈칸에 들어갈 수는?

142,758	814,275	581,427	758,142	275,814	( )

① 427,581

② 472,581

③ 427,851

④ 758,142

⑤ 785,142

51 다음을 계산한 값은 얼마인가?

$$17 \times 409 \times 23$$

① 159,917

② 159,918

③ 159,919

④ 159,928

⑤ 159,929

52 다음 사례에 적용된 문제해결 방법 중 원인 파악 단계의 결과로 가장 적절한 것은?

1980년대 초반에 헝가리 부다페스트 교통 당국은 혼잡한 시간대에 대처하기 위해 한 노선에 버스를 여러 대씩 운행시켰다. 그러나 사람들은 45분씩 기다려야 했거나 버스 서너 대가 한꺼번에 온다고 찌증을 냈다. 사람들은 버스 운전사가 멍청하거나, 아니면 악의적으로 배차를 그렇게 한다고 여겼다. 다행스럽게도 시 당국은 금방 문제의 원인을 파악했고, 해결책도 찾았다. 버스 세 대 이상을 노선에 투입하고 간격을 똑같이 해 놓으면, 버스의 간격은 일정하게 유지되지 않는다. 앞서 가는 버스는 승객을 많이 태우게 되고, 따라서 정차 시간이 길어진다. 바로 뒤 따라가는 버스는 승객이 앞 차만큼 많지 않기 때문에 정차 시간이 짧아진다. 이러다 보면 어쩔 수 없이 뒤차가 앞차를 따라잡아서 버스가 한참 안 오다가 줄줄이 두 세대씩 한꺼번에 몰려오게 된다. 버스들이 자기 조직화 때문에 한꺼번에 뭉쳐서 다니게 되는 것이다.

상황을 이해하고 나면 해결책도 나온다. 버스 관리자는 이 문제가 같은 노선의 버스는 절대로 앞차를 앞지르지 못하게 되어 있기 때문임을 인지했다. 이 문제를 없애기 위해 당국은 운전사들에게 새로운 규칙을 따르게 했다. 같은 노선의 버스가 서 있는 것을 보면 그 버스가 정류장의 승객을 다 태우지 못할 것 같아도 그냥 앞질러 가라는 것이다. 이렇게 하면 버스들이 한꺼번에 줄줄이 오는 것을 막게 되어 더 효율적으로 운행할 수 있다.

① 버스 운전사의 운전 미숙
② 부다페스트시의 열악한 도로 상황
③ 유연하지 않은 버스 운행 시스템
④ 의도적으로 조절한 버스 배차 시간
⑤ 정차된 같은 노선의 버스를 앞지르는 규칙

53 다음과 동일한 오류를 저지른 사례는?

나는 지난 겨울 방학에 이어 이번 여름 방학에 알래스카를 다시 방문했는데, 흰 눈과 얼음으로 뒤덮여 있던 내 기억 속의 겨울 알래스카와 전혀 다른 모습이어서 당황스러웠어.

① 고양이를 좋아하지 않는 걸 보니 너는 동물을 싫어하는구나.
② 게임을 좋아하는 철수보다 책을 좋아하는 영희가 좋은 이유는 게임보다 책을 좋아하는 사람이 더 지성적이기 때문이야.
③ 아직 이 약이 어떤 부작용을 일으킨다는 실험 결과가 나오지 않았으므로 이 약은 안전해.
④ ○○치약을 사용하는 사람이 9백만 명이나 되는 걸 보면 ○○치약이 가장 좋은 제품이야.
⑤ 요즘 청소년들의 사고가 많은 걸 보니 청소년들은 전부 문제가 많은 모양이야.

54　다음 자료를 보고 〈보기〉를 이해한 내용으로 적절하지 않은 것은?

활주로를 달려 하늘로 날아오르는 비행기. 항공기를 이용할 때 이륙과 착륙 시 활주로에 숫자가 적혀 있는 것을 본 적이 있나요? 활주로에 적힌 숫자에는 어떤 의미가 있을까요?

활주로에 적힌 숫자는 활주로 번호입니다. 활주로 번호는 36까지만 사용할 수 있는데요. 전 세계 어느 공항을 가더라도 36이 넘는 활주로 번호는 볼 수 없습니다. 이는 활주로 번호가 360° 방위각을 의미하기 때문입니다. 북쪽을 기준으로 활주로가 가리키는 방향의 각도에 따라 번호가 부여되는 센. 이렇게 부어진 활주로 번호는 두 지리 숫지로 표기됩니다. 즉, 활주로 빙위를 10으로 나눠 소수점을 제외한 정수로 표시하는 것이죠. 10 미만인 경우에는 앞에 0을 붙입니다. 활주로 번호가 09번이면 동쪽, 27은 서쪽, 18은 남쪽 방향이 되며, 북쪽은 36으로 표기합니다. 만약 방위가 같아 동일한 번호를 써야 하는 활주로가 2 ~ 3개인 경우, 숫자 뒤에 L(왼쪽), C(중앙), R(오른쪽)을 붙여 구분하며, 3개가 넘으면 혼동을 방지하기 위해 번호를 달리하여 구분합니다.

〈활주로 운영등급〉

등급	활주로 가시 거리(RVR)	결심고도(DH)
CAT-Ⅰ	550m 이상	60m 이상 75m 미만
CAT-Ⅱ	300m 이상 550m 미만	30m 이상 60m 미만
CAT-Ⅲa	175m 이상 300m 미만	15m 이상 30m 미만
CAT-Ⅲb	50m 이상 175m 미만	15m 미만
CAT-Ⅲc	제한 없음	제한 없음

※ RVR(Runway Visual Range) : 활주로 중심선 상에 접지 시 조종사의 평균적인 눈높이에서 이륙 방향 또는 착륙 방향을 바라볼 때, 활주로 혹은 활주로를 표시하는 등불 또는 표지를 볼 수 있는 최대의 거리
※ DH(Decision Height) : 조종사가 착륙 또는 복행을 최종적으로 결심하는 고도. 즉, 특정 고도에 다다랐을 때 활주로 또는 주변 시각참조물이 보이지 않을 경우 재접근을 위한 복행을 시작해야 한다.

보기

〈공항별 활주로 정밀운영 등급〉

구분	활주로 방향	등급
A공항	15R, 33L, 15L, 33R, 16, 34	CAT-Ⅲa
B공항	32L, 14, 32R	CAT-Ⅲb
C공항	36, 18	CAT-Ⅰ
D공항	06, 24	CAT-Ⅰ

① 남동쪽 활주로를 보유한 공항은 모두 2곳이다.
② A, B, C, D공항 중 같은 방위의 활주로를 가장 많이 보유하고 있는 곳은 A공항이다.
③ A, B, C, D공항 중 활주로 운영등급이 최고인 곳은 없다.
④ DH 15m 미만에서 활주로가 식별되었을 때 안전하게 하강할 수 있는 곳은 B공항이다.
⑤ 북쪽 방향 활주로의 개수보다 남쪽 방향 활주로의 개수가 더 많다.

55 다음 〈조건〉에 따라 5명 중 2명만 합격한다고 했을 때, 합격한 사람은 누구인가?

> **조건**
>
> • 점수가 높은 사람이 합격한다.
> • A와 B는 같이 합격하거나 같이 불합격한다.
> • C는 D보다 점수가 높다.
> • C와 E의 점수가 같다.
> • B와 D의 점수가 같다.

① A, B
② A, C
③ C, D
④ C, E
⑤ D, E

56 다음 중 공손성의 원리와 그 설명이 바르게 짝지어진 것은?

① 요령의 격률 : 화자 자신에게 혜택을 주는 표현을 최소화하고 화자 자신에게 부담을 주는 표현은 최대화한다.
② 관용의 격률 : 상대방에게 부담이 가는 표현을 최소화하고 상대방의 이익을 극대화한다.
③ 찬동의 격률 : 자신의 의견과 다른 사람의 의견 사이의 차이점을 최소화하고 자신의 의견과 다른 사람의 의견의 일치점을 극대화한다.
④ 겸양의 격률 : 자기 자신에 대한 칭찬은 최소화하고 자신에 대한 비방을 극대화한다.
⑤ 동의의 격률 : 다른 사람에 대한 비방을 최소화하고 칭찬을 극대화한다.

57 A ~ D 4명의 마을 사람이 있다. 이들의 진술이 다음과 같을 때, 거짓을 말하는 사람은 몇 명인가? (단, 마을 사람은 참과 거짓만 말한다)

> A : B가 거짓말을 하고 있어.
> B : A와 C 두 사람 모두 거짓말을 하고 있어.
> C : D는 거짓말을 하고 있어.
> D : B가 거짓말을 하고 있어.

① 없음
② 1명
③ 2명
④ 3명
⑤ 4명

58 다음 자료를 보고 〈보기〉를 계산한 값으로 옳은 것은?

마야 숫자는 콜럼버스 이전의 시대에 마야 문명에서 쓰였던 20진법을 기반으로 한 숫자와 그 숫자를 사용한 기수법이다. 마야 숫자의 기호로는 0을 뜻하는 〈시스 임〉, 기본 단위를 뜻하는 ●(훈) 그리고 기본 단위의 다섯 배를 뜻하는 ━━(호오)가 있다. 마야 숫자에서는 0에서 19까지는 점 하나가 1을, 가로 막대 하나가 5를 나타낸다. 20진법에 따라 수의 둘째 자리에 기본 단위인 ●가 추가될 때마다 20씩 늘어난다. 예를 들어 ●〈시스임〉은 20, ●●〈시스임〉은 40이다. 또한, 셋째 자리에서 ●은 $20^2=400$, 넷째 자리에서 ●은 $20^3=8,000$을 의미한다. 이와 같이 마야 숫자에서는 자릿수가 늘어나면 기호가 뜻하는 수는 첫째 자리 수의 20의 거듭제곱이 된다.

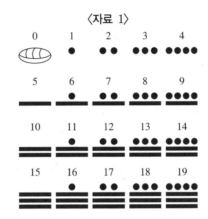

〈자료 1〉

〈자료 2〉

● (위에 막대)	넷째 자리	$6×20^3$	48,000
●●●● (위에 막대)	셋째 자리	$9×20^2$	3,600
〈시스임〉	둘째 자리	$0×20^1$	0
● (위에 막대들)	첫째 자리	$16×20^0$	16
합계	4,8000+3,600+0+16=51,616		

보기

① 81
② 164
③ 323
④ 434
⑤ 1154

59 다음은 정오각형의 각도를 나타낸 자료이다. ⓐ÷ⓑ×ⓒ의 값을 바르게 구한 것은?

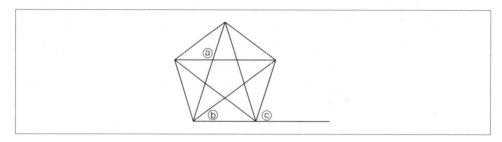

① 54

② 108

③ 144

④ 180

⑤ 216

60 현재 시각이 다음과 같을 때, 시침과 분침이 이루는 각의 크기는?(단, 각의 크기가 작은 쪽을 구한다)

① 10°

② 110°

③ 120°

④ 130°

⑤ 145°

PART 2
NCS 기출동형
모의고사

제1회

모듈형 NCS
기출동형 모의고사

■ 취약영역 분석

번호	O/×	영역	번호	O/×	영역	번호	O/×	영역
01		자원관리능력	21		자원관리능력	41		수리능력
02		의사소통능력	22		직업윤리	42		기술능력
03		수리능력	23			43		조직이해능력
04		직업윤리	24		의사소통능력	44		정보능력
05			25		정보능력	45		문제해결능력
06		대인관계능력	26		수리능력	46		대인관계능력
07		정보능력	27		조직이해능력	47		자기개발능력
08		수리능력	28		의사소통능력	48		기술능력
09		문제해결능력	29		대인관계능력	49		자기개발능력
10		조직이해능력	30		문제해결능력	50		의사소통능력
11		대인관계능력	31		직업윤리	51		자원관리능력
12			32		대인관계능력	52		조직이해능력
13		자기개발능력	33		정보능력	53		의사소통능력
14		의사소통능력	34		대인관계능력	54		문제해결능력
15		문제해결능력	35		조직이해능력	55		수리능력
16		자원관리능력	36		기술능력	56		의사소통능력
17		수리능력	37		직업윤리	57		기술능력
18		정보능력	38		문제해결능력	58		직업윤리
19		기술능력	39		자원관리능력	59		수리능력
20		조직이해능력	40			60		자기개발능력

평가문항	60문항	평가시간	60분
시작시간	:	종료시간	:
취약영역			

모바일 OMR

🕐 응시시간 : 60분   📋 문항 수 : 60문항   정답 및 해설 p.106

01 다음 중 예산수립의 절차가 바르게 나열된 것은?

> ㄱ. 필요한 과업 및 활동 규명
> ㄴ. 예산 배정
> ㄷ. 우선순위 결정

① ㄱ - ㄴ - ㄷ   ② ㄱ - ㄷ - ㄴ
③ ㄴ - ㄱ - ㄷ   ④ ㄴ - ㄷ - ㄱ
⑤ ㄷ - ㄱ - ㄴ

02 다음 중 상황과 대상에 따른 의사표현법으로 적절하지 않은 것은?

① 상대방의 잘못을 지적할 때는 상대방이 상처를 받을 수도 있으므로 모호한 표현을 해야 한다.
② 상대방에게 명령해야 할 때는 강압적으로 말하기보다는 부드럽게 표현하는 것이 효과적이다.
③ 상대방에게 부탁해야 할 때는 상대의 사정을 우선시하는 태도를 보여줘야 한다.
④ 상대방의 요구를 거절해야 할 때는 먼저 사과하고 요구를 들어줄 수 없는 이유를 설명해야 한다.
⑤ 상대방을 칭찬할 때는 별다른 노력을 기울이지 않아도 되지만, 자칫 잘못하면 아부로 여겨질 수 있으므로 주의해야 한다.

03 제품 A는 1개에 600원, 제품 B는 1개에 1,000원이다. 김사원이 거스름돈을 전혀 남기지 않고 12,000원으로 A와 B를 살 수 있는 방법의 수는?(단, A만 모두 사거나 B만 모두 사는 것도 가능하다)

① 4가지   ② 5가지
③ 6가지   ④ 7가지
⑤ 8가지

리베이트의 의미는 우리나라에서는 많이 퇴색되어 있지만 미국에서는 발달한 제도로 대형 판촉행사에서 많이 활용되고 있다. 리베이트는 판매 장려금으로 영업행위의 하나의 도구로 흔히 사용되고 있다.

우리나라의 경우 제약업에서 문제가 되는 경우가 빈번하다. 우리나라는 왜곡된 의료보장체계와 복제 의약품이 난립하고 있기 때문에 제약업계의 대부분 기업이 신약 개발에 투자하기보다는 복제 의약품 판매에 열을 올리고 있다. 환자를 뺏고 뺏기는 경쟁체제가 심화되면서 정직한 영업을 하기보다는 리베이트를 통해 시장 점유율과 매출을 확대시키려는 기업들이 늘어나고 있다. 처방을 해 주는 의사들에게 금전을 제공하거나 세미나나 모임 등을 음성적으로 지원해 주는 경우가 빈번하며 제약업체 영업사원에게 병원 소모품 구매나 개인적인 업무 대행까지 요구해 문제가 되는 사례도 있다. 리베이트는 현행법상 불법이며 횡령과 분식회계 등 사회적인 문제를 발생시키고 있다.

PART 2

04 다음 중 윤리적 행위의 유형에서 리베이트가 해당하는 행위로 가장 적절한 것은?

① 도덕적 타성   ② 도덕적 태만

③ 거짓말   ④ 무지

⑤ 무관심

05 다음 중 윗글과 같은 비윤리적 행위가 일어나는 원인으로 적절하지 않은 것은?

① 윤리적 문제에 대해 제대로 인식하지 못하는 데서 기인한다.

② 비윤리적 행동이 미치는 영향에 대해 별것 아니라고 생각하는 데 원인이 있다.

③ 자신들의 입장과 처지를 보호하기 위해 보호적으로 하는 행위이다.

④ 비윤리적 행위라는 것을 분명히 알고 있으나, 그것과 서로 충돌하는 가치가 있을 경우 그것을 선호하는 경우이다.

⑤ 자신의 행위가 비윤리적이라는 것을 알고 있지만 윤리적인 기준에 따라 행동하는 것을 중요하게 여기지 않는 태도에 원인이 있다.

06 다음 중 협상과정 5단계를 순서대로 바르게 나열한 것은?

> ㄱ. 적극적으로 경청하고 자기주장을 제시한다.
> ㄴ. 합의문을 작성한다.
> ㄷ. 분할과 통합 기법을 활용하여 이해관계를 분석한다.
> ㄹ. 간접적인 방법으로 협상의사를 전달한다.
> ㅁ. 협상 안건마다 대안들을 평가한다.

① ㄱ → ㄷ → ㄹ → ㅁ → ㄴ
② ㄱ → ㄹ → ㄷ → ㄴ → ㅁ
③ ㄹ → ㄱ → ㄴ → ㄷ → ㅁ
④ ㄹ → ㄱ → ㄷ → ㅁ → ㄴ
⑤ ㄹ → ㄱ → ㅁ → ㄷ → ㄴ

07 다음 시트에서 [B1] 셀에 수식 「=INT(A1)」 함수를 입력했을 때 결과로 옳은 것은?

▲	A	B
1	100.58	

① 100
② 100.5
③ 100.58
④ 100.6
⑤ 101

08 총 길이가 20km인 원형 트랙을 자동차로 4시간 동안 시계방향으로 돌았다. 처음 2시간 동안 10회, 다음 1시간 동안 6회, 마지막 1시간 동안 4회 돌았다면, 4시간 동안의 자동차 평균 속력은 얼마인가?

① 60km/h

② 70km/h

③ 80km/h

④ 90km/h

⑤ 100km/h

09 다음 중 빈칸 ㉠~㉢에 들어갈 말을 순서대로 바르게 나열한 것은?

> ___㉠___(이)란 업무를 수행함에 있어서 답을 요구하는 질문이나 의논하여 해결해야 되는 사항을 의미한다. ___㉠___은/는 흔히 ___㉡___와/과 구분하지 않고 사용되는데, ___㉡___(이)란 ___㉢___의 원인이 되는 사항으로 해결을 위해서 손을 써야 할 대상을 말한다.

	㉠	㉡	㉢
①	문제	문제점	결과
②	문제	문제점	문제
③	문제점	오류	문제
④	문제점	문제	문제점
⑤	문제점	문제	결과

10 다음 중 조직목표의 기능에 대한 설명으로 적절하지 않은 것은?

① 조직이 나아갈 방향을 제시해 주는 기능을 한다.

② 조직 구성원의 의사결정 기준이 된다.

③ 조직 구성원의 행동에 동기를 유발시키는 기능을 한다.

④ 조직을 운영하는 데 융통성을 제공하는 기능을 한다.

⑤ 조직구조나 운영과정과 같이 조직 설계를 구체화할 수 있는 기준이 된다.

※ 귀하는 S기관의 상담사이며, 현재 불만고객 응대 프로세스에 따라 불만고객 응대를 하고 있는 중이다. 이어지는 질문에 답하시오. [11~12]

상담사 : 안녕하십니까. S기관 상담사 □□□입니다.
고객 : 학자금 대출 이자 납입건으로 문의할 게 있어서요.
상담사 : 네, 고객님. 어떤 내용이신지 말씀해 주시면 제가 도움을 드리도록 하겠습니다.
고객 : 제가 S기관으로부터 대출을 받고 있는데 아무래도 대출 이자가 잘못 나간 것 같아서요. 안 그래도 바쁘고 시간도 없는데 이것 때문에 비 오는 날 우산도 없이 은행에 왔다 갔다 했네요. 도대체 일을 어떻게 처리하는 건지…
상담사 : 아 그러셨군요, 고객님. 먼저 본인확인 부탁드립니다. 성함과 전화번호를 말씀해 주세요.
고객 : 네, △△△이고요, 전화번호는 000-0000-0000입니다.
상담사 : 확인해 주셔서 감사합니다. _____

11 다음 중 윗글에서 언급된 불만고객은 어떤 유형의 불만고객에 해당하는가?

① 거만형
② 의심형
③ 트집형
④ 빨리빨리형
⑤ 우유부단형

12 다음 〈보기〉 중 윗글의 빈칸에 들어갈 내용으로 적절한 것을 모두 고르면?

> **보기**
> ㄱ. 어떤 해결 방안을 제시해주는 것이 좋은지 고객에게 의견을 묻는다.
> ㄴ. 고객 불만 사례를 동료에게 전달하겠다고 한다.
> ㄷ. 고객이 불만을 느낀 상황에 대한 빠른 해결을 약속한다.
> ㄹ. 대출내역을 검토한 후 어떤 부분에 문제가 있었는지 확인하고 답변해준다.

① ㄱ, ㄴ
② ㄱ, ㄷ
③ ㄴ, ㄷ
④ ㄴ, ㄹ
⑤ ㄷ, ㄹ

13 다음은 교육팀에서 근무하는 L사원이 직장동료에게 자신에 대한 평가결과를 이야기하는 내용이다. L사원의 자기개발 실패 원인으로 가장 적절한 것은?

> 이번 회사에서 사원평가를 했는데 나보고 자기개발능력이 부족하다고 하네. 6시 퇴근시각에 바로 퇴근을 하더라도 집이 머니까 도착하면 8시고, 바로 씻고 저녁 먹고 잠깐 쉬면 금방 10시야. 방 정리하고 설거지하면 어느새 11시가 되는데, 어느 틈에 자기개발을 하라는 건지 이해도 잘 안 되고 답답하기만 해.

① 자기중심적이고 제한적인 사고
② 현재하고 있는 일을 지속하려는 습성
③ 자신의 주장과 반대되는 주장에 대한 배척
④ 자기개발 방법에 대한 정보 부족
⑤ 인간의 욕구와 감정의 작용

14 L씨가 다음 기사를 읽고 가족들과 함께하는 시간을 갖기 위해 '가족의 밤'을 진행하기로 결심했을 때, L씨는 문서이해 과정 중 어느 단계에 해당하는가?

> 〈6남매를 성공적으로 키운 K씨〉
>
> K씨 부부는 처음부터 집안에 책상 18개를 구해놓고 애들이 보든 말든 거기서 책을 읽었다. K씨는 공부습관을 들이는 데는 '규칙적 학습'이 열쇠라는 평범한 경험담을 강조했다. K씨는 아이들의 나이와 성향에 맞춰 공부 시간과 양을 함께 정했다. 계획에 무리가 없도록 했고, 아이들은 자신이 정한 양을 해낼 수 있었다. 또한, K씨 가족은 무슨 일이 있어도 아침 식사를 같이 했다. 매주 금요일 밤은 '가족의 밤'으로 TV를 함께 보며 의견을 나누었고, 토요일 아침 식사 후에도 반드시 가족회의를 열었다.

① 문서의 목적 이해
② 문서 작성의 배경·주제 파악
③ 문서에 쓰인 정보와 제시된 현안 파악
④ 자신에게 요구되는 행동에 대한 내용 분석
⑤ 문서에서 이해한 목적 달성을 위해 취해야 할 행동 결정

15 다음 중 브레인스토밍의 진행 방법으로 적절하지 않은 것은?

① 주제를 구체적이고 명확하게 정한다.

② 실현 가능성이 없는 아이디어는 단호하게 비판한다.

③ 되도록 다양한 분야의 사람들을 구성원으로 참석시킨다.

④ 리더는 누구나 자유롭게 발언할 수 있도록 구성원을 격려한다.

⑤ 리더는 직급과 관계없이 자유로운 분위기를 조성할 수 있는 사람으로 선출한다.

16 다음 중 4차 산업혁명시대의 인적자원관리 변화에 대한 설명으로 적절하지 않은 것은?

① 영리 기반 공유경제 플랫폼은 노동자의 고용안정성을 더욱 향상시킨다.

② 기술진보에 따른 새로운 직무에 적응할 수 있도록 지속적인 능력개발이 뒷받침되어야 한다.

③ 인간을 모방한 감각기능과 지능이 탑재된 진보된 로봇이 다양한 수작업을 하고, 이는 산업에 영향을 주어 근로의 유형을 변경시킨다.

④ 신기술의 등장과 기존 산업 간의 융합으로 새로운 산업의 생태계를 만들고, 직업에도 많은 변화가 발생한다.

⑤ 일자리의 양극화가 더욱 심화되며 대기업을 중심으로 우수인재 영입 및 유지를 위한 데이터 기반 인적자원관리가 강화된다.

17 다음 중 2차 자료에 해당되는 것은?

우리는 흔히 필요한 정보를 수집할 수 있는 원천을 정보원(Sources)이라 부른다. 정보원은 정보를 수집하는 사람의 입장에서 볼 때 공개된 것은 물론이고 비공개된 것도 포함되며 수집자의 주위에 있는 유형의 객체 가운데서 발생시키는 모든 것이 정보원이라 할 수 있다.

이러한 정보원은 크게 1차 자료와 2차 자료로 구분할 수 있다. 1차 자료는 원래의 연구성과가 기록된 자료를 의미한다. 2차 자료는 1차 자료를 효과적으로 찾아보기 위한 자료 혹은 1차 자료에 포함되어 있는 정보를 압축·정리해서 읽기 쉬운 형태로 제공하는 자료를 의미한다.

① 학술회의자료

② 백과사전

③ 출판 전 배포자료

④ 학위논문

⑤ 신문

18 다음 시트에서 [D2:D7]처럼 생년월일만 따로 구하려고 할 때, [D2] 셀에 들어갈 수식으로 옳은 것은?

	A	B	C	D
1	순번	이름	주민등록번호	생년월일
2	1	김현진	880821-2949324	880821
3	2	이혜지	900214-2928342	900214
4	3	김지언	880104-2124321	880104
5	4	이유미	921011-2152345	921011
6	5	박슬기	911218-2123423	911218
7	6	김혜원	920324-2143426	920324

① =RIGHT(A2,6) ② =RIGHT(A2,C2)

③ =LEFT(C2,6) ④ =LEFT(C2,2)

⑤ =MID(C2,5,2)

19 다음은 벤치마킹을 수행 방식에 따라 분류한 자료이다. (A) ~ (E)에 들어갈 내용으로 적절하지 않은 것은?

〈벤치마킹의 수행 방식에 따른 분류〉

구분	직접적 벤치마킹	간접적 벤치마킹
정의	• 벤치마킹 대상을 직접 방문하여 조사·분석하는 방법	• 벤치마킹 대상을 인터넷 및 문서형태의 자료 등을 통해서 간접적으로 조사·분석하는 방법
장점	• 필요로 하는 정확한 자료의 입수 및 조사가 가능하다. • _____(A)_____	• 벤치마킹 대상의 수에 제한이 없고 다양하다. • _____(C)_____
단점	• 벤치마킹 수행과 관련된 비용 및 시간이 많이 소요된다. • _____(B)_____	• _____(D)_____ • _____(E)_____

① (A) : 벤치마킹의 이후에도 계속적으로 자료의 입수 및 조사가 가능하다.

② (B) : 벤치마킹 결과가 피상적일 수 있다.

③ (C) : 비용과 시간을 상대적으로 많이 절감할 수 있다.

④ (D) : 핵심자료의 수집이 상대적으로 어렵다.

⑤ (E) : 정확한 자료 확보가 어렵다.

20 A기업의 상황을 고려할 때, 다음 중 경영활동과 그 사례로 적절하지 않은 것은?

〈상황〉

• A기업은 국내 자동차 제조업체이다.
• A기업은 최근 인도네시아의 자동차 판매업체와 계약을 하여, 내년부터 인도네시아로 차량을 수출할 계획이다.
• A기업은 중국의 자동차 부품 제조업체와 협력하고 있는데, 최근 중국 내 전염병 확산으로 현지 업체들의 가동률이 급락하였다.
• A기업은 최근 내부 설문조사를 실시한 결과, 사내 유연근무제 도입을 희망하는 직원의 비율은 72%, 희망하지 않는 직원의 비율이 20%, 무응답이 8%였다.
• A기업의 1분기 생산라인 피드백 결과, 엔진 조립 공정에서 진행속도를 20% 개선할 경우, 생산성이 12% 증가하는 것으로 나타났다.

	경영활동	사례
①	외부경영활동	인도네시아 시장의 자동차 구매성향 파악
②	내부경영활동	국내 자동차 부품 제조업체와의 협력안 검토
③	내부경영활동	인도네시아 현지 자동차 법규 및 제도 조사
④	내부경영활동	엔진 조립 공정 개선을 위한 공정 기술 연구개발
⑤	내부경영활동	생산라인에 부분적 탄력근무제 도입

21 다음 중 A씨가 시간관리를 통해 일상에서 얻을 수 있는 효과로 적절하지 않은 것은?

A씨는 일과 생활의 균형을 유지하기 위해 항상 노력한다. 매일 아침 가족들과 함께 아침 식사를 하며 대화를 나눈 후 출근 준비를 한다. 출근길 지하철에서는 컴퓨터 자격증 공부를 틈틈이 하고 있다. 업무를 진행하는 데 있어서 컴퓨터 사용 능력이 부족하다는 것을 스스로 느꼈기 때문이다. 회사에 출근 시간보다 여유롭게 도착하면 먼저 오늘의 업무 일지를 작성하여 무슨 일을 해야 하는지 파악한다. 근무 시간에는 일정표를 바탕으로 정해진 순서대로 일을 진행한다. 퇴근 후에는 가족과 영화를 보거나 저녁 식사를 하며 시간을 보낸다. A씨는 철저한 시간관리를 통해 후회 없는 생활을 하고 있다.

① 스트레스 감소 ② 균형적인 삶
③ 생산성 향상 ④ 목표 성취
⑤ 사회적 인정

22 다음 중 직업윤리의 5대 원칙으로 적절하지 않은 것은?

> **〈직업윤리의 5대 원칙〉**
>
> - 업무의 공공성을 바탕으로 공사 구분을 명확히 하고, 모든 것을 숨김없이 투명하게 처리하는 원칙
> - 고객에 대한 봉사를 최우선으로 생각하고 현장 중심, 실천 중심으로 일하는 원칙
> - 자기업무에 전문가로서의 능력과 의식을 가지고 책임을 다하며, 능력을 연마하는 원칙
> - 업무와 관련된 모든 것을 숨김없이 정직하게 수행하고, 본분과 약속을 지켜 신뢰를 유지하는 원칙
> - 법규를 준수하고, 경쟁원리에 따라 공정하게 행동하는 원칙

① 고객 중심의 원칙

② 전문성의 원칙

③ 정직과 신용의 원칙

④ 공정경쟁의 원칙

⑤ 주관성의 원칙

PART 2

23 다음 중 (가)의 입장에서 (나)의 문제점을 해결하기 위해 제시할 수 있는 자세로 적절한 것을 〈보기〉에서 모두 고르면?

> (가) 모든 사회구성원이 공정하게 대우받는 정의로운 공동체를 만들기 위해서는 부패 행위를 방지해야 한다. 우리 조상들은 전통적으로 청렴 의식을 중요하게 여겨, 청렴 의식을 강조하는 전통 윤리를 지켜왔다.
>
> (나) 부패 인식 지수는 공무원과 정치인이 얼마나 부패해 있는지에 대한 정도를 비교하여 국가별로 순위를 매긴 것이다. 100점 만점을 기준으로 점수가 높을수록 청렴하다. 2023년 조사한 결과 우리나라의 부패 인식 지수는 100점 만점에 63점으로, 조사대상국 180개국 중 32위를 기록했다.

> **보기**
>
> ㉠ 공동체와 국가의 공사(公事)보다 개인의 일을 우선하는 정신을 기른다.
> ㉡ 공직자들은 개인적 이익과 출세만을 추구하지 않고 바른 마음과 정성을 가진다.
> ㉢ 부당한 방법으로 공익을 추구하려 하지 않고 개인의 이익을 가장 중요하게 여긴다.
> ㉣ 공직자들은 청빈한 생활 태도를 유지하면서 국가의 일에 충심을 다하려는 정신을 지닌다.

① ㉠, ㉡

② ㉠, ㉢

③ ㉡, ㉢

④ ㉡, ㉣

⑤ ㉢, ㉣

24

다음 글에 나타난 의사소통능력 개발 과정에서의 피드백에 대한 설명으로 적절하지 않은 것은?

> 피드백(Feedback)이란 상대방에게 그의 행동의 결과가 어떠한지에 대하여 정보를 제공해 주는 것을 말한다. 즉, 그의 행동이 나의 행동에 어떤 영향을 미치고 있는가에 대하여 상대방에게 솔직하게 알려주는 것이다. 말하는 사람 또는 전달자는 피드백을 이용하여 메시지의 내용이 실제로 어떻게 해석되고 있는가를 조사할 수 있다.

① 대인관계에 있어서의 행동을 개선할 수 있는 기회를 제공해 줄 수 있다.
② 의사소통의 왜곡에서 오는 오해와 부정확성을 줄일 수 있다.
③ 상대방의 긍정적인 면뿐만 아니라 부정적인 면도 솔직하게 전달해야 한다.
④ 말뿐만 아니라 얼굴 표정 등으로 정확한 반응을 얻을 수 있다.
⑤ 효과적인 개선을 위해서는 긍정적인 면보다 부정적인 면을 강조하여 전달해야 한다.

25

다음 중 세계화에 대한 설명으로 가장 적절한 것은?

① 세계화란 개인 및 조직의 활동범위가 도시로 제한되지 않는 것을 의미한다.
② 세계화 시장에서 지위를 유지하기 위해서 조직은 더 강한 경쟁력을 갖추어야 한다.
③ 초국적 기업의 등장에 따라 기업들의 내수파악 및 국내경영의 중요성이 낮아지고 있다.
④ 다국적 기업의 증가는 국가 간 경제통합의 필요성을 저하시킨다.
⑤ 세계화로 인해 경제국경이 개방되는 환경에서, 각국의 무역이익을 지키기 위하여 FTA를 체결하기도 한다.

26

물속에서 A금속은 실제 질량의 $\frac{4}{5}$, B금속은 실제 질량의 $\frac{2}{3}$ 가 된다. (A+B)합금의 실제 질량은 58g이고, 물속에선 42g일 때, 합금에 포함된 A금속의 실제 질량은 얼마인가?[단, (A+B)합금은 A금속과 B금속으로만 이루어져 있고, 질량은 보존된다]

① 17g
② 22g
③ 25g
④ 30g
⑤ 32g

27 다음 중 직원들의 국제동향 파악 장려를 위한 회사 차원의 대안으로 적절하지 않은 것은?

① 업무 관련 주요 용어의 외국어 자료집을 만들어 배포한다.

② 매일 신문의 국제면을 스크랩하여 사내 포털에 공유한다.

③ 업무 관련 분야의 국제학술대회에 참석할 수 있도록 공가를 제공한다.

④ 주기적으로 산업자원부, 상공회의소 등의 기관 사이트를 방문하여 국내동향을 확인한다.

⑤ 국외로 출장을 가기 전 대상 국가의 법규 및 규정에 대하여 숙지하도록 한다.

28 직장 내에서의 의사소통은 반드시 필요하지만, 적절한 의사소통을 형성한다는 것은 쉽지 않다.
다음과 같은 갈등 상황을 유발하는 원인으로 가장 적절한 것은?

> 기획팀의 K대리는 팀원들과 함께 프로젝트를 수행하고 있다. K대리는 이번 프로젝트를 조금 여유
> 있게 진행할 것을 팀원들에게 요청하였다. 팀원들은 프로젝트 진행을 위해 회의를 진행하였는데,
> L사원과 P사원의 의견이 서로 대립하는 바람에 결론을 내리지 못한 채 회의를 마치게 되었다. K대
> 리가 회의 내용을 살펴본 결과 L사원은 프로젝트 기획 단계에서 좀 더 꼼꼼하고 상세한 자료를 모으
> 자는 의견이었고, 반대로 P사원은 여유 있는 시간을 프로젝트 수정·보완 단계에서 사용하자는 의
> 견이었다.

① L사원과 P사원이 K대리의 의견을 서로 다르게 받아들였기 때문이다.

② L사원이 K대리의 고정적 메시지를 잘못 이해하고 있기 때문이다.

③ L사원과 P사원이 자신의 정보를 상대방이 이해하기 어렵게 표현하고 있기 때문이다.

④ L사원과 P사원이 서로 잘못된 정보를 전달하고 있기 때문이다.

⑤ L사원과 P사원이 서로에 대한 선입견을 갖고 있기 때문이다.

29 다음은 임파워먼트의 장애요인 중 무엇에 해당하는가?

> • 경험 부족
> • 정책 및 기획의 실행능력 결여
> • 비전의 효과적 전달능력 결여

① 개인 차원 　　　　　　　　② 대인 차원

③ 관리 차원 　　　　　　　　④ 조직 차원

⑤ 환경 차원

30 문제해결절차의 문제 도출 단계는 (가)와 (나)의 절차를 거쳐 수행된다. 다음 중 (가)에 대한 설명으로 적절하지 않은 것은?

(가)		(나)
전체 문제를 개별화된 이슈들로 세부화	→	문제에 영향력이 큰 핵심이슈를 선정

① 문제의 내용 및 영향 등을 파악하여 문제의 구조를 도출한다.
② 본래 문제가 발생한 배경이나 문제를 일으키는 메커니즘을 분명히 해야 한다.
③ 현상에 얽매이지 말고 문제의 본질과 실제를 봐야 한다.
④ 눈앞의 결과를 중심으로 문제를 바라봐야 한다.
⑤ 문제 구조 파악을 위해서 Logic Tree 방법이 주로 사용된다.

31 다음 직장 내의 인사 예절 중 밑줄 친 부분을 수정한 내용으로 적절하지 않은 것은?

> • ㉠ 연장자를 나이 어린 사람에게 먼저 소개한다.
> • ㉡ 내가 속해 있는 회사의 관계자를 타 회사의 관계자에게 먼저 소개한다.
> • 신참자를 고참자에게 먼저 소개한다.
> • ㉢ 고객, 손님을 동료임원에게 먼저 소개한다.
> • 비임원을 임원에게 먼저 소개한다.
> • 소개받는 사람의 별칭은 그 이름이 비즈니스에서 사용되는 것이 아니라면 사용하지 않는다.
> • ㉣ 성을 제외하고 이름만 말한다.
> • 상대방이 항상 사용하는 경우라면, Dr. 또는 Ph.D. 등의 칭호를 함께 언급한다.
> • ㉤ 정부 고관의 직급명은 퇴직한 경우 사용하지 않는다.
> • 천천히 그리고 명확하게 말한다.
> • 각각의 관심사와 최근의 성과에 대하여 간단한 언급을 한다.

① ㉠ : '나이 어린 사람을 연장자에게 먼저 소개한다.'라고 수정해야 한다.
② ㉡ : '타 회사의 관계자를 내가 속해 있는 회사의 관계자에게 먼저 소개한다.'라고 수정해야 한다.
③ ㉢ : '동료임원을 고객, 손님에게 먼저 소개한다.'라고 수정해야 한다.
④ ㉣ : '반드시 성과 이름을 함께 말한다.'라고 수정해야 한다.
⑤ ㉤ : '정부 고관의 직급명은 퇴직한 경우라도 항상 사용한다.'라고 수정해야 한다.

32 다음은 협상전략의 유형에 대한 설명이다. (A) ~ (D)에 해당하는 용어가 바르게 연결된 것은?

> (A) 상대방이 제시하는 것을 일방적으로 수용하여 협상의 가능성을 높이려는 전략이다. 즉, 상대방의 욕구와 주장에 자신의 욕구와 주장을 조정하고 순응시켜 굴복한다.
> (B) 자신이 상대방보다 힘에 있어서 우위를 점유하고 있을 때 자신의 이익을 극대화하기 위한 공격적 전략이다. 즉, 상대방의 주장을 무시하고 자신의 힘으로 일방적으로 밀어붙여 상대방에게 자신의 입장을 강요하는 전략이다.
> (C) 무행동전략이며, 협상으로부터 철수하는 철수전략이다. 협상을 피하거나 잠정적으로 중단하여 철수하는 전략이다.
> (D) 협상 참여자들이 협동과 통합으로 문제를 해결하고자 하는 협력적 협상전략이다. 문제를 해결하는 합의에 이르기 위해서 협상 당사자들이 서로 협력하는 것이다.

	(A)	(B)	(C)	(D)
①	유화전략	협력전략	강압전략	회피전략
②	회피전략	강압전략	유화전략	협력전략
③	유화전략	강압전략	협력전략	회피전략
④	회피전략	협력전략	강압전략	유화전략
⑤	유화전략	강압전략	회피전략	협력전략

33 RFID 기술이 확산됨에 따라 B유통업체는 RFID를 물품관리시스템에 도입하여 긍정적인 효과를 얻고 있다. 다음 중 RFID에 대한 설명으로 적절하지 않은 것은?

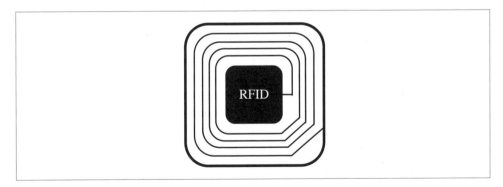

① 바코드와 달리 물체에 직접 접촉하지 않고도 데이터를 인식할 수 있다.
② 여러 개의 정보를 동시에 인식하거나 수정할 수 있다.
③ 바코드에 비해 많은 양의 데이터를 허용한다.
④ 데이터를 읽는 속도가 매우 빠르며, 데이터의 신뢰도 또한 높다.
⑤ 종류에 따라 반복적으로 데이터를 기록할 수 있으며, 영구적으로 이용할 수 있다.

34 다음은 서비스에 불만족한 고객을 불만 표현 유형별로 구분한 자료이다. 밑줄 친 (A) ~ (D)를 상대하는 데 있어 주의해야 할 사항으로 적절하지 않은 것은?

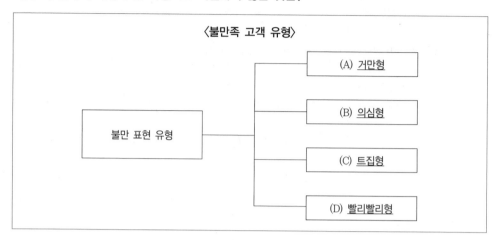

① (A) : 상대방의 과시욕이 채워질 수 있도록 무조건 정중하게 대하는 것이 좋다.

② (B) : 분명한 증거나 근거를 제시하여 스스로 확신을 갖도록 유도해야 한다.

③ (B) : 때로는 책임자로 하여금 응대하는 것도 좋다.

④ (C) : 이야기를 경청하고, 맞장구치고, 추켜세우고, 설득해 가는 방법이 효과적이다.

⑤ (D) : 애매한 화법을 사용하여 최대한 시간을 끌어야 한다.

35 다음 중 집단의 유형에 대한 설명으로 적절하지 않은 것은?

① 공식적 집단의 목표는 비공식적 집단에 비해 광범위하며 유연하게 설정된다.

② 공식적 집단과 달리 비공식적 집단은 자발적 욕구에 의해 형성된다.

③ 비공식적 집단의 활동은 공식적 집단의 활동을 지원하기도 한다.

④ 공식적 집단의 구성원은 비공식적 집단의 구성원에 비해 인위적으로 결정된다.

⑤ 조직 내에는 다양한 범주의 집단이 존재할 수 있으며, 대표적으로 공식적 집단과 비공식적 집단으로 구분된다.

36 다음은 기술혁신의 과정과 역할을 나타낸 자료이다. (A) ~ (E)에 대한 설명으로 적절하지 않은 것은?

<표>

〈기술혁신의 과정과 역할〉

기술 혁신 과정	혁신 활동	필요한 자질과 능력
아이디어 창안 (Idea Generation)	• 아이디어를 창출하고 가능성을 검증한다. • _____(A)_____ • 혁신적인 진보를 위해 탐색한다.	• 각 분야의 전문지식 • 추상화와 개념화 능력 • 새로운 분야의 일을 즐기는 능력
(B) 챔피언 (Entrepreneuring or Championing)	• 아이디어를 선파한다. • 혁신을 위한 자원을 확보한다. • 아이디어 실현을 위해 헌신한다.	• 정력적이고 위험을 감수하는 능력 • 아이디어의 응용에 관심을 가짐
프로젝트 관리 (Project Leading)	• 리더십을 발휘한다. • 프로젝트를 기획하고 조직한다. • _____(C)_____	• 의사결정 능력 • 업무 수행 방법에 대한 지식
정보 수문장 (Gate Keeping)	• 조직 내 정보원 기능을 수행한다.	• 높은 수준의 기술적 역량 • _____(D)_____
_____(E)_____	• 혁신에 대해 격려하고 안내한다. • 불필요한 제약에서 프로젝트를 보호한다. • 혁신에 대한 자원 획득을 지원한다.	• 조직의 주요 의사결정에 대한 영향력

① (A)에 들어갈 내용으로 '일을 수행하는 새로운 방법을 고안한다.'를 볼 수 있다.

② (B)는 '기술적인 난관을 해결하는 방법을 찾아 시장상황에 대처할 수 있는 인재'를 의미한다.

③ (C)에 들어갈 내용으로 '조직외부의 정보를 내부 구성원들에게 전달한다.'를 볼 수 있다.

④ (D)에 들어갈 내용으로 '원만한 대인관계능력'을 볼 수 있다.

⑤ (E)에 들어갈 용어는 '후원(Sponsoring or Coaching)'이다.

37 다음 〈보기〉 중 직장 내 성예절에 대한 설명으로 적절한 것을 모두 고르면?

> **보기**
>
> ㄱ. 성희롱에는 육체적, 언어적 행위뿐만 아니라 정보기기를 이용하여 음란물을 보내는 행위도 포함된다.
> ㄴ. 성희롱을 경험한 개인은 외부단체에 도움을 요청하기보다는 직장 내에서의 조직직 대응을 요청하는 것이 더욱 효과적이다.
> ㄷ. 직장은 성희롱 경험에 대해 신고 및 조치를 요청한 개인의 개인정보 유출을 철저히 방지하여야 한다.
> ㄹ. 직장은 성희롱 가해자에 대하여 납득할 만한 수준의 조치를 취하고, 결과를 피해자에게 통지하여야 한다.

① ㄱ, ㄷ
② ㄱ, ㄴ, ㄷ
③ ㄱ, ㄴ, ㄹ
④ ㄱ, ㄷ, ㄹ
⑤ ㄴ, ㄷ, ㄹ

38 문제 해결을 위해서는 전체를 각각의 요소로 나누어 분석하는 분석적 사고가 필요하다. 지향하는 문제 유형에 따라 분석적 사고가 다르게 요구된다고 할 때, (가) ~ (다)에 들어갈 내용을 바르게 나열한 것은?

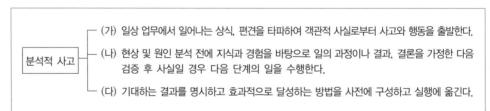

분석적 사고
- (가) 일상 업무에서 일어나는 상식, 편견을 타파하여 객관적 사실로부터 사고와 행동을 출발한다.
- (나) 현상 및 원인 분석 전에 지식과 경험을 바탕으로 일의 과정이나 결과, 결론을 가정한 다음 검증 후 사실일 경우 다음 단계의 일을 수행한다.
- (다) 기대하는 결과를 명시하고 효과적으로 달성하는 방법을 사전에 구성하고 실행에 옮긴다.

	(가)	(나)	(다)
①	사실 지향의 문제	가설 지향의 문제	성과 지향의 문제
②	사실 지향의 문제	성과 지향의 문제	가설 지향의 문제
③	성과 지향의 문제	가설 지향의 문제	사실 지향의 문제
④	성과 지향의 문제	사실 지향의 문제	가설 지향의 문제
⑤	가설 지향의 문제	사실 지향의 문제	성과 지향의 문제

※ 다음은 물적자원을 효과적으로 관리하기 위한 과정을 나타낸 글이다. 이어지는 질문에 답하시오.
[39~40]

(가) 물품을 적절하게 보관할 수 있는 장소를 선정하여야 한다. 종이류와 유리, 플라스틱 등은 그 재질의 차이로 인해서 보관 장소의 차이를 두는 것이 좋다. 특히 유리의 경우 쉽게 파손될 우려가 있기 때문에 따로 보관해야 한다. 또한, 물품의 무게와 부피에 따라서도 차이를 두어야 한다. 보관 장소에 따라 물품의 무게가 무겁거나 부피가 큰 것은 별도로 취급하는 것이 적절하다. 모든 물품을 같이 놓아두게 된다면 개별 물품의 훼손이 생길 수 있으므로 주의해야 한다.

(나) 보관의 원칙 중 동일성의 원칙과 유사성의 원칙에 따라 물품을 분류해야 한다. 이는 보관한 물품을 다시 활용할 때 보다 쉽고 빠르게 찾을 수 있도록 하기 위해서이다. 특정 물품의 정확한 위치를 알 수 없어도 대략의 위치를 알고 있다면 물품을 찾는 시간을 단축할 수 있기 때문이다.

(다) 물품을 정리하고 보관하고자 할 때, 해당 물품을 앞으로 계속 사용할 것인지, 그렇지 않을지를 구분해야 한다. 그렇지 않으면 가까운 시일 내에 활용하게 될 물품도 창고나 박스 등에 넣어 두었다가 다시 꺼내야 하는 경우가 발생하게 될 것이다. 처음부터 철저하게 물품의 활용계획이나 여부를 확인하는 것이 이러한 시행착오를 예방할 수 있다.

39 다음 중 윗글을 효과적인 물적자원관리 과정에 따라 순서대로 바르게 나열한 것은?

① (가) – (나) – (다)　　　　② (가) – (다) – (나)
③ (나) – (다) – (가)　　　　④ (다) – (가) – (나)
⑤ (다) – (나) – (가)

40 다음 중 (가)의 단계에서 물품 보관 장소를 선정할 때 기준으로 가장 적절한 것은?

① 물품의 재질　　　　② 물품의 부피
③ 물품의 무게　　　　④ 물품의 특성
⑤ 물품의 파손 여부

41 다음 중 A ~ E 다섯 사람이 일렬로 줄을 설 때, 양 끝에 B, D가 서게 될 확률은?

① $\dfrac{1}{8}$

② $\dfrac{1}{9}$

③ $\dfrac{1}{10}$

④ $\dfrac{1}{11}$

⑤ $\dfrac{1}{12}$

42 다음 글에서 설명하는 개념으로 가장 적절한 것은?

> 기술혁신은 신기술이 발생, 발전, 채택되고, 다른 기술에 의해 사라질 때까지의 일정한 패턴을 가지고 있다. 기술의 발달은 처음에는 서서히 시작되다가 성과를 낼 수 있는 힘이 축적되면 급속한 진전을 보인다. 그리고 기술의 한계가 오면 성과는 점차 줄어들게 되고, 한계가 온 기술은 다시 성과를 내는 단계로 상승할 수 없으며, 혁신적인 새로운 기술이 출현한다. 혁신적인 새로운 기술은 기존의 기술이 한계에 도달하기 전에 출현하는 경우가 많으며, 기존에 존재하는 시장의 요구를 만족시키면서 전혀 새로운 지식을 기반으로 하는 기술이다. 이러한 예로 필름 카메라에서 디지털카메라로, 콤팩트디스크(Compact Disk)에서 엠피쓰리플레이어(MP3 Player)로의 기술 전환 등을 들 수 있다.

① 바그너 법칙

② 기술의 S곡선

③ 빅3 법칙

④ 생산비의 법칙

⑤ 기술경영

43 조직체제의 구성요소가 다음과 같을 때, 이에 대한 설명으로 적절하지 않은 것은?

① 조직의 규칙과 규정은 조직 구성원들의 자유로운 활동범위를 보장하는 기능을 가진다.

② 조직구조에서는 의사결정권이 하부구성원들에게 많이 위임되는 유기적 조직도 볼 수 있다.

③ 조직의 목표는 조직이 달성하려는 장래의 상태로, 조직이 존재하는 정당성과 합법성을 제공한다.

④ 조직문화는 조직 구성원들의 사고와 행동에 영향을 미치며, 일체감과 정체성을 부여한다.

⑤ 조직구조는 의사결정권의 집중정도, 명령계통, 최고경영자의 통제 등에 따라 달라진다.

44 다음 중 빈칸 (가) ~ (다)에 들어갈 단어를 순서대로 바르게 나열한 것은?

(가)	▶	객관적 실제의 반영이며, 그것을 전달할 수 있도록 기호화한 것	▶	• 고객의 주소, 성별, 이름, 나이, 스마트폰 기종 등
(나)	▶	(가)를 특정한 목적과 문제해결에 도움이 되도록 가공한 것	▶	• 중년층의 스마트폰 기종 • 중년층의 스마트폰 활용 횟수
(다)	▶	(나)를 집적하고 체계화하여 장래의 일반적인 사항에 대비해 보편성을 갖도록 한 것	▶	• 스마트폰 디자인에 대한 중년층의 취향 • 중년층을 주요 타깃으로 신종 스마트폰 개발

     (가)   (나)   (다)
① 자료   지식   정보
② 정보   자료   지식
③ 지식   자료   정보
④ 자료   정보   지식
⑤ 지식   정보   자료

45 다음 상황을 토대로 논리적 사고를 개발하는 방법 중 'So what 기법'을 사용한 예로 가장 적절한 것은?

〈상황〉
• 우리 회사의 자동차 판매대수가 사상 처음으로 전년 대비 마이너스를 기록했다.
• 우리나라의 자동차 업계 전체는 일제히 적자 결산을 발표했다.
• 주식 시장은 몇 주간 조금씩 하락하는 상황에 있다.

① 자동차 판매가 부진하다.
② 자동차 산업의 미래가 좋지 않다.
③ 자동차 산업과 주식시장의 상황이 복잡하다.
④ 자동차 관련 기업의 주식을 사서는 안 된다.
⑤ 자동차 판매를 높이기 위해 가격을 낮춘다.

46 다음 사례에서 나타나는 협상전략으로 가장 적절한 것은?

> 사람들은 합리적인 의사결정보다 감성적인 의사결정을 하곤 한다. 소비에 있어서 이와 같은 현상을 쉽게 발견할 수 있는데, 사람들은 물건을 살 때 제품의 기능이나 가격보다는 다른 사람들의 판단에 기대어 결정하거나 브랜드의 위치를 따르는 소비를 하는 경우를 쉽게 볼 수 있는 것이다. 명품에 대한 소비니 1위 브랜드 제품을 선호하는 것 모두 이러한 현상 때문으로 볼 수 있다.

① 상대방 이해 전략 ② 권위 전략
③ 희소성 해결 전략 ④ 호혜관계 형성 전략
⑤ 사회적 입증 전략

47 K사원은 자신이 생각하는 자신의 모습과 주변 동료들이 생각하는 자신의 모습을 정리하여 조해리의 창(Johari's Window)으로 정리하였다. 다음 중 K사원이 이해한 내용으로 적절하지 않은 것은?

〈K사원이 작성한 조해리의 창〉

구분	내가 아는 나	내가 모르는 나
타인이 아는 나	• 활달하고 개방적이다. • 사람들과 원만하게 잘 지내려고 한다. • 센스가 있는 편이다.	• 감정 기복이 심한 편이다. • 간혹 소심하고 내성적인 모습도 보인다. • 과시하고 싶어 한다.
타인이 모르는 나	• 불의를 보면 참을 수 없다. • 다혈질적이다. • 혼자 있는 것을 싫어한다.	(A)

① 자신이 감정 기복이 심한 편인지 스스로 생각해볼 필요가 있다.
② 혼자 있는 것을 싫어하는 점을 상대방에게 조금씩 알려주는 것도 좋다.
③ 자신이 다혈질적인지 스스로 생각해 볼 필요가 있다.
④ 자신이 매사에 과시하는 모습을 보이지 않았는지 반성할 필요가 있다.
⑤ (A)는 K사원 자신도 모르고, 타인도 모르는 미지의 영역으로 볼 수 있다.

48 다음은 벤치마킹의 절차를 나타낸 내용이다. 이에 대한 설명으로 적절하지 않은 것은?

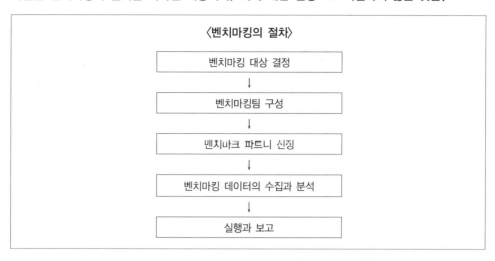

〈벤치마킹의 절차〉

벤치마킹 대상 결정
↓
벤치마킹팀 구성
↓
벤치마크 파트너 선정
↓
벤치마킹 데이터의 수집과 분석
↓
실행과 보고

① 벤치마킹 데이터를 수집·분석할 경우 문서 편집 시스템보다는 수기로 작업하는 것이 좋다.
② 벤치마킹 대상이 결정되면 대상을 조사하기 위해 필요한 정보와 자원이 무엇인지 파악해야 한다.
③ 벤치마크 파트너 선정은 벤치마크 정보를 수집하는 데 이용될 정보의 원천을 확인하는 단계이다.
④ 벤치마킹팀 구성 시 구성원들 간의 의사소통이 원활하기 위한 네트워크 환경이 요구된다.
⑤ 벤치마킹팀의 경우 관계자 모두에게 벤치마킹이 명확하게 할당되고 중심 프로젝트가 정해지는 것을 돕기 위한 프로젝트 관리 기구가 필요하다.

49 다음 〈보기〉 중 자진해서 하는 근면의 사례를 모두 고르면?

> 보기
>
> (가) 영희는 미국 여행을 위해 아침 일찍 일어나 30분씩 영어 공부를 하고 있다.
> (나) K사에 근무 중인 A씨는 팀장의 요청으로 3일 동안 야근 중이다.
> (다) 자동차 세일즈맨으로 일하고 있는 B씨는 성과에 따라 보수가 결정되기 때문에 누구보다 열심히 성과를 높이기 위해 노력중이다.
> (라) 영희의 할아버지는 뒤늦게 공부에 재미를 느껴, 현재 만학도로 공부에 전력하고 계신다.
> (마) 진수는 어머니의 성화에 못 이겨, 자기 방으로 들어가 공부에 매진하고 있다.

① (가), (라)
② (나), (다)
③ (라), (마)
④ (가), (다), (라)
⑤ (나), (라), (마)

50 다음 상황의 A씨는 문서이해의 절차 중 어느 단계를 수행하고 있는가?

> 영업 지원팀의 A씨는 매일 협력업체들이 보내는 수십 건의 주문서를 처리하고, 상사의 지시에 따라 보고서나 기획서 등을 작성한다. 얼마 전 A씨는 급하게 처리해야 할 주문서를 찾아야 했는데, 책상에 가득 쌓인 주문서와 상사의 요청서, 보고서 등으로 곤욕을 치러야 했다. A씨는 문서를 종류별로 체계적으로 정리하기로 결심하였고, 고객의 주문서 중 핵심내용만 정리하여 요구사항별로 그룹화하고, 상사의 요청서에서 중요한 내용만 간추려 메모하기 시작하였다.

① 문서의 목적 이해하기
② 문서 작성의 배경과 주제 파악하기
③ 상대방의 의도를 메모하여 요약·정리하기
④ 문서가 제시하는 현안문제 파악하기
⑤ 문서에서 이해한 목적 달성을 위해 취해야 할 행동 생각하기

51 다음은 시간계획의 기본원리에 대한 설명이다. 빈칸 ㉠~㉢에 들어갈 행동을 순서대로 바르게 나열한 것은?

> 시간은 무형의 자원으로, 다른 자원과는 다른 관리방식을 요하는 자원이다. 또한, 가용한 모든 시간을 관리한다는 것은 불가능에 가까운 일이므로 시간을 계획하는 것은 시간관리에 있어서 매우 중요한 것이다. 이에 대해 로타 J.자이베르트(Lother J. Seiwert)는 시간계획의 기본원칙으로 '60 : 40의 원칙'을 제시하고 있다. 이 원칙은 총 가용시간의 60%를 계획하고, 나머지 40%는 예측하지 못한 사태 및 일의 중단요인, 개인의 창의적 계발 시간으로 남겨 둔다는 것이다. 보다 구체적으로 시간을 계획할 때, 60%의 시간은 ___㉠___ 에 할애하고, 20%는 ___㉡___ 에 할애하고, 마지막 20%를 ___㉢___ 에 할애한다는 것이다.

	㉠	㉡	㉢
①	비자발적 행동	자발적 행동	계획 행동
②	계획 행동	계획 외 행동	자발적 행동
③	자발적 행동	계획 행동	계획 외 행동
④	계획 외 행동	계획 행동	자발적 행동
⑤	계획행동	비자발적 행동	계획 외 행동

52 다음 중 경영참가제도에 대한 설명으로 적절하지 않은 것은?

① 경영의 민주성 제고를 목적으로 한다.

② 근로자나 노동조합이 경영과정에 참여한다.

③ 노사 간 공동의 문제 해결과 세력 균형을 이룰 수 있다.

④ 경영의 효율성이 높아질 수 있다.

⑤ 경영참가제도의 유형으로는 유니온 숍과 오픈 숍이 있다.

PART 2

53 다음 중 효과적인 경청 방법에 대한 설명으로 적절하지 않은 것은?

① 상대방이 전달하려는 메시지가 무엇인가를 생각해보고 자신의 삶, 목적, 경험과 관련지어 본다.

② 대화를 하는 동안 시간 간격이 있으면, 다음에 무엇을 말할 것인가를 추측하려고 노력해야 한다.

③ 말하는 사람의 모든 것에 집중해서 적극적으로 들어야 하며, 말하는 사람의 속도와 말을 이해하는 속도 사이에 발생하는 간격을 메우는 방법을 학습해야 한다.

④ 대화 도중에 주기적으로 대화의 내용을 요약하면 상대방이 전달하려는 메시지를 이해하고, 사상과 정보를 예측하는 데 도움이 된다.

⑤ 상대방이 말하는 사이에 질문을 하면 질문에 대한 답이 즉각적으로 이루어질 수 없으므로 되도록 질문하지 않고 상대방의 이야기에 집중한다.

54 문제해결에 어려움을 겪고 있는 A대리는 상사인 B부장에게 면담을 요청하였고 B부장은 다음과 같이 대답하였다. B부장이 A대리에게 제시한 문제해결 사고방식으로 가장 적절한 것은?

> 현재 당면하고 있는 문제와 그 해결방법에만 집착하지 말고, 그 문제와 해결방안이 상위 시스템과 어떻게 연결되어 있는지를 생각해 보세요.

① 분석적 사고 ② 발상의 전환

③ 내·외부자원의 활용 ④ 창의적 사고

⑤ 전략적 사고

55 커피 동아리 회원은 남자 4명, 여자 6명으로 구성되어 있다. 동아리는 송년회를 맞아 회원 중 3명에게 드립커피 세트를 사은품으로 주려고 할 때, 사은품을 받을 3명 중 남자가 여자보다 많을 확률은?(단, 확률은 소수점 셋째 자리에서 반올림한다)

① 12.55%　　　　　　　　　② 20.17%

③ 28.36%　　　　　　　　　④ 33.33%

⑤ 47.24%

56 다음 글의 빈칸 ㉠~㉢에 들어갈 말을 순서대로 바르게 나열한 것은?

> 피드백의 효과를 극대화하기 위해서는 다음과 같은 반응의 세 가지 규칙을 지켜야 한다.
> - ___㉠___ : 시간을 낭비하지 않는 것으로, 시간이 갈수록 피드백의 영향력은 줄어들기 때문에 상대방에게 바로 피드백을 주어야 한다.
> - ___㉡___ : 진정한 반응뿐만 아니라 조정하고자 하는 마음 또는 보이고 싶지 않은 부정적인 느낌까지 보여주어야 한다.
> - ___㉢___ : ___㉡___ 하다고 해서 잔인해서는 안 된다. 부정적인 의견을 표현할 때도 부드럽게 표현하는 방법을 사용하여야 한다.
> 이러한 쌍방적 의사소통은 화자와 청자 모두에게 도움이 된다.

	㉠	㉡	㉢
①	즉각적	진실	공감
②	즉각적	진실	지지
③	즉각적	정직	지지
④	효율적	정직	지지
⑤	효율적	소통	공감

57 다음 뉴스 내용에서 볼 수 있는 기술경영자의 능력으로 가장 적절한 것은?

> 앵커 : 현재 국제 원유 값이 고공 행진을 계속하면서 석유자원에서 탈피하려는 기술 개발이 활발히 진행되고 있는데요. 석유자원을 대체하고 에너지의 효율성을 높일 수 있는 연구개발 현장을 이은경 기자가 소개합니다.
>
> 기자 : 네. 여기는 메탄올을 화학 산업에 많이 쓰이는 에틸렌과 프로필렌, 부탄 등의 경질 올레핀으로 만드는 공정 현장입니다. 석탄과 바이오매스, 천연가스를 원료로 만들어진 메탄올에서 촉매반응을 통해 경질 올레핀을 만들기 때문에 석유 의존도를 낮출 수 있는 기술을 볼 수 있는데요. 기존 석유 나프타 열분해 공정보다 수율이 높고, 섭씨 400도 이하에서 세소가 가능해 온실가스는 물론 에너지 비용을 50% 이상 줄일 수 있어 화제가 되고 있습니다.

① 빠르고 효과적으로 새로운 기술을 습득하고 기존의 기술에서 탈피하는 능력

② 기술 전문 인력을 운용할 수 있는 능력

③ 조직 내의 기술 이용을 수행할 수 있는 능력

④ 새로운 제품개발 시간을 단축할 수 있는 능력

⑤ 기술을 효과적으로 평가할 수 있는 능력

PART 2

58 다음 대화를 보고 K대리에게 필요한 직업윤리로 가장 적절한 것은?

> 경찰 : 안녕하세요. 제한속도 60km를 초과하셨으므로 과속입니다.
> K대리 : 어머님이 위독하다는 연락을 받고 경황이 없어서 그랬습니다.
> 경찰 : 그래도 과속하셨습니다. 벌점 15점에 벌금 6만 원입니다.
> K대리 : 이번에 벌점을 받으면 면허정지 됩니다. 한 번만 봐 주세요.

① 창의력   ② 협동심

③ 근면   ④ 자주

⑤ 준법

59 다음은 폐기물협회에서 제공하는 전국 폐기물 발생 현황 자료이다. 빈칸에 해당하는 값을 바르게 나열한 것은?(단, 소수점 둘째 자리에서 반올림한다)

<전국 폐기물 발생 현황>

구분		2018년	2019년	2020년	2021년	2022년	2023년
총계	발생량	359,296	357,861	365,154	373,312	382,009	382,081
	증감율	6.6	−0.4	2.0	2.2	2.3	0.02
의료 폐기물	발생량	52,072	50,906	49,159	48,934	48,990	48,728
	증감율	3.4	−2.2	−3.4	(ㄱ)	0.1	−0.5
사업장 배출시설계 폐기물	발생량	130,777	123,604	137,875	137,961	146,390	149,815
	증감율	13.9	(ㄴ)	11.5	0.1	6.1	2.3
건설 폐기물	발생량	176,447	183,351	178,120	186,417	186,629	183,538
	증감율	2.6	3.9	−2.9	4.7	0.1	−1.7

	(ㄱ)	(ㄴ)
①	−0.5	−5.5
②	−0.5	−4.5
③	−0.6	−5.5
④	−0.6	−4.5
⑤	−0.7	−5.5

60 다음 글에서 설명하는 경력개발의 단계로 가장 적절한 것은?

이 단계는 조직의 규칙이나 규범, 분위기를 알고 적응해 나가는 것이 중요한 과제이다. 또한, 궁극적으로 조직에서 자신의 입지를 확고히 다져나가 승진하는 데 많은 관심을 가지는 시기이다.

① 직업선택 ② 조직입사
③ 경력초기 ④ 경력중기
⑤ 경력말기

아이들이 답이 있는 질문을 하기 시작하면 그들이 성장하고 있음을 알 수 있다.

– 존 J. 플롬프 –

제2회
PSAT형 NCS
기출동형 모의고사

■ 취약영역 분석

번호	O/×	영역	번호	O/×	영역	번호	O/×	영역
01		의사소통능력	21		조직이해능력	41		자원관리능력
02		자원관리능력	22		정보능력	42		의사소통능력
03		정보능력	23		수리능력	43		문제해결능력
04		조직이해능력	24			44		의사소통능력
05		문제해결능력	25		조직이해능력	45		수리능력
06			26		정보능력	46		자원관리능력
07			27		자원관리능력	47		문제해결능력
08		수리능력	28			48		수리능력
09		자원관리능력	29			49		의사소통능력
10		문제해결능력	30		수리능력	50		정보능력
11		정보능력	31		문제해결능력	51		문제해결능력
12		수리능력	32		의사소통능력	52		수리능력
13		자원관리능력	33		수리능력	53		의사소통능력
14		조직이해능력	34		자원관리능력	54		조직이해능력
15		자원관리능력	35		의사소통능력	55		
16		의사소통능력	36		문제해결능력	56		기술능력
17		기술능력	37			57		
18			38		정보능력	58		의사소통능력
19		자원관리능력	39		기술능력	59		문제해결능력
20		의사소통능력	40			60		의사소통능력

평가 문항	60문항	평가 시간	100분
시작시간	:	종료시간	:
취약 영역			

🕐 응시시간 : 100분　📋 문항 수 : 60문항

정답 및 해설 p.118

01 다음 글의 주제로 가장 적절한 것은?

> 우리는 주변에서 신호등 음성 안내기, 휠체어 리프트, 점자 블록 등의 장애인 편의 시설을 많이 볼 수 있다. 우리는 이러한 편의 시설을 장애인들이 지니고 있는 국민으로서의 기본 권리를 인정한 것이라는 시각에서 바라보고 있다. 물론, 장애인의 일상생활 보장이라는 측면에서 이 시각은 당연한 것이다. 하지만 또 다른 시각이 필요하다. 그것은 바로 편의 시설이 장애인만을 위한 것이 아니라 일상생활에서 활동에 불편을 겪는 모두를 위한 것이라는 시각이다. 편리하고 안전한 시설은 장애인뿐만 아니라 우리 모두에게 유용하기 때문이다. 예를 들어, 건물의 출입구에 설치되어 있는 경사로는 장애인들의 휠체어만 다닐 수 있도록 설치해 놓은 것이 아니라, 몸이 불편해서 계단을 오르내릴 수 없는 노인이나 유모차를 끌고 다니는 사람들도 편하게 다닐 수 있도록 만들어 놓은 시설이다. 결국 이 경사로는 우리 모두에게 유용한 시설인 것이다.
> 그런 의미에서 근래에 대두되고 있는 '보편적 디자인', 즉 '유니버설 디자인(Universal Design)'이라는 개념은 우리에게 좋은 시사점을 제공해 준다. 보편적 디자인은 가능한 모든 사람이 이용할 수 있도록 제품, 건물, 공간을 디자인한다는 의미를 가지고 있다. 이러한 시각으로 바라본다면 장애인 편의 시설은 우리 모두에게 편리하고 안전한 시설로 인식될 것이다.

① 우리 주변에서는 장애인 편의 시설을 많이 볼 수 있다.

② 보편적 디자인은 근래에 대두되고 있는 중요한 개념이다.

③ 어떤 집단의 사람들이라도 이용할 수 있는 제품을 만들어야 한다.

④ 보편적 디자인이라는 관점에서 장애인 편의 시설을 바라볼 필요가 있다.

⑤ 장애인들의 기본 권리를 보장하기 위해 장애인 편의 시설을 확충해야 한다.

02 K공단은 연말 시상식을 개최해 1년 동안 모범이 되거나 훌륭한 성과를 낸 직원을 독려하고자 한다. 시상 내역, 상패 및 물품 비용에 대한 정보가 다음과 같을 때, 상품 구입비의 총액을 바르게 구한 것은?

〈시상 내역〉

시상 종류	수상 인원	상품
사내선행상	5명	1인당 금 도금 상패 1개, 식기 세트 1개
사회기여상	1명	1인당 은 도금 상패 1개, 신형 노트북 1대
연구공로상	2명	1인당 금 도금 상패 1개, 태블릿 PC 1대, 안마의자 1대
성과공로상	4명	1인당 은 도금 상패 1개, 태블릿 PC 1대, 만년필 2개
청렴모범상	2명	1인당 동 상패 1개, 안마의자 1대

〈상패 제작비〉

- 금 도금 상패 : 1개당 55,000원(5개 이상 주문 시 개당 가격 10% 할인)
- 은 도금 상패 : 1개당 42,000원(주문 수량 4개당 1개 무료 제공)
- 동 상패 : 1개당 35,000원

〈물품 구입비(1개당)〉

물품	구입비
식기 세트	450,000원
신형 노트북	1,500,000원
태블릿 PC	600,000원
안마의자	1,700,000원
만년필	100,000원

① 17,200,000원
② 16,805,000원
③ 15,534,500원
④ 15,050,000원
⑤ 14,085,000원

03 다음은 Y회사의 인사부에서 정리한 사원 목록이다. 〈보기〉 중 옳은 것을 모두 고르면?

◢	A	B	C	D
1	사원번호	성명	직책	부서
2	869872	조재영	부장	경영팀
3	890531	정대현	대리	경영팀
4	854678	윤나리	사원	경영팀
5	812365	이민지	차장	기획팀
6	877775	송윤희	대리	기획팀
7	800123	김가을	사원	기획팀
8	856123	박슬기	부장	영업팀
9	827695	오종민	차장	영업팀
10	835987	나진원	사원	영업팀
11	854623	최윤희	부장	인사팀
12	847825	이경서	사원	인사팀
13	813456	박소미	대리	총무팀
14	856123	최영수	사원	총무팀

보기

㉠ 부서를 기준으로 내림차순으로 정렬되었다.
㉡ 직책은 사용자 지정 목록을 이용하여 부장, 차장, 대리, 사원 순으로 정렬되었다.
㉢ 부서를 우선 기준으로, 직책을 다음 기준으로 정렬하였다.
㉣ 성명을 기준으로 내림차순으로 정렬되었다.

① ㉠, ㉡
② ㉠, ㉢
③ ㉠, ㉣
④ ㉡, ㉢
⑤ ㉡, ㉣

04 다음은 H공사의 위험관리 방법 및 절차를 도식화한 자료이다. 〈보기〉 중 이를 바르게 이해하지 못한 사람은?

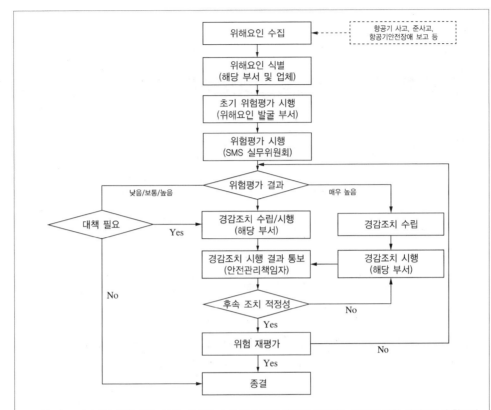

※ 사고(Accident)라 함은 사망, 부상, 시설물 손실 등과 같은 피해를 유발하는 예기치 못한 사건으로서 항공법 제2조 제13호의 항공기 사고를 포함한다.
※ 준사고(Incident)라 함은 경미한 손실을 유발하는 사건과 사고로 인해 추가피해가 발생되는 예기치 못한 사건을 말하며, 항공법 시행규칙 별표 5의 항공기 준사고를 포함한다.
※ 항공안전장애(Incident)라 함은 항공기 사고, 항공기 준사고 외에 항공기 운항과 관련하여 항공안전에 영향을 미치거나 미칠 우려가 있는 것으로서 항공법 시행규칙 별표 6에 따른 것을 말한다.

보기

A : 항공안전장애는 사고와 준사고를 포함하여 항공기 운항과 관련하여 항공안전에 영향을 미치거나 미칠 우려가 있는 것을 말해.
B : 위험평가 결과에 따라 진행 절차가 달라지는데, 위험도가 매우 높을 경우 후속 조치가 적정하지 않으면 경감조치를 반복 시행해야 해.
C : 위해요인 수집부터 종결까지 가장 빠르게 마무리될 경우, 총 8개의 절차를 거치는 거야.

① A
② B
③ A, C
④ B, C
⑤ A, B, C

※ 다음은 환자 접수 기호에 대한 자료이다. 이어지는 질문에 답하시오. [5~7]

〈환자 접수 기호〉

- 환자 접수 기호 부여방식
  [병원] – [진료과] – [방문유형] – [치료유형] – [연령대] 순의 기호
- 병원

일반병원	어린이병원	암병원
I	P	C

- 진료과

가정의학과	비뇨의학과	산부인과	성형외과	신경외과	신경과
01	02	03	04	05	06
정신건강의학과	이비인후과	정형외과	피부과	감염내과	알레르기내과
07	08	09	10	11	12
안과	호흡기내과	–			
13	14	–			

- 방문유형

예약방문	응급치료
1	2

- 치료유형

입원			귀가	
경과관찰	투약치료	수술진행	진료상담	약 처방
a1	a2	a3	b1	b2

- 연령대

만 10세 미만	만 10세 이상 만 20세 미만	만 20세 이상 만 30세 미만	만 30세 이상 만 40세 미만	만 40세 이상 만 50세 미만	만 50세 이상
0	1	2	3	4	5

05 다음은 환자 K에 대한 설명이다. K의 접수 기호로 옳은 것은?

> • K는 귀에 이상을 느껴 예약한 후 병원을 찾았다.
> • 진료 및 검사 결과에 따라, 수술을 위해 입원하게 되었다.
> • K는 만 21세이다.

① I - 081a24
② I - 081a32
③ I - 142a23
④ P - 081a31
⑤ C - 122b22

06 다음 중 환자의 접수 기호와 이에 대한 설명이 잘못 연결된 것은?

① I - 022b12 : 비뇨기에 대한 진료를 받기 위해 병원을 방문하였다.
② I - 121a25 : 만 50세 이상이다.
③ P - 102a20 : 응급치료를 받았다.
④ C - 031a33 : 수술진행을 위해 입원하였다.
⑤ C - 072b24 : 투약치료를 위해 입원하였다.

07 다음 중 접수 기호가 'P - 112b20'인 환자에 대한 설명으로 옳지 않은 것은?

① 어린이병원에 접수하였다.
② 감염내과에서 진료를 받았다.
③ 응급치료를 받았다.
④ 약을 처방받고 귀가하였다.
⑤ 만 30세 이상 40세 미만이다.

08 N국가의 T시에 있는 거래처에 방문한 G대리는 N국가의 S시에 있는 거래처에도 다녀오라는 연락을 받았다. 교통편별 정보가 다음과 같을 때, G대리가 선택할 교통편은 무엇인가?(단, 소수점 셋째 자리에서 반올림한다)

〈교통편별 시간 및 요금〉

구분	교통수단	시간	편안함 계수	요금
A교통편	일반열차	10시간	5	50,000원
B교통편	일반열차	8시간	5	60,000원
C교통편	고속열차	6시간	7	80,000원
D교통편	고속열차	5시간	7	100,000원
E교통편	고속열차	2시간	10	150,000원

※ 편안함 계수 : 1 ~ 10까지의 숫자로 산정하며, 계수가 클수록 편안하다.

〈교통편의 결정 조건〉

- (결정 조건 계수)$=\dfrac{(편안함\ 계수)\times 700}{(시간)\times 1,000+(요금)\times 0.5}$
- 결정 조건 계수가 큰 교통편을 선택한다.

① A교통편
② B교통편
③ C교통편
④ D교통편
⑤ E교통편

09 N기업 본사에서 근무하는 A대리는 지점별로 보안관리 실무자를 만나기 위해 지점 4곳을 방문하고자 한다. A대리의 지점별 출장계획과 본사 및 각 지점 간 이동 소요시간이 다음과 같다고 할 때, 이동 소요시간이 가장 적은 경로는?

〈A대리의 지점별 출장계획〉

- A대리는 본사에서 출발하여, 지점 4곳을 방문한 후 본사로 복귀한다.
- A대리가 방문할 지점은 청평지점, 무주지점, 산청지점, 예천지점이다.
- 9월 4일에 본사에서 출발하여 9월 8일에 본사로 복귀한다.
- 본사로 복귀하는 마지막 날에는 어떠한 지점도 방문하지 않는다.
- A대리는 각 지점을 한 번씩만 방문하며, 본사 및 각 지점 간 이동은 하루에 한 번만 한다.
- 보안관리 실무자의 사정으로 인해 산청지점은 반드시 9월 7일에 방문한다.

〈본사 및 각 지점 간 이동 소요시간〉

출발 \ 도착	본사	청평지점	무주지점	산청지점	예천지점
본사		55분	2시간 5분	1시간 40분	40분
청평지점	55분		45분	1시간 5분	50분
무주지점	2시간 5분	45분		1시간 20분	1시간 50분
산청지점	1시간 40분	1시간 5분	1시간 20분		35분
예천지점	40분	50분	1시간 50분	35분	

① 본사 – 청평지점 – 무주지점 – 예천지점 – 산청지점 – 본사
② 본사 – 청평지점 – 예천지점 – 무주지점 – 산청지점 – 본사
③ 본사 – 무주지점 – 예천지점 – 청평지점 – 산청지점 – 본사
④ 본사 – 무주지점 – 청평지점 – 예천지점 – 산청지점 – 본사
⑤ 본사 – 예천지점 – 청평지점 – 무주지점 – 산청지점 – 본사

10 다음은 사업주 외국인근로자 채용 지원 안내문 중 대행 업무 수수료에 대한 자료이다. 이에 대한 내용으로 적절하지 않은 것은?

〈일반 외국인근로자 대행 수수료〉

- 각종 신청 등의 대행(고용허가제 대행 입무의 근거 조항 법 제27조의2)
- H공단과 업종별 민간 대행기관이 병행하던 각종 행정 대행 업무를 외국인고용법 개정(2010년 4월 10일 시행)으로 위탁업무(H공단)와 대행 업무(민간대행기관)로 구분
- 위탁업무에 대한 대행수수료는 필수로 하되, 각종 신청업무에 대한 대행신청 여부는 사업주가 선택하여 이에 따라 대행수수료를 납부토록 대행수수료를 임의화함

대행수수료 기준					
대행 업무			세부 업무		1인당 수수료
필수	신규입국자	근로자 도입위탁	근로계약 체결 및 출입국 지원		60,000원(신규) 119,000원(재입국)
		취업교육	외국인근로자 취업교육	제조·서비스	195,000원
				농축·어업	210,000원
				건설업	224,000원
선택	신규입국자 및 사업장 변경자	각종 신청대행	• 내국인 구인신청, 고용허가서 발급신청, 수령 • 사증발급인정서 신청, 수령	신규입국자 고용 시	31,000원 입국 전
			• 고용변동신고, 고용허가기간 연장 신청 • 외국인근로자 업무상 재해 시 산재·사망신고 • 각종 정보 제공 등	신규입국자 고용 시	30,000원 (3년) 입국 후
				사업장 변경자	800원× [잔여체류기간(월)]
		편의 제공	• 통역지원 및 사용자의 고충상담 • 전용보험 가입 및 보험금 신청, 지원 • 외국인근로자의 업무 외 질병 및 상해 수습지원 • 기타 고용노동부장관이 인정하는 업무 등	신규입국자 고용 시	72,000원(3년)
				사업장 변경자	2,000원× [잔여체류기간(월)]

(신규입국자 고용 시 입국 전·입국 후 합계 61,000원)

① 농부 A씨는 신규 외국인근로자 2명에 대한 도입위탁 대행을 맡기려고 하며, 이에 대한 수수료는 120,000원이다.

② 서비스업체에서 신규 외국인근로자 1명의 필수 및 선택 대행 업무를 모두 신청했을 경우 총 수수료는 388,000원이 들어간다.

③ 건설업체에서 외국인근로자 신규 1명을 고용하고자 도입위탁과 취업교육을 신청하려고 할 때, 이 위탁업무에 대한 총 수수료는 270,000원이다.

④ 제조회사에 근무하는 B씨는 외국인근로자 3명에 대한 도입위탁과 취업교육을 신청하였다. 1명의 재입국자와 2명의 신규 입국자에게 들어가는 총 수수료는 824,000원이다.

⑤ 축산에 종사하는 C씨가 외국인근로자 신규 입국자 2명을 민간대행기관에 각종신청 대행 업무를 맡기려고 할 때, 이에 대한 총 수수료는 122,000원이다.

11 D사 영업부에 근무 중인 C사원은 영업부 사원들의 월별 매출을 함수를 이용해 만 단위로 나타내려고 한다. 다음 중 [B9] 셀에 입력된 함수로 옳은 것은?

	A	B	C	D	E	F
1	구분	1월	2월	3월	5월	6월
2	A대리	1,252,340	1,345,620	1,568,670	1,321,670	1,563,850
3	B주임	1,689,320	1,859,460	1,546,210	1,689,250	1,123,960
4	C사원	1,432,670	1,965,230	1,532,460	1,326,030	1,659,210
5	D주임	1,235,640	1,635,420	1,236,950	1,468,210	1,246,180
6	E사원	1,743,560	1,325,470	1,125,350	1,856,920	1,216,530
7						
8	구분	1월	2월	3월	5월	6월
9	A대리	1,260,000	1,350,000	1,570,000	1,330,000	1,570,000
10	B주임	1,690,000	1,860,000	1,550,000	1,690,000	1,130,000
11	C사원	1,440,000	1,970,000	1,540,000	1,330,000	1,660,000
12	D주임	1,240,000	1,640,000	1,240,000	1,470,000	1,250,000
13	E사원	1,750,000	1,330,000	1,130,000	1,860,000	1,220,000

① $=\text{ROUND(B2,}-3)$

② $=\text{ROUND(B2,}-4)$

③ $=\text{ROUNDUP(B2,}-3)$

④ $=\text{ROUNDUP(B2,}-4)$

⑤ $=\text{ROUNDDOWN(B2,}-4)$

12 다음은 어린이 및 청소년의 연령별 표준 키와 체중에 대한 자료이다. 이를 바르게 나타낸 그래프는?

〈어린이 및 청소년 표준 키와 체중〉

(단위 : cm, kg)

나이	남		여		나이	남		여	
	키	체중	키	체중		키	체중	키	체중
1세	76.5	9.77	75.6	9.28	10세	137.8	34.47	137.7	33.59
2세	87.7	12.94	87.0	12.50	11세	143.5	38.62	144.2	37.79
3세	95.7	15.08	94.0	14.16	12세	149.3	42.84	150.9	43.14
4세	103.5	16.99	102.1	16.43	13세	155.3	44.20	155.0	47.00
5세	109.5	18.98	108.6	18.43	14세	162.7	53.87	157.8	50.66
6세	115.8	21.41	114.7	20.68	15세	167.8	58.49	159.0	52.53
7세	122.4	24.72	121.1	23.55	16세	171.1	61.19	160.0	54.53
8세	127.5	27.63	126.0	26.16	17세	172.2	63.20	160.4	54.64
9세	132.9	30.98	132.2	29.97	18세	172.5	63.77	160.5	54.65

① 10세 이전 남녀의 키

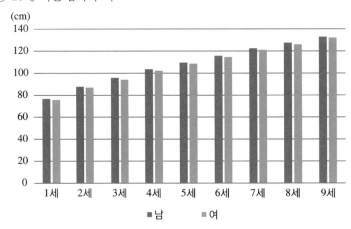

② 10대 남녀의 표준 체중

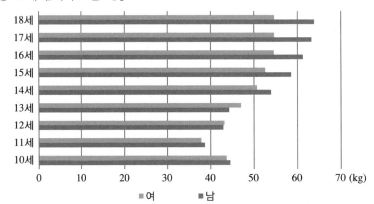

③ 10세 이전 남자의 표준 키 및 체중

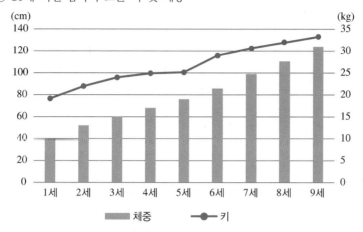

④ 10대 여자의 표준 키 및 체중

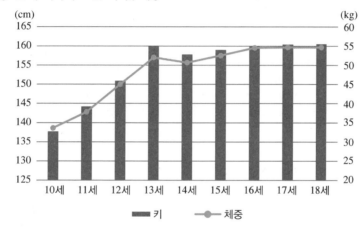

⑤ 전 연령 대비 남녀 표준 키 차이

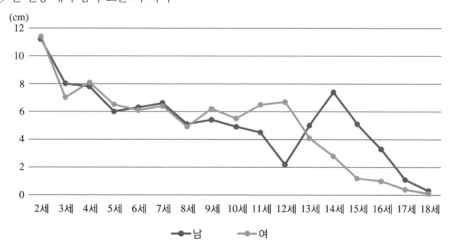

13 운송업자인 B씨는 15t 화물트럭을 이용하여 목적지까지 화물을 운송하고 있다. 다음 중 B씨의 차량 운행기록에 따라 B씨가 지불해야 하는 고속도로 통행요금은?(단, 소수점은 버린다)

〈고속도로 통행요금〉

구분	폐쇄식	개방식
기본요금	900원	720원
요금산정	(기본요금)+ [(주행거리)×(차종별 km당 주행요금)]	(기본요금)+ [(요금소별 최단 이용거리)×(차종별 km당 주행요금)]

※ km당 주행요금 단가 : 1종 44.3원, 2종 45.2원, 3종 47.0원, 4종 62.9원, 5종 74.4원
※ 2차로는 50% 할인, 6차로 이상은 주행요금 단가를 20% 할증한다.

〈차종 분류 기준〉

차종	분류 기준	적용 차량
1종	2축 차량, 윤폭 279.4mm 이하	승용차, 16인승 이하 승합차, 2.5t 미만 화물차
2종	2축 차량, 윤폭 279.4mm 초과, 윤거 1,800mm 이하	승합차 17 ~ 32인승, 2.5 ~ 5.5t 화물차
3종	2축 차량, 윤폭 279.4mm 초과, 윤거 1,800mm 초과	승합차 33인승 이상, 5.5 ~ 10t 화물차
4종	3축 차량	10 ~ 20t 화물차
5종	4축 이상 차량	20 이상 화물차

〈B씨의 차량 운행기록〉

• 목적지 : 서울 → 부산(경유지 영천)
• 총거리 : 374.8km(경유지인 영천까지 330.4km)
• 이용 도로 정보
 – 서울 → 영천 : 2개 톨게이트(개방식 6차로 거리 180km, 폐쇄식 4차로 거리 150.4km)
 – 영천 → 부산 : 1개 톨게이트(폐쇄식 2차로 44.4km)
※ 주어진 정보 외의 비용 및 거리는 고려하지 않는다.
※ 거리는 주행거리 또는 요금소별 최단 이용거리이다.

① 18,965원   ② 21,224원
③ 23,485원   ④ 26,512원
⑤ 30,106원

14 다음은 H공단의 조직도이다. 이에 대한 직원들의 대화 내용으로 적절하지 않은 것은?

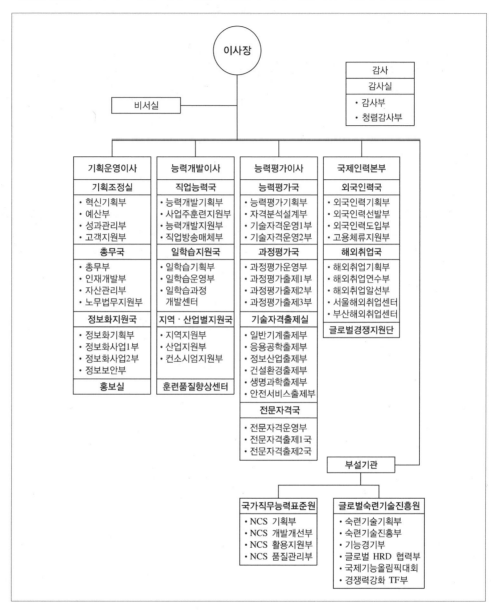

① A사원 : NCS 관련 업무를 하는 국가직무능력표준원은 우리 공단의 부설기관입니다.

② B사원 : 글로벌경쟁지원단은 공단의 부설기관인 글로벌숙련기술진흥원 산하에 있습니다.

③ C주임 : 감사실은 비서실과 달리 이사장으로부터 독립되어 있습니다.

④ D주임 : 우리 공단에서 가장 많은 부서가 속해 있는 곳은 기술자격출제실입니다.

⑤ E대리 : 국제인력본부에서는 자국민의 해외취업과 외국인의 국내취업을 지원합니다.

15 Z공사는 강당 신축 건설을 위해 입찰 공고를 하였다. 다음은 입찰에 참여한 업체들의 항목별 점수를 나타낸 자료이다. 〈조건〉에 따라 업체를 선정할 때, 선정될 업체는?

〈업체별 점수 현황〉

구분	만점 기준	A업체	B업체	C업체	D업체	E업체
디자인	15점	6점	8점	7점	7점	9점
건축안정성	30점	23점	25점	21점	17점	24점
경영건전성	20점	16점	17점	17점	19점	16점
시공실적	20점	11점	16점	15점	17점	14점
입찰가격	15점	11점	9점	12점	12점	10점

〈업체별 내진설계 포함 여부〉

구분	A업체	B업체	C업체	D업체	E업체
내진설계	○	○	×	○	○

> **조건**
> • 선정 점수가 가장 높은 업체를 선정한다.
> • 선정 점수는 항목별 점수를 동일한 가중치로 합산하여 산출한다.
> • 건축안정성 점수가 17점 미만인 업체는 입찰에서 제외한다.
> • 반드시 입찰가격 점수가 10점 이상인 업체 중에서 선정한다.
> • 내진설계를 포함하는 업체를 선정한다.

① A업체   ② B업체
③ C업체   ④ D업체
⑤ E업체

16 다음 (가) ~ (마) 문단의 주제로 적절하지 않은 것은?

> (가) 우리는 최근 '사회가 많이 깨끗해졌다.'라는 말을 많이 듣는다. 실제 우리의 일상생활은 정말 많이 깨끗해졌다. 과거에 비하면 일상생활에서 뇌물이 오가는 경우가 거의 없어진 것이다. 그런데 왜 부패인식지수가 나아지기는커녕 도리어 나빠지고 있을까? 일상생활과 부패인식지수가 전혀 다른 모습을 보이는 이유는 어디에 있을까?
>
> (나) 부패인식지수가 산출되는 과정에서 그 물음의 답을 찾을 수 있다. 부패인식지수는 국제투명성기구에서 매년 조사하여 발표하고 있는 세계적으로 가장 권위 있는 부패 지표로, 지수는 국제적인 조사 및 평가를 실시하고 있는 여러 기관의 조사 결과를 바탕으로 산출된다. 각 기관의 조사 항목과 조사 대상은 서로 다르지만, 주요 항목은 공무원의 직권 남용 억제 기능, 공무원 공적 권력의 사적 이용, 공공서비스와 관련한 뇌물 등으로 공무원의 뇌물과 부패에 초점이 맞추어져 있다.
>
> (다) 부패인식지수를 이해하는 데 주목하여야 할 또 하나의 중요한 점은 부패인식지수 계산에 사용된 각 지수의 조사 대상이다. 조사에 따라 약간의 차이가 있기는 하지만 조사는 주로 해당 국가나 해당 국가와 거래하고 있는 고위 기업인과 전문가들을 대상으로 이루어진다. 일반 시민이 아닌 기업 활동에서 공직자들과 깊숙한 관계를 맺고 있어 공직자들의 행태를 누구보다 잘 알고 있을 것으로 추정되는 사람들의 의견을 대상으로 하는 것이다. 결국 부패인식지수는 고위 기업 경영인과 전문가들의 공직 사회의 뇌물과 부패에 대한 평가라 할 수 있다.
>
> (라) 그렇다면 부패인식지수를 개선하는 방법은 무엇일까? 그간 정부는 공무원행동강령, 청탁금지법, 부패방지기구 설치 등 많은 제도적인 노력을 기울여왔다. 이러한 정부의 노력에도 불구하고 정부 반부패정책은 대부분 효과가 없는 것으로 보인다. 정부 노력에 대한 일반 시민들의 시선도 차갑기만 하다. 결국 법과 제도적 장치는 우리 사회에 만연한 연줄 문화 앞에서 힘을 쓰지 못하고 있는 것으로 해석할 수 있다.
>
> (마) 우리는 천문학적인 뇌물을 받아도 마스크를 낀 채 휠체어를 타고 교도소를 나오는 기업경영인과 공직자들의 모습을 자주 보아왔다. 이처럼 솜방망이 처벌이 반복되는 상황에서 부패는 계속될 수밖에 없다. 예상되는 비용에 비해 기대 수익이 큰 상황에서 부패는 끊어질 수 없는 것이다. 이러한 상황이 인간의 욕망을 도리어 자극하여 사람들은 연줄을 찾아 더 많은 부당이득을 노리려 할지 모른다. 연줄로 맺어지든 다른 방식으로 이루어지든 부패로 인하여 지불해야 할 비용이 크다면 부패에 대한 유인이 크게 줄어들 수 있을 것이다.

① (가) : 일상부패에 대한 인식과 부패인식지수의 상반되는 경향에 대한 의문
② (나) : 공공분야에 맞추어진 부패인식지수의 산출 과정
③ (다) : 특정 계층으로 집중된 부패인식지수의 조사 대상
④ (라) : 부패인식지수의 효과적인 개선 방안
⑤ (마) : 부패가 계속되는 원인과 부패 해결 방향

- AND(논리곱) : 둘 다 참일 때만 참, 나머지는 모두 거짓
- OR(논리합) : 둘 다 거짓일 때만 거짓, 나머지는 모두 참
- NAND(부정논리곱) : 둘 다 참일 때만 거짓, 나머지는 모두 참
- NOR(부정논리합) : 둘 다 거짓일 때만 참, 나머지는 모두 거짓
- XOR(배타적 논리합) : 둘의 참 / 거짓이 다르면 참, 같으면 거짓

17 다음과 같은 입력 패턴 A, B를 〈조건〉에 따라 원하는 출력 패턴으로 합성하고자 한다. (가)에 들어
갈 논리 연산자로 옳은 것은?

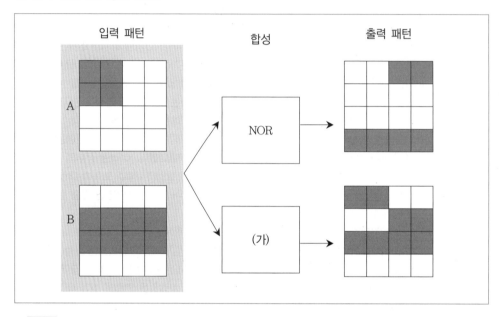

조건

- ■은 패턴값 '1'로, □은 패턴값 '0'으로 변환하여 합성에 필요한 논리 연산을 한 후, '1'은 ■으
  로 '0'은 □으로 표시한다.
- 합성은 두 개의 입력 패턴 A, B를 겹쳐서 1 : 1로 대응되는 위치의 패턴값끼리 논리 연산을 수행하
  여 이루어진다.
- 입력 패턴 A, B와 출력 패턴의 회전은 없다.

① AND   ② NOR
③ XOR   ④ NAND
⑤ OR

18 다음과 같은 패턴 A, B를 〈조건〉에 따라 합성하였을 때 그 결과로 옳은 것은?

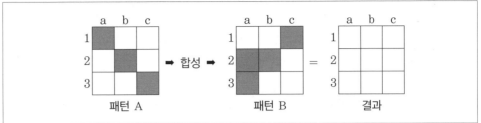

조건

- ■는 1, □는 0이다.
- 패턴 A, B의 회전은 없다.
- 패턴 A, B에서 대응되는 행과 열은 1 : 1로 각각 겹쳐 합성한다.
  예 패턴 A(1, a)의 ■는 패턴 B(1, a)의 □에 대응된다.
- 패턴 A와 B의 합성은 NAND 연산으로 처리한다.

①

②

③

④

⑤

19 K공사에서는 약 2개월 동안 근무할 인턴사원을 선발하고자 다음과 같은 공고를 게시하였다. 지원한 A ~ E 중에서 K공사의 인턴사원으로 가장 적절한 지원자는?

<hr />

〈인턴 모집 공고〉

• 근무기간 : 약 2개월(6 ~ 8월)
• 자격 요건
  - 1개월 이상 경력자
  - 포토샵 가능자
  - 근무 시간(9 ~ 18시) 이후에도 근무가 가능한 자
• 기타사항
  - 경우에 따라서 인턴 기간이 연장될 수 있음

〈지원자 정보〉

A지원자	• 경력사항 : 출판사 3개월 근무 • 컴퓨터 활용 능력 中(포토샵, 워드 프로세서) • 대학 휴학 중(9월 복학 예정)
B지원자	• 경력 사항 : 없음 • 포토샵 능력 우수 • 전문대학 졸업
C지원자	• 경력 사항 : 마케팅 회사 1개월 근무 • 컴퓨터 활용 능력 上(포토샵, 워드 프로세서, 파워포인트) • 4년제 대학 졸업
D지원자	• 경력 사항 : 제약 회사 3개월 근무 • 포토샵 가능 • 저녁 근무 불가
E지원자	• 경력 사항 : 마케팅 회사 1개월 근무 • 컴퓨터 활용 능력 中(워드 프로세서, 파워포인트) • 대학 졸업

① A지원자   ② B지원자
③ C지원자   ④ D지원자
⑤ E지원자

20 다음 글의 수정 방안으로 가장 적절한 것은?

최근 사물인터넷에 대한 사람들의 관심이 부쩍 늘고 있다. 사물인터넷은 '인터넷을 기반으로 모든 사물을 연결하여 사람과 사물, 사물과 사물 간에 정보를 상호 소통하는 지능형 기술 및 서비스'를 말한다.

통계에 따르면 사물인터넷은 전 세계적으로 민간 부문 14조 4,000억 달러, 공공 부문 4조 6,000억 달러에 달하는 경제적 가치를 창출할 것으로 ⓛ 예상되며 그 가치는 더욱 커질 것으로 기대된다. 그래서 사물인터넷 사업은 국가 경쟁력을 확보할 수 있는 미래 산업으로서 그 중요
ⓐ 성이 강조되고 있으며, 이에 선진국들은 에너지, 교통, 의료, 안전 등 다양한 분야에 걸쳐 투자하고 있다. 그러나 우리나라는 정부 차원의 경제적 지원이 부족하여 사물인터넷 산업이 활성화되는 데 어려움이 있다. 또한 국내의 기업들은 사물인터넷 시장의 불확실성 때문에 적극적으로 투자에 나서지 못하고 있으며, 사물인터넷 관련 기술을 확보하지 못하고 있는 실정이다. ⓒ 그 결과 우리나라의 사물인터넷 시장은 선진국에 비해 확대되지 못하고 있다.

그렇다면 국내 사물인터넷 산업을 활성화하기 위한 방안은 무엇일까? 우선 정부에서는 사물인터넷 산업의 기반을 구축하는 데 필요한 정책과 제도를 정비하고, 관련 기업에 경제적 지원책을 마련해야 한다. 또한 수익성이 불투명하다고 느끼는 기업으로 하여금 투자를 하도록 유도하여 사물인터넷 산업이 발전할 수 있도록 해야 한다. 그리고 기업들은 이동 통신 기술 및 차세대 빅데이터 기술 개발에 집중하여 사물인터넷으로 인해 발생하는 대용량의 데이터를 원활하게 수집하고 분석할 수 있는 기술력을 ⓔ 확증해야 할 것이다.
ⓓ 사물인터넷은 세상을 연결하여 소통하게 하는 끈이다. 이런 사물인터넷은 우리에게 편리한 삶을 약속할 뿐만 아니라 경제적 가치를 창출할 미래 산업으로 자리매김할 것이다.

① ⓐ : 서로 다른 내용을 다루고 있는 부분이 있으므로 문단을 두 개로 나눈다.
② ⓛ : 불필요한 피동 표현에 해당하므로 '예상하며'로 수정한다.
③ ⓒ : 앞 문장의 결과가 아닌 원인이므로 '그 이유는 우리나라의 사물인터넷 시장은 선진국에 비해 확대되지 못하고 있기 때문이다'로 수정한다.
④ ⓔ : 문맥상 어울리지 않는 단어이므로 '확인'으로 바꾼다.
⑤ ⓓ : 글과 상관없는 내용이므로 삭제한다.

21 다음은 H은행의 DC / IRP 가입자를 위한 포트폴리오이다. 이를 보고 〈조건〉과 같은 성향을 보인 사람에게 추천할 상품을 바르게 짝지은 것은?

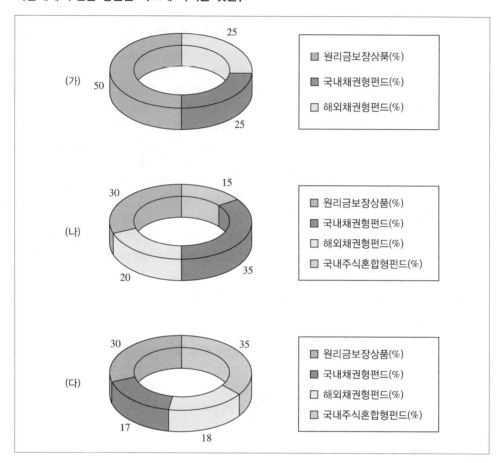

조건

고객 A : 보수적인 투자성향으로 투자원금의 손실을 최소화하고, 이자소득이나 배당소득 수준의 안정적인 투자를 목표로 합니다. 다만, 예·적금보다 높은 수익을 위해 수익증권을 편입하되 상대적으로 안전자산인 국내외 채권형 상품만으로 구성된 수익증권을 편입합니다.

고객 B : 수익성과 안정성 모두를 고려하여 어느 한쪽에 치우치지 않도록 일정수준의 위험자산을 편입하여 운용합니다. 투자에 따르는 위험을 다소 감수하더라도 예·적금보다 높은 수익을 목표로 합니다.

고객 C : 투자자금의 상당 부분을 주식형 펀드 등의 위험자산에 투자하여, 투자원금의 보전보다는 위험을 감내하더라도 높은 수준의 투자수익 실현을 추구합니다.

	(가)	(나)	(다)
①	고객 A	고객 B	고객 C
②	고객 A	고객 C	고객 B
③	고객 B	고객 A	고객 C
④	고객 B	고객 C	고객 A
⑤	고객 C	고객 A	고객 B

22 K공사는 2026년 1월에 정년퇴임식을 할 예정이다. T사원은 퇴직자 명단을 엑셀로 정리하고 〈조건〉에 따라 행사물품을 준비하려고 한다. 〈보기〉 중 옳은 것을 모두 고르면?

◢	A	B	C	D	E
1	퇴직자	소속부서	팀원 수	팀장인원	입사년도
2	A씨	회계	8	1	2008년
3	B씨	기획	12	2	1999년
4	C씨	인사	11	1	2005년
5	D씨	사무	15	2	2009년
6	E씨	영업	30	5	2007년
7	F씨	관리	21	4	2003년
8	G씨	생산	54	7	2010년
9	H씨	품질관리	6	1	2018년
10	I씨	연구	5	1	2002년
11	J씨	제조	34	6	2010년

조건

- 행사에는 퇴직자가 속한 부서의 팀원들만 참석한다.
- 퇴직하는 직원이 소속된 부서당 화분 1개가 필요하다.
- 퇴직자를 포함하여 근속연수 20년 이상인 직원에게 감사패를 준다.
- 볼펜은 행사에 참석한 직원 1인당 1개씩 지급한다.
- 팀원에는 팀장도 포함되어 있다.

보기

㉠ 화분은 총 9개가 필요하다.
㉡ 감사패는 4개 필요하다.
㉢ 볼펜은 [C2:C11]의 합계만큼 필요하다.

① ㉠
② ㉡
③ ㉢
④ ㉠, ㉢
⑤ ㉡, ㉢

23 다음은 소나무재선충병 발생지역에 대한 자료이다. 이를 참고할 때, 고사한 소나무 수가 가장 많은 발생지역은?

〈소나무재선충병 발생지역별 소나무 수〉

(단위 : 천 그루)

발생지역	소나무 수
거제	1,590
경주	2,981
제주	1,201
청도	279
포항	2,312

〈소나무재선충병 발생지역별 감염률 및 고사율〉

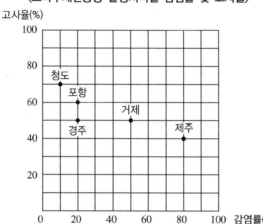

※ [감염률(%)] = $\dfrac{\text{(발생지역의 감염된 소나무 수)}}{\text{(발생지역의 소나무 수)}} \times 100$

※ [고사율(%)] = $\dfrac{\text{(발생지역의 고사한 소나무 수)}}{\text{(발생지역의 감염된 소나무 수)}} \times 100$

① 거제 ② 경주
③ 제주 ④ 청도
⑤ 포항

24 다음은 스위스, 그리스, 영국, 미국 네 국가의 정부신뢰에 대한 자료이다. 〈조건〉에 근거하여 A ~D에 해당하는 국가를 바르게 나열한 것은?

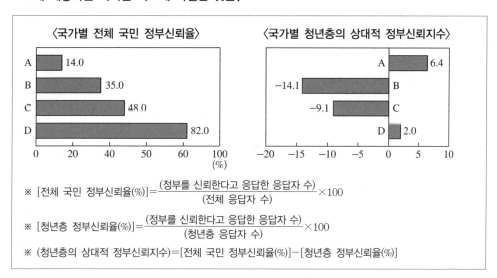

※ [전체 국민 정부신뢰율(%)]= $\dfrac{(정부를\ 신뢰한다고\ 응답한\ 응답자\ 수)}{(전체\ 응답자\ 수)} \times 100$

※ [청년층 정부신뢰율(%)]= $\dfrac{(정부를\ 신뢰한다고\ 응답한\ 응답자\ 수)}{(청년층\ 응답자\ 수)} \times 100$

※ (청년층의 상대적 정부신뢰지수)=[전체 국민 정부신뢰율(%)]−[청년층 정부신뢰율(%)]

조건

- 청년층 정부신뢰율은 스위스가 그리스의 10배 이상이다.
- 영국과 미국에서는 청년층 정부신뢰율이 전체 국민 정부신뢰율보다 높다.
- 청년층 정부신뢰율은 미국이 스위스보다 30%p 이상 낮다.

	A	B	C	D
①	그리스	영국	미국	스위스
②	스위스	영국	미국	그리스
③	스위스	미국	영국	그리스
④	그리스	미국	영국	스위스
⑤	그리스	스위스	영국	미국

25 A회사의 연구용역 업무를 담당하는 정대리는 연구비 총액 6,000만 원이 책정된 용역업체와의 계약을 체결하였다. 정대리의 상사 최부장은 계약 체결건에 대해 확인하기 위해 정대리에게 전화를 걸었다. 통화 내용 중 적절하지 않은 것은?

〈규정〉

용역발주의 방식(제1조)
연구비 총액 5,000만 원 이상의 연구용역은 경쟁입찰 방식을 따르되, 그 외의 연구용역은 담당자에 의한 수의계약 방식으로 발주한다.

용역방침결정서(제2조)
용역 발주 전에 담당자는 용역방침결정서를 작성하여 부서장의 결재를 받아야 한다.

책임연구원의 자격(제3조)
연구용역의 연구원 중에 책임연구원은 대학교수 또는 박사학위 소지자이어야 한다.

계약실시요청 공문 작성(제4조)
연구자가 결정된 경우, 담당자는 연구용역 계약실시를 위해 용역수행계획서와 예산계획서를 작성하여 부서장의 결재를 받아야 한다.

보안성 검토(제5조)
담당자는 연구용역에 참가하는 모든 연구자에게 보안서약서를 받아야 하며, 총액 3,000만 원을 초과하는 연구용역에 대해서는 감사원에 보안성 검토를 의뢰해야 한다.

계약실시요청(제6조)
담당자는 용역방침결정서, 용역수행계획서, 예산계획서, 보안성 검토결과를 첨부하여 운영지원과에 연구용역 계약실시요청 공문을 발송해야 한다.

계약의 실시(제7조)
운영지원과는 연구용역 계약실시를 요청받은 경우 지체 없이 계약업무를 개시하여야 하며, 계약과정에서 연구자와의 협의를 통해 예산계획서상의 예산을 10% 이내의 범위에서 감액할 수 있다.

정대리 : 네, ××과 정○○ 대리입니다.
최부장 : 이번에 연구용역 계약 체결은 다 완료되었나?
정대리 : 네, ⊙ 경쟁입찰 방식으로 용역 발주하였습니다. 용역방침결정서도 부서장님께 결재받았습니다.
최부장 : 그래, 연구원들은 총 몇 명이나 되나?
정대리 : ⊙ ××대학교 교수님이 책임연구원으로 계시고, 밑에 석사과정생 3명이 있습니다.
최부장 : 예산은 어느 정도로 책정되었나?
정대리 : ⓒ 처음에 6,000만 원으로 책정되었는데 계약과정에서 연구자와 협의해보니 5,000만 원까지 감액할 수 있을 것 같습니다.
최부장 : 운영지원과에 공문은 발송했나?
정대리 : ⓔ 아직 감사원으로부터 보안성 검토결과가 오지 않아 발송하지 못하였고, 오는 대로 공문 발송하겠습니다.
최부장 : 그럼 업무는 언제부터 시작하나?
정대리 : ⓜ 운영지원과에 연구용역 계약실시요청 공문을 발송한 즉시 바로 입무 개시될 예정입니다.

① ⊙

② ⊙

③ ⓒ

④ ⓔ

⑤ ⓜ

26 다음은 A회사 인트라넷에 올라온 컴퓨터의 비프음과 관련된 문제 해결 방법에 대한 공지사항이다. 부팅 시 비프음 소리와 해결방법에 대한 설명으로 적절하지 않은 것은?

안녕하십니까.

최근 사용하시는 컴퓨터를 켤 때 비프음 소리가 평소와 다르게 들리는 경우가 종종 있습니다.

해당 비프음 소리별 발생 원인과 해결 방법을 공지하오니 참고해 주시기 바랍니다.

〈비프음으로 진단하는 컴퓨터 상태〉

- 짧게 1번 : 정상
- 짧게 2번 : 바이오스 설정이 올바르지 않은 경우, 모니터에 오류 메시지가 나타나게 되므로 참고하여 문제 해결
- 짧게 3번 : 키보드가 불량이거나 올바르게 꽂혀 있지 않은 경우
- 길게 1번+짧게 1번 : 메인보드 오류
- 길게 1번+짧게 2번 : 그래픽 카드의 접촉 점검
- 길게 1번+짧게 3번 : 쿨러의 고장 등 그래픽 카드 접촉 점검
- 길게 1번+짧게 9번 : 바이오스의 초기화, A/S 점검
- 아무 경고음도 없이 모니터가 켜지지 않을 때 : 전원 공급 불량 또는 합선, 파워서플라이의 퓨즈 점검, CPU나 메모리의 불량
- 연속으로 울리는 경고음 : 시스템 오류, 메인보드 점검 또는 각 부품의 접촉 여부와 고장 확인

---

① 비프음이 짧게 2번 울릴 때는 모니터에 오류 메시지가 뜨니 원인을 참고하여 해결할 수 있다.

② 비프음이 길게 1번, 짧게 1번 울렸을 때 CPU를 교체해야 한다.

③ 연속으로 울리는 경고음은 시스템 오류일 수 있다.

④ 키보드가 올바르게 꽂혀 있지 않은 경우 비프음이 짧게 3번 울린다.

⑤ 비프음이 길게 1번, 짧게 9번 울리면 바이오스 ROM 오류로 바이오스의 초기화 또는 A/S가 필요하다.

※ 다음은 관세청에서 해외여행자 휴대품 예상 조회 기준 조건을 나열한 자료이다. 이어지는 질문에 답하시오. **[27~29]**

- 1인당 휴대품 면세 범위(과세 대상 : 국내 면세점 및 해외 구입 물품)
  - 주류 1병(1L, 미화 400달러 이하)
  - 향수 60mL
  - 담배 200개피(1보루)
  - 기타 합계 미화 600달러 이하의 물품
  ※ 단, 농림축산물, 한약재 등은 10만 원 이하로 한정하며, 품목별로 수량 또는 중량에 제한이 있습니다.
- 면세 범위 초과물품 예상세액 조회
  - 예상세액은 총 구입물품 가격에서 1인 기본 면세 범위 미화 600달러를 선공제하고 각각의 관세율을 적용해 계산한 금액의 합산액을 기준으로 합니다.
  - 자진신고 시 관세의 30%(15만 원 한도)가 감면되는 혜택을 받을 수 있으며, 신고 미이행 시에는 납부세액의 40% 또는 60%(반복적 신고 미이행자)의 가산세가 부과됩니다.
- 단일세율 : 의류 등 물품 설명에서 단일세율 적용 대상이라고 명시된 물품들은 합계 미화 1,000달러까지 아래의 예시처럼 본래의 세율보다 낮은 단일세율(20%)을 적용받을 수 있습니다.
  예 모피제품(30%) 800달러 1개, 의류(25%) 150달러 1개, 신발(25%) 70달러 1개인 경우 : 모피제품 단일세율 1개 20% 적용, 의류 단일세율 20% 적용, 신발은 본래의 세율 25% 적용(단일세율이 950달러밖에 적용되지 않았지만 신발의 단가가 50달러를 초과해 합계 미화 1,000달러를 초과하게 되면 신발은 단일세율을 적용받지 못합니다)
- 제한 물품 안내 : 물품에 따라서는 면세 범위에 포함되지 않거나 다른 법령에 의하여 반입이 제한될 수 있습니다. 농축산물, 멸종 위기에 처한 동식물 관련 제품, 한약재, 성분 미상 의약품, 과일류 등은 제한 사항이 많으므로 자세한 내용은 관세청에 문의하시기 바랍니다.

27 K대리는 해외여행을 다녀오면서 꽤 많은 물품들을 구매하였다. 다음은 K대리가 구매한 물품 내역서이다. 이 가운데 면세 물품에 포함되는 것은?

	물품 종류	구매가	용량 및 크기	구매 장소
①	향수	미화 50달러	100mL	인천 면세점
②	가방	미화 1,400달러	500g	이탈리아 시내
③	양주 1병	미화 200달러	1,000mL	이탈리아 면세점
④	신발	미화 70달러	80g	인천 면세점
⑤	화장품	미화 10달러	20g	프랑스

28 Y주임은 한국으로 돌아오는 비행기에서 해외에서 산 물품을 자진신고를 할지 말지 고민 중이다. 만약 성실신고를 하지 않으면, Y주임은 신고 미이행특별부과세 40%가 추가로 가산됨을 알고 있다. Y주임의 선택 및 납부해야 될 금액은 얼마인가?(단, Y주임은 반복적 신고 미이행자가 아니다)

<구매한 품목 내역>

물품명	수량	금액
향수 100mL	1개	80유로
가방	1개	1,400유로
지갑	1개	350유로
팔찌	1개	100유로
벨트	1개	150유로

※ 계산의 편의성을 위해 환율은 1,300원/유로, 1,100원/달러로 계산한다. 또한 팔찌의 관세율은 25%이며 단 일세율적용 품목대상이다. 이 밖의 물품은 모두 20%라고 가정한다.

※ Y주임은 이전 과거 기록을 통해 자신이 적발될 확률을 80%, 적발되지 않을 확률을 20%라고 확신하고 있다.

※ Y주임은 성실신고를 하지 않을 경우 발생한 기댓값 계산을 통해 20만 원을 초과하면 자진신고를 할 생각이다.

신고 여부   납부 금액
① 자진신고를 한다.   122,640원
② 자진신고를 안 한다.   0원
③ 자진신고를 한다.   408,800원
④ 자진신고를 한다.   286,160원
⑤ 자진신고를 안 한다.   408,800원

PART 2

29 K씨는 이번 면세점에서 100달러 시계 1개, 350달러 포도주(400mL) 1병, 40달러 백팩 1개, 개당 200달러인 골프채 2개, 70달러 향수(100mL) 1개, 125달러 코트 1벌, 130달러 담배 1보루를 샀다. 다음 세율 세부 사항을 참고하여 K씨가 자진 납세할 경우 지불해야 할 관세는 얼마인가?(단, 환율은 1,100원/달러로 계산한다)

〈구입 품목별 세율 세부 사항〉

품목	적용 세율
시계	개별소비세 적용 대상 물품이다. 총 세율은 1,852,000원까지는 20%이고, 초과되는 금액 부분은 50%이다.
향수	이 항목에는 방향성 화장품은 모두 해당된다. 총 세율은 간이세율 20%이다. 일반적으로 향수와 오데 퍼퓸, 오데 토일렛, 오데 코롱 등 향수, 코롱, 분말향, 향낭 등이 모두 포함된다.
담배	이 항목에는 일반적으로 통용되는 필터담배가 포함된다. 1보루는 10갑이다. 총 세액은 1보루당 관세(구입금액의 40%)+개별소비세(1갑당 594원) 5,940원+부가세[(구입금액+관세+개별소비세)×10%]+지방세14,490원(담배소비세 : 1갑당 1,007원+지방교육세 : 담배소비세의 43.99%)이다.
백팩	이 항목에는 가방 또는 지갑이 해당된다. 개별소비세 적용 대상 물품이다. 총 세율은 1,852,000원까지는 20%이고, 초과되는 금액 부분은 50%이다.
골프채	이 항목에는 거의 대부분의 운동 기구, 운동 용품, 레저 용품 등이 해당된다. 총 세율은 간이세율 20%이다. 단, 스포츠 의류, 신발 등은 제외된다.
주류	이 항목에는 포도주를 비롯하여 대부분의 발효 과실주가 포함된다. 총 세율은 약 68% 정도이다.

① 95,000원
② 103,950원
③ 116,850원
④ 128,000원
⑤ 132,050원

30 다음은 2023년 방송산업 종사자 수를 나타낸 자료이다. 2023년 추세에 언급되지 않은 분야의 인원은 고정되어 있었다고 할 때, 2022년 방송산업 종사자 수는 모두 몇 명인가?

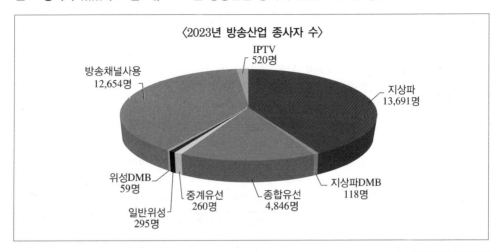

〈2023년 방송산업 종사자 수〉

- IPTV 520명
- 방송채널사용 12,654명
- 지상파 13,691명
- 위성DMB 59명
- 일반위성 295명
- 중계유선 260명
- 종합유선 4,846명
- 지상파DMB 118명

〈2023년 추세〉

지상파 방송사(지상파DMB 포함) 종사자 수는 전년보다 301명(2.2%)이 증가한 것으로 나타났다. 직종별로 방송직에서는 PD(1.4% 감소)와 아나운서(1.1% 감소), 성우, 작가, 리포터, 제작지원 등의 기타 방송직(5% 감소)이 감소했으나, 카메라, 음향, 조명, 미술, 편집 등의 제작관련직(4.8% 증가)과 기자(0.5% 증가)는 증가했다. 그리고 영업홍보직(13.5% 감소), 기술직(6.1% 감소), 임원(0.7% 감소)은 감소했으나, 연구직(11.7% 증가)과 관리행정직(5.8% 증가)은 증가했다.

① 20,081명
② 24,550명
③ 32,142명
④ 32,443명
⑤ 34,420명

31 C기업은 가전전시회에서 자사의 제품을 출품하기로 하였다. 자사의 제품을 보다 효과적으로 홍보하기 위하여 다음과 같이 행사장의 A~G 중 세 곳에서 홍보판촉물을 배부하기로 하였다. 가장 많은 사람들에게 홍보판촉물을 나눠 줄 수 있는 위치는 어디인가?

- 전시관은 제1전시관 → 제2전시관 → 제3전시관 → 제4전시관 순서로 배정되어 있다.
- 행사상 출입구는 한 곳이며, 다른 곳으로는 출입이 불가능하다.
- 방문객은 행사장 출입구로 들어와서 시계 반대 방향으로 돌며, 4개의 전시관 중 2개의 전시관만을 골라 관람한다.
- 방문객은 자신이 원하는 2개의 전시관을 모두 관람하면 행사장 출입구를 통해 나가기 때문에 한 바퀴를 초과해서 도는 방문객은 없다.
- 방문객은 전시관 입구로 들어가면 출구로 나오기 때문에 전시관의 입구와 출구 사이에 있는 외부 통로를 동시에 지나치지 않는다.
- 행사장에는 시간당 평균 400명이 방문하며, 각 전시관의 시간당 평균 방문객 수는 다음과 같다.

제1전시관	제2전시관	제3전시관	제4전시관
100명	250명	150명	300명

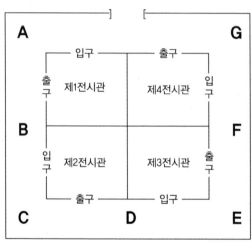

① A, B, C
② A, D, G
③ B, C, E
④ B, D, F
⑤ C, D, G

32 다음 글에서 앞뒤 문맥을 고려할 때, 문단을 논리적 순서대로 바르게 나열한 것은?

전쟁 소설 중에는 실제로 일어났던 전쟁을 배경으로 한 작품들이 있다. 이런 작품들은 허구를 매개로 실재했던 전쟁을 새롭게 조명하고 있다.

(가) 가령 작자 미상의 조선 후기 소설 「박씨전」의 후반부는 조선이 패전했던 병자호란에 등장하는 실존 인물 '용골대'와 그의 군대를 허구의 여성인 '박씨'가 물리치는 허구의 내용인데, 이는 패전의 치욕을 극복하고 싶은 수많은 조선인의 바람을 반영한 것이다.

(나) 한편, 1964년 박경리가 발표한 「시장과 전장」은 극심한 이념 갈등 사이에서 생존을 위해 몸부림치는 인물을 통해 6·25 전쟁이 남긴 상흔을 직시하고 이에 좌절하지 않으려는 작가의 의지를 드러낸다.

(다) 또한 「시장과 전장」에서는 전쟁터를 재현하여 전쟁의 폭력과 맞닥뜨린 개인의 연약함을 강조하고, 무고한 희생을 목격한 인물의 내면을 드러냄으로써 개인의 존엄을 탐색한다.

(라) 박씨와 용골대 사이의 대립 구도 아래 전개되는 허구의 이야기는 조선인들의 슬픔을 위로하고 희생자를 추모함으로써 공동체로서의 연대감을 강화하였다.

우리는 이러한 작품들을 통해 전쟁의 성격을 탐색할 수 있다. 전쟁이 폭력적인 것은 공동체 사이의 갈등 과정에서 사람들이 죽기 때문만은 아니다. 전쟁의 명분은 폭력을 정당화하기 때문에 적군의 죽음은 불가피한 것으로, 아군의 죽음은 불의한 적군에 의한 희생으로 간주한다. 전쟁은 냉혹하게도 피아(彼我)를 막론하고 민간인의 죽음조차 외면하거나 자신의 명분에 따라 이를 이용하게 한다는 점에서 폭력성을 띠는 것이다.

두 작품에서 사람들이 죽는 장소가 군사들이 대치하는 전선만이 아니라는 점도 주목할 수 있다. 전쟁터란 전장과 후방, 가해자와 피해자가 구분하기 힘든 혼돈의 현장이다. 이 혼돈 속에서 사람들은 고통을 받으면서도 생의 의지를 추구해야 한다는 점에서 전쟁의 비극성은 극대화된다. 이처럼 전쟁의 허구화를 통해 우리는 전쟁에 대한 인식을 새롭게 할 수 있다.

① (가) – (다) – (나) – (라)
② (가) – (라) – (나) – (다)
③ (가) – (라) – (다) – (나)
④ (나) – (가) – (다) – (라)
⑤ (나) – (가) – (라) – (다)

33 미디어 매체별 이용자 분포 자료를 토대로 보고서에 추가할 그래프를 제작하였을 때, 수정이 필요한 것은?

<미디어 매체별 이용자 분포>

(단위 : %)

구분		TV	스마트폰	PC / 노트북
사례 수		7,000명	6,000명	4,000명
성별	남	49.4	51.7	51.9
	여	50.6	48.3	48.1
연령	10대	9.4	11.2	13.0
	20대	14.1	18.7	20.6
	30대	17.1	21.1	23.0
	40대	19.1	22.2	22.6
	50대	18.6	18.6	15.0
	60세 이상	21.7	8.2	5.8
직업	사무직	20.1	25.6	28.2
	서비스직	14.8	16.6	14.9
	생산직	20.3	17.0	13.4
	학생	13.2	16.8	19.4
	주부	20.4	17.8	18.4
	기타	0.6	0.6	0.6
	무직	10.6	5.6	5.1
소득	상	31.4	35.5	38.2
	중	45.1	49.7	48.8
	하	23.5	14.8	13.0
도시 규모	대도시	45.3	47.5	49.5
	중소도시	37.5	39.6	39.3
	군지역	17.2	12.9	11.2

① 연령대별 스마트폰 이용자 수(단위 : 명)

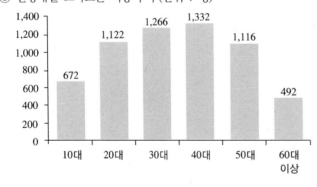

② 매체별 성별 이용자 수(단위 : 명)

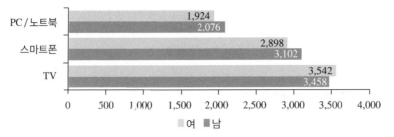

③ 매체별 소득수준 구성비

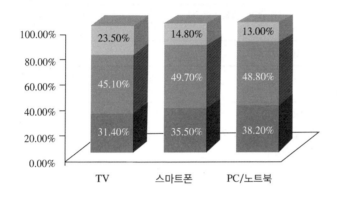

④ TV+ 스마트폰 이용자의 도시규모별 구성비

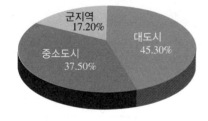

⑤ 사무직 이용자의 매체별 구성비

34 R공단은 2025년 상반기 인사 이동을 통해 A본부의 승진 대상자 중 승진할 직원 2명을 선정하고자 한다. 승진자 결정 방식 및 승진 대상자 정보가 다음과 같을 때, 승진하게 되는 직원을 모두 고르면?

〈승진자 결정 방식〉

- A본부의 승진 대상자인 V, W, X, Y, Z직원 중 승진 점수가 가장 높은 직원 2명이 승진하게 된다.
- 승진 점수는 업무실적 점수(20점), 사고 점수(10점), 근무태도 점수(10점), 가점 및 벌점(최대 5점)을 합산하여 산정한다.
- 업무실적 점수 산정 기준(20점 만점)

등급	A	B	C	D
점수	20점	17점	13점	10점

- 사고 점수 산정 기준(10점 만점) : 10점 만점에서 사고 유형 및 건수에 따라 차감한다.

구분	경미 / 과실	중대 / 고의
1건당 벌점	1점	3점

- 근무태도 점수 산정 기준(10점 만점)

등급	우수	보통	미흡
점수	10점	7점	4전

- 가점 및 벌점 부여 기준(최대 5점)
  - 무사고(모든 유형의 사고 건수 0건) : 가점 2점
  - 수상 실적 : 1회당 가점 2점
  - 사고유형 중 중대 / 고의 사고 건수 2건 이상 : 벌점 4점

〈승진 대상자 정보〉

구분	업무실적 등급	사고 건수 경미 / 과실	사고 건수 중대 / 고의	근무태도 등급	수상 실적
V	A	–	1	보통	1회
W	B	1	–	우수	2회
X	C	2	–	보통	–
Y	A	1	1	미흡	–
Z	D	–	–	우수	1회

① V, W

② V, Y

③ W, Z

④ X, Y

⑤ X, Z

35 다음 글을 읽고 빈칸에 들어갈 내용으로 가장 적절한 것은?

조선 시대의 금속활자는 제작 방법이나 비용의 문제로 민간에서 제작하기도 어려웠지만, 그 제작 및 소유를 금지하였다. 때문에 금속활자는 왕실의 위엄과 권위를 상징하는 것이었고 조선의 왕들은 금속활자 제작에 각별한 관심을 가졌다. 태종이 1403년 최초의 금속활자인 계미자(癸未字)를 주조한 것을 시작으로 조선은 왕의 주도하에 수십 차례에 걸쳐 활자를 제작하였고, 특히 정조는 금속활자 제작에 많은 공을 들였다. 세손 시절 영조에게 건의하여 임진자(壬辰字) 15만 자를 제작하였고, 즉위 후에도 정유자(丁酉字), 한구자(韓構字), 생생자(生生字) 등을 만들었으며, 이들 활자를 합하면 100만 자가 넘는다. 정조가 많은 활자를 만들고 관리하는 데 신경을 쓴 것 역시 권위와 관련이 있다. 정조가 만든 수많은 활자 중에서도 정리자(整理字)는 이러한 측면을 가장 잘 보여주는 활자라 할 수 있다. 정리(整理)라는 말은 조선 시대에 국왕이 바깥으로 행차할 때 호조에서 국왕이 머물 행궁을 정돈하고 수리해서 새롭게 만드는 일을 의미한다. 1795년 정조는 어머니인 혜경궁 홍씨의 회갑을 기념하기 위해 대대적인 화성 행차를 계획하였다. 행사를 마친 후 행사와 관련된 여러 사항을 기록한 의궤를 『원행을묘정리의궤(園幸乙卯整理儀軌)』라 이름하였고, 이를 인쇄하기 위해 제작한 활자가 바로 정리자이다. 왕실의 행사를 기록한 의궤를 금속활자로 간행했다는 것은 그만큼 이 책을 널리 보급하겠다는 뜻이며, 왕실의 위엄을 널리 알리겠다는 것으로 받아들여진다. 이후 정리자는 『화성성역의궤(華城城役儀軌)』, 『진작의궤(進爵儀軌)』, 『진찬의궤(進饌儀軌)』의 간행에 사용되어 왕실의 위엄과 권위를 널리 알리는 효과를 발휘하였다. 정리자가 주조된 이후에도 고종 이전에는 과거 합격자를 기록한 『사마방목(司馬榜目)』을 대부분 임진자로 간행하였는데, 화성 행차가 있었던 을묘년 식년시의 방목만은 유독 정리자로 간행하였다. 이 역시 화성 행차의 의미를 부각하고자 했던 것으로 생각된다. 정조가 세상을 떠난 후 출간된 그의 문집 『홍재전서(弘齋全書)』를 정리자로 간행한 것은 아마도 이 활자가 ＿＿＿＿＿＿＿＿＿＿＿＿＿＿＿＿＿＿＿＿＿

① 정조를 가장 잘 나타내기 때문이 아닐까?
② 정조가 가장 중시하고 분신처럼 여겼던 활자이기 때문이 아닐까?
③ 문집 제작에 적절한 서체였기 때문이 아닐까?
④ 문집 제작에 널리 쓰였기 때문이 아닐까?
⑤ 희귀하였기 때문이 아닐까?

※ 다음은 대학 평판도에 대한 자료이다. 이어지는 질문에 답하시오. [36~37]

〈대학 평판도 지표별 가중치〉

지표	지표 설명	가중치
가	향후 발전가능성이 높은 대학	10
나	학생 교육이 우수한 대학	5
다	입학을 추천하고 싶은 대학	10
라	기부하고 싶은 대학	5
마	기업의 채용선호도가 높은 대학	10
바	국가·사회 전반에 기여가 큰 대학	5
사	지역 사회에 기여가 큰 대학	5
가중치 합		50

〈A~H대학의 평판도 지표점수 및 대학 평판도 총점〉

(단위 : 점)

지표 \ 대학	A	B	C	D	E	F	G	H
가	9	8	7	3	6	4	5	8
나	6	8	5	8	7	7	8	8
다	10	9	10	9	( )	9	10	9
라	4	6	6	6	( )	( )	( )	6
마	4	6	6	6	( )	( )	8	6
바	10	9	10	3	6	4	5	9
사	8	6	4	( )	7	8	9	5
대학 평판도 총점	( )	( )	( )	( )	410	365	375	( )

※ 지표점수는 여론조사 결과를 바탕으로 지표별로 0~10 사이의 점수를 1점 단위로 부여한다.
※ [지표환산점수(점)]=(지표별 가중치)×(지표점수)
※ 대학 평판도 총점은 해당 대학 지표환산점수의 총합이다.

36 다음 중 A~D대학 4개를 대학 평판도 총점이 높은 대학부터 순서대로 바르게 나열한 것은?

① A-B-C-D
② A-B-D-C
③ B-A-C-D
④ B-A-D-C
⑤ C-A-B-D

37 다음 〈보기〉 중 E~H대학 4개의 평판도에 대한 내용으로 적절한 것을 모두 고르면?

> **보기**
>
> ㄱ. E대학은 '다', '라', '마'의 지표점수가 동일하다.
> ㄴ. '라'의 지표점수는 F대학이 G대학보다 높다.
> ㄷ. H대학은 '나'의 지표환산점수가 '마'의 지표환산점수보다 대학 평판도 총점에서 더 큰 비중을 차지한다.

① ㄴ
② ㄱ, ㄴ
③ ㄱ, ㄷ
④ ㄴ, ㄷ
⑤ ㄱ, ㄴ, ㄷ

38 다음은 H교육원에서 운영하는 전문도서관 서비스 메뉴버튼이다. 이를 통해 파악할 수 있는 내용으로 적절하지 않은 것은?

〈전문도서관 서비스 메뉴버튼〉

도서관 안내	통합검색	알림마당	도서관 서비스	마이페이지
도서관 소개	빠른검색	공지사항	추천자료	대출현황
도서관 현황	상세검색	자유게시판	인기자료	대출예약현황
도서관 연혁	주제별리스트	자료실	다독자	내 서재
자료현황	가나다리스트	Q&A	관련사이트	자료구입신청
이용안내	신착자료	FAQ		SDI 서비스
찾아오시는 길				

① 도서관 이용에 대한 기본적인 설명은 도서관 안내 메뉴를 통해 습득 가능하다.
② 정보이용자의 특성을 프로파일로 등록해둔 후 새로운 정보가 발생하면 정보이용자가 관심가질 만한 자료를 제공해주는 서비스는 도서관 서비스 메뉴에 있다.
③ 원하는 특정 자료를 검색할 때는 통합검색에서 빠른 검색이나 상세검색 기능을 활용하는 것이 가장 효율적이다.
④ 인기자료에서는 특정 기간 내 많은 정보이용자들의 관심이나 선택을 받은 자료들을 리스트화하여 정보를 제공할 것이다.
⑤ 정보이용자가 대여한 책의 반납날짜와 대여했던 책들의 정보를 확인하려면 마이페이지에 대출현황 및 내 서재 등을 이용하면 된다.

※ 다음은 음식물건조처리기 '에밀리'의 사용설명서이다. 이어지는 질문에 답하시오. [39~40]

〈음식물건조처리기 '에밀리' 사용설명서〉

■ 설치방법

1. 제품을 올려놓을 자리에 수평을 맞춥니다.

- 에밀리는 프리스탠딩타입으로 어느 곳이든 공간과 전원코드만 있다면 설치가 가능합니다.
- 콘센트를 연결하시고, 수평만 잘 맞추어 주시면 누구나 손쉽게 설치할 수 있습니다.
- 냄새나 소음이 감지되었을 경우에 환기가 잘 되는 베란다 등에 설치할 수도 있습니다.
- 수평이 맞지 않으면 제품의 진동에 의해 소음이 발생됩니다.

2. 콘센트에 전원플러그를 꽂아 주시고 전원램프를 확인합니다.

- 전원플러그를 꽂고 전원버튼을 누른 후 램프가 켜지는지를 확인합니다.
- 전원램프가 켜지면 '3HOURS', '6HOURS', '8HOURS' 중 하나를 선택하여 누른 후 버튼의 램프도 켜지는지를 확인합니다.
- 두 버튼의 램프 중 하나라도 켜지지 않으면 소비자 상담실에 문의하십시오.

3. 원활한 공기 흐름을 위하여 뒷면을 벽면에서 10cm 이상 틈을 주십시오.

에밀리의 건조처리 시스템은 외부공기를 안으로 유입시켜 열풍으로 변환하여 건조시키는 방식으로 공기의 흐름이 원활하게 이루어져야 건조율이 좋습니다. 공기의 원활한 공급을 위하여 벽면에서 최소 10cm 이상 떨어지게 하여 주십시오.

■ 사용방법

1. 건조바스켓에 남은 음식들을 담아 제품 안에 넣습니다.

- 제품 안의 물받이와 건조바스켓을 꺼내 싱크대거름망에 걸러진 남은 음식물을 넣습니다.
- 건조바스켓에 표시된 용량에 의한 시간에 맞추어 '3HOURS', '6HOURS', '8HOURS' 중 하나를 눌러줍니다.
- 상단의 'MAX'라고 표기된 선을 넘기면 작동되지 않으니 반드시 그 아래까지만 채우고 작동하십시오.

2. 전원버튼을 누르고 시간버튼을 누르면 작동이 됩니다.

- 전원버튼을 누르고 남은 음식물 양에 맞춰 시간버튼을 누르면 작동이 됩니다.
- 문이 닫혀야 작동이 되며, 작동 중에 문을 열면 작동이 멈추게 됩니다.
- 최초 작동 시 히터부분만 작동을 하며, 5분 정도 후에 열풍팬이 작동이 되는 시스템입니다.
- 처리가 끝난 이후에도 냉각팬이 30분 정도 더 작동됩니다. 전원버튼이 꺼졌을 때 바스켓을 꺼내십시오.

3. 고기, 전분류 등 건조가 잘 되지 않는 남은 음식물의 처리

남은 음식물의 양이 적다 하더라도 기름기 많은 고기류, 전분이 함유된 중국 음식물 등은 다른 음식물에 비해 건조가 잘 되지 않으니 '6 ~ 8HOURS' 버튼을 눌러 작동시켜 주시고, 기름기가 너무 많아 8시간에도 건조처리가 잘 안 되었을 경우에는 3시간만 더 건조시키면 완전히 해결됩니다.

4. 건조처리가 끝나면 전용용기에 따로 보관하십시오.

- 처리된 건조물은 별도의 보관용기에 모아 두었다가 한 번에 버리시면 됩니다. 가급적 처리가 끝나고 바로 보관용기에 비워 주십시오.
- 처리된 건조물은 비닐봉지에 넣어 두 손으로 가볍게 비벼 주시면 부피가 더 줄어들어 많은 양을 보관할 수 있습니다.
- 에밀리는 타제품에 비해 건조상태가 월등하여 한 번 건조된 건조물은 일정기간 동안 다시 부패되지 않습니다.

5. 건조처리 전에 굳이 이물질을 골라낼 필요가 없습니다.

- 건조처리 전에 지저분하게 음식물 속에서 굳이 먼저 골라낼 필요가 없습니다. 완전 건조 후 이물질 등을 편하게 골라내면 됩니다.
- 밥이나 전분류가 뭉쳐있으면 건조가 잘 안 될 수가 있으니 가급적 틀을 이용하여 흩뜨려서 바스켓에 넣어 주세요.

6. 건조바스켓의 청소

건조바스켓을 비우고 바스켓에 붙은 이물질은 물을 담은 용기에 30분 정도 담가 놓은 후 꺼내서 수세미로 가볍게 문지르면 깨끗하게 처리됩니다.

7. 일반쓰레기로 분류되는 물질

- 조개껍데기, 계란껍데기, 과일껍질, 조리하지 않은 채소류(마늘껍질, 파 뿌리, 양파 등의 껍질이나 다발) 등은 일반쓰레기로 분류됩니다.
- 수박이나 과일, 채소 등 부피가 큰 것들은 최대한 잘게 잘라서 넣어야 더 많은 양을 건조시킬 수 있으며 더욱 빨리 처리할 수 있습니다.

39 다음 중 에밀리를 사용하여 음식물을 건조하는 과정으로 적절하지 않은 것은?

① 마늘껍질은 일반쓰레기로 처리한다.

② 기름이 많은 고기류는 6 ~ 8HOURS 버튼을 눌러 작동시킨다.

③ 음식물 건조처리 전에 이물질을 골라낸다.

④ 수박은 최대한 잘게 잘라 넣는다.

⑤ 건조처리가 잘 안 되었을 경우 3시간 더 건조시킨다.

40 에밀리를 사용하여 3HOURS 버튼을 눌러 한번 사용하고, 다음에 6HOURS 버튼을 눌러 사용하였다면 실제 총 건조시간은 얼마나 걸렸겠는가?

① 6시간   ② 9시간

③ 9시간 반   ④ 10시간

⑤ 10시간 반

41 K공사는 직원들의 문화생활을 위해 매달 티켓을 준비하여 신청을 받는다. 인사부서에서 선정한 이 달의 문화생활은 다음과 같고, 마지막 주 수요일 오후 업무시간에 모든 직원들이 하나의 문화생활에 참여한다고 할 때, 이번 달 티켓 구매에 필요한 예산은 얼마인가?

〈부서별 문화생활 신청현황〉

(단위 : 명)

구분	연극 '햄릿'	영화 '파일럿'	음악회 '차이코프스키'	미술관 '마네·모네'
A부서	5	6	4	0
B부서	1	8	4	0
C부서	0	3	0	1
D부서	4	2	3	1
E부서	3	2	0	1
F부서	1	5	2	1

〈문화생활 정보〉

구분	연극 '햄릿'	영화 '파일럿'	음악회 '차이코프스키'	미술관 '마네·모네'
정원	20명	30명	10명	30명
1인당 금액	20,000원	12,000원	50,000원	13,000원
기타 사항	단체 10명 이상 총금액의 15% 할인	마지막 주 수요일은 1인당 50% 할인	-	단체 10명 이상 총금액의 20% 할인

※ 정원이 초과된 문화생활은 정원이 초과되지 않은 것으로 다시 신청한다.
※ 정원이 초과된 인원은 1인당 금액이 비싼 문화생활 순으로 남은 정원을 모두 채운다.

① 920,600원
② 958,600원
③ 997,000원
④ 1,000,000원
⑤ 1,180,000원

42 다음 글의 내용으로 적절하지 않은 것은?

A효과란 기업이 시장에 최초로 진입하여 무형 및 유형의 이익을 얻는 것을 의미한다. 반면 뒤늦게 뛰어든 기업이 앞서 진출한 기업의 투자를 징검다리로 이용하여 성공적으로 시장에 안착하는 것을 B효과라고 한다. 물론 B효과는 후발진입기업이 최초진입기업과 동등한 수준의 기술 및 제품을 보다 낮은 비용으로 개발할 수 있을 때만 가능하다.

생신광이 증가할수록 평균생산비용이 감소하는 규모의 경제 효과 측면에서, 후발진입기업에 비해 최초진입기업이 유리하다. 즉, 대량 생산, 인프라 구축 등에서 우위를 조기에 확보하여 효율성 증대와 생산성 향상을 꾀할 수 있다. 반면 후발진입기업 역시 연구 개발 투자 측면에서 최초진입기업에 비해 상대적으로 유리한 면이 있다. 후발진입기업의 모방 비용은 최초진입기업이 신제품 개발에 투자한 비용 대비 65% 수준이기 때문이다. 최초진입기업의 경우, 규모의 경제 효과를 얼마나 단기간에 이룰 수 있는가가 성공의 필수 요건이 된다. 후발진입기업의 경우, 절감된 비용을 마케팅 등에 효과적으로 투자하여 최초진입기업의 시장 점유율을 단기간에 빼앗아 오는 것이 성공의 핵심 조건이다.

규모의 경제 달성으로 인한 비용상의 이점 이외에도 최초진입기업이 누릴 수 있는 강점은 강력한 진입 장벽을 구축할 수 있다는 것이다. 시장에 최초로 진입했기에 소비자에게 우선적으로 인식된다. 그로 인해 후발진입기업에 비해 적어도 인지도 측면에서는 월등한 우위를 확보한다. 또한 기술적 우위를 확보하여 라이센스, 특허 전략 등을 통해 후발진입기업의 시장 진입을 방해하기도 한다. 뿐만 아니라 소비자들이 후발진입기업의 브랜드로 전환하려고 할 때 발생하는 노력, 비용, 심리적 위험 등을 마케팅에 활용하여 후발진입기업이 시장에 진입하기 어렵게 할 수도 있다. 결국 A효과를 극대화할 수 있는지는 규모의 경제 달성 이외에도 얼마나 오랫동안 후발주자가 진입하지 못하도록 할 수 있는가에 달려 있다.

① 최초진입기업은 후발진입기업에 비해 매년 더 많은 마케팅 비용을 사용한다.

② 후발진입기업의 모방 비용은 최초진입기업이 신제품 개발에 투자한 비용보다 적다.

③ 최초진입기업이 후발진입기업에 비해 인지도 측면에서 우위에 있다는 것은 A효과에 해당한다.

④ 후발진입기업이 성공하려면 절감된 비용을 효과적으로 투자하여 최초진입기업의 시장 점유율을 단기간에 빼앗아 와야 한다.

⑤ 후발진입기업이 최초진입기업과 동등한 수준의 기술 및 제품을 보다 낮은 비용으로 개발할 수 없다면 B효과를 얻을 수 없다.

43 K중학교 백일장에 참여한 A ∼ E학생에게 다음 〈조건〉에 따라 점수를 부여할 때, 점수가 가장 높은 학생은?

〈K중학교 백일장 채점표〉

학생	오탈자(건)	글자 수(자)	주제의 적합성	글의 통일성	가독성
A	33	654	A	A	C
B	7	476	B	B	B
C	28	332	B	B	C
D	25	572	A	A	A
E	12	786	C	B	A

조건

• 기본 점수는 80점이다.
• 오탈자가 10건 이상일 때 1점을 감점하고, 5건이 추가될 때마다 1점을 추가로 감점한다.
• 전체 글자 수가 350자 미만일 때 10점을 감점하고, 600자 이상일 때 1점을 부여하며, 25자가 추가될 때마다 1점을 추가로 부여한다.
• 주제의 적합성, 글의 통일성, 가독성을 A, B, C등급으로 나누며 등급 개수에 따라 추가점수를 부여한다.
  - A등급 3개 : 25점
  - A등급 2개, B등급 1개 : 20점
  - A등급 2개, C등급 1개 : 15점
  - A등급 1개, B등급 2개 또는 A등급, B등급, C등급 1개 : 10점
  - B등급 3개 : 5점

예 오탈자 46건, 전체 글자 수 626자, 주제의 적합성, 글의 통일성, 가독성이 각각 A, B, A일 때 점수는 80−8+2+20=94점이다.

① A   ② B
③ C   ④ D
⑤ E

44 다음 갑과 을의 주장으로 적절하지 않은 것은?

> 갑 : 개인이 소유할 수 있는 노비의 수를 제한해야 합니다. 종친과 부마로서 1품인 사람은 150명, 2품 이하는 130명, 문무관으로 1품 이하 2품 이상인 사람은 130명, 3품 이하 6품 이상은 100명, 7품 이하 9품 이상은 80명으로 하며, 양반(兩班) 자손도 이와 같이 하십시오. 아내는 남편의 관직에 따라 노비를 소유하고, 양인(良人)인 첩은 남편의 관직에 따르되 5분의 2를 삭감하며, 천인(賤人)인 첩은 남편의 관직에 따르되 5분의 4를 삭감하십시오. 백성은 노비를 10명으로 제한하고, 공·사 천인(賤人)은 5명, 승려인 경우 판사 이하 선사 이상의 승려는 15명, 중덕 이하 대선 이상의 승려는 10명, 직책이 없는 승려는 5명으로 제한하십시오.
>
> 을 : 하늘이 백성을 낳을 때에는 양인과 천인의 구분이 없었지만, 윗사람이 아랫사람을 부리는 데에는 반드시 높고 낮은 차등이 있습니다. 『주례』에 무릇 죄가 있는 자는 노비로 삼아 천한 일을 시킨다고 하였으니, 노비 제도는 오랜 역사를 가진 제도입니다. 주인과 노비의 제도가 한번 정해진 이래로 주인이 노비 보기를 임금이 신하 보듯이 하고, 노비가 주인 섬기기를 신하가 임금 섬기듯 하였습니다. 그러므로 노비도 비록 하늘이 내린 백성이기는 하지만 진실로 천한 것을 바꾸어 양인으로 삼아 주인과 대등하게 하여서는 안 될 것입니다. 다만 다 같은 양반의 가문인데 노비가 많고 적은 것이 같지 못한 것은 진실로 개탄스런 일입니다. 마땅히 한계를 정해 고르게 하여 현격한 차이가 없도록 해야 합니다. 그러나 귀한 것과 천한 것이 때가 있고 자손의 번성과 적음이 같지 않으며 노비가 태어나서 자라나는 것과 번성하거나 쇠퇴하는 것이 또한 다르니, 그 수를 제한하려고 해도 결국에는 제한하지 못하게 되는 상황을 피할 수 없습니다. 중국 한나라나 전조(前朝)인 고려 때에도 제한하는 법이 있었으나, 도리어 분란을 불러와 후세에 전할 수 없었으니 그 제도를 좋은 것이라고 볼 수 없습니다. 하물며 여러 대에 걸쳐 전해 내려온 노비를 하루아침에 빼앗는다면 어찌 보통 사람의 상식에 맞겠습니까.

① 갑의 주장대로 시행된다면, 노비 신분에서 해방되는 노비가 늘어나 신분질서가 무너질 수 있다.

② 갑과 을은 기본적으로 노비제도의 존속을 지지한다는 점에서 그 입장이 같다.

③ 을의 견해가 수용된다면, 갑의 주장대로 시행되기 어려울 것이다.

④ 을의 견해가 수용된다면, 양반 내 노비 소유의 불균등성은 해결될 수 없을 것이다.

⑤ 갑의 주장대로 시행된다면, 1인당 노비 소유에 있어 백성과 천인의 격차보다는 양반과 백성 사이의 격차가 훨씬 클 것이다.

45 다음은 신용등급에 따른 아파트 보증률과 상황에 대한 자료이다. 이를 바탕으로 갑과 을의 보증료의 차이는 얼마인가?(단, 두 명 모두 대지비 보증금액은 5억 원, 건축비 보증금액은 3억 원이며, 보증서 발급일로부터 입주자 모집공고 안에 기재된 입주 예정 월의 다음 달 말일까지의 해당 일수는 365일이다)

〈신용등급에 따른 아파트 보증률〉

- (신용등급별 보증료)=(대지비 부분 보증료)+(건축비 부분 보증료)
- 신용평가 등급별 보증료율

구분	대지비 부분	건축비 부분				
		1등급	2등급	3등급	4등급	5등급
AAA, AA		0.178%	0.185%	0.192%	0.203%	0.221%
A$^+$		0.194%	0.208%	0.215%	0.226%	0.236%
A$^-$, BBB$^+$	0.138%	0.216%	0.225%	0.231%	0.242%	0.261%
BBB$^-$		0.232%	0.247%	0.255%	0.267%	0.301%
BB$^+$ ~ CC		0.254%	0.276%	0.296%	0.314%	0.335%
C, D		0.404%	0.427%	0.461%	0.495%	0.531%

※ (대지비 부분 보증료)=(대지비 부분 보증금액)×(대지비 부분 보증료율)×(보증서 발급일로부터 입주자 모집공고 안에 기재된 입주 예정 월의 다음 달 말일까지의 해당 일수)÷365

※ (건축비 부분 보증료)=(건축비 부분 보증금액)×(건축비 부분 보증료율)×(보증서 발급일로부터 입주자 모집공고 안에 기재된 입주 예정 월의 다음 달 말일까지의 해당 일수)÷365

- 기여고객 할인율 : 보증료, 거래기간 등을 기준으로 기여도에 따라 6개 군으로 분류하며, 건축비 부분 요율에서 할인 가능

구분	1군	2군	3군	4군	5군	6군
차감률	0.058%	0.050%	0.042%	0.033%	0.025%	0.017%

〈상황〉

- 갑 : 신용등급은 A$^+$이며, 3등급 아파트 보증금을 내야 한다. 기여고객 할인율에서는 2군으로 선정되었다.
- 을 : 신용등급은 C이며, 1등급 아파트 보증금을 내야 한다. 기여고객 할인율은 3군으로 선정되었다.

① 623,000원 ② 591,000원
③ 582,000원 ④ 566,000원
⑤ 554,000원

46 다음은 H공단 상조회의 상조비 항목별 지급액 및 직급별 상조회비에 대한 자료이다. 지금이 10월 말이라고 할 때, 〈조건〉을 보고 올해 상조회에서 A사원과 B과장에게 지급한 총 금액과 A사원과 B과장이 낸 총 상조회비를 바르게 구한 것은?

〈상조비 항목별 지급액〉

항목	축의금	항목	조의금
본인 결혼	1,000,000원	본인	1,000,000원
자녀 출산 축하	850,000원	배우자	1,000,000원
자녀 돌잔치	500,000원	부모	500,000원
자녀 결혼	700,000원	배우자의 부모	500,000원

〈직급별 상조회비〉

구분	사원	대리	과장	부장 이상
회비	12,000원	15,000원	20,000원	30,000원

조건

- A사원은 작년에 입사하였다.
- A사원은 5월에 둘째 자녀의 돌잔치가 있었다.
- B과장은 3월에 세 번째 자녀가 결혼을 하였고, 9월에 모친이 돌아가셨다.
- B과장은 결혼하기 전에 입사하였다.
- B과장의 3명의 자녀 중 첫째와 둘째는 결혼을 하였다.
- 자녀 관련 축의금은 2명까지 적용한다.
- 급여는 매달 초에 지급하며, 상조회비는 월급에서 일괄 공제된다.

	상조회 지급액	상조회비
①	100만 원	32만 원
②	100만 원	35만 원
③	150만 원	32만 원
④	255만 원	27만 원
⑤	255만 원	35만 원

47 A대리는 자리를 정리하는 중에 언제 사용했는지 모르는 지난 달력을 발견하였다. 중요한 날에 동그라미를 많이 칠했었는지 구멍이 뚫려서 그 다음 장 혹은 그 이후에 있는 숫자가 보이게 되었다. 다음 중 이 달력에 대한 설명으로 적절하지 않은 것은?

조건

- 달력은 용수철로 묶여진 것으로 앞뒤로 자유롭게 넘길 수 있으며, 12월 달력에서 다음 장으로 넘기면 고정 받침대가 있다.
- 현재 펼쳐진 장에는 일요일에 해당하는 날과 6일(국경일)이 빨간색으로 표시되어 있다.
- 달력에 표시된 공휴일은 삼일절, 어린이날, 현충일, 광복절, 개천절, 크리스마스뿐이다.
- 달력의 해당 연도는 윤년이 아니다.

일요일	월요일	화요일	수요일	목요일	금요일	토요일
1	2	3	4	5	6	7
8	9	10	11	⑦	13	14
15	16	⑮	18	19	⑲	21
22	23	24	㉒	26	27	28
29	30					

① 현재 펼쳐진 달은 5월이 아니다.

② ⑮가 원래 속해 있는 달은 7월이다.

③ ⑦이 원래 속해 있는 달은 현재 펼쳐진 달의 2개월 후이다.

④ ⑲가 원래 속해 있는 달은 홀수 달뿐이다.

⑤ ㉒가 원래 속해 있는 달은 ⑮가 속해 있는 달의 3개월 후이다.

48 다음은 주요 판매처에서 판매된 품목별 매출을 비교한 자료이다. 〈보기〉 중 이에 대한 설명으로 옳지 않은 것을 모두 고르면?

품목	전체	외국산품	국산품		
			대기업	중소 / 중견	소계
화장품	62,733억 원	27,447억 원	26,283억 원	9,003억 원	35,286억 원
가방류	17,356억 원	13,224억 원	1,801억 원	2,331억 원	4,132억 원
인삼·홍삼류	2,899억 원	26억 원	2,148억 원	725억 원	2,873억 원
담배	5,935억 원	4,423억 원	861억 원	651억 원	1,512억 원
식품류	1,913억 원	533억 원	177억 원	1,203억 원	1,380억 원
귀금속류	5,814억 원	4,871억 원	49억 원	894억 원	943억 원
전자제품류	1,861억 원	1,149억 원	103억 원	609억 원	712억 원
안경류	2,745억 원	2,244억 원	89억 원	412억 원	501억 원
기타	1,077억 원	579억 원	29억 원	469억 원	498억 원
의류	2,908억 원	2,608억 원	105억 원	195억 원	300억 원
민속예술품류	264억 원	32억 원	1억 원	231억 원	232억 원
향수	3,375억 원	3,239억 원	3억 원	133억 원	136억 원
시계	9,359억 원	9,258억 원	–	101억 원	101억 원
주류	3,296억 원	3,210억 원	4억 원	82억 원	86억 원
신발류	1,222억 원	1,197억 원	1억 원	24억 원	25억 원
합계	122,757억 원	74,040억 원	31,654억 원	17,063억 원	48,717억 원

보기

㉠ 대기업 비중이 가장 높은 제품은 인삼·홍삼류이다.
㉡ 전체 품목 중 외국산품의 비중이 가장 높은 제품은 시계이다.
㉢ 전체 합계 대비 화장품 품목의 비율은 국산품 전체 합계 대비 국산 화장품의 비율보다 높다.
㉣ 전체 합계 대비 가방류 품목의 비율은 외국산품 전체 합계 대비 외국산 가방류의 비율보다 높다.

① ㉠, ㉡
② ㉠, ㉢
③ ㉡, ㉢
④ ㉡, ㉣
⑤ ㉢, ㉣

49 다음 문단을 논리적 순서대로 바르게 나열한 것은?

자유 무역과 시장 개방이 크게 확대되고 있지만, 여전히 많은 국가들은 국내 산업 보호를 위해 노력을 기울이고 있다. 특히 세계적으로 경쟁이 치열해지고 거대 다국적 기업의 위협이 커지면서 최근 들어 세계 각국에서는 국내 산업 보호를 위한 움직임이 강화되고 있다. 일반적으로 정부가 국내 산업 보호를 위해 사용할 수 있는 조치들은 크게 관세 조치와 비관세 조치로 나누어 볼 수 있다.

(가) 관세 조치는 같은 수입품이라도 수입품의 종류와 가격, 수량 등에 따라 관세 부과 방법을 선택적으로 사용함으로써 관세 수입을 늘려 궁극적으로 국내 산업을 보호할 수 있다. 관세의 부과 방법에는 크게 종가세 방식과 종량세 방식이 있다. 먼저 종가세란 가격을 기준으로 세금을 부과하는 관세를 말한다. 즉, 종가세는 수입 상품 하나하나에 세금을 부과하는 것이 아니라 수입품 가격이 설정된 기준 가격을 넘을 때마다 정해진 세금을 부과하는 것이다. 따라서 종가세 방식은 상품의 종류에 따라 기준 가격을 달리함으로써 관세 부담을 조절할 수 있고, 수입품의 가격 변동에 대한 대응이 용이하다는 장점이 있다. 그래서 종가세는 주로 고가의 상품이나 사치품들의 수입을 억제하고 관련 제품을 제조하는 국내 산업을 보호하는 효과가 있다.

(나) 먼저 관세 조치는 국경을 통과하는 재화에 대해 부과하는 조세인 관세를 조절하여 국내 산업을 보호하는 방식이다. 일반적으로 수입품에 관세를 부과하면 그 수입품은 수입 시 부과된 관세만큼 가격이 인상되기 때문에 국내에서 생산된 제품에 비해 가격 경쟁력이 낮아져 수입이 억제된다. 반면에 국내에서 생산된 제품은 가격 경쟁력이 상승하게 되어 판매량이 유지되거나 늘어나고 결과적으로 관련 국내 산업이 보호된다.

(다) 이에 비해 종량세는 수입품의 중량, 용적, 면적 또는 개수 등 재화의 수량을 기준으로 세율을 화폐액으로 명시해 부과하는 관세이다. 종량세 방식은 수입품 단위당 일정 금액의 관세를 부과하므로 세액 결정이 용이하고, 수입품 하나하나에 관세를 부과함으로써 수입품의 양을 직접적으로 규제할 수 있는 장점이 있다. 그래서 종량세는 주로 외국으로부터 저가에 대량 유입되는 공산품이나 농수산물의 수입을 억제하여 해당 분야의 국내 산업을 보호하는 효과가 있다.

(라) 국내 산업 보호를 위해 사용되는 또 다른 조치로 비관세 조치를 들 수 있다. 전 세계적으로 자유 무역 협정이 확대되면서 무역 상대국 간의 관세가 철폐되거나 매우 낮은 수준에 머물러 관세를 통한 국내 산업 보호 기능이 약화되고 있다. 그래서 최근에는 국내 산업 보호를 위한 비관세 조치가 정교화되거나 강화되고 있는 추세이다. 국내 산업 보호를 위해 활용되고 있는 비관세 조치로는 위생 및 식물 검역 조치와 기술 장벽, 통관 지연 등이 있다. 먼저 위생 및 식물 검역 조치는 식음료나 식물 수입 시 국민의 건강 보호라는 명분을 내세워 검역 기준이나 조건을 까다롭게 함으로써 수입을 제한하는 조치를 말한다. 또 기술 장벽은 제품의 기술 표준을 국내산 제품에 유리하게 설정하거나 기술 적합성 평가 절차 등을 까다롭게 하여 수입을 제한하거나 수입품의 제조비용을 상승시켜 가격 경쟁력을 낮추는 조치이다. 마지막으로 통관 지연은 수입품에 대한 통관 절차와 서류 등을 복잡하게 하고 선적 검사나 전수 조사 등의 까다로운 검사 방법 등을 통해 수입품의 통관을 지연하는 것으로 수입품의 판매시기를 늦춰 수입품의 경쟁력을 저하시키는 기능을 한다.

(마) 또 종가세와 종량세를 혼합 적용하여, 두 가지 세금 부과 방식의 장점을 동시에 추구하는 복합세 부과 방식도 있다. 일반적으로 관세 수입이 클수록 수입품의 가격 경쟁력이 낮아져 국내 산업을 보호하는 효과도 커진다. 그런데 종량세는 수입품의 가격이 낮은 경우에, 종가세는 수입품의 가격이 높은 경우에 관세 수입이 늘어나는 효과가 있으므로, 수입품의 가격이 일정 수준에 이르기까지는 종량세를 부과하고 가격이 일정 수준을 넘어서는 경우에는 종가세를 부과하여 관세 수입을 극대화하기도 한다. 또 가격이 비싼 제품의 경우 종가세를 먼저 적용한 후, 수입품의 가격이 하락할 경우 종량세를 적용하여 관세 수입을 극대화하기도 하는데 이러한 관세 부과의 방법을 복합세 부과 방식이라고 한다.

① (가) – (다) – (나) – (마) – (라)
② (가) – (라) – (나) – (마) – (다)
③ (나) – (가) – (다) – (마) – (라)
④ (나) – (마) – (가) – (라) – (다)
⑤ (나) – (마) – (라) – (가) – (다)

50 다음은 K주식회사의 공장별 1월 생산량 현황을 정리한 자료이다. 각 셀에 들어간 함수의 결괏값으로 옳지 않은 것은?

	A	B	C	D	E	F
1	〈K주식회사 공장 1월 생산량 현황〉					
2	구분	생산량	단가	금액	순위	
3					생산량 기준	금액 기준
4	안양공장	123,000	10	1,230,000		
5	청주공장	90,000	15	1,350,000		
6	제주공장	50,000	15	750,000		
7	강원공장	110,000	11	1,210,000		
8	진주공장	99,000	12	1,188,000		
9	합계	472,000		5,728,000		

① F4 : =RANK(D4,D4:D8,1) → 4
② E4 : =RANK(B4,B4:B8,0) → 1
③ E6 : =RANK(B6,B4:B8,0) → 5
④ F8 : =RANK(D8,D4:D8,0) → 2
⑤ E8 : =RANK(B8,B4:B8,0) → 3

51 대외협력처 A과장, B대리, C대리, D주임, E주임, F주임, G사원 7명은 항공편을 이용해 멕시코로 출장을 가게 되었다. 대외협력처 직원들이 〈조건〉에 따라 항공기의 1열 A석부터 3열 C석까지의 좌석에 앉는다고 할 때, 다음 중 항상 옳은 것은?

구분	A석	B석	C석	
1열				앞
2열	✕		C대리	↕
3열			✕	뒤
좌 ↔ 우				

• C대리는 2열 C석에 앉는다.
• 2열 A석과 3열 C석은 다른 승객이 이미 앉은 좌석이므로 대외협력처 직원이 앉을 수 없다.
• A과장은 3열에 앉는다.
• G사원은 C대리보다 앞쪽에 앉는다.
• E주임은 이동 중 보고할 사항이 있으므로 B대리의 옆 좌석에 앉아야 한다.
• 대리끼리는 이웃해 앉을 수 없다.
• 이웃해 앉는다는 것은 앞뒤 혹은 좌우로 붙어 앉는 것을 의미한다.

① B대리가 1열 B석에 앉는다면 E주임은 1열 C석에 앉는다.
② A과장이 3열 A석에 앉으므로 F주임은 3열 B석에 앉는다.
③ G사원과 F주임은 이웃해 앉는다.
④ D주임은 F주임과 이웃해 앉을 수 없다.
⑤ E주임이 1열 A석에 앉는다면 G사원은 1열 C석에 앉는다.

52 다음 측량학 용어에 대한 자료를 통해 〈보기〉의 빈칸에 들어갈 수를 바르게 구한 것은?

〈측량학 용어〉

- 축척 : 실제 수평 거리를 지도상에 얼마나 축소해서 나타냈는지를 보여주는 비율. 1/50,000, 1/25,000, 1/10,000, 1/5,000 등을 일반적으로 사용함
- 표고 : 표준 해면으로부터 지표의 어느 지점까지의 수직거리
- 등고선 : 지도에서 표고가 같은 지점들을 연결한 선, 축척 1/50,000 지도에서는 표고 20m마다, 1/25,000 지도에서는 표고 10m마다 등고선을 그림

  예 축척 1/50,000 지도에서 등고선이 그려진 모습

  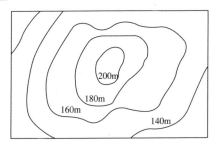

- 경사도 : 어떤 두 지점 X와 Y를 잇는 사면의 경사도는 다음의 식으로 계산

$$(경사도)=\frac{(두\ 지점\ 사이의\ 표고\ 차이)}{(두\ 지점\ 사이의\ 실제\ 수평\ 거리)}$$

보기

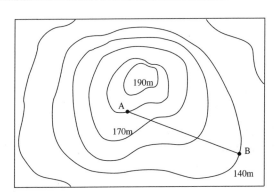

위의 지도는 축척 1/25,000로 제작되었다. 지도상의 지점 A와 B를 잇는 선분을 자로 재어 보니 길이가 4cm였다. 이때 두 지점 A와 B를 잇는 사면의 경사도는 _____이다.

① 0.015
② 0.025
③ 0.03
④ 0.055
⑤ 0.062

53 다음 글을 바탕으로 〈보기〉의 ⊙ ~ ⓒ에 들어갈 단어를 순서대로 바르게 나열한 것은?

> 고령 사회로 접어들면서 65세 이상 고령 운전자에 의한 교통사고 및 사망 건수가 급속도로 증가하고 있다. 경찰청의 연령대별 교통사고 통계 자료에 따르면 전체 사고 중 65세 이상 고령 운전자의 교통사고 비중은 매년 증가하고 있다. 고령자는 왜 운전 사고에 취약할까?
>
> 고령 운전자의 사고 원인으로는 노화에 따른 시력 저하나 인지·지각 기능 및 운동 능력의 감소 등이 있다. 이들 중 사고의 위험을 가장 높이는 원인은 시력 저하이다. 한국교통연구원의 연구 결과에 따르면 60세 이상부터 동체 시력이 30대의 80% 수준으로 떨어지는 것으로 나타났다. 동체 시력은 움직이는 물체를 정확하고 빠르게 인지하는 시각적 능력으로, 자동차의 이동속도가 빠를수록 저하되는 경향을 보인다. 정지 시력이 1.2인 사람이 50km/h의 속도로 운전하면 동체 시력은 0.5 이하로 떨어진다. 노화로 동체 시력이 떨어진 상태에서 자동차의 속도감이 더해지면 도로표지를 읽는 게 힘들어지고 속도감이 떨어져 과속하게 되며, 다른 차나 보행자의 움직임을 제대로 구별하기 어려워 교통사고의 위험이 커지게 된다. 보통 60세 이상의 40%가량이 시력 문제로 야간 운전 능력이 저하되는 것으로 추정된다.
>
> 인지 및 반응속도 감소도 고령 운전자의 사고 위험을 높이는 요인이다. 한 연구 결과에 의하면 운전 중 제동 능력 평가 실험에서 고령 운전자의 제동거리는 30 ~ 50대 운전자의 약 2배인 것으로 나타났다. 또 돌발 상황을 가정해 측정한 결과, 비고령 운전자의 반응 시간은 0.7초인 것에 비해 고령 운전자의 반응 시간은 1.4초가 넘었다. 경찰청은 고령 운전자 교통사고를 예방하기 위해 75세 이상 운전자의 면허 갱신 기간을 5년에서 3년으로 줄였으며, 고령 운전자 교통안전 교육을 이수해야 면허 취득·갱신이 가능하도록 했다. 특히 교통안전 교육에서 총 3단계의 '인지 능력 자가 진단' 과정을 모두 통과하지 못하면 운전면허를 반납해야 한다.
>
> 우리나라보다 먼저 고령화가 시작된 미국과 일본 등에서는 운전면허 반납 제도와 면허 갱신제도 등을 지속적으로 시행하고 있으며, 주변 차량이 쉽게 인식할 수 있는 고령자 차량 인증 마크 부착과 고령자 맞춤 교통표지판 설치와 같은 도로 환경 개선을 병행하고 있다. 우리나라도 고령자의 자동차 운전면허증 반납 확대 외에도 다양한 교통안전 대책을 생각하여 고령 운전자의 교통사고 감소 대책을 마련해야 한다.

보기

고령 운전자의 반응 시간은 비고령 운전자에 비해 ⊙ 빠른 / 느린 1.4초로 나타났고, 제동거리는 비고령 운전자보다 ⓛ 길다 / 짧다. 이에 따라 고령 운전자의 면허 갱신 기간이 ⓒ 줄어들었다 / 늘어났다.

	⊙	ⓛ	ⓒ
①	빠른	길다	늘어났다
②	빠른	길다	줄어들었다
③	느린	짧다	늘어났다
④	느린	길다	줄어들었다
⑤	느린	짧다	줄어들었다

※ 다음은 마이클 포터의 산업구조분석기법(5 Force Model)에 대한 자료이다. 이어지는 질문에 답하시오. [54~55]

포터의 산업구조분석기법에 따르면 특정 산업의 수익성 및 매력도는 산업의 구조적 특성에 의해 영향을 받으며, 이는 5가지 힘에 의해 결정된다고 보았다.

54 다음 중 포터의 산업구조분석기법에 따라 반도체 산업의 구조를 분석한다고 할 때, ㉠ ~ ㉤ 해당하는 사례로 적절하지 않은 것은?

① ㉠ : IT 시장의 지속적인 성장에 따라 반도체의 수요가 증가하면서 반도체 산업의 수익률도 증가하고 있다.

② ㉡ : 생산설비 하나를 설치하는 데도 막대한 비용이 발생하는 반도체 산업에 투자할 수 있는 기업은 많지 않다.

③ ㉢ : 반도체 산업에는 컴퓨터 제조업자와 같은 대형구매자가 존재한다.

④ ㉣ : 메모리형 반도체는 일상재로 품질과 디자인 면에서 어느 회사의 제품이든 별 차이가 없기 때문에 가격경쟁이 치열하다.

⑤ ㉤ : 비슷한 규모를 가진 세계적인 기업들의 치열한 경쟁이 반도체 산업의 수익률을 저하시킨다.

55 다음 중 구매자의 교섭력이 가장 높은 상황으로 적절한 것은?

① 구매자의 구매량이 판매자의 규모보다 작을 때

② 시장에 소수 기업의 제품만 존재할 때

③ 구매자가 공급자를 바꾸는 데 전환 비용이 발생할 때

④ 공급자의 제품 차별성이 높을 때

⑤ 구매자가 직접 상품을 생산할 수 있을 때

※ 다음은 제습기 사용과 보증기간에 대한 사용 설명서이다. 이어지는 질문에 답하시오. [56~57]

〈사용 전 알아두기〉

- 제습기의 적정 사용온도는 18 ~ 35℃입니다.
  - 18℃ 미만에서는 냉각기에 결빙이 시작되어 제습량이 줄어들 수 있습니다.
- 제습 운전 중에는 컴프레서 작동으로 실내 온도가 올라갈 수 있습니다.
- 설정한 희망 습도에 도달하면 운전을 멈추고 실내 습도가 높아지면 자동 운전을 다시 시작합니다.
- 물통이 가득 찰 경우 제습기 작동이 멈춥니다.
- 안전을 위하여 제습기 물통에 다른 물건을 넣지 마십시오.
- 제습기가 작동하지 않거나 아무 이유 없이 작동을 멈추는 경우 다음 사항을 확인하세요.
  - 전원플러그가 제대로 끼워져 있는지 확인하십시오.
  - 위의 사항이 정상인 경우, 전원을 끄고 10분 정도 경과 후 다시 전원을 켜세요.
  - 여전히 작동이 안 되는 경우, 판매점 또는 서비스 센터에 연락하시기 바랍니다.
- 현재 온도 / 습도는 설치장소 및 주위 환경에 따라 실제와 차이가 있을 수 있습니다.

〈보증기간 안내〉

- 품목별 소비자 피해 보상규정에 의거 아래와 같이 제품에 대한 보증을 실시합니다.
- 보증기간 산정 기준
  - 제품 보증기간은 제조사 또는 제품 판매자가 소비자에게 정상적인 상태에서 자연 발생한 품질 성능 기능 하자에 대하여 무료 수리해 주겠다고 약속한 기간을 말합니다.
  - 제품 보증기간은 구입일자를 기준으로 산정하며 구입일자의 확인은 제품보증서를 기준으로 합니다. 단, 보증서가 없는 경우는 제조일(제조번호, 검사필증)로부터 3개월이 경과한 날부터 보증기간을 계산합니다.
  - 중고품(전파상 구입, 모조품) 구입 시 보증기간은 적용되지 않으며 수리 불가의 경우 피해보상을 책임지지 않습니다.
- 당사와의 계약을 통해 납품되는 제품의 보증은 그 계약내용을 기준으로 합니다.
- 제습기 보증기간은 일반제품으로 1년으로 합니다.
  - 2017년 1월 이전 구입분은 2년 적용합니다.

〈제습기 부품 보증기간〉

- 인버터 컴프레서(2016년 1월 이후 생산 제품)는 10년입니다.
- 컴프레서(2018년 1월 이후 생산 제품)는 4년입니다.
- 인버터 컴프레서에 한해서 5년 차부터 부품대만 무상 적용합니다.

56 제습기 구매자가 사용 전 알아두기에 대한 설명서를 읽고 나서 제습기를 사용했다. 다음 중 구매자가 서비스센터에 연락해야 할 작동 이상으로 가장 적절한 것은?

① 실내 온도가 17℃일 때 제습량이 줄어들었다.

② 제습기 사용 후 실내 온도가 올라갔다.

③ 물통에 물이 $\frac{1}{2}$ 정도 들어있을 때 작동이 멈췄다.

④ 제습기가 갑자기 작동되지 않아 잠시 10분 꺼두었다가 다시 켰더니 작동하였다.

⑤ 희망 습도에 도달하니 운전을 멈추었다.

57 다음 중 보증기간 안내 및 제습기 부품 보증기간을 참고할 때, 제습기 사용자가 잘못 이해한 내용은?

① 제품 보증서가 없는 경우, 영수증에 찍힌 구입한 날짜부터 보증기간을 계산한다.

② 보증기간 무료 수리는 정상적인 상태에서 자연 발생한 품질 성능 기능 하자가 있을 때이다.

③ 제습기 보증기간은 일반제품을 기준으로 구입일로부터 1년이다.

④ 2017년 이전에 구입한 제습기는 보증기간이 2년 적용된다.

⑤ 2016년에 생산된 인버터 컴프레서는 10년이 보증기간이다.

58 다음 글을 근거로 추론할 때, 〈보기〉에서 적절한 것을 모두 고르면?

> 스위스에는 독일어, 프랑스어, 이탈리아어, 레토로만어 등 4개 언어가 공식어로 지정되어 있다. 스위스는 '칸톤'이라 불리는 20개의 주(州)와 6개의 '할프칸톤(半州)'으로 구성되어 있으며, 지방자치단체들 간의 사회적·경제적 격차는 그다지 심하지 않고 완벽에 가까운 사회보장제도가 시행되고 있다.
>
> 연방국가인 스위스의 정치제도적 특징은 직접민주주의(국민발의와 국민투표)에 있다. 직접민주주의 제도를 통해 헌법이나 법률의 개정을 제안하거나 연방정부 또는 연방의회가 이미 인준한 헌법이나 법률조항을 거부하기도 한다. 안건도 매우 다양하여 출산보험 도입, 신예전투기 도입, 외국인의 귀화절차와 난민권, 알프스 산맥의 철도터널 신설, 쥐라 주의 독립문제 등을 대상으로 삼았다. 더 나아가 외교정책도 다루어졌는데 1986년에는 유엔가입 여부를 국민투표에 부쳤고, 그 결과 의회가 가결한 유엔가입안을 부결시킨 적이 있다.
>
> 연방정부는 7인의 연방장관(4대 정당 대표와 3대 언어권 대표)으로 구성되며 모든 안건은 이들이 만장일치 혹은 압도적 다수로 결정한다. 따라서 국가수반이나 행정부의 수반은 없는 것과 다름없다. 이러한 제도는 타협이 이루어질 때까지 많은 시간이 소요되므로 시급한 문제의 처리나 위급상황 발생시에는 문제점이 나타날 수 있다.

보기

ㄱ. 스위스 국민은 어느 주에 살더라도 사회보장을 잘 받을 수 있을 것이다.
ㄴ. 스위스에서는 연방정부에서 결정된 사항을 국민투표에 부칠 수 없을 것이다.
ㄷ. 스위스는 독일, 프랑스, 이탈리아 등 강대국 사이에 위치하고 있기 때문에 국가수반은 강력한 리더십을 발휘할 것이다.
ㄹ. 스위스에서는 연방정부의 의사결정 방식으로 인해 국가의 중요 안건을 신속하게 결정하기 어려울 수 있다.

① ㄱ   ② ㄴ
③ ㄱ, ㄷ   ④ ㄱ, ㄹ
⑤ ㄷ, ㄹ

59 다음은 7월 1 ~ 10일 동안 A ~ E시에 대한 인공지능 시스템의 예측 날씨와 실제 날씨에 대한 자료이다. 〈보기〉 중 적절한 것을 모두 고르면?

〈A ~ E시에 대한 예측 날씨와 실제 날씨〉

도시	구분	7.1.	7.2.	7.3.	7.4.	7.5.	7.6.	7.7.	7.8.	7.9.	7.10.
A시	예측	☔	☁	☀	☔	☀	☀	☔	☔	☀	☁
	실제	☔	☀	☔	☔	☀	☀	☔	☀	☀	☔
B시	예측	☀	☔	☀	☔	☁	☀	☔	☀	☀	☀
	실제	☔	☀	☔	☔	☁	☀	☔	☀	☀	☀
C시	예측	☔	☀	☔	☔	☀	☔	☀	☔	☔	☔
	실제	☔	☔	☀	☁	☔	☔	☁	☔	☔	☔
D시	예측	☔	☔	☀	☔	☀	☔	☔	☔	☀	☔
	실제	☔	☁	☔	☔	☔	☔	☔	☔	☀	☀
E시	예측	☔	☀	☀	☔	☔	☔	☀	☁	☀	☔
	실제	☔	☔	☁	☔	☔	☀	☔	☀	☔	☀

※ ☀ : 맑음, ☁ : 흐림, ☔ : 비

보기

ㄱ. A시에서는 예측 날씨가 '비'인 날 실제 날씨도 모두 '비'였다.

ㄴ. A ~ E시 중 예측 날씨와 실제 날씨가 일치한 경우가 가장 많은 곳은 B시이다.

ㄷ. 7월 1 ~ 10일 중 예측 날씨와 실제 날씨가 일치한 도시 수가 가장 적은 날짜는 7월 2일이다.

① ㄱ

② ㄴ

③ ㄷ

④ ㄴ, ㄷ

⑤ ㄱ, ㄴ, ㄷ

60 다음 글을 읽고 추론한 내용으로 가장 적절한 것은?

> 충전과 방전을 통해 반복적으로 사용할 수 있는 충전지는 양극에 사용되는 금속 산화 물질에 따라 납 충전지, 니켈 충전지, 리튬 충전지로 나눌 수 있다. 충전지가 방전될 때 양극 단자와 음극 단자 간에 전압이 발생하는데, 방전이 진행되면서 전압이 감소한다. 이렇게 변화하는 단자 전압의 평균을 공칭 전압이라 한다. 충전지를 크게 만들면 충전 용량과 방전 전류 세기를 증가시킬 수 있으나, 전극의 물질을 바꾸지 않는 한 공칭 전압은 변하지 않는다. 납 충전지의 공칭 전압은 2V, 니켈 충전지는 1.2V, 리튬 충전지는 3.6V이다.
>
> 충전지는 최대 용량까지 충전하는 것이 효율적이며 이러한 상태를 만충전이라 한다. 충전지를 최대 용량을 넘어서 충전하거나 방전 하한 전압 이하까지 방전시키면 충전지의 수명이 줄어들기 때문에 충전 양을 측정·관리하는 것이 중요하다. 특히 과충전 시에는 발열로 인해 누액이나 폭발의 위험이 있다. 니켈 충전지의 일종인 니켈카드뮴 충전지는 다른 충전지와 달리 메모리 효과가 있어서 일부만 방전한 후 충전하는 것을 반복하면 충·방전할 수 있는 용량이 줄어든다.
>
> 충전에 사용하는 충전기의 전원 전압은 충전지의 공칭 전압보다 높은 전압을 사용하고, 충전지로 유입되는 전류를 저항으로 제한한다. 그러나 충전이 이루어지면서 충전지의 단자 전압이 상승하여 유입되는 전류의 세기가 점점 줄어들게 된다. 그러므로 이를 막기 위해 충전기에는 충전 전류의 세기가 일정하도록 하는 정전류 회로가 사용된다. 또한 정전압 회로를 사용하기도 하는데, 이는 회로에 입력되는 전압이 변해도 출력되는 전압이 일정하도록 해 준다. 리튬 충전지를 충전할 경우, 정전류 회로를 사용하여 충전하다가 만충전 전압에 이르면 정전압 회로로 전환하여 정해진 시간 동안 충전지에 공급하는 전압을 일정하게 유지함으로써 충전지 내부에 리튬 이온이 고르게 분포될 수 있게 한다.

① 사용하는 리튬 충전지의 용량이 1,000mAh라면 전원 전압이 2V보다 높은 충전기를 사용해야 한다.

② 니켈 충전지는 납 충전지보다 공칭 전압이 낮으므로 전압을 높이려면 크기를 더 크게 만들면 된다.

③ 니켈카드뮴 충전지를 오래 사용하려면 방전 하한 전압 이하까지 방전시킨 후에 충전하는 것이 좋다.

④ 충전지를 충전하는 과정에서 충전지의 온도가 과도하게 상승한다면 폭발의 위험이 있을 수 있으므로 중지하는 것이 좋다.

⑤ 리튬 충전지의 공칭 전압은 3.6V이므로 충전 시 3.6V에 이르면 충전기의 정전압 회로가 전압을 일정하게 유지해야 한다.

많이 보고 많이 겪고 많이 공부하는 것은 배움의 세 기둥이다.

– 벤자민 디즈라엘리 –

제3회

피듈형 NCS
기출동형 모의고사

■ 취약영역 분석

번호	O/×	영역	번호	O/×	영역	번호	O/×	영역
01		기술능력	21		문제해결능력	41		수리능력
02		대인관계능력	22		조직이해능력	42		직업윤리
03		의사소통능력	23		수리능력	43		의사소통능력
04		수리능력	24		의사소통능력	44		수리능력
05		정보능력	25		조직이해능력	45		기술능력
06		자원관리능력	26		자원관리능력	46		문제해결능력
07		대인관계능력	27		자기개발능력	47		기술능력
08		직업윤리	28		의사소통능력	48		의사소통능력
09			29		문제해결능력	49		정보능력
10		수리능력	30		대인관계능력	50		문제해결능력
11		자기개발능력	31		조직이해능력	51		자원관리능력
12		조직이해능력	32		수리능력	52		
13		문제해결능력	33		직업윤리	53		조직이해능력
14		의사소통능력	34		정보능력	54		대인관계능력
15		자기개발능력	35		자원관리능력	55		기술능력
16		수리능력	36		자기개발능력	56		조직이해능력
17		자원관리능력	37		정보능력	57		수리능력
18		의사소통능력	38		기술능력	58		자원관리능력
19		정보능력	39			59		의사소통능력
20		문제해결능력	40		정보능력	60		문제해결능력

평가 문항	60문항	평가 시간	80분
시작시간	:	종료시간	:
취약 영역			

🕐 응시시간 : 80분 📝 문항 수 : 60문항   정답 및 해설 p.132

01 다음 빈칸에 들어갈 문장으로 적절하지 않은 것은?

> 기술능력은 직업에 종사하기 위해 모든 사람이 필요로 하는 능력이며, 이것을 넓은 의미로 확대해 보면 기술교양(Technical Literacy)이라는 개념으로 사용될 수 있다. 즉, 기술능력은 기술교양의 개념을 보다 구체화시킨 개념으로 볼 수 있다. 일반적으로 기술교양을 지닌 사람들은 _____ _____

① 기술학의 특성과 역할을 이해한다.

② 기술과 관련된 위험을 평가할 수 있다.

③ 기술에 의한 윤리적 딜레마에 대해 합리적으로 반응할 수 있다.

④ 기술체계가 설계되고, 사용되고, 통제되는 방법을 이해한다.

⑤ 기술과 관련된 이익을 가치화하지 않는다.

02 다음은 H회사 사보에 실린 '조직의 분쟁 해결을 위한 여섯 단계'를 설명하는 기사 내용이다. 오늘 아침 회의시간에 회사 성과급 기준과 관련하여 팀원 간의 갈등이 있었는데, 기사를 읽고 고려할 수 있는 갈등 해결 방안으로 적절하지 않은 것은?

> **〈조직의 분쟁 해결을 위한 여섯 단계〉**
> 1. 문제가 무엇이며, 분쟁의 원인이 무엇인지 명확히 정의하기
> 2. 공동의 목표 수립하기
> 3. 공동의 목표를 달성하는 방법에 대해 토론하기
> 4. 공동의 목표를 수립하는 과정에서 발생할 장애물 탐색하기
> 5. 분쟁을 해결하는 최선의 방법에 대해 협의하기
> 6. 합의된 해결 방안을 확인하고 책임 분할하기

① 성과급 기준에 대해 내가 원하는 점과 다른 사람이 원하는 점을 모두 생각해봐야지.

② 합의된 성과급 기준에서 발생할 수 있는 문제점들도 생각해봐야겠다.

③ 모두가 만족할 만한 해결 방안을 확인했으니, 팀장인 내가 책임감을 가지고 실행해야지.

④ 성과급 기준과 관련하여 팀원들과 갈등이 있었는데 원인을 찾아봐야겠다.

⑤ 팀원들 모두가 참여하는 가운데 조직 목표를 달성할 수 있는 방안에 대해 논의해야지.

03 다음 글의 빈칸에 들어갈 문장을 〈보기〉에서 찾아 순서대로 바르게 나열한 것은?

해프닝(Happening)이란 장르는 글자 그대로 지금 여기에서 일어나고 있는 것을 보여준다. 이것은 즉흥적으로 이루어지며, 말보다는 시각적이고 청각적인 소재들을 중요한 표현의 도구로 삼는다. 공연은 폐쇄된 극장이 아니라 화랑이나 길거리, 공원, 시장, 부엌 등과 같은 일상적인 공간에서 이루어지기 때문에 이동성이 뛰어나다. 또한 논리적으로 연결되지 않는 사건과 행동들이 파편적으로 이어져 있어 기이하고 추상적이기도 하다. 대화는 생략되거나 아예 없으며, 때로 불쑥불쑥 튀어나오는 말도 특별한 의미를 지니지 않는 경우가 많다. _____ 이러한 해프닝의 발상은 미술의 콜라주, 영화의 몽타주와 비슷하고, 삶의 부조리를 드러내는 현대 연극, 랩과 같은 대중음악과도 통한다. 우리의 삶 자체가 일회적이고 일관된 논리에 의해 통제되지 않는다는 사실이야말로 해프닝과 삶 자체의 밀접한 관계를 보여주는 것이 아닐까.

다양한 예술 사이의 벽을 무너뜨리는 해프닝은 기존 예술에서의 관객의 역할을 여러 방면으로 변화시켰다. _____ 공연은 정해진 어느 한 곳이 아니라 이곳저곳에서 혹은 동시다발적으로 이루어지기도 하며, 관객들은 볼거리를 따라 옮겨 다니면서 각기 다른 관점을 지닌 장면들을 보기도 한다. 이것은 관객들을 공연에 참여하게 하려는 의도라고 할 수 있다. 그렇게 함으로써 해프닝은 삶과 예술이 분리되지 않게 하고, 궁극적으로는 일상적 삶에 개입하는 의식(儀式)이 되고자 한다. 나아가 예술 시장에서 상징적 재화로 소수 사람들 사이에서 거래되는 것을 거부한다. 또 해프닝은 박물관에 완성된 작품으로 전시되고 보존되는 기존 예술의 관습에도 저항한다.

이와 같은 예술적 현상은 단순한 운동이 아니라 예술가들의 정신적 모험의 실천이라고 할 수 있다. _____ 그럼에도 불구하고 현대 사회에서 안락한 감정에 마비되어 있는 우리들을 휘저어 놓으면서 삶과 예술의 관계를 새롭게 모색하는 이러한 예술적 모험은 좀 더 다양한 모습으로 예술의 지평을 넓혀갈 것이다.

> **보기**
>
> ㄱ. 이를 통해 해프닝은 우리 삶의 고통이나 희망 등을 논리적인 말로는 더 이상 전달할 수 없다는 것을 내세운다.
> ㄴ. 인습적인 사회 제도에 순응하는 것을 비판하고 고정된 예술의 개념을 변혁하려고 했던 해프닝은 우연적 사건, 개인의 자의식 등을 강조해서 뭐가 뭔지 알 수 없는 것이라는 비판을 듣기도 했다.
> ㄷ. 행위자들은 관객에게 봉사하는 것이 아니라 고함을 지르거나 물을 끼얹으면서 관객들을 자극하고 희롱하기도 한다.

① ㄱ, ㄴ, ㄷ
② ㄱ, ㄷ, ㄴ
③ ㄴ, ㄷ, ㄱ
④ ㄷ, ㄱ, ㄴ
⑤ ㄷ, ㄴ, ㄱ

04 수진이는 학교에서 액체의 밀도에 대해 배우고 있다. 갑자기 수진이는 실험을 이용해 가방에 있는 피규어의 질량을 알아보고 싶어서 선생님께 질문을 했다. 수진이와 선생님의 대화 내용을 참고해 피규어를 통에 넣었을 때 B, C액체가 들어 있는 통에서 넘친 액체의 부피의 합은 몇 L인가?(단, 각 통의 부피는 들어 있는 액체의 부피와 같다)

수진 : 선생님, 오늘 배운 밀도를 이용해서 제가 가지고 있는 피규어의 질량을 알아보고 싶은데 지금 해봐도 되나요? 선생님 : 그럼, 실험하고 있는 액체가 묻어도 상관없으면 한번 해보렴. 실험하는 액체통에는 밀도가 다른 A, B, C액체가 들어 있고, 세 개의 통에 들어 있는 부피는 앞에 칠판에 적혀 있는 것처럼 A액체는 12L, B액체는 10L, C액체는 15L란다. 그리고 처음에 알려준 밀도는 $\dfrac{(질량)}{(부피)}$ 과 같고, 방금 한 실험에서 A액체의 밀도는 0.2kg/L였어. 수진 : 네, 어차피 피규어는 씻으면 되니까 상관없어요. 그리고 아까 제가 세 통 모두 질량을 측정해보니 같았는데 모두 동일한 거 맞죠, 선생님? 선생님 : 벌써 기본적인 질량 측정을 완료했구나. 그래, 맞아. 그럼 이제 시작해 보렴. 수진 : (실험 후) B액체는 _____L가 넘쳤고, C액체는 _____L가 넘쳤어요. 그래서 피규어 질량은 300g이에요.

① 3.875L

② 3.455L

③ 3.285L

④ 3.125L

⑤ 3.015L

05 다음 중 바이오스(Basic Input Output System)에 대한 설명으로 옳은 것은?

① 운영 체제와 응용 프로그램 중간에 위치하는 소프트웨어이다.

② 기억된 정보를 읽어내기도 하고, 다른 정보를 기억시킬 수도 있는 메모리이다.

③ 한번 기록한 데이터를 빠른 속도로 읽을 수 있지만, 다시 기록할 수 없는 메모리이다.

④ 컴퓨터에서 전원을 켜면 맨 처음 컴퓨터의 제어를 맡아 가장 기본적인 기능을 처리해 주는 프로그램이다.

⑤ 주변 장치와 컴퓨터 처리 장치 간에 데이터를 전송할 때 처리 지연을 단축하기 위해 고안된 프로그램이다.

06 철수, 영희, 상수는 재충전 횟수에 따른 업체들의 견적을 비교하여 리튬이온배터리를 구매하려고 한다. 다음 〈조건〉에 따를 때 옳지 않은 것은?

재충전 \ 방수액	유	무
0회 이상 100회 미만	5,000원	5,000원
100회 이상 300회 미만	10,000원	5,000원
300회 이상 500회 미만	20,000원	10,000원
500회 이상 1,000회 미만	30,000원	15,000원
1,000회 이상	50,000원	20,000원

조건
- 철수 : 재충전이 1,000회 이상은 되어야 해.
- 영희 : 나는 그렇게 많이는 필요하지 않고, 200회면 충분해.
- 상수 : 나는 무조건 방수액을 발라야 해.

① 상수가 구매하는 리튬이온배터리의 가장 저렴한 가격과 가장 비싼 가격의 차이는 45,000원이다.
② 철수, 영희, 상수 세 사람이 리튬이온배터리를 가장 비싸게 구매하는 가격의 총합은 110,000원이다.
③ 영희가 리튬이온배터리를 가장 저렴하게 구매하는 가격은 10,000원이다.
④ 영희가 가장 비싸게 구매하는 가격과 상수가 가장 비싸게 구매하는 가격의 차이는 30,000원 이상이다.
⑤ 철수, 영희, 상수 세 사람이 리튬이온배터리를 가장 저렴하게 구매하는 가격의 총합은 30,000원이다.

07 다음 빈칸에 들어갈 말이 바르게 연결된 것은?

미국의 영웅인 아이젠하워는 2차 세계대전을 승리로 이끌고 미국의 34대 대통령에 당선되었다. 아이젠하워가 말하는 ___㉠___이란 성실하고 고결한 성품 그 자체이다. 그는 "___㉡___(이)란 잘못된 것에 대한 책임은 ___㉢___이/가 지고, 잘된 것에 대한 모든 공로는 ___㉣___에게 돌릴 줄 아는 것"이라고 말했다.

	㉠	㉡	㉢	㉣
①	멤버십	멤버십	부하	자신
②	리더십	멤버십	부하	자신
③	리더십	리더십	자신	부하
④	멤버십	리더십	자신	부하
⑤	리더십	관리자	자신	부하

08 다음 중 직장에서 근면한 생활을 하는 사람을 모두 고르면?

A사원 : 저는 이제 더 이상 일을 배울 필요가 없을 만큼 업무에 익숙해졌어요. 실수 없이 완벽하게 업무를 해결할 수 있어요.

B사원 : 저는 요즘 매일 운동을 하고 있어요. 일에 지장이 가지 않도록 건강관리에 힘쓰고 있습니다.

C대리 : 저도 오늘 할 일을 내일로 미루지 않으려고 노력 중이에요. 그래서 업무 시간에는 개인적인 일을 하지 않아요.

D대리 : 저는 업무 시간에 잡담을 하지 않아요. 대신 사적인 대화는 사내 메신저를 활용하는 편이에요.

① A사원, B사원
② A사원, C대리
③ B사원, C대리
④ B사원, D대리
⑤ C사원, D대리

09 S사원은 현재 A과장이 지시한 업무를 처리하고 있다. 그런데 B대리가 급한 일이라며 업무를 빨리 처리해 달라고 요청했다. 이때 S사원이 취해야 할 행동으로 가장 적절한 것은?

① A과장이 먼저 업무를 시켰으므로 A과장이 지시한 업무를 우선적으로 처리한다.
② 동료에게 A과장의 업무를 부탁하고 B대리의 업무를 처리한다.
③ 모두 자신에게 주어진 일이니 야근을 해서라도 모두 처리한다.
④ A과장과 B대리에게 양해를 구하고 우선순위를 정해 처리한다.
⑤ B대리의 일부터 먼저 처리한다.

10 P회사는 글로벌 기업으로 외국에 많은 지사를 운영하고 있어 협업으로 업무가 이루어진다. 모스크바 지사에 있는 A대리는 8월 19일 오후 2시에 프로젝트 보고서 작성을 시작해 완성한 후 밴쿠버 지사에 있는 B대리에게 전송했다. B대리는 8월 19일 출근해 메일이 오전 6시에 도착한 것을 확인한 다음 오전 9시부터 보고서 작성을 시작해 마무리한 후 바로 뉴욕 본사에 있는 C대리에게 자료를 전송했다. C대리는 8월 19일 오후 4시에 자료를 받자마자 1시간 검토한 후 보고서를 제출했다. 다음 중 세 명이 업무를 마무리하는 데 걸린 시간은 총 몇 시간인가?

위치	시차
런던	GMT+0
모스크바	GMT+3
밴쿠버	GMT−8
뉴욕	GMT−5

① 8시간   ② 9시간

③ 10시간   ④ 11시간

⑤ 12시간

11 신입사원 A씨는 자신이 하고 있는 일에 적응하기 위하여 흥미를 높이고 자신의 재능을 개발하려고 한다. 〈보기〉 중 A씨가 흥미나 적성을 개발하기 위해 취할 수 있는 방법으로 적절하지 않은 것을 모두 고르면?

> **보기**
> ㄱ. '나는 지금 주어진 일이 적성에 맞는다.'라고 마인드컨트롤을 한다.
> ㄴ. 업무를 수행할 때 작은 단위로 나누어 수행한다.
> ㄷ. 기업의 문화나 풍토를 파악하는 것보다는 흥미나 적성검사를 수행한다.
> ㄹ. 커다란 업무를 도전적으로 수행하여 성취를 높인다.

① ㄱ, ㄴ   ② ㄱ, ㄷ

③ ㄷ, ㄹ   ④ ㄱ, ㄴ, ㄷ

⑤ ㄱ, ㄴ, ㄹ

12 다음을 보고 A사원이 처리할 첫 업무와 마지막 업무를 바르게 연결한 것은?

A씨, 우리 팀이 준비하는 상반기 프로젝트가 마무리 단계인 건 알고 있죠? 이제 곧 그동안 진행해 온 팀 프로젝트를 발표해야 하는데 A씨가 발표자로 선정되어서 몇 가지 말씀드릴 게 있어요. 6월 둘째 주 월요일 오후 4시에 발표를 할 예정이니 그 시간에 비어있는 회의실을 찾아보고 예약해 주세요. 오늘이 벌써 첫째 주 수요일이네요. 보통 일주일 전에는 예약해야 하니 최대한 빨리 확인하고 예약해 주셔야 합니다. 또 발표 내용을 PPT 파일로 만들어서 저한테 메일로 보내 주세요. 검토 후 수정사항을 회신할 테니 반영해서 최종본 내용을 브로슈어에 넣어 주세요. 최종본 내용을 모두 입력 하면 디자인팀 D대리님께 파일을 넘겨줘야 해요. 디자인팀에서 작업 후 인쇄소로 보낼 겁니다. 최종 브로슈어는 1층 인쇄소에서 받아오시면 되는데 원래는 한나절이면 찾을 수 있지만 이번에 인쇄 주문 건이 많아서 다음 주 월요일에 찾을 수 있을 거예요. 아, 그리고 브로슈어 내용 정리 전에 작년 하반기 에 프로젝트 발표자였던 B주임에게 물어보면 어떤 식으로 작성해야 할지 이야기해 줄 거예요.

① PPT 작성 – D대리에게 파일 전달
② 회의실 예약 – B주임에게 조언 구하기
③ 회의실 예약 – 인쇄소 방문
④ B주임에게 조언 구하기 – 인쇄소 방문
⑤ 회의실 예약 – D대리에게 파일 전달

13 한 야구팀이 재정난을 겪게 되면서 핵심선수인 민한, 대호, 성흔, 주찬이를 각각 다른 팀으로 트레 이드하려고 한다. C팀이 투수만 스카우트하게 될 경우, 다음 〈조건〉을 토대로 반드시 참인 것은?

> **조건**
> (가) 이들을 원하는 팀은 A ~ D 4팀이 있다.
> (나) 각 팀은 포수, 내야수, 외야수, 투수 중 중복 없이 하나만 얻을 수 있다.
> (다) 각 팀은 1명만 스카우트 할 수 있다.
> (라) 민한이는 투수만 가능하다.
> (마) 대호는 B팀만 가려고 한다.
> (바) A팀은 외야수를 원한다.
> (사) 성흔이는 포수와 외야수만 가능하다.
> (아) 주찬이는 D팀을 가려고 하지 않는다.
> (자) 외야수 포지션은 성흔이와 주찬이 중에 선택한다.

① 주찬이는 포수로 스카우트될 것이다.
② A팀에서 스카우트할 선수는 성흔이다.
③ D팀은 선택할 포지션이 없어서 스카우트를 포기한다.
④ D팀이 성흔이를 포수로 데려갈 것이다.
⑤ B팀은 대호를 외야수로 스카우트할 것이다.

14 다음은 문제중심학습(PBL)에 대한 내용이다. 〈보기〉 다음에 이어질 문단을 순서대로 바르게 나열한 것은?

> **보기**
>
> 개인의 일상생활은 물론 사회생활에서도 의사소통능력은 매우 중요하지만, 과거에는 이러한 중요성에도 불구하고 의사소통능력에 대해 단순 암기 위주의 수업으로 진행해왔다.

> ㄱ. 이러한 문제중심학습(PBL)은 학생들로 하여금 학습에 더 능동적이게 참여하도록 할 뿐만 아니라 자기 주도적으로 문제를 해결할 수 있는 문제해결능력도 기를 수 있도록 돕는다.
> ㄴ. 따라서 의사소통능력에 관한 지식은 교수자가 단순히 기존에 확립되어 있는 지식을 학습자들에게 이해시키는 강의 교수법이 아니라, 실제 현장에서 일어나는 사례를 예로 들어 실제 현장에서 학습자들이 적용할 수 있는 문제중심학습이 더 적절할 것이다.
> ㄷ. 하지만 의사소통은 단순히 암기 위주로 배울 수 있는 특정한 장소와 시간에 관한 단편적인 지식이 아니다. 의사소통은 본래 실제 상황에서 발생하는 현상을 잘 관찰하고 이해를 해야만 얻을 수 있는 고차원적인 지식이기 때문이다.
> ㄹ. 단, 이때 교수자는 학생들이 다양한 문제해결능력을 기를 수 있도록 자신의 생각이나 행동들을 객관적 기준으로 생각하지 않게 하는 것이 중요하다.

① ㄱ - ㄴ - ㄷ - ㄹ   ② ㄱ - ㄹ - ㄷ - ㄴ
③ ㄴ - ㄷ - ㄱ - ㄹ   ④ ㄷ - ㄱ - ㄹ - ㄴ
⑤ ㄷ - ㄴ - ㄱ - ㄹ

15 신입사원 A씨는 회사에 입사한 후 자신의 능력을 높은 업무성과를 통해 발휘하고 싶다는 생각이 들었다. 그래서 A씨는 앞으로 회사생활에서의 행동전략을 세웠다. 〈보기〉 중 A씨가 세운 행동전략으로 적절한 것을 모두 고르면?

> **보기**
>
> ㄱ. 그날 할 일은 바로바로 처리해야겠다.
> ㄴ. 회사에서 일을 잘한다고 소문이 난 B대리님이 어떻게 일하시는지 살펴보고 참고해야겠다.
> ㄷ. 다른 사람들이 일하는 방법을 보고 그 방법대로만 일해야겠다.
> ㄹ. 회사의 업무 지침은 참고만 하고 나에게 맞는 업무 지침을 세워야겠다.

① ㄱ   ② ㄱ, ㄴ
③ ㄱ, ㄴ, ㄷ   ④ ㄴ, ㄷ, ㄹ
⑤ ㄱ, ㄴ, ㄷ, ㄹ

16 K대리가 A지점에서 출발하여 B지점까지 가는데 중간 경유지인 X, Y, Z지점을 경유하지 않고 가는 최단 경로의 수는?

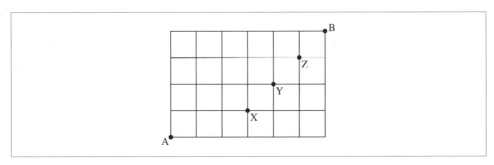

① 46가지   ② 48가지
③ 50가지   ④ 52가지
⑤ 54가지

17 다음 중 효과적인 물품관리로 적절하지 않은 것은?

① 물품은 개별 특성을 고려해 보관 장소를 선정해야 파손 우려를 줄일 수 있다.

② 동일한 물품은 동일한 장소에 보관해야 사용 시에 물품을 찾는 시간을 단축할 수 있다.

③ 지속적인 사용을 해야 하는 사용 물품의 경우 다시 꺼내야 하는 반복 작업이 생기지 않도록 꺼내기 쉬운 곳에 배치한다.

④ 앞으로 계속 사용하지 않는 보관 물품의 경우에 창고나 박스 등에 넣어둠으로써 물품의 훼손 및 분실 우려를 막을 수 있다.

⑤ 유사한 물품은 인접하지 않은 장소에 놔둠으로써 물품의 정확한 위치를 모르더라도 여러 곳에 흩어져 있는 유사 물품으로 손쉽게 물품을 찾을 수 있어 그 시간을 단축할 수 있다.

18 다음은 각 문서를 어떠한 기준에 따라 구분한 내용이다. 빈칸 ㉠ ~ ㉢에 들어갈 기준을 바르게 나열한 것은?

기준	종류
㉠	공문서
	사문서
㉡	내부결재문서
	대내문서, 대외문서, 발신자와 수신자 명의가 같은 문서
㉢	법규문서
	지시문서
	공고문서
	비치문서
	민원문서
	일반문서

	㉠	㉡	㉢
①	작성 주체	문서의 성질	유통 대상
②	작성 주체	유통 대상	문서의 성질
③	유통 대상	문서의 성질	작성 주체
④	유통 대상	작성 주체	문서의 성질
⑤	문서의 성질	작성 주체	유통 대상

19 다음 워크시트에서 '박지성'의 결석 값을 찾기 위한 함수식은?

◢	A	B	C	D
1	성적표			
2	이름	중간	기말	결석
3	김남일	86	90	4
4	이천수	70	80	2
5	박지성	95	85	5

① =VLOOKUP("박지성",$A$3:$D$5,4,1)

② =VLOOKUP("박지성",$A$3:$D$5,4,0)

③ =HLOOKUP("박지성",$A$3:$D$5,4,0)

④ =HLOOKUP("박지성",$A$3:$D$5,4,1)

⑤ =HLOOKUP("박지성",$A$3:$D$5,4,2)

※ P공사의 인사팀 팀원 6명이 회식을 하기 위해 이탈리안 레스토랑에 갔다. 주문한 결과가 〈조건〉과 같을 때, 이어지는 질문에 답하시오. [20~21]

> **조건**
> • 인사팀은 토마토 파스타 2개, 크림 파스타 1개, 토마토 리소토 1개, 크림 리소토 2개, 콜라 2잔, 사이다 2잔, 주스 2잔을 주문했다.
> • 인사팀은 K팀장, L과장, M대리, S대리, H사원, J사원으로 구성되어 있는데, 같은 직급끼리는 같은 소스가 들어가는 요리를 주문하지 않았고, 같은 음료도 주문하지 않았다.
> • 각자 좋아하는 요리가 있으면 그 요리를 주문하고, 싫어하는 요리나 재료가 있으면 주문하지 않았다.
> • K팀장은 토마토 파스타를 좋아하고, S대리는 크림 리소토를 좋아한다.
> • L과장과 H사원은 파스타면을 싫어한다.
> • 대리들 중에 콜라를 주문한 사람은 없다.
> • 크림 파스타를 주문한 사람은 사이다도 주문했다.
> • 토마토 파스타나 토마토 리소토와 주스는 궁합이 안 맞는다고 하여 함께 주문하지 않았다.

20 다음 중 주문한 결과로 적절하지 않은 것은?

① 사원들 중 한 사람은 주스를 주문했다.
② L과장은 크림 리소토를 주문했다.
③ K팀장은 콜라를 주문했다.
④ 토마토 리소토를 주문한 사람은 콜라를 주문했다.
⑤ 사이다를 주문한 사람은 파스타를 주문했다.

21 다음 중 같은 요리와 음료를 주문한 사람을 바르게 나열한 것은?

① S대리, J사원
② L과장, H사원
③ L과장, S대리
④ M대리, H사원
⑤ K팀장, M대리

22 다음은 P팀의 새로운 도서분야 시장진입을 위한 신간회의 내용이다. 의사결정방법 중 하나인 '브레인스토밍'을 활용할 때, 이에 적절하지 않은 말을 하는 사람을 모두 고르면?

> A사원 : 신문 기사를 보니, 세분화된 취향을 만족시키는 잡지들이 주목받고 있다고 하던데, 저희 팀에서도 소수의 취향을 주제로 한 잡지를 만들어 보는 건 어떨까요?
> B대리 : 그건 수익성은 생각하지 않은 발언인 것 같네요.
> C과장 : 아이디어는 많으면 많을수록 좋죠. 더 이야기해 봐요.
> D주임 : 요새 직장생활에 관한 이야기를 주제로 독자의 공감을 이끌어내는 도서들이 많이 출간되고 있습니다. '연봉'과 관련한 실용서를 만들어 보는 건 어떨까요? 신선하고 공감을 지이내는 글귀와 제목, 유쾌한 일러스트를 표지에 실어서 눈에 띄게 만들어 보는 것도 좋을 것 같습니다.
> E차장 : 위 두 아이디어 모두 신선하네요. '잡지'의 형식으로 가면서 직장인과 관련된 키워드를 매달 주제로 해 발간해보면 어떨까요? 창간호 키워드는 '연봉'이 좋겠군요.

① A사원
② B대리
③ B대리, C과장
④ B대리, E차장
⑤ A사원, D주임, E차장

PART 2

23 K사에서 송년 음악회를 열려고 한다. 전체를 1부, 2부로 나누고 연주 시간이 7분인 곡과 3분인 곡을 각각 선정해서 1시간 15분 안에 끝내고자 기획했다. 그러나 회의 중에 7분인 곡과 3분인 곡의 수를 바꾸어서 1시간 35분 안에 끝내는 것으로 변경하였다. 1부와 2부 사이에 10분간 휴식을 한다고 할 때, 곡의 수를 바꾸기 전에 연주 시간이 7분인 곡의 수는?

① 5곡
② 6곡
③ 8곡
④ 10곡
⑤ 11곡

24 다음 글에서 밑줄 친 ㉠~㉤의 수정 방안으로 적절하지 않은 것은?

사회복지와 근로의욕과의 관계에 대한 조사를 보면 '사회복지와 근로의욕이 관계가 있다.'는 응답과 '그렇지 않다.'는 응답의 비율이 비슷하게 나타난다. 하지만 기타 의견에 ㉠ 따라 과도한 사회복지는 근로의욕을 저하할 수 있다는 응답이 많았던 것으로 조사되었다. 예를 들어 정부지원금을 받으나 아르바이트를 하나 비슷한 돈이 나온다면 ㉡ 더군다나 일하지 않고 정부지원금으로만 먹고사는 사람들이 많이 있다는 것이다. 여기서 주목해야 할 점은 과도한 복지 때문이 아닌 정책상의 문제라는 의견도 있다는 사실이다. 현실적으로 일을 할 수 있는 능력이 있는 사람에게는 ㉢ 최대한의 생계비용 이외의 수입을 인정하고, 빈곤층에서 벗어날 수 있게 지원해주는 것이 개인에게도, 국가에도 바람직한 방식이라는 것이다.

이 설문 조사 결과에서 주목해야 할 또 다른 측면은 사회복지 체제가 잘 되어 있을수록 근로의욕이 떨어진다고 응답한 사람의 ㉣ 과반수 이상이 중산층 이상의 경제력을 가지고 있었다는 점이다. 재산이 많은 사람에게는 약간의 세금 확대도 ㉤ 영향이 작을 수 있기 때문에 경제발전을 위한 세금 확대는 찬성하더라도 복지정책을 위한 세금 확대는 반대하는 것이다. 이러한 점을 고려해보면 소득 격차 축소를 원하는 국민보다 복지정책을 위한 세금 확대에 반대하는 국민이 많은 다소 모순된 설문 결과에 대한 설명이 가능하다.

① ㉠ : 호응 관계를 고려하여 '따르면'으로 수정한다.
② ㉡ : 앞뒤 내용의 관계를 고려하여 '차라리'로 수정한다.
③ ㉢ : 전반적인 내용의 흐름을 고려하여 '최소한의'로 수정한다.
④ ㉣ : '과반수'의 뜻을 고려하여 '절반 이상이' 또는 '과반수가'로 수정한다.
⑤ ㉤ : 일반적인 사실을 말하는 것이므로 '영향이 작기 때문에'로 수정한다.

25 다음 글에서 설명하고 있는 조직의 경영 기법으로 가장 적절한 것은?

모든 조직은 경영의 기본 활동인 계획 – 실행 – 평가를 통해 조직이 원하는 성과를 창출해 낸다. 해당 기법은 이러한 조직의 경영 활동을 체계적으로 지원하는 관리 도구로, 경영자 및 관리자들이 시간 관리를 통해서 개인 자기 자신을 관리하듯 목표를 통해서 개인 및 조직성과를 관리한다. 성과 향상을 위해서는 목표를 설정하고, 이를 지속적으로 관리하는 것이 중요하다. 평가 결과는 과정의 산물이며, 성과 개선에 영향을 미치는 부수적인 요인이다. 따라서 기업들은 해당 기법을 활용할 경우 평가나 그 결과의 활용보다는 목표 설정, 중간 점검 등의 단계에 더욱 많은 관심을 기울여야 한다.

① 과업평가계획(PERT)　　　　　② 목표관리(MBO)
③ 조직개발(OD)　　　　　　　　④ 총체적 질관리(TQM)
⑤ 전사적 자원관리(ERP)

26 다음은 부서별로 핵심역량가치 중요도를 정리한 표와 신입사원들의 핵심역량평가 결과표이다. 이를 바탕으로 C사원과 E사원의 부서배치로 가장 적절한 것은?(단, '−'는 중요도가 상관없다는 표시이다)

⟨핵심역량가치 중요도⟩

구분	창의성	혁신성	친화력	책임감	윤리성
영업팀	−	중	상	중	−
개발팀	상	상	하	중	상
지원팀	−	중	−	상	하

⟨핵심역량평가 결과표⟩

구분	창의성	혁신성	친화력	책임감	윤리성
A사원	상	하	중	상	상
B사원	중	중	하	중	상
C사원	하	상	상	중	하
D사원	하	하	상	하	중
E사원	상	중	중	상	하

	C사원	E사원		C사원	E사원
①	개발팀	지원팀	②	영업팀	지원팀
③	개발팀	영업팀	④	지원팀	개발팀
⑤	지원팀	영업팀			

27 다음 중 밑줄 친 ⊙의 이유로 적절하지 않은 것은?

샐러던트(Saladent)란 '샐러리맨(Salary man)'과 '학생'을 뜻하는 '스튜던트(Student)'가 합쳐져서 만들어진 신조어로, ⊙ 현재 직장에 몸담고 있으면서 지속적으로 현 분야 또는 새로운 분야에 대해서 공부를 하는 직장인을 의미한다.

① 업무의 성과 향상을 위해
② 변화하는 환경에 적응하기 위해
③ 회사가 추구하는 목표를 성취하기 위해
④ 긍정적인 인간관계를 형성하기 위해
⑤ 삶의 질을 향상시키고, 보람된 삶을 살기 위해

28 다음 글을 바탕으로 할 때, 속도 변화의 원인이 같은 것을 〈보기〉에서 모두 고르면?

체조 선수들의 연기를 지켜보고 있으면 유난히 회전 연기가 많은 것을 알 수 있다. 철봉에서 뛰어올라 공중에서 두세 바퀴를 회전하고 멋지게 착지하는 연기는 그야말로 탄성을 자아내게 한다. 그러면서 한편으로는 여러 가지 궁금증이 생긴다.

체조 선수가 회전할 때 팔이나 다리를 굽힌 채 회전하는 이유는 무엇일까? 어떻게 순식간에 몇 바퀴를 돌 수 있을까? 결론부터 말하자면 체조 선수들의 회전 연기 속에는 예술적인 측면 외에도 물리 현상에 대한 이해를 바탕으로 한 다분히 과학적인 행동이 섞여 있다.

어떤 물체가 회전하기 위해서는 최초의 돌림힘이 있어야 한다. 돌림힘이 없으면 물체는 회전할 수 없다. 돌림힘이 발생하여 물체가 회전하게 되었을 때, 회전하는 모든 물체가 갖는 물리량을 각운동량이라고 한다. 각운동량은 회전체의 질량과 속도, 그리고 회전 반경을 곱한 값이다. 일단 생겨난 각운동량은 외부의 돌림힘이 더해지지 않는 한, 회전하는 동안에 질량과 속도, 회전 반경의 곱이 항상 같은 값을 유지하면서 그 운동량을 보존하려 하는데 이것을 '각운동량 보존의 법칙'이라 한다. 우리가 일상 생활 속에서 접하는 물리 현상 중에서도 각운동량 보존의 법칙이 적용되는 경우를 쉽게 찾아볼 수 있다. 예를 들어 회전 의자에 사람이 앉아 있는 경우, 의자를 적당히 회전시킨 후에 추가로 돌림힘을 주지 않은 상태에서 양팔을 벌리면 회전 속도가 느려진다. 다시 양팔을 가슴 쪽에 모으면 회전 속도는 빨라진다. 대략 머리와 엉덩이를 잇는 신체 중심축을 회전축이라고 할 때, 양팔을 벌리면 회전 반경은 커지나 전체적인 질량은 변하지 않으므로 각운동량 보존의 법칙에 의해 회전 속도가 느려지게 되는 것이다. 반대로 양팔을 가슴 쪽으로 모으면 다시 회전 반경이 작아졌으므로 속도는 빨라질 수밖에 없다.

체조 선수들의 회전 연기도 마찬가지다. 체조 선수가 천천히 회전하기를 원할 때는 몸을 펴서 속도와 회전수를 최대한 줄이지만, 빠른 회전을 원할 때는 몸을 굽혀 회전 반지름을 최소화하는 것이다. 그리고 체조 선수들은 공중 회전 후 착지하는 순간 팔을 힘껏 펼쳐 보이는데 이는 관중을 위한 쇼맨십일 수도 있지만 각운동량 보존의 법칙을 생각한다면 회전 속도를 줄여 안전하게 착지하기 위한 과학적 행동으로 볼 수 있다.

※ 돌림힘(토크, Torque) : 물체에 작용하여 물체를 회전시키는 원인이 되는 물리량
※ 회전 반경 : 회전의 중심축으로부터 물체까지의 거리, 즉 반지름

보기

ㄱ. 태양을 중심으로 회전하는 지구는 태양과의 거리가 가까워질수록 속도가 빨라진다.
ㄴ. 실에 돌을 묶어서 돌리면서 실의 길이를 늘리면 돌의 회전 속도가 느려진다.
ㄷ. 회전하는 의자에 앉아 있는 사람에게 아령을 주면 회전 속도가 느려진다.
ㄹ. 달리는 자동차는 가속 페달을 밟으면 바퀴의 회전 속도가 빨라진다.

① ㄱ, ㄴ
② ㄱ, ㄷ
③ ㄴ, ㄷ
④ ㄴ, ㄹ
⑤ ㄷ, ㄹ

29 다음은 국내 화장품 제조 회사에 대한 SWOT 분석 자료이다. 〈보기〉 중 분석에 따른 대응 전략으로 옳은 것을 모두 고르면?

〈국내 화장품 제조 회사에 대한 SWOT 분석〉

강점(Strength)	약점(Weakness)
• 신속한 제품 개발 시스템 • 차별화된 제조 기술 보유	• 신규 생산 설비 투자 미흡 • 낮은 브랜드 인지도
기회(Opportunity)	위협(Threat)
• 해외시장에서의 한국 제품 선호 증가 • 새로운 해외시장의 출현	• 해외 저가 제품의 공격적 마케팅 • 저임금의 개발도상국과 경쟁 심화

보기

ㄱ. 새로운 해외시장의 소비자 기호를 반영한 제품을 개발하여 출시한다.
ㄴ. 국내에 화장품 생산 공장을 추가로 건설하여 제품 생산량을 획기적으로 증가시킨다.
ㄷ. 차별화된 제조 기술을 통해 품질 향상과 고급화 전략을 추구한다.
ㄹ. 브랜드 인지도가 낮으므로 해외 현지 기업과의 인수·합병을 통해 해당 회사의 브랜드로 제품을 출시한다.

① ㄱ, ㄴ
② ㄱ, ㄷ
③ ㄴ, ㄷ
④ ㄴ, ㄹ
⑤ ㄷ, ㄹ

30 다음은 오렌지 하나 때문에 다투고 있는 두 딸을 위한 A씨의 협상 방법을 보여주는 사례이다. 이때 A씨의 협상 방법에 대한 문제점은 무엇인가?

> 어느 날 A씨의 두 딸이 오렌지 하나를 가지고 서로 다투고 있었다. A씨는 두 딸에게 오렌지를 공평하게 반쪽으로 나눠주는 것이 가장 좋은 해결책인 듯해서 반으로 갈라 주었다. 하지만 A씨는 두 딸의 행동에 놀라고 말았다. 오렌지의 반쪽을 챙긴 큰 딸은 알맹이는 버리고 껍질만 챙겼으며, 작은 딸은 알맹이만 먹고 껍질은 버린 것이다. 두 딸에게 이유를 물어보니 제빵학원에 다니는 큰 딸은 오렌지 케이크를 만들기 위해 껍질이 필요했던 것이고, 작은 딸은 오렌지 과즙이 먹고 싶어서 알맹이를 원했던 것이다. 결과적으로 A씨의 해결책은 두 딸 모두에게 만족하지 못한 일이 되어버렸다.

① 협상당사자들에게 친근하게 다가가지 않았다.
② 협상에 대한 갈등 원인을 확인하지 않았다.
③ 협상의 통제권을 확보하지 않았다.
④ 협상당사자의 특정 입장만 고집하였다.
⑤ 협상당사자에 대해 너무 많은 염려를 하였다.

31 다음 〈보기〉 중 국제매너에 대한 설명으로 적절한 것을 모두 고르면?

보기

ㄱ. 생선 요리는 뒤집어 먹지 않는다.
ㄴ. 빵은 아무 때나 먹어도 관계없다.
ㄷ. 수프는 바깥쪽에서 몸 쪽으로 숟가락을 사용한다.
ㄹ. 러시아와 라틴아메리카 사람들은 친밀함의 표시로 포옹을 한다.
ㅁ. 명함은 받으면 구기거나 계속 만지지 않고 한번 보고나서 탁자 위에 보이는 채로 두고 대화를 하거나 명함집에 넣는다.
ㅂ. 이라크 사람들은 시간을 돈과 같이 생각해서 시간 엄수를 중요하게 생각하므로 약속 시간에 늦지 않게 주의해야 한다.
ㅅ. 미국인 바이어와 악수를 할 때는 눈이나 얼굴을 보면서 손끝만 살짝 잡거나 왼손으로 상대방의 왼손을 힘주어서 잡았다가 놓아야 한다.

① ㄱ, ㄹ, ㅁ
② ㄴ, ㄹ, ㅂ
③ ㄹ, ㅁ, ㅅ
④ ㄱ, ㄷ, ㄹ, ㅁ
⑤ ㄴ, ㄷ, ㄹ, ㅅ

32 다음은 지난달 봉사 장소별 봉사자 수를 연령별로 조사한 자료이다. 〈보기〉 중 이에 대한 설명으로 옳은 것을 모두 고르면?

〈봉사 장소의 연령대별 봉사자 수〉

구분	10대	20대	30대	40대	50대	전체
보육원	148명	197명	405명	674명	576명	2,000명
요양원	65명	42명	33명	298명	296명	734명
무료급식소	121명	201명	138명	274명	381명	1,115명
노숙자쉼터	0명	93명	118명	242명	347명	800명
유기견보호소	166명	117명	56명	12명	0명	351명
전체	500명	650명	750명	1,500명	1,600명	5,000명

ㄱ. 노숙자쉼터 봉사자 중 30대는 15% 이하이다.
ㄴ. 전체 봉사자 중 50대의 비율은 20대의 3배 이상이다.
ㄷ. 무료급식소 봉사자 중 40 ~ 50대는 절반 이상이다.
ㄹ. 보육원 봉사자 중 30대 이하가 차지하는 비율은 36% 이하이다.

① ㄱ, ㄷ
② ㄱ, ㄹ
③ ㄴ, ㄷ
④ ㄴ, ㄹ
⑤ ㄷ, ㄹ

33 다음은 P사 사보에 올라온 영국 처칠 수상의 일화이다. 직장생활과 관련하여 다음 일화가 주는 교훈으로 가장 적절한 것은?

어느 날 영국의 처칠 수상은 급한 업무 때문에 그의 운전기사에게 차를 빠르게 몰 것을 지시하였다. 그때 교통 경찰관은 속도를 위반한 처칠 수상의 차량을 발견하고 차를 멈춰 세웠다. 처칠 수상은 경찰관에게 말했다. "이봐. 내가 누군지 알아?" 그러자 경찰관이 대답했다. "얼굴은 우리 수상 각하와 비슷하지만, 법을 지키지 않는 것을 보니 수상 각하가 아닌 것 같습니다." 경찰관의 답변에 부끄러움을 느낀 처칠은 결국 벌금을 지불했고, 교통 경찰관의 근무 자세에 감명을 받았다고 한다.

① 무엇보다 고객의 가치를 최우선으로 생각해야 한다.
② 업무에 대해서는 스스로 자진해서 성실하게 임해야 한다.
③ 모든 결과는 나의 선택으로 일어난 것으로 여긴다.
④ 조직의 운영을 위해서는 지켜야 하는 의무가 있다.
⑤ 직장동료와 신뢰를 형성하고 유지해야 한다.

34 다음 〈보기〉 중 Windows 환경에서 워드(Word)를 사용할 때 〈F4〉와 관련된 바로가기 키와 해당 기능으로 적절하지 않은 것을 모두 고르면?

ㄱ. 〈Alt〉+〈F4〉 : 현재 문서를 닫는다.
ㄴ. 〈Ctrl〉+〈F4〉 : 워드(Word)를 닫는다.
ㄷ. 〈Shift〉+〈F4〉 : 마지막 찾기 또는 이동 작업을 반복한다.
ㄹ. 〈F4〉 : 가능한 경우 마지막으로 실행한 명령이나 작업을 반복한다.

① ㄱ, ㄴ ② ㄱ, ㄷ
③ ㄴ, ㄷ ④ ㄴ, ㄹ
⑤ ㄷ, ㄹ

35 다음 자료를 참고할 때, 효과적인 물적자원관리 과정에 대한 설명으로 적절하지 않은 것은?

물품의 효과적인 관리를 위해서는 적절한 과정을 거쳐야 한다. 물품을 마구잡이식으로 보관하게 되면 필요한 물품을 찾기 어렵고, 물건의 훼손이나 분실의 우려가 있다. 따라서 다음과 같은 과정을 거쳐 물품을 구분하여 보관하고 관리하는 것이 효과적이다.

과정	고려사항
사용 물품과 보관 물품의 구분	• 반복 작업 방지 • 물품 활용의 편리성
↓	
적절한 기준에 따른 물품 분류	• 동일성의 원칙 • 유사성의 원칙
↓	
물품 특성에 맞는 보관 장소 선정	• 물품의 형상 • 물품의 소재

① 물품의 특성을 고려해 보관 장소를 선정해야 한다.
② 특성이나 종류가 유사한 물품은 인접한 장소에 보관해야 한다.
③ 사용 물품과 달리 보관 물품은 엄격하게 구분하여 관리하지 않는다.
④ 물품을 계속해서 사용할 것인지의 여부를 고려해 보관해야 한다.
⑤ 유리 제품을 효과적으로 관리하기 위해서는 따로 보관하는 것이 좋다.

36 다음은 신입사원을 대상으로 실시하는 교육에서 B대리가 신입사원들에게 해 줄 조언을 적은 메모이다. 자아인식 단계에서의 성찰과 관련한 조언으로 적절하지 않은 것은?

〈업무상 실수를 했다면 반드시 그 실수에 대해 성찰하는 시간을 가져야 한다.〉

• 성찰의 필요성
  – 노하우 축적
  – 지속적 성장 기회 제공
  – 신뢰감 형성
  – 창의적 사고 개발
• 성찰 연습 방법
  – 성찰노트 작성
  – 성찰과 관련된 질문

① 앞으로 다른 일을 해결해 나가는 노하우를 축적할 수 있게 된다.
② 세운 목표에 따라 매일 노력하게 된다면 지속적으로 성장할 수 있는 기회가 된다.
③ 같은 실수를 반복하지 않음으로써 다른 사람에게 신뢰감을 줄 수 있다.
④ 성찰을 통해 창의적인 사고 개발이 가능하다.
⑤ 성찰노트 작성은 한 번의 성찰을 통해 같은 실수를 반복하지 않도록 도와준다.

37 왼쪽 워크시트의 성명 데이터를 오른쪽 워크시트와 같이 성과 이름 두 개의 열로 분리하기 위해 [텍스트 나누기] 기능을 사용하고자 한다. 다음 중 [텍스트 나누기] 분리 방법으로 가장 적절한 것은?

◢	A
1	김철수
2	박선영
3	최영희
4	한국인

◢	A	B
1	김	철수
2	박	선영
3	최	영희
4	한	국인

① 열 구분선을 기준으로 내용 나누기
② 구분 기호를 기준으로 내용 나누기
③ 공백을 기준으로 내용 나누기
④ 탭을 기준으로 내용 나누기
⑤ 행 구분선을 기준으로 내용 나누기

※ 사내 의무실 체온계의 고장으로 새로운 체온계를 구입하였다. 다음 설명서를 보고 이어지는 질문에 답하시오. [38~39]

<체온계 설명서>

1. 사용 방법
   ㉠ 체온을 측정하기 전에 새 렌즈필터를 부착해 주세요.
   ㉡ "ON" 버튼을 눌러 액정화면이 켜지면 귓속에 체온계를 삽입합니다.
   ㉢ "START" 버튼을 눌러 체온을 측정합니다.
   ㉣ 측정이 잘 이루어졌으면 '삐' 소리와 함께 측정 결과가 액정화면에 표시됩니다.
   ㉤ 60초 이상 사용하지 않으면 자동으로 전원이 꺼집니다.

2. 체온 측정을 위한 주의사항
   ㉠ 오른쪽 귀에서 측정한 체온은 왼쪽 귀에서 측정한 체온과 다를 수 있습니다. 그러므로 항상 같은 귀에서 체온을 측정하십시오.
   ㉡ 체온을 측정할 때는 정확한 측정을 위해 과다한 귀지가 없도록 하십시오.
   ㉢ 한쪽 귀를 바닥에 대고 누워 있었을 때, 매우 춥거나 더운 곳에 노출되어 있는 경우, 목욕을 한 직후 등은 외부적 요인에 의해 귀 체온 측정에 영향을 미칠 수 있으므로 이런 경우에는 30분 정도 기다리신 후 측정하십시오.

3. 문제 해결

상태	해결 방법	에러 메시지
렌즈필터가 부착되어 있지 않음	렌즈필터를 끼우세요.	──
체온계가 렌즈의 정확한 위치를 감지할 수 없어 정확한 측정이 어려움	"ON" 버튼을 3초 동안 길게 눌러 화면을 지운 다음 정확한 위치에 체온계를 넣어 측정합니다.	POE
측정 체온이 정상 범위(34 ~ 42.2℃)를 벗어난 경우 • HI : 매우 높음 • LO : 매우 낮음	온도가 10℃와 40℃ 사이인 장소에서 체온계를 30분간 보관한 다음 다시 측정하세요.	HI℃ LO℃
건전지 수명이 다하여 체온 측정이 불가능한 상태	새로운 건전지(1.5V AA타입 2개)로 교체하십시오.	───

38 근무 중 몸이 좋지 않아 의무실을 방문한 A사원은 설명서를 바탕으로 체온을 측정하려고 한다. 체온 측정 과정으로 가장 적절한 것은?

① 정확한 측정을 위해 영점 조정을 맞춘 뒤 체온을 측정하였다.
② 렌즈필터가 깨끗해 새 것으로 교체하지 않고 체온을 측정하였다.
③ 정확한 측정을 위해 귓속의 귀지를 제거한 다음 체온을 측정하였다.
④ 오른쪽 귀의 체온이 38℃로 측정되어 다시 왼쪽 귀의 체온을 측정하였다.
⑤ 구비되어 있는 렌즈필터가 없어 렌즈를 알코올 솜으로 닦은 후 측정하였다.

39 체온계 사용 중 'POE'라는 에러 메시지가 떴다. 에러 메시지 확인 후 해결 방법으로 가장 적절한 것은?

① 건전지 삽입구를 열어 1.5V AA타입 2개의 새 건전지로 교체한다.

② 렌즈필터가 부착되어 있지 않으므로 깨끗한 새 렌즈필터를 끼운다.

③ 1분 동안 그대로 뒀서 전원을 끈 다음 "ON" 버튼을 눌러 다시 액정화면을 켠다.

④ "ON" 버튼을 3초 동안 길게 눌러 화면을 지운 다음 정확한 위치에서 다시 측정한다.

⑤ 온도가 10℃와 40℃ 사이인 장소에서 체온계를 30분 동안 보관한 다음 다시 측정한다.

40 다음 중 아래의 워크시트를 참조하여 작성한 수식 「=INDEX(A3:E9,MATCH(SMALL(B3:B9,2), B3:B9,0),5)」의 결과는?

	A	B	C	D	E
1				(단위 : 개, 원)	
2	상품명	판매수량	단 가	판매금액	원산지
3	참외	5	2,000	10,000	대구
4	바나나	12	1,000	12,000	서울
5	감	10	1,500	15,000	부산
6	포도	7	3,000	21,000	대전
7	사과	20	800	16,000	광주
8	오렌지	9	1,200	10,800	전주
9	수박	8	10,000	80,000	춘천

① 21,000   ② 대전

③ 15,000   ④ 광주

⑤ 사과

41 다음은 특정 달의 총 원자재량을 매일 표시한 자료이다. P공장에서 매월 1일부터 원자재 A가 소모되는 양은 일정한 규칙을 따른다고 할 때, 10일에 P공장에 남은 원자재량은 총 몇 개인가?

〈날짜별 원자재 재고량〉

날짜	1일	2일	3일	4일	5일	6일
수량	5,600개	5,515개	5,410개	5,285개	5,140개	4,975개

① 4,560개

③ 4,175개

⑤ 4,035개

② 4,250개

④ 4,115개

42 다음 〈보기〉의 비윤리적 행위에 대한 유형이 바르게 연결된 것은?

보기

㉠ 제약회사에서 근무하는 A사원은 자신의 매출실적을 올리기 위하여 계속해서 병원에 금품을 제공하고 있다.

㉡ B건설회사는 완공일자를 맞추기에 급급하여 안전수칙을 제대로 지키지 않았고, 결국 커다란 인명사고가 발생하였다.

㉢ C가구업체는 제품 설계 시 안전상의 고려를 충분히 하지 않아, 제품을 구매한 소비자들에게 안전사고를 유발시켰다.

㉣ IT회사의 D팀장은 관련 업계의 회사 간 가격담합이 이루어지고 있음을 발견하였으나, 별다른 조치를 취하지 않았다.

	도덕적 타성	도덕적 태만
①	㉠, ㉡	㉢, ㉣
②	㉠, ㉢	㉡, ㉣
③	㉠, ㉣	㉡, ㉢
④	㉡, ㉢	㉠, ㉣
⑤	㉡, ㉣	㉠, ㉢

43 다음 글을 통해 답을 확인할 수 있는 질문으로 적절하지 않은 것은?

> '붕어빵'을 팔던 가게에서 붕어빵과 모양은 비슷하지만 크기가 더 큰 빵을 '잉어빵'이란 이름의 신제품으로 내놓았다고 하자. 이 잉어빵은 어떻게 만들어진 말일까? '붕어 : 붕어빵=잉어 : ☐'과 같은 관계를 통해 잉어빵의 형성을 설명할 수 있다. 이는 붕어와 붕어빵의 관계를 바탕으로 붕어빵보다 크기가 큰 신제품의 이름을 잉어빵으로 지었다는 뜻이다. 붕어빵에서 잉어빵을 만들어 내듯이 기존 단어의 유사한 속성을 바탕으로 새로운 단어를 만들어 내는 것을 유추에 의한 단어 형성이라고 한다.
>
> 유추에 의해 단어가 형성되는 과정은 보통 네 가지 단계로 이루어진다. 첫째, 새로운 개념을 나디니는 어떤 단어가 필요한 경우 그것을 만들겠다고 결정한다. 둘째, 머릿속에 들어 있는 수많은 단어 가운데 근거로 이용할 만한 단어들을 찾는다. 셋째, 수집한 단어들과 만들려는 단어의 개념과 형식을 비교하여 공통성을 포착한다. 이 단계에서 근거로 삼을 단어를 확정한다. 넷째, 근거로 삼은 단어의 개념과 형식 관계를 적용해서 단어 형성을 완료한다. 이렇게 형성된 단어는 처음에는 신어(新語)로 다루어지지만 이후에 널리 쓰이게 되면 국어사전에 등재된다.
>
> 그러면 이러한 단계에 따라 '종이공'이라는 단어가 형성되는 과정을 살펴보자. 먼저 '종이로 만든 공'이라는 개념의 단어를 만들기로 결정한다. 그 다음에 근거가 되는 단어를 찾는다. 그런데 근거 단어가 될 만한 'ㅇㅇ공'에는 두 가지 종류가 있다. 하나는 축구공, 야구공 유형이고 다른 하나는 고무공, 가죽공 유형이다. 전자의 경우 공 앞에 오는 말이 공의 사용 종목인 반면 후자는 공의 재료라는 차이가 있다. 국어 화자는 종이공을 고무공, 가죽공보다 축구공, 야구공에 가깝다고 생각하지는 않는다. 그러므로 '종이를 할 때 쓰는 공'으로 해석하지 않고 '종이로 만든 공'으로 해석한다. 그 결과 '종이로 만든 공'을 의미하는 종이공이라는 새로운 단어가 형성된다.
>
> 유추에 의해 단어가 형성되는 과정을 잘 살펴보면 불필요한 단어를 과도하게 생성하지 않는 장치가 있다는 것을 알 수 있다. 필요에 의해 기존 단어를 본떠서 단어를 형성하므로 불필요한 단어의 생성을 최대한 억제할 수 있는 것이다. 유추에 의해 단어가 형성된다는 이론에서는 이러한 점을 포착할 수 있다는 장점이 있다.

① 유추에 의한 단어 형성이란 무엇인가?
② 유추에 의해 단어가 형성되는 과정은 무엇인가?
③ 유추에 의해 단어가 형성되는 예로는 무엇이 있는가?
④ 유추에 의한 단어 형성 외에 어떤 단어 형성 방식이 있는가?
⑤ 유추에 의해 단어가 형성되는 이론의 장점은 무엇인가?

44 A ~ G 일곱 팀이 토너먼트로 시합을 하려고 한다. 다음과 같이 한 팀만 부전승으로 올라가 경기를 진행한다고 할 때, 대진표를 작성하는 경우의 수는 모두 몇 가지인가?

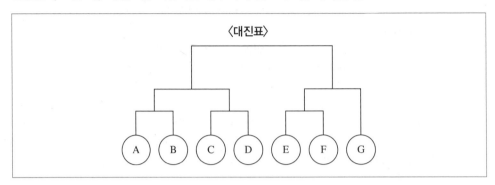

① 300가지
② 315가지
③ 340가지
④ 380가지
⑤ 400가지

45 다음 (A), (B)의 사례는 4M 중 각각 어느 유형에 속하는가?

> (A) 유해가스 중독으로 작업자 2명이 사망하는 사고가 발생했다. 작업자 1명이 하수관 정비공사 현장에서 오수 맨홀 내부로 들어갔다가 유해가스를 마셔 의식을 잃고 추락했으며, 작업자를 구출하기 위해 다른 작업자가 맨홀 내부로 들어가 구조하여 나오던 중 같이 의식을 잃고 추락해 두 작업자 모두 사망한 것이다. 작업공간이 밀폐된 공간이어서 산소결핍이나 유해가스 등의 우려가 있었기 때문에 구명밧줄이나 공기 호흡기 등을 준비해야 했지만 준비가 이루어지지 않아 일어난 안타까운 사고였다.
>
> (B) 플라스틱 용기 성형 작업장에서 작업자가 가동 중인 블로우 성형기의 이물질 제거 작업 중 좌우로 움직이는 금형 고정대인 조방 사이에 머리가 끼여 사망하는 사고가 발생했다. 당시 블로우 성형기 전면에 안전장치가 설치되어 있었으나, 안전장치가 제대로 작동하지 않아서 발생한 사고였다.

	(A)	(B)
①	Media	Man
②	Management	Media
③	Media	Management
④	Management	Man
⑤	Media	Machine

46 다음은 TRIZ에 대한 자료이다. 이에 대한 사례로 적절하지 않은 것은?

'TRIZ'는 주어진 문제에 대하여 가장 이상적인 결과를 정의하고, 그 결과를 얻는 데 관건이 되는 모순을 찾아내어 그 모순을 극복할 수 있는 해결안을 얻을 수 있도록 생각하는 방법에 대한 40가지 이론이다. 예를 들어 '차 무게가 줄면 연비는 좋아지지만 안정성은 나빠진다.'를 모순으로 정하고 '어떻게 하면 차가 가벼우면서 안정성이 좋을 수 있을까?'라는 해결책을 찾아 모순을 극복하는 것이다. 이어폰이 무선 이어폰이 되는 것 등도 이에 해당된다.

〈TRIZ 40가지 이론〉

분할	추출	국부적 품질	비대칭	통합	다용도	포개기	공중부양
사전 반대 조치	사전 조치	사전 예방 조치	동일한 높이	역방향	곡선화	역동성 증가	초과나 부족
차원 변화	진동	주기적 작용	유용한 작용의 지속	급히 통과	전화위복	피드백	중간 매개물
셀프 서비스	복사	값싸고 짧은 수명	기계 시스템 대체	공기 및 유압 사용	얇은 막	다공성 물질	색깔 변화
동질성	폐기 및 재생	속성 변화	상전이	열팽창	산화제	불활성 환경	복합 재료

① 최초로 발견된 죽지 않는 식물
② 회전에 제약이 없는 구형 타이어
③ 자동으로 신발 끈이 조여지는 운동화
④ 줄 없이 운동할 수 있는 줄 없는 줄넘기
⑤ 여러 구간으로 납작하게 접을 수 있는 접이식 자전거 헬멧

47 다음 중 산업재해에 대한 원인으로 적절하지 않은 것은?

> 전선 제조 사업장에서 고장난 변압기 교체를 위해 K전력 작업자가 변전실에서 작업 준비하던 중 특고압 배전반 내 충전부 COS 1차 홀더에 접촉 감전되어 치료 도중 사망하였다. 증언에 따르면 변전실 TR-5 패널의 내부는 협소하고, 재해자의 키에 비하여 경첩의 높이가 높아 문턱 위에 서서 불안전한 작업자세로 작업을 실시하였다고 한다. 또한 재해자는 전기 관련 자격이 없었으며, 복장은 일반 안전화, 면장갑, 패딩점퍼를 착용한 상태였다.

① 불안전한 행동　　　　　　　　　② 불안전한 상태
③ 작업 관리상 원인　　　　　　　　④ 기술적 원인
⑤ 작업 준비 불충분

48 다음 대화에서 밑줄 친 내용 중 보고서 작성 시 유의사항으로 적절하지 않은 것을 모두 고르면?

> K대리 : 이번 연구는 지금 시점에서 보고하는 것이 좋을 것 같습니다. 간략하게 연구별로 한 장씩 요약해 작성할까요?
> Y과장 : ㉠ 성의가 없어 보이니 한 장에 한 가지의 사안을 담는 것은 좋지 않아.
> P대리 : 맞습니다. ㉡ 꼭 필요한 내용이 아니어도 관련된 참고자료는 이해가 쉽도록 모두 첨부하도록 하시죠.
> C차장 : ㉢ 양이 많으면 단락별 핵심을 하위 목차로 요약하는 것이 좋겠어. 그리고 ㉣ 연구비 금액의 경우는 개략적으로만 제시하고 정확히 하지 않아도 괜찮아.

① ㉠, ㉡　　　　　　　　　　　　② ㉠, ㉢
③ ㉠, ㉡, ㉢　　　　　　　　　　④ ㉠, ㉡, ㉣
⑤ ㉡, ㉢, ㉣

49 P대리가 Windows 바탕화면의 업무폴더를 열자 다음과 같은 파일들이 있었다. P대리의 업무폴더 파일 목록에 대한 설명으로 옳지 않은 것은?(단, P대리의 업무폴더 파일 확장자 종류는 문서·이미지·소리·영상·압축 파일 5가지로 구분된다)

〈P대리의 업무폴더 파일 목록〉

12345.jpg	56987.doc	75698.mkv	23578.wav
25687.avi	76528.wav	45687.bmp	35468.gif
75836.hwp	25698.jpg	45873.txt	56789.wma
12567.png	56987.ppt	23585.mkv	23147.png
53987.bmp	32541.avi	89635.jpg	56789.mp3
65894.xls	95368.hwp	53145.raw	45681.egg
34585.rar	56321.xls	56147.zip	54798.mid

① 압축 파일의 개수가 가장 적다.
② 소리 파일의 개수는 총 5개이다.
③ 영상 파일의 개수는 소리 파일의 개수보다 많다.
④ 이미지 파일의 개수는 압축 파일 개수의 3배이다.
⑤ 이미지 파일의 개수는 문서 파일의 개수보다 많다.

50 약국에 희경, 은정, 소미, 정선 4명의 손님이 방문하였다. 약사는 이들로부터 처방전을 받아 A~D 네 봉지의 약을 조제하였다. 다음 〈조건〉에 따를 때 옳은 것은?

> **조건**
> • 방문한 손님들의 병명은 몸살, 배탈, 치통, 피부병이다.
> • 은정이의 약은 B에 해당하고, 은정이는 몸살이나 배탈 환자가 아니다.
> • A는 배탈 환자에 사용되는 약이 아니다.
> • D는 연고를 포함하고 있는데, 이 연고는 피부병에만 사용된다.
> • 희경이는 임산부이고, A와 D에는 임산부가 먹어서는 안 되는 약품이 사용되었다.
> • 소미는 몸살 환자가 아니다.

① 은정이는 피부병에 걸렸다.
② 정선이는 몸살이 났고, 이에 해당하는 약은 C이다.
③ 소미는 치통 환자이다.
④ 희경이는 배탈이 났다.
⑤ 소미가 처방받은 약은 A이다.

51 Q물류회사에서 근무 중인 L사원에게 화물운송기사 두 명이 찾아와 운송시간에 대한 질문을 하였다. 주요 도시 간 이동시간 자료를 참고했을 때, 두 기사에게 안내해야 할 시간은?(단, L사원과 두 기사는 현재 A도시에 위치하고 있다)

K기사 : 저는 여기서 화물을 싣고 E도시로 운송한 후에 C도시로 가서 다시 화물을 싣고 여기로 돌아와야 하는데 시간이 얼마나 걸릴까요? 최대한 빨리 마무리지었으면 좋겠는데….

P기사 : 저는 여기서 출발해서 모든 도시를 한 번씩 거쳐 다시 여기로 돌아와야 해요. 만약에 가장 짧은 이동시간으로 다녀오면 얼마나 걸릴까요?

〈주요도시 간 이동시간〉

(단위 : 시간)

출발도시 \ 도착도시	A	B	C	D	E
A	–	1.0	0.5	–	–
B	–	–	–	1.0	0.5
C	0.5	2.0	–	–	–
D	1.5	–	–	–	0.5
E	–	–	2.5	0.5	–

※ 화물을 싣고 내리기 위해 각 도시에서 정차하는 시간은 고려하지 않는다.
※ '–' 표시가 있는 구간은 이동이 불가능하다.

	K기사	P기사
①	4시간	4시간
②	4.5시간	5시간
③	4.5시간	5.5시간
④	5시간	5.5시간
⑤	5.5시간	5.5시간

52 다음은 자원관리 방법의 하나인 전사적 자원관리에 대한 설명이다. 〈보기〉 중 전사적 자원관리에 대한 사례로 적절하지 않은 것을 모두 고르면?

> 전사적 자원관리(ERP)는 기업 활동을 위해 사용되는 기업 내의 모든 인적·물적 자원을 효율적으로 관리하여 궁극적으로 기업의 경쟁력을 강화하는 역할을 하는 통합정보시스템을 말한다. 이 용어는 미국 코네티컷주 정보기술 컨설팅회사인 가트너 그룹이 처음 사용한 것으로 알려져 있다. 전사적 자원관리는 인사·재무·생산 등 기업의 전 부문에 걸쳐 독립적으로 운영되던 인사정보시스템·재무정보시스템·생산관리시스템 등을 하나로 통합해 기업 내 인적·물적 자원의 활용도를 극대화하고자 하는 경영혁신 기법이다.

> **보기**
> ㄱ. A사는 총무부 내 재무회계팀과 생산관리부의 물량계획팀을 통합했다.
> ㄴ. B사는 지점총괄부를 지점인사관리실과 지점재정관리실로 분리하였다.
> ㄷ. C사는 국내 생산 공장의 물류 포털을 본사의 재무관리 포털에 흡수시켜 통합했다.
> ㄹ. D사는 신규 직원 채용에 있어 인사 직무와 회계 직무를 구분하여 채용하기로 하였다.

① ㄱ, ㄴ 　　　　　　　　② ㄱ, ㄷ
③ ㄴ, ㄷ 　　　　　　　　④ ㄴ, ㄹ
⑤ ㄷ, ㄹ

53 다음 〈보기〉 중 제시된 사례와 같은 경우를 모두 고르면?

> A대리는 해외 기술사 직원이자 브라질인인 K와 협력계약 체결을 위해 만났다. 계약을 마무리하고 일어서며, '아무 문제없다'는 OK의 의미로 손가락으로 동그라미를 만들어 보였으나, K는 불쾌한 표정을 지었다. 다음 주에 다시 만났을 때, K는 A대리에게 악화된 사업 조건을 제시하였다.

> **보기**
> ㄱ. 총무부 B주임은 해외사업부에서 근무하는 그리스인인 T대리와 회의 후 그의 훌륭한 의견 제시를 칭찬하며 엄지를 치켜세웠다.
> ㄴ. 불가리아의 제조업체와 계약을 체결하고자 한 C대리는 제조업체 대표이자 불가리아인인 W와 회의 중 고개를 끄덕여 동의를 표현하였다.
> ㄷ. 브라질 지부에서 근무 중인 D사원은 생산체인에 관해 협력을 논의 중인 영국 법인의 대표에게 행운의 의미로 손가락을 교차하여 보였다.

① ㄱ 　　　　　　　　　② ㄷ
③ ㄱ, ㄴ 　　　　　　　④ ㄴ, ㄷ
⑤ ㄱ, ㄴ, ㄷ

54 다음은 옷을 파는 A씨가 손님인 B씨를 상대로 협상하는 과정을 나타낸 내용이다. 협상 과정에 대한 설명으로 적절하지 않은 것은?(단, A씨가 원하는 옷 판매금액은 최소 5만 원이다)

> B씨 : 이 옷은 얼마인가요?
> A씨 : 네, 이 옷은 현재 8만 원입니다.
> B씨 : 너무 비싸네요. 조금 할인해 주시면 안 될까요?
> A씨 : 안 됩니다. 저희도 남는 게 없어요.
> B씨 : 6만 원에 주시면 안 될까요? 너무 마음에 들어서요.
> A씨 : 7만 원에 드릴게요. 더 이상은 안 됩니다. 이 옷 정말 한 벌 남은 거예요.
> B씨 : 조금만 더 안 될까요? 부탁드릴게요.
> A씨 : 이거 참, 정말 손님께 너무 잘 어울릴 거 같아서 드리는 거예요. 그럼 6만 5천 원만 주세요.
> B씨 : 네 좋아요. 감사합니다!

① A씨의 협상전략은 상호 교환적인 양보전략으로 볼 수 있다.
② A씨는 B씨로 하여금 특별한 대우를 받았다고 느끼게 하였다.
③ A씨는 B씨의 제안을 일방적으로 수용하였다.
④ A씨는 B씨의 양보를 이끌어 내는 데 성공하였다.
⑤ A씨는 매우 중요한 것을 양보하는 것처럼 협상하였다.

55 다음은 기술 시스템의 발전 단계를 나타낸 내용이다. 빈칸에 들어갈 단계로 가장 적절한 것은?

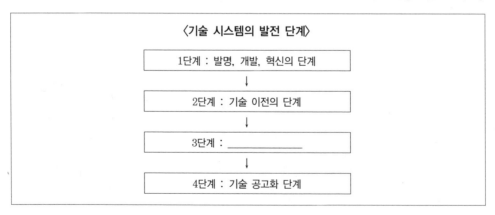

〈기술 시스템의 발전 단계〉

| 1단계 : 발명, 개발, 혁신의 단계 |
| ↓ |
| 2단계 : 기술 이전의 단계 |
| ↓ |
| 3단계 : _____ |
| ↓ |
| 4단계 : 기술 공고화 단계 |

① 기술 협조의 단계　　　　　　② 기술 경영의 단계
③ 기술 평가의 단계　　　　　　④ 기술 경쟁의 단계
⑤ 기술 투자의 단계

56 다음 글의 밑줄 친 '마케팅 기법'에 대한 설명으로 적절한 것을 〈보기〉에서 모두 고르면?

> 기업들이 신제품을 출시하면서 한정된 수량만 제작 판매하는 한정판 제품을 잇따라 내놓고 있다. 이번 기회가 아니면 더 이상 구입할 수 없다는 메시지를 끊임없이 던지며 소비자의 호기심을 자극하는 <u>마케팅 기법</u>이다. K자동차 회사는 가죽 시트와 일부 외형이 기존 제품과 다른 모델을 8,000대 한정 판매하였는데, 단기간에 매진을 기록하였다.

보기
ㄱ. 소비자의 충동 구매를 유발하기 쉽다.
ㄴ. 이윤 증대를 위한 경영 혁신의 한 사례이다.
ㄷ. 의도적으로 공급의 가격탄력성을 크게 하는 방법이다.
ㄹ. 소장 가치가 높은 상품을 대상으로 하면 더 효과적이다.

① ㄱ, ㄴ ② ㄱ, ㄷ
③ ㄴ, ㄹ ④ ㄱ, ㄴ, ㄹ
⑤ ㄴ, ㄷ, ㄹ

PART 2

57 수도권 지하철 5호선의 배차간격은 4분이고, 6호선의 배차간격은 7분이다. 오전 9시에 5호선과 6호선의 환승역인 공덕역에서 두 지하철이 동시에 정차했다면, 오전 10시부터 오전 11시 사이 공덕역에서 동시에 정차하는 횟수는?

① 1번 ② 2번
③ 3번 ④ 4번
⑤ 5번

58 다음은 국가별 와인 상품과 세트에 대한 자료이다. 세트 가격을 한도로 할 때, 구입할 수 있는 국가별 와인 상품을 바르게 연결한 것은?

1. 국가별 와인 상품

와인	생산지	인지도	풍미	당도	가격(원)
A	이탈리아	5	4	3	50,000
B	프랑스	5	2	4	60,000
C	포르투갈	4	3	5	45,000
D	독일	4	4	4	70,000
E	벨기에	2	2	1	80,000
F	네덜란드	3	1	2	55,000
G	영국	5	5	4	65,000
H	스위스	4	3	3	40,000
I	스웨덴	3	2	1	75,000

※ 인지도 및 풍미와 당도는 '5'가 가장 높고, '1'이 가장 낮다.

2. 와인 세트

1 Set	2 Set
프랑스 와인 1병 외 다른 국가 와인 1병	이탈리아 와인 1병 외 다른 국가 와인 1병
인지도가 높고 풍미가 좋은 와인 구성	당도가 높은 와인 구성
포장비 : 10,000원	포장비 : 20,000원
세트 가격 : 130,000원	세트 가격 : 160,000원

※ 반드시 세트로 구매해야 하며, 세트 가격에는 포장비가 포함되어 있지 않다.
※ 같은 조건이면 인지도와 풍미, 당도가 더 높은 와인으로 세트를 구성한다.

① 1 Set : 프랑스, 독일
② 1 Set : 프랑스, 영국
③ 1 Set : 프랑스, 벨기에
④ 2 Set : 이탈리아, 스위스
⑤ 2 Set : 이탈리아, 포르투갈

59 P기업의 신입사원 교육담당자인 A사원은 상사로부터 다음과 같은 메일을 받았다. 신입사원의 업무 역량을 향상시킬 수 있도록 교육할 내용에 대한 설명으로 적절하지 않은 것은?

수신 : ○○○

발신 : △△△

제목 : 신입사원 교육프로그램을 구성할 때 참고해 주세요.

내용 :

오늘 조간신문을 보다가 공감이 가는 내용이 있어서 모내드립니다.

신입사원 교육 때, 문서작성 능력을 향상시킬 수 있는 프로그램을 추가하면 좋을 것 같습니다. 기업체 인사담당자들을 대상으로 한 조사에서 '신입사원의 국어 능력 만족도'는 '그저 그렇다'가 65.4%, '불만족'이 23.1%나 됐는데, 특히 '기획안과 보고서 작성능력'에서 '그렇다'의 응답 비율 (53.2%)이 가장 높았다. 기업들이 대학에 개설되기를 희망하는 교과과정을 조사한 결과에서도 가장 많은 41.3%가 '기획문서 작성'을 꼽았다. 특히 인터넷 세대들은 '짜깁기' 기술엔 능해도 논리를 구축해 효과적으로 커뮤니케이션을 하고 상대를 설득하는 능력에선 크게 떨어진다.

---

① 문서의 중요한 내용을 미괄식으로 작성하는 것은 문서작성에 중요한 부분이다.

② 상대방이 이해하기 어려운 글은 좋은 글이 아니므로, 우회적인 표현이나 현혹적인 문구는 지양한다.

③ 중요하지 않은 경우 한자의 사용을 자제하며, 만약 사용할 경우 상용한자의 범위 내에서 사용하도록 한다.

④ 문서의미를 전달하는 데 문제가 없다면 끊을 수 있는 부분은 가능한 한 끊어서 문장을 짧게 만들고, 실질적인 내용을 담을 수 있도록 한다.

⑤ 문서로 전달하고자 하는 핵심메시지가 잘 드러나도록 작성하며, 논리적으로 의견을 전개하도록 한다.

60 서울에서 열린 관광채용박람회의 해외채용관에는 8개의 부스가 마련되어 있다. A호텔, B호텔, C항공사, D항공사, E여행사, F여행사, G면세점, H면세점이 〈조건〉에 따라 8개의 부스에 각각 위치하고 있을 때, 다음 중 항상 참이 되는 것은?

〈부스 위치〉

1	2	3	4
복도			
5	6	7	8

조건
- 업종이 같은 종류의 기업은 같은 라인에 위치할 수 없다.
- A호텔과 B호텔은 복도를 사이에 두고 마주 보고 있다.
- G면세점과 H면세점은 양 끝에 위치하고 있다.
- E여행사 반대편에 위치한 H면세점은 F여행사와 나란히 위치하고 있다.
- C항공사는 가장 앞 번호의 부스에 위치하고 있다.

① A호텔은 면세점 옆에 위치하고 있다.
② B호텔은 여행사 옆에 위치하고 있다.
③ C항공사는 여행사 옆에 위치하고 있다.
④ D항공사는 E여행사와 나란히 위치하고 있다.
⑤ G면세점은 B호텔과 나란히 위치하고 있다.

무언가를 위해 목숨을 버릴 각오가 되어 있지 않는 한
그것이 삶의 목표라는 어떤 확신도 가질 수 없다.

– 체 게바라 –

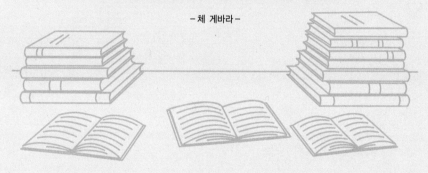

배우기만 하고 생각하지 않으면 얻는 것이 없고,
생각만 하고 배우지 않으면 위태롭다.

- 공자 -

현재 나의 실력을 객관적으로 파악해 보자!

모바일 OMR
답안채점 / 성적분석 서비스

도서에 수록된 모의고사에 대한 객관적인 결과(정답률, 순위)를 종합적으로 분석하여 제공합니다.

OMR 입력

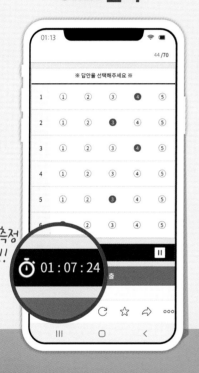

성적분석

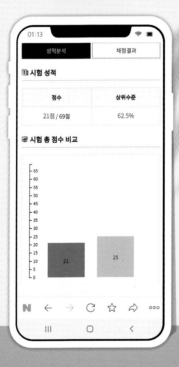

채점결과

※OMR 답안채점 / 성적분석 서비스는 등록 후 30일간 사용 가능합니다.

도서 내 모의고사 우측 상단에 위치한 QR코드 찍기 → 로그인 하기 → '시작하기' 클릭 → '응시하기' 클릭 → 나의 답안을 모바일 OMR 카드에 입력 → '성적분석 & 채점결과' 클릭 → 현재 내 실력 확인하기

시대에듀

공기업 취업을 위한 NCS
직업기초능력평가 시리즈

NCS부터 전공까지 완벽 학습 "통합서" 시리즈

공기업 취업의 기초부터 차근차근! 취업의 문을 여는 Master Key!

NCS 영역 및 유형별 체계적 학습 "집중학습" 시리즈

영역별 이론부터 유형별 모의고사까지! 단계별 학습을 통한 Only Way!

2025 최신판 All-New

기출이 답이다
기출이 답이다

공기업 NCS
기출복원 & 기출동형
모의고사 14회

정답 및 해설

시대에듀

PART 1
주요 공기업 7개년
기출복원 모의고사

끝까지 책임진다! 시대에듀!

QR코드를 통해 도서 출간 이후 발견된 오류나 개정법령, 변경된 시험 정보, 최신기출문제, 도서 업데이트 자료 등이 있는지 확인해 보세요! 시대에듀 합격 스마트 앱을 통해서도 알려 드리고 있으니 구글 플레이나 앱 스토어에서 다운받아 사용하세요. 또한, 파본 도서인 경우에는 구입하신 곳에서 교환해 드립니다.

01	02	03	04	05	06	07	08	09	10	11	12	13	14	15	16	17	18	19	20
③	④	⑤	③	②	③	①	③	④	⑤	②	③	③	①	④	②	①	⑤	①	②
21	22	23	24	25	26	27	28	29	30	31	32	33	34	35	36	37	38	39	40
①	④	③	③	③	④	③	②	②	④	②	②	②	④	④	②	③	②	④	①
41	42	43	44	45	46	47	48	49	50	51	52	53	54	55	56	57	58	59	60
②	④	③	①	②	④	③	③	②	③	③	③	③	⑤	②	③	②	②	①	⑤

01

정답 ③

제시된 시는 신라시대 6두품 출신의 문인인 최치원이 지은 「촉규화」이다. 최치원은 자신을 향기 날리는 탐스런 꽃송이에 비유하여 뛰어난 학식과 재능을 뽐내고 있지만, 수레와 말 탄 사람에 비유한 높은 지위의 사람들이 자신을 외면하는 현실을 한탄하고 있다.

> **최치원**
> 신라시대 6두품 출신의 문인으로, 12세에 당나라로 유학을 간 후 6년 만에 당의 빈공과에 장원으로 급제할 정도로 학문적 성취가 높았다. 그러나 당나라에서 제대로 인정을 받지 못하였으며, 신라에 돌아와서도 6두품이라는 출신의 한계로 원하는 만큼의 관직에 오르지는 못하였다. 「촉규화」는 최치원이 당나라 유학시절에 지은 시로 알려져 있으며, 자신을 알아주지 않는 시대에 대한 개탄을 담고 있다. 최치원은 인간 중심의 보편성과 그에 따른 다양성을 강조하였으며, 신라의 쇠퇴로 인해 이러한 그의 정치 이념과 사상은 신라 사회에서는 실현되지 못하였으나 이후 고려 국가의 체제 정비에 영향을 미쳤다.

02

정답 ④

네 번째 문단에서 백성들이 적지 않고, 토산품이 구비되어 있지만 이로운 물건이 세상에 나오지 않고, 그렇게 하는 방법을 모르기 때문에 경제를 윤택하게 하는 것 자체를 모른다고 하였다. 따라서 조선의 경제가 윤택하지 못한 이유를 부족한 생산량이 아니라 유통의 부재로 보고 있다.

[오답분석]
① 세 번째 문단에서 쓸모없는 물건을 사용하여 유용한 물건을 유통하고 거래하지 않는다면 유용한 물건들이 대부분 한 곳에 묶여서 고갈될 것이라고 하며 유통이 원활하지 않은 현실을 비판하고 있다.
② 세 번째 문단에서 옛날의 성인과 제왕은 유통의 중요성을 알고 있었기 때문에 주옥과 화폐 등의 물건을 조성하여 재물이 원활하게 유통될 수 있도록 노력했다고 하며 재물 유통을 위한 성현들의 노력을 제시하고 있다.
③ 여섯 번째 문단에서 재물을 우물에 비유하여 설명하고 있다. 재물의 소비를 하지 않으면 물을 길어내지 않는 우물처럼 말라버릴 것이며, 소비를 한다면 물을 퍼내는 우물처럼 물이 가득할 것이라며 재물에 대한 소비가 경제의 규모를 늘릴 것이라고 강조하고 있다.
⑤ 여섯 번째 문단에서 비단옷을 입지 않으면 비단을 짜는 사람과 베를 짜는 여인 등 관련 산업 자체가 황폐해질 것이라고 하고 있다. 따라서 산업의 발전을 위한 적당한 사치(소비)가 있어야 함을 제시하고 있다.

03

정답 ⑤

'말로는 친한 듯 하나 속으로는 해칠 생각이 있음'을 뜻하는 한자성어는 '口蜜腹劍(구밀복검)'이다.
- 刻舟求劍(각주구검) : 융통성 없이 현실에 맞지 않는 낡은 생각을 고집하는 어리석음

오답분석
① 水魚之交(수어지교) : 아주 친밀하여 떨어질 수 없는 사이
② 結草報恩(결초보은) : 죽은 뒤에라도 은혜를 잊지 않고 갚음
③ 靑出於藍(청출어람) : 제자나 후배가 스승이나 선배보다 나음
④ 指鹿爲馬(지록위마) ; 윗사람을 농락하여 권세를 마음대로 함

04

정답 ③

③에서 '뿐이다'는 체언(명사, 대명사, 수사)인 '셋'을 수식하므로 조사로 사용되었다. 따라서 앞말과 붙여 써야 한다.

오답분석
① 종결어미 '-는지'는 앞말과 붙여 써야 한다.
② '만큼'은 용언(동사, 형용사)인 '애쓴'을 수식하므로 의존명사로 사용되었다. 따라서 앞말과 띄어 써야 한다.
④ '큰지'와 '작은지'는 모두 연결어미 '-ㄴ지'로 쓰였으므로 앞말과 붙여 써야 한다.
⑤ '-판'은 앞의 '씨름'과 합성어를 이루므로 붙여 써야 한다.

05

정답 ②

'채이다'는 '차이다'의 잘못된 표기이다. 따라서 '차였다'로 표기해야 한다.
- 차이다 : 주로 남녀 관계에서 일방적으로 관계가 끊기다.

오답분석
① 금세 : 지금 바로. '금시에'의 준말
③ 핼쑥하다 : 얼굴에 핏기가 없고 파리하다.
④ 낯설다 : 전에 본 기억이 없어 익숙하지 아니하다.
⑤ 곰곰이 : 여러모로 깊이 생각하는 모양

06

정답 ③

한자어에서 'ㄹ' 받침 뒤에 연결되는 'ㄷ, ㅅ, ㅈ'은 된소리로 발음되므로 [몰쌍식]으로 발음해야 한다.

오답분석
①·④ 받침 'ㄴ'은 'ㄹ'의 앞이나 뒤에서 [ㄹ]로 발음하지만, 결단력, 공권력, 상견례 등에서는 [ㄴ]으로 발음한다.
② 받침 'ㄱ(ㄲ, ㅋ, ㄳ, ㄺ), ㄷ(ㅅ, ㅆ, ㅈ, ㅊ, ㅌ, ㅎ), ㅂ(ㅍ, ㄼ, ㄿ, ㅄ)'은 'ㄴ, ㅁ' 앞에서 [ㅇ, ㄴ, ㅁ]으로 발음한다.
⑤ 받침 'ㄷ, ㅌ(ㄾ)'이 조사나 접미사의 모음 'ㅣ'와 결합되는 경우에는 [ㅈ, ㅊ]으로 바꾸어서 뒤 음절 첫소리로 옮겨 발음한다.

07

정답 ①

$865 \times 865 + 865 \times 270 + 135 \times 138 - 405$
$= 865 \times 865 + 865 \times 270 + 135 \times 138 - 135 \times 3$
$= 865 \times (865 + 270) + 135 \times (138 - 3)$
$= 865 \times 1,135 + 135 \times 135$
$= 865 \times (1,000 + 135) + 135 \times 135$
$= 865 \times 1,000 + (865 + 135) \times 135$
$= 865,000 + 135,000$
$= 1,000,000$

따라서 식을 계산하여 나온 수의 백의 자리는 0, 십의 자리는 0, 일의 자리는 0이다.

08

정답 ③

터널의 길이를 xm라 하면 다음과 같은 식이 성립한다.

$$\frac{x+200}{60} : \frac{x+300}{90} = 10 : 7$$

$$\frac{x+300}{90} \times 10 = \frac{x+200}{60} \times 7$$

→ $600(x+300) = 630(x+200)$

→ $30x = 54,000$

∴ $x = 1,800$

따라서 터널의 길이는 1,800m이다.

09

정답 ④

나열된 수의 규칙은 (첫 번째 수)×[(두 번째 수)−(세 번째 수)]=(네 번째 수)이다.
따라서 빈칸에 들어갈 수는 $9 \times (16-9) = 63$이다.

10

정답 ⑤

제시된 수열은 $+3$, $+5$, $+7$, $+9$, … 씩 증가하는 수열이다.
따라서 빈칸에 들어갈 수는 $97+21=118$이다.

11

정답 ②

A반과 B반 모두 2번의 경기를 거쳐 결승에 만나는 경우는 다음과 같다.

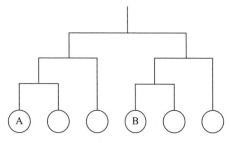

이때 남은 네 반을 배치할 때마다 모두 다른 경기가 진행되므로 구하고자 하는 경우의 수는 $4! = 24$가지이다.

12

정답 ③

첫 번째 조건에 따라 ①, ②는 70대 이상에서 도시의 여가생활 만족도(1.7점)가 같은 연령대의 농촌(ㄹ) 만족도(3.5점)보다 낮으므로 제외되고, 두 번째 조건에 따라 도시에서 10대의 여가생활 만족도는 농촌에서 10대(1.8점)의 2배보다 높으므로 $1.8 \times 2 = 3.6$점을 초과해야 하나 ④는 도시에서 10대(ㄱ)의 여가생활 만족도가 3.5점이므로 제외된다. 또한, 세 번째 조건에 따라 ⑤는 도시에서 여가생활 만족도가 가장 높은 연령대인 40대(3.9점)보다 30대(ㄴ)가 4.0점으로 높으므로 제외된다.
따라서 마지막 조건까지 만족하는 것은 ③이다.

13

정답 ③

가격을 10,000원 인상할 때 판매량은 (10,000−160)개이고, 20,000원 인상할 때 판매량은 (10,000−320)개이다. 또한, 가격을 10,000원 인하할 때 판매량은 (10,000+160)개이고, 20,000원 인하할 때 판매량은 (10,000+320)개이다. 따라서 가격이 (500,000+10,000x)원일 때 판매량은 (10,000−160x)개이므로, 총 판매금액을 y원이라 하면 (500,000+10,000x)×(10,000−160x)원이 된다.

y는 x에 대한 이차식이므로 이를 표준형으로 표현하면 다음과 같다.

$$y=(500,000+10,000x)\times(10,000-160x)$$
$$=-1,600,000\times(x+50)\times(x-62.5)$$
$$=-1,600,000\times(x^2-12.5x-3,125)$$
$$=-1,600,000\times\left(x-\frac{25}{4}\right)^2+1,600,000\times\left(\frac{25}{4}\right)^2+1,600,000\times3,125$$

따라서 $x=\dfrac{25}{4}$일 때 총 판매금액이 최대이지만 가격은 10,000원 단위로만 변경할 수 있으므로 $\dfrac{25}{4}$와 가장 가까운 자연수인 $x=6$일 때 총 판매금액이 최대가 되고, 제품의 가격은 500,000+10,000×6=560,000원이다.

14

정답 ①

방사형 그래프는 여러 평가 항목에 대하여 중심이 같고 크기가 다양한 원 또는 다각형을 도입하여 구역을 나누고, 각 항목에 대한 도수 등을 부여하여 점을 찍은 후 그 점끼리 이어 생성된 다각형으로 자료를 분석할 수 있다. 따라서 방사형 그래프인 ①을 사용하면 항목별 균형을 쉽게 파악할 수 있다.

15

정답 ④

3월의 경우 K톨게이트를 통과한 영업용 승합차 수는 229천 대이고, 영업용 대형차 수는 139천 대이다.
139×2=278>229이므로 3월의 영업용 승합차 수는 영업용 대형차 수의 2배 미만이다.
따라서 모든 달에서 영업용 승합차 수는 영업용 대형차 수의 2배 이상이 아니므로 옳지 않은 설명이다.

[오답분석]
① 각 달의 전체 승용차 수와 전체 승합차 수의 합은 다음과 같다.
  • 1월 : 3,807+3,125=6,932천 대
  • 2월 : 3,555+2,708=6,263천 대
  • 3월 : 4,063+2,973=7,036천 대
  • 4월 : 4,017+3,308=7,325천 대
  • 5월 : 4,228+2,670=6,898천 대
  • 6월 : 4,053+2,893=6,946천 대
  • 7월 : 3,908+2,958=6,866천 대
  • 8월 : 4,193+3,123=7,316천 대
  • 9월 : 4,245+3,170=7,415천 대
  • 10월 : 3,977+3,073=7,050천 대
  • 11월 : 3,953+2,993=6,946천 대
  • 12월 : 3,877+3,040=6,917천 대
  따라서 전체 승용차 수와 승합차 수의 합이 가장 많은 달은 9월이고, 가장 적은 달은 2월이다.
② 4월을 제외하고 K톨게이트를 통과한 비영업용 승합차 수는 월별 3,000천 대(=300만 대)를 넘지 않는다.
③ 모든 달에서 (영업용 대형차 수)×10 ≥ (전체 대형차 수)이므로 영업용 대형차 수의 비율은 모든 달에서 전체 대형차 수의 10% 이상이다.
⑤ 승용차가 가장 많이 통과한 달은 9월이고, 이때 영업용 승용차 수의 비율은 9월 전체 승용차 수의 $\dfrac{140}{4,245}\times100\fallingdotseq3.3\%$로 3% 이상이다.

16

제시된 열차의 부산역 도착시간을 계산하면 다음과 같다.

- KTX

  8:00(서울역 출발) → 10:30(부산역 도착)

- ITX-청춘

  7:20(서울역 출발) → 8:00(대진역 도착) → 8:15(내전역 출발) → 11:05(부산역 도착)

- ITX-마음

  6:40(서울역 출발) → 7:20(대전역 도착) → 7:35(대전역 출발) → 8:15(울산역 도착) → 8:30(울산역 출발) → 11:00(부산역 도착)

- 새마을호

  6:30(서울역 출발) → 7:30(대전역 도착) → 7:40(ITX-마음 출발 대기) → 7:55(대전역 출발) → 8:55(울산역 도착) → 9:10(울산역 출발) → 10:10(동대구역 도착) → 10:25(동대구역 출발) → 11:55(부산역 도착)

- 무궁화호

  5:30(서울역 출발) → 6:50(대전역 도착) → 7:05(대전역 출발) → 8:25(울산역 도착) → 8:35(ITX-마음 출발 대기) → 8:50(울산역 출발) → 10:10(동대구역 도착) → 10:30(새마을호 출발 대기) → 10:45(동대구역 출발) → 12:25(부산역 도착)

따라서 가장 늦게 도착하는 열차는 무궁화호로, 12시 25분에 부산역에 도착한다.

오답분석

① ITX-청춘은 11시 5분에 부산역에 도착하고, ITX-마음은 11시에 부산역에 도착한다.
③ ITX-마음은 정차역인 대전역과 울산역에서 다른 열차와 시간이 겹치지 않는다.
④ 부산역에 가장 빨리 도착하는 열차는 KTX로, 10시 30분에 도착한다.
⑤ 무궁화호는 울산역에서 8시 15분에 도착한 ITX-마음으로 인해 8시 35분까지 대기하며, 동대구역에서 10시 10분에 도착한 새마을호로 인해 10시 30분까지 대기한다.

17

A과장과 팀원 1명은 7시 30분까지 사전 회의를 가져야 하므로 8시에 출발하는 KTX만 이용할 수 있다. 남은 팀원 3명은 11시 30분까지 부산역에 도착해야 하므로 10시 30분에 도착하는 KTX, 11시 5분에 도착하는 ITX-청춘, 11시에 도착하는 ITX-마음을 이용할 수 있는데 이 중 가장 저렴한 열차를 이용해야 하므로 ITX-마음을 이용한다. 따라서 KTX 2인, ITX-마음 3인의 요금을 계산하면 $(59,800 \times 2) + (42,600 \times 3) = 119,600 + 127,800 = 247,400$이다.

18

A는 B의 부정적인 의견들을 구조화하여 B가 그러한 논리를 가지게 된 궁극적 원인인 경쟁력 부족을 찾아내었고, 이러한 원인을 해소할 수 있는 방법을 찾아 자신의 계획을 재구축하여 B에게 설명하였다. 따라서 제시문에서 나타난 논리적 사고의 구성요소는 상대 논리의 구조화이다.

오답분석

① 설득 : 논증을 통해 나의 생각을 다른 사람에게 이해·공감시키고, 타인이 내가 원하는 행동을 하도록 하는 것이다.
② 구체적인 생각 : 상대가 말하는 것을 잘 알 수 없을 때, 이미지를 떠올리거나 숫자를 활용하는 등 구체적인 방법을 활용하여 생각하는 것이다.
③ 생각하는 습관 : 논리적 사고를 개발하기 위해 일상적인 모든 것에서 의문점을 가지고 그 원인을 생각해 보는 습관이다.
④ 타인에 대한 이해 : 나와 상대의 주장이 서로 반대될 때, 상대의 주장 전부를 부정하지 않고 상대의 인격을 존중하는 것이다.

19

마지막 조건에 따라 C는 항상 두 번째에 도착하게 되고, 첫 번째 조건에 따라 A – B가 순서대로 도착했으므로 A, B는 첫 번째로 도착할 수 없다. 또한 두 번째 조건에 따라 D는 E보다 늦으므로 가능한 경우를 정리하면 다음과 같다.

구분	첫 번째	두 번째	세 번째	네 번째	다섯 번째
경우 1	E	C	A	B	D
경우 2	E	C	D	A	B

따라서 E는 항상 가장 먼저 도착한다.

20

 정답 ②

전제 1의 전건(P)인 'TV를 오래 보면'은 후건(Q)인 '눈이 나빠진다.'가 성립하는 충분조건이며, 후건은 전건의 필요조건이 된다(P → Q). 그러나 삼단논법에서 단순히 전건을 부정한다고 해서 후건 또한 부정되지는 않는다(~ P → ~ Q, 역의 오류). 철수가 TV를 오래 보지 않아도 눈이 나빠질 수 있는 가능성은 얼마든지 있기 때문이다. 이러한 형식적 오류를 '전건 부정의 오류'라고 한다.

오답분석
① 사개명사의 오류 : 삼단논법에서 개념이 4개일 때 성립하는 오류이다(A는 B이고, A와 C는 모두 D이다. 따라서 B는 C이다).
③ 후건 긍정의 오류 : 후건을 긍정한다고 전건 또한 긍정이라고 하는 오류이다(P → Q이므로 Q → P이다. 이의 오류).
④ 선언지 긍정의 오류 : 어느 한 명제를 긍정하는 것이 필연적으로 다른 명제의 부정을 도출한다고 여기는 오류이다(A는 B와 C이므로 A가 B라면 반드시 C는 아니다. ∵ B와 C 둘 다 해당할 가능성이 있음).
⑤ 매개념 부주연의 오류 : 매개념(A)이 외연 전부(B)에 대하여 성립되지 않을 때 발생하는 오류이다(A는 B이고 C는 B이므로 A는 C이다).

21

 정답 ①

K공단에서 위촉한 자문 약사는 다제약물 관리사업 대상자가 먹고 있는 약물의 복용상태, 부작용, 중복 등을 종합적으로 검토하고 그 결과를 바탕으로 상담, 교육 및 처방조정 안내를 실시한다. 또한 우리나라는 2000년에 시행된 의약 분업의 결과, 일부 예외사항을 제외하면 약사는 환자에게 약물의 처방을 할 수 없다. 따라서 약사는 환자의 약물점검 결과를 의사에게 전달하여 처방에 반영될 수 있도록 할 뿐 직접적인 처방을 할 수는 없다.

오답분석
② 다제약물 관리사업으로 인해 중복되는 약물을 파악하고 조치할 수 있다. 실제로 세 번째 문단의 다제약물 관리사업 평가에서 효능이 유사한 약물을 중복해서 복용하는 환자가 40.2% 감소되는 등의 효과가 확인되었다.
③ 다제약물 관리사업은 10종 이상의 약을 복용하는 만성질환자를 대상으로 약물관리 서비스를 제공하는 사업이다.
④ 병원의 경우 입원 및 외래환자를 대상으로 의사, 약사 등으로 구성된 다학제팀이 약물관리 서비스를 제공하는 반면, 지역사회에 서는 다학제 협업 시스템이 미흡하다는 의견이 나오고 있다. 이에 K공단은 도봉구 의사회와 약사회, 전문가로 구성된 지역협의 체를 구성하여 의·약사 협업 모형을 개발하였다.

22

전답 ④

제시문의 첫 번째 문단은 아토피 피부염의 정의를 나타내므로 이어서 연결될 수 있는 문단은 아토피 피부염의 원인을 설명하는 (라) 문단이다. 또한, (가) 문단의 앞부분 내용이 (라) 문단의 뒷부분과 연계되므로 (가) 문단이 다음에 오는 것이 적절하다. 그리고 (나) 문단의 첫 번째 문장에서 앞의 약물치료와 더불어 일상생활에서의 예방법을 말하고 있으므로 (나) 문단의 앞에는 아토피 피부염 의 약물치료 방법인 (다) 문단이 오는 것이 가장 자연스럽다. 따라서 (라) – (가) – (다) – (나)의 순서로 나열해야 한다.

23

제시문은 뇌경색이 발생하는 원인과 발생했을 때 치료 방법을 소개하고 있다. 따라서 글의 주제로 가장 적절한 것은 '뇌경색의 발병 원인과 치료 방법'이다.

오답분석
① 뇌경색의 주요 증상에 대해서는 제시문에서 언급하고 있지 않다.
② 뇌경색 환자는 기전에 따라 항혈소판제나 항응고제 약물 치료를 한다고 하였지만, 글의 전체 내용을 담는 주제는 아니다.
④ 뇌경색이 발생했을 때의 조치사항은 제시문에서 언급하고 있지 않다.

24

2021년의 건강보험료 부과 금액은 전년 대비 $69,480-63,120=6,360$십억 원 증가하였다. 이는 2020년 건강보험료 부과 금액의 10%인 $63,120 \times 0.1=6,312$십억 원보다 크므로 2021년의 건강보험료 부과 금액은 전년 대비 10% 이상 증가하였음을 알 수 있다. 2022년 또한 $76,775-69,480=7,295$십억 $> 69,480 \times 0.1=6,948$십억 원이므로 건강보험료 부과 금액은 전년 대비 10% 이상 증가하였다.

오답분석
① 제시된 자료를 통해 확인할 수 있다.
② 연도별 전년 대비 1인당 건강보험 급여비 증가액을 구하면 다음과 같다.
  • 2020년 : $1,400,000-1,300,000=100,000$원
  • 2021년 : $1,550,000-1,400,000=150,000$원
  • 2022년 : $1,700,000-1,550,000=150,000$원
  • 2023년 : $1,900,000-1,700,000=200,000$원
  따라서 1인당 건강보험 급여비가 전년 대비 가장 크게 증가한 해는 2023년이다.
④ 2019년 대비 2023년의 1인당 건강보험 급여비 증가율은 $\frac{1,900,000-1,300,000}{1,300,000} \times 100 ≒ 46\%$이므로 40% 이상 증가하였다.

25

'잎이 넓다.'를 P, '키가 크다.'를 Q, '더운 지방에서 자란다.'를 R, '열매가 많이 맺힌다.'를 S라 하면, 첫 번째 명제는 $P \rightarrow Q$, 두 번째 명제는 $\sim P \rightarrow \sim R$, 네 번째 명제는 $R \rightarrow S$이다. 두 번째 명제의 대우인 $R \rightarrow P$와 첫 번째 명제인 $P \rightarrow Q$에 따라 $R \rightarrow P \rightarrow Q$이므로 네 번째 명제가 참이 되려면 $Q \rightarrow S$인 명제 또는 이와 대우 관계인 $\sim S \rightarrow \sim Q$인 명제가 필요하다.

오답분석
① $\sim P \rightarrow S$이므로 네 번째 명제가 참임을 판단할 수 없다.
③ '벌레가 많은 지역'은 네 번째 명제와 관련이 없다.
④ $R \rightarrow Q$와 대우 관계인 명제로, 네 번째 명제가 참임을 판단할 수 없다.

26
정답 ④

'풀을 먹는 동물'을 P, '몸집이 크다.'를 Q, '사막에서 산다.'를 R, '물속에서 산다.'를 S라 하면, 첫 번째 명제는 $P \rightarrow Q$, 두 번째 명제는 $R \rightarrow \sim S$, 네 번째 명제는 $S \rightarrow Q$이다. 네 번째 명제가 참이 되려면 두 번째 명제와 대우 관계인 $S \rightarrow \sim R$에 의해 $\sim R \rightarrow P$인 명제 또는 이와 대우 관계인 $\sim P \rightarrow R$인 명제가 필요하다.

오답분석
① $Q \rightarrow S$로 네 번째 명제의 역이지만, 어떤 명제가 참이라고 해서 그 역이 반드시 참이 될 수는 없다.
② 제시된 모든 명제와 관련이 없는 명제이다.
③ $R \rightarrow Q$이므로 네 번째 명제가 참임을 판단할 수 없다.

27

정답 ③

모든 1과 사원은 가장 실적이 많은 2과 사원보다 실적이 많고, 3과 사원 중 일부는 가장 실적이 많은 2과 사원보다 실적이 적다. 따라서 3과 사원 중 일부는 모든 1과 사원보다 실적이 적다.

28

정답 ②

• A : 초청 목적이 6개월가량의 외국인 환자의 간병이므로 G-1-10 비자를 발급받아야 한다.
• B : 초청 목적이 국내 취업조건을 모두 갖춘 자의 제조업체 취업이므로 E-9-1 비자를 발급받아야 한다.
• C : 초청 목적이 K대학교 교환학생이므로 D-2-6 비자를 발급받아야 한다.
• D : 초청 목적이 국제기구 정상회의 참석이므로 A-2 비자를 발급받아야 한다.

29

정답 ②

2023년 국내 합계출산율은 0.72명으로, 이는 한 부부 사이에서 태어나는 아이의 수가 평균 1명이 되지 않는다는 것을 뜻한다. 또한 앞 순위인 스페인은 1.19명으로, 한 부부 사이에서 태어난 아이의 수가 2명이 되지 않아 스페인 역시 인구감소 현상이 나타남을 예측할 수 있다.

[오답분석]

① 두 번째 문단에서 2020년부터 사망자 수가 출생아 수보다 많다고 했으므로 전체 인구수는 감소하고 있음을 알 수 있다.
③ 세 번째 문단에서 정부가 현 상황, 즉 저출산 문제를 해결하고자 일 가정 양립, 양육, 주거를 중심으로 지원하겠다고 한 내용을 통해 알 수 있다.
④ 마지막 문단에서 제도는 변경되었지만, 이에 대한 법적 강제화는 없고 일부 직종에 대해서는 이전과 같이 배제된다고 하였으므로 수혜 대상은 이전과 유사할 것임을 알 수 있다.

30

정답 ④

육아기 단축근로제도는 일과 가정의 양립을 지원하기 위한 제도로, 해당 제도의 적용을 받을 수 있는 기간이 늘어나면 일과 가정 모두를 유지하기 수월해질 것이다. 따라서 자녀의 대상연령은 확대하고, 제도의 이용기간을 늘렸다는 내용이 빈칸에 들어가기에 가장 적절하다.

31

정답 ②

ㄱ. 헤겔의 정반합 이론상 '정'에 대립되는 주장을 '반'이라고 했으므로 '정'과 '반'은 항상 대립하는 관계이다.
ㄷ. '정'과 '반'의 우위를 가리는 것이 아닌 두 명제 사이의 모순을 해결하면서 더 발전적인 결과인 '합'을 도출해내야 한다.

[오답분석]

ㄴ. 마지막 문단에서 정반합의 단계를 되풀이하면서 계속하여 발전해 간다고 하였으므로 '합'이 더 발전된 개념임을 알 수 있다.
ㄹ. 헤겔의 정반합 이론이란 정, 반, 합 3단계 과정 전체를 말하는 것이므로 적절한 내용이다.

32

정답 ②

제시문에서 헤겔은 정, 반, 합의 3단계 과정을 거치면서 발전한다고 하였으며, '합'에서 끝나는 것이 아니라 '합'은 다시 '정'이 되어 다시금 정, 반, 합 3단계 과정을 되풀이하며 발전해 간다고 하였다. 따라서 개인과 사회는 정반합의 과정을 계속하면서 이전보다 더 발전하게 된다는 내용이 빈칸에 들어가기에 가장 적절하다.

33

정답 ②

나열된 수의 규칙은 [(첫 번째 수)+(두 번째 수)]×(세 번째 수)−(네 번째 수)=(다섯 번째 수)이다.
따라서 빈칸에 들어갈 수는 $(9+7)×5-1=79$이다.

34

정답 ④

A씨와 B씨가 만날 때 A씨의 이동거리와 B씨의 이동거리의 합은 산책로의 둘레 길이와 같으며, 두 번째 만났을 때 A씨의 이동거리와 B씨의 이동거리의 합은 산책로의 둘레 길이의 2배이다.
이때 A씨가 출발 후 x시간이 지났다면 다음 식이 성립한다.

$$3x+7\left(x-\frac{1}{2}\right)=4$$
$$\rightarrow 3x+7x-\frac{7}{2}=4$$
$$\therefore x=\frac{15}{20}$$

그러므로 $\frac{15}{20}$ 시간, 즉 45분이 지났음을 알 수 있다.
따라서 A씨와 B씨가 두 번째로 만나게 되는 시각은 오후 5시 45분이다.

35

정답 ④

두 주사위 A, B를 던져 나온 수를 각각 a, b라 할 때, 가능한 순서쌍 (a, b)의 경우의 수는 $6×6=36$가지이다.
이때 $a=b$의 경우의 수는 (1, 1), (2, 2), (3, 3), (4, 4), (5, 5), (6, 6)으로 6가지이므로 $a≠b$의 경우의 수는 $36-6=30$가지이다.
따라서 $a≠b$일 확률은 $\frac{30}{36}=\frac{5}{6}$이다.

36

정답 ②

$$\frac{(\text{빨간색 공 2개 중 1개를 뽑는 경우의 수})×(\text{노란색 공 3개 중 2개를 뽑는 경우의 수})}{(\text{전체 공 5개 중 3개를 뽑는 경우의 수})}=\frac{{}_2C_1×{}_3C_2}{{}_5C_3}=\frac{6}{10}=\frac{3}{5}$$

37

정답 ③

아파트에 사는 사람을 A, 강아지를 키우는 어떤 사람을 B라고 하면 전제 1에 의해 다음과 같은 관계가 있다.

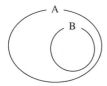

식물을 키우는 사람을 C, 빨간색 옷을 입는 사람을 D라고 할 때, 전제 3에 의해 B→D, C→D이고, 결론에 의해 A→D이므로 ~B→C이어야 한다. 따라서 빈칸에 들어갈 명제는 '아파트에 사는 강아지를 키우지 않는 모든 사람은 식물을 키운다.'이다.

38

마지막 조건에 따라 3층에 사는 신입사원은 없다.
- A, B가 2층에 살 경우 : 세 번째 조건에 따라 C는 1층에 살고, 다섯 번째 조건에 따라 E는 4층, F는 5층에 살지만, G가 홀로 살 수 있는 층이 없으므로 여섯 번째 조건에 위배된다.
- A B가 4층에 살 경우 : 다섯 번째 조건에 따라 E는 1층, F는 2층에 살고, 여섯 번째 조건에 따라 G는 5층에 산다. C는 세 번째 조건에 따라 1층 또는 2층 살지만 네 번째 조건에 따라 D, E는 서로 다른 층에 살아야 하므로 C는 1층, D는 2층에 산다.
- A, B가 5층에 살 경우 : 다섯 번째 조건에 따라 E는 1층, F는 2층에 살고, 여섯 번째 조건에 따라 G는 4층에 살 수 있다. C는 세 번째 조건에 따라 1층 또는 2층에 살지만 네 번째 조건에 따라 D, E는 서로 다른 층에 살아야 하므로 C는 1층, D는 2층에 산다.

이를 정리하면 다음과 같다.

5층	G
4층	A, B
3층	(복지 공간)
2층	D, F
1층	C, E

5층	A, B
4층	G
3층	(복지 공간)
2층	D, F
1층	C, E

따라서 바르게 연결한 것은 ②이다.

오답분석
① 1층에 사는 신입사원은 C, E이다.
③ 4층에 사는 신입사원은 A, B 또는 G이다.
④ 5층에 사는 신입사원은 G 또는 A, B이다.

39

'〈Window 로고 키〉+〈D〉'를 입력하면 활성화된 모든 창을 최소화하고 바탕화면으로 돌아갈 수 있으며, 이 상태에서 다시 '〈Window 로고 키〉+〈D〉'를 입력하면 단축키를 입력하기 전 상태로 되돌아간다. 비슷한 기능을 가진 단축키로 '〈Window 로고 키〉+〈M〉'이 있지만, 입력하기 전 상태의 화면으로 되돌아갈 수는 없다.

오답분석
① 〈Window 로고 키〉+〈R〉 : 실행 대화 상자를 여는 단축키이다.
② 〈Window 로고 키〉+〈I〉 : 설정 창을 여는 단축키이다.
③ 〈Window 로고 키〉+〈L〉 : PC를 잠그거나 계정을 전환하기 위해 잠금화면으로 돌아가는 단축키이다.

40

특정 텍스트를 다른 텍스트로 수정하는 함수는 「=SUBSTITUTE(참조 텍스트,수정해야 할 텍스트,수정한 텍스트,[위치])」이며, [위치]가 빈칸이면 모든 수정해야 할 텍스트가 수정한 텍스트로 수정된다.
따라서 입력해야 할 함수식은 「=SUBSTITUTE("서울특별시 영등포구 홍제동","영등포","서대문")」이다.

오답분석
② IF(조건,참일 때 값,거짓일 때 값) 함수는 조건부가 참일 때 TRUE 값을 출력하고, 거짓일 때 FALSE 값을 출력하는 함수이다. "서울특별시 영등포구 홍제동"="영등포"는 항상 거짓이므로 빈칸으로 출력된다.
③ MOD(수,나눌 수) 함수는 입력한 수를 나눌 수로 나누었을 때 나머지를 출력하는 함수이므로 텍스트를 입력하면 오류가 발생한다.
④ NOT(인수) 함수는 입력된 인수를 부정하는 함수이며, 인수는 1개만 입력할 수 있다.

41

정답 ②

제시된 조건이 포함되는 셀의 수를 구하는 조건부 함수를 사용한다. 따라서 「=COUNTIF(B2:B16,">50000")」를 입력해야 한다.

42

정답 ④

지정된 자릿수 이하의 수를 버림하는 함수는 「=ROUNDDOWN(버림할 수,버림할 자릿수)」이다. 따라서 입력해야 할 함수는 「=ROUNDDOWN((AVERAGE(B2:B16)),−2)」이다.

오답분석

① LEFT 함수는 왼쪽에서 지정된 차례까지의 텍스트 또는 인수를 출력하는 함수이다. 따라서 「=LEFT((AVERAGE(B2:B16)),2)」를 입력하면 '65'가 출력된다.
② RIGHT 함수는 오른쪽에서 지정된 차례까지의 텍스트 또는 인수를 출력하는 함수이다. 따라서 「=RIGHT((AVERAGE(B2:B16)),2)」를 입력하면 '33'이 출력된다.
③ ROUNDUP 함수는 지정된 자릿수 이하의 수를 올림하는 함수이다. 따라서 「=ROUNDUP((AVERAGE(B2:B16)),−2)」를 입력하면 '65,400'이 출력된다.

43

정답 ③

중학교 교육용 도서와 고등학생 교육용 도서 모두 부가기호의 앞자리 숫자는 '5'로 같다.

오답분석

① 다섯 번째 자리 숫자는 0 이외의 숫자가 올 수 없다.
② 독자대상이 아동이므로 독자대상기호는 '7'이고, 발행형태가 만화, 단행본이므로 발행형태기호가 가장 큰 '7'을 부여한다.
④ 국제표준도서번호의 접두부는 2013년 3월 6일 이후로 '979'를 부여하므로 이전에 부여한 도서의 국제표준도서번호는 '978'을 부여하였다.
⑤ 2013년 3월 6일 이후 국내도서의 국제표준도서번호의 접두부 세 자리 숫자는 '979'이고, 국별번호는 '11'을 부여한다.

44

정답 ①

ISBN	9	7	9	1	1	2	5	4	8	3	3	6
가중치	1	3	1	3	1	3	1	3	1	3	1	3

$9×1+7×3+9×1+1×3+1×1+2×3+5×1+4×3+8×1+3×3+3×1+6×3=104$이므로 104를 10으로 나눈 나머지는 4이다.
따라서 ○=10−4=6이므로 '9791125483360○' 도서의 체크기호는 '6'이다.

45

정답 ②

행정학은 사회과학 분야에 가장 가까운 분야이므로 내용분류기호의 범위는 300~399이다.

46

정답 ④

2023년 8~12월의 전월 대비 상품수지 증가폭은 다음과 같다.
- 2023년 8월 : $5,201.4-4,427.5=773.9$백만 달러
- 2023년 9월 : $7,486.3-5,201.4=2,284.9$백만 달러
- 2023년 10월 : $5,433.3-7,486.3=-2,053$백만 달러
- 2023년 11월 : $6,878.2-5,433.3=1,444.9$백만 달러
- 2023년 12월 : $8,037.4-6,878.2=1,159.2$백만 달러

따라서 서비스수지가 가장 큰 적자를 기록한 2023년 9월의 상품수지 증가폭이 가장 크다.

오답분석
① 2023년 11월의 본원소득수지는 음수이므로 적자를 기록하였다.
② 2023년 11월의 경상수지는 가장 낮았지만, 양수이므로 흑자를 기록하였다.
③ 상품수지가 가장 높은 달은 2023년 12월이지만, 경상수지가 가장 높은 달은 2023년 10월이다.
⑤ 2023년 8~12월의 전월 대비 경상수지 증가폭은 다음과 같다.
- 2023년 8월 : $5,412.7-4,113.9=1,298.8$백만 달러
- 2023년 9월 : $6,072.7-5,412.7=660$백만 달러
- 2023년 10월 : $7,437.8-6,072.7=1,365.1$백만 달러
- 2023년 11월 : $3,890.7-7,437.8=-3,547.1$백만 달러
- 2023년 12월 : $7,414.6-3,890.7=3,523.9$백만 달러

따라서 전월 대비 경상수지 증가폭이 가장 작은 달은 2023년 9월이지만, 상품수지 증가폭이 가장 작은 달은 2023년 8월이다.

47

정답 ③

(상품수지)=(수출)-(수입)이므로 2023년 8월의 수입은 $53,668.9-5,201.4=48,467.5$백만 달러이고, 2023년 12월 수출은 $8,037.4+50,966.5=59,003.9$백만 달러이다.

48

정답 ③

오전 10시부터 오후 12시까지 근무를 할 수 있는 사람은 B뿐이고, 오후 6시부터 오후 8시까지 근무를 할 수 있는 사람은 D뿐이다. A와 C가 남은 오후 12시부터 오후 6시까지 나누어 근무해야 하지만, A는 오후 5시까지 근무할 수 있고 모든 직원의 최소 근무시간은 2시간이므로 A가 오후 12시부터 4시까지 근무하고, C가 오후 4시부터 오후 6시까지 근무할 때 인건비가 최소이다.
각 직원의 근무시간과 인건비를 정리하면 다음과 같다.

직원	근무시간	인건비
B	오전 10:00 ~ 오후 12:00	$10,500\times1.5\times2=31,500$원
A	오후 12:00 ~ 오후 4:00	$10,000\times1.5\times4=60,000$원
C	오후 4:00 ~ 오후 6:00	$10,500\times1.5\times2=31,500$원
D	오후 6:00 ~ 오후 8:00	$11,000\times1.5\times2=33,000$원

따라서 가장 적은 인건비는 $31,500+60,000+31,500+33,000=156,000$원이다.

49

정답 ②

「COUNTIF(셀의 범위, "조건")」 함수는 어떤 범위에서 제시되는 조건이 포함되는 셀의 수를 구하는 함수이다. 판매량이 30개 이상인 과일의 수를 구해야 하므로 [C9] 셀에 들어갈 함수식은 「=COUNTIF(C2:C8, ">=30"」이다.

오답분석
① MID 함수 : 지정한 셀의 텍스트의 일부를 추출하는 함수이다.
③ MEDIAN 함수 : 지정한 셀의 범위의 중간값을 구하는 함수이다.
④ AVERAGEIF 함수 : 어떤 범위에 포함되는 셀의 평균을 구하는 함수이다.
⑤ MIN 함수 : 지정한 셀의 범위의 최솟값을 구하는 함수이다.

50

팔로워십의 유형

구분	자아상	동료 / 리더의 시각	조직에 대한 자신의 느낌
소외형	• 자립적인 사람 • 일부러 반대의견 제시 • 조직의 양심	• 냉소적 • 부정적 • 고집이 셈	• 자신을 인정해 주지 않음 • 적절한 보상이 없음 • 불공정하고 문제가 있음
순응형	• 기쁜 마음으로 과업 수행 • 팀플레이를 함 • 리더나 조직을 믿고 헌신함	• 아이디어가 없음 • 인기 없는 일은 하지 않음 • 조직을 위해 자신의 요구를 양보	• 기존 질서를 따르는 것이 중요 • 리더의 의견을 거스르지 못함 • 획일적인 태도와 행동에 익숙함
실무형	• 조직의 운영 방침에 민감 • 사건을 균형 잡힌 시각으로 봄 • 규정과 규칙에 따라 행동함	• 개인의 이익을 극대화하기 위한 흥정에 능함 • 적당한 열의와 수완으로 업무 진행	• 규정 준수를 강조 • 명령과 계획의 빈번한 변경 • 리더와 부하 간의 비인간적 풍토
수동형	• 판단과 사고를 리더에 의존 • 지시가 있어야 행동	• 하는 일이 없음 • 제 몫을 하지 못함 • 업무 수행에는 감독이 필요	• 조직이 나의 아이디어를 원치 않음 • 노력과 공헌을 해도 소용이 없음 • 리더는 항상 자기 마음대로 함

51

갈등의 과정 단계

1. 의견 불일치 : 서로 생각이나 신념, 가치관, 성격이 다르므로 다른 사람들과의 의견 불일치가 발생한다. 의견 불일치는 상대방의 생각과 동기를 설명하는 기회를 주고 대화를 나누다 보면 오해가 사라지고 더 좋은 관계로 발전할 수 있지만, 그냥 내버려 두면 심각한 갈등으로 발전하게 된다.
2. 대결 국면 : 의견 불일치가 해소되지 않아 발생하며, 단순한 해결방안은 없고 다른 새로운 해결점을 찾아야 한다. 대결 국면에 이르게 되면 감정이 개입되어 상대방의 주장에 대한 문제점을 찾기 시작하고, 자신의 입장에 대해서는 그럴듯한 변명으로 옹호하면서 양보를 완강히 거부하는 상태에 이르는 등 상대방의 입장은 부정하면서 자기주장만 하려고 한다. 서로의 입장을 고수하려는 강도가 높아지면 긴장은 높아지고 감정적인 대응이 더욱 격화된다.
3. 격화 국면 : 상대방에 대하여 더욱 적대적으로 변하며, 설득을 통해 문제를 해결하기보다 강압적 · 위협적인 방법을 쓰려고 하며, 극단적인 경우 언어폭력이나 신체적 폭행으로 번지기도 한다. 상대방에 대한 불신과 좌절, 부정적인 인식이 확산되면서 갈등 요인이 다른 요인으로 번지기도 한다. 격화 국면에서는 상대방의 생각이나 의견, 제안을 부정하고, 상대방은 그에 대한 반격을 함으로써 자신들의 반격을 정당하게 생각한다.
4. 진정 국면 : 계속되는 논쟁과 긴장이 시간과 에너지를 낭비하고 있음을 깨달으며, 갈등상태가 무한정 유지될 수 없다는 것을 느끼고 흥분과 불안이 가라앉으면서 이성과 이해의 원상태로 돌아가려 한다. 이후 협상이 시작된다. 협상과정을 통해 쟁점이 되는 주제를 논의하고 새로운 제안을 하고 대안을 모색하게 된다. 진정 국면에서는 중개자, 조정자 등의 제3자가 개입함으로써 갈등 당사자 간에 신뢰를 쌓고 문제를 해결하는 데 도움이 되기도 한다.
5. 갈등의 해소 : 진정 국면에 들어서면 갈등 당사자들은 문제를 해결하지 않고는 자신들의 목표를 달성하기 어렵다는 것을 알게 된다. 모두가 만족할 수 없는 경우도 있지만, 불일치한 서로 간의 의견을 일치하려고 한다. 갈등의 해소는 회피형, 지배 또는 강압형, 타협형, 순응형, 통합 또는 협력형 등의 방법으로 이루어진다.

52

원만한 직업생활을 위해 직업인이 갖추어야 할 직업윤리는 근로윤리와 공동체윤리로 나누어지며, 각 윤리의 덕목은 다음과 같다.
• 근로윤리 : 일에 대한 존중을 바탕으로 근면하고, 성실하고, 정직하게 업무에 임하는 자세
  – 근면한 태도(㉠)
  – 정직한 행동(㉢)
  – 성실한 자세(㉤)
• 공동체윤리 : 인간존중을 바탕으로 봉사하며, 책임감 있게 규칙을 준수하고, 예의바른 태도로 업무에 임하는 자세
  – 봉사와 책임의식(㉡)
  – 준법성(㉣)
  – 예절과 존중(㉥)

53

직장 내 괴롭힘이 성립하려면 다음의 행위 요건이 성립해야 한다.

• 직장에서의 지위 또는 관계 등의 우위를 이용할 것
• 업무상 적정 범위를 넘는 행위일 것
• 신체적·정신적 고통을 주거나 근무환경을 악화시키는 행위일 것

A팀장이 지위를 이용하여 B사원에게 수차례 업무를 지시했지만 이는 업무상 필요성이 있는 정당한 지시이며, 완수해야 하는 적정 업무에 해당하므로 직장 내 괴롭힘으로 보기 어렵다.

오답분석

① 업무 이외에 개인적인 용무를 자주 지시하는 것은 업무상 적정 범위를 넘은 행위이다.
② 업무배제는 업무상 적정 범위를 넘은 행위로, 직장 내 괴롭힘의 주요 사례이다.
④ A대리는 동기인 B대리보다 지위상의 우위는 없으나, 다른 직원과 함께 수적 우위를 이용하여 괴롭혔으므로 직장 내 괴롭힘에 해당한다.
⑤ 지시나 주의, 명령행위의 모습이 폭행이나 과도한 폭언을 수반하는 등 사회 통념상 상당성을 결여하였다면 업무상 적정 범위를 넘었다고 볼 수 있으므로 직장 내 괴롭힘에 해당한다.

54

S는 자신의 일이 능력과 적성에 맞다 여기고 발전을 위해 열성을 가지고 성실히 노력하고 있는 천직의식을 나타내고 있다.

직업윤리 의식

• 소명의식 : 자신이 맡은 일은 하늘에 의해 맡겨진 일이라고 생각하는 태도이다.
• 천직의식 : 자신의 일이 자신의 능력과 적성에 꼭 맞는다 여기고 그 일에 열성을 가지고 성실히 임하는 태도이다.
• 직분의식 : 자신이 하고 있는 일이 사회나 기업을 위해 중요한 역할을 하고 있다고 믿고 자신의 활동을 수행하는 태도이다.
• 책임의식 : 직업에 대한 사회적 역할과 책무를 충실히 수행하고 책임을 다하는 태도이다.
• 전문가의식 : 자신의 일이 누구나 할 수 있는 것이 아니라 해당 분야의 지식과 교육을 밑바탕으로 성실히 수행해야만 가능한 것이라 믿고 수행하는 태도이다.
• 봉사의식 : 직업 활동을 통해 다른 사람과 공동체에 대하여 봉사하는 정신을 갖추고 실천하는 태도이다.

55

경력개발의 단계별 내용

1. 직업선택
   − 최대한 여러 직업의 정보를 수집하여 탐색한 후 나에게 적합한 최초의 직업을 선택함
   − 관련 학과 외부 교육 등 필요한 교육을 이수함
2. 조직입사
   − 원하는 조직에서 일자리를 얻음
   − 정확한 정보를 토대로 적성에 맞는 적합한 직무를 선택함
3. 경력 초기
   − 조직의 규칙과 규범에 대해 배움
   − 직업과 조직에 적응해 감
   − 역량(지식, 기술, 태도)을 증대시키고 꿈을 추구해 나감
4. 경력 중기
   − 경력초기를 재평가하고 더 업그레이드된 꿈으로 수정함
   − 성인 중기에 적합한 선택을 하고 지속적으로 열심히 일함
5. 경력 말기
   − 지속적으로 열심히 일함
   − 자존심을 유지함
   − 퇴직 준비의 자세한 계획을 세움(경력 중기부터 준비하는 것이 바람직)

56

정답 ③

나열된 수는 짝수 개이므로 수를 작은 수부터 순서대로 나열했을 때, 가운데에 있는 두 수의 평균이 중앙값이다.

• 빈칸의 수가 7 이하인 경우 : 가운데에 있는 두 수는 7, 8이므로 중앙값은 $\dfrac{7+8}{2}=7.5$이다.

• 빈칸의 수가 8인 경우 : 가운데에 있는 두 수는 8, 8이므로 중앙값은 8이다.

• 빈칸의 수가 9 이상인 경우 : 가운데에 있는 두 수는 8, 9이므로 중앙값은 $\dfrac{8+9}{2}=8.5$이다.

따라서 중앙값이 8일 때 빈칸에 들어갈 수는 8이다.

57

정답 ②

$1 \sim 200$의 자연수 중에서 2, 3, 5 중 어느 것으로도 나누어떨어지지 않는 수의 개수는 각각 2의 배수, 3의 배수, 5의 배수가 아닌 수의 개수이다.

• $1 \sim 200$의 자연수 중 2의 배수의 개수 : $\dfrac{200}{2}=100$이므로 100개이다.

• $1 \sim 200$의 자연수 중 3의 배수의 개수 : $\dfrac{200}{3}=66 \cdots 2$이므로 66개이다.

• $1 \sim 200$의 자연수 중 5의 배수의 개수 : $\dfrac{200}{5}=40$이므로 40개이다.

• $1 \sim 200$의 자연수 중 6의 배수의 개수 : $\dfrac{200}{6}=33 \cdots 2$이므로 33개이다.

• $1 \sim 200$의 자연수 중 10의 배수의 개수 : $\dfrac{200}{10}=20$이므로 20개이다.

• $1 \sim 200$의 자연수 중 15의 배수의 개수 : $\dfrac{200}{15}=13 \cdots 5$이므로 13개이다.

• $1 \sim 200$의 자연수 중 30의 배수의 개수 : $\dfrac{200}{30}=6 \cdots 20$이므로 6개이다.

따라서 $1 \sim 200$의 자연수 중에서 2, 3, 5 중 어느 것으로도 나누어떨어지지 않는 수의 개수는 $200-[(100+66+40)-(33+20+13)+6]=200-(206-66+6)=54$개이다.

58

정답 ②

A지점에서 출발하여 최단거리로 이동하여 B지점에 도착하기까지 가능한 경로의 수를 구하면 다음과 같다.

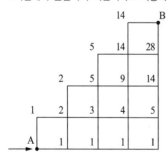

따라서 구하고자 하는 경우의 수는 42가지이다.

59

정답 ①

분침은 60분에 1바퀴 회전하므로 1분 지날 때 분침은 $\frac{360}{60}=6°$ 움직이고, 시침은 12시간에 1바퀴 회전하므로 1분 지날 때 시침은

$\frac{360}{12\times60}=0.5°$ 움직인다.

따라서 4시 30분일 때 시침과 분침이 만드는 작은 부채꼴의 각도는 $6\times30-0.5\times(60\times4+30)=180-135=45°$이므로, 부채꼴의

넓이와 전체 원의 넓이의 비는 $\frac{45}{360}=\frac{1}{8}$ 이다.

60

정답 ⑤

2020 ~ 2023년 동안 전년 대비 전체 설비 발전량 증감량과 신재생 설비 발전 증가량은 다음과 같다.

• 2020년

  전체 설비 발전량 : $563,040-570,647=-7,607$GWh, 신재생 설비 발전량 : $33,500-28,070=5,430$GWh

• 2021년

  전체 설비 발전량 : $552,162-563,040=-10,878$GWh, 신재생 설비 발전량 : $38,224-33,500=4,724$GWh

• 2022년

  전체 설비 발전량 : $576,810-552,162=24,648$GWh, 신재생 설비 발전량 : $41,886-38,224=3,662$GWh

• 2023년

  전체 설비 발전량 : $594,400-576,810=17,590$GWh, 신재생 설비 발전량 : $49,285-41,886=7,399$GWh

따라서 전체 설비 발전량 증가량이 가장 많은 해는 2022년이고, 신재생 설비 발전량 증가량이 가장 적은 해 또한 2022년이다.

오답분석

① 2020 ~ 2023년 기력 설비 발전량의 전년 대비 증감 추이는 '감소 – 감소 – 증가 – 감소'이지만, 전체 설비 발전량의 전년 대비 증감 추이는 '감소 – 감소 – 증가 – 증가'이다.

② 2019 ~ 2023년 전체 설비 발전량의 1%와 수력 설비 발전량을 비교하면 다음과 같다.

  • 2019년 : $7,270>570,647\times0.01\fallingdotseq5,706$GWh

  • 2020년 : $6,247>563,040\times0.01\fallingdotseq5,630$GWh

  • 2021년 : $7,148>552,162\times0.01\fallingdotseq5,522$GWh

  • 2022년 : $6,737>576,810\times0.01\fallingdotseq5,768$GWh

  • 2023년 : $7,256>594,400\times0.01=5,944$GWh

  따라서 2019 ~ 2023년 동안 수력 설비 발전량은 항상 전체 설비 발전량의 1% 이상이다.

③ 2019 ~ 2023년 전체 설비 발전량의 5%와 신재생 설비 발전량을 비교하면 다음과 같다.

  • 2019년 : $28,070<570,647\times0.05\fallingdotseq28,532$GWh

  • 2020년 : $33,500>563,040\times0.05=28,152$GWh

  • 2021년 : $38,224>552,162\times0.05\fallingdotseq27,608$GWh

  • 2022년 : $41,886>576,810\times0.05\fallingdotseq28,841$GWh

  • 2023년 : $49,285>594,400\times0.05=29,720$GWh

  따라서 2019년 신재생 설비 발전량은 전체 설비 발전량의 5% 미만이고, 그 외에는 5% 이상이다.

④ 신재생 설비 발전량은 꾸준히 증가하였지만 원자력 설비 발전량은 2022년에 전년 대비 감소하였다.

01	02	03	04	05	06	07	08	09	10	11	12	13	14	15	16	17	18	19	20
⑤	⑤	④	④	②	⑤	④	①	①	③	③	③	④	②	⑤	③	②	③	②	③
21	22	23	24	25	26	27	28	29	30	31	32	33	34	35	36	37	38	39	40
①	②	③	③	④	⑤	③	①	①	③	④	④	③	④	②	④	①	②	③	②
41	42	43	44	45	46	47	48	49	50	51	52	53	54	55	56	57	58	59	60
③	①	④	③	④	⑤	②	②	③	②	③	②	④	④	③	②	②	②	③	④

01

정답 ⑤

제시문의 세 번째 문단에 따르면 스마트 글라스 내부 센서를 통해 충격과 기울기를 감지할 수 있어, 작업자에게 위험한 상황이 발생할 경우 통보 시스템을 통해 바로 파악할 수 있게 되었음을 알 수 있다.

오답분석

① 첫 번째 문단에 따르면 스마트 글라스를 통한 작업자의 음성인식만으로 철도시설물 점검이 가능해졌음을 알 수 있지만, 다섯 번째 문단에 따르면 아직 유지보수 작업은 가능하지 않음을 알 수 있다.
② 첫 번째 문단에 따르면 스마트 글라스의 도입 이후에도 사람의 작업이 필요함을 알 수 있다.
③ 세 번째 문단에 따르면 스마트 글라스의 도입으로 추락 사고나 그 밖의 위험한 상황을 미리 예측할 수 있어 이를 방지할 수 있게 되었음을 알 수 있지만, 실제로 안전사고 발생 횟수가 감소하였는지는 알 수 없다.
④ 두 번째 문단에 따르면 여러 단계를 거치던 기존 작업 방식에서 스마트 글라스의 도입으로 작업을 한 번에 처리할 수 있게 된 것을 통해 작업 시간이 단축되었음을 알 수 있지만, 작업 인력의 감소 여부는 알 수 없다.

02

정답 ⑤

제시문의 네 번째 문단에 따르면 인공지능 등의 스마트 기술 도입으로 까치집 검출 정확도는 95%까지 상승하였으므로 까치집 제거율 또한 상승할 것임을 예측할 수 있으나, 근본적인 문제인 까치집 생성의 감소를 기대할 수는 없다.

오답분석

① 세 번째 문단과 네 번째 문단에 따르면 정확도가 65%에 불과했던 인공지능의 까치집 식별 능력이 딥러닝 방식의 도입으로 95%까지 상승했음을 알 수 있다.
② 세 번째 문단에서 시속 150km로 빠르게 달리는 열차에서의 까치집 식별 정확도는 65%에 불과하다는 내용으로 보아, 빠른 속도에서는 인공지능의 사물 식별 정확도가 낮음을 알 수 있다.
③ 네 번째 문단에 따르면 작업자의 접근이 어려운 곳에는 드론을 띄워 까치집을 발견 및 제거하는 기술도 시범 운영하고 있다고 하였다.
④ 세 번째 문단에 따르면 실시간 까치집 자동 검출 시스템 개발로 실시간으로 위험 요인의 위치와 이미지를 작업자에게 전달할 수 있게 되었다.

03

제시문의 두 번째 문단에 따르면 CCTV는 열차 종류에 따라 운전실에서 실시간으로 상황을 파악할 수 있는 네트워크 방식과 각 객실에서의 영상을 저장하는 개별 독립 방식으로 설치된다고 하였다. 따라서 개별 독립 방식으로 설치된 일부 열차에서는 각 객실의 상황을 실시간으로 파악하지 못할 수 있다.

오답분석

① 첫 번째 문단에 따르면 2023년까지 현재 운행하고 있는 열차의 모든 객실에 CCTV를 설치하겠다는 내용으로 보아, 현재 모든 열차의 모든 객실에 CCTV가 설치되지 않았음을 유추할 수 있다.

② 첫 번째 문단에 따르면 2023년까지 모든 열차 승무원에게 바디 캠을 지급하겠다고 하였다. 이에 따라 승객이 승무원을 폭행하는 등의 범죄 발생 시 해당 상황을 녹화한 바디 캠 영상이 있어 수사의 증거자료로 사용할 수 있게 되었다.

③ 두 번째 문단에 따르면 CCTV는 사각지대 없이 설치되며 일부는 휴대 물품 보관대 주변에도 설치된다고 하였다. 따라서 인적 피해와 물적 피해 모두 예방할 수 있게 되었다.

⑤ 세 번째 문단에 따르면 CCTV 품평회와 시험을 통해 제품의 형태와 색상, 재질, 진동과 충격 등에 대한 적합성을 고려한다고 하였다.

04

작년 K대학교의 재학생 수는 6,800명이고 남학생 수와 여학생 수의 비가 8 : 9이므로, 남학생 수는 $6,800 \times \dfrac{8}{8+9} = 3,200$명이고, 여학생 수는 $6,800 \times \dfrac{9}{8+9} = 3,600$명이다. 올해 줄어든 남학생 수와 여학생 수의 비가 12 : 13이므로 올해 K대학교에 재학 중인 남학생 수와 여학생 수의 비는 $(3,200-12k) : (3,600-13k) = 7 : 8$이다.

$7 \times (3,600-13k) = 8 \times (3,200-12k)$

$\rightarrow 25,200-91k = 25,600-96k$

$\rightarrow 5k = 400$

$\therefore k = 80$

따라서 올해 K대학교에 재학 중인 남학생 수는 $3,200-12 \times 80 = 2,240$명이고, 여학생 수는 $3,600-13 \times 80 = 2,560$명이므로 올해 K대학교의 전체 재학생 수는 $2,240+2,560 = 4,800$명이다.

05

마일리지 적립 규정에 회원 등급과 관련된 내용은 없으며, 마일리지 적립은 지불한 운임의 액수, 더블적립 열차 탑승 여부, 선불형 교통카드 Rail+ 사용 여부에 따라서만 결정된다.

오답분석

① KTX 마일리지는 KTX 열차 이용 시에만 적립된다.

③ 비즈니스 등급은 기업회원 여부와 관계없이 최근 1년간의 활동내역을 기준으로 부여된다.

④ 반기 동안 추석 및 설 명절 특별수송기간 탑승 건을 제외하고 4만 점을 적립하면 VIP 등급을 부여받는다.

⑤ VVIP 등급과 VIP 등급 고객은 한정된 횟수 내에서 무료 업그레이드 쿠폰으로 KTX 특실을 KTX 일반실 가격에 구매할 수 있다.

06

정답 ⑤

K공사를 통한 예약 접수는 온라인 쇼핑몰 홈페이지를 통해서만 가능하며, 오프라인(방문) 접수는 우리・농협은행의 창구를 통해서만 이루어진다.

오답분석

① 구매자를 대한민국 국적자로 제한한다는 내용은 없다.
② 단품으로 구매 시 1인당 화종별 최대 3장으로 총 9장, 세트로 구매할 때도 1인당 최대 3세트로 총 9장까지 신청이 가능하며, 세트와 단품은 중복신청이 가능하므로 1인당 구매 가능한 최대 개수는 18장이다.
③ 우리・농협은행의 계좌가 없다면, K공사 온라인 쇼핑몰을 이용하거나 우리・농협은행에 직접 방문하여 구입할 수 있다.
④ 총발행량은 예약 주문 이전부터 화종별 10,000장으로 미리 정해져 있다.

07

정답 ④

우리・농협은행 계좌 미보유자인 외국인 A씨가 예약 신청을 할 수 있는 방법은 두 가지이다. 하나는 신분증인 외국인등록증을 지참하고 우리・농협은행의 지점을 방문하여 신청하는 것이고, 다른 하나는 K공사 온라인 쇼핑몰에서 가상계좌 방식으로 신청하는 것이다.

오답분석

① A씨는 외국인이므로 창구 접수 시 지참해야 하는 신분증은 외국인등록증이다.
② K공사 온라인 쇼핑몰에서는 가상계좌 방식을 통해서만 예약 신청이 가능하다.
③ 홈페이지를 통한 신청이 가능한 은행은 우리은행과 농협은행뿐이다.
⑤ 우리・농협은행의 홈페이지를 통해 예약 접수를 하려면 해당 은행에 미리 계좌가 개설되어 있어야 한다.

08

정답 ①

3종 세트는 186,000원, 단품은 각각 63,000원이므로 5명의 구매 금액을 계산하면 다음과 같다.
• A : $(186,000 \times 2) + 63,000 = 435,000$원
• B : $63,000 \times 8 = 504,000$원
• C : $(186,000 \times 2) + (63,000 \times 2) = 498,000$원
• D : $186,000 \times 3 = 558,000$원
• E : $186,000 + (63,000 \times 4) = 438,000$원
따라서 가장 많은 금액을 지불한 사람은 D이며, 구매 금액은 558,000원이다.

09

정답 ①

고독사 및 자살 위험이 높다고 판단되는 경우 만 60세 이상으로 하향 조정이 가능하다.

오답분석

② 노인맞춤돌봄서비스 중 생활교육서비스에 해당한다.
③ 특화서비스는 가족, 이웃과 단절되거나 정신건강 등의 문제로 자살, 고독사 위험이 높은 취약 노인을 대상으로 상담 및 진료서비스를 제공한다.
④ 안전지원서비스를 통해 노인의 안전 여부를 확인할 수 있다.

10

정답 ③

노인맞춤돌봄서비스는 만 65세 이상의 기초생활수급자, 차상위계층, 기초연금수급자의 경우 신청이 가능하다. F와 H는 소득수준이 기준에 해당하지 않으므로 제외되며, J는 만 64세이므로 제외된다. A와 I의 경우 만 65세 이하이지만 자살, 고독사 위험이 높은 우울형 집단에 속하고, 만 60세 이상이므로 신청이 가능하다. E, G, K는 유사 중복사업의 지원을 받고 있으므로 제외된다. 따라서 E, F, G, H, J, K 6명은 노인맞춤돌봄서비스 신청이 불가능하다.

11

정답 ③

A씨의 2021년 장기요양보험료를 구하기 위해서는 A씨의 소득을 먼저 구해야 한다. 2023년에 A씨가 낸 장기요양보험료는 20,000원이고, 보험료율이 0.91%이므로 A씨의 소득은 20,000÷0.0091≒2,197,802원이다. 따라서 A씨의 지난 5년간 소득은 2,197,802원으로 동일하므로 2021년 장기요양보험료는 2,197,802×0.0079≒17,363원이다.

12

정답 ③

제53조 제5항에서 공단으로부터 분할납부 승인을 받고 승인된 보험료를 1회 이상 낸 경우에는 보험급여를 할 수 있다고 하였으므로 분할납부가 완료될 때까지 보험급여가 제한되지 않는다.

오답분석

① 제53조 제1항 제2호에 따르면 고의 또는 중대한 과실로 공단 및 요양기관의 요양에 관한 지시를 따르지 아니한 경우 보험급여를 하지 않는다.
② 제53조 제2항에서 국가나 지방자치단체로부터 보험급여에 상당하는 급여를 받게 되는 경우에는 그 한도에서 보험급여를 하지 않는다.
④ 승인받은 분할납부 횟수가 5회 미만인 경우이므로 해당 분할납부 횟수인 4회 이상 보험료를 내지 않으면 보험급여가 제한된다.

13

정답 ④

2022년 시도별 전문의 의료 인력 대비 간호사 인력 비율은 다음과 같다.

- 서울 : $\frac{8,286}{1,905}\times100≒435\%$
- 부산 : $\frac{2,755}{508}\times100≒542.3\%$
- 대구 : $\frac{2,602}{546}\times100≒476.6\%$
- 인천 : $\frac{679}{112}\times100≒606.3\%$
- 광주 : $\frac{2,007}{371}\times100≒541\%$
- 대전 : $\frac{2,052}{399}\times100≒514.3\%$
- 울산 : $\frac{8}{2}\times100=400\%$
- 세종 : $\frac{594}{118}\times100≒503.4\%$
- 경기 : $\frac{6,706}{1,516}\times100≒442.3\%$
- 강원 : $\frac{1,779}{424}\times100≒419.6\%$
- 충북 : $\frac{1,496}{308}\times100≒485.7\%$
- 충남 : $\frac{955}{151}\times100≒632.5\%$
- 전북 : $\frac{1,963}{358}\times100≒548.3\%$
- 전남 : $\frac{1,460}{296}\times100≒493.2\%$
- 경북 : $\frac{1,158}{235}\times100≒492.8\%$
- 경남 : $\frac{4,004}{783}\times100≒511.4\%$
- 제주 : $\frac{1,212}{229}\times100≒529.3\%$

따라서 전문의 의료 인력 대비 간호사 인력 비율이 가장 높은 지역은 충남이다.

14

시도별 2021년 대비 2022년 정신건강 예산의 증가폭은 다음과 같다.

- 서울 : 58,981,416−53,647,039=5,334,377천 원
- 부산 : 24,205,167−21,308,849=2,896,318천 원
- 대구 : 12,256,595−10,602,255=1,654,340천 원
- 인천 : 17,599,138−12,662,483=4,936,655천 원
- 광주 : 13,479,092−12,369,203=1,109,889천 원
- 대전 : 14,142,584−12,740,140=1,402,444천 원
- 울산 : 6,497,177−5,321,968=1,175,209천 원
- 세종 : 1,515,042−1,237,124=277,918천 원
- 제주 : 5,600,120−4,062,551=1,537,569천 원

따라서 증가폭이 가장 큰 지역은 서울 – 인천 – 부산 – 대구 –제주 – 대전 – 울산 – 광주 – 세종 순서이다.

15

다섯 번째 문단의 '도시권역 간 이동시간을 단축해 출퇴근 교통체증을 해소할 수 있고'라는 내용을 통해 도심항공교통의 상용화를 통해 도심지상교통이 이전보다 원활해질 것임을 예측할 수 있다.

오답분석

① 도심항공교통은 지상교통수단의 이용이 불가능해진 것이 아니라, 인구 증가와 인구 과밀화 등 여러 요인으로 인해 지상교통수단 만으로는 한계가 있어 이에 대한 해결책으로 등장한 기술이다.
② 첫 번째 문단과 두 번째 문단의 내용을 통해 알 수 있듯이 도심항공교통 UAM은 비행기와 달리 '저고도 상공'에서 사람이나 물품 등을 운송하는 교통수단, 또는 이와 관련된 모든 사업을 통틀어 말하는 용어이므로, 모든 항공교통수단 시스템을 지칭한다고 보기는 어렵다.
③ 두 번째 문단의 내용을 통해 알 수 있듯이 도심항공교통은 수직 이착륙 기술을 가지고 있어 활주로의 필요성이 없는 것은 맞지만, 세 번째 문단의 '핵심 인프라 중 하나인 플라잉카 공항 에어원 건설 중에 있다.'는 내용을 통해 해당 교통수단을 위한 별도의 공항이 필요함을 짐작할 수 있다.
④ 제시문에서 공기업과 사기업, 그리고 각 시가 도심항공교통의 상용화를 목표로 박차를 가하고 있음은 알 수 있으나, 그들이 역할을 분담하여 공동의 목표를 추구한다는 내용은 찾을 수 없다.

16

'우회수송'은 사고 등의 이유로 직통이 아닌 다른 경로로 우회하여 수송한다는 뜻이기 때문에 '우측 선로로의 변경'은 순화로 적절하지 않다.

오답분석

① '열차시격'에서 '시격'이란 '사이에 뜬 시간'이라는 뜻의 한자어로, 열차와 열차 사이의 간격, 즉 '배차간격'으로 순화할 수 있다.
② '전차선'이란 철로를 의미하고, '단전'은 전기의 공급이 중단됨을 말한다. 따라서 바르게 순화되었다.
④ '핸드레일(Handrail)'은 난간을 뜻하는 영어 단어로, 우리말로는 '안전손잡이'로 순화할 수 있다.
⑤ '키스 앤 라이드(Kiss and Ride)'는 헤어질 때 키스를 하는 영미권 문화에서 비롯된 용어로, '환승정차구역'을 지칭한다.

17

- 소프트웨어적 요소
  - 스타일(Style) : 조직 구성원을 이끌어 나가는 관리자의 경영방식
  - 구성원(Staff) : 조직 내 인적 자원의 능력, 전문성, 동기 등
  - 스킬(Skills) : 조직 구성원이 가지고 있는 핵심 역량
  - 공유가치(Shared Values) : 조직의 이념, 비전 등 조직 구성원이 함께 공유하는 가치관
- 하드웨어적 요소
  - 전략(Strategy) : 시장에서의 경쟁우위를 위해 회사가 개발한 계획
  - 구조(Structure) : 조직별 역할, 권한, 책임을 명시한 조직도
  - 시스템(Systems) : 조직의 관리체계, 운영절차, 제도 등 전략을 실행하기 위한 프로세스

18
정답 ③

2월 18일까지 모든 업체가 제작을 완료해야 하므로 18일까지 각 업체의 근무 시간 및 제작 개수는 다음과 같다.

업체	1인 1개 제작 시간(시간)	2월 18일까지 근무 시간(시간)	2월 18일까지 1인 제작 수(개)	제작 직원 수(명)	2월 18일까지 총 제작 수(개)	개당 가격(만 원)
A	4	120	30	7	210	50
B	5	120	24	10	240	50
C	4	120	30	3	90	40
D	2	96	48	5	240	40
E	6	96	16	6	96	30

개당 가격이 저렴한 업체에 최대한 많은 양을 의뢰한다. 따라서 가격이 가장 저렴한 E업체에는 2월 18일까지 제작 가능한 총 전자교탁의 개수인 96개를 의뢰할 수 있고, C업체와 함께 가격이 두 번째로 저렴하면서 C업체보다 1인 1개 제작 시간이 더 짧은 D업체에 240개 제작을 의뢰하고, C업체에 남은 4개를 의뢰할 수 있다. 이때 필요한 비용이 최소가 되므로 E업체에 제작을 의뢰한 전자교탁의 수는 96개이다.

19
정답 ②

2월 9일까지 모든 업체가 제작을 완료해야 하므로 9일까지 각 업체의 근무시간 및 제작 개수는 다음과 같다.

업체	1인 1개 제작 시간(시간)	2월 9일까지 근무 시간(시간)	2월 9일까지 1인 제작 수(개)	제작 직원 수(명)	2월 9일까지 총 제작 수(개)	개당 가격(만 원)
A	4	56	14	7	98	50
B	5	56	11	10	110	50
C	4	56	14	3	42	40
D	2	48	24	5	120	40
E	6	48	8	6	48	30

개당 가격이 저렴한 업체에 최대한 많은 양을 의뢰한다. 먼저 가격이 가장 저렴한 E업체에 전자교탁 48개를 의뢰하고, 다음으로 저렴한 C업체와 D업체에 각각 42개, 120개를 의뢰한다. 남은 전자교탁은 $340 - (48 + 42 + 120) = 130$개이고, 남은 두 업체의 개당 가격은 50만 원이다. 따라서 필요한 비용은 $130 \times 50 + (42 + 120) \times 40 + 48 \times 30 = 14,420$만 원=1억 4,420만 원이다.

20

정기권 운임 비용은 종별로 (교통카드 기준 운임 비용)×44×0.85를 계산한 후 십의 자리에서 반올림하여도 되지만, 종별 교통카드 기준 운임 비용이 100원 차이이므로 1단계의 교통카드의 14회 운임 비용을 계산한 후 1,400원씩 더하여 모든 종별 이용구간 14회 초과 시 차감 비용을 구한 후에 종별 정기권 잔액과 합해도 구할 수 있다.

종별	교통카드 기준 운임(원)	14회 초과 시 차감 금액(원)	정기권 잔액(원)	정기권 운임(원)	전 종과의 정기권 금액 차이(원)
1단계	1,450	1,450×14=20,300	34,700	20,300+34,700=55,000	–
2단계	1,550	20,300+1,400=21,700	36,300	21,700+36,300=58,000	3,000
3단계	1,650	21,700+1,400=23,100	38,600	23,100+38,600=61,700	3,700
4단계	1,750	23,100+1,400=24,500	41,000	24,500+41,000=65,500	3,800
5단계	1,850	24,500+1,400=25,900	43,300	25,900+43,300=69,200	3,700
6단계	1,950	25,900+1,400=27,300	45,600	27,300+45,600=72,900	3,700
7단계	2,050	27,300+1,400=28,700	48,000	28,700+48,000=76,700	3,800
8단계	2,150	28,700+1,400=30,100	50,300	30,100+50,300=80,400	3,700
9단계	2,250	30,100+1,400=31,500	52,700	31,500+52,700=84,200	3,800
10단계	2,350	31,500+1,400=32,900	55,000	32,900+55,000=87,900	3,700
11단계	2,450	32,900+1,400=34,300	57,300	34,300+57,300=91,600	3,700
12단계	2,550	34,300+1,400=35,700	59,700	35,700+59,700=95,400	3,800
13단계	2,650	35,700+1,400=37,100	62,000	37,100+62,000=99,100	3,700
14단계	2,750	37,100+1,400=38,500	64,400	38,500+64,400=102,900	3,800
15단계	2,850	38,500+1,400=39,900	66,700	39,900+66,700=106,600	3,700
16단계	2,950	39,900+1,400=41,300	69,000	41,300+69,000=110,300	3,700
17단계	3,050	41,300+1,400=42,700	71,400	42,700+71,400=114,100	3,800
18단계	3,150	–	117,800	117,800	3,700

따라서 전 종 대비 정기권 운임 비용 차이가 3,800원인 경우는 4단계, 7단계, 9단계, 12단계, 14단계, 17단계이므로 6가지이다.

21

강대리는 평일에만 출근했으며 4월에 연차를 사용하지 않았으므로 강대리가 출근한 날은 총 20일이다. 편도 이용 거리가 25km이므로 강대리는 4월에 $25×2×20=1,000$km를 이용하였고, 3단계 정기권은 30km를 초과할 때마다 1회 차감하므로 차감 횟수는 $\frac{1,000}{30}≒33.33$, 즉 33회이다. 따라서 3단계 정기권 금액은 61,700원이고 교통카드 기준 운임 비용은 1,650원이므로 4월 말 정기권 잔액은 $61,700-(1,650×33)=7,250$원이다.

22

정답 ②

S군의 편도 이용 거리는 45km이므로 한 달 동안 S군의 이용 거리는 $45 \times 2 \times 25 = 2,250$km이다. 또한 정기권 운임에 대한 교통카드 기준 운임 비용의 비는 운임 비용 차감 횟수이므로 이 값에 종별 차감기준을 곱하면 종별 1회 충전 시 이용 가능 거리가 나온다.

종별	이용 가능 거리(km)	종별	이용 가능 거리(km)
1단계	$37 \times 20 = 740$	10단계	$37 \times 74 = 2,738$
2단계	$37 \times 25 = 925$	11단계	$37 \times 82 = 3,034$
3단계	$37 \times 30 = 1,110$	12단계	$37 \times 90 = 3,330$
4단계	$37 \times 35 = 1,295$	13단계	$37 \times 98 = 3,626$
5단계	$37 \times 40 = 1,480$	14단계	$37 \times 106 = 3,922$
6단계	$37 \times 45 = 1,665$	15단계	$37 \times 114 = 4,218$
7단계	$37 \times 50 = 1,850$	16단계	$37 \times 122 = 4,514$
8단계	$37 \times 58 = 2,146$	17단계	$37 \times 130 = 4,810$
9단계	$37 \times 66 = 2,442$	18단계	–

따라서 S군이 충전할 수 있는 정기권은 이용 가능 거리가 2,500km 이상이면서 비용이 가장 적게 드는 10단계이다.

23

정답 ③

㉠ 대인동기 : 인간관계를 지향하게 하고 사회적 행동을 유발하는 동기로, 내용에 따라 생리적 동기, 심리적 동기로 나뉘며 발생 원인에 따라 선천적 동기(유전), 후천적 동기(학습)로 나뉜다.
㉡ 대인신념 : 개인이 인간과 인간관계에 대해 가지고 있는 지적인 이해나 믿음으로, 대인관계에 대한 지속적이고 안정적인 사고 내용이다. 따라서 대인관계 상황에서 개인의 행동을 결정하는 주요한 요인이 된다.
㉢ 대인기술 : 인간관계를 성공적으로 이끌어 갈 수 있는 사교적 능력으로, 성장과정에서 후천적 경험을 통해 의식적 혹은 무의식적으로 배워 습득하는 언어적 · 비언어적 행동능력이다.

24

정답 ③

도덕적 해이의 특징
• 직무를 충실히 수행하지 않는 행위에 한정되며, 법률 위반과는 차이가 있으므로 적발과 입증이 어려운 측면이 있다.
• 도덕적 일탈과도 차이가 있어 사적 영역에서 도덕적 의무를 다하지 않는 행위는 제외된다.
• 조직의 큰 틀에 어긋나는 의도적 · 적극적인 자신의 이익 실현 행위가 포함된다.
• 사익을 추구하지 않더라도 효율적 운영을 위해 최선을 다하지 않는 방만한 경영 행태가 포함된다.
• 위험이 따르지만 실적이 기대되는 신규 업무에 관심을 갖지 않는 소극적 행위의 특징이 있다.
• 결정을 내리고 책임지기보다는 상급기관에 결정을 미루고 기계적으로 따라하는 행동방식을 취한다.

25

정답 ④

제시문은 2019년 발생한 코로나19 대유행과 이에 따른 공공의료의 중요성과 필요성에 대해 강조하는 글이다.

26

예방을 위한 검사 및 검체 체취, 밀접 접촉자 추적, 격리 및 치료 등의 과정에 필요한 인력과 시간이 요구된다는 내용이므로 빈칸에 들어갈 가장 적절한 단어는 '소요(필요로 하거나 요구되는 바)'이다.

오답분석

① 대비 : 앞으로 일어날지도 모르는 어떠한 일에 대응하기 위하여 미리 준비함
② 대체 : 다른 것으로 대신함
③ 제공 : 무엇을 내주거나 갖다 바침
④ 초과 : 일정한 수나 한도 따위를 넘음

27

오답분석

① 다섯 번째 수인 '8'과 일곱 번째 수인 '2'의 코드가 잘못되었다.

② 첫 세 자리 '239'는 독일에서 온 제품이다.
④ 두 번째 수인 '3'과 다섯 번째 수인 '4'의 코드가 잘못되었다.

⑤ 아홉 번째 수는 $(18+15+14+25+8+5+12+5) \div 10 = 10.2$로, 바코드를 수정해야 한다.

28

학생들의 평균 점수는 G열에 있고 가장 높은 순서대로 구해야 하므로 RANK 함수를 이용하여 오름차순으로 순위를 구하면 [H2] 셀에 들어갈 식은 「=RANK(G2,\$G\$2:\$G\$10,0)」이다. 이때, 참조할 범위는 고정해야 하므로 행과 열 앞에 '\$'를 붙여야 하는데, G열은 항상 고정이므로 행만 고정시켜도 된다. 그러므로 「=RANK(G2,G\$2:G\$10,0)」를 입력해야 한다.

29

주어진 양수의 합을 각각 $a+b$, $a+c$, $a+d$, $\cdots$, $d+e$라고 할 때,
주어진 양수 2개의 합을 모두 더하면 $4(a+b+c+d+e)=132$이므로

$a+b+c+d+e=33$이고, 평균(m)은 $\dfrac{a+b+c+d+e}{5}=6.6$이다.

분산(s)은 편차의 제곱의 평균이므로

$s=\dfrac{(a-m)^2+(b-m)^2+(c-m)^2+(d-m)^2+(e-m)^2}{5}$ 이다.

이는 $\dfrac{a^2+b^2+c^2+d^2+e^2-2am-2bm-2cm-2dm-2em+5m^2}{5}$ 이고

$\dfrac{a^2+b^2+c^2+d^2+e^2}{5}-2\times m\times\dfrac{a+b+c+d+e}{5}+\dfrac{5m^2}{5}=\dfrac{a^2+b^2+c^2+d^2+e^2}{5}-m^2$ 이다.

따라서 분산은 (변량의 제곱의 평균)−(평균의 제곱)으로도 구할 수 있다.
주어진 양수 2개의 합의 제곱을 모두 더하면 $4(a^2+b^2+c^2+d^2+e^2)+(2ab+2ac+\cdots+2de)=1,830$이고
$(a+b+c+d+e)^2=a^2+b^2+c^2+d^2+e^2+(2ab+2ac+\cdots+2de)=1,089$이므로

$a^2+b^2+c^2+d^2+e^2=\{4(a^2+b^2+c^2+d^2+e^2)+(2ab+2ac+\cdots+2de)-(a+b+c+d+e)^2\}\div3=247$이다.

$\dfrac{a^2+b^2+c^2+d^2+e^2}{5}=247\div5=49.4$이므로 $\dfrac{a^2+b^2+c^2+d^2+e^2}{5}-m^2=49.4-6.6^2=5.84$이다.

따라서 $a\sim e$의 평균은 6.6이고, 분산은 5.84이다.

30

처음 사탕의 개수를 x개라 하면 처음으로 사탕을 먹고 남은 사탕의 개수는 $\left(1-\dfrac{1}{3}\right)x=\dfrac{2}{3}x$개이다.

그다음 날 사탕을 먹고 남은 사탕의 개수는 $\dfrac{2}{3}x\times\left(1-\dfrac{1}{2}\right)=\dfrac{1}{3}x$개이고,

또 그다음 날 사탕을 먹고 남은 사탕의 개수는 $\dfrac{1}{3}x\times\left(1-\dfrac{1}{4}\right)=\dfrac{1}{4}x$개이다.

따라서 처음 사탕 바구니에 들어있던 사탕의 개수는 $\dfrac{1}{4}x=18$이므로 $x=72$이다.

31

정답 ④

2013년 대비 2023년 각 학년의 평균 신장 증가율은 다음과 같다.
- 1학년 : $\dfrac{162.5-160.2}{160.2}\times100≒1.44\%$
- 2학년 : $\dfrac{168.7-163.5}{163.5}\times100≒3.18\%$
- 3학년 : $\dfrac{171.5-168.7}{168.7}\times100≒1.66\%$

따라서 평균 신장 증가율이 큰 순서는 2학년 – 3학년 – 1학년 순서이다.

32

정답 ④

제시된 조건을 논리 기호화하면 다음과 같다.
- 첫 번째 조건의 대우 : A → C
- 두 번째 조건 : ~E → B
- 세 번째 조건의 대우 : B → D
- 마지막 조건의 대우 : C → ~E

위의 조건식을 정리하면 A → C → ~E → B → D이므로 여행에 참가하는 사람은 A, B, C, D 4명이다.

33

정답 ③

제시된 보기의 단어들은 유의어 관계이다. 따라서 빈칸 ㉠에 들어갈 '가뭄'의 유의어는 심한 가뭄을 뜻하는 '한발(旱魃)'이다.

오답분석
① 갈근(葛根) : 칡뿌리
② 해수(海水) : 바다에 괴어 있는 짠물
④ 안건(案件) : 토의하거나 조사하여야 할 사실

34

제시문은 메기 효과에 대한 글이므로 가장 먼저 메기 효과의 기원에 대해 설명한 (마) 문단으로 시작해야 하고, 뒤이어 메기 효과의 기원에 대한 과학적인 검증 및 논란에 대한 (라) 문단이 오는 것이 적절하다. 이어서 경영학 측면에서의 메기 효과에 대한 내용이 와야 하는데, (다) 문단의 경우 앞의 내용과 뒤의 내용이 상반될 때 쓰는 접속 부사인 '그러나'로 시작하므로 (가) 문단이 먼저 나오고 그 다음에 (다) 문단이 이어지는 것이 적절하다. 그리고 마지막으로 메기 효과에 대한 결론인 (나) 문단으로 끝내는 것이 가장 적절하다. 따라서 (마) – (라) – (가) – (다) – (나) 순으로 나열해야 한다.

35

정답 ②

메기 효과는 과학적으로 검증되지 않았지만 적정 수준의 경쟁이 발전을 이룬다는 시사점을 가지고 있다고 하였으므로 낭설에 불과하다는 것은 적절하지 않다.

[오답분석]
① (라) 문단의 거미와 메뚜기 실험에서 죽은 메뚜기로 인해 토양까지 황폐화되었음을 볼 때, 거대 기업의 출현은 해당 시장의 생태계까지 파괴할 수 있음을 알 수 있다.
③ (나) 문단에서 성장 동력을 발현시키기 위해서는 규제 등의 방법으로 적정 수준의 경쟁을 유지해야 한다고 서술하고 있다.
④ (가) 문단에서 메기 효과는 한국, 중국 등 고도 경쟁사회에서 널리 사용되고 있다고 서술하고 있다.

36

정답 ④

처음으로 오수 탱크 한 개를 정화하는 데 소요되는 시간은 4+6+5+4+6=25시간이다.
그 후에는 A~E공정 중 가장 긴 공정 시간이 6시간이므로 6시간마다 탱크 한 개씩 처리할 수 있다.
따라서 탱크 30개를 처리하는 데 소요되는 시간은 25+6×(30-1)=199시간이다.

37

정답 ①

작년의 여자 사원 수를 x명이라 하면 남자 사원 수는 $(820-x)$명이므로

$$\frac{8}{100}(820-x)-\frac{10}{100}x=-10$$

$$\therefore \ x=420$$

따라서 올해 여자 사원 수는 $\frac{90}{100}\times420=378$명이다.

38

정답 ②

식탁 1개와 의자 2개의 합은 20만+(10만×2)=40만 원이고 30만 원 이상 구매 시 10%를 할인받을 수 있으므로 40만×0.9=36만 원이다. 가구를 구매하고 남은 돈은 50만-36만=14만 원이고 장미 한 송이당 가격은 6,500원이다.
따라서 14÷0.65≒21.53이므로 구매할 수 있는 장미꽃은 21송이이다.

39

정답 ③

• CBP – <u>WK</u>4A – P31 – B0803 : 배터리 형태 중 WK는 없는 형태이다.
• PBP – DK1E – <u>P21</u> – A8B12 : 고속충전 규격 중 P21은 없는 규격이다.
• NBP – LC3B – P31 – B3<u>230</u> : 생산날짜의 2월에는 30일이 없다.
• <u>CNP</u> – LW4E – P20 – A7A29 : 제품 분류 중 CNP는 없는 분류이다.
따라서 보기에서 시리얼 넘버가 잘못 부여된 제품은 모두 4개이다.

40

고객이 설명한 제품 정보를 정리하면 다음과 같다.

- 설치형 : PBP
- 도킹형 : DK
- 20,000mAH 이상 : 2
- 60W 이상 : B
- USB – PD3.0 : P30
- 2022년 10월 12일 : B2012

따라서 S주임이 데이터베이스에 검색할 시리얼 넘버는 PBP – DK2B – P30 – B2012이다.

41

'흰색 공'을 A, '검은색 공'을 B, '파란색 공'을 C라 하면 첫 번째 명제는 A → ~B, 세 번째 명제는 A → C이다. 따라서 두 번째 명제에는 '~B → C' 또는 대우인 '~C → B'이므로 '파란색 공을 가지고 있지 않은 사람은 모두 검은색 공을 가지고 있다.'가 필요하다.

오답분석

① B → C이므로 세 번째 명제가 참임을 판단할 수 없다.
② ~C → ~B이므로 세 번째 명제가 참임을 판단할 수 없다.
④ C → B이므로 세 번째 명제가 참임을 판단할 수 없다.

42

주어진 암호를 변환표에 따라 정리하면 다음과 같으므로 이를 변환한 암호는 'qQokPokXZ'이다.

기존 문자	ㅊ	ㅓ	ㅇ	ㄹ	ㅑ	ㅇ	ㄹ	ㅣ	ㅡ
변환 문자	ㅆ	ㅔ	ㄲ	ㅋ	ㅒ	ㄲ	ㅋ	ㅖ	ㅡ
영문자	q	Q	o	k	P	o	k	X	Z

43

주어진 암호를 변환표에 따라 정리하면 다음과 같으므로 이를 해독한 문자는 '대한민국'이다.

영문자	j	Y	Z	b	O	i	l	X	i	h	U	h
변환 문자	ㅊ	ㅓ	ㅡ	ㄴ	ㅐ	ㅈ	ㅌ	ㅖ	ㅈ	ㅇ	ㅙ	ㅇ
기존 문자	ㄷ	ㅐ	ㅡ	ㅎ	ㅏ	ㄴ	ㅁ	ㅣ	ㄴ	ㄱ	ㅜ	ㄱ

44

각 경로에서 비용이 최소인 경우만 고려하여 정리하면 다음과 같다.

- A – D – B로 이동 : A – D에서 버스로 이동할 때 1,250원이고, 이후 도보로 이동할 때 비용은 부과되지 않으므로 총 1,250×4= 5,000원이 부과된다.
- A – P – B로 이동 : A – P에서 1,200원이 부과되고, P – B에서 환승비용이 추가로 부과되지 않으므로 총 1,200×4=4,800원이 부과된다.
- A – Q – B로 이동 : A – Q에서 도보로 이동하고, Q – B를 버스로 이동하므로 총 1,650×4=6,600원이 부과된다.
- A – Q – F – B로 이동 : A – Q – F 모두 도보로 이동하고, F – B를 버스로 이동하므로 총 2,000×4=8,000원이 부과된다.
- A – F – B로 이동 : A – F에서 버스로 이동하고, F – B로 이동할 때 환승비용이 부과되므로 총 2,000×4=8,000원이 부과된다.
- A – B로 이동 : 6인승 택시는 네 명 모두가 택시를 타고 이동할 수 있으므로 총 8,000원이 부과된다.

따라서 왕복 요금이 가장 적을 때는 A – P 구간을 버스로 이동하고 P – B 구간을 버스로 이동할 때이며, 이때의 왕복 비용은 4,800 ×2=9,600원이다.

45

정답 ④

직위를 나타내는 사원코드의 마지막 2자리는 $10 \sim 19$, $30 \sim 39$, $50 \sim 59$, $60 \sim 69$, $70 \sim 79$, $90 \sim 99$뿐이다.

46

정답 ⑤

고객지원부로 부서이동을 하므로 앞자리는 'c'로 변경되고, 부서이동의 경우 입사연월은 변동이 없어 그다음 자리인 '0803'은 유지된다. 그리고 그다음 두 자리는 무작위 난수이고, 마지막 두 자리는 직위 정보로 과장의 직위 변동이 없으므로 $60 \sim 69$ 중 한 수이다. 따라서 이 모든 조건에 부합하는 코드는 'c08031062'이다.

[오답분석]
① t08030666 : 부서 코드가 옳지 않다.
② t23080369 : 부서 코드가 옳지 않고, 부서이동의 경우 입사연월 변동이 없다.
③ c08036719 : 마지막 두 자리 코드 '19'는 사원 직위의 코드이다.
④ c23086967 : 부서이동의 경우 입사연월 변동이 없다.

47

정답 ②

1^2-2^2, 3^2-4^2, $\cdots$, $(2n-1)^2-(2n)^2$의 수열의 합으로 생각한다.

$1^2-2^2+3^2-4^2+\cdots+199^2$

$=1^2-2^2+3^2-4^2+\cdots+199^2-200^2+200^2$

$=[\sum_{n=1}^{100}\{(2n-1)^2-(2n)^2\}]+200^2$

$=\{\sum_{n=1}^{100}(-4n+1)\}+200^2$

$=\left(-4\times\dfrac{100\times101}{2}+100\right)+40,000$

$=-20,200+100+40,000$

$=19,900$

48

정답 ②

5명 중에서 3명을 순서와 상관없이 뽑을 수 있는 경우의 수는 $_5C_3=\dfrac{5\times4\times3}{3\times2\times1}=10$가지이다.

49

정답 ③

A원두의 100g당 원가를 a원, B원두의 100g당 원가를 b원이라고 하면

$\begin{cases} 1.5(a+2b)=3,000 & \cdots \ \textㄱ \\ 1.5(2a+b)=2,850 & \cdots \ \textㄴ \end{cases}$

$\begin{cases} a+2b=2,000 & \cdots \ \textㄱ' \\ 2a+b=1,900 & \cdots \ \textㄴ' \end{cases}$

$3a+3b=3,900 \rightarrow a+b=1,300$이므로 이를 ㄱ'와 연립하면 $b=700$이다. 따라서 B원두의 100g당 원가는 700원이다.

50

A회사, B회사 우유의 1g당 열량과 단백질을 환산하면 다음과 같다.

성분 식품	열량(kcal)	단백질(g)
A회사 우유	1.5	0.12
B회사 우유	2	0.05

A회사, B회사 우유를 각각 xg, $(300-x)$g 구매했다면

$$\begin{cases} 1.5x+2(300-x) \geq 490 \\ 0.12x+0.05(300-x) \geq 29 \end{cases}$$

$$\begin{cases} 1.5x+600-2x \geq 490 \\ 0.12x+15-0.05x \geq 29 \end{cases}$$

$$\begin{cases} 0.5x \leq 110 \\ 0.07x \geq 14 \end{cases}$$

따라서 $200 \leq x \leq 220$이므로 A회사 우유를 200g, B회사 우유를 $300-200=100$g 구매하는 것이 가장 저렴하며, 그 가격은 $(80 \times 200)+(50 \times 100)=21{,}000$원이다.

51

30명의 80%는 $30 \times \dfrac{80}{100} = 24$명이므로

$1+3+8+A=24 \rightarrow A=12$

$24+B=30 \rightarrow B=6$

따라서 $A-B=12-6=6$이다.

52

글로벌화가 이루어지면 조직은 해외에 직접 투자할 수 있고, 원자재를 보다 싼 가격에 수입할 수 있으며, 수송비가 절감되고, 무역장벽이 낮아져 시장이 확대되는 경제적 이익을 얻을 수 있다. 반면에 그만큼 세계적인 수준으로 경쟁이 치열해지기 때문에 국제적인 감각을 가지고 세계화 대응 전략을 마련해야 한다.

53

사람들이 집단에 머물고, 계속 남아 있기를 원하게 만드는 힘은 응집력이다. 팀워크는 단순히 사람들이 모여 있는 것이 아니라 목표달성의 의지를 가지고 성과를 내는 것이다.

> **팀워크와 응집력**
> • 팀워크 : 팀 구성원이 공동의 목적을 달성하기 위해 상호관계성을 가지고 서로 협력하여 일을 해 나가는 것이다.
> • 응집력 : 사람들로 하여금 집단에 머물도록 만들고, 그 집단의 멤버로서 계속 남아 있기를 원하게 만드는 힘이다.

54

정답 ④

직업윤리는 근로윤리와 공동체윤리로 구분할 수 있으며, 근로윤리의 판단 기준으로는 정직한 행동, 근면한 태도, 성실한 자세 등이 있다.

오답분석

㉠·㉡·㉣ 공동체윤리의 판단 기준이다.

55

정답 ③

2018년 하반기 매출액을 100이라 하면 2019년 상반기 매출액은 10% 이상 20% 미만 증가하였고 2019년 하반기 매출액은 20% 이상 30% 미만 증가하였다. 또한 2020년 상반기 매출액은 10% 이상 20% 미만 증가하였고, 2020년 하반기 매출액은 10% 이상 20% 미만 감소하였다. 따라서 2020년 하반기 매출액은 분기별 매출 증가가 가장 적고 매출 감소가 큰 경우일 때 $100 \times 1.1 \times 1.2 \times 1.1 \times 0.8 = 116.16$이므로 2018년 하반기보다는 많을 것이다.

오답분석

① 2021년 하반기 이후 매출액의 증감률이 0보다 크므로 매출액은 꾸준히 증가하였다.
② 2019년 하반기 매출액의 증감률이 가장 크므로 이때의 성장 폭이 가장 크다.
④ 2020년 하반기와 2021년 상반기는 매출액이 연속해서 감소하였고 이후로는 꾸준히 증가하였으므로 2021년 상반기 매출액이 가장 적다.

56

정답 ②

기사에서 매출액이 크게 감소하였다 하였으므로 자료에서 매출액 증감률이 음수인 2020년 하반기에서 2021년 상반기 사이에 작성된 기사임을 유추할 수 있다.

57

정답 ②

2022년 1분기의 방문객 수는 2021년 1분기의 방문객 수 대비 2.8%p 감소하였으므로 $1,810,000 \times (1-0.028) = 1,759,320 \fallingdotseq 1,760,000$명이다. 2020년의 방문객 수 비율이 100%이므로 2022년의 방문객 수 비율은 $\dfrac{1,760,000}{1,750,000} \times 100 \fallingdotseq 100\%$이다.

58

정답 ②

한 팀이 15분 작업 후 도구 교체에 걸리는 시간이 5분이므로 작업을 새로 시작하는 데 걸리는 시간은 20분이다. 다른 한 팀은 30분 작업 후 바로 다른 작업을 시작하므로 작업을 새로 시작하는 데 걸리는 시간은 30분이다. 따라서 두 팀은 60분마다 작업을 동시에 시작하므로, 오후 1시에 작업을 시작해서 세 번째로 동시에 작업을 시작하는 시각은 3시간 후인 오후 4시이다.

59

정답 ③

비밀번호 설정 규칙에 따르면 알파벳 대문자 1개 이상을 반드시 넣어야 하는데 'qdfk#9685@21ck'에는 알파벳 대문자가 없다.

60

정답 ④

오답분석

① Im#S367 : 비밀번호가 7자로 8자 이상 설정하라는 규칙에 어긋난다.
② asDf#3689! : 'asDf'는 쿼티 키보드에서 연속된 배열로 규칙에 어긋난다.
③ C8&hOUse100%ck : 'hOUse'는 특정 단어가 성립되므로 규칙에 어긋난다.

01	02	03	04	05	06	07	08	09	10	11	12	13	14	15	16	17	18	19	20
⑤	②	③	③	③	①	④	④	④	③	④	④	③	④	④	①	①	③	①	④
21	22	23	24	25	26	27	28	29	30	31	32	33	34	35	36	37	38	39	40
③	③	⑤	④	①	②	①	④	③	②	②	④	③	②	③	②	②	②	①	②
41	42	43	44	45	46	47	48	49	50	51	52	53	54	55	56	57	58	59	60
②	④	②	③	②	④	④	④	③	②	③	④	②	②	②	③	②	⑤	④	③

01

정답 ⑤

먼저 서두에는 흥미를 유도하거나 환기시킬 수 있는 내용이 오는 것이 적절하다. 따라서 영국의 보고서 내용인 (나) 또는 OECD 조사 내용인 (다)가 서두에 오는 것이 적절하다. 하지만 (나)의 경우 첫 문장에서의 '또한'이라는 접속사를 통해 앞선 글이 있었음을 알 수 있어 서두에 오는 것이 가장 적절한 문단은 (다)이고 이어서 (나)가 오는 것이 적절하다. 그리고 다음으로 앞선 문단에서 다룬 성별 간 임금 격차의 이유에 해당하는 (라)와 이에 대한 구체적 내용인 (가)가 오는 것이 적절하다. 따라서 (다) – (나) – (라) – (가) 순으로 나열해야 한다.

02

정답 ②

제시문의 시작은 'K-농산어촌 한마당'에 대해 처음 언급하며 화두를 던지는 (가)가 적절하다. 이후 K-농산어촌 한마당 행사에 대해 자세히 설명하는 (다)가 오고, 행사에서 소개된 천일염과 관련 있는 음식인 김치에 대해 언급하는 (나)가 오는 것이 자연스럽다.

03

정답 ③

문장의 형태소 중에서 조사나 선어말어미, 어말어미 등으로 쓰인 문법적 형태소의 개수를 파악해야 한다.
이, 니, 과, 에, 이, 었, 다 → 총 7개

오답분석
① 이, 을, 었, 다 → 총 4개
② 는, 가, 았, 다 → 총 4개
④ 는, 에서, 과, 를, 았, 다 → 총 6개
⑤ 에, 이, 었, 다 → 총 4개

04

정답 ③

제시문의 중심 내용은 나이 계산법 방식이 세 가지로 혼재되어 있어 '나이 불일치'로 인한 행정서비스 및 계약상의 혼선과 법적 다툼이 발생해 이를 해소하고자 나이 방식을 하나로 통합하자는 것이다. 이에 덧붙여 나이 방식이 통합되어도 일상에는 변화가 없으며 일부 법에 대해서는 기존 방식이 유지될 수 있다고 하였다. 따라서 제시문의 주제로 가장 적절한 것은 ③이다.

① 마지막 문단의 '연 나이를 채택해 또래 집단과 동일한 기준을 적용하는 것이 오히려 혼선을 막을 수 있고 법 집행의 효율성이 담보'라는 내용에서 일부 법령에 대해서는 연 나이 계산법을 유지한다는 것을 알 수 있으나, 해당 내용이 전체 글을 다루고 있다고 보기는 어렵다.
② 세 번째 문단에 따르면 나이 불일치가 야기한 혼선과 법적 다툼은 우리나라 나이 계산법으로 인한 문제가 아니라 나이 계산법 방식이 세 가지로 혼재되어 있어 발생하는 문제라고 하였다.
④ 제시문은 나이 계산법 혼용에 따른 분쟁 해결 방안을 다루기보다는 이러한 분쟁이 발생하지 않도록 나이 계산법을 하나로 통일하자는 내용을 다루고 있다.
⑤ 다섯 번째 문단의 '법적·사회적 분쟁이 크게 줄어들 것으로 기대하고 있지만, 국민 전체가 일상적으로 체감하는 변화는 크지 않을 것'이라는 내용으로 보아 나이 계산법의 변화로 달라지는 행정서비스는 크게 없을 것으로 보이며, 글의 전체적인 주제로 보기에도 적절하지 않다.

05
정답 ③

'피상적(皮相的)'은 '사물의 판단이나 파악 등이 본질에 이르지 못하고 겉으로 나타나 보이는 현상에만 관계하는 것'을 의미한다. 제시된 문장에서는 '표면적(表面的)'과 반대되는 뜻의 단어를 써야 하므로 '본질적(本質的)'이 적절하다.

① 정례화(定例化) : 어떤 일이 일정하게 정하여진 규칙이나 관례에 따르도록 하게 하는 것
② 중장기적(中長期的) : 길지도 짧지도 않은 중간쯤 되는 기간에 걸치거나 오랜 기간에 걸치는 긴 것
④ 친환경(親環境) : 자연환경을 오염하지 않고 자연 그대로의 환경과 잘 어울리는 일. 또는 그런 행위나 철학
⑤ 숙려(熟慮) : 곰곰이 잘 생각하는 것

06
정답 ①

체지방량을 $x$kg, 근육량을 $y$kg이라 하면 다음과 같다.
$x+y=65 \cdots$ ㉠
$-0.2x+0.25y=-4 \cdots$ ㉡
㉡×20을 하면 $-4x+5y=-80 \cdots$ ㉢
㉠과 ㉢을 연립해서 풀면 $9y=180$, $y=20$이고, 이 값을 ㉠에 대입하면 $x=45$이다. 따라서 운동을 한 후 체지방량은 운동 전에 비해 20%인 9kg이 줄어 36kg이고, 근육량은 운동 전에 비해 25%인 5kg이 늘어 25kg이다.

07
정답 ④

둘레에 심는 꽃의 수가 최소가 되려면 꽃 사이의 간격이 최대가 되어야 하므로 꽃 사이의 간격은 $140=2^2 \times 5 \times 7$, $100=2^2 \times 5^2$의 최대공약수인 $2^2 \times 5=20$m가 된다. 따라서 이때 심어야 하는 꽃은 $2 \times [(140+100) \div 20]=24$송이다.

08
정답 ④

기존 사원증은 가로와 세로의 길이 비율이 $1 : 2$이므로 가로 길이를 $x$cm, 세로 길이를 $2x$cm라 하자. 기존 사원증 대비 새 사원증의 가로 길이 증가폭은 $(6-x)$cm, 세로 길이 증가폭은 $(9-2x)$cm이다. 문제에 주어진 디자인 변경 비용을 적용하여 식으로 정리하면 다음과 같다.
$2,800+(6-x) \times 12 \div 0.1cm+(9-2x) \times 22 \div 0.1cm=2,420$
→ $2,800+720-120x+1,980-440x=2,420$
→ $560x=3,080$
∴ $x=5.5$
따라서 기존 사원증의 가로 길이는 5.5cm, 세로 길이는 11cm이며, 둘레는 $(5.5 \times 2)+(11 \times 2)=33$cm이다.

09

연속교육은 하루 안에 진행되어야 하므로 4시간 연속교육으로 진행되어야 하는 문제해결능력 수업은 하루 전체를 사용해야 한다. 따라서 5일 중 1일은 문제해결능력 수업만 진행되며, 나머지 4일에 걸쳐 나머지 3과목의 수업을 진행한다. 수리능력 수업은 3시간 연속교육, 자원관리능력 수업은 2시간 연속교육이며, 하루 수업은 총 4교시로 구성되므로 수리능력 수업과 자원관리능력 수업은 같은 날 진행되지 않는다. 수리능력 수업의 총 교육시간은 9시간으로, 최소 3일이 필요하므로 자원관리능력 수업은 하루에 몰아서 진행해야 한다. 그러므로 문제해결능력 수업과 수리능력 수업을 배정하는 경우의 수는 $5 \times 4 = 20$가지이다. 문제해결능력 수업과 자원관리능력 수업이 진행되는 이틀을 제외한 나머지 3일간은 매일 수리능력 수업 3시간과 의사소통능력 수업 1시간이 진행되며, 수리능력 수업 후에 의사소통능력 수업을 진행하는 경우와 의사소통능력 수업을 먼저 진행하고 수리능력 수업을 진행하는 경우로 나뉜다. 따라서 이에 대한 경우의 수는 $2^3 = 8$가지이다. 그러므로 주어진 규칙을 만족하는 경우의 수는 모두 $5 \times 4 \times 2^3 = 160$가지이다.

10

보기의 정부 관계자들은 향후 청년의 공급이 줄어들게 되는 인구구조의 변화가 문제해결에 유리한 조건을 형성한다고 말하였다. 그러나 기사에 따르면 이러한 인구구조의 변화가 곧 문제해결이나 완화로 이어지지 않는다고 설명하고 있으므로, 정부 관계자의 태도로 ③이 가장 적절하다.

오답분석

①·② 올해부터 3 ~ 4년간 인구 문제가 부정적으로 작용할 것이라고 말하였으나, 올해가 가장 좋지 않다거나 현재 문제가 해결 중에 있다는 언급은 없다.

④ 에코세대의 노동시장 진입으로 인한 청년 공급 증가에 대응해야 함을 인식하고 있다.

⑤ 일본의 상황을 참고하여 한국도 점차 좋아질 것이라고 예측하고 있을 뿐, 한국의 상황이 일본보다 낫다고 평가하는지는 알 수 없다.

11

두 번째 문단에서 단기간 내 사업 추진이 용이한 '폐기물 및 바이오매스 혼소 발전' 등의 에너지원에 대한 편중성이 나타나고 있다고 하였으므로 ④는 적절하지 않다.

오답분석

① 두 번째 문단에서 RPS 제도로 인해 신·재생에너지를 이용한 발전량과 발전설비 용량이 지속적으로 증가하였다고 하였으므로 옳은 설명이다.

② 두 번째 문단에서 공급의무자에게 할당되는 공급의무량이 단계적으로 증가하여 최종 전력소비자인 국민들에게 전가되는 비용 부담이 지속적으로 증가할 가능성이 있다고 하였으므로 옳은 설명이다.

③ 마지막 문단에서 세 번째 개선방안으로 민간 기업들이 직접 REC 구매를 가능하게 하는 등의 제도 보완이 필요하다고 하였으므로 옳은 설명이다.

⑤ 첫 번째 문단에서 공급의무자는 신·재생에너지 공급인증서(REC)를 구매하는 방법으로 할당받은 공급의무량을 충당할 수 있다고 하였으므로 옳은 설명이다.

12

네 번째 문단에서 에너지효율화, 특화사업, 지능형 전력그리드 등 3개 분과로 운영되며, ㈜한국항공조명, ㈜유진테크노, ㈜미래이앤아이가 분과 리더 기업으로 각각 지정되어 커뮤니티 활성화를 이끌 예정이라고 하였으므로 ④는 적절하지 않다.

오답분석

① 세 번째 문단을 통해 알 수 있다.

②·③ 두 번째 문단을 통해 알 수 있다.

⑤ 다섯 번째 문단을 통해 알 수 있다.

13

정답 ③

네 번째 문단에서 220V 이용 시 가정에서 전기에 노출될 경우 위험성은 더 높을 수 있다고 언급하였다.

오답분석

① 두 번째 문단을 통해 알 수 있다.
② 다섯 번째 문단을 통해 알 수 있다.
④ 세 번째 문단을 통해 알 수 있다.
⑤ 마지막 문단을 통해 알 수 있다.

14

정답 ④

A ~ F 직원의 항목별 평가점수의 합과 그에 따른 급여대비 성과급 비율은 다음과 같다.

직원	평가점수	비율	성과급
A	82	200%	320만 원×200%=640만 원
B	74	100%	330만 원×100%=330만 원
C	67	100%	340만 원×100%=340만 원
D	66	100%	360만 원×100%=360만 원
E	79	150%	380만 원×150%=570만 원
F	84	200%	370만 원×200%=740만 원

따라서 A와 비교했을 때, 수령하는 성과급의 차이가 가장 적은 직원은 E이다.

15

정답 ④

평가기준에 따라 각 사람이 받는 점수는 다음과 같다.
• A : 20(석사)+5(스페인어 구사 가능)+20(변호사 자격 보유)+10(장애인)=55점
• B : 10(대졸)+20(일본어 구사 가능)=30점
• C : 10(대졸)+20(경력 3년)+10(국가유공자)=40점
• D : 60(경력 7년)+5(아랍어 구사 가능)=65점
• E : 30(박사)+10(이학 석사 이상)+20(독일어 구사 가능)=60점
따라서 서류전형 점수가 가장 높은 사람은 D지원자이다.

16

정답 ①

모든 직원들이 각기 다른 부서를 희망하였으므로 희망부서가 밝혀지지 않은 직원들의 희망부서는 다음과 같다.

구분	기존부서	희망부서	배치부서
A	회계팀	인사팀	?
B	국내영업팀	해외영업팀	?
C	해외영업팀	국내영업팀, 회계팀, 홍보팀 중 1	?
D	홍보팀	국내영업팀, 회계팀 중 1	홍보팀
E	인사팀	국내영업팀, 회계팀, 홍보팀 중 1	해외영업팀

인사이동 후 각 부서에 1명의 직원이 근무하게 되었으므로, A, B, C는 각각 인사팀, 국내영업팀, 회계팀에 1명씩 배치되었다. B는 다른 1명과 근무부서를 맞바꾸었는데, E가 인사팀에서 해외영업팀으로 이동하였고, D는 홍보팀에 그대로 근무하기 때문에 C, D, E는 그 상대가 될 수 없다. 따라서 B는 A가 근무하던 회계팀으로 이동하였고, A는 B가 근무하던 국내영업팀으로 이동하였음을 알 수 있다. C는 남은 인사팀에 배치된다.

이를 정리하면 다음의 표와 같다.

구분	기존부서	희망부서	배치부서
A	회계팀	인사팀	국내영업팀
B	국내영업팀	해외영업팀	회계팀
C	해외영업팀	국내영업팀, 회계팀, 홍보팀 중 1	인사팀
D	홍보팀	국내영업팀, 회계팀 중 1	홍보팀
E	인사팀	국내영업팀, 회계팀, 홍보팀 중 1	해외영업팀

따라서 본인이 희망한 부서에 배치된 사람은 없다.

17

정답 ①

D대리는 B과장보다 근속연수가 높지만 기본급은 더 적다.

[오답분석]

② S팀의 자녀는 모두 7명으로 총 자녀수당은 70만 원이다. 반면 근속수당은 30만＋10만＋30만＋20만＋10만＝100만 원이므로 자녀수당의 합보다 근속수당의 합이 더 높다.

③ A부장의 월급은 4,260,000＋(100,000×2)＋300,000＋100,000＋1,00,000＝4,960,000원이므로 E사원의 기본급인 2,420,000원의 2배 이상이다.

④ 제시된 사원 정보를 통해 가장 많은 기본급 외 임금수당을 받는 직원은 전기기사 자격증을 보유하고 있어 총 500,000＋100,000＋100,000＋100,000＋100,000＝900,000원을 받는 B과장인데, C과장이 전기기능사에 합격하여 자격증수당 15만 원이 추가되면 총 150,000＋100,000＋100,000＋300,000＋300,000＝950,000원이 되어 S팀 직원 중 가장 많은 기본급 외 임금수당을 받게 된다.

⑤ 자녀의 수가 가장 많은 직원은 C과장으로 총 80만 원의 기본급 외 임금수당을 받고, 근속연수가 가장 높은 직원은 A부장으로 총 70만 원의 기본급 외 임금수당을 받고 있으므로 옳은 설명이다.

18

정답 ③

G공사의 월급은 (기본급)＋(기본급 외 임금 수당)이므로 직원별 총 지급액은 다음과 같다.
- A부장 : 4,260,000＋100,000＋100,000＋300,000＋200,000＋0＝4,960,000원
- B과장 : 3,280,000＋100,000＋100,000＋100,000＋100,000＋500,000＝4,180,000원
- C과장 : 3,520,000＋100,000＋100,000＋300,000＋300,000＋0＝4,320,000원
- D대리 : 2,910,000＋100,000＋100,000＋200,000＋100,000＋150,000＝3,560,000원
- E사원 : 2,420,000＋100,000＋100,000＋100,000＋0＋250,000＝2,970,000원

따라서 월급이 높은 순서대로 나열하면 A부장 → C과장 → B과장 → D대리 → E사원이다.

19

정답 ①

차장 직급에 지급되는 기본 교통비는 26,000원이며, 출장지까지의 거리가 204km이므로 추가 여비 20,000원이 책정된다. 출장지인 세종특별자치시는 구체적인 기준이 명시되지 않은 지역으로 기본 교통비와 추가여비의 합산 금액에 5%를 가산한 금액이 국내출장여비 기준금액이다.

따라서 김차장이 받을 수 있는 여비는 (26,000＋20,000)×1.05＝48,300원으로 지급액을 백 원 단위에서 올림하면 49,000원이다.

20

정답 ④

하나의 셀에서 〈Ctrl〉을 누른 채로 채우기 핸들 기능을 사용하면 데이터는 다음과 같이 입력된다.
• 숫자 : 1씩 증가한 값이 입력된다.
• 날짜 : 원본과 똑같은 데이터가 입력된다.
• 숫자+문자 : 원본과 똑같은 데이터가 입력된다.
• 문자 : 원본과 똑같은 데이터가 입력된다.
• 통화 : 1씩 증가한 값이 입력된다.
따라서 제시된 스프레드시트에서 순서와 금액의 값이 1씩 증가하고 나머지 데이터는 원본과 똑같이 입력된다.

21

정답 ③

甲대리의 성과평가 등급을 통해 개인 성과평가 점수에 가중치를 적용하여 점수로 나타내면 다음과 같다.

실적	난이도평가	중요도평가	신속성	합
30×1=30점	20×0.8=16점	30×0.4=12점	20×0.8=16점	74점

따라서 甲대리는 80만 원의 성과급을 받게 된다.

22

정답 ③

지사별 최단거리에 위치한 곳은 '대전 – 김천(90km)', '김천 – 부산(120km)', '부산 – 진주(100km)'이다. 따라서 K대리가 방문할 지사를 순서대로 나열하면 '김천 – 부산 – 진주'이다.

23

정답 ⑤

임파워먼트의 장애요인
• 개인 차원 : 주어진 일을 해내는 역량의 결여, 대응성, 동기의 결여, 결의의 부족, 책임감 부족, 성숙 수준의 전반적인 의존성, 빈곤의 정신 등
• 대인 차원 : 다른 사람과의 성실성 결여, 약속 불이행, 성과를 제한하는 조직의 규범(Norm), 갈등처리 능력의 결여, 승패의 태도 등
• 관리 차원 : 효과적 리더십 발휘능력 결여, 경험 부족, 정책 및 기획의 실행능력 결여, 통제적 리더십 스타일, 비전의 효과적 전달능력 결여 등
• 조직 차원 : 공감대 형성이 없는 구조와 시스템, 제한된 정책과 절차 등

24

정답 ④

12월 20 ~ 21일은 주중이며, 출장 혹은 연수 일정이 없고, 부서이동 전에 해당되므로, 김인턴이 경기본부의 파견 근무를 수행할 수 있는 날짜이다.

[오답분석]
① 12월 6 ~ 7일은 김인턴의 연수 참석 기간이므로 파견 근무를 진행할 수 없다.
② 12월 11 ~ 12일은 주말인 11일을 포함하고 있으므로 파견 근무를 진행할 수 없다.
③ 12월 14 ~ 15일 중 15일은 목요일로, 김인턴이 H본부로 출장을 가는 날이므로 파견 근무를 진행할 수 없다.
⑤ 12월 27 ~ 28일은 김인턴이 부서를 이동한 27일 이후이므로, 김인턴이 아니라 후임자가 경기본부로 파견 근무를 가야 한다.

25

정답 ①

각 사례에 대한 가산점 합계를 구하면 다음과 같다.

(가) : 정보관리기술사(5점), 사무자동화산업기사(2점), TOEIC 750점(2점), JLPT 2급(4점) → 5점

(나) : TOSEL 620점(2점), 워드프로세서 1급(2점), PELT 223점(해당 없음) → 4점

(다) : 한국실용글쓰기검정 450점(해당 없음), HSK 6급(해당 없음), 정보보안산업기사(2점) → 2점

(라) : JPT 320점(해당 없음), 석사학위(4점), TEPS 450점(해당 없음) → 4점

(마) : 무선설비산업기사(2점), JLPT 3급(2점), ITQ OA 마스터(해당 없음) → 4점

(바) : TOEIC 640점(2점), 국어능력인증시험 180점(5점), HSK 8급(4점) → 5점

(사) : JLPT 3급(2점), HSK 5급(해당 없음), 한국어능력시험 530점(해당 없음) → 2점

(아) : IBT 42점(해당 없음), 컴퓨터활용능력 2급(2점), 에너지관리산업기사(해당 없음) → 2점

따라서 가산점이 5점인 경우는 2가지이고 4점인 경우는 3가지이며, 마지막으로 2점인 경우는 3가지이다.

26

정답 ②

오답분석

①·④ 전결권자는 상무이다.

③·⑤ 대표이사의 결재가 필수이다(전결 사항이 아님).

27

정답 ①

토론이란 어떤 주제에 대하여 찬성하는 측과 반대하는 측이 서로 맞서, 각자 해당 주제에 대한 논리적인 의견을 제시함으로써 상대방의 근거가 이치에 맞지 않다는 것을 증명하는 논의이다.

오답분석

② 토론은 상호 간의 주장에 대한 타협점을 찾아가는 것이 아닌, 반대 측의 논리에 대한 오류를 증명해내면서 자신의 의견이 논리적으로 타당함을 밝히는 말하기 방식이다.

③ 주어진 주제에 대한 자신의 의견을 밝히면서 상대방 또는 청중을 설득하는 것은 맞으나, 자신의 의견을 뒷받침할 추론적인 근거가 아닌 논리적인 근거를 제시하여야 한다.

④ 주어진 주제에 대하여 제시된 의견을 분석하면서 해결방안을 모색하는 말하기 방식은 토론이 아닌 토의에 해당하며, 승패가 없이 협의를 통해 결론을 내리는 토의와 달리 토론은 승패가 있으며 이때 패한 측은 상대방의 의견에 설득당한 측을 의미한다.

⑤ 토론에서는 반대 측의 의견을 인정하고 존중하기보다는, 반대 측 의견이 논리적으로 타당하지 않음을 증명해내는 말하기이다.

28

정답 ④

개인의 인맥은 핵심 인맥, 또 핵심 인맥으로부터 연결되거나 우연한 사건으로 연결되어진 파생 인맥, 또 그러한 파생 인맥을 통하여 계속하여 연결되어지는 인맥 등 끝없이 확장할 수 있는 영역이다.

오답분석

① 개인 차원에서의 인적자원관리란 정치적, 경제적 또는 학문적으로 유대관계가 형성된 사람들과의 관계뿐만 아니라 더 나아가 자신이 알고 있는 모든 사람들과의 관계를 관리하는 것을 의미한다.

② 자신과 직접적으로 관계가 형성된 사람들을 핵심 인맥, 이러한 핵심 인맥을 통해 관계가 형성되거나 우연한 계기로 관계가 형성된 사람들을 파생 인맥이라 지칭한다.

③ 개인은 핵심 인맥뿐만 아니라 파생 인맥을 통해서도 다양한 정보를 획득할 수 있으며, 정보를 전파하는 것은 개인 차원에서의 인적자원관리 외의 것에 해당한다.

⑤ 인적자원관리를 위해 능동성, 개발가능성, 전략적 자원을 고려하는 것은 개인 차원에서의 인적자원관리가 아닌 조직 차원에서 조직의 실적을 높이기 위해 고려해야 하는 사항에 해당한다.

29

과거의 기술은 Know-How의 개념이 강했지만, 시간이 지나면서 현대의 기술은 Know-How와 Know-Why가 결합하는 방법으로 진행되고 있다.

30

이용자들의 화상을 염려하여 화상 방지 시스템을 개발했다는 점을 통해 기술이 필요한 노와이(Know-Why)의 사례로 적절하다.

31

지식재산권은 재산적 가치가 구현될 수 있는 지식·정보·기술이나 표현·표시 등의 무형적인 것만을 말하며, 이에 대해 주어지는 권리를 말한다.

오답분석

① 지식재산권은 최초로 만들거나 발견한 것 중 재산상 가치가 있는 것에 부여되는 권리를 말한다.
③ 형체가 있는 상품과 달리, 지식재산권은 형체가 없는 무형의 권리를 말한다.
④ 기술개발의 성과인 독점적인 권리를 부여받음으로써, 더 나은 기술개발이 이루어질 수 있도록 장려한다.
⑤ 국가 간의 기술 제휴와 같은 기술의 협력이 이루어지면서 세계화가 이루어지고 있다.

32

휴업급여 부분에 따르면 기준소득의 80%를 지급하도록 되어 있으며, 직업재활급여 부분에 따르면 현금급여는 가족관계에 따라 기준소득의 68 ~ 75%를 지급하도록 되어 있으므로 전자의 경우가 기준소득 대비 급여지급액 비율이 더 높다.

오답분석

① 적용대상 부분에 따르면 교육훈련생도 산재보험 적용대상에 해당하므로 단기 계약직 근로자가 교육훈련생의 지위를 갖고 있어도 적용대상에 해당한다.
② 담당기구 부분에 따르면 독일 산재보험은 지역별로 산재보험조합이 자율적으로 운영되며, 국가는 주요 업무사항에 대한 감독권 만을 가지므로 적절하지 않은 설명이다.
③ 보상 부분에 따르면 일일평균임금산정 시 휴업급여는 재해발생 직전 3개월간의 임금총액을 고려하는 반면, 연금식 급여는 상병 이 발생한 날이 속하는 연도로부터 1년을 고려하여 서로 상이하므로 적절하지 않은 설명이다.
⑤ 장해급여 부분에 따르면 노동능력이 20% 이상 감소하였으면서 장해가 26주 이상 지속되는 경우에 지급된다. 선택지의 경우 노동능력은 20% 이상 감소하였으나, 장해는 26주 미만으로 지속되므로 장해급여 대상이 아니다.

33

두 번째 문단에 따르면 산재노동자가 처한 위기상황에 따라 개입하는 것은 일반서비스이며, 내일찾기서비스는 요양초기단계부터 잡코디네이터가 사례관리를 진행하는 것이므로 적절하지 않은 설명이다.

오답분석

① 두 번째 문단에 따르면 맞춤형통합서비스는 요양초기단계에 제공되는 내일찾기서비스, 요양서비스 과정에서 위기상황에 따라 제공되는 일반서비스로 분류되므로 적절한 설명이다.
② 두 번째 문단에 따르면 해당 발표회는 '한 해 동안'의 재활사업 성과를 평가하는 장이라고 하였으므로 매년 1회씩 열린다는 것을 추론할 수 있고, 2018년 기준 7번째라고 하였으므로 2012년부터 시행되었음을 알 수 있다.
④ 세 번째 문단에 따르면 분쇄기에 손이 절단되는 재해를 입은 여성 산재노동자가 심리불안을 겪을 때 미술심리치료 등 심리상담을 통해 자존감을 회복한 경우가 있으므로 적절한 설명이다.
⑤ 네 번째 문단에 따르면 캄보디아 산재노동자가 신체상 재해를 입고도 사업주와 의료진에 대한 불신 때문에 치료를 거부하여 골든타임을 놓칠 뻔한 사례가 있다. 따라서 근로자와 사업주 간의 신뢰구축을 통해 근로자의 신체 상해에 대한 치료가 원활히 이루어지도록 해야 한다.

34

응시자 중 불합격자 수는 응시자 수에서 합격자 수를 제외한 값이다.

- 2017년 : 2,810−1,310=1,500명
- 2018년 : 2,660−1,190=1,470명
- 2019년 : 2,580−1,210=1,370명
- 2020년 : 2,110−1,010=1,100명
- 2021년 : 2,220−1,180=1,040명

35

총재와 부총재를 포함한 모든 금융통화위원은 대통령이 임명한다.

오답분석

① 면밀한 검토가 필요한 사안에 대해서는 본회의 외에 별도로 심의위원회가 구성되어 검토한다.
② C은행 총재는 금융통화위원회 의장을 겸임한다.
④ 본회의는 의장이 필요하다고 인정하거나 금융통화위원 최소 2인의 요구가 있을 때 개최된다.

36

사망원인이 높은 순서대로 나열하면 '암, 심장질환, 뇌질환, 자살, 당뇨, 치매, 고혈압'이며, 암은 10만 명당 185명이고, 심장질환과 뇌질환은 각각 암으로 인한 사망자와 20명 미만의 차이이다. 또한 자살은 10만 명당 50명이다. 따라서 옳은 그래프는 ②이다.

오답분석

① 사망원인 중 암인 사람은 185명이다.
③ 자살로 인한 사망자는 50명이다.
④ 뇌질환 사망자가 암 사망자와 20명 이상 차이나므로 옳지 않다.

37

전체 고용인원의 반은 16,177÷2=8,088.5명이다. 태양광에너지 분야의 고용인원은 8,698명이므로 전체 고용인원의 반 이상을 차지한다.

오답분석

① 폐기물에너지 분야의 기업체 수가 가장 많다.

③ 전체 매출액 중 풍력에너지 분야의 매출액이 차지하는 비율은 $\frac{14,571}{113,076} \times 100 ≒ 12.89\%$이므로 15%를 넘지 않는다.

④ 전체 수출액 중 바이오에너지 분야의 수출액이 차지하는 비율은 $\frac{506}{40,743} \times 100 ≒ 1.24\%$이므로 1%를 넘는다.

38

마지막 문단을 통해 태양광 발전의 단가는 비싸다 보니 시장에서 외면받을 수밖에 없고, 발전 비율을 높이기 위해 정부가 보조금 지원이나 세액 공제 등 혜택을 줘야 하는 상황임을 알 수 있다.

39

두 번째 문단에 따르면 연령별 폐기능검사 시행률은 90대 이상이 27.6%로 가장 낮으므로 적절하지 않다.

오답분석

② 세 번째 문단에서 확인할 수 있다.

③ 네 번째 문단에서 확인할 수 있다.

④·⑤ 마지막 문단에서 확인할 수 있다.

40

2020년과 2021년 외래 의료급여비용의 전년 대비 증가율은 각각 $\frac{31,334-27,534}{27,534} \times 100 = 14\%$, $\frac{33,003-31,334}{31,334} \times 100 = 5\%$ 이다. 2020년부터 2022년까지 전년 대비 평균 증가율은 $\frac{14+5+5}{3} = 8\%$이므로 2023년 외래 의료급여 예상비용은 $33,003 \times 1.05 \times 1.08 = 37,425$억 원이다.

41

네 번째 조건에 따르면 갑의 이동 경로는 1층 → 30층 → 20층이다. 이때 첫 번째 조건과 두 번째 조건을 고려하여 갑의 이동 시간을 구하면 다음과 같다.

• 1층 → 30층 : 1층에서 2층까지 3초 소요, 2층에서 3층까지 2.8초 소요, 3층에서 4층까지 2.6초 소요, ⋯ , 8층에서 9층까지 1.6초 소요, 9층에서 10층까지 1.4초가 소요되며, 이후 10층에서 30층까지 층당 1.4초가 소요되므로 1층에서 30층까지의 총 소요시간은 $\frac{(3+1.4) \times 9}{2} + 1.4 \times 20 = 47.8$초이다.

• 30층 → 20층 : 30층에서 29층까지 2.5초 소요, 29층에서 28층까지 2.2초 소요, 28층에서 27층까지 1.9초 소요, 27층에서 26층까지 1.6초, 26층에서 25층까지 1.3초가 소요되며, 이후 25층에서 20층까지 층당 1.3초가 소요되므로 30층에서 20층까지의 총 소요시간은 $\frac{(2.5+1.3) \times 5}{2} + 1.3 \times 5 = 16$초이다.

따라서 1층에서 엘리베이터를 탄 갑이 20층에 도착할 때까지 소요된 시간은 47.8+16=63.8초이다.

42

고의(故意) : 일부러 하는 행동이나 생각

오답분석

① 오손(汚損) : 더럽히고 손상함

② 박리(剝離) : 벗겨져 떨어짐

③ 망실(亡失) : 잃어버려 없어짐

⑤ 손모(損耗) : 사용함으로써 닳아 없어짐

43

정답 ②

마지막 문단을 통해 발효된 파리기후변화협약은 3년간 탈퇴가 금지되어 2019년 11월 3일까지는 탈퇴 통보가 불가능하다는 내용을 통해 해당 협약은 2016년 11월 4일에 발효되었음을 알 수 있다. 따라서 이 협약은 2015년 12월 제21차 유엔기후변화협약 당사국총회에서 채택되었을 뿐, 2015년 12월 3일에 발효된 것은 아니다.

오답분석

① 파리기후변화협약은 2020년 만료 예정인 교토의정서를 대체하여 2021년부터의 기후변화 대응을 담은 국제협약이므로 교토의정서는 2020년 12월에 만료되는 것을 알 수 있다.

③ 파리기후변화협약에서 개발도상국은 절대량 방식의 감축 목표를 유지해야 하는 선진국과 달리 절대량 방식과 배출 전망치 대비 방식 중 하나를 채택할 수 있다. 우리나라는 2030년 배출 전망치 대비 37%의 감축이 목표이므로 개발도상국에 해당하는 것을 알 수 있다.

④ 파리기후변화협약은 채택 당시 195개의 당사국 모두가 협약에 합의하였으나, 2020년 11월 4일 미국이 공식 탈퇴함에 따라 현재 194개국이 합의한 상태임을 알 수 있다.

⑤ 파리기후변화협약은 온실가스 감축 의무가 선진국에만 있었던 교토의정서와 달리 환경 보존에 대한 의무를 전 세계의 국가들이 함께 부담하도록 하였다.

44

정답 ③

ㄴ. 날짜 작성 시에는 연도와 월일을 함께 기입하고, 날짜 다음에 마침표를 찍되, 만일 날짜 다음에 괄호가 사용되는 경우 마침표는 찍지 않는다.

ㄹ. 공문서 작성 시에는 한 장에 담아내는 것을 원칙으로 한다.

ㅁ. 공문서 작성을 마친 후에는 '내용 없음'이 아닌 '끝'이라는 문구로 마무리하여야 한다.

오답분석

ㄱ. 회사 외부 기관에 송달되는 공문서는 누가, 언제, 어디서, 무엇을, 어떻게, 왜가 명확히 드러나도록 작성하여야 한다.

ㄷ. 복잡한 내용을 보다 정확히 전달하기 위해, 항목별로 구분하여 작성하여야 하며, 이때에는 '-다음-' 또는 '-아래-'와 같은 표기를 사용할 수 있다.

45

정답 ②

공정 보상의 원칙은 모든 근로자에게 평등한 근로의 대가를 지급하는 것이 아닌, 공헌도에 따라 노동의 대가를 달리 지급함으로써 공정성을 갖도록 하는 것이다.

오답분석

① 적재적소 배치의 원리는 알맞은 인재를 알맞은 자리에 배치하여 해당 업무에 가장 적합한 인재를 배치하는 것이다.

③ 종업원 안정의 원칙은 종업원의 직장 내에서의 직위와 근로환경을 보장함으로써 근로자에게 신뢰를 주어 업무에 안정적으로 임할 수 있게 하는 것이다.

④ 창의력 계발의 원칙은 근로자가 창의성 향상을 통해 새로운 것을 생각해낼 수 있도록 이에 필요한 다양한 기회의 장을 마련하여, 그 결과에 따라 적절한 보상을 제공하는 것이다.

46

정답 ④

㉠ 앞뒤 문장의 내용이 반대이기 때문에 '그러나'가 와야 한다.

㉡ 앞 문장의 예시가 뒤 문장에 제시되고 있기 때문에 '예컨대'가 적절하다.

47

주어진 조건에 따라 자물쇠를 열 수 없는 열쇠를 정리하면 다음과 같다.

구분	1번 열쇠	2번 열쇠	3번 열쇠	4번 열쇠	5번 열쇠	6번 열쇠
첫 번째 자물쇠			×	×	×	×
두 번째 자물쇠			×			×
세 번째 자물쇠	×	×	×			×
네 번째 자물쇠			×	×		×

따라서 3번 열쇠로는 어떤 자물쇠도 열지 못하는 것을 알 수 있다.

오답분석

① 첫 번째 자물쇠는 1번 또는 2번 열쇠로 열릴 수 있다.
② 두 번째 자물쇠가 2번 열쇠로 열리면, 세 번째 자물쇠는 4번 열쇠로 열린다.
③ 세 번째 자물쇠가 5번 열쇠로 열리면, 네 번째 자물쇠는 1번 또는 2번 열쇠로 열린다.

48

마지막 문단을 통해 종이 접는 횟수는 산술적으로 늘어나는 데 비해 이로 인해 생기는 반원의 호 길이의 합은 기하급수적으로 커지기 때문에 종이의 길이가 한정되어 있다면, 종이를 무한하게 접는 것은 불가능하다는 것을 알 수 있다.

49

(나)에서 물벗 나눔 장터 행사에 대한 소개와 취지를 언급한 뒤, (다)에서 행사의 구체적인 내용을 설명하고, 마지막으로 (가)에서 지난 물벗 나눔 장터 행사에 대해 설명하며 글을 마무리하는 순서가 가장 적절하다.

50

참석자 수를 x명, 테이블의 수를 y개라 하면 x와 y의 관계는 다음과 같다.
$x=3y+15 \cdots \bigcirc$
5명씩 앉게 할 경우 테이블이 2개가 남으므로 다음과 같은 부등식 역시 성립한다.
$5(y-3)+1 \leq x \leq 5(y-2) \cdots \bigcirc$
㉠과 ㉡을 연립하면 $5(y-3)+1 \leq 3y+15 \leq 5(y-2)$이며,
모든 변에서 $5y$를 빼면 $-14 \leq -2y+15 \leq -10$이므로 $12.5 \leq y \leq 14.5$이다.
해당 범위 내 짝수는 14가 유일하므로 테이블은 14개이며, 참석자 수는 $(3 \times 14)+15=57$명이다.

51

오답분석

① 마가 1등 혹은 6등이 아니기 때문에 옳지 않다.
② 다와 바의 등수가 2 이상 차이 나지 않고, 가가 나보다 먼저 결승선을 통과하였기 때문에 옳지 않다.
④ 가가 나의 바로 다음에 결승선을 통과하지 않았기 때문에 옳지 않다.

52

각 부서에서 회신한 내용에 따르면 부서별 교육 가능 일자는 다음과 같다.
• 기획부문 : 5/31, 6/2, 6/3 중 1일, 6/8, 6/9 중 1일
• 경영부문 : 5/30, 6/3, 6/7, 6/8, 6/9
• 수자원환경부문 : 6/8

• 수도부문 : 6/7, 6/8, 6/9
• 그린인프라부문 : 6/2, 6/3, 6/7, 6/8, 6/9

수자원환경부문은 가능한 날이 6/8 하루뿐이므로 기획부문의 교육 2주 차 일정이 6/9, 수도부문의 교육일정이 6/7로 정해진다.

일	월	화	수	목	금	토
5/29 휴일	5/30	5/31	6/1 지방선거일	6/2	6/3	6/4 휴일
6/5 휴일	6/6 현충일	6/7 수도	6/8 수자원환경	6/9 기획	6/10 걷기행사	6/11 휴일

교육 2주 차 일정이 모두 확정된 가운데 아직 배정되어야 하는 일정은 경영부문 교육 2회와 기획부문, 그린인프라부문 교육 각 1회이다. 이 부서들의 1주 차 가능일정은 다음과 같다.
• 기획부문 : 5/31, 6/2, 6/3
• 경영부문 : 5/30, 6/3
• 그린인프라부문 : 6/2, 6/3

경영부문은 이틀의 일정이 필요하므로 5/30, 6/3에는 경영부문이 배정된다. 이에 따라 그린인프라부문의 일정이 6/2, 기획부문의 일정이 5/31이 된다.

일	월	화	수	목	금	토
5/29 휴일	5/30 경영	5/31 기획	6/1 지방선거일	6/2 그린인프라	6/3 경영	6/4 휴일
6/5 휴일	6/6 현충일	6/7 수도	6/8 수자원환경	6/9 기획	6/10 걷기행사	6/11 휴일

53 〔정답〕 ②

세 번째 문단에서 분산자원 통합 관리 시스템과 분산자원 관리 센터는 지난해에 마련했다고 하였으므로 올해 신설한다는 것은 옳지 않다.

〔오답분석〕

① 네 번째 문단을 통해 알 수 있다.
③ 세 번째 문단을 통해 알 수 있다.
④ 두 번째 문단을 통해 알 수 있다.

54 〔정답〕 ②

직접비용이란 제품의 생산이나 서비스 창출에 직접적으로 소요된 비용을 말하는 것으로 재료비, 원료와 장비, 시설비, 인건비 등이 여기에 포함된다. 이와 달리 직접비용의 반대 개념인 간접비용은 제품의 생산이나 서비스 창출에 직접적으로 관여하진 않지만 간접적으로 사용되는 지출인 보험료, 건물관리비, 광고비, 통신비, 사무비품비, 각종 공과금 등이 이에 해당한다. 제시된 자료에서 직접비용 항목만 구분하여 정리하면 다음과 같다.

	4월			5월	
번호	항목	금액(원)	번호	항목	금액(원)
1	원료비	680,000	1	원료비	720,000
2	재료비	2,550,000	2	재료비	2,120,000
4	장비 대여비	11,800,000	4	장비 구매비	21,500,000
8	사내 인건비	75,000,000	8	사내 인건비	55,000,000
–	–	–	9	외부 용역비	28,000,000
–	합계	90,030,000	–	합계	107,340,000

따라서 J사의 4월 대비 5월의 직접비용은 17,310,000원 증액되었다.

55

정답 ②

시트에서 평균값 중 가장 큰 값을 구하려면 지정된 범위 내에서 최댓값을 찾는 MAX 함수를 사용해야 한다.

56

정답 ③

세 번째 문단에서 국토교통부 소속 공무원 본인뿐만 아니라 배우자, 직계존비속 등 이해관계에 얽힌 사람들도 일부 예외를 제외하고는 제재의 대상이라고 하였으므로 제시문의 내용으로 적절하지 않다.

오답분석

① 마지막 문단에서 감사담당관은 부당한 부동산 취득을 적발했을 경우 6개월 이내 자진 매각 권고, 직위변경 및 전보 등 조치 요구 등 적절한 조치를 취할 수 있다고 하였으므로 옳은 내용이다.
② 마지막 문단에서 근무 또는 결혼 등 일상생활에 필요한 부동산의 취득은 허용하고 있다고 하였으므로 결혼으로 인한 부동산 취득은 일상생활에 필요한 취득으로 보고 있으므로 옳은 내용이다.
④ 두 번째 문단에서 '국토부 소속 공무원은 직무상 알게 된 부동산에 대한 정보를 이용해 재물이나 재산상 이익을 취득하거나 그 이해관계자에게 재물이나 재산상 이익을 취득하게 해서는 안 된다.'고 지침에 명시되어 있으므로 옳은 내용이다.
⑤ 마지막 문단에서 부서별로 제한받는 부동산은 다르다고 하였으므로 옳은 내용이다.

57

정답 ②

2021년과 2020년 휴직자 수를 구하면 다음과 같다.
• 2021년 : 550,000×0.2=110,000명
• 2020년 : 480,000×0.23=110,400명
따라서 2021년 휴직자 수는 2020년 휴직자 수보다 적다.

오답분석

① 2017년부터 2021년까지 연도별 전업자의 비율은 감소하는 반면에, 겸직자의 비율은 증가하고 있다.
③ 연도별 전업자 수를 구하면 다음과 같다.
   • 2017년 : 300,000×0.68=204,000명
   • 2018년 : 350,000×0.62=217,000명
   • 2019년 : 420,000×0.58=243,600명
   • 2020년 : 480,000×0.52=249,600명
   • 2021년 : 550,000×0.46=253,000명
   따라서 전업자 수가 가장 적은 연도는 2017년이다.
④ 2020년과 2017년의 겸직자 수를 구하면 다음과 같다.
   • 2020년 : 480,000×0.21=100,800명
   • 2017년 : 300,000×0.08=24,000명

   따라서 2020년 겸직자 수는 2017년의 $\frac{100,800}{24,000}=4.2$배이다.
⑤ 2017년과 2021년의 휴직자 수를 구하면 다음과 같다.
   • 2017년 : 300,000×0.06=18,000명
   • 2021년 : 550,000×0.2=110,000명

   따라서 2017년 휴직자 수는 2021년 휴직자 수의 $\frac{18,000}{110,000}\times100≒16\%$이다.

58

전체 입사자 중 고등학교 졸업자 수와 대학원 졸업자 수를 정리하면 다음과 같다.
- 2017년 : 고등학교 10+28=38명, 대학원 36+2=38명
- 2018년 : 고등학교 2+32=34명, 대학원 55+8=63명
- 2019년 : 고등학교 35+10=45명, 대학원 14+2=16명
- 2020년 : 고등학교 45+5=50명, 대학원 5+4=9명
- 2021년 : 고등학교 60+2=62명, 대학원 4+1=5명

전체 입사자 중 고등학교 졸업자 수는 2018년까지 감소하다가 그 이후 증가하였고, 대학원 졸업자 수는 2018년까지 증가하다가 그 이후 감소하였음을 알 수 있다. 따라서 두 수치는 서로 반비례하고 있다.

오답분석

① 2017년부터 2021년까지 연도별 여성 입사자 수는 각각 50명, 80명, 90명, 100명, 110명으로 매년 증가하고 있는 반면에, 남성 입사자 수는 150명, 140명, 160명, 160명, 170명으로 2018년(140명)에는 전년(150명) 대비 감소하였고, 2020년(160명)에는 전년(160명)과 동일하였다.

② 연도별 전체 입사자 수를 정리하면 다음과 같다.
- 2017년 : 150+50=200명
- 2018년 : 140+80=220명(전년 대비 20명 증가)
- 2019년 : 160+90=250명(전년 대비 30명 증가)
- 2020년 : 160+100=260명(전년 대비 10명 증가)
- 2021년 : 170+110=280명(전년 대비 20명 증가)

따라서 전년 대비 전체 입사자 수가 가장 많이 증가한 연도는 2019년이다.

③ 전체 입사자 중 여성이 차지하는 비율을 구하면 다음과 같다.
- 2017년 : $\dfrac{50}{150+50} \times 100 = 25\%$
- 2018년 : $\dfrac{80}{140+80} \times 100 ≒ 36\%$
- 2019년 : $\dfrac{90}{160+90} \times 100 = 36\%$
- 2020년 : $\dfrac{100}{160+100} \times 100 ≒ 38\%$
- 2021년 : $\dfrac{110}{170+110} \times 100 ≒ 39\%$

따라서 전체 입사자 중 여성이 차지하는 비율이 가장 높은 연도는 2021년이다.

④ 연도별 남성 입사자 수와 여성 입사자 수의 대학교 졸업자 수를 정리하면 다음과 같다.
- 2017년 : 남성 80명, 여성 5명
- 2018년 : 남성 75명, 여성 12명
- 2019년 : 남성 96명, 여성 64명
- 2020년 : 남성 100명, 여성 82명
- 2021년 : 남성 102명, 여성 100명

따라서 여성 입사자 중 대학교 졸업자 수는 매년 증가하고 있는 반면에, 남성 입사자 중 대학교 졸업자 수는 2018년까지는 전년 대비 감소하다가 이후 다시 증가하고 있음을 알 수 있다.

59

정답 ④

여섯 번째 문단에서 돈을 모으는 생활 습관을 만들기 위해서는 '이번 주에 4번 배달음식을 먹었다면, 3번으로 줄이는 등 실천할 수 있도록 조정해가는 것이 필요합니다.'라고 하였으므로 행동을 완전히 바꾸는 것보다는 실천할 수 있는 방법으로 점진적인 개선이 도움이 된다.

[오답분석]
① 습관을 만들기 위해서는 잘 하는 것보다 매일 하는 것이 중요하다고 하였으므로 직질한 내용이다.
② 충동구매를 줄이기 위해 사려고 하는 물품을 장바구니에 담아두고 다음날 아침에 다시 생각해 보는 것도 좋은 방법이라고 하였으므로 적절한 내용이다.
③ 소액 적금으로 적은 돈이라도 저축하는 습관을 들이고 규모를 점차 늘리라고 하였으므로 적절한 내용이다.
⑤ 보상심리로 스스로에게 상을 주거나 스트레스 해소를 위해 사용하는 금액의 한도를 정해 줄여나가라고 하였으므로 적절한 내용이다.

60

정답 ③

H씨가 납입한 전세보증금은 5억 원이며, 이 상품의 대출한도는 두 가지 기준에 따라 정해진다. 금액 기준으로는 최대 5억 원이지만 임차보증금의 80% 이내이므로 H씨가 최종적으로 받은 대출금은 4억 원이다. 따라서 H씨의 월납 이자는 400,000,000원×0.036÷12=1,200,000원이므로 6개월간 지불한 이자는 7,200,000원이다.

01	02	03	04	05	06	07	08	09	10	11	12	13	14	15	16	17	18	19	20
④	④	②	④	③	③	②	⑤	③	②	④	①	③	⑤	⑤	③	③	④	①	④
21	22	23	24	25	26	27	28	29	30	31	32	33	34	35	36	37	38	39	40
②	②	②	④	④	④	⑤	①	④	①	⑤	⑤	④	①	④	④	②	②	④	②
41	42	43	44	45	46	47	48	49	50	51	52	53	54	55	56	57	58	59	60
④	③	①	③	②	⑤	②	⑤	④	①	②	①	⑤	④	④	②	①	②	③	④

01

정답 ④

글의 내용상 (라)의 빈칸에 보편화된 언어 사용은 적절하지 않다.

오답분석

① 표준어를 사용하는 이유에 대한 상세한 설명이 들어가야 하므로 적절하다.
②·③ 제시문에서 개정안에 대한 부정적인 입장을 취하고 있으므로 적절하다.
⑤ '다만' 이후로 언론이 지양해야 할 방향을 제시하는 것이 자연스러우므로 적절하다.

02

정답 ④

원콜 서비스를 이용하기 위해서는 사전등록된 신용카드가 있어야 결제가 가능하다.

오답분석

① 상이등급이 있는 국가유공자만 이용가능하다.
② 원콜 서비스를 이용하면 전화로 맞춤형 우대예약 서비스를 이용할 수 있다.
③ 신분증 외 유공자증을 대신 지참하여도 신청이 가능하다.
⑤ 휴대폰을 이용한 승차권 발권을 원하지 않는 경우, 전화 예약을 통해 역창구 발권을 받을 수 있으므로 선택권이 존재한다.

03

정답 ②

ㄱ. 전화를 통한 예약의 경우, 승차권 예약은 ARS가 아닌, 상담원을 통해 이루어진다.
ㄷ. 예약된 승차권은 본인 외 사용은 무임승차로 간주되며, 양도가 가능한지는 자료에서 확인할 수 없다.

오답분석

ㄴ. 경우에 따라 승차권 대용문자 혹은 (승차권 대용문자)+(스마트폰 티켓)으로 복수의 방식으로 발급받을 수 있다.
ㄹ. 반기별 예약 부도 실적이 3회 이상인 경우 다음 산정일까지 우대서비스가 제한된다.

04

정답 ④

마지막 문단을 통해 장피에르 교수 외 고대 그리스 수학자들의 학문에 대한 공통적 입장은 새로운 진리를 찾는 기쁨이라는 것을 알 수 있다.

오답분석

①·③ 제시문과 반대되는 내용이므로 옳지 않다.
②·⑤ 제시문에 언급되어 있지 않아 알 수 없다.

05

정답 ③

가장 먼저 오전 9시에 B과 진료를 본다면 10시에 진료가 끝나고, 셔틀을 타고 이동하면 10시 30분이 된다. 이후 C과 진료를 이어보면 12시 30분이 되고, 점심시간 이후 바로 A과 진료를 본다면 오후 2시에 진료를 다 받을 수 있다. 따라서 가장 빠른 경로는 B - C - A이다.

06

정답 ③

주어진 조건을 고려하면 1순위인 B를 하루 중 가장 이른 식후 시간대인 아침 식후에 복용해야 한다. 2순위이며 B와 혼용 불가능한 C는 점심 식전에 복용하며, 3순위인 A는 혼용 불가능 약을 피해 저녁 식후에 복용해야 한다. 4순위인 E는 남은 시간 중 가장 빠른 식후인 점심 식후에 복용을 시작하며, 5순위인 D는 가장 빠른 시간인 아침 식전에 복용한다.

식사	시간	1일 차	2일 차	3일 차	4일 차	5일 차
아침	식전	D	D	D	D	D
	식후	B	B	B	B	
점심	식전	C	C	C		
	식후	E	E	E	E	
저녁	식전					
	식후	A	A	A	A	

따라서 모든 약의 복용이 완료되는 시점은 5일 차 아침이다.

07

정답 ②

ㄱ. 혼용이 불가능한 약들을 서로 피해 복용하더라도 하루에 A ~ E를 모두 복용할 수 있다.
ㄷ. 최단 시일 내에 모든 약을 복용하기 위해서는 A는 혼용이 불가능한 약들을 피해 저녁에만 복용하여야 한다.

오답분석

ㄴ. D는 아침에만 복용한다.
ㄹ. A와 C를 동시에 복용하는 날은 총 3일이다.

08

정답 ⑤

기타를 제외한 통합시청점유율과 기존시청점유율의 차이는 C방송사가 20.5%로 가장 크다. A방송사는 17%이다.

오답분석

① B는 2위, J는 10위, K는 11위로 순위가 같다.
② 기존시청점유율은 D가 20%로 가장 높다.
③ F의 기존시청점유율은 10.5%로 다섯 번째로 높다.
④ G의 차이는 6%로, 기타를 제외하면 차이가 가장 작다.

09

N스크린 영향력의 범위에 해당하는 방송국을 정리하면 다음과 같다.

방송사	A	B	C	D	E	F	G	H	I	J	K	L	기타
N스크린 영향력	1.1	0.9	2.7	0.4	1.6	1.2	0.4	0.8	0.7	1.7	1.6	4.3	1.8
구분	다	나	마	가	라	다	가	나	나	라	라	마	라

따라서 옳게 짝지어진 것은 (다)=F이다.

10

가대리와 마대리의 진술이 서로 모순이므로, 둘 중 한 사람은 거짓을 말하고 있다.
i) 가대리의 진술이 거짓인 경우
　가대리의 말이 거짓이라면 나사원의 말도 거짓이 되고, 라사원의 말도 거짓이 되므로 모순이 된다.
ii) 가대리의 진술이 참인 경우
　가대리, 나사원, 라사원의 말이 참이 되고, 다사원과 마대리의 말이 거짓이 된다.
따라서 참인 진술에 따라 가대리, 마대리, 다사원은 출근하였고, 거짓인 진술에 따라 라사원은 출근하였으며, 나사원이 출근하지
않았다.

11

(가) 탐색형 문제는 현재의 상황을 개선하거나 효율을 높이기 위한 것이다. 눈에 보이지 않는 문제로, 이를 방치하면 뒤에 큰 손실이
　　따르거나 결국 해결할 수 없는 문제로 확대되기도 한다.
(나) 발생형 문제는 우리 눈앞에 발생되어 당장 걱정하고 해결하기 위해 고민하는 것이다. 눈에 보이는 이미 일어난 문제로, 어떤
　　기준을 일탈함으로써 생기는 일탈 문제와 기준에 미달하여 생기는 미달문제로 대변되며 원상복귀가 필요하다.
(다) 설정형 문제는 미래상황에 대응하는 장래 경영전략의 문제로, '앞으로 어떻게 할 것인가.'에 대한 문제이다. 지금까지 해오던
　　것과 관계없이 미래 지향적으로 새로운 과제 또는 목표를 설정함에 따라 일어나는 문제로, 목표 지향적 문제이기도 하다.

12

1인당 1일 폐기물 배출량을 정리하면 다음과 같다.

구분	1일 폐기물 배출량(톤)	인구수(명)	1인당 1일 폐기물 배출량
용산구	305.2	132,259	2.31kg/일
중구	413.7	394,679	1.05kg/일
종로구	339.9	240,665	1.41kg/일
서대문구	240.1	155,106	1.55kg/일
마포구	477.5	295,767	1.61kg/일

따라서 1인당 1일 폐기물 배출량이 가장 큰 구인 용산구(2.31kg/일)에 폐기물 처리장을 만들어야 한다.

13

정답 ③

폐기물 처리장이 설치되는 용산구에서 출발하여 1인당 1일 폐기물 배출량이 많은 지역을 순서대로 나열하면 용산구 → 마포구 → 서대문구 → 종로구 → 중구 → 용산구 순서이다. 따라서 폐기물 수집에 걸리는 최소시간은 100+80+50+60+50=340=5시간 40분이다.

14

정답 ⑤

구분	월요일	화요일	수요일	목요일	금요일	토요일	일요일
낮	가, 나, 마	나, 다	다, 마	아, 자	바, 자	라, 사, 차	바
야간	라	마, 바, 아, 자	가, 나, 라, 바, 사	가, 사, 차	나, 다, 아	마, 자	다, 차

일정표를 보면 일요일 낮에 한 명, 월요일 야간에 한 명이 필요하고, 수요일 야간에 한 명이 빠져야 한다. 따라서 가, 나, 라, 바, 사 중 한 명이 일정을 옮겨야 하는데, 이때 세 번째 당직 근무 규칙에 따라 같은 날에 낮과 야간 당직 근무는 함께 설 수 없으므로 월요일에 근무하는 '가, 나, 라, 마'와 일요일에 근무하는 '다, 바, 차'는 제외된다. 따라서 일정을 변경해야 하는 사람은 '사'이다.

15

정답 ⑤

• C : 내연기관차는 무게가 무겁기 때문에 가벼운 경차보다 연비가 떨어지는 모습을 보인다.
• E : 충·방전을 많이 하면 전지 용량이 감소하기 때문에 이를 개선하려는 연구가 이뤄지고 있다.

오답분석
• A : 가볍다는 특성이 리튬의 장점은 맞지만 양이온 중에서 가장 이동속도가 빠른 물질은 리튬이 아닌 수소이다.
• B : 리튬이온은 충전 과정을 통해 전지의 음극에 모이게 된다. 음극에서 양극으로 이동하는 것은 방전에 해당한다.
• D : 1kWh당 6.1km를 주행할 수 있으므로, 20kWh로 달리면 122km를 주행할 수 있다.

16

정답 ③

리튬과 리튬이온전지를 예시와 함께 설명하고, 테슬라 모델3 스탠더드 버전이라는 예시를 통해 전기 에너지 개념을 설명하고 있다.

17

정답 ③

• 일비 : 2만×3=6만 원
• 항공운임 : 100만×2=200만 원
• 철도운임 : 7만×2=14만 원
• 자가용승용차운임 : 20만×3=60만 원
• 숙박비 : 15만×2=30만 원
• 식비 : 2.5만×3=7.5만 원
따라서 A부장이 받을 수 있는 최대 여비는 6+200+14+60+30+7.5=317.5만 원이다.

18

정답 ④

- 가군
  - 일비 : 2만×2＝4만 원
  - 항공운임 : 100만×1＝100만 원
  - 선박운임 : 50만×1＝50만 원
  - 철도운임 : 7만×2＝14만 원
  - 버스운임 : 1,500×2＝3,000원
  - 자가용승용차운임 : 20만×2＝40만 원
  - 숙박비 : 15만×1＝15만 원
  - 식비 : 2.5만 원×2＝5만 원

  그러므로 4＋100＋50＋14＋0.3＋40＋15＋5＝228만 3천 원이다.
- 나군
  - 일비 : 2만×2＝4만 원
  - 항공운임 : 50만×1＝50만 원
  - 선박운임 : 20만×1＝20만 원
  - 철도운임 : 7만×2＝14만 원
  - 버스운임 : 1,500×2＝3,000원
  - 자가용승용차운임 : 20만×2＝40만 원
  - 숙박비 : 7만×1＝7만 원
  - 식비 : 2만×2＝4만 원

  그러므로 4＋50＋20＋14＋0.3＋40＋7＋4＝139만 3천 원이다.
- 다군
  - 일비 : 2만×2＝4만 원
  - 항공운임 : 50만×1＝50만 원
  - 선박운임 : 20만×1＝20만 원
  - 철도운임 : 3만×2＝6만 원
  - 버스운임 : 1,500×2＝3,000원
  - 자가용승용차운임 : 20만×2＝40만 원
  - 숙박비 : 6만×1＝6만 원
  - 식비 : 2만×2＝4만 원

  그러므로 4＋50＋20＋6＋0.3＋40＋6＋4＝130만 3천 원이다.

따라서 총 여비는 228.3＋139.3＋130.3＝497만 9천 원이다.

19

정답 ①

가. 뇌혈관은 중증질환에 해당되고, 소득수준도 조건에 해당되기 때문에 이 사업의 지원금을 받을 수 있다.
나. 기준중위소득 50% 이하는 160만 원 초과 시 지원할 수 있다.

오답분석

다. 기준중위소득 200%는 연소득 대비 의료비부담비율을 고려해 개별심사 후 지원받을 수 있다. 이때 재산 과표 5.4억 원을 초과하는 고액재산보유자는 지원이 제외되므로 재산이 5.4억 원인 다의 어머니는 심사에 지원할 수 있다.
라. 통원 치료는 대상질환에 해당하지 않는다.

20

정답 ④

ⅰ) 총 원화금액 : $(4 \times 1,000) + (3 \times 1,120) + (2 \times 1,180) = 9,720$원

ⅱ) 평균환율 : $\dfrac{9,720}{9} = 1,080$원/달러

21

정답 ②

창고재고 금액 : $200 \times 1,080 = 216,000$원

22

정답 ②

두 번째 문단에서 손을 씻을 때 생일축하 노래를 처음부터 끝까지 두 번 부르는 데 걸리는 시간이면 된다고 하였으므로 ②는 적절하지 않다.

[오답분석]

① 두 번째 문단에서 가능한 손 씻기를 수시로 하는 것이 좋으며, 하루에 몇 번 손을 씻었는지 세보는 것도 방법이라고 하였으므로 적절하다.

③ 마지막 문단에서 손 소독제보다 손을 흐르는 물에 씻는 것이 더 효과적이라고 하였으므로 적절하다.

④ 네 번째 문단에서 젖은 손은 미생물의 전이를 돕기 때문에 손을 건조하는 것이 매우 중요하다고 하였으므로 적절하다.

23

정답 ②

네 번째 문단에서 디지털 고지 안내문 발송서비스가 시행되면 환급금 조회뿐 아니라 신청까지 가능하다고 하였으므로 적절하지 않은 설명이다.

[오답분석]

① 디지털 전자문서를 통해 모바일 환경에서 손쉽게 고지서를 확인할 수 있게 되었다.

③ 고지·안내문에 담긴 개인정보와 민감정보는 공단 모바일(The 건강보험)로 연동하여 확인하도록 하여 이용자의 개인정보를 안전하게 보호할 수 있도록 추진한다.

④ 사업은 5년 동안 단계별로 고지·안내방식 전환 및 발송을 진행될 예정이다.

24

정답 ④

ㄷ. 온라인은 복지로 홈페이지, 오프라인은 읍면동 주민센터에서 보조금 신청서를 작성 후 제출하면 되며, 카드사의 홈페이지에서는 보조금 신청서 작성이 불가능하다.

ㄹ. 제시된 은행 지점 및 읍면동 주민센터 외에도 해당되는 카드사를 방문하여도 카드를 발급받을 수 있다.

[오답분석]

ㄱ. 어린이집 보육료 및 유치원 학비는 신청자가 별도로 인증하지 않아도 보조금 신청 절차에서 인증된다.

ㄴ. 온라인과 오프라인 신청 모두 연회비가 무료임이 명시되어 있다.

25

정답 ④

외국인의 경우 공단뿐만 아니라 지자체에도 신고할 필요 없이 자동으로 가입처리가 된다.

[오답분석]

① 우편, 이메일, 모바일 고지서 모두 신청이 가능하다.

② 외국 법령, 보험, 사용자와의 계약 등 건강보험 급여에 상당하는 의료보장을 수혜 중인 경우 가입 제외를 신청할 수 있다.

③ 체류자격 등에 변경사항이 있는 경우 가까운 지사에 신고하여야 한다.

26

정답 ④

물품의 분실이란 실질적으로 분실하여 다시 구입해야 하는 경제적 손실을 의미하는 것으로 A씨의 경우 물건이 집에 어딘가 있지만 찾지 못하는 경우에 해당한다. 따라서 분실로 보기는 어렵다.

오답분석

① A씨는 물품을 정리하였다기보다 창고에 쌓아두었으므로 이는 정리하지 않고 보관한 경우로 볼 수 있다.
② A씨는 물건을 아무렇게나 보관하였기 때문에 그 보관 장소를 파악하지 못해 다시 그 물건이 필요하게 된 상황임에도 찾는 데 어려움을 겪었다.
③ A씨는 커피머신을 제대로 보관하지 않았기 때문에 그로 인해 물품이 훼손되는 경우가 발생하였다.
⑤ A씨는 지금 당장 필요하지 않음에도 구입을 했으므로 이는 목적 없는 구매에 해당한다.

27

정답 ⑤

진정성 있는 태도는 신뢰 관계 형성에 매우 중요한데, 이를 가장 잘 보여줄 수 있는 행동이 진정성 있는 사과이다. 하지만 진정성 있는 사과도 반복적이라면 불성실한 사과와 마찬가지로 느껴지기 때문에 오히려 신뢰를 인출하는 행위가 된다.

오답분석

① 대인관계란 이해와 양보를 기반으로 이루어지기 때문에 상대방의 입장에서 양보하고 배려하는 노력은 타인의 마음속에 신뢰를 저축할 수 있는 가장 중요한 방법이 될 것이다.
② 사람들은 매우 상처받기 쉽고 민감한 존재로, 비록 외적으로 대단히 거칠고 냉담하게 보일지라도 내적으로는 민감한 느낌과 감정을 갖고 있기 마련이다. 따라서 대부분의 인간관계에서의 커다란 손실은 사소한 것으로부터 비롯되기 때문에 이를 예방하기 위해 사소한 일에 대해 관심을 기울여야 할 것이다.
③ 책임을 지고 약속을 지키는 것은 중요한 신뢰를 쌓는 중요한 행위이며 약속을 어기는 것은 신뢰를 무너뜨리는 중대한 행위에 해당한다. 또한, 언행일치 역시 그 사람에게 있어 정직 그 이상의 의미를 갖도록 하게 한다.
④ 상대방에 대한 칭찬과 감사의 표시는 상호 신뢰관계를 형성하고 사람의 마음을 움직이게 하는 중요한 감정 행위로, 사람들은 작은 칭찬과 배려, 감사하는 마음에 감동하곤 한다.

28

정답 ①

시스템적인 관점에서 인식하는 능력은 기술적 능력에 대한 것으로, 기술경영자의 역할이라기보다는 기술관리자의 역할에 해당하는 내용이다.

기술경영자의 역할
- 기술을 효과적으로 평가할 수 있는 능력
- 조직 내의 기술 이용을 수행할 수 있는 능력
- 새로운 제품개발 시간을 단축할 수 있는 능력
- 기술을 기업의 전반적인 전략 목표에 통합시키는 능력
- 빠르고 효과적으로 새로운 기술을 습득하고 기존의 기술에서 탈피하는 능력
- 기술 이전을 효과적으로 할 수 있는 능력
- 크고 복잡하고 서로 다른 분야에 걸쳐 있는 프로젝트를 수행할 수 있는 능력
- 기술 전문 인력을 운용할 수 있는 능력

29

본사와 지사가 있는 사업장은 신청할 수 없다는 내용은 찾을 수 없다.

오답분석

① 운영규칙 제2조 제4항에 해당한다.
② 운영규칙 제2조 제5항에 해당한다.
③ 운영규칙 제2조 제7항에 해당한다.
⑤ 운영규칙 제2조 제2항에 해당한다.

30

제시문에서 중장년층의 일자리와 관련된 내용은 찾을 수 없다.

오답분석

② 당장 소득이 없어 생계가 불안정한 취약계층에게 지원금을 주기 위해 이들에 대한 조사가 필요하다.
③ 코로나19 장기화로 고용유지에 어려움을 겪고 있는 사업주를 지원하기 위해 피해 규모 등을 파악해야 한다.
④ 실업자 등 취약계층 보호를 위해 공공·민간부문 일자리사업과 직업훈련을 속도감 있게 추진하기 위해 이들을 위한 맞춤 훈련 프로그램을 기획해야 한다.
⑤ 저소득, 청년 등 고용충격 집중계층의 고용안전망 강화도 차질 없이 추진하기 위해서 도움이 되는 일자리를 마련해야 한다.

31

제시된 노트북별 평가 점수를 구하면 다음과 같다.

노트북	가격	속도	모니터	메모리	제조년도	합계
TR-103	3점	2점	1점	3점	5점	14점
EY-305	1점	3점	3점	5점	4점	16점
WS-508	5점	1점	2점	2점	1점	11점
YG-912	2점	4점	5점	4점	2점	17점
NJ-648	4점	5점	5점	1점	4점	19점

따라서 A사원이 구입할 노트북은 NJ-648이다.

32

노트북	가격	속도	메모리	제조년도	무게	합계	할인가격
TR-103	3점	2점	3점	5점	4점	17점	10%(675만 원)
EY-305	1점	3점	5점	4점	2점	15점	없음(1,000만 원)
WS-508	5점	1점	2점	1점	1점	10점	10%(495만 원)
YG-912	2점	4점	4점	2점	5점	17점	10%(720만 원)
NJ-648	4점	5점	1점	4점	3점	17점	30%(455만 원)

TR-103, YG-912, NJ-648의 평가점수는 모두 17점으로 동일하지만, YG-912와 TR-103이 각각 720만 원, 675만 원으로 예산인 600만 원을 초과한다. 따라서 한국산업인력공단에서 구입할 노트북은 NJ-648이다.

33

• 기간제 : $(6 \times 365) \div 365일 \times 15 = 90일$
• 시간제 : $(8 \times 30 \times 6) \div 365 ≒ 4일$
따라서 $90 + 4 = 94$일이다.

34

명함은 악수를 한 이후에 건네주어야 한다.

35

차별화 전략은 조직이 생산품이나 서비스를 차별화하여 고객에게 가치가 있고 독특하게 인식되도록 하는 전략으로 픽사는 창의적인 발상을 통해 애니메이션을 차별화하고 고객에게 가치가 있고 독특하게 인식되도록 하였다.

오답분석

① 윈윈 선략 : 한 기입과 경쟁기입 모투 이익을 읻꼬자 하는 경영전략이다.
② 관리 전략 : 관리조직, 정보시스템이나 인재양성 같은 관리 측면에서 경쟁상의 우위에 서려고 하는 전략이다.
③ 원가우위 전략 : 원가절감을 통해 해당 산업에서 우위를 점하는 전략이다.
⑤ 집중화 전략 : 특정 시장이나 고객에게 한정된 전략으로, 원가우위나 차별화 전략이 산업 전체를 대상으로 하는 것과 달리 특정 산업을 대상으로 한다.

36

하향식 기술선택은 중장기적인 목표를 설정하고, 이를 달성하기 위해 핵심고객층 등에 제공하는 제품 및 서비스를 결정한다.

37

벤치마킹은 특정 분야에서 뛰어난 업체나 상품, 기술, 경영 방식 등을 배워 합법적으로 응용하는 것으로 비교 대상에 따라 내부·경쟁적·비경쟁적·글로벌 벤치마킹으로 분류되고, 수행 방식에 따라 직접적·간접적 벤치마킹으로 분류된다. 스타벅스코리아의 사례는 같은 기업 내의 다른 지역, 타 부서, 국가 간의 유사한 활용을 비교 대상으로 한 내부 벤치마킹이다.

오답분석

① 글로벌 벤치마킹 : 프로세스에 있어 최고로 우수한 성과를 보유한 동일 업종의 비경쟁적 기업을 대상으로 하는 벤치마킹이다.
③ 비경쟁적 벤치마킹 : 제품, 서비스 및 프로세스의 단위 분야에 있어 가장 우수한 실무를 보이는 비경쟁적 기업 내의 유사 분야를 대상으로 하는 벤치마킹이다.
④ 경쟁적 벤치마킹 : 동일 업종에서 고객을 직접적으로 공유하는 경쟁기업을 대상으로 하는 벤치마킹이다.
⑤ 직접적 벤치마킹 : 벤치마킹 대상을 직접 방문하여 자료를 입수하고 조사하는 벤치마킹이다.

38

동일 및 유사 물품의 분류는 보관의 원칙 중 동일성의 원칙과 유사성의 원칙에 따른 것이다. 동일성의 원칙은 '같은 품종은 같은 장소'에 보관한다는 것이며, 유사성의 원칙은 '유사품은 인접한 장소'에 보관한다는 것을 말한다.

39

세 번째 조건에 따라 C주임은 출장으로 인해 참석하지 못하며, 네 번째 조건에 따라 B사원과 D주임 중 한 명만 참석이 가능하다. 또한, 여섯 번째 조건에 따라 주임 이상만 참여 가능하므로 A사원과 B사원은 참석하지 못한다. 이때, 마지막 조건에 따라 가능한 모든 인원이 참석해야 하므로 참석하지 못할 이유가 없는 팀원은 전부 참여해야 한다. 따라서 참석할 사람은 D주임, E대리, F팀장이다.

40

정답 ②

배추, 감자, 고구마의 $1m^2$ 단위 면적당 가격을 구하면 각각 $\frac{1}{3}\left(=\frac{3}{9}\right)$, $\frac{1}{4}\left(=\frac{4}{16}\right)$, $\frac{5}{18}$ 만 원이다. 그러므로 단위 면적당 가격은 배추>고구마>감자 순서이다. 배추의 단위 면적당 가격이 가장 높으므로 배추만 재배하는 경우의 이익이 최대라고 생각할 수 있지만, 배추만 재배하면 밭이 남게 되므로 다른 작물을 추가로 재배하는 경우의 이익이 더 클 가능성이 있다. 이때, 단위 면적당 가격이 배추 다음으로 높은 고구마를 추가로 재배하게 되면, 고구마의 새배 면적이 배추의 재배 면적의 배수이므로 배추만 재배한 경우보다 오히려 이익이 적다. 따라서 배추만 재배한 경우와 배추와 감자를 재배한 경우의 이익을 구하면 다음과 같다.

1) 배추만 재배한 경우

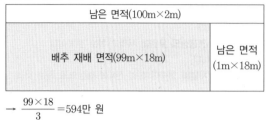

$\rightarrow \dfrac{99\times18}{3}=594$만 원

2) 배추와 감자를 재배한 경우

경우 1)

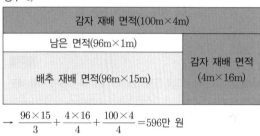

$\rightarrow \dfrac{96\times15}{3}+\dfrac{4\times16}{4}+\dfrac{100\times4}{4}=596$만 원

경우 2)

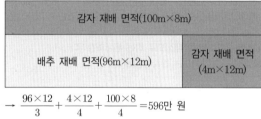

$\rightarrow \dfrac{96\times12}{3}+\dfrac{4\times12}{4}+\dfrac{100\times8}{4}=596$만 원

따라서 농사를 통해 얻을 수 있는 최대 이익은 596만 원이다.

41

정답 ④

지금까지의 주택금융시장의 구조적 개선은 LTV 상한을 적용하여 주택 가격 충격의 영향을 줄이는 방향으로 진행됐다.

오답분석

① 2000 ~ 2003년의 폭발적인 증가세를 경험한 이후 조정기를 거친 후에도 증가세를 보였지만, 그 이전에도 증가세였는지는 알 수 없다.
② 금융자산과 부채의 상관관계도 지속적으로 증가하는 것은, 유동성 충격에 대한 가계의 대응 능력이 강화되었음을 보여 준다.
③ 주택가격 상승과 주택담보대출 증가는 상호 작용을 통해 서로를 강화하는 방향으로 작용하였고, 이 과정에서 가계소비의 빠른 증가세가 실현되었다.

42

정답 ③

공장의 연기 형태가 환상형을 이룰 때는 대기가 불안정할 때이다.

[오답분석]

① 대기오염물질은 기상이나 지형 조건에 의해 다른 지역으로 이동·확산되거나 한 지역에 농축된다.
② 마지막 문단에 따르면 굴뚝이 건물보다 높을 때와 높지 않을 때에 따라 이동 양상이 달라질 수 있다고 하였다.
④ 아래쪽이 차갑고, 위쪽이 뜨거우면 공기의 대류가 발생하지 않아, 오염물질이 모여 스모그가 생기기 쉽다.

43

정답 ①

연료전지 1호 사업은 경기도 파주시에 유치하였다.

[오답분석]

② 미래 희망에너지 타운은 신재생에너지 등 친환경적인 지방 도시 건설을 목적으로 하는 사업이다.
③ 1단계로 태양광을 이용한 '햇빛상생 발전사업'을 기획하고 있으므로, 태양광이 가장 먼저 활용된다고 할 수 있다.
④ 산지가 많은 울주군의 특성을 고려하여 자연환경을 보전할 것이라고 언급하였다.

44

정답 ③

조력발전소가 설치되면서 해수유통을 통해 시화호의 수질이 회복될 수 있었다.

[오답분석]

① 조력발전소는 밀물의 힘으로 발전기를 돌려 전기를 생산하며, 글의 도입부에 조력발전이 주목을 받고 있다고 언급하였다.
② 시화호 발전소의 연간 생산량이 40만 ~ 50만 도시의 소비량과 맞먹는다고 하였으므로, 1년 동안 전기 공급이 가능하다.
④ 네 번째 문단을 통해 우리나라에 위치한 시화호 발전소가 세계 최대 규모임을 밝혔다.

45

정답 ②

〈9월 달력〉

일요일	월요일	화요일	수요일	목요일	금요일	토요일
			1	2	3	4
5	6	7	8	9	10	11
12	13	14	15	16	17	18
19	20	21	22	23	24	25
26	27	28	29	30		

첫째 주와 주말, 매주 월요일, 추석 다음날인 23일은 연차를 사용할 수 없다. 또한, 프로젝트를 둘째 주에 2일, 셋째 주에 1일, 넷째 주에 1일 동안 작업하므로 연차를 쓸 수 있는 날은 셋째 주(프로젝트 작업 없는 날)와 마지막 주에 가능하다. 따라서 가능한 날짜는 14 ~ 16일이다.

46

성인이 되어도 35 ~ 65%가 증상이 그대로 남는 경우가 많기 때문에 적극적인 치료를 필요로 한다.

오답분석

① ADHD 발병률은 평균적으로 5%에 이른다.
② 납과 같은 중금속의 노출은 ADHD 발병 원인 중 하나이다.
③ ADHD는 통제, 집중, 정보처리 등을 담당하는 선전두엽 기능이 저하된 소견을 보인다.
④ 적어도 학교와 집과 같이 두 군데 이상의 상황에서 증상이 뚜렷하게 보여야 한다.

47

• 앞 두 자리 : ㅎ, ㅈ → N, I
• 세 번째, 네 번째 자리 : 1, 3
• 다섯 번째, 여섯 번째 자리 : Q, L
• 마지막 자리 : 01
따라서 생성할 비밀번호는 'NI13QL01'이다.

48

황희찬 부장(4월 8일생)의 비밀번호는 'NJ08QM03'이다.

49

수술이 필요한 경우 지역에 위치한 안과와 연계하는 것이지 무조건 서울에 위치한 병원에서 수술받아야 하는 것은 아니다.

오답분석

① 노인층을 사업의 대상으로 한다고 하였다.
② 저시력 위험군에 선정되면 개안 수술과 재활 훈련을 지원해 준다.
③ 정기적인 검진을 받기 힘든 계층의 안구 질환 조기 발견과 적기 치료가 목적이다.
⑤ 보건소가 재단에 신청하는 것이며, 개별 신청은 받지 않는다.

50

'수소경제 육성 및 안전관리에 관한 법률'은 2020년 2월에 공포됐다.

오답분석

② 1983년 우리나라 최초의 천연가스회사로 출발했다.
③ 지난 수년간의 천연가스 설비 건설, 운영, 공급 경험을 기반으로 국민에게 경제적이고 안정적인 수소 공급 서비스를 제공하기 위해 힘쓸 예정이다.
④ 한국가스공사는 천연가스 산업의 불모지였던 우리나라에 최초로 LNG를 도입하였다.
⑤ 2018년 12월, 한국가스공사법 개정을 통해 수소 에너지의 생산과 공급 관련 사업을 추가하였다.

51

ㄱ. LNG 구매력이 우수하다는 강점을 이용해 북아시아 가스관 사업이라는 기회를 활용하는 것은 SO전략에 해당된다.
ㄷ. 수소 자원 개발이 고도화되고 있는 기회를 이용하여 높은 공급단가라는 약점을 보완하는 것은 WO전략에 해당된다.

오답분석

ㄴ. 북아시아 가스관 사업은 강점이 아닌 기회에 해당되므로 ST전략에 해당되지 않는다.
ㄹ. 높은 LNG 확보 능력이라는 강점을 이용해 높은 가스 공급단가라는 약점을 보완하려는 것은 WT전략에 해당되지 않는다.

52
정답 ①

ㄱ. 성희롱은 성추행이나 성폭행과 달리 형사처벌 대상에 해당되지는 않는다.
ㄴ. 성희롱 여부 판단의 법적 기준은 피해자의 성적 수치심을 느꼈는지 여부이다.

53
정답 ⑤

한글 맞춤법에 따르면 한자음 '랴, 려, 례, 료, 류, 리'가 단어의 첫머리에 올 적에는 두음법칙에 따라 '아, 예, 이, 오, 우'로 적고, 단어의 첫머리 '이, 오'의 경우에는 본음대로 적는다. 다만, 모음이나 'ㄴ' 받침 뒤에 이어지는 '렬, 률'은 '열, 율'로 적는다. 따라서 장애률이 아닌 장애율이 올바른 표현이다.

오답분석
㉠ 특화 : 한 나라의 산업 구조나 수출 구성에서 특정 산업이나 상품이 상대적으로 큰 비중을 차지함. 또는 그런 상태
㉡ 포용 : 남을 너그럽게 감싸 주거나 받아들임
㉢ 달성 : 목적한 것을 이룸
㉣ 더불어 : 거기에다 더하여

54
정답 ④

업무용 명함은 악수를 한 이후 교환하며, 아랫사람이나 손님이 먼저 꺼내 오른손으로 상대방에게 주고, 받는 사람은 두 손으로 받는 것이 예의이다.

오답분석
㉠ 악수는 오른손으로 한다.
㉡ 우리나라에서는 악수할 때 가볍게 절을 한다.
㉢ 업무용 명함은 손님이 먼저 꺼낸다.
㉣ 명함은 한 번 보고난 후 탁자 위에 보이게 놓거나 명함지갑에 넣는다.

55
정답 ④

ㄷ. 받은 명함은 즉시 넣지 않고, 명함에 대해 한두 마디 대화를 건네는 것이 바람직하다.
ㅅ. 윗사람으로부터 명함을 받는 경우에는 오른손으로 받고 왼손으로 가볍게 받치도록 한다.

56
정답 ②

ㄱ. 지식에 대한 설명이다. 지혜란 지식의 축적과 아이디어가 결합된 창의적인 산물이다. 근본 원리에 대한 깊은 이해를 바탕으로 도출된 창의적인 아이디어이다.
ㄹ. 제시된 사례는 정보가 아닌 지혜의 사례이다. 정보에 해당하는 것은 A가게의 물건 가격보다 B가게의 물건 가격이 더 저렴하다는 내용까지이다.

오답분석
ㄴ. 데이터는 순수한 수치, 기호를 의미한다.
ㄷ. 지식은 정보를 토대로 한 행동예측 결과물이다.

57

㉠ • 운영 : 조직이나 기구, 사업체 따위를 운용하고 경영함
  • 운용 : 무엇을 움직이게 하거나 부리어 씀
㉡ • 개발 : 토지나 천연자원 따위를 유용하게 만듦
  • 계발 : 슬기나 재능, 사상 따위를 일깨워 줌
따라서 ㉠에 들어갈 단어는 '운영', ㉡에 들어갈 단어는 '개발'이 적절하다.

58

정답 ②

오답분석

ㄴ. 자신에게 직접적인 도움을 줄 수 있는 사람들을 관리하는 것은 개인차원에서의 인적자원관리, 즉 인맥관리이다.

> **효율적이고 합리적인 인사관리 원칙**
> • 적재적소 배치의 원리 : 해당 직무 수행에 가장 적합한 인재를 배치해야 한다.
> • 공정 보상의 원칙 : 근로자의 인권을 존중하고, 공헌도에 따라 노동의 대가를 공정하게 지급해야 한다.
> • 공정 인사의 원칙 : 직무 배당, 승진, 상벌, 근무 성적의 평가, 임금 등을 공정하게 처리해야 한다.
> • 종업원 안정의 원칙 : 직장에서 신분이 보장되고, 계속해서 근무할 수 있다는 믿음을 가지게 하여 근로자가 안정된 회사
>   생활을 할 수 있도록 해야 한다.
> • 창의력 계발의 원칙 : 근로자가 창의력을 발휘할 수 있도록 새로운 제안, 건의 등의 기회를 마련하고, 적절한 보상을 하여
>   인센티브를 제공해야 한다.
> • 단결의 원칙 : 직장 내에서 구성원들이 소외감을 갖지 않도록 배려하고, 서로 유대감을 가지고 협동, 단결하는 체제를 이루도
>   록 해야 한다.

59

정답 ③

애자일 조직(Agile Organization)에 대한 설명이다. 애자일 조직은 급변하는 환경에서 유연하고 민첩하게 대응하기 위한 방식의
조직으로, 기존 기계적 구조의 한계를 계기로 등장하였다. 애자일 조직은 부서 간 경계를 허물고, 필요에 맞게 소규모 팀을 구성해
업무를 수행하는 조직문화를 뜻한다.

오답분석

① 관리자형 리더는 기계적 구조에 적합하다.
② 외부 변화에 빠르게 대처할 수 있는 장점이 있다.
④ 소규모 팀을 구성해 업무를 수행한다.

60

정답 ④

ⅰ) 연봉 3,600만 원인 D사원의 월 수령액을 구하면 36,000,000÷12=3,000,000원이다.
   월평균 근무시간은 200시간이므로 시급은 3,000,000÷200=15,000원/시간이다.
ⅱ) 야근 수당
   D사원이 평일에 야근한 시간은 2+3+1+3+2=11시간이므로 야근 수당은 15,000×11×1.2=198,000원이다.
ⅲ) 특근 수당
   D사원이 주말에 특근한 시간은 2+3=5시간이므로 특근 수당은 15,000×5×1.5=112,500원이다.
식대는 야근·특근 수당에 포함되지 않으므로 D사원의 이번 달 야근·특근 근무 수당의 총액은 198,000+112,500=310,500원이다.

01	02	03	04	05	06	07	08	09	10	11	12	13	14	15	16	17	18	19	20
⑤	⑤	③	③	④	③	④	⑤	④	②	③	③	⑤	⑤	③	⑤	⑤	③	②	⑤
21	22	23	24	25	26	27	28	29	30	31	32	33	34	35	36	37	38	39	40
①	④	⑤	②	①	④	③	③	④	③	①	②	④	⑤	③	②	④	④	②	④
41	42	43	44	45	46	47	48	49	50	51	52	53	54	55	56	57	58	59	60
②	①	②	④	④	②	④	⑤	④	④	③	③	①	②	④	②	①	④	②	①

01
정답 ⑤

이곡의「차마설」은 말을 빌려 탄 개인적인 경험을 통해 소유에 대한 보편적인 깨달음을 제시하고 올바른 삶의 태도를 촉구하는 교훈적 수필로, 개인적 일상의 경험을 먼저 제시하고 이에 대한 자신의 의견을 제시하고 있다.

오답분석
① 말을 빌려 탄 개인의 경험을 소유에 대한 욕망이라는 추상적 대상으로 확장하는 유추의 방법을 사용하고 있다.
② 말을 빌려 탄 개인적 경험의 예화를 통해 소유에 대한 반성의 교훈을 제시하는 2단 구성 방식을 취하고 있다.
③ 주관적인 개인적 경험을 통해 소유에 대한 보편적인 의견을 제시하고 있다.
④ 맹자의 말을 인용하여 사람들의 그릇된 소유 관념을 비판하고 있다.

02
정답 ⑤

제시문에 따르면 작업으로서의 일과 고역으로서의 일의 구별은 단순히 지적 노고와 육체적 노고의 차이에 의해 결정되지 않는다. 구별의 근본적 기준은 인간의 존엄성과 관련되므로 작업으로서의 일은 자의적·창조적 활동이 되며, 고역으로서의 일은 타의적·기계적 활동이 된다. 따라서 작업과 고역을 지적 노동과 육체적 노동으로 각각 구분한 ⑤는 옳지 않다.

오답분석
① 고역은 상품 생산만을 목적으로 하며, 작업은 상품 생산을 통한 작품 창작을 목적으로 한다. 즉, 작업과 고역 모두 생산 활동이라는 목적을 지닌다.
② 작업은 자의적인 활동이며, 고역은 타의에 의해 강요된 활동이다.
③ 작업은 창조적인 활동이며, 고역은 기계적인 활동이다.
④ 작업과 고역을 구별하는 근본적 기준은 그것이 인간의 존엄성을 높이는 것이냐, 아니면 타락시키는 것이냐에 있다.

03
정답 ③

제시문에 따르면 철도는 여러 가지 측면에서 사회·경제적으로 많은 영향을 미쳤다. 그러나 해외 수출의 증가와 관련된 내용은 제시문에 나타나 있지 않다. 따라서 철도의 발전이 우리나라에 미친 영향으로 적절하지 않은 것은 ③이다.

오답분석
① 지역 간 이동 속도, 국토 공간 구조의 변화 등 사회·경제적으로 많은 영향을 미쳤다.
② 철도망을 통한 도시 발전에 따라 상주와 김천 등의 도시 인구 수 변화에 많은 영향을 미쳤다.
④·⑤ 철도에 대한 다양한 학문적 연구에 따라 교통학, 역사학 등에 많은 영향을 미쳤으며, 이와 관련한 도서가 출판되고 있다.

04

정답 ③

한글 맞춤법에 따르면 단어 첫머리의 '량'은 두음 법칙에 따라 '양'으로 표기하지만, 단어 첫머리 이외의 '량'은 '량'으로 표기한다. 그러나 고유어나 외래어 뒤에 결합한 한자어는 독립적인 한 단어로 인식되기 때문에 두음 법칙이 적용되어 '양'으로 표기해야 한다. 즉, '량'이 한자와 결합하면 '량'으로 표기하고, 고유어와 결합하면 '양'으로 표기한다. 따라서 '수송량'의 '수송(輸送)'은 한자어이므로 '수송량'이 옳은 표기이며, 이와 동일한 규칙이 적용된 단어는 '독서(讀書)-량'과 '강수(降水)-량'이다.

오답분석

'구름'은 고유어이므로 '구름양'이 옳은 표기이다.

05

정답 ④

각국의 철도박물관에 관한 내용은 제시문에 나타나 있지 않다.

오답분석

① 사회에 미친 로마 시대 도로의 영향과 고속철도의 영향을 비교하는 내용의 다섯 번째 문단을 뒷받침하는 자료로 적절하다.
② 서울~부산 간의 이동 시간과 노선을 철도 개통 이전과 개통 이후로 비교하는 내용의 여섯 번째 문단과 일곱 번째 문단을 뒷받침하는 자료로 적절하다.
③ 경부선의 개통 전후 상주와 김천의 인구수를 비교하는 내용의 여덟 번째 문단을 뒷받침하는 자료로 적절하다.
⑤ 철도(고속철도) 개통을 통해 철도와 관련된 다양한 책들이 출판되고 있다는 내용의 마지막 문단을 뒷받침하는 자료로 적절하다.

06

정답 ③

순환성의 원리에 따르면 화자와 청자의 역할은 원활하게 교대되어 정보가 순환될 수 있어야 한다. 그러나 대화의 상황에 맞게 원활한 교대가 이루어져야 하므로 대화의 흐름을 살펴 순서에 유의하여 말하는 것이 좋으며, 상대방의 말을 가로채는 것은 바람직하지 않다.

오답분석

① 공손성의 원리에 대한 내용이다.
② 적절성의 원리에 대한 내용이다.
④ 순환성의 원리에 대한 내용이다.
⑤ 관련성의 원리에 대한 내용이다.

07

정답 ④

지구력이 월등히 높은 1반 학생들과 그렇지 않은 2반 학생들을 비교하여 그들의 차이점인 달리기의 여부를 지구력 향상의 원인으로 추론하였으므로 차이법이 적용된 사례로 볼 수 있다.

오답분석

① 알치법이 적용되었으며, 시력이 1.5 이상인 사람들의 공통점인 토마토의 잦은 섭취를 시력 증진의 원인으로 간주한다.
② 알치법이 적용되었으며, 전염병에 감염된 사람들은 모두 돼지 농장에서 근무했었다는 점을 통해 돼지를 전염병의 원인으로 간주한다.
③ 알치법이 적용되었으며, 사고 다발 구간에서 시속 40km/h 이하로 지나간 차량은 사고가 발생하지 않았다는 점을 통해 시속 40km/h 이하의 운행 속도를 교통사고 발생률 0의 원인으로 간주한다.
⑤ 알치법이 적용되었으며, 손 씻기를 생활화한 아이들은 감기에 걸리지 않았다는 내용을 통해 손 씻기를 감기 예방의 원인으로 간주한다.

08

정답 ⑤

제시문에서는 다양한 비유적 표현을 통해 퇴고의 중요성과 그 방법에 대하여 이야기하고 있다. ⓜ에서는 퇴고를 옷감에 바느질하는 일로 비유하였는데, 바느질 자국이 도드라지지 않게 하라는 것은 고쳐 썼다는 것이 드러나지 않을 정도로 자연스럽게 퇴고해야 한다는 것을 의미한다. 따라서 새로운 단어나 문장을 추가하지 않는다는 ⑤의 설명은 적절하지 않다.

09

제시문에 따르면 노엄 촘스키는 선험적인 지식의 역할을 강조하는 선험론자에 해당한다. 선험론자들은 아이들이 언어 구조적 지식을 선험적으로 가지고 태어나며, 이러한 선험적 지식을 통해 언어를 습득한다고 보았다.

오답분석

①·② 경험론자인 레너드 블룸필드에 따르면 인간의 지식은 거의 모두 경험 자료에서 비롯되며, 아동은 언어를 습득하는 과정에서 어른의 말을 모방하거나 반복한다.

③ 선험론자인 노엄 촘스키에 따르면 인간은 체계적인 가르침을 받지 않고도 언어 규칙을 무의식적으로 내면화할 수 있는 능력을 갖고 있으므로 아이는 문법을 학습하지 않아도 자연스럽게 언어를 습득할 수 있다.

⑤ 빌헬름 폰 훔볼트에 따르면 개인의 사고방식이나 세계관은 언어 구조에 의해 결정되므로 아이가 언어를 습득하는 과정에서 언어를 통해 중재된 세계관을 함께 습득할 수 있다.

10

정답 ②

A트럭의 적재량을 a톤이라 하면, 하루에 두 번 12일 동안 192톤을 옮기므로 A트럭의 적재량은 $2a \times 12 = 192 \rightarrow a = \dfrac{192}{24} = 8$이므로 8톤이 된다. A트럭과 B트럭이 동시에 운행했을 때는 8일이 걸렸으므로 A트럭이 옮긴 양은 $8 \times 2 \times 8 = 128$톤이며, B트럭은 8일 동안 $192 - 128 = 64$톤을 옮기므로 B트럭의 적재량은 $\dfrac{64}{2 \times 8} = 4$톤이다. B트럭과 C트럭을 같이 운행했을 때 16일 걸렸다면 B트럭이 옮긴 양은 $16 \times 2 \times 4 = 128$톤이며, C트럭은 64톤을 옮겼다. 따라서 C트럭의 적재량은 $\dfrac{64}{2 \times 16} = 2$톤이다.

11

정답 ③

불만족을 선택한 고객을 x명, 만족을 선택한 고객은 $(100-x)$명이라 가정하고, 80점 이상을 받으려면 x의 최댓값은 $3 \times (100-x) - 4x \geq 80 \rightarrow 300 - 80 \geq 7x \rightarrow x \leq 31.4$이므로 최대 31명까지 허용된다.

12

정답 ③

세 번째 열에서 B+C+D=44이고, A의 값만 구한 첫 번째 열(㉠)과 세 번째 행(㉡)의 식을 연립한다.

2A+B=34 … ㉠

A+2B=44 … ㉡

㉠×2−㉡을 하면 3A=24 → A=8이 나오므로 A+B+C+D=8+44=52이다.

13

정답 ⑤

유·무상 수리 기준에 따르면 K전자 서비스센터 외에서 수리한 후 고장이 발생한 경우 고객 부주의에 해당하므로 무상 수리를 받을 수 없다. 따라서 해당 고객이 수리를 요청할 경우 유상 수리 건으로 접수해야 한다.

14

정답 ⑤

서비스 요금 안내에 따르면 서비스 요금은 부품비, 수리비, 출장비의 합계액으로 구성된다. 전자레인지 부품 마그네트론의 가격은 20,000원이고, 출장비는 평일 18시 이전에 방문하였으므로 18,000원이 적용된다. 따라서 전자레인지의 수리비는 $53,000 - (20,000 + 18,000) = 15,000$원이다.

15

정답 ③

조선시대의 미(未)시는 오후 1~3시를, 유(酉)시는 오후 5~7시를 나타낸다. 오후 2시부터 4시 30분까지 운동을 하였다면, 조선 시대 시간으로 미(未)시 정(正)부터 신(申)시 정(正)까지 운동을 한 것이 되므로 적절하지 않다.

오답분석

① 초등학교의 점심 시간이 오후 1시부터 2시까지라면, 조선시대 시간으로 미(未)시(1~3시)에 해당한다.
② 조선시대의 인(寅)시는 현대 시간으로 오전 3~5시를 나타낸다.
④ 축구 경기가 전반전 45분과 후반전 45분으로 총 90분 동안 진행되었으므로 조선시대 시간으로 한시진(2시간)이 되지 않는다.
⑤ 조선시대의 술(戌)시는 오후 7~9시를 나타내므로 오후 8시 30분은 술(戌)시에 해당한다.

16

정답 ⑤

'경위'를 A, '파출소장'을 B, '30대'를 C라고 하면, 첫 번째 명제와 마지막 명제는 다음과 같은 벤다이어그램으로 나타낼 수 있다.
1) 첫 번째 명제

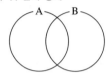

2) 마지막 명제

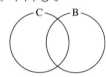

마지막 명제가 참이 되기 위해서는 B와 공통되는 부분의 A와 C가 연결되어야 하므로 A를 C에 모두 포함시켜야 한다. 즉, 다음과 같은 벤다이어그램이 성립할 때 마지막 명제가 참이 될 수 있으므로 빈칸에 들어갈 명제는 '모든 경위는 30대이다.'의 ⑤이다.

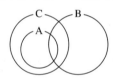

오답분석

①·② 다음과 같은 경우 성립하지 않는다.

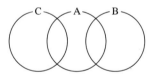

③ 다음과 같은 경우 성립하지 않는다.

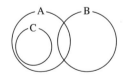

17

정답 ⑤

마지막 조건에 따라 확진자가 C를 만난 경우와 E를 만난 경우를 나누어 볼 수 있다.

1) C를 만난 경우

　첫 번째 조건에 따라 A와 B를 만났으며, 두 번째 조건에 따라 F도 만났음을 알 수 있다.

2) E를 만난 경우

　두 번째 조건에 따라 F를 만났음을 알 수 있다.

따라서 확진자는 두 경우 모두 F를 만났으므로 항상 참이 되는 것은 ⑤이다.

18

정답 ③

'주차 공간에 차가 있는지 여부를 감지하는 센서를 설치한 스마트 주차'라고 했으므로 주차를 해주는 것이 아니라 주차 공간이 있는지의 여부를 확인해 주는 것이다.

오답분석

① 첫 번째 문단에서 '각국 경제 및 발전 수준, 도시 상황과 여건에 따라 매우 다양하게 정의 및 활용되고, 접근 전략에도 차이가 있다.'라고 하였으므로 적절한 내용이다.

② 두 번째 문단에서 '이 스마트 가로등은 … 인구 밀집도까지 파악할 수 있다.'라고 하였으므로 적절한 내용이다.

④ 세 번째 문단에서 '항저우를 비롯한 중국의 여러 도시들은 알리바바의 알리페이를 통해 항저우 택시의 98%, 편의점의 95% 정도에서 모바일 결제가 가능하고, 정부 업무, 차량, 의료 등 60여 종에 달하는 서비스 이용이 가능하다.'라고 하였으므로 지갑을 가지고 다니지 않아도 일부 서비스를 이용할 수 있다.

⑤ 마지막 문단에서 '세종에서는 … 개인 맞춤형 의료 서비스 등을 받을 수 있다.'라고 하였으므로 적절한 내용이다.

19

정답 ②

첫 번째 문단에서 '전기사고를 방지하기 위한 안전장치가 필요한데 그중에 하나가 접지이다.'라는 내용을 통해 접지 이외에도 다른 방법이 있음을 알 수 있다.

오답분석

① '위험성이 높을수록 이러한 안전장치의 필요성 높아진다.'라고 하였으므로 위험성이 낮다고 안전장치가 필요하지 않다는 설명은 적절하지 않다.

③ '전류는 전위차가 있을 때에만 흐르므로'라고 하였으므로 전위차가 없으면 전류가 흐르지 않는다.

④ '정전기 발생을 사전에 예방하기 위해 접지를 해둬야 한다.'에서 알 수 있듯이 접지를 하게 되면 정전기 발생을 막을 순 있지만, 접지를 하지 않는다고 정전기가 무조건 발생하는 것은 아니다.

⑤ 저항 또는 임피던스의 크기가 작으면 통신선에 유도장애가 커지고, 크면 평상시 대지 전압이 높아지는 등의 결과가 나타나지만, 저항 크기와 임피던스의 크기에 대한 상관관계는 글에서 확인할 수 없다.

20

정답 ⑤

먼저 하나의 사례를 제시하면서 글의 서두가 전개되고 있으므로 이와 비슷한 사례를 제시하고 있는 (다)가 이어지는 것이 적절하다. 이어서 (다) 사례의 내용이 비현실적이라고 언급하고 있는 (나)가 오는 것이 적절하며, 다음으로 (나)에서 언급한 사물인터넷과 관련된 설명의 (라)가 이어지는 것이 적절하다. 마지막으로 (가)는 (라)에서 언급한 지능형 전력망을 활용함으로써 얻게 되는 효과를 설명하는 내용이므로 (다) – (나) – (라) – (가) 순으로 나열해야 한다.

21

먼저 첫 번째 조건과 세 번째 조건에 따라 하경이의 바로 오른쪽 자리에는 성준, 민준, 민지가 앉을 수 없으므로 하경이의 오른쪽 자리에는 슬기 또는 경서만 앉을 수 있다. 하경이의 자리를 1번으로 가정하여 이를 기준으로 바로 오른쪽 6번 자리에 슬기가 앉은 경우와 경서가 앉은 경우를 나누어 보면 다음과 같다.

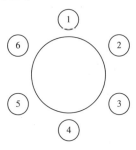

1) 6번 자리에 슬기가 앉은 경우

네 번째 조건에 따라 민준이는 4번 또는 2번에 앉을 수 있지만, 첫 번째 조건에 따라 하경이의 바로 옆 자리인 2번에는 앉을 수 없으므로 결국 4번에 앉은 것을 알 수 있다. 또한, 두 번째 조건에 따라 5번 자리에는 경서 또는 성준이가 앉을 수 있지만, 세 번째 조건에 따라 경서는 반드시 민지의 왼쪽에 앉아야 하므로 5번 자리에는 성준이가 앉고 나머지 2번과 3번 자리에 민지와 경서가 나란히 앉은 것을 알 수 있다.

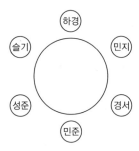

2) 6번 자리에 경서가 앉은 경우

세 번째 조건에 따라 5번 자리에는 민지가 앉으므로 첫 번째 조건에 따라 2번 자리에는 슬기만 앉을 수 있다. 이때, 두 번째 조건에 따라 슬기는 성준이 옆 자리에 앉아야 하므로 3번에는 성준이가 앉고, 나머지 4번에 민준이가 앉은 것을 알 수 있다.

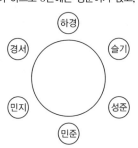

따라서 항상 참이 되는 것은 '하경이와 민준이가 서로 마주 보고 앉아 있다.'이다.

22

정답 ④

㉠ 제로 트러스트 모델(Zero Trust Model)이란 아무도 신뢰하지 않는다는 뜻으로 내·외부를 막론하고 적절한 인증 절차 없이는 그 누구도 신뢰하지 않는다.
㉢ 기업 내부에서 IT 인프라 시스템에 대한 접근 권한이 있는 내부인에 의해 보안 사고가 발생함에 따라 만들어진 IT 보안 모델이다.
㉣ MFA(Multi Factor Authentication)란 사용자 다중 인증을 말하며, 패스워드 강화 및 추가적인 인증 절차를 통해 접근 권한을 부여하는 것이다. IAM(Identity and Access Management)은 식별과 접근 관리를 말하며, ID와 패스워드를 종합적으로 관리해 주는 역할 기반의 사용자 계정 관리 솔루션이다.

[오답분석]
㉡ 네트워크 설계의 방향은 내부에서 외부로 실성한나.

23

정답 ⑤

카드 결제 시스템에 특수 장치를 설치하여 불법으로 카드 정보를 복사하는 방식은 스키밍(Skimming)이다. 폼재킹이란 사용자의 결제 정보 양식을 중간에서 납치한다는 의미의 합성어로, 해커들이 온라인 쇼핑몰 등의 웹 사이트를 악성코드로 미리 감염시키고, 구매자가 물건을 구입할 때 신용카드 등의 금융정보를 입력하면 이를 탈취한다.

24

정답 ②

[오답분석]
ㄴ. 순직군경에 해당되는 내용이다.
ㄹ. 전상군경에 해당되는 내용이다.

25

정답 ①

등록대상 유가족 및 가족요건의 배우자를 보면 배우자 및 사실상의 배우자가 독립유공자와 혼인 또는 사실혼 후 당해 독립유공자 외의 자와 사실혼 중에 있거나 있었던 경우는 제외되므로, 이혼한 경우는 유족으로서 인정받을 수 없다.

[오답분석]
② 등록대상 유가족 및 가족요건의 자녀를 보면 직계비속이 없어 입양한 자 1인에 한하여 자녀로 본다고 되어 있다.
③ 등록대상 유가족 및 가족요건의 배우자를 보면 사실상의 배우자를 포함한다고 되어 있다.
④ 친자녀는 특별한 조건이 없이 2순위로 해당된다.

26

정답 ④

국가유공자 유족의 선순위자로서 배우자인 어머니가 사망하였으므로, A가 최선순위자로서 국가유공자 유족 등록 신청을 할 수 있다. 또한, A의 아버지는 전몰군경에 해당되므로 제출해야 하는 서류는 다음과 같다.
• 등록신청서 1부
• 병적증명서나 전역증(군인이 아닌 경우 경력증명서) 1부
• 고인의 제적등본(사망일자 확인) 1통
• 신청인의 가족관계 기록사항에 관한 증명서 1통
• 신청인의 반명함판 사진 1매
• 요건관련확인서 발급신청서 1부
• 사망입증서류 각 1부
따라서 혼인관계증명서는 배우자인 경우에만 제출하면 되므로, A가 제출할 필요가 없는 서류이다.

27

정답 ③

사회적 약자에 대한 채용혜택을 살펴 보면, 먼저 채용인원 수 측면에서는 상반기가 65명, 하반기가 120명이므로 하반기에 더 중점을 두었음을 알 수 있다. 또한, 사회적 약자에 대한 범위 역시 상반기에는 장애인과 국가유공자에 대해서만 혜택을 부여했지만, 하반기 에서는 고졸 및 국가유공자, 한부모가정, 북한이탈주민까지 범위를 더 넓혔다. 따라서 하반기가 상반기에 비해 사회적 가치실현에 더 중점을 두었음을 알 수 있다.

[오답분석]

① 전체 채용 인원은 상반기가 458명, 하반기가 465명이고, 일반채용인원은 상반기가 393명, 하반기가 345명이다.
② 국가유공자 채용인원은 상반기와 하반기 모두 동일하게 50명이다.
④ 상반기 보도자료에서 '근무조건을 모집지역 5년 이상 근무하는 것으로 하여 지원자 본인은 생활권을 고려하여 지원해야 할 것으로 보인다.'라고 했으며, 하반기 보도자료에서도 '근무조건 또한 모집지역 내에서 5년 이상 근무하는 것으로 이 역시 상반기 와 동일하다.'라고 했으므로 하반기 지원 역시 상반기처럼 본인의 생활권을 고려하여 지원해야 할 것이라고 볼 수 있다.

28

정답 ③

ㄱ. 부산광역시의 감기 환자의 수는 37,101명으로 경상남도의 감기 환자의 수인 43,694명보다 적다.
ㄴ. 대구광역시의 질병 환자가 가입한 의료보험의 총 수는 56,985×1.2=68,382개로 6만 5천 개 이상이다.
ㄹ. 질병 환자 한 명당 발열 환자 수는 서울이 129,568÷246,867≒0.52명으로 가장 많다. 그 외 지역들은 발열 환자 수가 전체 질병 환자의 반이 되지 않는다.

[오답분석]

ㄷ. 질병 환자 한 명당 발열 환자 수는 강원도의 경우 15,516÷35,685≒0.43명이지만, 울산광역시의 경우는 12,505÷32,861≒ 0.38명이므로 옳지 않다.

29

정답 ④

해당 그래프는 질병 환자 한 명당 발열 환자 비율이 아닌 질병 환자 한 명당 감기 환자 비율을 나타낸 그래프이다.

30

정답 ③

스마트 스테이션에서는 분산되어 있는 분야별 역사 관리 정보를 정보통신기술을 기반으로 통합 관리한다. 따라서 현재 스마트 스테이션을 시범 운영하고 있는 5호선 군자역에서는 역사 관리 정보가 통합되어 관리되고 있음을 알 수 있다.

[오답분석]

① 서울교통공사는 스마트 스테이션을 2021년 3월까지 2호선 50개 전 역사에 구축할 예정이다.
② 스마트 스테이션은 올해 2020년 4월 지하철 5호선 군자역에서 시범 운영되었다.
④ 모바일 버전의 구축은 이번에 체결한 계약의 주요 개선사항 중 하나이므로 현재는 모바일을 통해 역사를 모니터링할 수 없다.
⑤ 스마트 스테이션은 기존 통합 모니터링 시스템을 개량하는 방식으로 도입될 예정이므로 앞으로 도입될 스마트 스테이션에는 새롭게 개발된 모니터링 시스템이 아닌 보완·개선된 기존의 모니터링 시스템이 적용될 것이다.

31

정답 ①

스마트 스테이션이 군자역에서 시범 운영된 결과, 순회 시간이 평균 28분에서 10분으로 줄었다. 따라서 일반 역의 순찰 시간은 스마트 스테이션의 순찰 시간보다 더 긴 것을 알 수 있다.

[오답분석]

② 스마트 스테이션이 시범 운영된 결과, 운영 효율이 향상된 것으로 나타났으므로 일반 역은 스마트 스테이션에 비해 운영비용이 많이 드는 것을 알 수 있다.
③ 스마트 스테이션이 시범 운영된 결과, 돌발 상황에 대한 대응 시간이 평균 11분에서 3분으로 단축되었으므로 일반 역의 대응 시간은 스마트 스테이션보다 더 긴 것을 알 수 있다.

④ 스마트 스테이션이 도입되면 3D맵과 지능형 CCTV를 통해 가상순찰이 가능해지므로 스마트 스테이션에서는 일반 역보다 적은 인력이 필요할 것이다.

⑤ 스마트 스테이션의 경우 지능형 CCTV를 통해 무단침입이나 역사 화재 등을 실시간으로 인지할 수 있지만, 일반 역에서는 이를 실시간으로 인지하기 어렵다.

32

정답 ②

지능형 CCTV(◎)의 경우 높은 화소와 객체 인식 기능을 통해 사물이나 사람의 정확한 식별이 가능하다. 따라서 ATM기 맞은편에 설치된 일반 CCTV(○)보다 ATM기 오른쪽에 설치된 지능형 CCTV(◎)를 통해 범죄자 얼굴을 쉽게 파악할 수 있다.

오답분석

① 일반 CCTV(○)는 유지보수가 용이하다는 장점이 있다.
③ 제시된 3D맵을 보면 모든 지능형 CCTV(◎)는 IoT센서(●)와 함께 설치되어 있음을 알 수 있다.
④ 지능형 CCTV(◎)는 객체 인식 기능을 통해 제한구역의 무단침입 등이 발생할 경우 이를 실시간으로 알려 준다.
⑤ 지하철 역사 내부를 3차원으로 표현한 3D맵에서는 지능형 CCTV(◎)와 IoT 센서(●) 등을 통해 가상순찰이 가능하다.

33

정답 ④

네 번째 문단에서 시설 노후화로 각종 안전사고가 빈발하는 도시철도(서울·부산)의 노후 시설물 개량 지원을 414억 원에서 566억 원으로 확대한다고 하였으므로 예산을 새로 편성한 것이 아니라 기존의 예산에서 확대 편성하였음을 알 수 있다.

오답분석

① 철도국 예산안을 5.3조 원이었던 지난해 대비 19.3% 증가한 6.3조 원으로 편성하였으므로 철도국의 2020년 예산은 지난해보다 1조 원이 증가하였다.

② 철도안전 분야 예산을 10,360억 원에서 15,501억 원으로 증액하였으므로 철도안전 분야 예산은 $\frac{15,501-10,360}{10,360} \times 100 ≒$ 49.6% 증가하였다.

③ 수도권 동북부와 남부지역을 잇는 GTX - C노선의 민간투자시설사업기본계획(RFP) 수립 등을 위해 10억 원을 신규 반영하였다.

⑤ 철도차량 및 철도시설 이력 관리 정보시스템 구축에 대한 지원을 41억 원에서 94억 원으로 확대 편성하였다.

34

정답 ⑤

철도국 2020년 예산안에 따르면 각종 안전사고가 빈발하는 노후 시설물 개량과 철도 이용객 안전을 위한 안전시설의 확충 등을 위해 철도안전 투자가 강화되었다. 따라서 철도안전 사고 등을 선제적으로 예방하기 위해 철도안전에 예산을 집중·확대 투자하였음을 추론할 수 있다.

35

정답 ③

지점이동을 원하는 직원들 중 1차 희망지역에 서울을 신청한 직원은 C, E, I이고, 경기를 적은 직원은 D, G, L이다. 하지만 조건에서 희망지역을 신청한 사람 중 2명만 이동할 수 있으며, 3명 이상이 지원하면 경력이 높은 사람이 우선된다고 했으므로 서울을 신청한 직원 중 경력이 6년인 E, I가 우선이며, 경기는 경력이 2년인 D, L이 우선이 된다. 따라서 서울 지역으로 이동할 직원은 E, I이며, 경기 지역은 D, L이다.

36

정답 ②

지점이동을 원하는 직원들 중 첫 번째와 두 번째 조건에 따라 1차 희망지역으로 발령을 받는 직원을 정리하면 다음과 같다.

서울	경기	대구	대전	부산	광주	포항	울산
E, I	D, L	J, N	B	F, M	K		

1차 희망지역에 탈락한 직원은 A, C, G, H이며, 4명의 2차 희망지역에서 순위 선정 없이 바로 발령을 받는 직원은 울산을 지원한 A이다. G와 H는 광주를 지원했지만 광주에는 K가 이동하여 한 명만 더 갈 수 있기 때문에 둘 중 보직 우선순위에 따라 차량관리를 하고 있는 G가 이동하게 된다. H는 3차 희망지역으로 울산을 지원하였고, 울산에 배정된 직원은 1명이므로 울산으로 이동한다. C의 경우 2·3차 희망지역인 경기, 대구 모두 2명의 정원이 배정되어 있으므로 이동하지 못한다. 따라서 지점이동을 하지 못하는 직원은 C이다.

37

정답 ④

통돌이 세탁기 기능 조작부 설명에 따르면 세탁통 청소 시 사용하는 통세척 코스에서는 냉수만 선택 가능하다. 따라서 통세척 코스를 선택한 뒤에 온수세탁을 선택할 수 없다.

오답분석

① 통돌이 세탁기 기능 조작부 설명에 따르면 작동 중 세탁기 문을 열고자 할 때는 '동작 / 일시정지' 버튼을 눌러 세탁기가 정지한 후에 세탁기 문을 열어야 한다.
② 통돌이 세탁기 기능 조작부에는 물높이에 따른 세제량이 그림으로 표시되어 있어 물높이에 맞는 세제량을 확인할 수 있다.
③ 통돌이 세탁기의 세탁 코스 설명에 따르면 급속 코스의 적정 세탁량은 5.5kg 이하이며, 급속 코스에서는 4 이상의 물높이가 선택되지 않는다.
⑤ 통돌이 세탁기의 예약 옵션 설명에 따르면 예약 시간은 3 ~ 18시간까지 설정 가능하며, 3시간 미만은 예약되지 않는다.

38

정답 ④

먼저 세탁기의 전원 버튼을 1번 눌러야 하며, 세탁 버튼은 19분이 선택될 수 있도록 총 7번 눌러야 한다. 이때, 온수로 세탁하므로 온수세탁 버튼도 1번 눌러야 한다. 또한, 헹굼 버튼은 3회가 선택되도록 3번, 탈수 버튼은 '약'이 선택되도록 2번 눌러야 한다. 마지막으로 모든 세탁 과정을 예약 세탁으로 설정해야 하므로 예약 버튼을 1번 누른 후 예약 시간이 4:00가 되도록 예약 버튼을 1번 더 눌러야 한다(3 ~ 12시간까지는 1시간 단위로 예약이 가능하다). 따라서 A씨는 세탁기 조작부의 버튼을 총 $1+7+1+3+2+2=16$번 눌러야 한다.

39

정답 ②

불림 10분, 냉수세탁 12분, 헹굼 $10 \times 2=20$분, 탈수(강) 15분으로 총 $10+12+20+15=57$분이 소요된다.

오답분석

① 14(온수세탁)$+10 \times 3$(헹굼 3회)$+10$[탈수(약)]$=54$분
③ 12(냉수세탁)$+10 \times 3$(헹굼 3회)$+10$[탈수(약)]$=52$분
④ 12(냉수세탁)$+10 \times 2$(헹굼 2회)$+8$[탈수(섬세)]$=40$분
⑤ 12(냉수세탁)$+10 \times 2$(헹굼 2회)$=32$분

40

정답 ④

숨겨진 자아는 타인은 모르지만, 나는 아는 나의 모습을 의미한다. 자신의 평판에 대해 직장 동료나 상사에게 물어보는 것은 타인은 알고 있지만, 나는 알지 못하는 나의 모습을 의미하는 눈먼 자아와 연결된다.

41

정답 ②

첫 번째 문단에서 '피터팬증후군이라는 말로 표현되기도 하였으나, 이와 달리 키덜트는 … 긍정적인 이미지를 가지고 있다.'라는
내용을 통해 두 단어를 혼용해 사용한다는 내용은 적절하지 않다.

오답분석

① '20 ~ 40대의 어른이 되었음에도 불구하고'라는 구절에서 나이의 범위를 알 수 있다.
③ '키덜트는 각박한 현대인의 생활 속에서 마음 한구석에 어린이의 심상을 유지하는 사람들로 긍정적인 이미지를 가지고 있다.'라
는 문장을 통해 키덜트와 현대사회가 밀접한 관련이 있음을 짐작할 수 있다.
④ '기업들은 키덜트족을 타깃으로 하는 상품과 서비스를 만들어내고 있으며'라는 문장을 통해 시장의 수요자임을 알 수 있다.

42

정답 ①

주어진 자료를 활용하여 시속으로 표현된 각 수단의 속도를 단위 길이인 1km에 걸리는 소요시간으로 변환하여 정리한다.

구분	$(시간)=\dfrac{(거리)}{(속력)}$	1km당 소요시간
지하철	$x=\dfrac{1}{60}$	1분
버스	$x=\dfrac{1}{30}$	2분
택시		
도보	$x=\dfrac{1}{6}$	10분

주어진 지도를 참고하여 지하철을 이용하는 방식으로 회사에서 집으로 가는 가장 빠른 경로는 회사 → 지하철역 A까지의 4km,
지하철역 A에서 지하철역 C로 이동하는 6km, 지하철역 C → 집까지의 2km이다. 이때, 가장 빠르게 도착한다는 조건에 따라
지하철로 이동한 구간을 제외한 구간은 차량을 이용한다. 이를 바탕으로 계산해보면, 회사 → 지하철역 A구간은 4×2=8분, 지하철
이용 구간은 6×1=6분, 지하철역 C → 집구간은 2×2=4분이다. 따라서 총 소요시간은 8+6+4=18분이다.

43

정답 ②

가장 저렴한 비용으로 회사에서 집으로의 12km 구간과 집에서 가장 가까운 지하철역 C로 2km를 이동하는 교통비를 구해야 한다.
다만, 12km 구간을 이동하는 인원과 2km 구간을 이동하는 인원의 수가 달라진다는 점을 염두에 두어야 한다. 회사에서 집으로 이동할
때에는 김대리를 포함한 4명이 이동을 하고, 돌아갈 때는 김대리를 제외한 3명만 지하철역 C로 돌아가는 경우에 대한 교통비를 계산하
여야 한다. 회사에서 집까지 4명이 이동하는 경우의 교통비를 계산하면, 버스로는 1,500×4=6,000원이 소요되고, 택시로 이동하는
경우에는 1대 기준 2,500+150×(12-5)=2,500+1,050=3,550원이 소요되지만, 4명이 이동해야 하므로 2대로 나누어 이동한
다. 그러므로 택시를 타면 3,550×2=7,100원이 소요된다.
김대리를 제외한 3명이 김대리의 집에서 지하철역 C로 이동하는 2km 구간의 교통비를 계산해보면, 버스는 1,500×3=4,500원, 택
시는 기본요금인 2,500원이 소요된다.
따라서 가장 저렴하게 이동할 수 있는 방법은 회사에서 집으로 이동할 때는 4명이 모두 버스를 타고 이동하고, 집에서 지하철역으로
이동할 때는 3명이 함께 택시를 타는 것이다. 이때, 교통비는 6,000+2,500=8,500원이다.

44

정대리가 근무하는 회사와 약속장소가 있는 지하철역 B 사이의 최소 거리는 7km이다. 이 거리를 택시를 타고 이동한다고 했으므로, 회사에서 약속장소까지의 이동에 소요될 시간은 $7 \times 2 = 14$분이 된다. 그러므로 2시 30분으로 예정된 약속에 10분 먼저 도착하는 것과 이동에 걸리는 시간 14분을 고려하면 택시를 타고 약속장소로 출발해야 할 시간이 나온다. 따라서 오후 2시 30분-(10분+14분)=오후 2시 6분에는 회사에서 택시를 탑승해야 한다.

45

박대리는 세미나 시작 1시간 전에는 대구공항에 도착하여야 하므로 12:00까지 도착해야 한다. 따라서 김포공항에서 대구공항으로 가는 항공편은 IA910을 이용하며, 다시 김포공항으로 오는 경우에는 세미나 종료시각인 17:00부터 그 후 2시간 이내인 19:00에 출발하는 항공편을 이용하여야 하므로 TK280을 이용한다. 또한, 항공료를 제외한 교통비는 대구공항에서 이동하는 첫날과 마지막 날 이틀에 대한 비용이 지급된다. 이를 반영하여 출장비를 계산하면 $4 \times 30,000 + 3 \times 80,000 + 2 \times 10,000 + 34,500 + 58,000 = 472,500$원이다.

46

박대리는 김포공항에서 대구공항으로 이동시에는 IA910을, 대구공항에서 김포공항으로 이동시에는 TK280을 이용한다. 특히 IA910의 경우, 비고사항에 따라 1.0%p 더 적립된다는 점에 유의한다. 따라서 IA910을 이용하는 경우에는 $34,500 \times (3+1)\% = 1,380$점, TK280을 이용하는 경우에는 $58,000 \times 5\% = 2,900$점이 적립되어 총 $1,380 + 2,900 = 4,280$점이 적립된다.

47

리튬이온전지가 아닌 4개의 기술기준을 세계 최초로 개발하였다.

오답분석

① '리튬이온전지 사용을 위한 기술기준 승인을 받았다.'라고 한 내용에서 승인이 필요함을 알 수 있다.
② '전원 차단으로 발생한 후쿠시마 원전 사고'라고 언급되어 있으므로 전원 차단이 되지 않았다면, 후쿠시마 원전 사고는 일어나지 않았을 수도 있을 것이라 추측할 수 있다.
③ '용량은 납축전지의 2 ~ 3배에 달해 원전 안전성에 크게 기여할 것으로 평가받고 있다.'에서 용량이 커져 안전성에 크게 기여한다고 했으므로 적절한 설명이다.
⑤ '국제 전기표준에 맞춰 1995년 제정한 국내기술기준으로'라는 내용에서 해외의 영향을 받았음을 알 수 있다.

48

ㄷ. 이미 우수한 연구개발 인재를 확보한 것이 강점이므로, 추가로 우수한 연구원을 채용하는 것은 WO전략으로 적절하지 않다. 기회인 예산을 확보하면, 약점인 전력효율성이나 국민적 인식 저조를 해결하는 전략을 세워야 한다.
ㄹ. 세계의 신재생에너지 연구(O)와 전력효율성 개선(W)을 활용하므로 WT전략이 아닌 WO전략에 대한 내용이다. WT전략은 위협인 높은 초기 비용에 대한 전략이 나와야 한다.

49

정답 ④

회전 대응 보관의 원칙이란 입·출하 빈도의 정도에 따라 보관 장소를 결정해야 한다는 것으로, 입·출하 빈도가 높은 물품일수록 출입구에 가까운 장소에 보관해야 한다는 의미이다.

오답분석

① 네트워크 보관의 원칙 : 물품 정리 및 이동 거리 최소화를 지원하는 방식으로, 출하 품목의 연대적 출고가 예상되는 제품을 한데 모아 정리하고 보관하는 방식이다.

② 형상 특성의 원칙 : 화물의 형상에 따라 보관 방법을 변경하는 방식으로, 표준화된 제품은 랙에, 비표준화된 제품은 형상에 맞게 보관하는 방식이다.

③ 통로 대면의 원칙 : 물품의 입·출고를 용이하게 하고, 창고 내의 원활한 물품 흐름과 활성화를 위하여 벽면이 아닌 통로면에 보관하는 방식이다.

50

정답 ④

먼저 세 번째 조건에 따라 3팀은 3호실에 위치하고, 네 번째 조건에 따라 8팀과 2팀은 4호실 또는 8호실에 각각 위치한다. 이때, 두 번째 조건에 따라 2팀과 5팀은 앞뒤로 나란히 위치해야 하므로 결국 2팀과 5팀이 각각 8호실과 7호실에 나란히 위치하고, 4호실에는 8팀이 위치한다. 또한, 첫 번째 조건에 따라 1팀과 7팀은 1호실 또는 5호실에 각각 위치하는데, 마지막 조건에서 4팀은 1팀과 5팀 사이에 위치한다고 하였으므로 4팀이 5팀 바로 앞인 6호실에 위치하고, 1팀은 5호실에 위치한다. 따라서 1호실에는 7팀이 위치하고, 바로 뒤 2호실에는 6팀이 위치한다. 이를 정리하면 다음과 같다.

창고	입구	계단
기획 7팀		기획 1팀
기획 6팀	복도	기획 4팀
기획 3팀		기획 5팀
기획 8팀		기획 2팀

따라서 기획 4팀과 기획 6팀은 복도를 사이에 두고 마주하는 것을 알 수 있다.

오답분석

① 창고 뒤에는 기획 7팀의 사무실이 위치하며, 기획 1팀의 사무실은 계단 쪽 라인에 위치한다.

② 기획 2팀의 사무실은 8호실에 위치한다.

③ 기획 3팀과 5팀은 복도를 사이에 두고 마주한다.

51

정답 ③

실제 근로시간이 주 52시간을 초과하는 근로자의 비중이 높은 직업일수록 주 52시간 근무제 도입 후 근로시간 단축효과가 클 것임을 추론할 수 있다.

ㄱ. 판매종사자의 경우, 다른 직업에 비해 실제 근무시간이 주 52시간을 초과하던 근로자의 수가 $6,602 \times 36.1\% = 2,383$명으로 가장 많다.

ㄷ. 관리자의 경우, 실제 근무시간이 주 52시간을 초과하는 근로자의 비율이 6.3%이고, 단순노무종사자의 경우 20.7%이므로 적절한 설명이다.

오답분석

ㄴ. 군인의 경우, 다른 직업에 비해 희망 근무시간이 주 52시간 초과인 근로자의 수가 $119 \times 4.6\% = 5$명으로 가장 적다.

PART 1

52

정답 ③

이달 말부터 a만 원씩 갚는다고 하면, 이자를 포함하여 갚는 금액의 총합은 $a+a\times1.015+\cdots+a\times1.015^{11}=\dfrac{a(1.015^{12}-1)}{1.015-1}=$ $\dfrac{a(1.2-1)}{0.015}=\dfrac{0.2a}{0.015}=\dfrac{40}{3}a$이고, 40만 원 12개월 후의 원리합계는 $40\times1.015^{12}=40\times1.2=48$이므로 $\dfrac{40}{3}a=48$이다.

$\therefore u-\dfrac{18}{5}=3.6$

따라서 매달 3만 6천 원씩 갚아야 한다.

53

정답 ①

먼저 16진법으로 표현된 수를 10진법으로 변환하여야 한다.
$43=4\times16+3=67$
$41=4\times16+1=65$
$54=5\times16+4=84$
변환된 수를 아스키 코드표를 이용하여 해독하면 67=C, 65=A, 84=T임을 확인할 수 있다. 따라서 철수가 장미에게 보낸 문자의 의미는 CAT이다.

54

정답 ②

ㄱ. 사업추진 경험을 강점으로 활용하여 예산 확보가 어렵다는 위협요소를 제거해나가는 전략으로서 ST전략에 해당한다.
ㄷ. 국토정보 유지관리사업은 이미 강점에 해당하므로, 약점을 보완해야 하는 WO전략으로 적절하지 않다.

55

정답 ④

이청득심(以聽得心)이란 귀를 기울이면 상대방의 마음을 얻을 수 있다는 뜻으로, 장자는 중국 노나라 왕의 일화를 통해 경청의 중요성을 이야기하였다.

오답분석
① 노심초사(勞心焦思) : 마음속으로 애를 쓰고 생각이 많아 속이 탄다는 뜻으로, 어떤 일에 대한 걱정과 우려로 몹시 불안한 상태를 의미한다.
② 견강부회(牽强附會) : 이치에 맞지 않는 말을 억지로 끌어다 붙여 자기주장의 조건에 맞도록 함을 비유하는 말이다.
③ 설참신도(舌斬身刀) : 혀는 몸을 베는 칼이라는 뜻으로, 항상 말조심해야 한다는 것을 의미한다.

56

정답 ②

원기둥의 높이를 h, 원주를 r이라고 하면, 원기둥의 면적은 $2\pi r^2+2\pi rh$이고, 브로마이드를 부착할 원기둥의 기둥은 $2\pi rh$이다.
$\therefore 2\times3.14\times0.5\times3=9.42\text{m}^2$

57

모래시계를 뒤집을 수 있다는 점을 유념해야 한다. 30분을 측정하는 과정은 다음과 같다.

1) 처음 두 모래시계를 동시에 사용을 한다.
2) 14분짜리 모래시계의 모래가 모두 가라앉았을 때, 14분짜리 모래시계를 뒤집는다. 이때, 시간은 14분이 걸렸다.
3) 22분짜리 모래시계의 모래가 모두 가라앉았을 때, 14분짜리 모래시계를 다시 뒤집는다.
　　이때, 시간은 총 22분이 걸렸으며, 14분짜리 모래시계는 8분만큼의 모래가 밑으로 가라앉았다. 해당 모래시계를 뒤집었기 때문에, 이후 14분짜리 모래시계는 8분을 측정하게 된다.
4) 14분짜리의 모래시계의 모래가 모두 가라앉을 때 30분이 된다.

따라서 두 모래시계를 사용하면 30분 만에 정확히 30분을 잴 수 있다.

58

엑셀에서 〈F12〉와 〈Shift〉+〈F12〉는 '다른 이름으로 저장'의 단축키이다.

[오답분석]

① 〈Alt〉+〈F〉 : 파일 메뉴 / 〈Alt〉+〈N〉 : 삽입 메뉴
② 〈Alt〉+〈Enter〉 : 한 셀에 두 줄 입력 / 〈Alt〉+〈=〉 : 자동합계
③ 〈Shift〉+〈F5〉 : 찾기 / 〈Shift〉+〈F3〉 : 함수 마법사

59

바이오스란 컴퓨터에서 전원을 켜면 맨 처음 컴퓨터의 제어를 맡아 가장 기본적인 기능을 처리해 주는 프로그램으로, 모든 소프트웨어는 바이오스를 기반으로 움직인다.

[오답분석]

① ROM(Read Only Memory)에 대한 설명이다.
③ RAM(Random Access Memory)에 대한 설명이다.
④ 스풀링(Spooling)에 대한 설명이다.

60

메일머지는 똑같은 내용의 편지를 이름이 다른 여러 사람에게 보낼 때 사용하는 기능이다. 수신자에 대한 정보를 담고 있는 데이터베이스 파일로부터 정보를 받아들여 워드프로세서로 작성한 편지나 문서를 여러 명에게 보낼 때 사용한다.

[오답분석]

② 인덱스(Index) : 데이터를 기록할 경우 그 데이터의 이름과 크기 등 속성과 기록장소 등을 표로 표시한 것이다.
③ 시소러스(Thesaurus) : 데이터 검색을 위한 키워드(색인어) 간의 관계, 즉 동의어, 하위어, 관련어 등의 관계를 나타낸 사전이다.
④ 액세스(Access) : 컴퓨터에서 메모리나 자기디스크 등의 기억장치에 대해 데이터의 쓰기나 읽기를 하는 행위이다.

01	02	03	04	05	06	07	08	09	10	11	12	13	14	15	16	17	18	19	20
④	②	②	⑤	①	④	②	④	①	③	④	①	①	②	④	③	④	①	①	③
21	22	23	24	25	26	27	28	29	30	31	32	33	34	35	36	37	38	39	40
③	③	①	⑤	③	④	②	③	③	②	⑤	④	④	④	④	④	④	④	②	②
41	42	43	44	45	46	47	48	49	50	51	52	53	54	55	56	57	58	59	60
④	③	④	②	①	④	④	④	④	①	③	③	⑤	①	③	①	③	②	③	⑤

01

정답 ④

알파벳의 순서를 숫자로 바꾸어 나열하면 1, 2, 3, 5, 8, 13, ( ), 34이고, 앞의 두 항을 더하면 다음 항이 되는 피보나치 수열이다. 따라서 빈칸에는 8+13=21번째의 알파벳인 'u'가 적절하다.

02

정답 ②

집으로 다시 돌아갈 때 거리 2.5km를 시속 5km로 걸었으므로 이때 걸린 시간은 $\frac{2.5}{5}=0.5$시간(30분)이고, 회사로 자전거를 타고 출근하는 데 걸린 시간은 $\frac{5}{15}=\frac{20}{60}$ 시간(20분)이다. 따라서 총 50분이 소요되어 회사에 도착한 시각은 오전 7시 10분+50분 =오전 8시이다.

03

정답 ②

미지수 a와 b에 가능한 수는 60의 약수이다. 따라서 a에 12개(1, 2, 3, 4, 5, 6, 10, 12, 15, 20, 30, 60)의 숫자가 가능하므로 이에 속하지 않은 9는 미지수 a의 숫자로 옳지 않다.

04

정답 ⑤

서머타임을 적용하면 서울은 헝가리보다 +6시간, 호주보다 +2시간이고, 베이징은 서머타임을 적용하지 않으므로 −1시간이다. 헝가리의 업무시간 오전 9시일 때, 서울은 9+6=오후 3시이며, 호주는 15+2=오후 5시, 베이징은 15−1=오후 2시이다. 첫 번째 조건에서 헝가리는 현지시간으로 오전 10시부터 낮 12시까지 외부출장이 있고, 두 번째 조건에서 호주는 현지시간으로 오후 2시부터 오후 5시까지 회의가 있기 때문에 해외지사 모두 화상 회의가 가능한 시간은 서울 기준으로 오후 3시부터 4시까지이다.

05

정답 ①

9월은 30일까지 있으며, 주말은 9일간, 추석은 3일간이지만 추석연휴 중 하루는 토요일이므로 평일에 초과근무를 할 수 있는 날은 $30-(9+3-1)=19$일이다. 또한, 특근하는 날까지 포함하면 추석 연휴기간을 제외한 27일 동안 초과근무가 가능하다.

적어도 하루는 특근할 확률을 구하기 위해 전체에서 이틀 모두 평일에 초과근무를 하는 확률을 빼면 빠르게 구할 수 있다. 따라서 하루 이상 특근할 확률은 $1-\dfrac{{}_{19}C_2}{{}_{27}C_2}=1-\dfrac{19}{39}=\dfrac{20}{39}$이며, 분자와 분모는 서로소이므로 $p+q=20+39=59$이다.

06

정답 ④

1차 면접시험 응시자를 x명으로 가정하면, 2차 면접시험 응시자는 $0.6x$명이다. 2차 면접시험 남성 불합격자는 63명이며, 남녀 성비는 $7:5$이므로 여성 불합격자는 $7:5=63:a \rightarrow 5\times63=7a \rightarrow a=45$이므로 45명이다. 따라서 2차 면접시험 불합격자 총인 원은 $45+63=108$명임을 알 수 있다. 세 번째 조건에서 2차 면접시험 불합격자는 2차 면접시험 응시자의 60%이므로 2차 면접시험 응시자는 $\dfrac{108}{0.6}=180$명이고, 1차 면접시험 응시자는 $x=\dfrac{180}{0.6}=300$이므로 300명이 된다. 따라서 1차 면접시험 합격자는 응시자의 90%이므로 $300\times0.9=270$명이다.

07

정답 ②

$2011\sim2018$년 가계대출이 전년 대비 가장 많이 증가한 해는 $583.6-530=53.6$조 원인 2016년이다.

(단위 : 조 원)

연도	2011년	2012년	2013년	2014년
가계대출 증가액	$427.1-403.5=23.6$	$437.5-427.1=10.4$	$450-437.5=12.5$	$486.4-450=36.4$
연도	2015년	2016년	2017년	2018년
가계대출 증가액	$530-486.4=43.6$	$583.6-530=53.6$	$621.8-583.6=38.2$	$640.6-621.8=18.8$

오답분석

① $2012\sim2017$년 주택담보대출의 전년 대비 증가액이 부동산담보대출 증가액보다 높지 않은 해는 2012년, 2013년, 2017년이다.

③ 부동산담보대출이 세 번째로 많은 해는 2016년이며, 이때의 주택담보대출은 가계대출의 $\dfrac{421.5}{583.6}\times100≒72.2\%$이다.

④ 2018년 주택담보대출의 2016년 대비 증가율은 $\dfrac{455-421.5}{421.5}\times100≒7.9\%$이고, 기업대출 증가율은 $\dfrac{584.3-539.4}{539.4}\times100≒$ 8.3%이므로 기업대출 증가율이 더 높다.

⑤ 2015년 은행대출의 2010년 대비 증가율은 $\dfrac{(530+527.6)-(403.5+404.5)}{(403.5+404.5)}\times100=\dfrac{1,057.6-808}{808}\times100≒30.9\%$이다.

08

정답 ④

독일과 일본의 국방예산 차액은 $461-411=50$억 원이고, 영국과 일본의 차액은 $487-461=26$억 원이다. 따라서 영국과 일본의 차액은 독일과 일본의 차액의 $\dfrac{26}{50}\times100=52\%$를 차지한다.

오답분석

① 국방예산이 가장 많은 국가는 러시아(692억 원)이며, 가장 적은 국가는 한국(368억 원)으로 두 국가의 예산 차액은 $692-368=$ 324억 원이다.

② 사우디아라비아의 국방예산은 프랑스의 국방예산보다 $\dfrac{637-557}{557}\times100≒14.4\%$로 14%보다 많다.

③ 인도보다 국방예산이 적은 국가는 영국, 일본, 독일, 한국, 프랑스로 총 5개 국가이다.

⑤ 8개 국가 국방예산 총액은 $692+637+487+461+411+368+559+557=4,172$억 원이며, 한국이 차지하는 비중은 $\dfrac{368}{4,172}\times$ $100≒8.8\%$이다.

태양광 전기 350kWh 사용 시 한 달 전기사용량에 따른 정상요금에서 실제요금의 비율은 전기사용량이 많아질수록 커진다.

- 350kWh : $\dfrac{1,130}{62,900} \times 100 ≒ 1.8\%$

- 400kWh : $\dfrac{3,910}{78,850} \times 100 ≒ 5.0\%$

- 450kWh : $\dfrac{7,350}{106,520} \times 100 ≒ 6.9\%$

- 500kWh : $\dfrac{15,090}{130,260} \times 100 ≒ 11.6\%$

- 600kWh : $\dfrac{33,710}{217,350} \times 100 ≒ 15.5\%$

- 700kWh : $\dfrac{62,900}{298,020} \times 100 ≒ 21.1\%$

- 800kWh : $\dfrac{106,520}{378,690} \times 100 ≒ 28.1\%$

오답분석

② 2015 ~ 2019년까지 태양광 발전기 대여 설치 가구의 전년 대비 증가량은 다음과 같다.

구분	전년 대비 증가량(가구)	구분	전년 대비 증가량(가구)
2014년	256−0=256	2017년	1,664−523=1,141
2015년	428−256=172	2018년	4,184−1,664=2,520
2016년	523−428=95	2019년	7,580−4,184=3,396

따라서 2015년과 2016년의 태양광 발전기 대여 설치 가구의 증가량은 전년 대비 감소하였다.

③ 2014년부터 전체 태양광 발전기 설치 가구 중 대여 설치 가구의 비율은 다음과 같고, 대여 설치하지 않은 가구의 비율이 점차 감소한다는 것은 대여 설치한 가구의 비율이 증가한다는 것과 같다.

구분	대여 가구 수 비율(%)	구분	대여 가구 수 비율(%)
2014년	$\dfrac{256}{18,767} \times 100 ≒ 1.4$	2017년	$\dfrac{1,664}{65,838} \times 100 ≒ 2.5$
2015년	$\dfrac{428}{26,988} \times 100 ≒ 1.6$	2018년	$\dfrac{4,184}{101,770} \times 100 ≒ 4.1$
2016년	$\dfrac{523}{40,766} \times 100 ≒ 1.3$	2019년	$\dfrac{7,580}{162,145} \times 100 ≒ 4.7$

따라서 2016년은 전체 설치 가구 중 대여 설치 가구의 비율이 전년보다 낮아졌으므로 대여 설치하지 않은 가구의 비율은 높아졌음을 알 수 있다.

④ 2014년 태양광 발전기를 대여 설치한 가구는 256가구이며, 한 달 전기사용량 350kWh를 태양광으로 사용할 경우 전기요금은 총 256×1,130=289,280원으로 30만 원 미만이다.

⑤ 2017년과 2018년 태양광 발전 대여 설치 가구의 전년 대비 증가율은 각각 $\dfrac{1,664-523}{523} \times 100 ≒ 218.2\%$, $\dfrac{4,184-1,664}{1,664} \times 100 ≒ 151.4\%$이다. 따라서 두 증가율의 차이는 218.2−151.4=66.8%p이다.

10

정답 ③

시장점유율이 수출액에서 차지하는 비율과 동일할 때, 2019년 반도체 수출액은 99,712백만 달러이며 이 중 C회사의 수출액은 99,712×0.045=4,487.04백만 달러이다. 따라서 수출액은 40억 달러 이상이다.

오답분석

① A~E회사의 2019년 시장점유율의 합은 15.9+11.8+4.5+4.2+3.9=40.3%이며, I회사 점유율(2.7%)의 $\frac{40.3}{2.7}≒15$배이다.

② 반도체 수출 현황에서 2018~2019년 동안 수출액이 많은 순서는 '집적회로 반도체>개별소자 반도체>실리콘 웨이퍼'로 매년 동일하다.

④ 2018년 수출액이 전년 대비 증가한 반도체인 '개별소자 반도체'의 2019년의 선년 내비 수출액 증가율은 9.6%이고, 2018년에는 10.5%이므로 2019년 전년 대비 증가율이 더 낮다.

⑤ 2019년 환율이 1,100원/달러로 일정할 때, 실리콘 웨이퍼의 4분기 수출액은 1분기보다 (185−153)×1,100=35,200백만 원=352억 원 더 많다.

11

정답 ④

입학인원 대비 합격률이 가장 낮은 곳은 57.28%인 J대학이며, 응시 대비 불합격률은 26.25%이다. 따라서 입학인원 대비 합격률의 50%는 57.28×0.5=28.64%로 응시 대비 불합격률은 입학인원 대비 합격률의 50% 미만이다.

오답분석

① B대학과 I대학은 입학인원 차이는 110−70=40명이고, 석사학위 취득자의 차이는 85−60=25명으로 입학인원 차이가 석사학위 취득자보다 40−25=15명 더 많다.

② A~J대학 중 응시 대비 합격률이 가장 높은 로스쿨 3곳은 응시 대비 불합격률이 가장 낮은 3곳으로 A, C, E대학이며, 응시 대비 합격률은 각각 100−4.88=95.12%, 100−6.25=93.75%, 100−10.53=89.47%이다.

③ 입학자 중 석사학위 취득자 비율은 D대학이 $\frac{104}{129}×100≒80.6$%이고, G대학이 $\frac{95}{128}×100≒74.2$%이다. 따라서 D대학이 G대학보다 80.6−74.2=6.4%p 더 높다.

⑤ A~J대학 전체 입학인원은 154+70+44+129+127+66+128+52+110+103=983명이고, D, E, F대학의 총 입학인원은 129+127+66=322명이다. 따라서 전체 입학인원 대비 D, E, F대학의 총 입학인원 비율은 $\frac{322}{983}×100≒32.8$%이다.

12

정답 ①

여성 가입고객의 경우 예금을 가입한 인원은 35명, 적금을 가입한 인원은 30명이므로 여성 가입고객 중 예·적금 모두 가입한 인원은 (35+30)−50=15명이다. 또한 남성 전체 고객 중 예·적금 모두 가입한 인원은 20%라고 했으므로 50×0.2=10명이 된다. 따라서 전체 가입고객 중 예·적금 모두 가입한 고객은 15+10=25명이므로 비중은 $\frac{25}{100}×100=25$%이다.

13

정답 ①

세 종류의 스낵을 가장 많이 구입하기 위해서는 가장 저렴한 스낵을 가장 많이 구매하면 된다. a, b, c스낵을 한 개씩 구매한 금액은 1,000+1,500+2,000=4,500원이고, 남은 금액은 50,000−4,500=45,500원이다. 이때 a, c스낵은 천 원 단위이므로 오백 원 단위를 맞추기 위해 b스낵을 하나 더 사야 하고, 남은 금액으로 a스낵을 44,000÷1,000=44개 구매한다. 따라서 a스낵 44+1=45개, b스낵 2개, c스낵 1개를 구입하여 최대 45+2+1=48개의 스낵을 구입할 수 있다.

14

두 소금물을 합하면 소금물의 양은 800g이 되고, 이 소금물을 농도 10% 이상인 소금물로 만들기 위한 물의 증발량을 xg이라고 가정할 때, 소금물 농도에 대한 부등식을 세워 계산한다.

$$\frac{(300 \times 0.07) + (500 \times 0.08)}{800 - x} \times 100 \geq 10 \rightarrow (21 + 40) \times 10 \geq 800 - x \rightarrow x \geq 800 - 610 \rightarrow x \geq 190$$

따라서 800g인 소금물에서 물 190g 이상을 증발시켜야 농도 10% 이상인 소금물을 얻을 수 있다.

15

작년보다 제주도 숙박권은 20%, 여행용 파우치는 10% 더 늘린다고 했으므로 제주도 숙박권은 10×0.2=2명, 여행용 파우치는 20×0.1=2명이 경품을 더 받는다. 따라서 작년보다 총 4명이 경품을 더 받을 수 있다.

16

정상가로 A, B, C과자를 2봉지씩 구매할 수 있는 금액은 (1,500+1,200+2,000)×2=4,700×2=9,400원이다. 이 금액으로 A, B, C과자를 할인된 가격으로 2봉지씩 사고 남은 금액은 9,400−[(1,500+1,200)×0.8+2,000×0.6]×2=9,400−3,360×2 =9,400−6,720=2,680원이다. 따라서 남은 금액으로 A과자를 $\frac{2,680}{1,500 \times 0.8}$ ≒2.23, 2봉지 구매할 수 있다.

17

흡연자 A씨가 금연프로그램에 참여하면서 진료 및 상담과 금연보조제(니코틴패치) 구매에 지불해야 하는 부담금은 지원금을 제외한 나머지이다. 따라서 A씨가 부담하는 금액은 총 30,000×0.1×6+12,000×0.25×3=18,000+9,000=27,000원이다.

18

원탁 자리에 다음과 같이 임의로 번호를 지정하고, 기준이 되는 C를 앉히고 나머지를 배치한다.

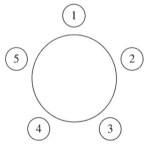

C를 1번에 앉히면, 첫 번째 조건에서 C 바로 옆에 E가 앉아야 하므로 E는 5번 또는 2번에 앉는다. 만약 E가 2번 자리에 앉으면 세 번째 조건에 따라 D가 A의 오른쪽에 앉아야 한다. A가 4번, D가 3번에 앉으면 B가 5번에 앉게 되어 첫 번째 조건에 부합하지 않는다. 또한 A가 5번, D가 4번에 앉는 경우 B는 3번에 앉게 되지만 두 번째 조건에서 D와 B는 나란히 앉을 수 없어 불가능하다. E를 5번에 앉히고 A는 3번, D는 2번에 앉게 되면 B는 4번에 앉아야 하므로 모든 조건을 만족하게 된다. 따라서 C로부터 시계방향으로 세 번째에 있는 사람은 A이다.

19

철도차량을 소유하거나 운영하는 자가 철도차량 개조승인을 받으려면 먼저 철도안전법 시행규칙 제75조의3 제1항에 나타난 서류와 개조승인신청서를 제출하여야 한다. 개조신청이 접수되면 철도차량의 개조가 철도차량기술기준 등에 적합한지 여부에 대한 검토가 진행된다. 검토 결과 적합하다고 인정된 경우 국토교통부 장관의 개조승인을 받을 수 있다. 따라서 철도차량의 개조는 '개조신청 − 사전기술 검토 − 개조승인'의 순서로 진행된다.

20

개조승인 신청 이후 개조검사 계획서가 통지되는 기한은 알 수 있으나, 이후 실시되는 개조승인 검사가 얼마 동안 진행되는지는 알 수 없다.

오답분석

① 철도안전법 시행규칙 제75조의3 제1항에 해당한다.
② 철도안전법 시행규칙 제75조의6 제1항에 해당한다.
④ 철도안전법 시행규칙 제75조의3 제2항에 해당한다.
⑤ 철도안전법 시행규칙 제75조의5에 해당한다.

21

정답 ③

가중평균은 원값에 해당되는 가중치를 곱한 총합을 가중치의 합으로 나눈 것을 말한다. A의 가격을 a만 원이라고 가정하여 가중평균에 대한 방정식을 구하면 다음과 같다.

$$\frac{(a\times30)+(70\times20)+(60\times30)+(65\times20)}{30+20+30+20}=66 \rightarrow \frac{30a+4,500}{100}=66 \rightarrow 30a=6,600-4,500 \rightarrow a=\frac{2,100}{30} \rightarrow a=70$$

따라서 A의 가격은 70만 원이다.

22

정답 ③

A, B, C설탕물의 설탕 질량을 구하면 다음과 같다.
• A설탕물의 설탕 질량 : $200\times0.12=24$g
• B설탕물의 설탕 질량 : $300\times0.15=45$g
• C설탕물의 설탕 질량 : $100\times0.17=17$g

A, B설탕물을 합치면 설탕물 500g에 들어 있는 설탕은 $24+45=69$g, 농도는 $\frac{69}{500}\times100=13.8\%$이다. 합친 설탕물을 300g만 남기고, C설탕물과 합치면 설탕물 400g이 되고 여기에 들어 있는 설탕의 질량은 $300\times0.138+17=58.4$g이다. 또한 이 합친 설탕물도 300g만 남기면 농도는 일정하므로 설탕물이 $\frac{3}{4}$으로 줄어든 만큼 설탕의 질량도 같이 줄어든다. 따라서 설탕의 질량은 $58.4\times\frac{3}{4}=43.8$g이다.

23

정답 ①

작년과 올해 공제받은 금액의 1,200만 원 초과금을 각각 x, y만 원이라 하고 공제받은 총금액에 대한 방정식을 세우면 다음과 같다.
• 작년 : $72+0.15\times x=4,000\times0.05 \rightarrow 0.15\times x=200-72 \rightarrow x=\frac{128}{0.15}≒853$
• 올해 : $72+0.15\times y=4,000\times0.1 \rightarrow 0.15\times y=400-72 \rightarrow y=\frac{328}{0.15}≒2,187$

따라서 작년 대비 올해 증가한 소비 금액은 $(2,187+1,200)-(853+1,200)=1,334$만 원이다.

24

정답 ⑤

A, B기차의 길이를 각각 a, bm라고 가정하고 터널을 지나는 시간에 대한 방정식을 세우면 다음과 같다.
• A기차 : $\frac{600+a}{36}=25 \rightarrow 600+a=900 \rightarrow a=300$
• B기차 : $\frac{600+b}{36}=20 \rightarrow 600+b=720 \rightarrow b=120$

따라서 A기차의 길이는 300m이며, B기차의 길이는 120m이다.

25

숫자 21을 2, 8, 16진수로 바꾸면 다음과 같다.
• 2진수

  2) 21
  2) 10 ⋯ 1
  2) 5 ⋯ 0
  2) 2 ⋯ 1
       1 ⋯ 0

아래부터 차례대로 적으면 10101이 21의 2진수 숫자이다.
• 8진수

  8) 21
     2 ⋯ 5

21의 8진수는 25이다.
• 16진수

  16) 21
      1 ⋯ 5

21의 16진수는 15이다.
따라서 옳지 않은 대답을 한 사람은 C사원이다.

26

정답 ④

㉠ 수행성취, ㉡ 모델링, ㉢ 사회적, ㉣ 정서적 각성이다.

27

정답 ②

기존에 상위 40%와 하위 20%의 입찰금액을 제외했던 종합심사제 균형가격 산정 기준은 이번 개정을 통해 상·하위 20% 입찰금액으로 완화되었다.

[오답분석]
① 개정된 계약기준은 공단 홈페이지 및 전자조달시스템 사이트에 공개되었다.
③ 용역 분야에서 신용평가 등급 기준을 BBB－로 낮추고, 신기술개발 및 투자실적 평가의 만점 기준을 완화하여 중소기업의 경영 부담을 줄였다.
④ 공사 분야 사망사고에 대한 신인도 감점을 회당 －2점에서 －5점으로 강화하여 철도 건설 현장의 안전을 제고하였다.

28

정답 ③

국가철도공단의 호남고속철도 건설사업은 건설 초기 2010년 2월부터 UN 청정개발체제사업으로 추진되었으나, 2015년 국내 탄소 시장이 개설됨에 따라 국내 배출권거래제 외부사업으로 전환되었다. 따라서 국내 탄소 시장은 2010년이 아닌 2015년에 개설되었음을 알 수 있다.

[오답분석]
① 배출권거래제는 정부가 온실가스를 배출하는 기업에 연간 정해진 배출권을 할당하고, 부족분과 초과분에 대해 업체 간 거래를 허용하는 제도이다. 이를 통해 정부가 기업의 연간 온실가스 배출량을 제한하고 있음을 알 수 있다.
② 배출권거래제 외부사업은 배출권거래제 대상이 아닌 기업이 온실가스 감축 활동에 참여하는 것이므로 배출권거래제 외부사업의 승인을 받은 국가철도공단은 배출권거래제 대상 기업이 아님을 알 수 있다.
④ 호남고속철도 건설사업에서 승인 기간(10년) 동안 약 380억 원의 탄소배출권 매각 수익을 창출할 수 있을 것으로 예상된다는 내용을 통해 알 수 있다.

29

정답 ③

제6조의3 제2항 제2호에 따르면 감사인이 감사대상업무의 의사결정과정에 직·간접적으로 관여한 경우 해당 감사에 관여할 수 없다.

[오답분석]

① 제4조 제3호에 해당한다.
② 제4조의2 제1항에 해당한다.
④ 제6조의3 제3항에 해당한다.

30

정답 ②

모든 일에는 지켜야 할 질서와 차례가 있음에도 불구하고 이를 무시한 채 무엇이든지 빠르게 처리하려는 한국의 '빨리빨리' 문화는 일의 순서도 모르고 성급하게 덤빔을 비유적으로 이르는 ②와 가장 관련이 있다.

[오답분석]

① 모양이나 형편이 서로 비슷하고 인연이 있는 것끼리 서로 잘 어울리고, 사정을 보아주며 감싸 주기 쉬움을 비유적으로 이르는 말이다.
③ 속으로는 가기를 원하면서 겉으로는 만류하는 체한다는 뜻으로, 속생각은 전혀 다르면서도 말로만 그럴듯하게 인사치레함을 비유적으로 이르는 말이다.
④ 한마디 말을 듣고도 여러 가지 사실을 미루어 알아낼 정도로 매우 총기가 있다는 말이다.
⑤ 작은 힘이라도 꾸준히 계속하면 큰일을 이룰 수 있음을 비유적으로 이르는 말이다.

31

정답 ⑤

마지막 문단에서는 UPS 사용 시 배터리를 일정 주기에 따라 교체해 주어야 한다고 이야기하고 있을 뿐, 배터리 교체 방법에 대해서는 알 수 없다.

[오답분석]

① 첫 번째 문단에 따르면 일관된 전력 시스템의 필요성이 높아짐에 따라 큰 손실과 피해를 야기할 수 있는 급격한 전원 환경의 변화를 방지할 수 있는 UPS가 많은 산업 분야에서 필수적으로 요구되고 있다.
② 두 번째 문단에 따르면 UPS는 일종의 전원 저장소로, 갑작스러운 전원 환경의 변화로부터 기업의 서버를 보호한다.
③ 세 번째 문단에 따르면 UPS를 구매할 때는 용량을 고려하여 필요 용량의 1.5배 정도의 UPS를 구입하는 것이 적절하다.
④ 마지막 문단에 따르면 가정용 UPS에 사용되는 MF배터리의 수명은 1년 정도이므로 이에 맞춰 주기적인 교체가 필요하다.

32

정답 ④

K주임이 가장 먼저 해야 하는 일은 오늘 2시에 예정된 팀장 회의 일정을 P팀장에게 전달해야 하는 것이다. 다음으로 내일 진행될 언론홍보팀과의 회의 일정에 대한 답변을 오늘 내로 전달해달라는 요청을 받았으므로 익일 업무 일정을 확인 후 회의 일정에 대한 답변을 전달해야 하며, 그 이후 회의 전에 미리 숙지해야 할 자료를 확인하는 것이 적절하다. 따라서 K주임은 ④의 순서로 업무를 처리해야 한다.

33

정답 ④

한글 맞춤법에 따르면 '률(率)'은 모음이나 'ㄴ' 받침 뒤에서는 '이자율, 회전율'처럼 '율'로 적고, 그 이외의 받침 뒤에서는 '능률, 합격률'처럼 '률'로 적는다. 따라서 '수익률'이 올바른 표기이다.

[오답분석]

① 추계(推計) : '일부를 가지고 전체를 미루어 계산함'의 의미를 지닌 단어로 재정 추계는 국가 또는 지방 자치 단체가 정책을 시행하기 위해 필요한 자금을 추정하여 계산하는 일을 말한다.
② 그간(−間) : '조금 멀어진 어느 때부터 다른 어느 때까지의 비교적 짧은 동안'이라는 의미를 지닌 한 단어이다.
③ 전제(前提) : '어떠한 사물이나 현상을 이루기 위하여 먼저 내세우는 것'의 의미를 지닌 단어로 옳은 표기이다.

34

노후준비지원실은 복지이사 산하에 속한다.

35

조직은 영리성을 기준으로 영리조직과 비영리조직으로 구분할 수 있다.
㉠ 영리조직 : 재산상의 이익을 목적으로 활동하는 조직
㉡ 비영리조직 : 자체의 이익을 추구하지 않고 공익을 목적으로 하는 조직

36

업사이클이란 개선한다는 의미의 업그레이드(Upgrade)와 재활용(Recycle)의 합성어로, 버려진 물건을 활용해 아이디어와 디자인을 가미한 새로운 작품을 만드는 활동을 의미한다. 쓰던 것을 다시 사용하는 옷 물려 입기는 재활용(Recycle)에 해당한다.

[오답분석]
① 운영을 중단한 철도역을 미술관으로 재탄생시킨 파리의 오르세 미술관은 공간 업사이클의 대표적 사례이다.

37

맥킨지의 3S 기법은 상대방의 감정을 최대한 덜 상하게 하면서 거절하는 커뮤니케이션 기법이다.

[오답분석]
① Sorry(Sincere)에 해당한다.
② · ③ Suggest(Substitute)에 해당한다.

> **맥킨지의 3S 기법**
> • Situation(Empathy) : 상대방의 마음을 잘 이해하고 있음을 표현하고, 공감을 형성한다.
> • Sorry(Sincere) : 거절에 대한 유감과 거절할 수밖에 없는 이유를 솔직하게 표현한다.
> • Suggest(Substitute) : 상대방의 입장을 생각하여 새로운 대안을 역으로 제안한다.

38

B의 예금 1년 이자는 $1,200,000 \times 0.006 = 7,200$원이다.
A의 금액은 월 10만 원 납입, 연이자율 2% 단리로 경과 기간에 따른 이자를 구하면 다음과 같다.

• 1개월 후 : $100,000 \times \dfrac{1 \times 2}{2} \times \dfrac{0.02}{12} ≒ 167$원

• 2개월 후 : $100,000 \times \dfrac{2 \times 3}{2} \times \dfrac{0.02}{12} ≒ 500$원

• 3개월 후 : $100,000 \times \dfrac{3 \times 4}{2} \times \dfrac{0.02}{12} ≒ 1,000$원

• 4개월 후 : $100,000 \times \dfrac{4 \times 5}{2} \times \dfrac{0.02}{12} ≒ 1,667$원

$\vdots$

• 8개월 후 : $100,000 \times \dfrac{8 \times 9}{2} \times \dfrac{0.02}{12} ≒ 6,000$원

• 9개월 후 : $100,000 \times \dfrac{9 \times 10}{2} \times \dfrac{0.02}{12} ≒ 7,500$원

따라서 9개월 후 A의 단리적금 이자가 B의 예금 이자보다 더 많아진다.

39

10월의 전기세는 기타 계절의 요금으로 구한다.

먼저 전기요금을 구하면 기본요금은 341kWh를 사용했으므로 1,600원이고, 전력량 요금은 341kWh을 사용했으므로 다음과 같다.

• 1단계 : 200kWh×93.3원/kWh=18,660원

• 2단계 : 141kWh×187.9원/kWh=26,493.9원

따라서 전기요금은 1,600+(18,660+26,493)=1,600+45,153=46,753원이고, 부가가치세는 46,753×0.1≒4,675원, 전력산업기반기금은 46,753×0.037≒1,720이다.

그러므로 10월 청구금액은 46,753+4,675+1,720=53,140원이다.

40

2018년	2019년	2020년	확률
C등급	A등급	C등급	0.1×0.1=0.01
	B등급		0.22×0.33=0.0726
	C등급		0.68×0.68=0.4624

따라서 2018년 C등급이 2020년에도 C등급으로 유지될 가능성은 0.01+0.0726+0.4624=0.545이다.

41

도보 이용을 p, 자가용 이용을 q, 자전거 이용을 r, 버스 이용을 s라 하면 첫 번째 명제는 $p \rightarrow \sim q$, 두 번째 명제는 $r \rightarrow q$, 세 번째 명제는 $\sim r \rightarrow s$이다. $p \rightarrow \sim q$, $r \rightarrow q$, $\sim r \rightarrow s$이며, 두 번째 명제의 대우인 $\sim q \rightarrow \sim r$에 따라 $p \rightarrow \sim q \rightarrow \sim r \rightarrow s$가 성립한다. 따라서 '도보로 걷는 사람은 버스를 탄다.'는 반드시 참이 된다.

42

$(평균속력) = \dfrac{(전체\ 이동거리)}{(전체\ 이동시간)}$ 공식으로 평균속력을 구하면 다음과 같다.

전체 이동거리는 10+4+7=21km이고, 전체 이동시간은 1+0.5+1.5=3시간이다. 따라서 평균속력은 21÷3=7km/h이다.

43

작년 남자 사원수를 x명, 여자 사원수를 y명이라고 하면 다음과 같은 식이 성립한다.

$x+y=500 \cdots$ ㉠

$0.9x+1.4y=500×1.08 \rightarrow 0.9x+1.4y=540 \cdots$ ㉡

㉠과 ㉡을 연립하면 $x=320$, $y=180$이 나오므로 작년 남자 사원수는 320명이다.

44

각각 20개씩 구입할 때 사과는 120×20=2,400원, 배는 260×20=5,200원, 귤은 40×20=800원이며 총예산에서 이 금액을 제외하면 20,000−(2,400+5,200+800)=11,600원이다.

남은 돈으로 사과, 배, 귤을 똑같은 개수로 더 구입한다면 11,600÷(120+260+40)=27.6 … 개, 즉 27개씩 구입이 가능하다. 이때 드는 비용은 27×(120+260+40)=11,340원이므로, 총 예산에서 20+27=47개씩 구입하고 남은 금액은 11,600−11,340=260원이다. 남은 금액이 배 한 개를 구입할 수 있는 금액이므로 배를 가장 많이 구입했을 때 배의 최소 개수는 20+27+1=48개이다.

45

정답 ①

전 세계 인구를 100명이라 했을 때, 이 중 실제로 Z병에 걸린 사람은 10%로 10명이며, 90명은 병에 걸리지 않았다. 이때 오진일 확률이 90%이므로, 정확한 진단을 받은 사람은 10%이다. Z병에 걸린 사람과 걸리지 않은 사람으로 나누어 오진일 확률을 구하면 다음과 같다.

- 실제로 Z병에 걸린 사람 : 10명
  - 오진(Z병에 걸리지 않았다는 진단) : $10 \times 0.9 = 9$명
  - 정확한 진단(Z병에 걸렸다는 진단) : $10 \times 0.1 = 1$명
- 실제로 Z병에 걸리지 않은 사람 : 90명
  - 오진(Z병에 걸렸다는 진단) : $90 \times 0.9 = 81$명
  - 정확한 진단(Z병에 걸리지 않았다는 진단) : $90 \times 0.1 = 9$명

따라서 병에 걸리지 않았다고 진단받은 사람은 $9 + 9 = 18$명이고, 이 중 오진이 아닌 정확한 진단을 받은 사람은 9명이므로 A가 검사 후 병에 걸리지 않았다고 진단받았을 때 오진이 아닐 확률은 $\frac{9}{18} \times 100 = 50\%$이다.

46

정답 ④

각 상품의 가격은 다음과 같다.
- 상품 A
  - 포스터 : $(60+30) \times 10 + 90 = 990$원
  - 다이어리 : $(50+15) \times 40 + 70 = 2,670$원
  - 팸플릿 : $(20+30) \times 10 = 500$원
  - 도서 : $(60+20) \times 700 = 56,000$원
  → $990 + 2,670 + 500 + 56,000 = 60,160$원
- 상품 B
  - 포스터 : $(40+20) \times 15 = 900$원
  - 다이어리 : $(40+10) \times 60 + 50 = 3,050$원
  - 팸플릿 : $(40+40) \times 15 = 1,200$원
  - 도서 : $(80 \times 600) + (6 \times 90) = 48,000 + 540 = 48,540$원
  → $900 + 3,050 + 1,200 + 48,540 = 53,690$원
- 상품 C
  - 포스터 : $(80+35) \times 20 + 100 = 2,400$원
  - 다이어리 : $(20+5) \times 80 = 2,000$원
  - 팸플릿 : $(20+30) \times 16 = 800$원
  - 도서 : $(50+10) \times 800 = 48,000$원
  → $2,400 + 2,000 + 800 + 48,000 = 53,200$원
- 상품 D
  - 포스터 : $(100+40) \times 10 = 1,400$원
  - 다이어리 : $(60+20) \times 50 = 4,000$원
  - 팸플릿 : $(10+20) \times 12 + 20 = 380$원
  - 도서 : $(45 \times 900) + (9 \times 50) = 40,950$원
  → $1,400 + 4,000 + 380 + 40,950 = 46,730$원

따라서 상품 D가 46,730원으로 가장 저렴하다.

47

ㄴ. BCG 매트릭스는 시장성장율과 상대적 시장점유율을 기준으로 4개의 영역으로 나눠 사업의 상대적 위치를 파악한다.

ㄹ. GE&맥킨지 매트릭스의 산업매력도는 시장규모, 시장 잠재력, 경쟁구조, 재무·경제·사회·정치 요인과 같은 광범위한 요인에 의해 결정된다.

ㅁ. GE&맥킨지 매트릭스는 반영 요소가 지나치게 단순하다는 BCG 매트릭스의 단점을 보완하기 위해 개발되었다.

[오답분석]

ㄱ. BCG 매트릭스는 미국의 보스턴컨설팅그룹이 개발한 사업포트폴리오 분석 기법이다.

ㄷ. GE&맥킨지 매트릭스는 산업매력도외 시업경쟁력을 고려하여 사업의 형태를 9개 영역으로 나타낸다.

48

경청의 5단계

㉠ 무시(0%)

㉡ 듣는 척하기(30%)

㉢ 선택적 듣기(50%)

㉣ 적극적 듣기(70%)

㉤ 공감적 듣기(100%)

49

제시문에서는 스마트폰 생산에 필요한 콜탄으로 인해 콩고의 내전이 끊이지 않고 있음을 이야기한다. 특히 (나) 문단에서는 콜탄이 콩고의 내전 장기화에 많은 영향을 끼치고 있음을 이야기하며, 이를 '휴대폰 이용자들이 기기를 바꿀 때마다 콩고 주민 수십 명이 죽는다는 말도 있다.'고 표현한다. 따라서 기사의 표제로 ④가 가장 적절함을 알 수 있다.

50

(가) 문단에서는 스마트폰 생산에 사용되는 탄탈럼을 언급하며, 탄탈럼의 원석인 콜탄의 소비량 증가와 가격 상승으로 인해 전 세계 콜탄의 70~80%가 매장되어 있는 콩고에서 전쟁이 그치지 않고 있음을 이야기하고 있다. 따라서 사람들의 스마트폰 사용 현황과 콜탄의 가격 상승을 보여주는 그래프와 콜탄 채굴 현황을 나타내는 표는 모두 (가) 문단의 내용을 효과적으로 나타내고 있다.

51

제5조에 따르면 운영부서는 증빙자료와 함께 마일리지 적립현황을 분기마다 주관부서에 제출해야 하며, 주관부서는 이를 확인하여 매년 12월 31일까지 감사실에 제출해야 한다. 따라서 청렴마일지 제도를 잘못 이해하고 있는 사람은 C주임이다.

[오답분석]

① 제4조 제4호에 따라 반부패·청렴 교육을 이수한 경우 청렴마일지를 부여받을 수 있다. 그러나 A사원은 청렴마일지리를 받지 못했으므로 제6조 제2항에 따라 감사실장에 이의신청을 할 수 있다.

② 제7조 제1항에 따르면 적립된 청렴마일지리는 개인 및 부서별 포상에 활용할 수 있다.

④ 제6조 제1항에 따르면 감사실장은 신고된 내용에 대하여 사실 여부를 확인한 후 청렴마일지를 부여한다.

52

대·중소기업 동반녹색성장의 추진절차에 따르면 사업 설명회는 참여기업이 확정되기 전에 개최된다. 즉, 사업 설명회를 통해 참여를 원하는 기업의 의견을 수렴한 뒤 참여기업을 확정한다.

PART 1

53
정답 ⑤

전화를 처음 발명한 사람으로 알려진 알렉산더 그레이엄 벨이 전화에 대한 특허를 받았음을 이야기하는 (라) 문단이 첫 번째 문단으로 적절하며, 다음으로 벨이 특허를 받은 뒤 치열한 소송전이 이어졌다는 (다) 문단이 오는 것이 적절하다. 이후 벨은 그레이와의 소송에서 무험의 처분을 받으며 마침내 전화기의 발명자는 벨이라는 판결이 났다는 (나) 문단과 지금도 벨의 전화 시스템이 세계 통신망에 뿌리를 내리고 있다는 (가) 문단이 차례로 오는 것이 적절하다. 따라서 (라) – (다) – (나) – (가) 순으로 나열해야 한다.

54
정답 ①

누가 먼저 전화를 발명했는지에 대한 치열한 소송이 있었지만, (나) 문단의 1887년 재판에서 전화의 최초 발명자는 벨이라는 판결에 따라 법적으로 전화를 처음으로 발명한 사람은 벨임을 알 수 있다.

오답분석
② 벨과 그레이는 1876년 2월 14일 같은 날 특허를 신청했으며, 누가 먼저 제출했는지는 글을 통해 알 수 없다.
③ 무치는 1871년 전화에 대한 임시특허만 신청하였을 뿐, 정식 특허로 신청하지 못하였다.
④ 벨이 만들어낸 전화 시스템은 현재 세계 통신망에 뿌리를 내리고 있다.
⑤ 소송 결과 그레이가 전화의 가능성을 처음 인지하긴 하였으나, 전화를 완성하기 위한 후속 조치를 취하지 않았다고 판단되었다.

55
정답 ③

빈칸 앞 문장에서 변혁적 리더는 구성원의 욕구 수준을 상위 수준으로 끌어올린다고 하였으므로 구성원에게서 기대되었던 성과만을 얻어내는 거래적 리더십을 발휘하는 리더와 달리 변혁적 리더는 구성원에게서 보다 더 높은 성과를 얻어낼 수 있을 것임을 추론해볼 수 있다. 따라서 빈칸에 들어갈 내용으로는 '기대 이상의 성과를 얻어낼 수 있다.'는 ③이 가장 적절하다.

56
정답 ①

합리적 사고와 이성에 호소하는 거래적 리더십과 달리 변혁적 리더십은 감정과 정서에 호소하는 측면이 크다. 따라서 변혁적 리더십을 발휘하는 변혁적 리더는 구성원의 합리적 사고와 이성이 아닌 감정과 정서에 호소한다.

57
정답 ③

• 간헐적(間歇的) : 얼마 동안의 시간 간격을 두고 되풀이하여 일어나는
• 이따금 : 얼마쯤씩 있다가 가끔

오답분석
① 근근이 : 어렵사리 겨우
② 자못 : 생각보다 매우
④ 빈번히 : 번거로울 정도로 도수(度數)가 잦게
⑤ 흔히 : 보통보다 더 자주 있거나 일어나서 쉽게 접할 수 있게

58
정답 ②

임대보증금 전환은 연 1회 가능하므로 다음 해에 전환할 수 있다.
1년 동안 A대학생이 내는 월 임대료는 500,000×12=6,000,000원이고, 이 금액에서 최대 56%까지 보증금으로 전환이 가능하므로 6,000,000×0.56=3,360,000원을 보증금으로 전환할 수 있다. 보증금에 전환이율 6.72%를 적용하여 환산한 환산보증금은 3,360,000÷0.0672=50,000,000원이 된다. 즉, 월세를 최대로 낮췄을 때의 월세는 500,000×(1-0.56)=220,000원이며, 보증금은 환산보증금 5천만 원을 추가하여 8천만 원이 된다.

59

정답 ③

엘리베이터 적재용량이 305kg이고, H사원이 타기 전 60kg의 J사원이 80kg의 사무용품을 싣고 타 있는 상태이기 때문에 남은 적재용량은 305-140=165kg이다. H사원의 몸무게가 50kg이므로 165-50=115kg의 A4용지를 실을 수 있고, A4용지 한 박스는 10kg이므로 115÷10=11.5로 11박스의 A4용지를 가지고 엘리베이터에 탈 수 있다.

60

정답 ⑤

사진별로 개수에 따른 총 용량을 구하면 다음과 같다
- 반명함 : 150×8,000=1,200,000KB
- 신분증 : 180×6,000=1,080,000KB
- 여권 : 200×7,500=1,500,000KB
- 단체사진 : 250×5,000=1,250,000KB

사진 용량 단위 KB를 MB로 전환하면 다음과 같다.
- 반명함 : 1,200,000÷1,000=1,200MB
- 신분증 : 1,080,000÷1,000=1,080MB
- 여권 : 1,500,000÷1,000=1,500MB
- 단체사진 : 1,250,000÷1,000=1,250MB

따라서 모든 사진의 총 용량을 더하면 1,200+1,080+1,500+1,250=5,030MB이고, 5,030MB는 5.03GB이므로 필요한 USB 최소 용량은 5GB이다.

01	02	03	04	05	06	07	08	09	10	11	12	13	14	15	16	17	18	19	20
②	④	②	③	⑤	③	①	③	⑤	①	⑤	②	①	③	①	③	②	④	②	②
21	22	23	24	25	26	27	28	29	30	31	32	33	34	35	36	37	38	39	40
②	④	①	②	③	④	④	②	④	①	④	③	③	④	①	③	②	④	④	①
41	42	43	44	45	46	47	48	49	50	51	52	53	54	55	56	57	58	59	60
②	④	①	⑤	④	③	②	①	②	①	③	③	⑤	⑤	④	④	③	③	⑤	②

01

`정답` ②

2016년 휴대전화 스팸 수신량은 2015년보다 0.34−0.33=0.01통이 많으며, 2017년에는 2015년보다 0.33−0.32=0.01통이 적다. 따라서 증가량과 감소량이 0.01통으로 같음을 알 수 있다.

[오답분석]

① 2015년부터 2017년까지 휴대전화 스팸 수신량은 2016년에는 증가하고 다음해에 감소했으며, 이메일 스팸 수신량은 계속 감소했다.

③ 전년도 대비 이메일 스팸 수신량 감소율은 2015년에 $\frac{1.06-1.48}{1.48} \times 100 ≒ -28.4\%$, 2016년에 $\frac{1.00-1.06}{1.06} \times 100 ≒ -5.7\%$ 로 2015년 감소율이 2016년의 약 5배이므로 옳지 않다.

④ 휴대전화 스팸 수신량이 가장 적은 해는 2017년이다.

⑤ 2013년의 이메일 스팸 수신량은 1.16통으로 휴대전화 스팸 수신량의 2.5배인 약 1.33통보다 작다.

02

`정답` ④

i) 중앙값

중앙값은 자료에 나타난 값을 작은 수부터 나열했을 때 가장 가운데 오는 값으로, 값이 홀수일 때는 가장 가운데 오는 수이지만, 짝수일 때는 가운데에 위치하는 두 값의 평균이 중앙값이 된다.

최종 평가 점수를 작은 수부터 나열하면 12, 13, 15, 17, 17, 20이다. 따라서 중앙값은 15점과 17점의 평균값인 16점이다.

ii) 최빈값

최빈값은 가장 많은 빈도로 나타나는 값이다. 따라서 업무 평가 점수에서의 최빈값은 17점이다.

03

`정답` ②

전년도 대비 소각 증가율은 다음과 같다.

• 2016년 : $\frac{11,604-10,609}{10,609} \times 100 ≒ 9.4\%$

• 2017년 : $\frac{12,331-11,604}{11,604} \times 100 ≒ 6.3\%$

전년도 대비 2016년 소각 증가율은 2017년 소각 증가율의 2배인 약 12.6%보다 작으므로 옳지 않다.

① 매년 재활용량은 전체 생활 폐기물 처리량 중 50% 이상을 차지한다.

③ 5년간 소각량 대비 매립량 비율은 다음과 같다.

- 2014년 : $\frac{9,471}{10,309} \times 100 ≒ 91.9\%$

- 2015년 : $\frac{8,797}{10,609} \times 100 ≒ 82.9\%$

- 2016년 : $\frac{8,391}{11,604} \times 100 ≒ 72.3\%$

- 2017년 : $\frac{7,613}{12,331} \times 100 ≒ 61.7\%$

- 2018년 : $\frac{7,813}{12,648} \times 100 ≒ 61.8\%$

따라서 매년 소각량 대비 매립량 비율은 60% 이상임을 알 수 있다.

④ 2014년부터 2017년까지 매립량은 감소하고 있다.

⑤ 2018년에 재활용된 폐기물량 비율은 $\frac{30,454}{50,915} \times 100 ≒ 59.8\%$로 2014년의 소각량 비율인 $\frac{10,309}{50,906} \times 100 ≒ 20.3\%$의 3배인 60.9%보다 작으므로 옳다.

04

작년 남자 신입사원 수를 a명이라 하면, 여자 신입사원 수는 $(325-a)$명이 되며, 작년보다 증가한 올해 신입사원 수는 다음과 같다.

$a \times 0.08 + (325-a) \times 0.12 = 32 \rightarrow 8a + 12 \times 325 - 12a = 3,200 \rightarrow 3,900 - 3,200 = 4a \rightarrow a = 175$

따라서 작년 남자 신입사원 수는 175명이고, 올해 남자 신입사원 수는 작년보다 8% 증가했으므로, $175 \times 1.08 = 189$명이다.

05

용지 가격과 배송비용에 따른 구매가격을 계산하면 다음과 같다.

- A쇼핑몰 : 200장당 5,000원이므로 총 8,600장을 주문해야 한다.

$\frac{8,600}{200} \times 5,000 + 5,000 (∵ \text{배송비}) = 220,000$원

- B쇼핑몰 : 2,500장당 47,000원이므로 총 10,000장을 주문해야 한다.

$\frac{10,000}{2,500} \times 47,000 = 188,000$원

- C쇼핑몰 : 1,000장당 18,500원이므로 총 9,000장을 주문해야 한다.

$\frac{9,000}{1,000} \times 18,500 + 6,000 (∵ \text{배송비}) = 172,500$원

- D쇼핑몰 : 장당 20원이므로 수량에 맞게 8,500장을 주문해야 한다.

$8,500 \times 20 = 170,000$원

- E쇼핑몰 : 500장당 9,000원이므로 수량에 맞게 8,500장을 주문해야 한다.

$\frac{8,500}{500} \times 9,000 \times 1.1 (∵ \text{배송비}) = 168,300$원

따라서 E쇼핑몰에서 구매하는 것이 가장 저렴하다.

PART 1

06

세차 가격이 무료가 되는 주유량은 다음과 같다.
- A의 경우 : $1,550a \geq 50,000$원 → $a \geq 32.2$이므로 33L부터 세차 가격이 무료이다.
- B의 경우 : $1,500b \geq 70,000$원 → $b \geq 46.6$이므로 47L부터 세차 가격이 무료이다.

주유량에 따른 주유 가격과 세차에 드는 비용은 아래 표와 같다.

구분	32L 이하	33L 이상 46L 이하	47L 이상
A주유소	$1,550a+3,000$	$1,550a$	$1,550a$
B주유소	$1,500b+3,000$	$1,500b+3,000$	$1,500b$

주유량이 32L 이하와 47L 이상일 때, A주유소와 B주유소의 세차 가격 포함 유무가 동일하므로 이때는 B주유소가 더 저렴하다. 따라서 A주유소가 유리한 주유량 범위는 33L 이상 46L 이하임을 알 수 있다.

07

충남 지역의 발전설비와 발전량은 가장 많지만, 전력판매량은 경기 지역이 더 많다.

[오답분석]
② 발전설비가 가장 적은 지역은 대전으로, 발전량도 186,769Mwh로 가장 적다.
③ 발전량이 1,000,000Mwh 미만인 지역은 서울, 광주, 대전으로 3개이다.
④ 전력판매량의 평균은 $(46,493+20,467+15,268+23,876+8,558+9,380+32,095+109,424+16,499+24,009+48,454$
　$+22,734+33,097+44,648+34,497+4,738+2,802) \div 17 \fallingdotseq 29,238$Gwh이다.
⑤ 발전설비가 가장 많은 5개 지역은 인천, 경기, 충남, 전남, 경북이며 발전량과 전력판매량이 10위 안에 든다.

08

- 베를린에 도착한 시각

한국시각		11월 2일 오전 10시 45분
소요시간	+	17시간 45분
시차	−	8시간
=		11월 2일 오후 8시 30분

- 인천에서 베를린까지 소요시간

(인천 → 런던)		10시간 55분
(런던 경유시간)	+	4시간 45분
(런던 → 베를린)	+	2시간 05분
=		17시간 45분

09

사무실에서 P지점에 있는 거래처까지는 오른쪽으로 2칸, 위로 5칸으로 총 7칸이므로 17.5km이다. P지점에 있는 거래처에서 Q지점에 있는 거래처까지는 오른쪽으로 6칸, 위로 5칸으로 총 11칸이므로 27.5km이다. 즉, 사무실에서 P지점의 거래처를 들러 Q지점의 거래처까지의 거리는 45km이다.

- A차량에 주유할 때
  A차량의 연비는 15km/L이므로 총 3L의 휘발유를 주유해야 한다. 휘발유의 리터당 가격이 1,563원이므로 총 주유비는 4,689원이다.
- B차량에 주유할 때
  B차량의 연비는 13km/L이므로 총 3.5L의 경유를 주유해야 한다. 경유의 리터당 가격은 1,403원이므로 총 주유비는 4,910.5원이다.
- C차량에 주유할 때
  C차량의 연비는 9km/L이므로 총 5L의 LPG를 주유해야 한다. LPG의 리터당 가격은 904원이므로 총 주유비는 4,520원이다.

10

㉠ MOU는 어떠한 거래를 시작하기 전에 쌍방 당사자의 기본적인 이해를 담기 위해 진행되는 것으로 체결되는 내용에 법적 구속력을 갖지 않는 것이 일반적이다.
㉡ 본문에서 제시한 MOU는 국가가 아니라 기업 간 협약이다.
㉢ EVNEPS사는 2016년 설립되었으며, 베트남전력공사 산하기관인 EVNGENCO3사의 자회사로서 EVNGENCO3사 소유의 발전소 유지보수를 수행하고 있다.
㉣ 양해각서는 발전소 운전 및 정비 그리고 기술인력 교육 등 양사 간 사업협력과 인적교류를 주요 내용으로 하고 있다.

11

정답 ⑤

'Eye Love 천사 Project' 사업 기금은 국내외 실명위기 환자들이 안과 수술을 통해 실명을 예방하고 일상생활을 할 수 있도록 수술비를 지원하는 한전의 사회공헌활동이다. 따라서 이미 실명한 환자는 해당하지 않는다.

12

정답 ②

에너지 신산업 분야 4개 기업이 에너지 데이터 공유 시범사업을 추진하기로 업무협약을 체결한 것은 산업통상자원부가 아니라 한국전력공사이다.

13

정답 ①

제시문은 치매의 정의, 증상, 특성 등을 말하고 있으므로 '치매의 의미'가 글의 주제로 적절하다.

14

정답 ③

환자가 의사능력이 있는 경우엔 사전에 작성한 사전연명의료의향서를 바탕으로 연명의료중단을 결정할 수 있지만, 환자가 의사능력이 없을 경우 사전연명의료의향서를 이전에 작성했다 하더라도 담당의사의 판단만으로 연명의료를 중단할 수 없다.

오답분석

① 연명의료중단 등 결정을 이행하기 이전에 담당의사는 먼저 이행 대상 환자인지 판단하고, 의료중단 등 결정에 관한 해당 환자의 의사를 확인하는 단계를 거쳐야 한다.
② 이행 대상 환자 판단 과정에서 담당의사와 해당 분야 전문의 1명은 해당 환자가 임종과정에 있는지 여부를 판단하여야 한다.
④ 담당의사는 연명의료중단 이행을 거부할 수 있으며 이행 거부를 이유로 담당의사에게 해고나 그 밖의 불리한 처우를 해서는 안 된다.

15

정답 ①

환자가족은 19세 이상이어야 하며, 실종신고가 되었거나 행방불명 사실이 신고된 날부터 3년 이상 경과한 사람, 자신의 의사를 표현할 수 없는 사람은 환자가족의 범위에서 제외된다. 따라서 미성년자인 막내아들의 경우 환자가족의 범위에서 제외된다.

16

정답 ③

• 갑 : $(56 \times 0.3) + (82 \times 0.4) + (67 \times 0.06) + (20 \times 0.04) + (92 \times 0.2) = 72.82$점
• 을 : $(70 \times 0.3) + (43 \times 0.4) + (67 \times 0.06) + (100 \times 0.04) + (88 \times 0.2) = 63.82$점
• 병 : $(81 \times 0.3) + (73 \times 0.4) + (100 \times 0.06) + (40 \times 0.04) + (63 \times 0.2) = 73.7$점
• 정 : $(67 \times 0.3) + (55 \times 0.4) + (33 \times 0.06) + (100 \times 0.04) + (95 \times 0.2) = 67.08$점
따라서 성과급 점수의 총합이 가장 높은 사람은 병이다.

제7회 2018년 기출복원 모의고사 • 95

PART 1

17

- 갑 : $(56×0.3)+(82×0.4)+(92×0.3)=77.2$점 → 180만+10만($∵$ 자격증)=190만 원
- 을 : $(70×0.3)+(43×0.4)+(88×0.3)=64.6$점 → 110만+10만($∵$ 자격증)=120만 원
- 병 : $(81×0.3)+(73×0.4)+(63×0.3)=72.4$점 → 150만+10만($∵$ 자격증)=160만 원
- 정 : $(67×0.3)+(55×0.4)+(95×0.3)=70.6$점 → 150만 원

따라서 성과급을 가장 많이 받는 사람은 갑이고, 갑의 성과급은 190만 원이다.

18

정답 ④

분석대상자 수와 진단율을 곱하여 천식 진단을 받은 학생 수를 구하면 아래와 같다.

구분	남학생	여학생
중1	$5,178×0.091≒471$명	$5,011×0.067≒335$명
중2	$5,272×0.108≒569$명	$5,105×0.076≒387$명
중3	$5,202×0.102≒530$명	$5,117×0.085≒434$명
고1	$5,069×0.104≒527$명	$5,096×0.076≒387$명
고2	$5,610×0.098≒549$명	$5,190×0.082≒425$명
고3	$5,293×0.087≒460$명	$5,133×0.076≒390$명

따라서 천식 진단을 받은 여학생의 수는 중·고등학교 모두 남학생의 수보다 적다.

19

정답 ②

런던에서 A대리는 11월 1일 오전 9시부터 22시까지 일을 하여 13시간이 걸렸다. 시애틀의 B대리는 11월 2일 15시부터 서울 시각으로 11월 3일 오전 9시에 일을 끝마쳤다. 서울 시각을 시애틀 시각으로 바꾸면 시애틀이 서울보다 16시간 느리므로 B대리가 끝마친 시각은 11월 2일 17시가 된다. B대리가 업무하는 데 걸린 시간은 2시간이다. 마지막으로 C대리는 11월 3일 오전 9시부터 자정까지 작업을 하고 보고했으므로 15시간이 걸렸다. 따라서 세 명의 대리가 업무를 하는 데 걸린 시간은 총 13+2+15=30시간 임을 알 수 있다.

20

정답 ②

㉠은 다른 재료로 대체한 S에 해당되고, ㉡은 서로 다른 물건이나 아이디어를 결합한 C에 해당되고, ㉢은 형태, 모양 등을 다른 용도로 사용한 P에 해당된다.
또다른 예로 A에는 우엉씨 → 벨크로(찍찍이), M에는 둥근 지우개 → 네모 지우개, E에는 자동차 → 오픈카, R에는 스캐너 → 양면 스캐너 등이 있다.

21

정답 ②

국가전문자격에는 세무사, 관세사, 공인중개사, 수산물품질관리사, 경매사 등이 있고, 국가기술자격에는 산업위생관리기사, 건축기사, 원형기능사, 표면처리기능장 등이 있다.

22

정답 ④

A대리가 맞힌 문제를 x개, 틀린 문제를 $(20-x)$개라고 하면, 다음과 같은 식이 성립한다.
$5x-3(20-x)=60$ → $8x=120$ → $x=15$
따라서 A대리가 맞힌 문제의 수는 15개임을 알 수 있다.

23

정답 ①

먼저 35km의 거리비용은 $25 \times 50 + 10 \times 50 \times 0.5 = 1,500$달러이며, 이삿짐 화물비용은 $60 \times 25 = 1,500$달러이다. 따라서 K과장의 이사비용은 3,000달러임을 알 수 있다.

24

정답 ②

대화 내용에서 각자 연차 및 교육 일정을 정리하면 다음과 같다.

〈10월 달력〉

일요일	월요일	화요일	수요일	목요일	금요일	토요일
	1	2 사원 B 연차	3 개천절	4	5	6
7	8	9 한글날	10 과장 A 연차	11 대리 B 교육	12 대리 B 교육	13
14	15 사원 A 연차	16	17 대리 B 연차	18 대리 A 교육	19 대리 A 교육	20
21	22	23	24 대리 A 연차	25	26	27
28	29 워크숍	30 워크숍	31			

달력에서 바로 확인 가능한 사실은 세 번째 주에 3명의 직원이 연차 및 교육을 신청했다는 것이다. 대화 내용에서 대리 A와 사원 A가 먼저 신청을 했으므로 대리 B가 옳지 않음을 알 수 있고, 대리 A의 말에서 자신이 교육받는 주에 다른 사람 2명 더 신청 가능할 것 같다고 한 것은 네 번째 조건에 어긋난다. 따라서 옳지 않은 말을 한 직원은 대리 A와 대리 B임을 알 수 있다.

25

정답 ③

겨울철 이상한파 현상은 지구온난화로 인해 북극의 찬 공기를 가두던 북극의 제트기류가 약해져 북극의 찬 공기가 우리나라 근처까지 흘러와 발생한다. 즉, 겨울철 이상한파 현상은 북극의 제트기류가 아닌 북극의 찬 공기로 인해 발생한다.

26

정답 ④

고용노동부는 일자리사업 개선을 위해 성과평가 결과에 따라 성과가 좋은 사업의 예산은 늘리고, 성과가 낮은 사업의 예산은 줄이는 것을 원칙으로 평가결과를 예산에 반영한다.

27

정답 ④

모듈러 로봇은 외부 자극에 대한 반응이 제대로 작동되지 않는 부분을 다른 모듈로 교체하거나 제거하는 작업을 통해 스스로 치유할 수 있는 것이 특징이다.

28

정답 ②

이미지를 함수로 표현하는 '벡터 이미지'에 대한 설명이다. 대표적인 벡터 이미지 프로그램으로 Adobe Illustrator(확장자 .ai)가 있다.

오답분석

①·③·④·⑤ 비트맵(래스터 이미지) 확장자에 해당한다.

29

정답 ④

오답분석

① 데이터베이스의 구조를 정의하고 정의된 구조에 대해 데이터를 입력하여 저장함으로써 데이터베이스를 생성하거나 정의된 데이터베이스의 구조를 필요에 따라 변경 또는 불필요한 데이터베이스를 삭제하기 위한 기능이다.
② 데이터베이스에 대한 사용자의 검색, 삽입, 삭제 갱신 등의 조작을 위해 제공되는 사용자와 데이터베이스 간의 인터페이스 기능이다.
③ 데이터베이스의 정확성과 안전성 확보를 위해 데이터의 무결성 유지, 보안과 권한 검사, 회복 절차 이행, 병행 수행 제어 등을 위한 기능이다.

30

정답 ①

탐색형 문제에 대한 내용이다.

오답분석

② 설정형 문제란 '만약 …을 한다면'이라는 미래의 조건을 상정했을 때 생성되는 문제이다. 여기에는 전혀 새로운 목표를 설정하는 개발형 문제와 장래의 발생 가능한 리스크에 대한 회피형 문제가 있다. 설정형 문제는 주로 상부 경영층의 전략적 관점을 요구하는 문제의식이다. 신규 사업 진출, 시장 개방 등이 그 예가 될 수 있다.
③ 발생형 문제란 잘 되고 있다가 틀어진 실제의 문제 발생, 즉 일어난 문제를 말한다. 여기서 기존의 패턴 유지는 정상이며, 그 패턴을 벗어나는 일이 발생했을 때만 문제를 인정하게 된다. 그러므로 항상 조속히 원상복귀시키려는 입장에서 임기응변식 대응책을 모색하려는 경향이 있다. 기계 고장 등이 그 예이다.

31

정답 ④

'다독자'를 p, '국어를 잘한다.'는 q, '사회를 잘한다.'는 r이라고 하면, 제시된 명제에 의해 $p \rightarrow q$, r 임을 알 수 있다. 이의 대우는 $\sim q$ 또는 $\sim r$이면 $\sim p$이다. 따라서 '사회를 못하고 국어를 잘하면 다독자가 아니다.'는 항상 참이다.

32

정답 ③

1g은 0.001kg이고, 1kg은 0.001t이므로 답은 ③이다.

33

정답 ③

제시문은 연역적 추리에 대한 설명이며, ③은 삼단논법의 전형적인 형식이다.
• 모든 사람은 죽는다. → 대전제
• 소크라테스는 사람이다. → 소전제
• 소크라테스는 죽는다. → 결론

오답분석

①·④ 귀납적 추리에 해당한다.
② 유비 추리에 해당한다.

34

정답 ④

간트 차트는 프로젝트 일정 관리를 위한 바(Bar) 형태의 도구이다. 프로젝트의 주요 활동을 파악한 후, 각 활동의 일정을 시작하는 시점과 끝나는 시점을 연결한 막대 모양으로 표시하여 전체 일정을 한눈에 볼 수 있게 한다.

오답분석

① 플로 차트는 미리 정의된 기호와 그것들을 서로 연결하는 선을 사용하여 그린 도표로, 프로그램 논리의 흐름이나 어떤 목적을 달성하기 위한 처리 과정을 표현하는 데 사용할 수 있다.

② 히스토그램은 도수 분포의 상태를 기둥 모양의 그래프로 나타낸 것이다.
③ 체크리스트는 품질검사, 질문지, 업무결과, 안전점검 등을 실수 없이 하기 위해 작성하는 서식으로, 한눈에 알아보기 쉽도록 되어있어 통계를 낼 때 유용하게 사용된다.

35

정답 ①

제시된 상황은 사회심리학자 프리드먼(Freedman)과 프레이저(Fraser)의 실험으로 단계적 요청에 따른 반응을 알아보고자 한 것이나. 문간에 발 든여놓기 현상이란 처음에 작은 요구에 동의한 사람은 나중에 더 큰 요구에도 따르는 경향이 있다는 것으로, 처음에는 상대가 받아들이기 쉬운 요청으로 시작해서 단계석으로 제안 수준은 높여가는 것을 의미한다.

[오답분석]

② 낮은 공 기법은 불완전한 정보를 제시하여 동의를 얻은 다음 완전한 정보를 알려주는 기법으로서 일종의 속임수이다.
③ 면전에서 문 닫기 기법은 상대방이 거절할 만한 큰 부탁을 한 뒤에 작은 부탁을 하면 들어줄 가능성이 높아지는 현상이다.
④ 관심 끌기 기법은 상대방의 거부감을 해소하고 주의를 사로잡는 독특한 요청을 하는 기법이다.

36

정답 ③

2분기의 선호 장르인 공포의 월 수익은 50% 증가, 월 손해는 50% 감소해서 계산해야 한다.

• SF : $\dfrac{5+6+4-7}{4}=2$억 원

• 공포 : $\dfrac{-1+4.5-2+1.5}{4}=0.75$억 원

• 코미디 : $\dfrac{6+4-1+8}{4}=4.25$억 원

• 로맨스 : $\dfrac{2+0+3+1}{4}=1.5$억 원

따라서 C영화관이 2분기 기대수익의 평균을 가장 크게 하려면 코미디물을 선택해야 한다.

37

정답 ③

소비자들은 3분기에 코미디물과 로맨스물 둘 다 선호한다고 하였으므로 이를 고려하여 3분기 월 수익을 정리하면 다음과 같다.

구분		C영화관			
		SF	공포	코미디	로맨스
L영화관	SF	(3, 5)	(4, −2)	(−1, 9)	(0, 3)
	공포	(−1, 6)	(2, 3)	(7, 6)	(−4, 0)
	코미디	(9, 4)	(12, −4)	(3, −0.5)	(7.5, 4.5)
	로맨스	(4.5, −7)	(7.5, 1)	(−2, 12)	(3, 1.5)

L영화관과 C영화관의 기대수익 차의 절댓값을 구하면 다음과 같다.

구분		C영화관			
		SF	공포	코미디	로맨스
L영화관	SF	$\|3-5\|=2$	$\|4-(-2)\|=6$	$\|-1-9\|=10$	$\|0-3\|=3$
	공포	$\|-1-6\|=7$	$\|2-3\|=1$	$\|7-6\|=1$	$\|-4-0\|=4$
	코미디	$\|9-4\|=5$	$\|12-(-4)\|=16$	$\|3-(-0.5)\|=3.5$	$\|7.5-4.5\|=3$
	로맨스	$\|4.5-(-7)\|=11.5$	$\|7.5-1\|=6.5$	$\|-2-12\|=14$	$\|3-1.5\|=1.5$

따라서 L영화관이 코미디물을 상영하고, C영화관이 공포물을 상영할 때, 기대수익 차이가 가장 크다.

38

정답 ②

㉠ 2017년 통합 SMP는 2016년보다 81.77-77.06=4.71원/kWh 상승했다.

㉢ 2016년 대비 2017년 제주 SMP의 상승률은 $\dfrac{119.72-91.77}{91.77}\times100≒30.46\%$이다. 따라서 2017년 제주 SMP는 전년 대비 33% 미만 상승하였다.

오답분석

㉡ 2011~2017년 SMP 추이를 보면 2012년 통합 SMP는 160.83원/kWh이며 2016년까지 계속 하락했음을 확인할 수 있다.

㉢ 2011~2017년 제주와 육지의 SMP 추이를 보면 2015년 제주 SMP는 육지 SMP보다 큰 폭으로 하락했음을 쉽게 확인할 수 있다. 2011~2017년 SMP 추이를 이용해 2014년 대비 2015년 제주와 육지의 SMP 하락폭을 계산하면 다음과 같다.
- 제주 : 195.87-125.83=70.04원/kWh
- 육지 : 141.78-101.54=40.24원/kWh

39

정답 ④

- 2018년 육지의 예상 SMP : 81.39×1.12≒91.15원/kWh
- 2018년 제주의 예상 SMP : 119.72×1.25=149.65원/kWh

40

정답 ①

- A : 가장 많은 종류의 음식을 좋아하는 사람은 소연이로 돼지고기, 소고기, 새우, 생선 총 4가지를 좋아한다.
- B : 진솔이는 새우와 닭고기를, 현진이는 새우와 돼지고기를 좋아한다.

41

정답 ②

남자 인원수를 a명, 여자 인원수를 b명, 참석한 전체 인원을 $(a+b)$명이라 하면 다음과 같은 식이 성립한다.

$a=(a+b)\dfrac{1}{5}+65 \to 4a-b=325 \cdots ㉠$

$b=(a+b)\dfrac{1}{2}-5 \to a-b=10 \cdots ㉡$

㉠과 ㉡을 연립하여 풀면 $a=105,\ b=95$
따라서 전체 인원수는 남자 105명과 여자 95명을 더한 200명이다.

42

정답 ④

같은 양의 물건을 k라고 하면 갑, 을, 병 한 사람이 하루에 사용하는 양은 각각 $\dfrac{k}{30}$, $\dfrac{k}{60}$, $\dfrac{k}{40}$이며, 세 사람이 함께 하루 동안 사용하는 양은 $\dfrac{k}{30}+\dfrac{k}{60}+\dfrac{k}{40}=\dfrac{9k}{120}=\dfrac{3k}{40}$이다. 세 사람에게 나누어 줄 물건의 양을 합하면 $3k$이며, $3k$의 물건을 세 사람이 하루에 사용하는 양으로 나누면 $3k\div\dfrac{3k}{40}=40$이다. 따라서 세 사람이 함께 모든 물건을 사용하는 데 걸리는 시간은 40일이다.

43

정답 ①

B사원이 마시는 녹차의 농도를 구하는 식은 $\dfrac{(용질)}{(용액)}=\dfrac{(녹차가루의\ 양)}{(녹차가루)+(물)}$이므로, 녹차 농도에 대하여 식을 세우면 다음과 같다.

$\dfrac{(50-35)}{(200-65)+(50-35)}\times100=\dfrac{15}{135+15}\times100=10\%$

따라서 B사원이 마시는 녹차의 농도는 10%이다.

44

정답 ⑤

A~E 5명이 주문한 음료는 아메리카노 3잔과 카페라테 1잔, 그리고 생과일주스 1잔이다. 아메리카노 1잔의 가격을 a원, 카페라테 1잔의 가격을 b원이라고 할 때, 이를 식으로 나타내면 다음과 같다.

- 다섯 번째를 제외한 모든 조건 : $(a×3)+b+5,300=21,300$
  → $3a+b=16,000 \cdots \bigcirc$
- 다섯 번째 조건 : $a+b=8,400 \cdots \bigcirc$

$\bigcirc$과 $\bigcirc$을 연립하여 풀면 $a=3,800$, $b=4,600$이므로 아메리카노 한 잔의 가격은 3,800원, 카페라테 한 잔의 가격은 4,600원이다.

45

정답 ④

주어진 조건에 따라 인원을 계산하면 다음과 같다.

- 차장급 이하 직원 : 270×0.5=135명
- 임원진 : 135×0.2=27명
- 협력업체 : 108×0.5=54명

따라서 행사에 참석한 협력업체 사람들은 54명이다.

46

정답 ③

임대인이란 주택이나 상가 등을 조건에 의해 타인에게 빌려주고 대가를 받는 사람을 뜻하며 임차인은 주택이나 상가를 빌려 대가를 지불하는 자이다. 원상회복청구권에서 임대를 할 당시의 모습으로 돌려줄 것을 요구할 수 있는 사람은 임대인이므로 $\bigcirc$은 임대인, $\bigcirc$은 임차인이 적절하다.

유익비는 집의 개량을 목적으로 지출한 비용을 뜻하며 집의 가치를 높이는 데 사용된다. 유익비상환청구권은 임차인이 임대차 기간 동안 집의 가치를 높이는 데 사용되었다는 증명을 통해 자신이 사용한 유익비를 임대인에게 청구할 수 있는 것이므로 $\bigcirc$은 임차인이다.

47

정답 ②

오답분석

① 지급 : 돈이나 물품 따위를 정하여진 몫만큼 내줌
③ 원상복구 : 원래 처음의 본디 상태로 돌리는 것
④ 매수 : 물건을 사들임
⑤ 보존 : 잘 보호하고 간수하여 남김

48

정답 ①

보기의 사례에 적용된 원칙은 트리즈의 3가지 분리 원칙 중 '전체와 부분의 분리'이다. 이는 모순되는 요구를 전체와 부분에 따라 분리해서 상반되는 특성을 모두 만족시키는 원리로, 보기에서는 안테나 전체의 무게를 늘리지 않고 가볍게 유지하면서 안테나의 한 부분인 기둥에는 눈이 달라붙도록 하여 지지대를 강화하였다. ①의 경우 자전거 전체로 동력을 전달하기 위해서는 유연해야 하고, 부분적으로는 내구성을 갖추기 위해 단단해야 하는 2개의 특성을 지님으로써 '전체와 부분의 분리' 사례로 적합하다.

오답분석

②·④ '시간에 의한 분리'에 대한 사례이다.
③·⑤ '공간에 의한 분리'에 대한 사례이다.

49

정답 ②

세 번째 조건에서 D는 A의 바로 왼쪽에 앉으며, 마지막 조건에서 B는 E의 바로 오른쪽에 앉는다. 따라서 'D-A', 'E-B'를 각각 한 묶음으로 생각하여 나타낼 수 있는 경우는 다음과 같다.

구분	첫 번째	두 번째	세 번째	네 번째	다섯 번째
경우 1	D	A	C	E	B
경우 2	E	B	C	D	A

경우 2는 다섯 번째 조건에 맞지 않으므로 경우 1만 가능하다. 따라서 E는 네 번째 자리에 앉는다.

오답분석

① D는 첫 번째 자리에 앉는다.
③ C는 세 번째 자리에 앉는다.
④ C는 E의 왼쪽 자리에 앉는다.
⑤ C는 A의 오른쪽 자리에 앉는다.

50

정답 ①

뒤의 항은 앞의 항의 마지막 숫자를 첫 자리로 이동시켜서 만들어진 수이다. 따라서 빈칸에는 앞의 항인 275,814의 마지막 숫자인 '4'가 첫 자리로 이동한 427,581이 적절하다.

51

정답 ③

$17 \times 409 \times 23 = 159,919$

52

정답 ③

혼잡한 시간대에도 같은 노선의 앞차를 앞지르지 못하는 유연하지 않은 버스 운행 규칙으로 인해 버스의 배차 간격이 일정하지 않은 문제가 나타났다.

53

정답 ⑤

제시된 사례와 ⑤는 성급한 일반화의 오류이다.

오답분석

① 흑백논리의 오류, ② 순환논증의 오류, ③ 무지로부터의 오류, ④ 대중에 호소하는 오류

54

정답 ⑤

북쪽 방향 활주로는 06, 32L, 32R, 33L, 33R, 34, 36으로 모두 7개이고, 남쪽 방향 활주로는 14, 15R, 15L, 16, 18, 24로 모두 6개이다. 따라서 북쪽 방향 활주로의 개수가 더 많다.

오답분석

① 남동쪽은 09 초과 18 미만 사이의 숫자로 A공항이 3개(15R, 15L, 16), B공항이 1개(14)이다.
② A공항은 15(R/L), 33(R/L)으로 같은 방위의 활주로를 가장 많이 보유하고 있다.
③ 활주로 운영등급의 최고 등급은 CAT-Ⅲc이다.
④ B공항은 CAT-Ⅲb등급으로 결심고도 15m 미만에 해당한다. 따라서 DH 15m 미만에서 활주로 또는 주변 시각참조물 식별이 가능한 경우 착륙이 가능한 곳은 B공항이다.

55

세 번째 조건에서 C>D가 성립하고, 네 번째와 다섯 번째 조건에 의해 C=E>B=D가 성립한다. 따라서 점수가 높은 순서대로 나열하면, C · E>B · D가 되고 두 번째 조건에 의해 A와 B는 같이 합격하거나 같이 불합격한다고 하였으므로 둘 다 불합격한다. 따라서 합격한 사람은 C와 E이다.

56

오답부설

① 요령의 격률은 상대방에게 부담이 가는 표현을 최소화하고 상대방의 이익을 극대화한다.
② 관용의 격률은 화자 자신에게 혜택을 주는 표현을 최소화하고 화자 자신에게 부담을 주는 표현은 최대화한다.
③ 찬동의 격률은 다른 사람에 대한 비방을 최소화하고 칭찬을 극대화한다.
⑤ 동의의 격률은 자신의 의견과 다른 사람의 의견 사이의 차이점을 최소화하고 자신의 의견과 다른 사람의 의견의 일치점을 극대화한다.

57

A, B, C, D의 진술이 참인 경우를 각각 나누어 구해보면 다음과 같다.
ⅰ) A의 진술이 참인 경우
　　조건에 의해 B의 진술은 거짓이며, D의 진술은 참이다. D의 진술이 참이므로 C의 진술은 거짓이다. 이때, A와 C 중 C만 거짓을 말했으므로 두 사람 모두 거짓말을 하고 있다는 B의 진술은 거짓임을 확인할 수 있다.
　　∴ A - 참, B - 거짓, C - 거짓, D - 참
ⅱ) B의 진술이 참인 경우
　　조건에 의해 A와 C의 진술은 거짓이다. C의 진술이 거짓이므로 D의 진술은 참이다. 이때, B의 진술이 참이라는 가정과 B가 거짓을 말하고 있다는 D의 진술은 모순이므로 성립하지 않는다.
ⅲ) C의 진술이 참인 경우
　　조건에 의해 D의 진술은 거짓이다. D의 진술이 거짓이므로 B의 진술은 참이다. B의 진술이 참이므로 A의 진술은 참이다. 이때, B의 진술이 참이라는 가정과 B가 거짓을 말하고 있다는 D의 진술은 모순이므로 성립하지 않는다.
ⅳ) D의 진술이 참인 경우
　　조건에 의해 B의 진술은 거짓이므로 A의 진술은 참이다. 또한, D의 진술이 참이므로 C의 진술은 거짓이다. 이때, A와 C 중 C만 거짓을 말했으므로 두 사람 모두 거짓말을 하고 있다는 B의 진술은 거짓임을 확인할 수 있다.
　　∴ A - 참, B - 거짓, C - 거짓, D - 참
따라서 거짓을 말하는 사람은 B, C 2명이다.

58

자료 1에 따라 보기의 기호는 **▬▬▬**=16, ●●●=3이다. 이때, 둘째 자리에는 20^1, 첫째 자리에는 20^0을 곱해야 한다.
$16 \times 20^1 + 3 \times 20^0 = 323$

59

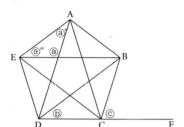

정오각형 내각의 합은 540°이므로, 한 내각의 크기는 108°이다.

ⅰ) ⓐ′는 정오각형 한 내각의 크기를 삼등분한 값이므로 108÷3=36°이다. △AA′E는 이등변삼각형이므로 ⓐ′와 ⓐ″의 내각의 크기는 같다. 따라서 ⓐ는 180−(36×2)=108°이다.

ⅱ) ⓑ는 정오각형 한 내각의 크기를 삼등분한 값이므로 108÷3=36°이다.

ⅲ) ⓒ는 정오각형 한 외각의 크기이다. 따라서 ⓒ는 180−108=72°이다.

∴ ⓐ÷ⓑ×ⓒ=108÷36×72=216

60

ⅰ) 시침이 1시간 동안 움직이는 각도 : $\dfrac{360°}{12}=30°$

　시침이 1분 동안 움직이는 각도 : $\dfrac{360°}{12\times60}=0.5°$

ⅱ) 분침이 1분 동안 움직이는 각도 : $\dfrac{360°}{60}=6°$

ⅲ) 11시 40분일 때, 시침의 각도 : 30×11+0.5×40=350°

　11시 40분일 때, 분침의 각도 : 6×40=240°

따라서 시침과 분침이 이루는 작은 쪽의 각도는 350−240=110°이다.

PART 2
NCS 기출동형
모의고사

01	02	03	04	05	06	07	08	09	10	11	12	13	14	15	16	17	18	19	20
②	①	②	①	③	④	①	⑤	②	④	②	⑤	⑤	⑤	②	①	②	③	②	③
21	22	23	24	25	26	27	28	29	30	31	32	33	34	35	36	37	38	39	40
⑤	⑤	④	⑤	②	③	④	①	③	④	②	⑤	⑤	⑤	①	③	④	①	⑤	④
41	42	43	44	45	46	47	48	49	50	51	52	53	54	55	56	57	58	59	60
③	②	①	④	④	⑤	③	①	④	③	②	⑤	⑤	⑤	④	③	①	⑤	①	③

01

정답 ②

예산수립 절차
필요한 과업 및 활동 규명 → 우선순위 결정 → 예산 배정

02

정답 ①

상대방의 잘못을 지적할 때는 모호한 표현은 설득력을 약화시키기 때문에 상대방이 알 수 있도록 확실하게 지적해야 한다.

03

정답 ②

구입한 제품 A의 수를 a개, 제품 B의 개수를 b개라고 하자.
$600a + 1,000b = 12,000$
$\rightarrow 3a + 5b = 60$
위의 식을 만족하는 a와 b 값을 (a, b)의 순서쌍으로 나타내면 다음과 같다.
$(0, 12), (5, 9), (10, 6), (15, 3), (20, 0)$
따라서 총 5가지의 방법이 있다.

04

정답 ①

사람의 행동이나 사회현상에서 기존패턴을 반복하려는 경향, 즉 타성이 존재한다. 도덕적 타성이란 나태함이나 게으름의 뜻을 내포하고 있는데, 바람직한 행동이 무엇인지 알면서 취해야 할 행동을 취하지 않는 무기력한 모습을 말한다. 매출실적을 확대하기 위하여 거래 업체에 리베이트(부정한 금품)를 제공한다면, 윤리적인 올바름보다 당장의 매출실적이 선호대상이 되었기 때문에 이는 도덕적 타성에서 벗어나야만 해결 가능하다.

05

정답 ③

비윤리적 행위의 원인
- 무지 : 사람들은 무엇이 옳고, 무엇이 그른지 모르기 때문에 비윤리적 행위를 저지른다는 것을 말한다.
- 무관심 : 자신의 행위가 비윤리적이라는 것은 알고 있지만 윤리적인 기준에 따라 행동해야 한다는 것을 중요하게 여기지 않는 것을 말한다.
- 무절제 : 자신의 행위가 잘못이라는 것을 알고 그러한 행위를 하지 않으려고 함에도 불구하고 자신의 통제를 벗어나는 어떤 요인으로 인하여 비윤리적 행위를 저지르는 것을 말한다.
- 태만 : 비윤리적인 결과를 피하기 위하여 일반적으로 필요한 주의나 관심을 기울이지 않는 것을 말한다.

06

정답 ④

협상과정은 협상 시작 → 상호 이해 → 실질 이해 → 해결 대안 → 합의 문서의 5단계로 구분된다. 따라서 간접적인 방법으로 협상의사를 전달함(ㄹ) → 적극적으로 경청하고 자기주장을 제시함(ㄱ) → 분할과 통합 기법을 활용하여 이해관계를 분석함(ㄷ) → 협상 안건마다 대안들을 평가함(ㅁ) → 합의문을 작성함(ㄴ) 순으로 나열해야 한다.

07

정답 ①

INT 함수는 소수점 아래를 버리고 가장 가까운 정수로 내림하는 함수이다. 따라서 결괏값으로 100이 표시된다.

08

정답 ⑤

$$(\text{평균 속력}) = \frac{(\text{전체 이동 거리})}{(\text{전체 소요 시간})}$$

- 전체 이동 거리 : $(20 \times 10) + (20 \times 6) + (20 \times 4) = 400 \text{km}$
- 전체 소요 시간 : 4시간

$$\therefore (\text{평균 속력}) = \frac{400}{4} = 100 \text{km/h}$$

09

정답 ②

문제란 업무를 수행함에 있어서 답을 요구하는 질문이나 의논하여 해결해야 되는 사항을 의미한다. 문제는 흔히 문제점과 구분하지 않고 사용되는데, 문제점이란 문제의 원인이 되는 사항으로 해결을 위해서 손을 써야 할 대상을 말한다.

10

정답 ④

조직목표의 기능
- 조직이 존재하는 정당성과 합법성 제공
- 조직이 나아갈 방향 제시
- 조직 구성원의 의사결정의 기준
- 조직 구성원 행동수행의 동기유발
- 수행평가의 기준
- 조직설계의 기준

11

정답 ②

대출 이자가 잘못 나갔다고 생각하고 일처리를 잘못한다고 의심하는 상황이기 때문에 의심형 불만고객에 해당한다.

> **불만 표현 유형**
> • 거만형 : 자신의 과시욕을 드러내고 싶어 하는 사람으로, 보통 제품을 폄하하는 사람
> • 의심형 : 직원의 설명이나 제품의 품질에 대해 의심을 많이 하는 사람
> • 트집형 : 사소한 것으로 트집을 잡는 까다로운 사람
> • 빨리빨리형 : 성격이 급하고, 확신 있는 말이 아니면 잘 믿지 않는 사람

12

정답 ⑤

ㄷ. 빠른 해결을 약속하지 않으면 다른 불만을 야기하거나 불만이 더 커질 수 있다.
ㄹ. 고객의 불만이 대출과 관련된 내용이기 때문에 이 부분에 대해 답변을 해야 한다.

오답분석
ㄱ. 해결 방안은 고객이 아닌 S기관에서 제시하는 것이 적절하다.
ㄴ. 불만을 동료에게 전달하는 것은 고객의 입장에서는 알 필요가 없는 정보이기 때문에 굳이 말할 필요가 없다.

13

정답 ⑤

L사원이 자기개발을 하지 못하는 이유는 자기실현에 대한 욕구보다 인간의 기본적인 생리적 욕구를 더 우선적으로 여기기 때문이다.

14

정답 ⑤

L씨는 기사를 통해 자식들을 훌륭하게 키운 K씨의 교육 방법을 파악하고, 가족들과 함께 시간을 보낼 수 있는 '가족의 밤'을 진행하기로 하였으므로 문서에서 이해한 목적 달성을 위해 취해야 할 행동을 생각하고 결정하는 단계에 해당한다.

> **문서이해의 구체적인 절차**
> 1. 문서의 목적을 이해하기
> 2. 문서가 작성되게 된 배경과 주제를 파악하기
> 3. 문서에 쓰인 정보를 밝혀내고, 문서가 제시하고 있는 현안을 파악하기
> 4. 문서를 통해 상대방의 욕구와 의도 및 내게 요구되는 행동에 대한 내용을 분석하기
> 5. 문서에서 이해한 목적 달성을 위해 취해야 할 행동을 생각하고 결정하기
> 6. 상대방의 의도를 도표나 그림 등으로 메모하여 요약·정리하기

15

정답 ②

브레인스토밍은 문제의 해결책을 찾기 위해 여러 사람이 자유롭게 아이디어를 제시하는 방법이므로, 어떠한 내용의 아이디어라도 비판을 해서는 안 된다.

16

정답 ①

영리 기반 공유경제 플랫폼은 효율적이지만, 노동자의 고용안정성을 취약하게 하고 소수에게 이익이 독점되는 문제가 있다.

17

백과사전은 2차 자료에 해당된다.

1차 자료	단행본, 학술지와 학술지 논문, 학술회의자료, 연구보고서, 학위논문, 특허정보, 표준 및 규격자료, 레터, 출판 전 배포자료, 신문, 잡지, 웹 정보자원 등
2차 자료	사전, 백과사전, 편람, 연감, 서지데이터베이스 등

18

정답 ③

LEFT(데이터가 있는 셀 번호, 왼쪽을 기준으로 가져올 자릿수)이기 때문에 주민등록번호가 있는 [C2] 셀을 선택하고 왼쪽을 기준으로 생년월일은 6자리이기 때문에 「=LEFT(C2,6)」를 입력해야 한다.

19

정답 ②

②는 간접적 벤치마킹의 단점이다. 간접적 벤치마킹은 인터넷, 문서자료 등 간접적인 형태로 조사·분석하게 됨으로써 대상의 본질보다는 겉으로 드러나 보이는 현상에 가까운 결과를 얻을 수 있는 단점을 가진다.

20

정답 ③

경영활동은 조직의 효과성을 높이기 위해 총수입 극대화, 총비용 극소화를 통해 이윤을 창출하는 외부경영활동과 조직내부에서 인적, 물적 자원 및 생산기술을 관리하는 내부경영활동으로 구분할 수 있다. 인도네시아 현지 시장의 규율을 조사하는 것은 시장진출을 준비하는 과정으로 외부경영활동에 해당된다.

[오답분석]
① 추후 진출 예정인 인도네시아 시장 고객들의 성향을 미리 파악하는 것은 외부경영활동이다.
② 가동률이 급락한 중국 업체를 대신해 국내 업체들과의 협력안을 검토하는 것은 내부 생산공정 관리와 같이 내부경영활동에 해당된다.
④ 내부 엔진 조립 공정을 개선하면 생산성을 증가시킬 수 있다는 피드백에 따라 이를 위한 기술개발에 투자하는 것은 생산관리로서 내부경영활동에 해당된다.
⑤ 다수의 직원들이 유연근무제를 원한다는 설문조사 결과에 따라 유연근무제의 일환인 탄력근무제를 도입하여 능률적으로 인력을 관리하는 것은 내부경영활동에 해당한다.

21

정답 ⑤

시간관리를 통해 스트레스 감소, 균형적인 삶, 생산성 향상, 목표 성취 등의 효과를 얻을 수 있다.

시간관리를 통해 얻을 수 있는 효과
• 스트레스 감소 : 사람들은 시간이 부족하면 스트레스를 받기 때문에 모든 시간 낭비 요인은 잠재적인 스트레스 유발 요인이라 할 수 있다. 따라서 시간관리를 통해 시간을 제대로 활용한다면 스트레스 감소 효과를 얻을 수 있다.
• 균형적인 삶 : 시간관리를 통해 일을 수행하는 시간을 줄인다면, 일 외에 자신의 다양한 여가를 즐길 수 있다. 또한, 시간관리는 삶에 있어서 수행해야 할 다양한 역할들이 균형 잡힐 수 있도록 도와준다.
• 생산성 향상 : 한정된 자원인 시간을 적절히 관리하여 효율적으로 일을 하게 된다면 생산성 향상에 큰 도움이 될 수 있다.
• 목표 성취 : 목표를 성취하기 위해서는 시간이 필요하고, 시간은 시간관리를 통해 얻을 수 있다.

제1회 모듈형 NCS 기출동형 모의고사 • 109

22

정답 ⑤

업무의 공공성을 바탕으로 공사 구분을 명확히 하고, 모든 것을 숨김없이 투명하게 처리하는 원칙은 객관성의 원칙이다.

직업윤리의 5대 원칙
- 객관성의 원칙
- 고객 중심의 원칙
- 전문성의 원칙
- 정직과 신용의 원칙
- 공정경쟁의 원칙

23

정답 ④

(가)의 입장을 반영하면 국가 청렴도가 낮은 문제를 해결하기 위해서는 청렴을 강조한 전통 윤리를 지킬 필요가 있다. 이에 개인을 넘어서 공동체, 나아가 국가의 공사(公事)를 우선하는 봉공 정신, 청빈한 생활 태도를 유지하면서 국가의 일에 충심을 다하려는 청백리 정신을 실천하는 자세가 필요하다.

24

정답 ⑤

피드백은 상대방이 원하는 경우 대인관계에 있어서 그의 행동을 개선할 수 있는 기회를 제공해 줄 수 있다. 하지만 부정적이고 비판적인 피드백만을 계속적으로 주는 경우에는 오히려 역효과가 나타날 수 있으므로 피드백을 줄 때 상대방의 긍정적인 면과 부정적인 면을 균형 있게 전달하도록 유의하여야 한다.

25

정답 ②

세계화 시장에서는 외국의 기업들과도 경쟁을 하여야 하므로 조직은 더 강한 경쟁력을 갖추어야 한다.

[오답분석]
① 세계화는 활동범위가 단순히 도시로 제한되지 않는 것이 아니라, 국경을 넘어 세계로 확대되는 것을 가리킨다.
③ 다국적 내지 초국적 기업이 등장하여 범지구적 시스템과 네트워크 안에서 기업 활동이 이루어지는 국제경영이 중요시되고 있다.
④ 다국적 기업의 증가에 따라 기업의 경영환경 동형화 및 기업 간 협력 등을 이유로 국가 간의 경제통합은 강화되고 있다.
⑤ 자유무역협정(FTA; Free Trade Agreement) 체결은 국가 간 무역장벽을 제거하고 경제국경을 개방하기 위한 협정이다.

26

정답 ③

A금속과 B금속의 질량을 각각 a, bg이라 가정하자. (A+B)합금의 실제 질량과 물속에서의 질량에 대한 방정식은 다음과 같다.

$a+b=58 \cdots \bigcirc$

$\frac{4}{5}a+\frac{2}{3}b=42 \rightarrow 6a+5b=315 \cdots \bigcirc$

㉠과 ㉡을 연립하면 $a=25$, $b=33$임을 알 수 있다. 따라서 합금에 포함된 A금속의 질량은 25g이다.

27

정답 ④

주기적으로 한국산업인력공단, 산업자원부, 상공회의소 등의 사이트를 방문해 주기적으로 자료를 얻는 것이 필요하지만, 이는 국내 동향이 아닌 국제동향에 대한 자료여야 한다.

오답분석

① 업무와 관련된 외국 어휘를 많이 알아야 원활한 협업이 가능하다.
② 신문의 국제면을 보며 시의성 있는 이슈를 파악하는 것이 필요하다.
③ 국제학술대회 혹은 세미나에 참석하도록 장려하기 위해 당일 공가를 제공하는 것도 국제감각 형성에 도움이 된다.
⑤ 언어 등 문화적 측면 외에도 제도 및 법규에 대한 이해도가 높아야 국제적 협업이 수월하다.

28

정답 ①

조직은 다양한 사회적 경험과 지위를 토대로 한 개인의 집단이므로 동일한 내용을 제시하더라도 각 구성원은 서로 다르게 받아들이고 반응한다. 제시된 사례에서는 이로 인해 갈등이 발생하였다.

29

정답 ③

임파워먼트의 장애요인

• 개인 차원 : 주어진 일을 해내는 역량의 결여, 대응성, 동기의 결여, 결의의 부족, 책임감 부족, 성숙 수준의 전반적인 의존성, 빈곤의 정신
• 대인 차원 : 다른 사람과의 성실성 결여, 약속 불이행, 성과를 제한하는 조직의 규범(Norm), 갈등처리 능력의 결여, 승패의 태도
• 관리 차원 : 통제적 리더십 스타일, 효과적 리더십 발휘능력 결여, 경험 부족, 정책 및 기획의 실행능력 결여, 비전의 효과적 전달능력 결여
• 조직 차원 : 공감대 형성이 없는 구조와 시스템, 제한된 정책과 절차

30

정답 ④

문제 도출은 선정된 문제를 분석하여 해결해야 할 것이 무엇인지를 명확히 하는 단계로, (가) 문제 구조 파악과 (나) 핵심 문제 선정의 절차를 거쳐 수행된다. 이때, 문제 구조 파악을 위해서는 현상에 얽매이지 말고 문제의 본질과 실제를 봐야 하며, 한쪽만 보지 말고 다면적으로 보며, 눈앞의 결과만 보지 말고 넓은 시야로 문제를 바라봐야 한다.

31

정답 ②

직장 내에서의 서열과 직위를 고려한 소개의 순서를 볼 때, 내가 속해 있는 회사의 관계자를 타 회사의 관계자에게 먼저 소개하는 것이 적절하다.

32

정답 ⑤

(A)의 경우 상대방이 제시하는 것을 일방적으로 수용한다는 점을 볼 때, 유화전략임을 알 수 있으며, (B)의 경우 자신의 이익을 극대화하기 위한 공격적 전략이라는 점에서 강압전략임을 알 수 있다. (C)의 경우 협상을 피한다는 점으로 회피전략임을, (D)의 경우 협동과 통합으로 문제를 해결한다는 점에서 협력전략임을 알 수 있다.

33

정답 ⑤

RFID 태그의 종류에 따라 반복적으로 데이터를 기록하는 것이 가능하며, 물리적인 손상이 없는 한 반영구적으로 이용할 수 있다.

> **RFID**
> 무선 주파수(RF; Radio Frequency)를 이용하여 대상을 식별(IDentification)하는 기술로, 정보가 저장된 RFID 태그를 대상에 부착한 뒤 RFID 리너를 통하여 정보를 인식한다. 기존의 바코드를 읽는 것과 비슷한 방식으로 이용되나, 바코드와 달리 물체에 직접 접촉하지 않고도 데이터를 인식할 수 있으며, 여러 개의 정보를 동시에 인식하거나 수정할 수 있다. 또한, 바코드에 비해 많은 양의 데이터를 허용함에도 데이터를 읽는 속도가 매우 빠르며 데이터의 신뢰도 또한 높다.

34

정답 ⑤

빨리빨리형의 경우 성격이 급하고, 확신이 있는 말이 아니면 잘 믿지 않는 고객을 말한다. 빨리빨리형에게 애매한 화법을 사용하면 고객의 기분은 더욱 나빠질 수 있으므로 만사를 시원스럽게 처리하는 모습을 통해 응대하는 것이 가장 적절하다.

> **불만족 고객 유형별 대처 시 주의사항**
> - 거만형
>   - 정중하게 대하는 것이 좋다.
>   - 자신의 과시욕이 채워지도록 뽐내든 말든 내버려 둔다.
> - 의심형
>   - 분명한 증거나 근거를 제시하여 스스로 확신을 갖도록 유도한다.
>   - 때로는 책임자로 하여금 응대하는 것도 좋다.
> - 트집형
>   - 이야기를 경청하고, 맞장구치고, 추켜 세우고, 설득해 가는 방법이 효과적이다.
>   - 예 '손님의 말씀이 맞습니다. 역시 손님께서 정확하십니다.'라고 고객의 지적이 옳음을 표시한 후 '저도 그렇게 생각하고 있습니다만…'이라고 설득한다.
>   - 잠자코 고객의 의견을 경청하고 사과를 하는 응대가 바람직하다.
> - 빨리빨리형
>   - "글쎄요?", "아마…", "저…" 하는 식으로 애매한 화법을 사용하면 고객은 신경이 더욱 날카롭게 곤두서게 된다.
>   - 만사를 시원스럽게 처리하는 모습을 보이면 응대하기 쉽다.

35

정답 ①

공식적 집단의 목표와 임무는 비교적 명확하게 규정되어 있으며, 비공식적 집단의 경우 구성원들의 필요에 따라 광범위하고 유연하게 설정된다.

[오답분석]
② 공식적 집단은 조직의 필요에 따라 기능적 목표를 갖고 구성되지만, 비공식적 집단은 다양한 자발적 요구들에 의해 형성된다.
③ 사내 친목회, 스터디모임 등의 비공식적 집단은 공식적 집단의 구성원 간의 단결력을 향상시켜 공식적 집단의 목표인 조직의 기능수행능력을 개선할 수 있다.
④ 비공식적 집단이 자발적으로 구성되는 것과 달리, 공식적 집단의 구성원의 경우 대개 조직의 필요에 따라 인위적으로 결정된다.
⑤ 조직 내 집단은 공식적 집단과 비공식적 집단으로 구분되며, 그 외에도 다양한 범주로 구분될 수 있다.

36

정답 ③

조직외부의 정보를 내부 구성원들에게 전달하는 것은 정보 수문장(Gate Keeping)의 혁신 활동으로 볼 수 있다. 따라서 (C)에 들어갈 내용으로는 '프로젝트의 효과적인 진행을 감독한다.' 등이 적절하다.

37

ㄱ. 정보기기를 이용하여 음란물을 전송하는 행위는 시각적 성희롱에 해당한다.
ㄷ. 개인정보 유출을 방지하는 것은 직장 차원에서의 바람직한 대응에 해당한다.
ㄹ. 직장은 성희롱 가해자에 대하여 납득할 만한 수준의 조치를 취하고, 결과를 피해자에게 통지하여야 한다.

오답분석

ㄴ. 성희롱에 대하여 조직 내부에서의 대응 및 도움 요청뿐만 아니라 외부단체 및 상담기관에 도움을 요청하는 것도 바람직한 개인적 대응에 해당한다.

38

(가) 사실 지향의 문제에 해당한다.
(나) 가설 지향의 문제에 해당한다.
(다) 성과 지향의 문제에 해당한다.

39

물적자원을 효과적으로 관리하기 위해서는 먼저 사용 물품과 보관 물품으로 구분하고, 동일 및 유사 물품으로 분류한 뒤 물품을 적절하게 보관할 수 있는 장소를 선정해야 한다. 따라서 효과적인 물적자원관리 과정은 (다) – (나) – (가)의 순서로 이루어져야 한다.

40

물품은 일괄적으로 같은 장소에 보관하는 것이 아니라, 개별 물품의 재질, 부피, 무게 등 특성을 고려하여 보관 장소를 선정해야 한다.

오답분석

①·②·③·⑤ 물품에 따라 재질, 부피, 무게 등을 기준으로 물품을 분류하기도 하지만, 모든 물품의 분류 기준이 되는 것은 아니므로 재질, 부피, 무게 등을 모두 포함하는 물품의 특성이 기준이 된다.

41

• 다섯 사람이 일렬로 줄을 서는 경우의 수 : 5!=120가지
• B, D가 양 끝에 서는 경우의 수 : 2×(A, C, E가 일렬로 줄을 서는 경우)=2×3!=12가지

따라서 B, D가 양 끝에 서게 될 확률은 $\frac{12}{120}=\frac{1}{10}$ 이다.

42

제시문은 기술의 S곡선에 대한 설명이다. 이는 기술이 등장하고 처음에는 완만히 향상되다가 일정 수준이 되면 급격히 향상되고, 한계가 오면서 다시 완만해지다가 이후 다시 발전할 수 없는 상태가 되는 모양이 S자 곡선의 모양과 닮았다고 붙여진 용어이다.

오답분석

① 바그너 법칙 : 경제가 성장할수록 국민총생산(GNP)에서 공공지출의 비중이 높아진다는 법칙이다.
③ 빅3 법칙 : 분야별 빅3 기업들이 시장의 70~90%를 장악한다는 경험 법칙이다.
④ 생산비의 법칙 : 완전경쟁하에서 가격·한계비용·평균비용이 일치함으로써 균형상태에 도달한다는 법칙이다.
⑤ 기술경영 : 과학 기술과 경영 원리를 결합하여 실무 능력을 갖춘 전문 인력을 양성하는 프로그램이다.

43

정답 ①

조직의 규칙과 규정은 조직의 목표나 전략에 따라 수립되어 조직 구성원들이 활동범위를 제약하고 일관성을 부여하는 기능을 하며, 인사규정, 총무규정, 회계규정 등이 있다.

44

정답 ④

(가) 자료(Data) : 정보 작성을 위하여 필요한 데이터를 말하는 것으로, '아직 특정의 목적에 대하여 평가되지 않은 상태의 숫자나 문자들의 단순한 나열'을 뜻한다.

(나) 정보(Information) : 자료를 일정한 프로그램에 따라 컴퓨터가 처리·가공함으로써 '특정한 목적을 달성하는 데 필요하거나 특정한 의미를 가진 것으로 다시 생산된 것'을 뜻한다.

(다) 지식(Knowledge) : '어떤 특정의 목적을 달성하기 위해 과학적 또는 이론적으로 추상화되거나 정립되어 있는 일반화된 정보'를 뜻하는 것으로, 어떤 대상에 대하여 원리적·통일적으로 조직되어 객관적 타당성을 요구할 수 있는 판단의 체계를 제시한다.

45

정답 ④

주어진 상황을 모두 고려하면 '자동차 관련 기업의 주식을 사서는 안 된다.'는 결론이 가장 적절하다.

오답분석

① 두 번째, 세 번째 상황을 고려하고 있지 않다.

② 세 번째 상황을 고려하고 있지 않다.

③ 주어진 상황을 모두 고려하고 있으나, 자동차 산업과 주식시장이 어떻게 되는가를 전달하고 있지 않다.

⑤ 두 번째 상황을 고려하고 있지 않다.

46

정답 ⑤

제시된 사례는 과학적인 논리보다 동료나 사람들의 행동에 의해서 상대방을 설득하는 사회적 입증 전략의 사례로 가장 적절하다.

오답분석

① 상대방 이해 전략은 상대방에 대한 이해를 바탕으로 갈등해결을 용이하게 하는 전략이다.

② 권위 전략은 직위나 전문성, 외모 등을 활용하여 협상을 용이하게 하는 전략이다.

③ 희소성 해결 전략은 인적·물적자원 등의 희소성을 해결함으로써 협상과정상의 갈등 해결을 용이하게 하는 전략이다.

④ 호혜관계 형성 전략은 서로에게 도움을 주고 받는 관계 형성을 통해 협상을 용이하게 하는 전략이다.

47

정답 ③

다혈질적인 면은 K사원 자신은 알고, 타인은 모르는 자신의 모습이다. 따라서 자신이 다혈질적인지 생각해 볼 필요는 없으며, 자신이 가지고 있는 다혈질적인 면을 사람들과의 대인관계에 있어 어떻게 해야 할지 고민하는 것이 가장 적절하다.

48

정답 ①

벤치마킹 데이터 수집하고 분석하는 과정에서는 여러 보고서를 동시에 보고, 붙이고 자르는 작업을 용이하게 해주는 문서 편집 시스템을 이용하는 것이 매우 유용하다.

49

(가), (다), (라)의 경우 외부로부터의 강요가 아닌, 자진해서 행동하고 있음을 확인할 수 있다. 자진해서 하는 근면은 능동적이고 적극적인 태도가 우선시된다.

[오답분석]

(나)의 경우는 팀장으로부터, (마)의 경우는 어머니로부터 강요당하였다.

50

문서이해의 구체적인 절차는 다음과 같다.

1. 문서의 목적 이해하기
↓
2. 문서를 작성되게 된 배경과 주제 파악하기
↓
3. 문서에 쓰인 정보를 밝혀내고, 문서가 제시하고 있는 현안문제 파악하기
↓
4. 문서를 통해 상대방의 욕구와 의도 및 내게 요구되는 행동에 관한 내용 분석하기
↓
5. 문서에서 이해한 목적 달성을 위해 취해야 할 행동을 생각하고 결정하기
↓
6. 상대방의 의도를 도표나 그림 등으로 메모하여 요약·정리하기

A씨의 경우 문서 내용을 정리하여 요구사항별로 그룹화하고, 중요한 내용만 간추려 메모하기 시작하였으므로 상대방의 의도를 도표나 그림 등으로 메모하여 요약·정리하는 단계에 해당하는 것을 알 수 있다.

51

시간계획의 기본원리 설명에 기본 원칙으로 '60 : 40의 원칙'을 정의하였다. 마지막 문장에서는 좀 더 구체적으로 설명해 주는 것이 므로 바로 앞 문장을 한 번 더 되풀이한다고 생각하면 된다. 따라서 ⊙은 계획 행동, ⓒ은 계획 외 행동, ⓒ은 자발적 행동이다.

52

유니온 숍과 오픈 숍은 경영참가제도가 아닌 노동조합의 가입과 관련된 제도이다.

[오답분석]

① 경영참가제도의 가장 큰 목적은 경영의 민주성을 제고하는 것이다.
②·③ 근로자 또는 노동조합이 경영과정에 참여하여 자신의 의사를 반영함으로써 공동으로 문제를 해결하고, 노사 간의 세력 균형을 이룰 수 있다.
④ 근로자나 노동조합이 새로운 아이디어를 제시하거나 현장에 적합한 개선방안을 마련함으로써 경영의 효율성을 높일 수 있다.

53

좋은 경청은 상대방과 상호작용하고, 말한 내용에 대해 생각하고, 무엇을 말할지 기대하는 것을 의미한다. 질문에 대한 답이 즉각적으로 이루어질 수 없다고 하더라도 질문을 하려고 하면 오히려 경청하는 데 적극적 태도를 갖게 되고 집중력이 높아질 수 있다.

54

전략적 사고란 현재 당면하고 있는 문제와 그 해결방법에만 집착하지 않고, 그 문제와 해결방안이 상위 시스템과 어떻게 연결되어 있는지를 생각하는 것을 의미한다.

오답분석
① 분석적 사고 : 전체를 각각의 요소로 나누어 그 요소의 의미를 도출한 다음 우선순위를 부여하여 구체적인 문제해결방법을 실행하는 것을 의미한다.
② 발상의 전환 : 사물과 세상을 바라보는 기존의 인식 틀을 전환하여 새로운 관점에서 바라보는 것을 의미한다.
③ 내·외부자원의 활용 : 문제해결 시 기술, 재료, 방법, 사람 등 필요한 자원 확보 계획을 수립하고 내·외부자원을 효과적으로 활용한다.
④ 창의적 사고 : 당면한 문제를 해결하기 위해 이미 알고 있는 경험지식을 해체하여 새로운 아이디어를 다시 도출하는 것을 의미한다.

55

10명의 동아리 회원 중 3명이 당첨되는 경우는 $_{10}C_3=\dfrac{10\times9\times8}{3\times2\times1}=120$가지이고, 3명 중 남자가 여자보다 당첨자가 많을 경우는 다음과 같다.

ⅰ) 남자 3명이 모두 당첨자가 되는 경우
$_4C_3=_4C_1=4$가지

ⅱ) 남자 2명, 여자 1명이 당첨자가 되는 경우
$_4C_2\times_6C_1=\dfrac{4\times3}{2\times1}\times6=36$가지

따라서 남자가 여자보다 당첨자가 많을 확률은 $\dfrac{(4+36)}{120}\times100=\dfrac{1}{3}\times100≒33.33\%$이다.

56

피드백의 효과를 극대화하려면 즉각적(㉠)이고, 정직(㉡)하고 지지(㉢)하는 자세여야 한다.
㉠ 즉각적 : 시간을 낭비하지 않는 것이다. 다시 말하기를 통해 상대방의 말을 이해했다고 생각하자마자 명료화하고, 바로 피드백을 주는 것이 좋다. 시간이 갈수록 영향력은 줄어든다.
㉡ 정직 : 진정한 반응뿐만 아니라 조정하고자 하는 마음, 또는 보이고 싶지 않은 부정적인 느낌까지 보여주어야 한다.
㉢ 지지 : 정직하다고 해서 잔인해서는 안 된다. 부정적인 의견을 표현할 때도 상대방의 자존심을 상하게 하거나 약점을 이용하거나 위협적인 표현 방법을 택하는 대신에 부드럽게 표현하는 방법을 발견할 필요가 있다.

57

정답 ①

석유자원을 대체하고 에너지의 효율성을 높이는 것은 기존 기술에서 탈피하고 새로운 기술을 습득하는 기술경영자의 능력으로 볼 수 있다.

기술경영자의 능력
- 기술을 기업의 전반적인 전략 목표에 통합시키는 능력
- 빠르고 효과적으로 새로운 기술을 습득하고 기존의 기술에서 탈피하는 능력
- 기술을 효과적으로 평가할 수 있는 능력
- 기술 이전을 효과적으로 할 수 있는 능력
- 새로운 제품개발 시간을 단축할 수 있는 능력
- 크고 복잡하며 서로 다른 분야에 걸쳐 있는 프로젝트를 수행할 수 있는 능력
- 조직 내의 기술 이용을 수행할 수 있는 능력
- 기술 전문 인력을 운용할 수 있는 능력

58

정답 ⑤

준법이란 민주 시민으로서 기본적으로 지켜야 하는 의무이고, 생활 자세이다. 민주 사회에서 법과 규칙을 준수하는 것은 시민으로서의 자신의 권리를 보장받고, 다른 사람의 권리를 보호해 주며, 사회 질서를 유지하게 하는 역할을 한다. 어떻게 보면 별것 아니라고 생각될 수 있는 교통질서이지만, 한 사람의 질서 거부가 전체 시스템의 마비로 이어질 수 있다. 그리고 그 피해는 결국 다른 사람은 물론 나 자신에게도 돌아오게 되기 때문에 개개인의 준법의식이 매우 중요하다.

59

정답 ①

(ㄱ)은 2020년 대비 2021년 의료 폐기물의 증감율로 $\frac{48,934-49,159}{49,159} \times 100 ≒ -0.5\%$이다.

(ㄴ)은 2018년 대비 2019년 사업장 배출시설계 폐기물의 증감율로 $\frac{123,604-130,777}{130,777} \times 100 ≒ -5.5\%$이다.

60

정답 ③

경력개발 단계
- 직업선택(0 ~ 25세)
  - 최대한 여러 직업의 정보를 수집하여 탐색 후 나에게 적합한 최초의 직업을 선택함
  - 관련학과 외부 교육 등 필요한 교육을 이수함
- 조직입사(18 ~ 25세)
  - 원하는 조직에서 일자리를 얻음
  - 정확한 정보를 토대로 적성에 맞는 적합한 직무를 선택함
- 경력초기(25 ~ 40세)
  - 조직의 규칙과 규범에 대해 배움
  - 직업과 조직에 적응해 감
  - 역량(지식, 기술, 태도)을 증대시키고 꿈을 추구해 나감
- 경력중기(40 ~ 55세)
  - 경력초기를 재평가하고 좀 더 업그레이드 된 꿈으로 수정함
  - 성인 중기에 적합한 선택을 하고 지속적으로 열심히 일함
- 경력말기(55 ~ 퇴직)
  - 지속적으로 열심히 일함
  - 자존심을 유지함
  - 퇴직준비의 자세한 계획을 세움(경력중기부터 준비하는 것이 바람직함)

01	02	03	04	05	06	07	08	09	10	11	12	13	14	15	16	17	18	19	20
④	③	④	③	②	⑤	⑤	③	⑤	③	④	①	④	②	⑤	④	③	①	③	①
21	22	23	24	25	26	27	28	29	30	31	32	33	34	35	36	37	38	39	40
①	③	①	④	③	②	③	④	②	③	④	②	④	①	②	③	②	②	③	④
41	42	43	44	45	46	47	48	49	50	51	52	53	54	55	56	57	58	59	60
③	①	④	①	②	①	④	⑤	③	④	⑤	③	④	④	⑤	③	①	④	④	④

01

정답 ④

제시문에서는 '장애인 편의 시설에 대한 새로운 시각'이 필요하다고 밝히고, 장애인 편의 시설이 '우리 모두에게 유용함'을 강조하고 있다. 또한 마지막 문단에서 보편적 디자인의 시각으로 바라볼 때 '장애인 편의 시설은 우리 모두에게 편리하고 안전한 시설로 인식될 것'이라고 하였다. 따라서 제시문의 주제로 가장 적절한 것은 ④이다.

02

정답 ③

상별로 수상 인원을 고려하여 상패 및 물품별 총수량과 비용을 계산하면 다음과 같다.
• 금 도금 상패(5개 이상 주문 시 개당 가격 10% 할인) : 7개×49,500=346,500원
• 은 도금 상패(주문 수량 4개당 1개 무료) : 4개×42,000=168,000원
• 동 상패(2개) : 2개×35,000=70,000원
• 식기 세트(5개) : 5개×450,000=2,250,000원
• 신형 노트북(1대) : 1대×1,500,000=1,500,000원
• 태블릿 PC(6대) : 6대×600,000=3,600,000원
• 안마의자(4대) : 4대×1,700,000=6,800,000원
• 만년필(8개) : 8개×100,000=800,000원
∴ (총비용)=346,500+168,000+70,000+2,250,000+1,500,000+3,600,000+6,800,000+800,000=15,534,500원

03

정답 ④

오답분석
㉠ 부서를 기준으로 오름차순으로 정렬되었다.
㉢ 성명을 기준으로 정렬되지 않았다.

04

정답 ③

- A : 항공안전장애는 항공기 사고와 준사고 외에 항공기 운항과 관련하여 항공안전에 영향을 미치거나 미칠 우려가 있는 것이다.
- C : 위해요인 수집부터 종결까지 가장 빠르게 마무리될 경우, 총 7개의 절차를 거친다.

05

정답 ②

일반병원이므로 I, 이비인후과이므로 08, 예약방문이므로 1, 수술을 위해 입원을 하므로 a3, 만 21세이므로 2에 해당된다. 따라서 순서대로 나열하면 접수 기호는 'I-081a32'이다.

06

정답 ⑤

치료유형에 해당하는 기호가 b2이므로 약을 처방받고 귀가하였다.

07

정답 ⑤

연령대에 해당하는 기호가 0이므로 만 10세 미만이다.

08

정답 ③

교통편별 결정 조건 계수를 계산하면 다음과 같다.

- A : $\dfrac{5\times700}{(10\times1,000)+(50,000\times0.5)}=\dfrac{3,500}{35,000}=0.1$
- B : $\dfrac{5\times700}{(8\times1,000)+(60,000\times0.5)}=\dfrac{3,500}{38,000}≒0.09$
- C : $\dfrac{7\times700}{(6\times1,000)+(80,000\times0.5)}=\dfrac{4,900}{46,000}≒0.11$
- D : $\dfrac{7\times700}{(5\times1,000)+(100,000\times0.5)}=\dfrac{4,900}{55,000}=\dfrac{4,900}{55,000}≒0.09$
- E : $\dfrac{10\times700}{(2\times1,000)+(150,000\times0.5)}=\dfrac{7,000}{77,000}≒0.09$

따라서 G대리가 선택할 교통편은 결정 조건 계수가 0.11로 가장 높은 C교통편이다.

09

정답 ⑤

하루에 한 번만 이동하므로, 본사 복귀 전 마지막으로 9월 7일에 방문할 지점은 산청지점이다. 그러므로 청평지점, 무주지점, 예천 지점 간의 방문 순서만 정하면 된다. 마지막 날 산청지점에서 본사로의 이동시간은 모든 경우에서 동일하므로 제외하고, ①~⑤의 경로에 따른 이동 소요시간을 분으로 환산하여 계산하면 다음과 같다.

① : 55분+45분+110분+35분=245분
② : 55분+50분+110분+80분=295분
③ : 125분+110분+50분+65분=350분
④ : 125분+45분+50분+35분=255분
⑤ : 40분+50분+45분+80분=215분

따라서 이동에 소요되는 시간이 가장 적은 경로는 ⑤이다.

10

건설업체에서 외국인근로자 신규 1명을 고용하고자 도입위탁과 취업교육을 신청할 때, 도입위탁 신규 60,000원과 건설업 취업교육 224,000원이 든다. 따라서 총 수수료는 60,000+224,000=284,000원이다.

[오답분석]

① 근로자 도입위탁 대행의 신규 입국자 수수료는 1인당 60,000원이므로 2명은 120,000원을 지불해야 한다.

② 서비스업체에서 신규 근로자 1명의 필수 및 선택 대행 업무를 모두 신청하여 드는 총 수수료는 60,000+195,000+61,000+72,000=388,000원이다.

④ 제조업에 종사하는 B씨는 공단에 위탁업무를 맡겼다고 했으므로 근로자 도입위탁과 취업교육 비용을 모두 지불해야 한다. 1명은 재입국자이고, 2명은 신규 입국자이므로 총 수수료는 [119,000+(60,000×2)]+(195,000×3)=824,000원이다.

⑤ 외국인 신규 입국자 2명을 민간 대행기관에 각종 신청 대행 업무를 맡기려고 할 때, 입국 전·후 행정 대행료 61,000원씩을 내야 한다. 따라서 C씨는 총 61,000×2=122,000원을 지불할 것이다.

11

[B9] 셀에 입력된 1,260,000 값은 [B2] 셀에 입력된 1,252,340의 값을 만 단위로 올림하여 나타낸 것이므로 인수를 지정한 자릿수로 올림한 값을 구하는 ROUNDUP 함수가 사용되었으며, 함수에서 단위별 자릿수는 다음과 같다.

만 단위	천 단위	백 단위	십 단위	일 단위	소수점 첫째 자리	소수점 둘째 자리	소수점 셋째 자리
−4	−3	−2	−1	0	1	2	3

따라서 만 단위를 나타내는 자릿수는 −4이므로 [B9] 셀에는 「=ROUNDUP(B2, − 4)」 함수가 입력되었다.

[오답분석]

①·② ROUND(인수,자릿수) 함수 : 인수를 지정한 자릿수로 반올림한 값을 구한다.

⑤ ROUNDDOWN(인수,자릿수) 함수 : 인수를 지정한 자릿수로 내림한 값을 구한다.

12

[오답분석]

② 10세 남녀 모두 체중 수치가 자료보다 높다.

③ 4~5세 남자 표준 키 수치가 자료보다 낮다.

④ 12~13세 여자 표준 키 및 체중이 자료보다 높다.

⑤ 11~13세의 전 연령 대비 남자 표준 키의 차가 자료보다 낮다.

13

B씨는 15t 화물트럭을 이용하므로 B씨의 차종은 4종에 해당하며, 4종의 km당 주행요금은 62.9원이다. 이를 바탕으로 B씨의 고속도로 통행요금을 구하면 다음과 같다.

• 서울 → 영천
  − 개방식 6차로 비용 : 720+180×(62.9×1.2)=14,306.4≒14,306원
  − 폐쇄식 4차로 비용 : 900+150.4×62.9=10,360.16≒10,360원
• 영천 → 부산
  (900×0.5)+44.4×(62.9×0.5)=1,846.38≒1,846원

따라서 B씨가 지급해야 할 고속도로 통행요금은 14,306+10,360+1,846=26,512원이다.

120 • 공기업 NCS 기출이 답이다

14

정답 ②

글로벌경쟁지원단은 글로벌숙련기술진흥원이 아닌 국제인력본부 산하에 있다.

[오답분석]

① 공단의 부설기관으로는 국가직무능력표준원과 글로벌숙련기술진흥원이 있다.
③ 이사장 산하에 있는 비서실과 달리 감사실은 이사장으로부터 독립되어 있다.
④ 기술자격출제실 산하의 부서는 총 6개로 공단의 조직 중 가장 많은 부서가 속해 있다.
⑤ 국제인력본부 산하의 외국인력국과 해외취업국은 각각 외국인의 국내취업과 자국민의 해외취업 관련 업무를 담당한다.

15

정답 ⑤

A ~ E업체의 선정 점수를 항목별로 동일한 가중치로 합산하여 계산하면 다음과 같다.

구분	A업체	B업체	C업체	D업체	E업체
선정 점수	67점	75점	72점	72점	73점

세 번째 조건에 따라 건축안정성 점수가 17점 미만인 업체는 없으므로 이로 인해 제외되는 업체는 없고, 네 번째 조건에 따라 입찰가격 점수가 10점 미만인 B업체가 제외된다. 또한 마지막 조건에 따라 C업체는 내진설계를 포함하지 않아 제외된다. 따라서 나머지 업체인 A, D, E업체 중 선정 점수가 가장 높은 E업체가 선정된다.

16

정답 ④

(라) 문단에서는 부패를 개선하기 위한 정부의 제도적 노력에도 불구하고 반부패정책 대부분이 효과가 없었음을 이야기하고 있다. 따라서 (라) 문단의 주제로는 부패인식지수의 개선 방안이 아닌 '정부의 부패인식지수 개선에 대한 노력의 실패'가 적절하다.

17

정답 ③

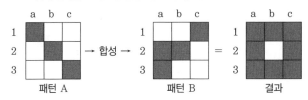

패턴 A와 패턴 B의 1과 0이 서로 같지 않은 경우 결괏값이 1이 되고, 1과 0이 서로 같으면 0이 되므로 XOR 연산자가 사용되었음을 알 수 있다.

18

정답 ①

NAND(부정논리곱) : 둘 다 참일 때만 거짓, 나머지는 모두 참

19

정답 ③

오답분석
• A지원자 : 9월에 복학 예정이기 때문에 인턴 기간이 연장될 경우 근무할 수 없으므로 적절하지 않다.
• B지원자 : 경력 사항이 없으므로 적절하지 않다.
• D지원자 : 근무 시간(9 ~ 18시) 이후에 업무가 불가능하므로 적절하지 않다.
• F지원자 : 포토샵을 활용할 수 없으므로 적절하지 않다.

20

정답 ①

㉠에서 접속사 '그러나'를 기준으로 앞부분은 사물인터넷 사업의 경제적 가치 및 외국의 사물인터넷 투자 추세, 뒷부분은 우리나라의 사물인터넷 사업 현황에 대하여 설명하고 있다. 따라서 두 문단으로 나누는 것이 가장 적절하다.

오답분석
② 문장 앞부분에서 '통계에 따르면'으로 시작하고 있으므로, 이와 호응되는 서술어를 능동 표현인 '예상하며'로 바꾸는 것은 어색하다.
③ 우리나라의 사물인터넷 시장이 선진국에 비해 확대되지 못하고 있는 것은 사물인터넷 관련 기술을 확보하지 못한 결과이다. 따라서 수정하는 것은 옳지 않다.
④ 문맥상 '기술력을 갖추다.'라는 의미가 되어야 하므로 '확보'로 바꾸어야 한다.
⑤ 사물인터넷의 의의와 기대효과로 글을 마무리하고 있는 문장이므로 삭제할 필요는 없다.

21

정답 ①

(가)는 안정형, (나)는 중립형, (다)는 적극형 포트폴리오이다. 고객 A에게는 손실 최소화와 안정적 투자를 목표하는 안정형, 고객 B에게는 수익성과 안정성을 고려하여 어느 한쪽으로 치우치지 않도록 하는 중립형, 고객 C에게는 위험을 감내하더라도 높은 수준의 투자수익을 추구하는 적극형을 추천해야 한다.

22

정답 ③

'볼펜은 행사에 참석한 직원 1인당 1개씩 지급한다.'라고 되어 있고 퇴직자가 속한 부서의 팀원 수가 [C2:C11]에 나와 있으므로 옳은 설명이다.

오답분석
㉠ '퇴직하는 직원이 소속된 부서당 화분 1개가 필요하다.'라고 되어 있고 자료를 보면 각 퇴직자의 소속부서가 모두 다르기 때문에 화분은 총 10개가 필요하다.
㉡ '근속연수 20년 이상인 직원에게 명패를 준다.'라고 되어 있으므로 입사년도가 2006년 이하인 직원부터 해당된다. 퇴직자 중에서는 B씨, C씨, F씨, I씨 총 4명이지만 주어진 자료만 보고 행사에 참석하는 모든 직원의 입사년도를 알 수 없으므로 옳지 않은 설명이다.

23

정답 ①

$$(\text{발생지역의 고사한 소나무 수}) = \frac{[\text{감염률}(\%)]}{100} \times \frac{[\text{고사율}(\%)]}{100} \times (\text{발생지역의 소나무 수})$$

• 거제 : $0.5 \times 0.5 \times 1,590 = 397.5$천 그루
• 경주 : $0.2 \times 0.5 \times 2,981 = 298.1$천 그루
• 제주 : $0.8 \times 0.4 \times 1,201 = 384.32$천 그루
• 청도 : $0.1 \times 0.7 \times 279 = 19.53$천 그루
• 포항 : $0.2 \times 0.6 \times 2,312 = 277.44$천 그루
따라서 고사한 소나무 수가 가장 많이 발생한 지역은 거제이다.

24

정답 ④

A ~ D의 청년층 정부신뢰율을 구하면 다음과 같다.
- A : 14−6.4=7.6%
- B : 35−(−14.1)=49.1%
- C : 48.0−(−9.1)=57.1%
- D : 82.0−2.0=80.0%

첫 번째 조건에 따라 7.6×10<80이므로 A는 그리스, D는 스위스이다. 또한 두 번째 조건에 따라 B와 C는 영국과 미국(또는 미국과 영국)이다. 마지막으로 세 번째 조건에 따라 80.0%−30%=50.0%로 미국의 청년층 정부신뢰율은 50% 이하여야 하므로, B는 미국, C는 영국이다. 따라서 A는 그리스, B는 미국, C는 영국, D는 스위스이다.

25

정답 ③

계약과정에서 연구자와의 협의를 통해 예산계획서상의 예산을 10% 이내의 범위에서 감액할 수 있으므로 6,000만 원의 10%인 600만 원까지만 감액할 수 있다.

26

정답 ②

비프음이 길게 1번, 짧게 1번 울릴 때는 메인보드의 오류이므로 메인보드를 교체하거나 A/S 점검을 해야 한다.

27

정답 ③

우선 K대리의 총 구매가격은 미화 600달러 이상이므로 모두 관세 대상이다. 하지만 주류는 종류에 상관없이 1병, 1L 이하, 400달러 이하는 관세 대상에서 제외된다. 따라서 ③의 양주 1병은 200달러이며, 1L이기 때문에 면세 물품에 해당된다.

[오답분석]
① 향수는 면세 범위인 60mL 이상이므로 면세 물품에서 제외된다.
② 가방의 경우 가방 1개 금액이 600달러 이상이므로 관세 대상이다.
④ 신발은 단일세율이 적용되는 상품으로 관세 물품이다.
⑤ 화장품은 면세 범위에 포함되어 있지 않다.

28

정답 ④

- Y주임이 구매한 품목의 총액은 80+1,400+350+100+150=2,080유로이다. 여기서 단일세율 적용 품목 대상은 '합계 미화 1,000달러까지 본래의 세율보다 낮은 단일세율(20%)을 적용받을 수 있다.'고 되어 있으므로 팔찌는 20%로 계산할 수 있다. 예상 세액은 총 구입물품 가격에서 1인 기본 면세 범위 미화 600달러를 선공제하고 각각의 관세율을 적용해 계산한 금액의 합이기 때문에 [(2,080×1,300)−(600×1,100)]×0.2=2,044,000×0.2=408,800원이 관세이다.
- 만약 성실신고를 한다면 관세의 30%인 0.3×408,800=122,640원을 절약하게 되고(15만 원 한도), 납부해야 할 관세는 286,160원이다. 또한 신고를 안 했을 때 기댓값은 적발될 경우 관세의 1.4배, 적발될 확률이 80%이므로 408,800×1.4×0.8=457,856원이 되고, 적발되지 않을 경우 0원이다. 따라서 기댓값이 20만 원을 초과하므로 Y주임은 자진신고를 하여 관세로 286,160원을 납부할 것이다.

29

정답 ②

제시된 세율 및 자료를 보면 모두 세율이 20%임을 알 수 있다. 면세 품목인 주류나 담배는 면세 범위에 해당되므로 관세 대상에 포함되지 않고, 개인 면세 한도(포도주 1병, 담배 1보루) 내에서 구매하였기 때문이다. 단, 향수는 60mL를 초과하기 때문에 관세 대상이다. 관세 대상 품목들의 총구입금액은 [100+40+(200×2)+70+125]=735달러이고, 총금액에서 600달러를 빼면 135달러가 된다. 따라서 지불해야 할 관세는 135×1,100×0.7(자진납세인 경우 30% 감면)=103,950원이다.

30

정답 ③

2023년 방송산업 종사자 수는 모두 32,443명이다. '2023년 추세'에서는 지상파 방송사(지상파DMB 포함)만 언급하고 있으므로 다른 분야의 인원은 고정되어 있다. 지상파 방송사(지상파DMB 포함)는 전년보다 301명이 늘어났으므로 2022년 방송산업 종사자 수는 32,443−301=32,142명이다.

31

정답 ④

행사장 방문객은 시계 반대 방향으로 돌면서 전시관을 관람한다. 400명의 방문객이 출입하여 제1전시관에 100명이 관람한다면 나머지 300명은 관람하지 않고 지나치게 된다. 따라서 A에서 홍보판촉물을 나눠 줄 수 있는 대상자가 300명이 된다. 그리고 B는 A를 걸쳐서 오는 300명과 제1전시관을 관람하고 나온 100명의 인원이 합쳐지는 장소이므로 총 400명을 대상으로 홍보판촉물을 나눠 줄 수 있다. 이러한 개념으로 모든 장소를 고려해 보면 각 전시관과의 출입구가 합류되는 B, D, F에서 가장 많은 사람들에게 홍보판촉물을 나눠 줄 수 있다.

32

정답 ②

제시문은 실제 일어났던 전쟁을 배경으로 한 작품들이 전쟁을 어떤 방식으로 다루고 있는지 비교하는 글로, 「박씨전」과 「시장과 전장」을 통해 전쟁 소설이 실재했던 전쟁을 새롭게 인식하려 함을 설명한다. 따라서 (가) 실존 인물을 허구의 인물로 물리침으로써 패전의 치욕을 극복하고자 한 「박씨전」 → (라) 패전의 슬픔을 위로하고 희생자를 추모하여 연대감을 강화하고자 한 「박씨전」 → (나) 전쟁이 남긴 상흔을 직시하고 좌절하지 않으려는 작가의 의지가 드러나는 「시장과 전장」 → (다) 「시장과 전장」에서 나타나는 개인의 연약함과 존엄의 탐색의 순으로 나열해야 한다.

33

정답 ④

그래프의 제목은 'TV+스마트폰 이용자의 도시규모별 구성비'인 것에 반해 그래프에 있는 수치들을 살펴보면, TV에 대한 도시규모별 구성비와 같은 것을 알 수 있다. TV+스마트폰 이용자의 도시규모별 구성비는 다음과 같다.

구분	TV	스마트폰
사례 수	7,000명	6,000명
대도시	45.3%	47.5%
중소도시	37.5%	39.6%
군지역	17.2%	12.9%

- 대도시 : $\left(45.3\% \times \dfrac{7,000}{13,000} + 47.5\% \times \dfrac{6,000}{13,000}\right) \times 100 ≒ 46.32\%$

- 중소도시 : $\left(37.5\% \times \dfrac{7,000}{13,000} + 39.6\% \times \dfrac{6,000}{13,000}\right) \times 100 ≒ 38.47\%$

- 군지역 : $\left(17.2\% \times \dfrac{7,000}{13,000} + 12.9\% \times \dfrac{6,000}{13,000}\right) \times 100 ≒ 15.22\%$

오답분석

① 연령대별 스마트폰 이용자 비율에 사례 수(조사인원)를 곱하면 이용자 수를 구할 수 있다.
② 매체별 성별 이용자 비율에 사례 수(조사인원)를 곱하면 구할 수 있다.
③ 주어진 표에서 쉽게 확인할 수 있다.

⑤ 매체별 사무직에 종사하는 이용자의 수를 도출한 뒤, 비율로 환산하여야 한다.

구분	TV	스마트폰	PC / 노트북
사례 수(a)	7,000명	6,000명	4,000명
사무직 비율(b)	20.1%	25.6%	28.2%
사무직 이용자 수($a \times b = c$)	1,407명	1,536명	1,128명
합계(d)		4,071명	
비율($c \div d$)	34.56%	37.73%	27.71%

34

정답 ①

승진자 결정 방식에 따라 V, W, X, Y, Z직원의 승진 점수를 계산하면 다음과 같다.

(단위 : 점)

구분	업무실적 점수	사고 점수	근무태도 점수	가점 및 벌점		승진 점수
				점수	사유	
V	20	7	7	+2	수상 1회	36
W	17	9	10	+4	수상 2회	40
X	13	8	7	−	−	28
Y	20	6	4	−	−	30
Z	10	10	10	+4	수상 1회, 무사고	34

따라서 승진 점수가 가장 높은 2명은 40점인 W직원과 36점인 V직원이므로 V직원과 W직원이 승진하게 된다.

35

정답 ②

제시문을 통해 조선 시대 금속활자는 왕실의 위엄과 권위를 상징하는 것임을 알 수 있다. 특히 정조는 왕실의 위엄을 나타내기 위한 을묘원행을 기념하는 의궤 인쇄를 정리자로 인쇄하고, 화성 행차의 의미를 부각하기 위해 그 해의 방목만을 정리자로 간행했다. 이를 통해 정리자는 정조가 가장 중시한 금속활자였다는 것을 알 수 있다. 따라서 빈칸에 들어갈 내용으로 가장 적절한 것은 ②이다.

36

정답 ③

가중치는 10 또는 5이므로 계산을 빠르게 하기 위해 가중치를 5로 나누어 10을 2로, 5를 1로 계산하여 대학 평판도 총점을 구한다. 이때, D대학의 '사' 지표점수는 x점으로 가정한다.

대학	대학 평판도 총점
A	$(9+10+4) \times 2 + (6+4+10+8) \times 1 = 74$점
B	$(8+9+6) \times 2 + (8+6+9+6) \times 1 = 75$점
C	$(7+10+6) \times 2 + (5+6+10+4) \times 1 = 71$점
D	$(3+9+6) \times 2 + (8+6+3+x) \times 1 = (53+x)$점

D대학은 최고점 10점을 받아도 63점으로 C대학보다 낮다. 따라서 대학 평판도 총점이 높은 대학부터 순서대로 나열하면 'B − A − C − D'이다.

PART 2

37

정답 ②

ㄱ. E대학의 '다', '라', '마'의 지표점수를 각각 x, y, z점이라고 가정하고, 가중치를 1, 2로 바꾸어 계산하면 대학 평판도 총점은 $\frac{410}{5}=82$점이다. 이때 $2x+y+2z=82-32=50$이고, 세 미지수는 $0 \sim 10$ 사이의 정수이다. 이 방정식을 만족하는 경우를 찾으면 $(10, 10, 10)$이 유일하므로 세 지표점수는 동일함을 알 수 있다.

ㄴ. ㄱ과 같은 방법으로 G대학의 '라' 지표점수는 7점임을 알 수 있다. F대학의 '라', '마' 지표점수를 각각 a, b점이라고 가정하면 $a+2b=73-45=28$의 방정식을 구할 수 있다. 이 방정식을 만족하는 경우는 $(a, b)=(8, 10)$, $(10, 9)$인데, 두 경우 모두 '라'의 지표점수가 7점보다 높다.

오답분석

ㄷ. 가중치를 1, 2로 두고 계산하면, H대학은 '나'의 지표환산점수($8\times1=8$점)가 '마'의 지표환산점수($6\times2=12$점)보다 대학 평판도 총점에서 더 낮은 비중을 차지하므로 적절하지 않다.

38

정답 ②

정보이용자의 특성을 프로파일로 등록해둔 후 새로운 정보가 발생하면 정보이용자가 관심가질 만한 자료를 제공해주는 서비스는 SDI(Selective Dissemination of Information) 서비스로, 마이페이지 메뉴에 있다.

39

정답 ③

건조처리 전에 지저분하게 음식물 속에서 이물질을 골라낼 필요가 없으며, 완전 건조 후 이물질을 편하게 골라내면 된다.

40

정답 ④

처리가 끝난 이후 냉각팬이 30분 정도 더 작동된다. 따라서 실제 총 건조시간은 3시간+30분+9시간+30분=10시간이다.

41

정답 ③

각 문화생활에 신청한 직원의 수와 정원을 비교하면 다음과 같다.

(단위 : 명)

구분	연극 '햄릿'	영화 '파일럿'	음악회 '차이코프스키'	미술관 '마네 · 모네'
신청인원	14	26	13	4
정원	20	30	10	30

음악회의 신청인원이 정원 3명을 초과하여 다시 신청을 해야 한다. 자료에서 정원이 초과된 인원은 1인당 금액이 비싼 문화생활 순으로 남은 정원을 채운다고 했으므로 그 순서는 '음악회 – 연극 – 미술관 – 영화' 순이다. 따라서 3명은 정원이 남은 연극을 신청하게 되어 연극의 신청인원은 $14+3=17$명이 된다.

문화생활 정보의 기타 사항을 보면 연극과 영화는 할인 조건에 해당하므로 할인 적용을 받는다. 따라서 이번 달 문화생활 티켓 구매에 필요한 예산은 $(17\times20,000\times0.85)+(26\times12,000\times0.5)+(10\times50,000)+(4\times13,000)=997,000$원이다.

42

정답 ①

세 번째 문단에서 최초진입기업이 후발진입기업의 시장 진입을 막기 위한 마케팅 활동을 한다고 설명한다. 그러나 최초진입기업과 후발진입기업 중에 누가 더 많은 마케팅 비용을 사용하는지에 대한 언급이 없으므로 알 수 없다.

오답분석

② 두 번째 문단에 따르면 후발진입기업의 모방 비용은 최초진입기업이 신제품 개발에 투자한 비용 대비 65% 수준이다.

③ 세 번째 문단에 따르면 최초진입기업은 인지도 측면에서 후발진입기업보다 월등한 우위에 있다. 또한 첫 번째 문단에 따르면 기업이 시장에 최초로 진입하여 무형(인지도 등) 및 유형의 이익을 얻는 것을 A효과라고 한다.

④ 두 번째 문단에 따르면 후발진입기업은 절감된 비용을 마케팅 등에 효과적으로 투자하여 최초진입기업의 시장 점유율을 단기간에 빼앗아 오는 것이 성공의 핵심 조건이다.

⑤ 첫 번째 문단에 따르면 후발진입기업이 최초진입기업과 동등한 수준의 기술 및 제품을 보다 낮은 비용으로 개발할 수 있을 때만 B효과를 얻을 수 있다.

43

정답 ④

- A : 기본 점수 80점에 오탈자 33건이므로 5점 감점, 전체 글자 수 654자이므로 3점 추가, A등급 2개와 C등급 1개이므로 15점 추가하여 총 $80-5+3+15=93$점이다.
- B : 기본 점수 80점에 오탈자 7건이므로 0점 감점, 전체 글자 수 476자이므로 0점 추가, B등급 3개이므로 5점 추가하여 총 $80+5=85$점이다.
- C : 기본 점수 80점에 오탈자 28건이므로 4점 감점, 전체 글자 수 332자이므로 10점 감점, B등급 2개와 C등급 1개이므로 0점 추가하여 총 $80-4-10=66$점이다.
- D : 기본 점수 80점에 오탈자 25건이므로 4점 감점, 전체 글자 수가 572자이므로 0점 추가, A등급 3개이므로 25점 추가하여 총 $80-4+25=101$점이다.
- E : 기본 점수 80점에 오탈자 12건이므로 1점 감점, 전체 글자 수가 786자이므로 8점 추가, A등급 1개와 B등급 1개와 C등급 1개이므로 10점 추가하여 총 $80-1+8+10=97$점이다.

따라서 점수가 가장 높은 학생은 D이다.

44

정답 ①

갑은 개인이 소유할 수 있는 노비의 수를 제한해야 한다고 하였고, 을은 양반 가문에서도 노비의 수가 같지 않으므로 노비의 수를 제한하는 것이나 이를 위해 초과하는 수의 노비를 빼앗는 것이 힘들다고 하였다. 즉, 갑과 을 모두 노비의 해방을 언급하고 있지 않다. 따라서 갑의 주장대로 노비의 수를 제한한다고 해도, 노비의 신분에서 해방되는 노비가 늘어난다고 할 수 없으므로 이는 옳지 않은 내용이다.

오답분석

② 갑의 노비 수 제한에 대한 주장이나 을의 노비 수 제한의 불가능에 대한 주장 모두 노비제도의 존속을 지지하고 있으므로 옳은 내용이다.

③ 을은 노비의 수를 제한하는 것이 현실적으로 불가함을 역사적인 사례를 통해서 그 근거를 밝히고 있으므로 옳은 내용이다.

④ 을은 양반들이 소유한 노비 수의 격차를 줄이기 위해 노비를 빼앗는 것이 불가능하다고 주장하고 있으므로 옳은 내용이다.

⑤ 갑의 계획에 따르면 백성과 천인의 차이는 5명이나, 양반과 백성의 차이는 최소 70명이므로 옳은 내용이다.

45

정답 ②

보증료는 대지비 부분과 건축비 부분으로 구성되며, 대지비 부분은 보증금액 및 보증료율이 동일하기 때문에 계산할 필요가 없으므로 건축비 부분 보증료만 계산하여 비교하면 된다. 우선 건축비 부분에서 보증금액은 갑과 을 모두 3억 원이다. 갑의 보증료율은 $0.215(A^+,\ 3$등급$)-0.050(2$군 할인율$)=0.165\%$이고, 을은 $0.404(C,\ 1$등급$)-0.042(3$군 할인율$)=0.362\%$이다. 따라서 갑과 을의 보증료율 차이는 $0.362-0.165=0.197\%$이고, 보증료의 차이는 3억 원$\times0.197\%\times365\div365=591,000$원이다.

46

정답 ①

상조회에서 올해 A사원과 B과장에게 지급한 축의금 및 조의금은 다음과 같다.

(A사원 둘째 자녀 돌잔치)+(B과장 모친상 조의금)=500,000+500,000=1,000,000원이다. 자녀 축의금은 2명까지만 적용되므로 B과장 셋째 자녀 결혼은 해당되지 않는다.

A사원과 B과장이 올해 낸 상조회비는 1월부터 10월까지 총 (12,000+20,000)×10개월=320,000원이다.

따라서 상조회에서 올해 지급한 금액은 1,000,000원이고, A사원과 B과장이 올해 낸 상조회비는 320,000원이다.

47

정답 ④

우선 주어진 조건 중에 6일이 빨간색으로 표시되어 있다고 하였으므로, 현재 펼쳐진 달력은 6월(현충일 6월 6일)이라는 것을 알수 있다. 구멍이 뚫린 19일이 어느 달인지 알아보려면 다음과 같은 규칙으로 확인할 수 있다.

1) 규칙

현재 6월 달력에서 1일이 일요일일 때 19일은 3행 5열이다. 구하고자 하는 구멍이 뚫린 위치는 3행 6열이므로, 6월보다 하루 뒤로 밀린 달을 찾으면 된다. 즉, 1일이 월요일인 달을 확인하면 된다.

2) 월별 일수(6월 이후)
   - 30일인 달 : 9월, 11월
   - 31일인 달 : 7월, 8월, 10월, 12월

3) 각 월 1일의 요일

7월 1일=6/30(월)+1일=화요일

8월 1일=7/1(화)+(7일×4+3)=금요일

9월 1일=8/1(금)+(7일×4+3)=월요일

10월 1일=9/1(월)+(7일×4+2)=수요일

11월 1일=10/1(수)+(7일×4+3)=토요일

12월 1일=11/1(토)+(7일×4+2)=월요일

따라서 1일이 월요일인 달은 9월과 12월이 있으므로, 홀수 달뿐이라는 판단은 적절하지 않다.

오답분석

① 현재 펼쳐진 달은 6월이므로, 5월이 아니라는 판단은 옳다.

② 6월을 기준으로 15일은 3행 1열에 위치하고 있고, 구하고자 하는 구멍이 뚫린 15일은 3행 3열에 위치하고 있으므로, 6월보다 이틀이 밀린 달을 찾으면 된다. 즉, 1일이 화요일인 달을 찾으면 7월이다.

③ 6월 7일과 구멍이 뚫린 7일은 5일이 차이가 난다. 즉, 1일이 금요일인 달을 찾으면 8월이다.

⑤ 구멍이 뚫린 22일이 수요일이므로, 1일이 수요일인 달을 찾으면 10월이다. 이때, ②로부터 구멍이 뚫린 15일이 속해 있는 달이 7월임을 알았으므로 3개월 차이가 난다.

48

정답 ⑤

ⓒ 전체 품목 중 화장품의 비율은 $\dfrac{62,733억 \text{ } 원}{122,757억 \text{ } 원} \times 100 ≒ 51.10\%$이며, 국산품 합계 중 국산 화장품의 비율은 $\dfrac{35,286억 \text{ } 원}{48,717억 \text{ } 원} \times 100 ≒$ 72.43%로 국산 화장품 비율이 더 높다.

ⓔ 전체 품목 중 가방류의 비율은 $\dfrac{17,356억 \text{ } 원}{122,757억 \text{ } 원} \times 100 ≒ 14.13\%$이며, 외국산품 합계 중 외국산 가방류의 비율은 $\dfrac{13,224억 \text{ } 원}{74,040억 \text{ } 원} \times 100$ ≒17.86%로 외국산 가방류의 비율이 더 높다.

오답분석

㉠ 인삼·홍삼류의 대기업 비중은 $\dfrac{2,148억 \text{ } 원}{2,899억 \text{ } 원} \times 100 ≒ 74.09\%$로 가장 높다.

ⓒ 자료에서 품목별 외국산품 비중이 높은 주요 제품은 의류, 향수, 시계, 주류, 신발류이다. 품목 전체별 비중을 계산하면 다음과 같다.

- 의류 : $\dfrac{2{,}608억\ 원}{2{,}908억\ 원} \times 100 ≒ 89.68\%$

- 향수 : $\dfrac{3{,}239억\ 원}{3{,}375억\ 원} \times 100 ≒ 95.97\%$

- 시계 : $\dfrac{9{,}258억\ 원}{9{,}359억\ 원} \times 100 ≒ 98.92\%$

- 주류 : $\dfrac{3{,}210억\ 원}{3{,}290억\ 원} \times 100 ≒ 97.39\%$

- 신발류 : $\dfrac{1{,}197억\ 원}{1{,}222억\ 원} \times 100 ≒ 97.95\%$

따라서 외국산품의 비중이 가장 높은 제품은 시계이다.

49 정답 ③

첫 번째 문단에서는 국내 산업 보호를 위해 정부가 사용하는 관세 조치와 비관세 조치를 언급하고 있다. 따라서 접속사 '먼저'가 활용되어 관세 조치의 개념을 설명하는 (나) 문단이 첫 번째 문단 뒤에 오는 것이 적절하며, 다음으로 관세 조치에 따른 부과 방법으로 종과세 방식을 설명하는 (가) 문단과 종량세 방식을 설명하는 (다) 문단이 차례대로 오는 것이 적절하다. 그 뒤를 이어 종과세와 종량세를 혼합 적용한 복합세 부과 방식을 설명하는 (마) 문단이 오는 것이 적절하며, 마지막으로 정부의 비관세 조치를 설명하는 (라) 문단이 오는 것이 적절하다. 따라서 (나) → (가) → (다) → (마) → (라) 순으로 나열해야 한다.

50 정답 ④

RANK 함수는 「=RANK(순위를 구하려는 수,목록의 배열 또는 셀 주소,순위를 정할 방법을 지정하는 수)」로 표시되고, '순위를 정할 방법을 지정하는 수'에서 0이면 내림차순, 1이면 오름차순으로 나타나게 된다. 따라서 [F8] 셀의 「=RANK(D8,D4:D8,0)」 함수의 결괏값은 4이다.

51 정답 ⑤

E주임이 1열 A석에 앉는다면 B대리는 1열 B석에 앉게 된다. 또한 G사원은 C대리가 앉은 2열보다 앞쪽에 앉아야 하므로 1열 C석에 앉게 되므로 항상 옳은 설명이다.

오답분석
① E주임은 B대리의 옆 좌석에만 앉으면 되므로 B대리가 1열 B석에 앉으면 E주임은 1열 A석에도 앉을 수 있다.
② 3열 B석에는 F주임이 아닌 D주임이 앉을 수도 있다.
③ 1열에는 B대리와 E주임이 이웃해 앉아야 하므로 G사원은 1열 B석에 앉을 수 없다. 따라서 F주임이 2열 B석에 앉게 되더라도 서로 이웃해 앉는 경우는 발생하지 않는다.
④ D주임과 F주임은 2열 B석과 3열 B석에 나누어 앉게 되므로 이웃해 앉게 된다.

52 정답 ③

보기에 제시된 지도는 축척 1/25,000로 제작되었다. 등고선에 대한 설명을 보면 축척 1/25,000 지도에서는 표고 10m마다 등고선을 그린다고 하였으므로 A의 표고는 180m, B의 표고는 150m이므로 A, B 두 지점 사이의 표고 차이는 180−150=30m이다. 축척 1/25,000 지도는 25,000cm를 1cm로 나타내므로, 4cm는 실제 거리로 환산하면 25,000×4=100,000cm=1,000m이다. 따라서 경사도는 $\dfrac{30}{1{,}000} = 0.03$이다.

53

㉠ 느린 : 고령 운전자의 반응 시간은 1.4초이므로 0.7초인 비고령 운전자에 비해 느리다.

㉡ 길다 : 고령 운전자의 제동거리는 30 ~ 50대 운전자의 약 2배이므로 비고령 운전자보다 길다.

㉢ 줄어들었다 : 경찰청은 고령 운전자 교통사고를 예방하기 위해 75세 이상 운전자의 면허 갱신 기간을 5년에서 3년으로 줄였다.

54

④는 제품차별화에 대한 설명으로 반도체의 이러한 특성은 반도체산업 내의 경쟁을 심화시키고, 신규기업의 진입 장벽을 낮추기도 한다. 또한 낮은 차별성으로 인한 치열한 가격경쟁은 구매자의 교섭력을 높이는 반면, 공급자의 교섭력은 낮아지게 한다. 따라서 ④는 ㉣을 제외한 ㉠·㉡·㉢·㉤에 해당하는 사례이다. ㉣은 반도체를 대체할 수 있는 다른 제품의 여부에 대한 것으로, 대체재의 상대가격, 대체재에 대한 구매자의 성향 등이 해당한다.

〈마이클 포터의 산업구조분석기법〉

공급자의 교섭력
공급자의 교섭력 결정요인은 구매자의 교섭력 결정요인과 동일

↓

잠재적 진입	산업 내의 경쟁	대체재의 위협
1. 자본소요량 2. 규모의 경제 3. 절대비용우위 4. 제품차별화 5. 유통채널	1. 산업의 집중도 2. 제품차별화 3. 초과설비 4. 퇴거장벽 5. 비용구조	1. 대체재에 대한 구매자의 성향 2. 대체재의 상대 가격

→ (산업 내의 경쟁) ←

↑

구매자의 교섭력
1. 구매자가 갖고 있는 정보력
2. 전환비용
3. 수직적 통합

55

구매자의 교섭력은 소수의 구매자만 존재하거나 구매자의 구매량이 판매자의 규모에 비해 클 때, 시장에 다수 기업의 제품이 존재할 때, 구매자가 직접 상품을 생산할 수 있을 때, 공급자의 제품 차별성이 낮을 때, 구매자가 공급자를 바꾸는 데 전환 비용이 거의 발생하지 않을 때 높아진다.

56

제습기의 물통이 가득 찰 경우 작동이 멈춘다고 하였으므로 서비스센터에 연락해야 한다.

[오답분석]

① 실내 온도가 18℃ 미만일 때 냉각기에 결빙이 시작되어 제습량이 줄어들 수 있다.

② 컴프레서 작동으로 실내 온도가 올라갈 수 있다.

④ 제습기가 작동하지 않을 경우 전원을 끄고 10분 정도 경과 후 다시 전원을 키면 된다.

⑤ 희망 습도에 도달하면 운전이 멈추고, 습도가 높아지면 다시 자동 운전으로 작동한다.

57

①

보증서가 없으면 영수증이 대신하는 것이 아니라, 제조일로부터 3개월이 지난 날이 보증기간 시작일이 된다.

[오답분석]

② 보증기간 안내에 따르면 제품 보증기간은 제조사 또는 제품 판매자가 소비자에게 정상적인 상태에서 자연 발생한 품질 성능 기능 하자에 대하여 무료 수리해 주겠다고 약속한 기간이므로 옳은 내용이다.

③ · ④ 2017년 이전 제품은 2년이고, 나머지는 보증기간이 1년이다.

⑤ 제습기 부품 보증기간에 따르면 2016년 1월 이후 생산된 인버터 컴프레서의 보증기간은 10년이다.

58

정답 ④

ㄱ. 스위스 지방자치단체들 간의 사회적 · 경제적 격차는 그다지 심하지 않고 완벽에 가까운 사회보장제도가 시행되고 있다고 하였으므로 추론 가능한 내용이다.

ㄹ. 스위스는 만장일치 혹은 압도적 다수를 의사결정방식으로 채택하고 있는데 이러한 제도는 타협이 이루어질 때까지 많은 시간이 소요되어 시급한 문제의 처리가 어렵다고 하였으므로 추론 가능한 내용이다.

[오답분석]

ㄴ. 직접민주주의 제도를 통해 연방정부 또는 연방의회가 이미 인준한 헌법이나 법률조항을 거부하기도 한다고 하였으므로 옳지 않은 내용이다.

ㄷ. 연방정부를 구성하는 7인의 연방장관이 모든 안건을 만장일치 혹은 압도적 다수로 결정하기 때문에 국가수반이나 행정부의 수반이 없는 것과 다름없다고 하였으므로 옳지 않은 내용이다.

59

정답 ④

ㄴ. A ~ E시 중 예측 날씨와 실제 날씨가 일치한 경우는 B시가 7일로 가장 많다.

ㄷ. 7월 2일은 예측 날씨와 실제 날씨가 일치한 도시가 없다.

[오답분석]

ㄱ. 7월 8일 A시의 날씨만 보아도 '비'로 예측했지만 실제로는 '맑음'이었다.

60

정답 ④

충전지를 최대 용량을 넘어서 충전할 경우 발열로 인한 누액이나 폭발의 위험이 있다. 충전지를 충전하는 과정에서 충전지의 온도가 과도하게 상승한다면 최대 용량을 넘은 과충전을 의심할 수 있으므로 충전을 중지하는 것이 좋다.

[오답분석]

① 충전기의 전원 전압은 충전지의 공칭 전압보다 높아야 한다. 이때, 용량과 관계없이 리튬 충전지의 공칭 전압은 3.6V이므로 전원 전압이 3.6V보다 높은 충전기를 사용해야 한다.

② 충전지를 크게 만들면 충전 용량과 방전 전류 세기를 증가시킬 수 있으나, 전극의 물질을 바꾸지 않는 한 공칭 전압은 변하지 않는다.

③ 충전지를 방전 하한 전압 이하까지 방전시키면 충전지의 수명이 줄어들기 때문에 오래 사용하기 위해서는 방전 하한 전압 이하까지 방전시키지 않는 것이 좋으나, 니켈카드뮴 충전지의 경우 메모리 효과로 인해 완전히 방전되기 전 충전을 반복하면 충 · 방전 용량이 줄어든다.

⑤ 충전기로 리튬 충전지를 충전할 경우 만충전 전압에 이르면 정전압 회로로 전환하여 정해진 시간 동안 충전지에 공급하는 전압을 일정하게 유지한다. 그러나 공칭 전압은 변화하는 단자 전압의 평균일 뿐이므로 리튬 충전지의 만충전 전압이 3.6V인 것은 아니다.

01	02	03	04	05	06	07	08	09	10	11	12	13	14	15	16	17	18	19	20
⑤	③	②	④	④	③	③	③	④	①	③	③	④	⑤	②	④	⑤	②	②	①
21	22	23	24	25	26	27	28	29	30	31	32	33	34	35	36	37	38	39	40
③	②	①	⑤	②	②	③	①	②	②	①	①	④	①	③	⑤	①	③	④	②
41	42	43	44	45	46	47	48	49	50	51	52	53	54	55	56	57	58	59	60
④	③	④	②	⑤	①	④	④	③	④	②	④	⑤	③	④	④	④	②	①	④

01

 정답 ⑤

기술교양을 지닌 사람들의 특징
- 기술학의 특성과 역할을 이해한다.
- 기술체계가 설계되고, 사용되고, 통제되는 방법을 이해한다.
- 기술과 관련된 이익을 가치화하고 위험을 평가할 수 있다.
- 기술에 의한 윤리적 딜레마에 대해 합리적으로 반응할 수 있다.

02

정답 ③

여섯 번째 단계에 따라 해결 방안을 확인한 후에는 혼자서 해결하는 것이 아닌 책임을 분할함으로써 다 같이 협동하여 실행해야 한다.

[오답분석]
① 두 번째 단계에 해당하는 내용이다.
② 네 번째 단계에 해당하는 내용이다.
④ 첫 번째 단계에 해당하는 내용이다.
⑤ 세 번째 단계에 해당하는 내용이다.

03

 정답 ②

- 첫 번째 빈칸 : 앞 내용을 살펴보면 해프닝 장르에서는 대화가 없으며 의미 없는 말이 불쑥불쑥 튀어나온다고 하고 있으므로, 그 이유를 설명하는 ㄱ이 가장 적절하다.
- 두 번째 빈칸 : 앞 문장에서 해프닝이 관객의 역할을 변화시켰다고 하였으므로, 그 예시가 되는 ㄷ이 가장 적절하다.
- 세 번째 빈칸 : 뒤 문장에서 '그럼에도 불구하고'로 이어지며 해프닝의 의의를 설명하고 있으므로, 빈칸에는 해프닝의 비판점에 대하여 설명하는 ㄴ이 가장 적절하다.

04

정답 ④

'(밀도)$=\dfrac{(질량)}{(부피)}$'의 공식에서 '(질량)$=$(밀도)$\times$(부피)'임을 알 수 있고, A액체의 밀도인 0.2kg/L를 대입하여 질량을 구하면 0.2$\times$12$=$2.4kg이다. B, C액체가 모두 질량은 동일하다고 했으므로 밀도를 구하면 다음과 같다.

• B액체의 밀도 : $\dfrac{2.4}{10}=0.24$kg/L

• C액체의 밀도 : $\dfrac{2.4}{15}=0.16$kg/L

'(부피)$=\dfrac{(질량)}{(밀도)}$'에 피규어의 질량 300g(0.3kg)과 B, C액체의 밀도를 대입해 넘친 액체의 부피를 구하면 다음과 같다.

• B액체의 부피 : $\dfrac{0.3}{0.24}=1.25$L

• C액체의 부피 : $\dfrac{0.3}{0.16}=1.875$L

따라서 B, C액체가 들어 있는 통에서 넘친 액체의 부피 합은 1.25$+$1.875$=$3.125L이다.

05

정답 ④

바이오스는 컴퓨터에서 전원을 켜면 맨 처음 컴퓨터의 제어를 맡아 가장 기본적인 기능을 처리해 주는 프로그램으로, 모든 소프트웨어는 바이오스를 기반으로 움직인다.

[오답분석]

① 미들웨어(Middleware)는 분산 컴퓨팅 환경에서 서로 다른 기종의 하드웨어, 프로토콜, 통신환경 등을 연결할 때 응용프로그램과 그 프로그램이 운영되는 환경 사이에서 통신이 순조롭게 이루어지게 하는 소프트웨어를 뜻한다.

② RAM(Random Access Memory)은 데이터가 저장되어 있는 위치에 관계없이 일정한 시간 내에 기억 내용을 읽거나 쓸 수 있는 컴퓨터의 주기억장치로, 프로그램이나 데이터가 기억되는 장소로 모든 작업의 중심이 된다.

③ ROM(Read Only Memory)은 기억된 내용을 읽을 수는 있어도 바꿀 수는 없는 반도체 기억장치로, 전원이 끊겨도 기억된 내용이 지워지지 않으므로 항구적인 기억장치가 필요한 전자 기기에 널리 쓰인다.

⑤ 스풀링(Spooling)은 컴퓨터 시스템에서 중앙처리장치와 각각의 입출력장치가 서로 독립적으로 작동하는 것으로, 컴퓨터의 처리 속도에 비해 주변 입출력장치의 처리 속도가 느리므로 전체적인 처리 속도를 후자의 속도에 맞추기 위해 고안되었다.

06

정답 ③

영희는 방수액의 유무와 상관없이 재충전 횟수가 200회 이상이면 충분하다고 하였으므로 100회 이상 300회 미만 충전이 가능한 리튬이온배터리를 구매한다. 또한, 방수액을 바르지 않은 것이 더 저렴하므로 영희가 가장 저렴하게 구매하는 가격은 5,000원이다.

[오답분석]

① 상수가 가장 비싸게 구매하는 가격은 50,000원, 가장 저렴하게 구매하는 가격은 5,000원이므로 두 가격의 차이는 45,000원이다.

② • 철수가 가장 비싸게 구매하는 가격 : 50,000원
  • 영희가 가장 비싸게 구매하는 가격 : 10,000원
  • 상수가 가장 비싸게 구매하는 가격 : 50,000원
  따라서 철수, 영희, 상수가 리튬이온배터리를 가장 비싸게 구매하는 가격의 총합은 50,000$+$10,000$+$50,000$=$110,000원이다.

④ 영희가 가장 비싸게 구매하는 가격은 10,000원, 상수가 가장 비싸게 구매하는 가격은 50,000원이다. 두 가격의 차이는 40,000원으로 30,000원 이상이다.

⑤ • 철수가 가장 저렴하게 구매하는 가격 : 20,000원
  • 영희가 가장 저렴하게 구매하는 가격 : 5,000원
  • 상수가 가장 저렴하게 구매하는 가격 : 5,000원
  따라서 철수, 영희, 상수가 리튬이온배터리를 가장 저렴하게 구매하는 가격의 총합은 20,000$+$5,000$+$5,000$=$30,000원이다.

07

아이젠하워는 뛰어난 리더십으로 2차 세계대전을 승리로 이끌었고, 이후 미국의 34대 대통령에 당선되었다. 아이젠하워가 말하는 '리더십'이란 성실하고 고결한 성품 그 자체로, 그는 '리더십'이란 잘못된 것에 대한 책임은 '자신'이 지고, 잘된 것에 대한 모든 공로는 '부하'에게 돌릴 줄 아는 것이라고 이야기했다. 반면, 멤버십이란 조직의 구성원으로서의 자격과 지위를 갖는 것이다

08

정답 ③

직장에서의 근면한 생활을 위해서는 B사원과 같이 일에 지장이 없도록 항상 건강관리에 유의해야 하며, C대리와 같이 오늘 할 일을 내일로 미루지 않고, 업무 시간에 개인적인 일을 하지 않아야 한다.

[오답분석]
• A사원 : 항상 일을 배우는 자세로 임하여 열심히 해야 한다.
• D대리 : 사무실 내에서 메신저 등을 통해 사적인 대화를 나누지 않아야 한다.

09

정답 ④

업무를 처리할 때는 긴급성을 고려해야 한다. 즉, 먼저 부탁한 일이 있어도 더 급한 일이 생겼다면 그 일부터 처리하는 것이 효율적이다. 또한 양해를 구하고 행동해야 한다.

10

정답 ①

• 시차는 런던을 기준으로 계산되어 있다. 가장 빠른 모스크바 시간을 중심으로 계산하면 밴쿠버는 11시간이 늦고, 뉴욕은 8시간이 늦다. A대리가 모스크바에서 8월 19일 오후 2시에 보고서 작성을 시작해 B대리에게 전송했으며, B대리는 밴쿠버 시간으로 8월 19일 오전 6시에 메일 도착 시간을 확인했다. 메일은 밴쿠버 시간으로 오전 6시에 도착한 것이므로 모스크바에서는 6시+11시간 =17시, 즉 8월 19일 오후 5시에 보낸 것이다. 따라서 A대리의 보고서 작성시간은 3시간이다.
• B대리는 오전 9시부터 보고서 작성을 시작하여 뉴욕에 있는 C대리에게 메일로 전송했으며, C대리가 메일을 받은 시간은 8월 19일 오후 4시이다. 밴쿠버는 뉴욕보다 3시간 느리므로 B대리가 밴쿠버에서 보고서를 끝내고 메일을 보낸 시간은 오후 1시이다. B대리는 오전 9시부터 오후 1시까지 보고서를 작성했으므로 4시간 동안 작성하였다.
• C대리는 메일로 자료를 받아 1시간 검토하고 제출했으므로 세 명이 프로젝트 보고서를 작성하는 데 걸린 시간은 총 3+4+1=8시간이다.

11

정답 ③

ㄷ. 흥미나 적성검사를 통해 자신에게 알맞은 직업을 도출할 수는 있으나 이러한 결과가 직업에서의 성공을 보장해 주는 것은 아니다. 실제 직장에서는 직장문화, 풍토 등 외부적인 요인에 의해 적응을 하지 못하는 경우가 발생하기 때문에 기업의 문화와 풍토를 잘 이해하고 활용할 필요가 있다.
ㄹ. 일을 할 때는 너무 커다란 업무보다는 작은 단위로 나누어 수행한다. 작은 성공의 경험들이 축적되어 자신에 대한 믿음이 강화되면 보다 커다란 일을 할 수 있게 되기 때문이다.

12

정답 ③

시간 순서대로 나열해 보면 '회의실 예약 – PPT 작성 – 메일 전송 – 수정사항 반영 – B주임에게 조언 구하기 – 브로슈어에 최종본 입력 – D대리에게 파일 전달 – 인쇄소 방문' 순서이다.

13

(마)에 의해 대호는 B팀에 가고, (바)에 의해 A팀은 외야수를 선택해야 한다. 또한, (라)에 의해 민한이는 투수만 가능하고, C팀이 투수만 스카우트한다고 했으므로 나머지 B, D팀은 포수와 내야수 중 선택해야 한다. (사)에 의해 성흔이가 외야수로 A팀에 간다면 주찬이는 D팀에 갈 수밖에 없으며, 이는 (아)에 어긋난다. 따라서 성흔이는 포수를 선택하여 D팀으로 가고, (자)에 의해 주찬이는 외야수로 A팀으로 간다.

14

보기는 과거 의사소통능력 수업에 대한 문제를 제기하고 있다. 따라서 이에 내안 분세침인 ㄴ이 보기 다음에 이어지는 것이 적절하다. ㄴ은 과거 문제점에 대한 해결법으로 문제중심학습(PBL)을 제시하므로 ㄷ 다음에 오는 것이 적절하며, ㄱ은 문제중심학습에 대한 장점으로 ㄴ 다음에 오는 것이 적절하다. ㄹ의 경우 문제중심학습에 대한 주의할 점이므로 마지막에 오는 것이 적절하다. 따라서 ㄷ - ㄴ - ㄱ - ㄹ 순으로 나열해야 한다.

15

업무수행 성과를 높이기 위한 행동전략

• 자기자본이익률(ROE)을 높인다. : 자기자본이익률이란 경영자가 기업에 투자된 주주의 자본을 사용해 어느 정도 이익을 올리고 있는가를 나타내는 지표이다. 이에 빗대어 개인의 업무수행에서도 자기자본이익률을 높이기 위하여 자신의 생활을 전략적으로 기획하고, 정한 시간 내에 목표를 달성하기 위하여 어떻게 하는 것이 가장 효과적인지를 고려해볼 수 있다.
• 일을 미루지 않는다. : 일을 하나둘 미루고 급하게 처리하다 보면 어느새 다른 일도 지속적으로 밀리게 되고, 일을 처리하는 데 최선을 다하지 못하게 된다. 따라서 해야 할 일이 있다면 지금 바로 하는 습관을 들여야 한다.
• 업무를 묶어서 처리한다. : 직업인들이 하는 일은 비슷한 속성을 가진 경우가 많다. 따라서 한 번 움직일 때 여러 가지 일을 한 번에 처리해서 같은 곳을 반복해서 가지 않도록 경로를 단축시킨다.
• 다른 사람과 다른 방식으로 일한다. : 다른 사람이 일하는 방식과 다른 방식으로 생각하다 보면, 의외로 창의적인 방법을 발견할 수도 있으며 업무의 성과도 높일 수 있다.
• 회사와 팀의 업무 지침을 따른다. : 회사와 팀의 업무 지침은 변화하는 환경 속에서 그 일의 전문가들에 의해 확립된 것이므로 기본적으로 지켜야 할 것은 지켜야 한다.
• 역할 모델을 설정한다. : 직장에서 가장 일을 잘한다고 평가받는 사람을 찾아 주의 깊게 살펴보고 그 사람을 참고하도록 노력한다.

16

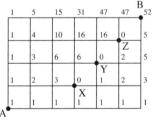

따라서 지점 X, Y, Z를 거치지 않고 A지점에서 B지점까지 가는 최단경로는 52가지이다.

17

정답 ⑤

유사 물품 역시 동일 물품과 마찬가지로 인접한 장소에 보관해야 정확한 위치를 모르더라도 대략의 위치를 알 수 있게 되어 사용 시에 물품을 찾는 시간을 단축할 수 있다.

오답분석

① 물품은 일괄적으로 같은 장소에 보관하는 것이 아닌 물품의 재질 등의 특성을 고려하여 보관하여야 파손의 위험으로부터 대비할 수 있다.

② 동일 물품은 같은 물품은 같은 장소에 보관한다는 동일성의 원칙에 따라 보관함으로써 사용 시에 물품을 찾는 시간을 단축할 수 있다.

③ · ④ 사용 물품과 보관 물품에 대한 것으로 물품을 정리하고 보관하고자 할 때, 해당 물품을 앞으로 계속 사용할 것인지, 그렇지 않은지를 구분하는 것이 먼저 이루어져야 한다. 그렇지 않을 경우 가까운 시일 내에 활용하게 될 물품을 창고나 박스 등에 넣어두었다가 다시 꺼내야 하는 경우가 발생하게 된다.

18

정답 ②

㉠ 작성 주체에 의한 구분 : 문서는 작성 주체에 따라 공문서와 사문서로 구분한다.
　－ 공문서 : 행정기관에서 공무상 작성하거나 시행하는 문서와 행정기관이 접수한 모든 문서
　－ 사문서 : 개인이 사적인 목적을 위하여 작성한 문서

㉡ 유통 대상에 의한 구분 : 외부로 유통되지 않는 내부결재문서와 외부로 유통되는 문서인 대내문서, 대외문서 등으로 구분한다.
　－ 외부로 유통되지 않는 문서 : 행정기관이 내부적으로 계획 수립, 결정, 보고 등을 하기 위하여 결재를 받는 내부결재문서
　－ 외부 유통 문서 : 기관 내부에서 보조기관 상호 간 협조를 위하여 수신 · 발신하는 대내문서, 다른 행정기관에 수신 · 발신하는 대외문서, 발신자와 수신자 명의가 다른 문서

㉢ 문서의 성질에 의한 분류 : 성질에 따라 법규문서, 지시문서, 공고문서, 비치문서, 민원문서, 일반문서로 구분한다.
　－ 법규문서 : 법규사항을 규정하는 문서
　－ 지시문서 : 행정기관이 하급기관이나 소속 공무원에 대하여 일정한 사항을 지시하는 문서
　－ 공고문서 : 고시 · 공고 등 행정기관이 일정한 사항을 일반에게 알리기 위한 문서
　－ 비치문서 : 행정기관 내부에 비치하면서 업무에 활용하는 문서
　－ 민원문서 : 민원인이 행정기관에 특정한 행위를 요구하는 문서와 그에 대한 처리문서
　－ 일반문서 : 위의 각 문서에 속하지 않는 모든 문서

19

정답 ②

VLOOKUP은 목록 범위의 첫 번째 열에서 세로 방향으로 검색하면서 원하는 값을 추출하는 함수이고, HLOOKUP은 목록 범위의 첫 번째 행에서 가로 방향으로 검색하면서 원하는 값을 추출하는 함수이다. 즉, 첫 번째 열에 있는 '박지성'의 결석값을 찾아야 하므로 VLOOKUP 함수를 이용해야 한다. VLOOKUP 함수의 형식은 「=VLOOKUP(찾을 값,범위,열 번호,찾기 옵션)」이다. 범위는 절대참조로 지정해야 하며, 근사값을 찾고자 할 경우 찾기 옵션에 1 또는 TRUE를 입력하고 정확히 일치하는 값을 찾고자 할 경우 0 또는 FALSE를 입력해야 한다. 따라서 '박지성'의 결석 값을 찾기 위한 함수식은 「=VLOOKUP("박지성",\$A\$3:\$D\$5, 4,0)」이다.

20

정답 ①

네 번째 조건에 따라 K팀장은 토마토 파스타, S대리는 크림 리소토를 주문한다. 이때, L과장은 다섯 번째 조건에 따라 토마토 리소토나 크림 리소토를 주문할 수 있는데, 만약 L과장이 토마토 리소토를 주문한다면, 두 번째 조건에 따라 M대리는 토마토 파스타를 주문해야 하고, 사원들은 둘 다 크림소스가 들어간 메뉴를 주문할 수밖에 없으므로 조건과 모순이 된다. 따라서 L과장은 크림 리소토를 주문했다. 다음으로 사원 2명 중 1명은 크림 파스타, 다른 한 명은 토마토 파스타나 토마토 리소토를 주문해야 하는데, H사원이 파스타면을 싫어하므로 J사원이 크림 파스타, H사원이 토마토 리소토, M대리가 토마토 파스타를 주문했다. 다음으로 일곱 번째 조건에 따라 J사원이 사이다를 주문하였고, H사원은 J사원과 다른 음료를 주문하지만 마지막 조건에 따라 주스를 함께 주문하지 않으므로 콜라를 주문했다. 또한 마지막 조건에 따라 주스를 주문한 사람은 모두 크림소스가 들어간 메뉴를 주문한 사람이어야 하므로 S대리와 L과장이 주스를 주문했다. 마지막으로 여섯 번째 조건에 따라 M대리는 사이다를 주문하고, K팀장은 콜라를 주문했다.

이를 표로 정리하면 다음과 같다.

구분	K팀장	L과장	S대리	M대리	H사원	J사원
토마토 파스타	○			○		
토마토 리소토					○	
크림 파스타						○
크림 리소토		○	○			
콜라	○				○	
사이다				○		○
주스		○	○			

따라서 사원들 중 주스를 주문한 사람은 없다.

21

정답 ③

20번의 결과로부터 L과장과 S대리는 모두 주스와 크림 리소토를 주문했다.

22

정답 ②

B대리는 상대방이 제시한 아이디어를 비판하고 있다. 따라서 브레인스토밍에 적합하지 않은 태도를 보였다.

> **브레인스토밍**
> • 다른 사람이 아이디어를 제시할 때는 비판하지 않는다.
> • 문제에 대한 제안은 자유롭게 이루어질 수 있다.
> • 아이디어는 많이 나올수록 좋다.
> • 모든 아이디어가 제안되고 나면 이를 결합하고 해결책을 마련한다.

23

정답 ①

곡의 수를 바꾸기 전에 7분인 곡의 수를 x곡, 3분인 곡의 수를 y곡이라 하면

$7x + 3y = 75 - 10 \cdots$ ㉠

$3x + 7y = 95 - 10 \cdots$ ㉡

$7 \times$ ㉠ $- 3 \times$ ㉡을 하면 $40x = 200$

$\therefore x = 5$

따라서 곡의 수를 바꾸기 전에 연주 시간이 7분인 곡은 5곡이다.

24

정답 ⑤

재산이 많은 사람은 약간의 세율 변동에도 큰 영향을 받는다. 그러므로 '영향이 크기 때문에'로 수정해야 한다.

25

정답 ②

목표관리(Management By Objectives)란 조직의 상하 구성원들이 참여의 과정을 통해 조직 단위와 구성원의 목표를 명확하게 설정하고, 그에 따라 생산 활동을 수행하도록 한 뒤 업적을 측정·평가하는 포괄적 조직관리 체제를 말한다. 목표관리는 종합적인 조직운영 기법으로 활용될 뿐만 아니라 근무성적평정 수단, 예산 운영 및 재정관리의 수단으로 다양하게 활용되고 있다.

오답분석

① 과업평가계획(Project Evaluation and Review Technique) : 특정 프로젝트의 일정과 순서를 계획적으로 관리하는 기법으로, 계획내용인 프로젝트의 달성에 필요한 모든 작업을 작업 관련 내용과 순서를 기초로 하여 네트워크상으로 파악한다.
③ 조직개발(Organization Development) : 조직의 유효성과 건강을 높이고, 환경변화에 적절하게 대응하기 위하여 구성원의 가치관과 태도, 조직풍토, 인간관계 등을 향상시키는 변화활동을 의미한다.
④ 총체적 질관리(Total Quality Management) : 조직의 생산성과 효율성을 제고시키기 위하여 조직 구성원 전원이 참여하여 고객의 욕구와 기대를 충족시키도록 지속적으로 개선해 나가는 활동을 의미한다.
⑤ 전사적 자원관리(Enterprise Resource Planning) : 기업 내 생산, 물류, 재무, 회계, 영업과 구매, 재고 등 경영 활동 프로세스들을 통합적으로 연계해 관리하며, 기업에서 발생하는 정보를 공유하여 새로운 정보의 생성과 빠른 의사결정을 도와주는 전사적 자원관리시스템을 의미한다.

26

정답 ②

C사원은 혁신성, 친화력, 책임감이 '상 – 상 – 중'으로 영업팀의 중요도에 적합하며 창의성과 윤리성은 '하'이지만 영업팀에서 중요하게 생각하지 않는 역량이므로 영업팀으로의 부서배치가 적절하다.
E사원은 혁신성, 책임감, 윤리성이 '중 – 상 – 하'로 지원팀의 핵심역량가치에 부합하기에 지원팀으로의 부서배치가 적절하다.

27

정답 ③

직장인들이 지속적으로 현 분야 또는 새로운 분야에 대해 공부하는 것은 자기개발의 일환으로, 회사의 목표가 아닌 자신이 달성하고자 하는 목표를 성취하기 위해 필요하다.

28

정답 ①

ㄱ·ㄴ. 회전 반지름의 변화가 속도에 영향을 주었다.

오답분석

ㄷ. 회전체의 질량이 변한 것이 속도에 영향을 주었다.
ㄹ. 속도에 영향을 준 것은 회전체의 반지름이나 질량과는 상관없다.

29

정답 ②

ㄱ. 회사가 가지고 있는 신속한 제품 개발 시스템의 강점을 활용하여 새로운 해외시장의 소비자 기호를 반영한 제품을 개발하는 것은 강점을 통해 기회를 포착하는 SO전략에 해당한다.
ㄷ. 공격적 마케팅을 펼치고 있는 해외 저가 제품과 달리 오히려 회사가 가지고 있는 차별화된 제조 기술을 활용하여 고급화 전략을 추구하는 것은 강점으로 위협을 회피하는 ST전략에 해당한다.

오답분석

ㄴ. 저임금을 활용한 개발도상국과의 경쟁 심화와 해외 저가 제품의 공격적 마케팅을 고려하면 국내에 화장품 생산 공장을 추가로 건설하는 것은 적절한 전략으로 볼 수 없다. 약점을 보완하여 위협을 회피하는 전략을 활용하기 위해서는 오히려 저임금의 개발도상국에 공장을 건설하여 가격 경쟁력을 확보하는 것이 더 적절하다.
ㄹ. 낮은 브랜드 인지도가 약점이기는 하나, 해외시장에서의 한국 제품에 대한 선호가 증가하고 있는 점을 고려하면 현지 기업의 브랜드로 제품을 출시하는 것은 적절한 전략으로 볼 수 없다. 약점을 보완하여 기회를 포착하는 전략을 활용하기 위해서는 오히려 한국 제품임을 강조하는 홍보 전략을 세우는 것이 더 적절하다.

30

정답 ②

A씨는 두 딸이 오렌지를 왜 원하는지에 대한 갈등 원인을 확인하지 못해 협상에 실패한 것으로 볼 수 있다. 따라서 협상하기 전에는 반드시 이해당사자들이 가지는 갈등 원인을 파악해야 한다.

31

정답 ①

오답분석

ㄴ. 빵은 수프를 먹고 난 후부터 디저트를 먹을 때까지 먹는다.

ㄷ. 수프를 먹을 때에는 몸 쪽에서 바깥쪽으로 숟가락을 사용한다.

ㅂ. 이라크 사람들은 시간 약속을 할 때 정각에 나오는 법이 없으며, 상대방이 으레 기다려 줄 것으로 생각하므로 좀 더 여유를 가지고 기다리는 인내심이 필요하다.

ㅅ. 미국인 바이어와 악수할 때는 눈이나 얼굴을 보는 것은 좋은 행동이지만, 손끝만 살짝 잡아서는 안 되며, 오른손으로 상대방의 오른손을 잠시 힘주어서 잡아야 한다.

32

정답 ①

ㄱ. 노숙자쉼터 봉사자는 800명으로, 이 중 30대는 118명이다. 따라서 노숙자쉼터 봉사자 중 30대가 차지하는 비율은 $\frac{118}{800} \times 100$ $=14.75\%$로 15% 이하이다.

ㄷ. 무료급식소 봉사자 중 40 ~ 50대는 274+381=655명으로, 무료급식소 봉사자 전체 1,115명의 절반 이상이다.

오답분석

ㄴ. 전체 봉사자 중 50대의 비율은 $\frac{1,600}{5,000} \times 100 = 32\%$이고, 20대의 비율은 $\frac{650}{5,000} \times 100 = 13\%$이다. 따라서 전체 봉사자 중 50대의 비율은 20대의 $\frac{32}{13} = 2.5$배로 3배 이하이다.

ㄹ. 보육원 봉사자는 2,000명으로, 이 중 30대 이하 봉사자는 148+197+405=750명이다. 따라서 전체 보육원 봉사자 중 30대 이하가 차지하는 비율은 $\frac{750}{2,000} \times 100 = 37.5\%$로 36% 이상이다.

33

정답 ④

제시된 일화는 민주 시민으로서 기본적으로 지켜야 하는 의무와 생활 자세인 '준법정신'에 대한 사례이다. 사회가 유지되기 위해서는 준법정신이 필요한 것처럼 직장생활에서도 조직의 운영을 위해 준법정신이 필요하다.

오답분석

① 봉사(서비스)에 대한 설명이다.

② 근면에 대한 설명이다.

③ 책임에 대한 설명이다.

⑤ 정직과 신용에 대한 설명이다.

34

정답 ①

ㄱ. 〈Ctrl〉+〈F4〉 : 현재 문서를 닫는다.

ㄴ. 〈Alt〉+〈F4〉 : 워드(Word)를 닫는다.

35

정답 ③

보관 물품의 경우에도 물품의 특성에 따른 효율적 구분이 필요하다. 보관 물품이 사용 물품으로 전환되는 경우 해당 물품을 찾기 위한 시간이 소요되기 때문이다.

오답분석

① 모든 물품을 같이 놓아두게 된다면 개별 물품의 훼손이 생길 수 있으므로 물품의 특성을 고려해 보관 장소를 선정해야 한다.
② 유사품을 인접한 장소에 보관하면 특정 물품의 정확한 위치를 모르더라도 대략의 위치를 알고 있으므로 찾는 시간을 단축할 수 있다.
④ 사용 물품과 보관 물품을 구분하지 않을 경우 가까운 시일 내에 활용하게 될 물품을 보관하다가 다시 꺼내야 하는 경우가 발생할 수 있으므로 처음부터 물품의 사용 여부를 고려해 보관해야 한다.
⑤ 재질의 차이에 따라 보관 장소의 차이를 두는 것이 필요한데, 특히 유리의 경우 쉽게 파손될 우려가 있으므로 따로 보관하는 것이 좋다.

36

정답 ⑤

성찰은 지속적인 연습을 통하여 더욱 잘 할 수 있게 되므로, 성찰이 습관화되면 문제가 발생하였을 때 축적한 노하우를 발현하여 이를 해결할 수 있다. 이러한 성찰 연습 방법으로는 매일 자신이 잘한 일과 잘못한 일을 생각해보고, 그 이유와 개선점 등을 생각나는 대로 성찰노트에 적는 방법이 있다. 따라서 한 번의 성찰로 같은 실수를 반복하지 않도록 도와준다는 ⑤의 조언은 적절하지 않다.

37

정답 ①

오른쪽 워크시트를 보면 데이터는 '김'과 '철수'로 구분이 되어 있다. 왼쪽 워크시트의 데이터는 '김'과 '철수' 사이에 기호나 탭, 공백 등이 없으므로 각 필드의 너비(열 구분선)를 지정하여 나눈 것이다.

38

정답 ③

체온 측정을 위한 주의사항의 ⓒ에 따르면 체온을 측정할 때는 정확한 측정을 위해 과다한 귀지가 없도록 해야 한다.

오답분석

① 영점 조정에 대한 사항은 제시된 설명서에서 확인할 수 없는 내용이다.
② 체온을 측정하기 전에 새 렌즈필터를 부착하여야 한다.
④ 오른쪽 귀에서 측정한 체온과 왼쪽 귀에서 측정한 체온은 다를 수 있으므로 항상 같은 귀에서 체온을 측정해야 한다.
⑤ 체온을 측정하기 전에 새 렌즈필터를 부착하여야 하며, 렌즈를 알코올 솜으로 닦는 사항은 제시된 설명서에서 확인할 수 없는 내용이다.

39

정답 ④

'POE' 에러 메시지는 체온계가 렌즈의 정확한 위치를 감지할 수 없어 정확한 측정이 어렵다는 메시지이다. 따라서 'ON' 버튼을 3초간 길게 눌러 화면을 지운 다음 정확한 위치에 체온계를 넣어 다시 측정해야 한다.

오답분석

① '---' 에러 메시지가 떴을 때의 해결 방법에 해당한다.
② '--' 에러 메시지가 떴을 때의 해결 방법에 해당한다.
③ 제시된 설명서에서 확인할 수 없는 내용이다.
⑤ 'HI℃' 또는 'LO℃' 에러 메시지가 떴을 때의 해결 방법에 해당한다.

40

「=SMALL(B3:B9,2)」은 [B3:B9] 범위에서 2번째로 작은 값을 구하는 함수이므로 7이 출력된다. 「=MATCH(7,B3:B9,0)」는 [B3:B9] 범위에서 7의 위치 값을 나타내므로 값은 4가 나온다. 따라서 「=INDEX(A3:E9,4,5)」의 결괏값은 [A3:E9]의 범위에서 4행, 5열에 위치한 대전이다.

41

표의 규칙을 파악하기 위해 전날 대비 차액을 보면 다음과 같다.

2일−1일	3일−2일	4일−3일	5일−4일	6일−5일
−85	−105	−125	−145	−165

따라서 차액은 첫 항이 −85이고, 공차가 −20인 등차수열임을 알 수 있으며, 다음과 같은 식이 성립한다.

10일 후의 양 : $a_{10} = a_1 - \sum_{n=1}^{9} [85 + 20(n-1)]$

이때, $a_1 = 5,600$이므로 $a_{10} = 5,600 - \sum_{n=1}^{9} [85 + 20(n-1)]$

$\rightarrow a_{10} = 5,600 - \sum_{n=1}^{9} (20n + 65)$

$\rightarrow \sum_{n=1}^{9} (20n + 65)$

$\rightarrow 20 \sum_{n=1}^{9} n + (65 \times 9)$

$\sum_{k=1}^{n} k = \frac{n(n+1)}{2}$ 을 이용하여 풀이하면, $20 \sum_{n=1}^{9} n + (65 \times 9) = 20 \times \frac{9 \times 10}{2} + (65 \times 9) = 900 + (65 \times 9) = 900 + 585 = 1,458$

따라서 10일에 P공장에 남은 원자재량은 $5,600 - 1,485 = 4,115$개이다.

42

㉠과 ㉣은 윤리적인 문제에 대하여 제대로 인식하지 못한 채 취해야 할 행동을 취하지 않는 도덕적 타성에 속하고, ㉡과 ㉢은 자신의 행위가 나쁜 결과를 가져올 수 있다는 것을 모르는 도덕적 태만에 속한다.

비윤리적 행위의 유형
- 도덕적 타성 : 직면하는 윤리적 문제에 대하여 무감각하거나 행동하지 않는 것
- 도덕적 태만 : 비윤리적인 결과를 피하기 위하여 일반적으로 필요한 주의나 관심을 기울이지 않는 것
- 거짓말 : 상대를 속이려는 의도로 표현되는 메시지

43

제시문은 유추에 의한 단어 형성에 대해서만 설명을 하고 있다. 따라서 다른 단어 형성 방식에 대해서는 알 수 없다.

오답분석

① 첫 번째 문단에서 확인할 수 있는 내용이다.
② 두 번째 문단에서 확인할 수 있는 내용이다.
③ 세 번째 문단에서 확인할 수 있는 내용이다.
⑤ 마지막 문단에서 확인할 수 있는 내용이다.

44

정답 ②

7개의 팀을 두 팀씩 3개 조로 나누고, 한 팀은 부전승으로 둔다.

부전승 조가 될 수 있는 경우의 수는 7가지이고, 남은 6팀을 두 팀씩 3조로 나눌 수 있는 방법은 다음과 같다.

$$_6C_2 \times {}_4C_2 \times {}_2C_2 \times \frac{1}{3!} = \frac{6 \times 5}{2} \times \frac{4 \times 3}{2} \times 1 \times \frac{1}{3 \times 2} = 15$$가지

3개의 조로 나눈 다음 한 개의 조기 경기 후 부전승 팀과 시합을 하는 경우를 구하면 3가지가 나온다.

따라서 7개의 팀이 토너먼트로 경기를 할 수 있는 경우의 수는 $7 \times 15 \times 3 = 315$가지이다.

45

정답 ⑤

(A)는 구명밧줄이나 공기 호흡기 등을 준비하지 않아 사고가 발생했다. 따라서 보호구 사용 부적절로 4M 중 Media(작업정보, 방법, 환경)의 사례로 적절하다.

(B)는 안전장치가 제대로 작동하지 않아 사고가 발생했다. 따라서 Machine(기계, 설비)의 사례로 적절하다.

46

정답 ①

TRIZ 이론(창의적 문제해결 이론)은 문제가 발생된 근본 모순을 찾아내 해결하는 방법을 모색하는 것으로, 발견은 해당되지 않는다.

오답분석

② 회전에 제약이 없는 구형 타이어는 TRIZ 40가지 이론 중 곡선화에 해당된다.

③ 자동으로 신발 끈이 조여지는 운동화는 TRIZ 40가지 이론 중 셀프 서비스에 해당된다.

④ 줄 없이 운동할 수 있는 줄 없는 줄넘기는 TRIZ 40가지 이론 중 기계 시스템 대체에 해당된다.

⑤ 자전거 헬멧을 여러 구간으로 납작하게 접을 수 있는 접이식 헬멧은 TRIZ 40가지 이론 중 분할에 해당된다.

47

정답 ④

'재해자는 전기 관련 자격이 없었으며, 복장은 일반 안전화, 면장갑, 패딩점퍼를 착용한 상태였다.'는 문장에서 불안전한 행동·상태, 작업 관리상 원인, 작업 준비 불충분이 산업재해의 원인이라는 것을 확인할 수 있다. 그러나 기술적 원인은 제시문에서 찾을 수 없다.

오답분석

① 불안전한 행동 : 위험 장소 접근, 안전장치 기능 제거, 보호 장비의 미착용 및 잘못 사용, 운전 중인 기계의 속도 조작, 기계·기구의 잘못된 사용, 위험물 취급 부주의, 불안전한 상태 방치, 불안전한 자세와 동작, 감독 및 연락 잘못 등이 해당한다.

② 불안전한 상태 : 시설물 자체 결함, 전기 시설물의 누전, 구조물의 불안정, 소방기구의 미확보, 안전 보호 장치 결함, 복장·보호구의 결함, 시설물의 배치 및 장소 불량, 작업 환경 결함, 생산 공정의 결함, 경계 표시 설비의 결함 등이 해당한다.

③ 작업 관리상 원인 : 안전 관리 조직의 결함, 안전 수칙 미제정, 작업 준비 불충분, 인원 배치 및 작업 지시 부적당 등이 해당한다.

⑤ 작업 준비 불충분 : 작업 관리상 원인의 하나이며, 재해자는 경첩의 높이가 높음에도 불구하고 작업 준비에 필요한 자재를 준비하지 않은 채 불안전한 자세로 일을 시작한다.

48

정답 ④

㉠ 한 가지의 사안은 한 장의 용지에 작성하는 것이 원칙이다.

㉢ 첨부자료는 반드시 필요한 내용만 첨부하여 산만하지 않게 하여야 한다.

㉣ 금액, 수량, 일자의 경우 정확하게 기재하여야 한다.

49

정답 ③

P대리의 업무폴더 파일들의 확장자를 종류별로 구분하면 다음과 같다.

• 문서 파일 : hwp, doc, txt, ppt, xls
• 이미지 파일 : jpg, bmp, gif, png, raw
• 소리 파일 : wav, wma, mp3, mid
• 영상 파일 : mkv, avi
• 압축 파일 : egg, rar, zip

이를 통해 P대리의 업무폴더에서 문서 파일은 7개, 이미지 파일은 9개, 소리 파일은 5개, 영상 파일은 4개, 압축 파일은 3개임을 알 수 있다. 따라서 영상 파일의 개수는 소리 파일의 개수보다 적음을 알 수 있다.

50

정답 ④

두 번째와 네 번째 조건에 의해 B는 치통에 사용되는 약이고, A는 세 번째와 네 번째 조건에 의해 몸살에 사용되는 약이다.
∴ A − 몸살, B − 치통, C − 배탈, D − 피부병
두 번째와 다섯 번째 조건에 의해 은정이가 처방받은 약은 B, 희경이가 처방받은 약은 C에 해당되며, 소미가 처방받은 약은 마지막 조건에 의해 D에 해당된다.
따라서 네 사람이 처방받은 약은 정선 − A(몸살), 은정 − B(치통), 희경 − C(배탈), 소미 − D(피부병)이다.

51

정답 ②

1) K기사가 거쳐야 할 경로는 'A도시 → E도시 → C도시 → A도시'이다. A도시에서 E도시로 바로 갈 수 없으므로 다른 도시를 거쳐야 하는데, 가장 짧은 시간 내에 A도시에서 E도시로 갈 수 있는 경로는 B도시를 경유하는 것이다. 따라서 K기사의 운송경로는 'A도시 → B도시 → E도시 → C도시 → A도시'이며, 이동시간은 1.0+0.5+2.5+0.5=4.5시간이다.
2) P기사는 A도시에서 출발하여 모든 도시를 한 번씩 거친 뒤 다시 A도시로 돌아와야 한다. 해당 조건이 성립하는 운송경로의 경우는 다음과 같다.
   • A도시 → B도시 → D도시 → E도시 → C도시 → A도시
     − 이동시간 : 1.0+1.0+0.5+2.5+0.5=5.5시간
   • A도시 → C도시 → B도시 → E도시 → D도시 → A도시
     − 이동시간 : 0.5+2.0+0.5+0.5+1.5=5시간
   따라서 P기사가 운행할 최소 이동시간은 5시간이다.

52

정답 ④

ㄴ. B사가 지점총괄부를 지점인사관리실과 지점재정관리실로 분리한 것은 조직 전체 차원의 자원관리시스템을 부문별로 분할한 것이므로 전사적 자원관리의 사례로 적절하지 않다.
ㄹ. D사가 신규 직원 채용에 있어 인사 직무와 회계 직무를 구분하여 채용하는 것은 인적자원을 부문별로 구분하여 관리하려는 것으로 볼 수 있다. 또한 채용에서의 구분만으로는 사내 자원관리 방식을 추론하기 어려우므로 전사적 자원관리의 사례로 적절하지 않다.

오답분석

ㄱ. 총무부 내 재무회계팀과 생산관리부 내 물량계획팀의 통합은 재무와 생산 부문을 통합하여 사내 자원을 효율적으로 관리하기 위한 것이므로 전사적 자원관리에 해당한다.
ㄷ. 국내 생산 공장의 물류 포털과 본사의 재무관리 포털의 흡수·통합은 생산과 재무 부문을 통합하여 자원을 효율적으로 관리하기 위한 것이므로 전사적 자원관리에 해당한다.

53

제시된 사례는 외국인과의 업무상 의사소통 과정에서 상대방의 문화에 대한 이해 부족으로 의도치 않은 부정적 결과를 초래한 사례이다. 브라질에서는 동그라미가 외설적인 표현을 의미하지만, A대리가 이를 모르고 사용하였기 때문에 K가 불쾌한 반응을 보인 것이다.

ㄱ. 그리스에서는 엄지를 세우는 행위가 '꺼져'라는 욕설에 해당한다. 따라서 이는 B주인이 T대리에게 부정직인 영향을 준 의사소통에 해당한다.

ㄴ. 불가리아에서는 고개를 끄덕이는 행동으로 '부정'의 의미를 표현한다. 따라서 이는 C대리가 문화를 이해하지 못한 채 의도와 반대되는 표현으로 혼란을 빚은 사례이다.

ㄷ. 브라질에서는 손가락을 교차하는 행위가 행운을 기원하는 의미이지만, 영국 등 유럽에서는 '경멸'의 의미로 사용되므로 의도와 다른 부정적 의사소통을 초래한 사례이다.

54

6만 원에 사고자 했던 B씨의 제안에 대해 협상을 통해 6만 5천 원에 거래하였음을 볼 때, ③은 적절하지 않은 설명이다.

오답분석

① A씨의 협상전략은 자신의 양보만큼 상대방의 양보도 요구하는 상호 교환적인 양보전략으로 볼 수 있다.

② 한 벌 남은 옷이라는 점과 손님에게 잘 어울려서 싸게 드린다는 점으로 B씨로 하여금 특별한 대우를 받았다고 느끼게 하였다.

④ 6만 원에 사고 싶어했던 B씨와 6만 5천 원에 거래를 성사시키면서 B씨의 양보를 이끌어 내는 데 성공했다고 볼 수 있다.

⑤ 한 벌 남은 옷이라는 점을 내세우면서 자신에게 중요한 것을 양보하는 것처럼 협상했다고 볼 수 있다.

55

기술 시스템의 발전 단계는 '발명, 개발, 혁신의 단계 → 기술 이전의 단계 → 기술 경쟁의 단계 → 기술 공고화 단계'이다.

56

제시문은 '한정 판매 마케팅 기법'에 대한 글이다. 이는 한정판 제품의 공급을 통해 의도적으로 공급의 가격탄력성을 0에 가깝게 조정한 것으로, 판매 기업의 입장에서는 이윤 증대를 위한 경영 혁신이지만 소비자의 합리적 소비를 저해할 수 있다.

57

4와 7은 서로소이고 4와 7의 최소공배수는 $4 \times 7 = 28$이므로 5호선과 6호선은 28분마다 동시에 정차하게 된다. 오전 9시에 5호선과 6호선이 동시에 정차했으므로, 이후 동시에 정차하는 시각은 다음과 같다.

- 9시 28분
- 9시 56분
- 10시 24분
- 10시 52분
- 11시 20분

따라서 오전 10시와 오전 11시 사이에 5호선과 6호선은 10시 24분과 10시 52분, 총 2번 동시에 정차한다.

58

정답 ⑤

- 1 Set : 프랑스의 B와인이 반드시 포함된다(B와인 60,000원). 인지도와 풍미가 가장 높은 것은 영국 와인이지만 영국 와인은 65,000원이므로 포장비를 포함하면 135,000원이 되기 때문에 세트를 구성할 수 없다. 가격이 되는 한도에서 인지도와 풍미가 가장 높은 것은 이탈리아 와인이다.
- 2 Set : 이탈리아의 A와인이 반드시 포함된다(A와인 50,000원). 모든 와인이 가격 조건에 해당하고, 와인 중 당도가 가장 높은 것은 포르투갈 와인이다.

59

정답 ①

중요한 내용을 두괄식으로 작성하여 보고받은 자가 해당 문서를 신속하게 이해하고 의사결정하는 데 도움을 주는 것이 중요하다.

60

정답 ④

마지막 조건에 따라 C항공사는 가장 앞 번호인 1번 부스에 위치하며, 세 번째 조건에 따라 G면세점과 H면세점은 양쪽 끝에 위치한다. 이때 네 번째 조건에서 H면세점 반대편에는 E여행사가 위치한다고 하였으므로 5번 부스에는 H면세점이 위치할 수 없다. 따라서 5번 부스에는 G면세점이 위치한다. 또한 첫 번째 조건에 따라 같은 종류의 업체는 같은 라인에 위치할 수 없으므로 H면세점은 G면세점과 다른 라인인 4번 부스에 위치하고, 네 번째 조건에 따라 4번 부스 반대편인 8번 부스에는 E여행사가, 4번 부스 바로 옆인 3번 부스에는 F여행사가 위치한다. 나머지 조건에 따라 부스의 위치를 정리하면 다음과 같다.

- 경우 1

C항공사	A호텔	F여행사	H면세점
복도			
G면세점	B호텔	D항공사	E여행사

- 경우 2

C항공사	B호텔	F여행사	H면세점
복도			
G면세점	A호텔	D항공사	E여행사

따라서 항상 참이 되는 것은 ④이다.

인생이란 결코 공평하지 않다. 이 사실에 익숙해져라.

- 빌 게이츠 -

공기업 NCS 모의고사 답안카드

성 명

지원 분야

문제지 형별기재란

( )형   Ⓐ Ⓑ

수험번호

감독위원 확인

(인)

1	① ② ③ ④ ⑤	21	① ② ③ ④ ⑤	41	① ② ③ ④ ⑤
2	① ② ③ ④ ⑤	22	① ② ③ ④ ⑤	42	① ② ③ ④ ⑤
3	① ② ③ ④ ⑤	23	① ② ③ ④ ⑤	43	① ② ③ ④ ⑤
4	① ② ③ ④ ⑤	24	① ② ③ ④ ⑤	44	① ② ③ ④ ⑤
5	① ② ③ ④ ⑤	25	① ② ③ ④ ⑤	45	① ② ③ ④ ⑤
6	① ② ③ ④ ⑤	26	① ② ③ ④ ⑤	46	① ② ③ ④ ⑤
7	① ② ③ ④ ⑤	27	① ② ③ ④ ⑤	47	① ② ③ ④ ⑤
8	① ② ③ ④ ⑤	28	① ② ③ ④ ⑤	48	① ② ③ ④ ⑤
9	① ② ③ ④ ⑤	29	① ② ③ ④ ⑤	49	① ② ③ ④ ⑤
10	① ② ③ ④ ⑤	30	① ② ③ ④ ⑤	50	① ② ③ ④ ⑤
11	① ② ③ ④ ⑤	31	① ② ③ ④ ⑤	51	① ② ③ ④ ⑤
12	① ② ③ ④ ⑤	32	① ② ③ ④ ⑤	52	① ② ③ ④ ⑤
13	① ② ③ ④ ⑤	33	① ② ③ ④ ⑤	53	① ② ③ ④ ⑤
14	① ② ③ ④ ⑤	34	① ② ③ ④ ⑤	54	① ② ③ ④ ⑤
15	① ② ③ ④ ⑤	35	① ② ③ ④ ⑤	55	① ② ③ ④ ⑤
16	① ② ③ ④ ⑤	36	① ② ③ ④ ⑤	56	① ② ③ ④ ⑤
17	① ② ③ ④ ⑤	37	① ② ③ ④ ⑤	57	① ② ③ ④ ⑤
18	① ② ③ ④ ⑤	38	① ② ③ ④ ⑤	58	① ② ③ ④ ⑤
19	① ② ③ ④ ⑤	39	① ② ③ ④ ⑤	59	① ② ③ ④ ⑤
20	① ② ③ ④ ⑤	40	① ② ③ ④ ⑤	60	① ② ③ ④ ⑤

공기업 NCS 모의고사 답안카드

문항	①	②	③	④	⑤	문항	①	②	③	④	⑤	문항	①	②	③	④	⑤
1	①	②	③	④	⑤	21	①	②	③	④	⑤	41	①	②	③	④	⑤
2	①	②	③	④	⑤	22	①	②	③	④	⑤	42	①	②	③	④	⑤
3	①	②	③	④	⑤	23	①	②	③	④	⑤	43	①	②	③	④	⑤
4	①	②	③	④	⑤	24	①	②	③	④	⑤	44	①	②	③	④	⑤
5	①	②	③	④	⑤	25	①	②	③	④	⑤	45	①	②	③	④	⑤
6	①	②	③	④	⑤	26	①	②	③	④	⑤	46	①	②	③	④	⑤
7	①	②	③	④	⑤	27	①	②	③	④	⑤	47	①	②	③	④	⑤
8	①	②	③	④	⑤	28	①	②	③	④	⑤	48	①	②	③	④	⑤
9	①	②	③	④	⑤	29	①	②	③	④	⑤	49	①	②	③	④	⑤
10	①	②	③	④	⑤	30	①	②	③	④	⑤	50	①	②	③	④	⑤
11	①	②	③	④	⑤	31	①	②	③	④	⑤	51	①	②	③	④	⑤
12	①	②	③	④	⑤	32	①	②	③	④	⑤	52	①	②	③	④	⑤
13	①	②	③	④	⑤	33	①	②	③	④	⑤	53	①	②	③	④	⑤
14	①	②	③	④	⑤	34	①	②	③	④	⑤	54	①	②	③	④	⑤
15	①	②	③	④	⑤	35	①	②	③	④	⑤	55	①	②	③	④	⑤
16	①	②	③	④	⑤	36	①	②	③	④	⑤	56	①	②	③	④	⑤
17	①	②	③	④	⑤	37	①	②	③	④	⑤	57	①	②	③	④	⑤
18	①	②	③	④	⑤	38	①	②	③	④	⑤	58	①	②	③	④	⑤
19	①	②	③	④	⑤	39	①	②	③	④	⑤	59	①	②	③	④	⑤
20	①	②	③	④	⑤	40	①	②	③	④	⑤	60	①	②	③	④	⑤

성 명

지원 분야

문제지 형별기재란

형 ( ) Ⓐ Ⓑ

수 험 번 호

⓪	①	②	③	④	⑤	⑥	⑦	⑧	⑨
⓪	①	②	③	④	⑤	⑥	⑦	⑧	⑨
⓪	①	②	③	④	⑤	⑥	⑦	⑧	⑨
⓪	①	②	③	④	⑤	⑥	⑦	⑧	⑨
⓪	①	②	③	④	⑤	⑥	⑦	⑧	⑨
⓪	①	②	③	④	⑤	⑥	⑦	⑧	⑨
⓪	①	②	③	④	⑤	⑥	⑦	⑧	⑨

감독위원 확인

(인)

공기업 NCS 모의고사 답안카드

	성 명		

지원 분야		

문제지 형별기재란	
( )형	Ⓐ Ⓑ

수험번호

⓪	①	②	③	④	⑤	⑥	⑦	⑧	⑨
⓪	①	②	③	④	⑤	⑥	⑦	⑧	⑨
⓪	①	②	③	④	⑤	⑥	⑦	⑧	⑨
⓪	①	②	③	④	⑤	⑥	⑦	⑧	⑨
⓪	①	②	③	④	⑤	⑥	⑦	⑧	⑨
⓪	①	②	③	④	⑤	⑥	⑦	⑧	⑨
⓪	①	②	③	④	⑤	⑥	⑦	⑧	⑨

감독위원 확인

(인)

1	① ② ③ ④ ⑤	21	① ② ③ ④ ⑤	41	① ② ③ ④ ⑤
2	① ② ③ ④ ⑤	22	① ② ③ ④ ⑤	42	① ② ③ ④ ⑤
3	① ② ③ ④ ⑤	23	① ② ③ ④ ⑤	43	① ② ③ ④ ⑤
4	① ② ③ ④ ⑤	24	① ② ③ ④ ⑤	44	① ② ③ ④ ⑤
5	① ② ③ ④ ⑤	25	① ② ③ ④ ⑤	45	① ② ③ ④ ⑤
6	① ② ③ ④ ⑤	26	① ② ③ ④ ⑤	46	① ② ③ ④ ⑤
7	① ② ③ ④ ⑤	27	① ② ③ ④ ⑤	47	① ② ③ ④ ⑤
8	① ② ③ ④ ⑤	28	① ② ③ ④ ⑤	48	① ② ③ ④ ⑤
9	① ② ③ ④ ⑤	29	① ② ③ ④ ⑤	49	① ② ③ ④ ⑤
10	① ② ③ ④ ⑤	30	① ② ③ ④ ⑤	50	① ② ③ ④ ⑤
11	① ② ③ ④ ⑤	31	① ② ③ ④ ⑤	51	① ② ③ ④ ⑤
12	① ② ③ ④ ⑤	32	① ② ③ ④ ⑤	52	① ② ③ ④ ⑤
13	① ② ③ ④ ⑤	33	① ② ③ ④ ⑤	53	① ② ③ ④ ⑤
14	① ② ③ ④ ⑤	34	① ② ③ ④ ⑤	54	① ② ③ ④ ⑤
15	① ② ③ ④ ⑤	35	① ② ③ ④ ⑤	55	① ② ③ ④ ⑤
16	① ② ③ ④ ⑤	36	① ② ③ ④ ⑤	56	① ② ③ ④ ⑤
17	① ② ③ ④ ⑤	37	① ② ③ ④ ⑤	57	① ② ③ ④ ⑤
18	① ② ③ ④ ⑤	38	① ② ③ ④ ⑤	58	① ② ③ ④ ⑤
19	① ② ③ ④ ⑤	39	① ② ③ ④ ⑤	59	① ② ③ ④ ⑤
20	① ② ③ ④ ⑤	40	① ② ③ ④ ⑤	60	① ② ③ ④ ⑤

공기업 NCS 모의고사 답안카드

	1	2	3	4	5		1	2	3	4	5		1	2	3	4	5
1	①	②	③	④	⑤	21	①	②	③	④	⑤	41	①	②	③	④	⑤
2	①	②	③	④	⑤	22	①	②	③	④	⑤	42	①	②	③	④	⑤
3	①	②	③	④	⑤	23	①	②	③	④	⑤	43	①	②	③	④	⑤
4	①	②	③	④	⑤	24	①	②	③	④	⑤	44	①	②	③	④	⑤
5	①	②	③	④	⑤	25	①	②	③	④	⑤	45	①	②	③	④	⑤
6	①	②	③	④	⑤	26	①	②	③	④	⑤	46	①	②	③	④	⑤
7	①	②	③	④	⑤	27	①	②	③	④	⑤	47	①	②	③	④	⑤
8	①	②	③	④	⑤	28	①	②	③	④	⑤	48	①	②	③	④	⑤
9	①	②	③	④	⑤	29	①	②	③	④	⑤	49	①	②	③	④	⑤
10	①	②	③	④	⑤	30	①	②	③	④	⑤	50	①	②	③	④	⑤
11	①	②	③	④	⑤	31	①	②	③	④	⑤	51	①	②	③	④	⑤
12	①	②	③	④	⑤	32	①	②	③	④	⑤	52	①	②	③	④	⑤
13	①	②	③	④	⑤	33	①	②	③	④	⑤	53	①	②	③	④	⑤
14	①	②	③	④	⑤	34	①	②	③	④	⑤	54	①	②	③	④	⑤
15	①	②	③	④	⑤	35	①	②	③	④	⑤	55	①	②	③	④	⑤
16	①	②	③	④	⑤	36	①	②	③	④	⑤	56	①	②	③	④	⑤
17	①	②	③	④	⑤	37	①	②	③	④	⑤	57	①	②	③	④	⑤
18	①	②	③	④	⑤	38	①	②	③	④	⑤	58	①	②	③	④	⑤
19	①	②	③	④	⑤	39	①	②	③	④	⑤	59	①	②	③	④	⑤
20	①	②	③	④	⑤	40	①	②	③	④	⑤	60	①	②	③	④	⑤

성 명

지원분야

문제지 형별기재란

( ) 형   Ⓐ Ⓑ

수 험 번 호

⓪	①	②	③	④	⑤	⑥	⑦	⑧	⑨
⓪	①	②	③	④	⑤	⑥	⑦	⑧	⑨
⓪	①	②	③	④	⑤	⑥	⑦	⑧	⑨
⓪	①	②	③	④	⑤	⑥	⑦	⑧	⑨
⓪	①	②	③	④	⑤	⑥	⑦	⑧	⑨
⓪	①	②	③	④	⑤	⑥	⑦	⑧	⑨
⓪	①	②	③	④	⑤	⑥	⑦	⑧	⑨

감독위원 확인

(인)

2025 최신판 시대에듀 All-New 기출이 답이다!
공기업 NCS 7개년 기출복원 & 기출동형 모의고사
14회 + 무료NCS특강

개정8판1쇄 발행	2024년 10월 25일 (인쇄 2024년 08월 23일)
초 판 발 행	2017년 10월 25일 (인쇄 2017년 09월 25일)
발 행 인	박영일
책 임 편 집	이해욱
편 저	SDC(Sidae Data Center)
편 집 진 행	김재희 · 윤소빈
표지디자인	김지수
편집디자인	김경원 · 장성복
발 행 처	(주)시대고시기획
출 판 등 록	제10-1521호
주 소	서울시 마포구 큰우물로 75 [도화동 538 성지 B/D] 9F
전 화	1600-3600
팩 스	02-701-8823
홈 페 이 지	www.sdedu.co.kr
I S B N	979-11-383-7631-0 (13320)
정 가	25,000원